马克思主义国际经济学的构建

李 翀 著

商务印书馆

2009 年·北京

　　本研究得到教育部人文社会科学"十五"规划项目研究经费和北京师范大学创新群体研究经费的支持,在此表示衷心地感谢!

序

一、建立国际经济学理论体系是马克思的遗愿

在 19 世纪 50 年代末期,马克思曾准备在"政治经济学批判"的总标题下,按照从抽象到具体的方法,分六册著作来阐述他对资本主义经济制度的研究成果。这六册著作分别是:第一册《资本》、第二册《土地所有制》、第三册《雇佣劳动》、第四册《国家》、第五册《对外贸易》、第六册《世界市场》。第五册和第六册就是对国际经济关系的研究。

1859 年,马克思出版了《政治经济学批判》第一分册,该分册只包括"商品"、"货币或简单流通"两章,它实际上是马克思六册著作写作计划中第一册《资本》的前两章。1867 年,马克思出版了《资本论(第一卷)》。该著作原来准备作为《政治经济学批判》第一分册的续篇发表,后来决定以资本论为主标题、以政治经济学批判为副标题单独出版。在《资本论(第一卷)》出版以后,马克思继续进行《资本论(第二卷)》和《资本论(第三卷)》手稿的写作。但是,这三卷本的《资本论》仍属于马克思六册著作写作计划中第一册《资本》的内容,马克思并没有放弃其他五册著作的写作计划。对于国际生产关系的研究,马克思更是明确指出可能是《资本论》续篇的内容:"一般来说,世界市场是资本主义生产方式的基础和生活条件。但资本主义生产的这些比较具体的形式,只有在理解了资本的一般性质以后,才能得到全面的说明;不过这样的说明不在本书计划之内,而属于本书一个可能的续篇的内容。"[①]马克思所以说可能,是马克思预感到他不一定能

---

① 《马克思恩格斯全集》第 25 卷,人民出版社 1972 年版,第 126—127 页。

够全部完成他宏伟的写作计划。

按照马克思的想法,《对外贸易》册主要研究"生产的国际关系。国际分工。国际交换。输出和输入。汇率"①。或者"对外贸易。汇率。货币作为国际铸币"②。这就是说,马克思计划在《对外贸易》册主要研究国际分工、国际贸易、国际货币、货币汇率等国际贸易和国际金融的核心问题。虽然马克思未能完成《对外贸易》册的著述,但是马克思在他的其他著作里表达了他对该册有关范畴的思考。在马克思看来,国际分工是社会分工超越国家的界限而形成的国际社会的分工。虽然它受到各国自然条件的影响,但它主要是由资本主义生产方式的对外扩张造成的。③ 国际分工是国际贸易的基础,但国际贸易的发展又深化了国际分工。国际分工和国际贸易相互推动,使国际资本主义生产方式得以确立。④

在国际分工和国际贸易条件下,产生了国际价值,⑤导致世界货币流动,⑥形成了各国货币的汇兑比率。⑦ 国际信用体系在推动国际贸易发展的同时,又会触发资本主义的经济危机。⑧ 马克思对上述范畴的分析,主要是为了揭示超越国境的国际资本主义生产关系。

另外,按照马克思的想法,《世界市场》册主要从狭义和广义两个角度分析世界市场。狭义的世界市场是指各国经济往来所形成的市场。在世界市场形成以后,人们不仅为国内市场生产商品,而且为世界市场生产商品。广义的世界市场是指从世界范围来考察的资本主义经济体系。⑨ 马克思试图通过对世界市场的研究,探讨世界资本主义的总危机。⑩

① 《马克思恩格斯全集》第46卷,人民出版社1979年版,第46页。
② 同上书,第219页。
③ 《马克思恩格斯全集》第23卷,人民出版社1972年版,第494—495页。
④ 《马克思恩格斯全集》第9卷,人民出版社1961年版,第247页。
⑤ 《马克思恩格斯全集》第23卷,人民出版社1972年版,第614页。
⑥ 《马克思恩格斯全集》第46卷,人民出版社1979年版,第439页。
⑦ 《马克思恩格斯全集》第25卷,人民出版社1972年版,第650—651页。
⑧ 同上书,第55页。
⑨ 《马克思恩格斯全集》第22卷,人民出版社1965年版,第388页。
⑩ 《马克思恩格斯全集》第26卷Ⅱ,人民出版社1973年版,第247页。

由上述分析可以看到,在马克思的六册著作写作计划里,马克思准备用最后两册分析国家与国家之间的经济关系和世界资本主义经济体系。但遗憾的是,马克思在他的有生之年未能完成这六册著作的写作计划。把《资本论》的基本原理和研究方法运用于国际经济活动的分析,构建研究国内经济和国际经济的完整的理论体系,成为了马克思的遗愿。完成马克思的遗愿,是我们这一代马克思主义经济学者的重要任务。

二、建立马克思主义国际经济学的条件已经具备

在一种经济形态尚未成熟的时候,对这种经济形态的研究不可能充分揭示它的性质、规律和特点。马克思当年为了对资本主义经济体系进行研究,到最发达的资本主义国家英国侨居了三年,形成了 24 本《伦敦笔记》。同样,要建立马克思主义国际经济学,对国际价值、国际生产价格、国际垄断价格、国际直接投资、国际金融资产、国际金融市场、国际生产关系等一系列经济范畴进行研究,必须以国际经济体系已基本成熟作为前提。应该指出,在经济趋向全球化的今天,国际经济体系已经成熟,建立马克思主义国际经济学的条件已经具备。

在国际贸易方面,战后以来,世界进出口总额的增长速度持续快于世界国内生产总值的增长速度,世界市场已经扩展到世界任何一个角落,各个国家都在不同程度上被卷入世界市场。表 0-1 比较了 20 世纪 90 年代以来世界物品出口总额与世界国内生产总值的增长情况。从表中可以看到,除了 3 个负增长的年份以外,物品出口贸易的年增长率持续高于世界国内生产总值的年增长率。在2005 年,世界物品出口总额为 101590 亿美元,劳务出口总额为 24150 亿美元,而世界国内生产总值是 424098.32 亿美元。这就是说,从世界范围来看,有 29.65%的商品是为世界市场生产的。另外,到 2007 年,全世界已有 151 个国家或地区加入了世界贸易组织,世界上已没有哪一个国家或地区没有参与国际贸易的。由此可见,世界商品市场已经成熟。

表 0-1　物品出口贸易与世界国内生产总值的年增长率　　　单位:%

年　份	1991	1992	1993	1994	1995	1996	1997	1998
世界国内生产总值	0.8	1.1	0.9	2.2	2.3	2.3	3.4	2.1
物品出口贸易	1.5	6.7	−1.2	13.6	19.4	4.4	3.5	−1.3
年　份	1999	2000	2001	2002	2003	2004	2005	2006
世界国内生产总值	2.9	3.8	1.3	1.6	2.3	3.7	6.0	5.1
物品出口贸易	4.0	12.8	−4.1	4.8	16.6	21.3	3.5	15

资料来源:WTO, *International Trade Statistics*, 2005, p. 31, 2006, p. 15; *Annual Report*, 2007, p. 6.

　　在国际直接投资方面,二战后,国际直接投资迅速增长,跨国银行和跨国公司的规模不断扩大,20 世纪 90 年代以来国际直接投资的增长情况如表 0-2 所示。在表中,直接投资流量是指流入量,直接投资的存量是指流入的存量。在 2006 年,国际直接投资流入量达到 13060 亿美元,国际直接投资流入的存量达到 119990 亿美元。

表 0-2　国际直接投资的规模　　　单位:亿美元

年　份	1991	1992	1993	1994	1995	1996	1997	1998
直接投资流量	1613	1692	2277	2595	3411	3929	4879	7011
直接投资存量	19328	19914	21685	24234	27631	30759	35106	41324
年　份	1999	2000	2001	2002	2003	2004	2005	2006
直接投资流量	10921	13965	8259	7161	6326	6481	9160	13060
直接投资存量	49105	57808	61918	66970	79803	88953	101300	119990

资料来源:UNCTAD, *Foreign Direct Investment Inward Flow*, 1970 - 2004; *Foreign Direct Investment Inward Stock*, 1970 - 2004; *World Investment Report*, United Nation, New York and Geneva 2006, p. 9; *World Investment Report*, United Nation, New York and Geneva 2007, p. 9.

　　国际直接投资对国际贸易具有重要的影响。第一,国际直接投资实现了当地生产当地销售,从而突破了关税和非关税壁垒的限制,扩大了国际贸易的规模。从贸易的主体来看,虽然商品没有跨越某个国家的国境,但这种贸易是外国公司在这个国家设立的分支机构与这个国家的贸易。第二,国际直接投资可以充分利用各国的社会资源的优势和特点,哪个地方的成本低,就到哪个地方生产,然后再销往国际市场,这样也扩大了国际贸易的规模。第三,跨国公司为了促进本公司在国际市场上销售商品,以直接投资的方式在外国建立各种贸易机构,这种类型的国际直接投资同样扩大了国际贸易。另外,在生产资本大规模和大范围跨国转移的条件下,促进了世界商品市场和国际生产价格的形成。

在国际金融方面,在 20 世纪 90 年代,随着发达国家基本放宽对国际货币资本流动的管制以及发展中国家相继放宽对国际货币资本流动的管制,国家之间的资金融通急剧地扩大。表 0-3 反映了 20 世纪 90 年代末期和 21 世纪初期银行集团贷款和证券投资的国际货币资本流动情况。在表 0-3 中,国际债务工具是指欧洲短期票据、欧洲中期票据和欧洲长期债券,它不包括各国居民发行的以本币表示的债务凭证,但包括各国居民发行的以外币表示的债务凭证,以及各国非居民发行的全部债务凭证。国际权益工具是指国际股票,它不包括各国居民发行的由本国居民购买的股票,但包括各国居民在外国发行的股票以及各国居民在本国发行的由非居民购买的股票。衍生金融工具包括外汇类、利率类、权益类衍生金融工具,表中只列了外汇类衍生金融工具,它包括在柜台市场交易的远期外汇交易、外汇互换交易、外汇期货交易、外汇期权交易。因此,表中数字不反映国内货币资本流动而只反映国际货币资本流动情况。从表中可以看到,到 2006 年,国际资金融通已达到很大的规模。另外,国际金融市场不仅包括传统的市场如外汇市场、国际货币市场、国际资本市场,而且还包括国际互换市场、国际金融期货市场、金融期权市场等。这就是说,国际金融市场也已经成熟。

表 0-3　国际货币资本流动的规模　　　　　　　　单位:亿美元

年　份	2000	2001	2002	2003	2004	2005	2006
国际辛迪加贷款	14649	13814	12969	12414	18069	22323	21641
国际债务工具发行额	12373	13488	10104	14723	16149	18498	27731
国际权益工具发行额	3164	1497	1024	1200	2194	3078	3779
外汇衍生工具市场价值	8490	7790	8810	13010	15460	9970	11340

资料来源:BIS,*Quarterly Review*,2000-2007.

国际资金融通的发展对国际贸易和国际直接投资具有重要影响。第一,发达的国际支付体系和成熟的外汇市场大大方便了国际贸易的结算,从而促进了国际贸易的发展。第二,国际货币资本的流动为国际贸易融通资金,使暂时缺少资金的一方可以进口外国商品,也可以使贸易逆差的一方弥补逆差,从而推动了国际贸易的发展。第三,国际货币资本的流动使人们可以防范国际贸易的风险。在国际贸易中存在着汇率风险和利率风险,利用各种金融衍生工具如远期外汇交易、外汇互换交易、外汇期货交易、外汇期权交易、利率互换交易、利率期货交易、利率期权交易等,可以避免这些风险,从而有利于国际贸易的发展。第四,发达的国际金融市场便利了跨国公司的资金融通,从而促进了国际直接投资的发展。

从上面的分析可以看到,商品资本、生产资本和货币资本已走向国际化了。在这样的条件下,各种国际经济范畴已经成熟,建立马克思主义国际经济学是可行的。

然而应该指出,从马克思提出六册著作著述计划以来,国际经济已经发生了很大的变化。除了国际经济总量的规模日益扩大、覆盖的范围日益广泛、影响的程度日益深化以外,国际经济还发生了下述变化:

第一,国内和国际金本位制已经解体。马克思生活在金本位时代,但是在20世纪30年代中期,随着各国停止实行金本位制,国内金本位制已经解体。1944年,布雷顿森林体系的建立使国际金汇兑本位制得以维持。然而,到1971年,随着金汇兑本位制的解体,国际金本位制也不复存在。黄金在国内和国际流通领域已失去货币的职能,纸币在本质上和特征上与黄金已不存在联系。

第二,国际垄断资本主义已经形成。马克思生活在竞争资本主义时代,但从19世纪70年代开始,国内垄断资本主义逐渐占据统治地位。从20世纪90年代开始,国内垄断资本主义向世界发展而形成国际垄断资本主义。因此,对国际经济范畴的讨论应该按照历史和逻辑统一的原则拓展到对国际垄断资本主义的分析。

第三,出现了超国家的国际经济组织。在马克思生活的时代里,还没有产生国际经济组织。但是,在20世纪50年代以后,各种自由贸易区和经济共同体不断建立,国际经济一体化的倾向在加强。特别是1999年1月建立的欧洲经济和货币联盟,更是使超国家的国际经济组织发展到一个新的高度。另外,国际货币基金组织、国际复兴开发银行、《关税和贸易总协定》以及其后的世界贸易组织，都对国际经济产生重要的影响。对国际经济问题的研究必须要考虑到这些新的情况。

因此，对马克思主义国际经济学的研究既要遵循马克思的思想，也要注意国际经济所出现的新变化和新特点。

三、马克思主义国际经济学的研究方法

建立马克思主义国际经济学必须采用马克思经济学的研究方法，包括从抽象到具体的方法以及历史和逻辑相一致的方法。

从抽象到具体的方法是先从简单的和抽象的经济范畴开始，逐步上升到复杂的和具体的范畴，最后说明丰富多彩的经济现象。只有采用这种方法，才能揭示和再现经济现象的内部联系，并以此为基础更深刻地说明经济现象。历史和逻辑相一致的方法是指思维的进程必须反映历史的进程。这就是说，历史从哪里开始，思维进程也应该从哪里开始，但思维进程应该是历史进程在抽象的和前后一致的形式上的反映。正如恩格斯所指出的："历史从哪里开始，思想进程也应该从哪里开始，而思想进程的进一步发展不过是历史过程在抽象的、理论前后一贯的形式的反映；这种反映是经过修正的，然而是按照现实的历史过程本身的规律修正的。"[1]

根据从抽象到具体以及历史和逻辑一致的方法，本书第一卷"商品资本的跨国流动"的研究按照下述步骤进行：第一，从国际分工和国际贸易开始，抽象出国际价值的范畴，并引申出国际剩余价值的概念，然后在这个基础上分析国际商品资本的运动规律，最后讨论世界商品市场的形成以及对资本主义经济体系的影响。这是最抽象层次的分析。第二，研究国际价值转化为国际生产价格、国际生产价格转化为国际垄断价格的过程，并进而分析国际商品贸易的原因、流向和利益。这是从抽象回归具体的中间层次的分析。第三，分别分析以国际价值、国际

---

[1] 《马克思恩格斯选集》第 2 卷（上册），人民出版社 1972 年版，第 122 页。

生产价格、国际垄断价格为基础的国际市场价格,然后探讨国际贸易的各种各样的现象形态。这是具体现象层次的分析。

本书第二卷"生产资本的跨国流动"的研究按照下述步骤进行:第一,以马克思关于资本本质的分析为根据指出生产资本跨国流动的目标是追求国际剩余价值,从而揭示了国际直接投资的性质。这是属于本质层次的分析。第二,追求国际剩余价值的目标可以通过各种不同的方式实现,国际直接投资具有各种不同的具体原因。该部分详细分析了国际直接投资的具体原因,并探讨国际直接投资对母国和东道国经济的影响以及国际直接投资利益的分配。这是属于现象形态的分析。第三,从国际直接投资的角度分析了资本积累和社会资本再生产的过程以及世界生产体系的形成对资本主义经济体系的影响。这属于透过现象回归本质层次的分析。

本书第三卷"货币资本的跨国流动"的研究按照下述步骤进行:第一,从马克思的金汇兑平价的思想和国际金融资产的虚拟价值出发,提出作为汇率形成基础的新汇兑平价学说。这是属于本质层次的分析。第二,以新汇兑平价学说讨论市场汇率的决定和变化,并从投资组合的选择、投资优势等方面分析货币资本跨国流动的原因和效应。这是属于现象形态的分析。第三,从国际金融的角度分析资本积累和社会资本再生产的过程以及世界金融市场的形成对资本主义经济体系的影响。这同样属于透过现象回归本质层次的分析。

在马克思逝世以后,包括中国在内的世界各国的马克思主义经济学者遵循马克思的研究方法对国际经济问题进行了大量的研究,形成了丰富的和宝贵的研究成果。对马克思主义国际经济理论的研究,应该参考这些研究成果。

另外,应该指出,马克思经济学主要是研究资本主义生产关系的政治经济学,他把注意力集中在资本主义经济规律的探讨上而不是放在资本主义经济的某些现象形态上,这是当时的时代赋予马克思的揭示资本主义历史局限性的历史任务。在当今的时代,除了继续完成马克思的遗愿以外,我们对马克思主义国际经济学的研究还负有为政府对外经济政策的制定提供理论依据的任务。因此,马克思主义国际经济学应该定位在对世界资本主义生产方式的研究而不仅仅定位在世界资本主义生产关系的研究。按照这种定位,我们不仅要探讨国际经济的本质以及本质的联系,而且还要分析大量的国际经济现象。在研究国际经济现象时,西方国际经济学许多研究成果,特别是实证分析的成果是可以借鉴的。

从这个意义上说,我们可以借鉴西方国际经济学某些分析经济现象的方法,如均衡分析方法即分析有关经济变量处于相对稳定状态的条件、非均衡分析方法即探讨有关经济变量处于非均衡状态的原因和特点、比较静态分析方法即通过对有关经济变量不同均衡状态的比较以寻找导致这种变化的因素、动态分析方法即研究有关经济变量的调整和变化的过程等。当然,这些方法主要是对国际贸易现象进行分析的方法,它们不能取代马克思的分析方法。

例如,在国际贸易问题的研究中,国际价值、国际生产价格、国际垄断价格范畴有助于认识国际贸易现象的本质,但是国际商品市场价格范畴有助于具体解释许多国际贸易的现象。本书根据国际价值、国际生产价格、国际垄断价格对国际市场价格进行了重新的解释,然后在利用国际商品市场价格范畴分析国际贸易现象时,借鉴了西方经济学的某些基本分析方法。又如,在国际金融问题的研究中,国际金融资产的虚拟价值以及新汇兑平价学说有助于理解市场汇率变化的基础,但市场汇率的变化与汇兑平价是背离的。本书根据新的汇兑平价学说解释了市场汇率,然后在利用市场汇率范畴分析国际金融现象时,也借鉴了西方经济学的某些基本分析方法。

四、马克思主义国际经济学的研究纲要

长期以来,我国经济学界以马克思经济学为指导对世界经济现象进行研究,形成了世界经济的研究领域。我国世界经济的研究大致可以分为三种类型:第一种类型是国别经济或地区经济,如美国经济、日本经济、欧洲经济、亚太经济等。从过去了就是历史的角度来看,这种类型的研究是从外国经济史学向现、当代的延伸。第二种类型是当代资本主义,如二战后私人垄断资本主义的发展、战后国家垄断资本主义的发展、科学技术革命对世界经济的影响等。这种类型的研究是政治经济学向世界范围延伸。第三种类型是国家之间的经济关系,如国

际贸易、国际直接投资、国际金融等。这种类型的研究是与国内经济相区别的国际经济的研究。客观地说,由于世界经济研究领域包括的内容过于庞杂,它至今尚未形成一个逻辑严密的理论体系。本书所提出的马克思主义国际经济学的研究是以第三种类型的研究为主、第二种类型的研究为辅的两种类型研究的结合,它主要探讨国际经济规律和国际经济现象。

马克思从来不拒绝借鉴包括资产阶级经济学家在内的研究成果,他为了研究政治经济学阅读了大量的资产阶级经济学者的著作,形成了《巴黎笔记》和《伦敦笔记》。他的《资本论》正是在借鉴英国古典经济学而又超越英国古典经济学的基础上完成的。经济学发展的历史实际上也是国际经济理论发展的历史,经济学者们在研究国内经济现象时也探讨了大量的国际经济现象,如斯密的绝对优势学说、李嘉图的比较优势学说、俄林的资源禀赋学说、米德的国际收支学说、卡塞尔的购买力平价学说等。我们在按照马克思六册著作著述计划的构想来研究国际经济问题的同时,也应该借鉴西方国际经济理论中某些具有科学成分的思想。

因此,本书在分析各个国际经济问题时,首先探讨马克思、恩格斯、列宁等人的思想,作为对这些国际经济问题展开研究的基本依据。但与此同时,本书按照学术研究的规范,也回顾了西方经济学者的主要研究文献,并以马克思经济学为指导、以客观事实为根据进行分析和评论。对其中不正确的看法予以扬弃,对其中有价值的观点加以肯定。另外,在马克思经济学创立以后,许多马克思主义经济学者按照马克思经济学的基本原理和基本方法对国际经济问题进行了大量的研究,形成了马克思主义经济学的组成部分。本书在对国际经济问题研究的过程中,也努力挖掘这些宝贵财富。

根据马克思在六册著作著述计划所表达的思想以及马克思逝世以后国际经济发生的新变化,按照国际经济关系的主要类型以及国际经济关系的本质,本书分三卷构建马克思主义国际经济学的研究纲要:第一卷是"商品资本的跨国流动"。由于国际贸易实际上是带有剩余价值的商品资本如何在国际市场上实现的问题,该卷主要从商品资本的跨国流动的角度分析国际贸易的本质、原因、流向、利益,探讨国际贸易对资本积累、社会资本再生产、资本主义经济体系影响。

第二卷是"生产资本的跨国流动"。由于国际直接投资实际上是如何在国外形成生产资本以生产剩余价值的问题，该卷主要从生产资本跨国流动的角度分析国际直接投资的原因、流向、效应，探讨国际直接投资对资本积累、社会资本再生产、资本主义经济体系影响。第三卷是"货币资本的跨国流动"。由于国际资金融通实际上是金融资产形式存在的货币资本向世界范围扩展以获取更高收益的问题，该卷主要从生产资本跨国流动的角度分析国际资金融通的原因、流向、效应，探讨国际金融投资对资本积累、社会资本再生产、资本主义经济体系影响。

第一卷"商品资本的跨国流动"的研究思路是：从马克思的劳动价值理论出发，分析国际价值转化为生产价格的过程以及国际生产价格转化为国际垄断价格过程，然后再用国际价值、国际生产价格、国际垄断价格的范畴说明西方经济学所使用的国际市场价格的范畴，最后再分别从国家价值的角度和国际市场价格两个角度分析各种国际贸易现象。这意味着本书对西方经济学的国际市场价格范畴经过马克思主义式的重新解释。显然，马克思并不否认商品的市场价格受需求和供给的影响，马克思主要从市场价格抽象出价值，然后通过价值分析商品生产和商品交换所体现的生产关系。因此，马克思的价值范畴与加以修正了的西方经济学的市场价格范畴并不是矛盾的。

第二卷"生产资本的跨国流动"的研究思路是：从国际剩余价值生产出发，分析了国际直接投资的基本原因以及具体原因，并以此为基础探讨了国际直接投资对母国和东道国经济的影响以及国际直接投资利益的分配，最后从国际直接投资的角度分析了资本积累和社会资本再生产的过程以及世界生产体系的形成对资本主义经济体系的影响。本书研究过程中引用了西方经济学者关于直接投资原因的理论，这些理论属于对国际直接投资具体原因的分析，与资本的本质是追求剩余价值的论断并不是冲突的。本书在借鉴这些理论的同时，也指出这些理论在逻辑上的不足，并力求建立一种在逻辑上更加完整的国际直接投资理论。

第三卷"货币资本的跨国流动"的研究思路是：从国际金融资产的虚拟价值出发，建立了新的汇兑平价学说，并以此为基础说明市场汇率的决定和变化。另外，从投资组合的选择、金融资产投资优势、跨国公司财务管理等角度分析了货币资本跨国流动的原因和效应，最后从国际金融的角度分析了资本积累和社会资本再生产的过程以及世界金融市场的形成对资本主义经济体系的影响。

五、马克思主义国际经济学的构建方式

建立马克思主义国际经济学是一项极为艰苦的任务,也是一项很有意义的工作,本书仅仅是一种尝试。本书所以取名为"马克思主义国际经济学的构建",主要是试图根据马克思关于《对外贸易》和《世界市场》两册的基本思路,按照马克思经济学的基本范畴、基本观点、基本理论、基本方法来分析国际经济问题。但是,本书是否称得上是"马克思主义的",还需要由读者、社会和历史去评判。

马克思对一些国际经济问题有所阐述,但马克思本人没有建立国际经济学理论体系。马克思以后的马克思主义经济学者对各种国际经济问题进行过讨论,但也没有建立系统完整的和逻辑一致的马克思主义国际经济学。关于马克思主义国际经济学构建的问题,有三种不同的看法:第一种看法是认为马克思经济学已经过时,现代西方经济学已有完整的国际经济学理论体系,没有必要构建马克思主义的国际经济学。第二种看法是有必要构建马克思主义的国际经济学,但这种构建必须是严格从马克思经济学的概念和范畴出发,必须与西方经济学划清界限,并且只能从资本主义的生产关系的角度研究国际经济问题。第三种看法是有必要构建马克思主义的国际经济学,但这种构建应该是从国际经济的客观事实出发,坚持马克思经济学的基本观点、基本原理和基本方法,借鉴现代西方国际经济学的科学成分,从更广泛的资本主义生产方式的角度来研究国际经济问题。笔者持第三种看法。

关于第一种看法,笔者认为,现代西方经济学确实已建立了完整的国际经济学理论体系,而且在现代西方国际经济学中也有不少有价值的分析和论断。但是,现代西方国际经济学是从西方经济学的基本原理和基本方法来讨论国际经济的问题,它注重国际经济现象的分析而忽略国际经济本质的分析,它注重国际经济变量的数量的分析而忽略国际经济所体现的生产关系的分析。另外,经济学作为一门社会科学,是不可能不带有阶级性和民族性的。由发达国家经济学者建立的现代西方国际经济学,主要代表和体现了发达国家的经济利益。因此,

很有必要建立马克思主义的国际经济学,按照马克思经济学的基本理论和基本方法揭示国际经济的本质和现象,使人们对国际经济问题有更加全面、深刻和清楚的认识。

关于第二种看法,笔者认为,马克思经济学的基本观点、基本原理和基本方法是正确的。但是,马克思经济学的建立至今已经有 140 年。在这 140 年中,资本主义世界发生了巨大的变化。马克思是人,马克思经济学是科学,我们不可能指望马克思能够预料到 140 年后国际经济所发生的一切变化,也不可能指望马克思经济学能够解释 140 年后国际经济的所有问题。我们需要做的工作是从国际经济的事实出发,根据马克思经济学的基本观点、基本原理和基本方法,借鉴包括现代西方国际经济学在内的一切人类文明的成果,来建立马克思主义的国际经济学。如果马克思说过的话我们才能说,西方经济学说过的话我们不能说,无疑会窒息和断送马克思经济学。我们应该忠实的是马克思的基本观点、基本理论和基本方法,而不是马克思说过的每一句话和提及的每一种看法。

另外,当代马克思主义经济学者面临的任务与马克思当年面临的任务不同。历史赋予马克思的使命,是揭示资本主义生产方式发生、发展和灭亡的规律,说明资本主义社会是人类历史的一个发展阶段。因此,马克思的研究对象是资本主义的生产关系。但是,历史赋予当代马克思主义经济学者的任务,是不仅要破坏一个旧世界,而且还要建设一个新世界。而要建设一个新世界,不仅需要对人与人的关系进行研究,而且还要对人与自然的关系进行研究。例如,我们需要研究如何通过国际经济促进国内经济的发展,如何从国际经济得到应有的利益等现实的经济问题。因此,不仅需要对生产关系进行研究,而且还需要对生产力进行研究。也就是说,需要对资本主义生产方式进行研究。例如,当政府向我们马克思主义经济学者咨询对中国的国际经济问题的意见时,显然我们不能只告诉政府:国际贸易、国际直接投资和国际金融是资本主义再生产的一个环节,它们体现了发达国家的资产阶级对发展中国家的剥削关系,如此等等。

关于第三种看法,必须要解决的问题是如何借鉴西方经济学有价值的思想和学说。笔者是这样考虑这个问题的:马克思主义国际经济学是以马克思经济学的基本理论和基本方法来考察国际经济现象所建立的理论体系,而不是以西方经济学的基本理论和基本方法来考察国际经济现象所建立的理论体系,这是基本的原则。但是,不应否认,西方经济学者对国际经济现象进行了深入和广泛的研究,得到了许多具有意义的学术成果,在构建马克思主义国际经济学的过程中应该吸收这些人类文明的成果,这是基本的态度。在如何借鉴西方经济学有价值的思想和学说的问题上,本书的处理方法是在事物本质的分析中坚持马克思经济学的基本原理和方法,在事物现象的分析中借鉴西方经济学有价值的研究成果,但是本质和现象的分析的逻辑是一致的。这就是说,对事物现象的分析所使用的西方经济学的范畴是经过马克思经济学改造的。

例如,在商品价值和价格的分析方面,马克思不否认商品的市场价格受到需求和供给的影响,但是马克思将注意力放在商品价值的分析上。西方经济学者否认商品价值的范畴,但是他们对商品的市场价格进行了充分的讨论。本书的研究遵循马克思的思想,运用马克思经济学的范畴对商品的价值进行了详细的讨论,然后将商品的价值作为市场价格形成的基础,用商品价值的范畴去讨论市场价格的形成。这样,商品市场价格的范畴被赋予不同于西方经济学的内涵,它是被马克思经济学改造过的范畴。接着,在商品市场价格这个现象层面上的分析借鉴西方经济学的合理思想。

当然,类似这样的争论将长期存在。笔者认为,经济学是一门实证的科学,它需要接受实践的检验而不是仅仅在概念上进行演绎和论证。因此,处理关于如何建立马克思主义国际经济学的争议的唯一办法,是让不同的理论体系接受实践的检验,以考察哪一个理论体系最终被时代所抛弃,哪一个理论体系最终是坚持和发展了马克思经济学。笔者还认为,在如何对待马克思经济学的问题上,经济思想史上的李嘉图学派的教训值得注意。以穆勒(J. Mill)和麦克库洛赫(J. R. McCulloch)为代表的李嘉图学派无疑忠诚于李嘉图学说,但是它不是用客观事实去发展李嘉图学说,而是要客观事实去适应李嘉图学说,最终断送了李嘉图学说。正是马克思从资本主义经济的客观现实出发,吸取李嘉图学说的科学思想,摈弃李嘉图不合理的分析,使李嘉图学说在李嘉图不可能达到的高度上发扬光大。马克思经济学不是一成不变的教条而是一门科学,它需要不断地用生动活泼的经济事实和人类文明的成果来丰富和发展。

六、研究的结果和发现

本书的主要工作是以马克思经济学的基本原理和基本方法为基础,以国际经济的客观现实为根据,借鉴西方经济学有科学价值的研究结果,从抽象到具体,从本质到现象,构建一个逻辑一致和体系完整的马克思主义国际经济学理论体系。除了理论体系的构建以外,笔者在研究的过程中,还得到了下述结果和发现:

1. 在人类历史的发展中,不仅存在三次社会大分工,即农业从畜牧业分离出来,手工业从农业分离出来,商业从农业和手工业分离出来,而且还存在第四次社会大分工,即服务业从农业、手工业和商业中分离出来。

2. 在经济全球化的条件下,国际生产价格和国际垄断价格的范畴已经形成。在商品的国际价值转化为国际生产价格的过程中,商品的交换是等价的,但是发生了利益的重新分配。在国际生产价格转化为国际垄断价格的过程中,商品的交换仍然是等价的,但是发生了更大程度的利益的重新分配。

3. 在现实的国际贸易的原因中,不仅存在绝对优势和比较优势,而且存在超绝对优势和超比较优势。超绝对优势和超比较优势是指一个国家与对方国家进行只有它才能生产的商品的贸易所具有的优势。超绝对优势和超比较优势是决定世界国际贸易格局和利益分配的最重要的原因。

4. 一个国家从国际贸易获得的利益取决于国际贸易的格局、该国经济发展水平、该国贸易商品结构。对于发达国家来说,即使存在高额的国际贸易逆差,仍然可以得到绝大部分的国际贸易利益。对于发展中国家来说,即使存在着大量的国际贸易顺差,也只能得到小部分国际贸易利益。如果仅从国际贸易本身考察,它将导致富国越富和穷国越穷。

5. 发达国家对外直接投资是一个从国内生产到国际生产,从国际贸易到直接投资的过程。在现实的世界里,发达国家的企业对外直接投资所要达到的目标几乎都可以通过对外贸易的方式实现。但是,为什么选择对外直接投资而不选择对外贸易呢? 这意味着不论对外直接投资与对外贸易是不是相互促进,它都是以对外贸易的替代方式出现的。如果对外直接投资扣除风险后的利益小于对外贸易,企业选择对外贸易;反之,企业选择对外直接投资。

6.发展中国家的企业与发达国家的企业相比处于劣势,但是发展中国家的企业为什么也会对发达国家直接投资?除了经济学者们已经提到的接近市场型、获取资源型、学习技术型直接投资以外,还有一个重要的原因,就是发展中国家企业的局部竞争优势。这种局部竞争优势包括局部技术优势、局部规模优势、企业整合优势和市场细分优势。正是这种局部的竞争优势,推动着发展中国家对外直接投资。

7.对汇率的探讨应该分为两个层次,一个层次是市场汇率形成的基础,另一个层次是在这个基础上市场汇率的形成。购买力平价学说是关于汇率形成基础的学说,其他汇率学说主要是关于市场汇率的学说。但是,购买力平价学说仅从国际贸易的角度解释汇率。因此,有必要从商品的价值和金融资产的虚拟价值出发,从国际贸易、国际金融和直接投资三个角度分析市场汇率形成的基础。

8.经济学界以往对短期或长期资本主要从资本的期限来定义,后来国际货币基金组织不再作这种区分。但是,从货币资本跨国流动的角度来看,短期或长期资本的区分对货币资本流动的影响具有重要意义。但是,原来的定义已经不能反映现实的资本流动情况。由于存在二级市场,许多期限在1年以上的资本也可以在短时间内流入或流出某个国家。因此,应该根据金融资产的流动性对长短期或长期资本重新定义,即将货币资本的流动定义为短期资本,将生产资本的流动定义为长期资本。

9.短期资本流动的原因除了经济学者们所分析的各种原因以外,还存在着机构投资者金融资产的投资优势。许多国家特别是发展中国家的金融市场都不是有效市场,这种市场非有效性导致了机构投资者在金融市场上具有投资优势。因此,当产生市场非有效性的内部或外部因素发生变化,使机构投资者的优势达到一定的程度时,它们就会对外国的金融资产进行投机或投资,从而形成了短期资本的流动。

10.商品资本、生产资本和货币资本的跨国流动是由资本追求剩余价值的本质决定的,是社会资本再生产的内在矛盾导致社会资本跨越国境发展的结果。

在经济全球化的条件下,商品资本、生产资本和货币资本的跨国流动已经成为社会资本再生产的基本条件。一旦这些条件不能保证,社会资本的再生产过程将遭受破坏,国内经济将出现动荡。

11. 经济周期形成的主要原因既不是经济制度也不是社会投资,而是市场经济体制。不论是实行资本主义制度还是实行社会主义制度,只要采用市场经济体制,都将导致经济周期的发生。但是,资本主义制度具有强化经济周期的作用,而社会主义制度具有缓和经济周期的作用。在现实的世界里,商品资本、生产资本和货币资本的跨国流动将发挥传递经济周期的作用。

本书从动笔到完成先后历时 7 年。由于是个人的思想,无法与同事们和博士研究生们合作开展研究。因此,该书是笔者一个字一个字写出来的。在该书的写作过程中,得到了经济学界同行们的鼓励和启发。特别需要指出的是,在本书国际贸易部分完成以后,曾经经历过一次匿名评审。有一位"执教 50 年"的教授予以了热情洋溢的肯定,同时也提出了中肯的修改建议。笔者在后来的研究和写作过程中认真地参考了这位前辈的意见。借此机会,笔者向这位不知名的前辈表示衷心地感谢。现在,这部著作已经摆在读者面前,希望能够得到大家的指正,同时也希望能够引起这个研究领域的讨论。

目　　录

第一卷

商品资本的跨国流动

第一章　国内分工和国际分工

第一节　国内分工

一、社会分工

国际分工是国内分工跨越国境发展而发生的。国内分工包括社会分工、企业内部分工和企业网络分工三种基本形态。虽然社会分工在国家产生以前就出现了,但在国家形成以后社会分工首先表现为国内的社会分工,而社会分工又是企业内部分工和企业网络分工的前提。因此,要认识国际分工,首先要分析社会分工、企业内部分工和企业网络分工。

社会分工是指由于社会生产力的发展而引起的单一的生产群体分化为互相独立而又互相依赖的部门。社会分工既包括不同部门之间的分工,如生产部门包括工业、农业、商业等,也包括部门内部的分工,如工业分为冶金业、机器制造业、纺织业等。

在原始社会相当长的一段时期里,并没有出现社会分工。在氏族成员之间,只存在着以性别、年龄等生理因素为基础的自然分工。男人从事打猎、捕鱼等获取食物的工作,妇女担负管理家务、采集植物、制作食物和缝制衣服等工作,老人则负责制造劳动工具等工作。

在开始于公元前10000年的新石器时代,男人从长期狩猎活动中发现了某些动物可以驯化,他们为了获得稳定的食物来源便开始进行动物的驯化。首先驯化的是狗,其次是羊、猪、牛等。妇女则从植物的采集过程中发现了植物的生长规律,她们也逐步从采集植物发展为种植农作物。随着牧业和农业的发展,大约在公元前4000年,出现了专门从事农业和牧业的部落,这是第一次社会大分工。

在牧业和农业的发展的同时,手工业也有了一定的发展。早在开始于公元前10000年的新石器时代,人类已发明了制陶和纺织,并逐渐用陶轮来制陶,用织机来纺织。到了开始于公元前5000年的金石并用时代,人类从用天然铜来制作工具发展到用冶铜来制作工具。随后冶金、建筑、运输、工具制造不断地发展。这样,手工业逐渐从农、牧业分离出来,形成了专门的行业。这是第二次社会大分工。

在社会大分工以后,由于出现了农业、牧业、手工业,人们已经不是为自己进行生产,而是为交换进行生产,商品交换成为必要。这样,交换变为经常性的和固定化了,交换的规模和范围也不断扩大。到了奴隶社会初期,又出现了专门从事商品交换的商人,使商业从农业、牧业、手工业中分离出来,形成了第三次社会大分工。

这就是学术界公认的三次社会大分工。但在实际上,社会大分工仍在继续。由于原材料的供给、产品的加工、产品的消费不在同一个地方,交通运输开始发展起来。另外,人类在满足了吃、穿、住的基本需要以后,产生了对文化和娱乐的需求,一部分人开始专门从事提供文化和娱乐的活动。随着经济的发展,类似的为生产和消费提供服务的行业不断出现。

特别值得提出的是金融业的出现。随着商品交换的发展,货币开始广泛采用。在商品交换的过程中,需要对货币的真伪进行辨别以及对货币的成色进行鉴定,于是出现了在集市上以识别和兑换货币为业的钱商。在这些钱商积累了一定数量的货币以后,他们开始经营汇款和借贷业务。到了14世纪,在欧洲的热那亚和佛罗伦萨开始出现了银行,随后在其他欧洲国家也相继建立了银行。这些主要为生产和消费提供服务的服务业从农业、牧业、手工业、商业中分离出来,形成了新的一次社会分工。

笔者认为,服务业的形成是等同于前三次社会大分工的新的一次社会大分工。从社会生产部门的特征来看,农业主要从事植物的种植,牧业主要从事动物的饲养,手工业主要从事的是产品的加工,商业主要从事的是商品的交换,而服务业主要提供劳务。

首先,虽然服务业与农业、牧业、手工业一样都在提供某种产品,但是农业、牧业和手工业提供的是有形的产品,这些产品可以是生产性的,也可以是消费性的;而服务业提供的是无形的产品,这些产品同样可以是生产性的,也可以是消费性的。既然根据产品的基本特征分别将提供农产品、畜产品、加工品的部门划分为农业、牧业、手工业,也应该将提供无形劳务的服务业看作是同一层次的社会生产部门。

其次,虽然服务业与商业都在提供某种服务,但是商业提供的服务是发生在商品生产出来以后的交换过程,而服务业提供劳务本身就是商品的生产过程,两者具有本质的区别。目前,在学术界中关于是不是全部劳务的提供都是生产行为还存在分歧,但相当大的一部分劳务的提供属于生产行为已没有异议。这就是说,服务业提供劳务是在生产某种无形的产品,而商业则是从事已经生产出来的产品的交易,这两个部门显然是不同的。

再次,服务业已经是当代经济中的重要经济部门。从各国经济发展的时间序列分析以及发达国家和发展中国家的横截面分析来看,经济发展水平越高,服务业的产值在国内生产总值的比重就越大;科学技术水平越高,服务业在各个生产部门中的地位就越重要。但是,在社会大分工中却没有出现服务业的分工,这显然有悖于经济现实。

因此,不能将服务业看作是手工业或商业中的一个分支部门,它是一个与农业、牧业、手工业、商业平行的社会生产部门。服务业的产生可以称为第四次社会大分工。

在第四次社会大分工出现以后,形成了社会生产部门的基本格局,但这并不意味着社会分工已经结束,这些基本社会生产部门内部的社会分工从来没有停止过。以手工业为例,到公元前 700 年,在罗马的手工业中已经出现了金工、木工、陶工、革工等专业分工,其他文明古国也有类似的情况。这些专业分工已不是一个手工业内的工种的分工,而是不同的手工业的分工。到了 14 世纪,手工业内部的社会分工已发展到相当高的程度,如巴黎的手工业约有 350 种,法兰克福的手工业约有 107 种。在当代,工业内部的社会分工已经发展到很高的水平。目前工业通常包括采掘业、制造业、公用事业三大类型,其中的制造业就有 29 种行业,如果再细分行业就更多了。

在社会和经济的发展过程中,几乎每一次重要的技术创新,都会导致新的社会分工。例如,人类发明了电以后,就出现了电气设备制造业、发电业、电器产品制造业;电子计算机技术产生以后,也出现了计算机制造业、软件制造业、计算机服务业;如此等等。可以预料,只要存在商品生产和商品交换,只要科学技术在不断发展,社会分工就不会停止。

毫无疑问,社会分工是人类在生产过程中形成的一种生产关系,它的产生和发展是由社会生产力的发展决定的。社会生产力愈发展,生产部门就愈多,社会分工就愈细。当然,社会分工的发展又通过提高劳动者的熟练程度、改进生产的技术和提高劳动生产率反过来促进社会生产力的发展。但是,导致社会分工的机制是什么呢?这就是说,在社会生产力发展使社会分工成为可能的情况下,是什么机制使社会分工成为现实?

社会分工形成的机制是市场。在这里,市场是指商品交换的过程,它可以有不同的发展程度和存在的形式。在第一次社会大分工出现以前,各个部落内部已经有了剩余的产品,各个部落之间已经发生偶然的和不固定的产品交换,这就形成了市场的雏形。正因为可以进行产品的交换,某些部落才能够专门从事牧业或农业的活动,然后通过产品的交换来满足自己的其他需要,第一次社会大分工才会出现。显然,如果没有产品的交换,各个部落必须要为满足自己的需要而生产,也就不可能出现第一次社会大分工。马克思曾经指出:"交换没有创造各生产领域间的差别,但使已经不同的生产领域发生关系,并使它们转化为社会总生产中多少相互依赖的部门。在这个场合,社会的分工,是由原来不同并且互相独立的生产领域之间的交换而起。"①

但是,在市场处在雏形的阶段里,市场机制并没有形成,它还没有作为一种

---

① 马克思:《资本论》第 1 卷,人民出版社 1963 年版,第 374 页。

异己的力量在调节着人类的生产活动,它只是第一次社会大分工的条件。在这个阶段里,使第一次社会大分工成为现实的机制是劳动的效率,即人类付出劳动以后希望得到更多和更稳定的食物来源。在人类猎获动物和采集植物来充饥的情况下,人类的生活是很不稳定的。在没有猎获到动物和采集到植物时,人类只好忍受着饥饿。因此,当人类发现动物可以驯化和粮食可以种植以后,他们为了改变饥饱不匀的生活开始驯化动物和种植粮食。后来,人类在生产活动中发现,专门驯化动物或种植粮食可以生产出更多的产品。这样,专门驯化动物或种植粮食的部落相继出现,终于发生了第一次社会大分工。

在第一次社会大分工出现以后,商品的交换变得经常和固定了,市场也在不断发展。这样,市场机制逐渐开始发挥作用。所谓市场机制是指在市场中存在的竞争机制和价格机制。当生产者将他们的商品拿到市场上出售时,他们的商品便形成了竞争的关系。谁的商品质量高或价格低,谁的商品在竞争中就处在有利的地位。因此,在竞争机制的调节下,生产者不得不以最低的成本生产同样质量的商品,或者以同样的成本生产最高质量的商品。另外,在市场上,当某种商品供不应求时,商品的市场价格就会上升,生产这种商品的就会获得更多的利润,这种商品的生产就会增加。相反,当某种商品供过于求时,商品的市场价格就会下降,生产这种商品的利润就会下降,这种商品的生产就会减少。

在竞争机制和价格机制的作用下,生产者必须用更有效率的方法去生产市场需要的商品。而社会分工能够提高劳动者的熟练程度,改进生产的技术和提高劳动生产率,它成为达到这个目的的有效途径。正因为这样,一次次社会大分工相继出现,每一个生产部门内的社会分工也在不断地细化。随着市场的成熟和发展,市场机制对社会分工的调节作用越来越大。

虽然市场的调节是有效率的,但是市场也会发生失灵。从社会分工的角度分析,市场失灵表现在下述两个方面:一是市场不能调节公共物品的生产。例如,义务教育、疾病控制、公共道路等等,市场是不会提供的。二是市场对产业结构的调节比较缓慢。例如,在一项新的技术产生以后,如果这项技术不能带来利润,它是不会商品化的。因此,从一项技术的创新到形成一定的生产规模要有一个过程。从20世纪50年代开始,主要的资本主义国家普遍加强了政府对经济的干预,出现了各种形式的市场经济,如美国式的有调节的市场经济、德国式的社会市场经济、日本式的政府导向的市场经济,如此等等。

在新的历史条件下,社会分工的调节机制除了市场以外,还存在政府的作用。政府的作用表现在下述两个方面:一是由政府来提供公共物品。这样,有些公共物品的生产部门如义务教育、疾病控制的社会分工是由政府来调节的。二是由政府来催化新的产业的发展。对于某些有助于促进本国经济增长的新的技术和新的产品,政府往往通过财政和金融的手段来加快这些技术的采用和这些产品的生产,从而推动了社会分工。

在各种形式的市场经济体制中,政府对社会分工调节作用最大的是政府导向的市场经济体制。以日本为例,日本政府具有明确的产业政策。产业政策包括产业结构政策和产业组织政策,其中产业结构政策是使产业结构向有利于本国的方向发展。日本政府每个时期都确定该时期的主导产业,然后通过各种措施扶持这些主导产业的发展。例如,在 20 世纪 50 年代以后,日本政府先后将钢铁、造船、石油化工、汽车、合成纤维、电子计算机、家用电器、电子设备作为主导产业。在 20 世纪 90 年代以后,又将微电子、新材料、生物工程等产业作为主导产业。在确定了主导产业以后,日本政府就通过税收减免、优惠贷款、贸易保护等方式来促进这些主导产业的发展。在这种情况下,政府对于社会分工的发展发挥了重要的调节作用。

综上所述,在社会生产力发展到一定水平的基础上,在市场机制的调节下,由于社会分工可以带来更高的劳动生产率,从而出现了新的社会分工。

二、企业内部分工

企业内部分工的出现要比社会分工晚得多,它是社会分工的产物。

在第二次社会大分工即手工业从农业和牧业分离出来以后,在很长的一段时间里,手工业都是家庭手工业。家庭手工业是企业的雏形。到了 16 世纪,工场手工业开始产生,这标志着企业的形成。17 世纪,在英国、法国、德国、荷兰等国家相继出现了规模较大的工场手工业。马克思曾经指出,从 16 世纪中叶到

18世纪末叶,是手工制造业占统治地位的时期。马克思认为,手工制造业主要通过两种方式产生:一是"当一种产品在最后完成以前,必须通过不同种独立手工业的劳动者的手的时候,这些劳动者在同一个资本家的指挥下,在一个工场内结合起来"。二是"可以有多数做同一或同种工作的手工业者同时在同一个工场为同一个资本所使用"。①

英国的产业革命推动了企业的发展,工场手工业被采用机器进行生产的工厂所取代。1771年,在英国诞生了第一家水力纺织工厂,它标志着工厂发展阶段的开始。马克思曾经将工厂称为"以机器经营为基础的工场",他指出:"如果把劳动者除开不说,这种协作原来是若干同种又同时发生作用的工作机在空间上的集合。所以,许多机器织机在同一个工作建筑物内集合时,便形成了一个织布工厂;许多缝纫机在同一个工作建筑物内集合时,便形成了一个缝衣工厂。"②

但是,具有现代意义的企业是在1840年以后开始出现的。根据企业史学家钱德勒(A. D. Chandler)的研究成果,1840年建立的美国铁路运营公司是世界最早出现的现代企业。该公司主要经营铁路客运和货运业务,需要进行复杂的车辆调度等工作,因而需要一大批经理人员来安排、指挥和协调铁路运输,这样便产生了企业管理的层级制。从企业管理的角度分析,管理层级制是现代企业的基本特征。③

19世纪60年代,企业开始跨越国境向外发展。1856年,美国一家企业在英国爱丁堡建立了一家硫化橡胶厂,成为最早进行跨国经营的企业,但是该企业于19世纪60年代因经营问题不得不被关闭。1867年,美国胜家缝纫机公司在英国开办了工厂,成为了第一家成功地进行跨国经营的企业。1873年和1883年,该公司又相继在加拿大和澳大利亚设立装配厂和制造厂,并建立了世界性的销售网络。

---

① 马克思:《资本论》第1卷,人民出版社1963年版,第356—357页。
② 同上书,第402—403页。
③ 钱德勒:《看得见的手:美国企业的管理革命》,重武译,商务印书馆1987年版,第328页。

由此可见,企业的发展经历了家庭手工业、工场手工业、工厂、现代企业、跨国企业的过程。与企业发展相适应的是企业制度的发展。在家庭手工业的企业雏形阶段,企业制度基本上是业主制,即由一个人出资举办和自己经营的企业。到了工场手工业的发展阶段,开始出现合伙制和公司制,但是业主制和合伙制是企业制度的主要形式。合伙制是由两个以上的人出资举办、共同经营的企业。公司制企业是通过发行股份筹集资本,并由股东大会选举产生的董事会聘任经理进行管理的企业。1600 年,世界第一家具有实质意义的股份公司东印度公司在英国成立,它标志着公司制企业的开始。从工厂发展阶段开始,公司制企业得到了迅速的发展。到了现代企业的发展阶段,公司制已经成为最重要的企业制度。

企业内部的分工是在工场手工业发展阶段产生的。在工场手工业规模扩大以后,产生了在工场手工业内部划分工种的需要,从而出现了工种的分工。在17 世纪,实行较细分工的毛纺工场手工业在英国已经变得比较普遍。到了工厂的发展阶段,需要按照机器设备和生产工艺的要求来组织生产,在工厂内部不仅出现了工种的分工,而且出现了生产人员和管理人员的分工、生产与原材料的供应以及产品的销售的分工等等。在现代企业的发展阶段,则发生了在管理人员之间的进一步分工,如在生产管理、技术管理、营销管理、人事管理等方面的分工,并且生产了管理的层级制。

斯密(A. Smith)曾经对企业内部的分工作了充分的论述,并将它看作国民财富增长的基本原因。他在其代表作《国民财富的性质和原因的研究》第一篇中,用三章的篇幅论述了劳动分工。斯密以扣针制造业为例,说明在 18 种操作分别由 18 个人承担的条件下,劳动生产率大幅度提高。斯密认为,劳动分工的好处在于:提高劳动者的熟练程度,减少因工作转换而发生的时间的损失,推动可以简化和节省劳动的机械的发明。关于企业内部分工的原因,斯密认为是人类交换的倾向。用他的话来说,是人类互通有无、物物交换、互相交易的倾向。[①]

---

① 斯密:《国民财富的性质和原因的研究》,郭大力、王亚南译,商务印书馆 1972 年版,第 12 页。

显然,斯密混淆了社会分工和企业内部的分工。企业内部的分工是不同的人聚集在一个企业内来制作同样的产品,但社会分工是人们聚集在不同的企业制作不同的产品。企业内部的分工不是由产品的交换引起的,社会分工才是由产品的交换促成的。

马克思同样对企业内部的分工给予关注,他认为劳动分工还具有另外两个好处:一是以前在时间上依次进行的各个生产阶段,现在可以在空间上齐头并进了,这样能够在短时间内生产出大量的产品;二是由于工序的衔接使一组工人劳动的结果成为另一组工人劳动的始点,从而加强了劳动的强度。[①] 但是,马克思明确地区分了社会分工和企业内部的分工,他指出:"社会内部的分工和工场内部的分工,尽管有许多类似点和联系,但是两者仍然不仅有程度上的差别,而且有本质上的区别。"[②]按照马克思的分析,这些区别表现在下述方面:第一,社会分工的特征是劳动者的产品是商品,企业内部分工的特征是劳动者的产品不是商品,他们共同的产品才是商品。第二,社会分工是以生产资料分散在许多生产者手里为前提的,而企业内部分工是以生产资料集中在一个资本家手里为前提的。第三,社会分工是市场调节的,企业内部的分工是按照计划进行的。第四,社会分工只承认竞争的权威,企业内部的分工则承认资本家的权威。[③]

在马克思以后,企业内部的分工似乎没有引起主流经济学者们的注意。马歇尔(A. Marshall)在《经济学原理》第十和十一章中研究分工与工业地点的选择以及大规模生产的关系,但他所说的分工仍然是社会分工。1928 年,扬格(A. Young)发表了题为"递增报酬与经济进步"的,提出市场的扩大将导致劳动分工的深化,企业可以获得内部经济和外部经济的好处,从而可以获得规模报酬递增,试图唤起主流经济学对劳动分工问题的重视。[④] 但是,后来的经济学者们对劳动分工的研究并不多。新剑桥学派和新古典学派的代表人物琼·罗宾逊

---

① 马克思:《资本论》第 1 卷,人民出版社 1963 年版;第 366—367 页。

② 同上书,第 377 页。

③ 同上书,第 377—379 页。

④ A. Young, "Increasing Returns and Economic Progress", *Economic Journal* 38, 1928, pp. 527-542.

(J. Robinson)和萨缪尔森(P. A. Samuelson)在各自所著的《现代经济学导论》和《经济学》中,基本没有提及企业内部的分工。

斯密提出了企业内部分工的调节机制是产品的交换,但他实际上分析的是社会分工的调节机制。马克思没有专门分析企业内部分工的调节机制,但从马克思的论述中可以看到,马克思认为企业内部的分工是由资本家决定的。马克思指出:"手工制造业的分工,假定生产资料已经集中在一个资本家手里,在手工制造业内,比例数或比例性的铁则,使一定数的工人归属于一定的职能。"他明确提出了"资本主义生产方式的社会内社会分工的无政府与手工制造业分工的专制是互为条件的事情"[①]。

由此可见,在资本主义条件下,企业内部的分工是资本所有者的一种生产安排。而资本所有者能够和需要作出分工的安排,必须具备两个前提条件:一是生产资料已经私有化,生产的组织者拥有生产资料的所有权;二是存在市场的竞争,资本所有者为了获得更多的利润不得不不断地推动劳动分工。因此,企业内部分工的原因可以表述为,由于企业内部的分工可以促进劳动生产率的提高,在生产资料被私人占有以及市场存在激烈竞争的条件下,资本所有者或代理人为了资本的利益将生产过程中的某一部分职能赋予特定的劳动者。这意味着社会分工是由市场这只"看不见的手"来调节的,而企业内部的分工是由资本所有者这只"看得见的手"来调节的。

企业内部分工涉及企业起源的问题。关于企业的起源最有影响的解释有两种:一种是从斯密开始并由马克思发展的分工理论,另一种是科斯(R. H. Coase)提出的交易成本学说。按照马克思的看法,由于分工可以创造更高的劳动生产率,生产资料所有者将雇佣工人,以分工协作的方式进行生产,从而形成了企业。按照科斯的解释,使用市场价格机制是有成本的,这种成本称为交易成本。交易成本包括寻找信息的成本、合同谈判的成本、合同履行的成本等。企业存在的基本原因,是由于交易成本较高,人们为了节约成本,倾向于用内部的协调机

---

① 马克思:《资本论》第1卷,人民出版社1956年版,第378—380页。

制来取代市场价格机制,从而产生了企业这种组织形式。①

科斯的交易成本理论说明,当内部的协调机制的成本低于市场价格机制的成本时,人们选择在企业内部生产这种产品,从而形成了企业。当市场价格机制的成本低于内部的协调机制的成本时,人们选择在不同的企业生产这种产品,从而形成社会分工。具体地说,在产品由若干种部件组成的条件下,如果只存在市场,生产者只能通过市场购买中间产品,然后组装为最终产品,这样需要签订很多个契约,支付很高的交易成本。如果由代理人购买各种生产要素,在其组织和管理下进行最终产品的生产,将可以节约很多的交易成本,企业就是在这种情况下产生的。

从表面上看,马克思强调的是生产效率,科斯强调的是交易成本,两者存在一定的联系:生产效率低意味着交易成本高,生产效率高意味着交易成本低。但是,马克思的分工理论可以解释企业起源,科斯的交易成本理论则难以说明企业的起源。首先,科斯的解释存在逻辑上的问题。如果人们可以进行内部协调机制和市场价格机制的比较,那么已经存在企业,这样又如何能够用这种比较来说明企业的产生? 如果不存在企业,人们又如何进行内部协调机制和市场价格机制的比较? 其次,科斯的解释存在历史上的错位。在家庭手工业向工场手工业转变的过程中,虽然商品的交换变得经常了,但是市场并不完善,市场价格机制还没有形成,人们也无法进行尚未存在的内部协调机制和尚未形成的市场价格机制的比较。

实际上,企业的雏形在家庭手工业就产生了。对于家庭手工业者来说,只要分工能够生产更多的产品,他就采用分工的方式进行生产,这种分工从家庭成员内部的分工发展到使用帮工进行分工。随着财富的积累,随着帮工数量的增加,家庭手工业就转化为工场手工业,企业由此而形成。因此,马克思的解释清楚地说明,企业是一种生产资料所有制的形式,也是具有生产功能的组织形式。在社会生产力发展到一定的水平而私人又拥有生产资料的条件下,业主为了获得更高的利润雇佣工人以分工的方式进行生产,便产生了企业。

---

① R. H. Coase, "The Nature of the Firm", *Economica*, November, 1937, pp. 386-405.

第一章 国内分工和国际分工

三、社会分工与企业内部分工

前面的分析表明,企业内部分工不同于社会分工。但是,企业内部分工与社会分工又存在着密切的关系。由于马克思清楚地区分了企业内部分工与社会分工,他明确地指出:"手工制造业的分工规定社会内部的分工要已经有相当程度的发展。反之,手工制造业的分工也会发生反作用,使社会的分工发展并且增加。劳动工具分化了,生产这种工具的职业就会越来越分化。"①马克思的分析表明,社会分工是企业内部分工的前提。显然,如果手工制造业不从农业和牧业中分离出来,就不可能发生手工制造业内部的分工。但是,手工制造业内部的分工将使生产工具日益专门化,从而带动生产这些专门工具的部门的发展,即带动了手工制造业之间的分工。马克思的研究从一般规律上揭示了企业内部分工与社会分工的关系。

但是,如果撇开第一个层次的社会分工即农业、工业、商业和服务业的分工,讨论第二个层次的社会分工,如农业、工业、商业、服务业内部的分工,特别是这种工业和那种工业的社会分工,那么社会分工与企业内部的分工还存在某种替代关系。这就是说,商品生产既可以采用社会分工的形式,也可以采用企业内部分工的形式。如果社会分工与企业内部的分工存在替代关系,那么又是什么机制在调节着这种替代关系呢?

马克思的分工理论不仅可以解释企业的产生,同样可以解释社会分工与企业分工的替代。马克思一开始分析企业内部的分工就把它与协作联系在一起。企业内部的分工协作是为了实现更高的生产效率而产生的。但是,当企业内部的分工越来越细而企业又发展到一定的规模时,根据企业生产的产品的性质有可能出现两种情况:一种是难以有效地协作,造成生产效率的下降;另一种是可以有效地协作,仍然能够保持较高的生产效率。在前一种情况下,企业内部的分工将转化为社会分工。在后一种情况下,企业仍然实行内部的分工。这就是说,

---

① 马克思:《资本论》第1卷,人民出版社1963年版,第375—376页。

社会分工与企业分工的替代仍然取决于这两种分工的生产效率。

在社会分工与企业分工相互替代这个问题上,还有两种研究成果值得注意:一是施蒂格勒的产业生命周期假说,二是科斯的交易成本理论。

施蒂格勒(G. J. Stigler)指出,产业存在着生命周期。在一个产业的新生时期,由于市场狭小,生产过程的各个环节的规模比较小,不可能将各个生产环节独立为各个产业,因而该产业的产品由一个全能型的企业生产,分工主要表现为企业内部的分工。企业不仅生产最终产品,而且生产从原材料到最终产品的各种中间产品。但是,随着市场规模的扩大,该产业生产过程的各个环节的规模已很大,这些环节逐渐分化出去由各个独立的企业来承担,企业内部的分工转化为社会分工。到了这个产业的衰落时期,随着市场规模的缩小,已经分别由独立的企业来承担的各个生产环节又重新返回一个企业的内部,社会分工又转化为企业内部的分工。① 这种假说可以解释这样的现象:在钢铁企业建立的初期,由于钢铁的市场规模比较小,钢铁企业不仅冶炼钢铁,而且采掘铁矿石,冶炼和采掘是企业的内部分工。但是,在钢铁市场规模扩大以后,钢铁生产规模也随之扩大,铁矿石的采掘与钢铁的冶炼相分离,企业内部的分工转变为冶炼业和采掘业的社会分工。

但是,产业生命周期假说还只是一个假说,目前还很难证实社会分工是可逆的。这就是说,当企业内部的分工被社会分工所取代后,社会分工是否会重新被企业内部的分工所取代。从理论上说,在社会分工已经发生的条件下,如果市场规模缩小,企业也可以相应缩小生产规模,而不需要将社会分工重新转变为企业内部的分工。

科斯的交易成本理论在前面已经作了阐述。正如前面的分析所指出的,科斯的交易成本理论不能很好地解释企业的产生。但是,在市场价格机制已经形成并且变得较为完善的条件下,在企业内部生产日益复杂化并形成了内部协调机制以后,科斯的交易成本理论可以从成本的角度解释社会分工与企业分工的

---

① 施蒂格勒:"市场容量限制劳动分工",《产业组织与政府管制》,潘振民等译,上海三联书店1996年版,第22页。

替代。例如,在某种最终产品的生产过程中,需要经过一系列中间产品的生产阶段。如果从市场获得中间产品的交易成本高于企业内部协调生产的成本,企业将选择在企业内部生产中间产品,即企业采取内部分工的方式。相反,如果从市场获得中间产品的交易成本低于企业内部协调生产的成本,那么中间产品和最终产品将由不同的企业完成,即生产采取社会分工的方式。

四、企业网络分工

社会分工和企业内部分工是劳动分工的两种基本的形态。但是,在20世纪70年代以后,出现了一种新的劳动分工的形态——企业网络分工。企业网络分工是指以若干家企业以交易契约的方式而不是所有制的方式形成了一个相互依赖的企业网络,来生产某种最终产品。处于这个网络的企业形成垂直的生产关系,一个企业的产出品是另一个企业的投入品。

企业网络分工是介于社会分工和企业内部分工之间的一种分工。企业网络分工与企业内部分工不同,前者是由多个独立的企业完成同一个生产过程,后者是由一个独立的企业完成同一个生产过程。从这个角度来看,企业网络分工与社会分工是相似的。但是,企业网络分工也与社会分工不同,前者是指一个企业专门为另一个企业生产,企业之间存在密切的契约关系;后者是指一个企业为一般的企业生产,企业之间不存在密切的契约关系。从这个角度来看,企业网络分工又与企业内部分工是相似的。企业网络在20世纪70年代最早出现在日本和意大利。日本的企业网络是以大企业为核心形成的企业组织形式,意大利的企业网络是由中小企业形成的组织形式。

对于企业网络分工,同样可以根据马克思的分工理论从效率的角度进行解释。企业网络分工是为了克服企业内部分工协作出现困难而形成的。某些最终产品极为复杂,包括许多零部件。如果由一家企业来生产全部零部件,将出现极为复杂的分工,有可能产生协作上的困难,出现生产效率下降的现象。但是,这些最终产品的零部件并不都是通用的,而是某种最终产品所特有的。如果这些零部件以社会分工的方式来生产,由市场机制来调节,同样会影响这种最终产品的生产效率。正是在这种情况下,为了克服协作上的困难,提高生产效率,产生了企业网络的分工。企业网络分工意味着企业内部的分工转变为企业之间的分工,但企业之间通过契约的关系形成稳定的联盟。

例如,汽车的生产包括上万种零部件,而且每个零部件要通过许多工序才能完成。如果全部零部件都由一家企业来生产,将有可能由于协作上的困难出现生产效率下降的情况。如果全部零部件由各不相干的企业来生产,即便有可能,由于没有建立中间产品稳定的供给来源,汽车的生产将缺乏效率。正由于这个缘故,汽车行业最早出现诸如"丰田生产体制"的企业网络分工。但是,由于各个企业的管理方式和管理技术不同,企业内部分工和企业网络分工这两种分工形式的生产效率不一定是一样的,同样一种产品的生产所采用的分工方式就会不同。例如,日本汽车行业采用企业网络分工的方式来生产汽车,而美国汽车行业则采用企业内部分工的方式来生产汽车,这说明企业网络分工和企业内部分工的生产效率在这两个国家并不是一样的。

对于企业网络分工,科斯的交易成本理论也可以从成本的角度进行解释。如果某种最终产品的生产需要许多零部件才能完成,那么社会分工、企业内部分工和企业网络分工都是有可能发生的,关键问题在于协调这三种分工的成本的高低。社会分工需要市场来协调,企业内部分工需要企业来协调,企业网络分工需要契约来协调。这三种协调机制都要花费成本,哪一种协调机制的成本低,就会发生哪一种分工。从目前世界各国的情况来看,采用社会分工的方式生产包括许多零部件的最终产品的协调成本过高,因而通常采用企业内部的分工和企业网络的分工来生产这些产品。

如果说社会分工的调节机制是市场,企业内部分工的调节机制是企业,那么网络企业调节机制是什么呢?里查德逊(G. B. Richardson)在1972年9月号的《经济杂志》上发表了一篇题为"产业组织"的论文,提出了劳动分工具有三种协调方式,即市场、企业、网络。[①] 根据里查德逊的分析,网络协调方式适合于具

---

① G. B. Richardson,"The Organization of Industry", *The Economic Journal*, September, 1972, pp. 883-896.

有十分密切和相互依赖的两个或两个以上的企业的活动。如果企业的活动是同时为多家企业提供服务的通用性活动,企业之间不需要进行事前的计划和协调,因而可以通过市场机制来调节。如果企业的活动是为特定的企业提供服务的特定活动,企业之间就需要进行事前的计划和协调,这就是网络协调方式。由此可见,网络分工的调节方式实际上是企业之间进行劳动分工合作的调节方式。

网络机制是指各个企业通过长期和稳定的契约关系来规定各自的权利和责任,协调各自的生产活动。网络机制的交易成本主要是达成契约和履行契约的成本。处于核心地位的大企业与一系列中小企业进行谈判,根据生产的要求签订一系列的契约,然后监督着契约的履行。一旦各个企业形成同生死共存亡的关系,网络机制的调节成本就会下降。

在私有制消亡以后,劳动者在资本所有者的雇佣下为生存而被束缚在某个工序上这种意义的分工将不存在。但是,只要有生产,人们在同一时点上总在从事着某个行业、某个机构、某种工作这种意义上的分工就将存在。随着经济的发展和科学技术的进步,社会分工、企业内部分工、企业网络分工将不断发展和深化。

在国家形成以后,国内分工包括社会分工、企业内部分工和企业网络分工。正是在国内分工发展到一定程度以后,进一步形成了国际分工。

第二节　国际分工

一、国际分工的形成和发展

国际分工是指世界各国之间的劳动分工,它的形成和发展经历了若干阶段:

第一个阶段开始于 16 世纪和 17 世纪,当时欧洲国家处于资本原始积累时期。这个阶段的国际分工主要表现为宗主国和殖民地之间的国际分工。欧洲的殖民主义者利用暴力的手段在亚洲、非洲、拉丁美洲建立殖民地,并强迫殖民地生产他们所需要的农产品和矿产品,从而形成了最初阶段的宗主国和殖民地的国际分工。宗主国以不平等的贸易手段向殖民地提供手工制品,然后在殖民地建立矿山以及烟草和甘蔗等种植园,从殖民地掠夺矿产品和农产品。

第二个阶段开始于 18 世纪和 19 世纪,当时在英国等欧洲国家发生了产业革命。这个阶段的国际分工主要表现为宗主国和殖民地之间的国际分工以及以英国为中心的国际分工。英国首先完成了产业革命,建立了机器大工业。随着社会生产力迅速发展,英国成为了世界上经济实力最强的国家,也成为了国际贸易的中心。首先,英国国内市场已经容纳不了机器大工业所生产的商品,英国需要在世界范围内开辟新的市场。其次,英国机器大工业的发展消耗大量的原材料,英国需要在世界范围内寻找原材料的来源。再次,由于英国的机器大工业给英国带来了丰厚的利润,英国的社会资源转向制造业,英国还需要从外国进口农产品。当时英国统治者的话是最好的写照:"英国应当成为'世界工厂';其他国家对于英国应当同爱尔兰一样,成为英国工业品的销售市场,同时又供给它原料和粮食。"①英国当时成为工业制成品的主要供给国,它的殖民地或相对落后的国家则成为原材料和农产品的供给国。

第三个阶段开始于 19 世纪末 20 世纪初,当时自由竞争的资本主义向垄断的资本主义过渡。随着各资本主义国家经济的发展,这个阶段的国际分工表现为宗主国和殖民地之间的国际分工、工业制成品生产国和初级产品生产国之间的国际分工,以及工业制成品生产国之间的国际分工。经济落后的国家工业发展水平比较低,工业制成品的竞争能力比较弱,他们不得不用初级产品向经济发达的国家交换工业制成品,从而形成了工业制成品生产国和初级产品生产国之间的国际分工。一批经济发达国家的崛起改变了英国经济一枝独秀的状况,它们之间也逐渐形成了工业制成品生产中的分工,如德国专门生产皮革、挪威专门生产铝、比利时专门生产钢、芬兰专门生产木材等等。

第四个阶段开始于 20 世纪 50 年代,随着殖民主义体系土崩瓦解和跨国公

---

① 恩格斯:"英国工人阶级的状况",《马克思恩格斯全集》第 22 卷,人民出版社 1965 年版,第 375 页。

司的迅速发展,这个阶段的国际分工表现为发达国家和发展中国家之间的国际分工、发达国家之间的国际分工,以及跨国公司的发展导致的企业内部和企业网络的分工。在殖民主义体系瓦解以后,宗主国和殖民地之间的国际分工随之消失,代之而起的是发达国家和发展中国家之间的国际分工。由于许多发展中国家都是以前的殖民地或半殖民地国家,殖民主义时代的国际分工给它们打下了深刻的烙印,发达国家和发展中国家之间的国际分工开始还是工业制成品生产国和初级产品生产国之间的国际分工,后来逐渐演变为资本密集型产品生产国和劳动密集型产品生产国之间的国际分工。其中劳动密集型产品已不仅是农产品或矿产品,而且还包括越来越多的工业产品。发达国家之间的国际分工除了部分发达国家由于拥有独特和丰富的自然资源而专门生产自然资源产品和畜牧产品以外,主要还是工业产品生产国之间的国际分工。另外,跨国公司的发展使企业内部的分工和企业网络的分工跨越国境,形成了新的国际分工。

在国际分工的第四个发展阶段,有两种现象值得注意:第一种现象是从 20 世纪 50 年代开始,在某些国家的中心城市逐渐形成了国际金融中心,如西欧区的伦敦、苏黎世、巴黎,加勒比海和中美洲区的开曼群岛、巴哈马群岛,中东区的巴林,亚洲区的新加坡、香港、东京,北美区的纽约等。这意味着国内的其他产业和金融业的分工已经发展为国际的其他产业和金融业的分工。第二种现象是从 20 世纪 80 年代开始,在世界范围内发生了经济全球化的浪潮。在经济全球化的过程中,国际分工的广度和深度发生了前所未有的发展,国际分工体系变得更加成熟。

二、社会分工与国际分工

国际分工分别是由国内的社会分工、企业内部分工和企业网络分工跨越国境发展而形成的。最初的国际分工是国内的社会分工跨越国境发展而形成的。

在国家形成以后,各国普遍发生了四次社会大分工,出现了农业、牧业、手工业、商业、服务业。但是,在从 16 世纪和 17 世纪开始的国际分工的第一阶段中,在宗主国和殖民地的国际分工形成以后,宗主国侧重于生产手工业制品,而殖民地则侧重于生产矿产品和农产品,宗主国和殖民地内部农业、矿业和手工制造业的分工发展为宗主国和殖民地之间的国际分工。在从 18 世纪和 19 世纪开始的国际分工的第二阶段中,仍然继续着英国和其他宗主国与殖民地和其他经济落后国家之间由社会分工发展而成的农业、矿业和手工制造业的国际分工。在从 19 世纪末 20 世纪初开始的国际分工的第三阶段中,出现了发达国家之间由社会分工发展而成的不同工业之间的分工。在从 20 世纪 50 年代开始的国际分工的第四个阶段中,国际金融市场的产生同样是社会分工所导致的国际分工。由此可见,由各国国内的社会分工演变而来的国际分工是国际分工的重要形式,它是前三个阶段的国际分工的主要形式。

正如资本原始积累的历史是一部血与火的历史一样,国际分工形成的历史也是一部血与火的历史。如果撇开国际分工形成过程中的暴力因素而从经济学的角度分析,不少经济学者已经分析了这种由国内社会分工转变而来的国际分工的原因。

斯密没有专门论述国际分工的原因,但他在出版于 1776 年的《国民财富的性质和原因的研究》中批评限制进口国内可以生产的商品的主张时指出:"如果一件东西在购买时所费的代价比在家内所生产时所费得少,就永远不会想在家内生产,这是每一个精明的家长所知道的格言。裁缝不想制作他自己的鞋,而向鞋匠购买。鞋匠不想制作他自己的衣服,而雇裁缝制作。农民不想缝衣,也不想制鞋,而宁愿雇佣不同的工匠去做。他们都感到,为了他们自身的利益,应当把他们的全部精力集中使用到比邻人处于某种有利地位的方面,而以劳动生产物的一部分或同样的东西,即其一部分价格,购买他们所需要的其他任何物品。在每一个私人家庭的行为中是简明的事情,在一个大国的行为中就很少是荒唐的了。"①

在这里,斯密表达了一种重要的思想:如果某种产品 X 在 A 国生产成本较低,在 B 国生产成本较高,而另一种产品 Y 在 A 国生产成本较高,在 B 国生产

---

① 斯密:《国民财富的性质和原因的研究》下卷,郭大力、王亚南译,商务印书馆 1974 年版,第 28 页。

成本较低,那么 A 国应该专门生产产品 X,然后用它来交换产品 Y,而 B 国应该专门生产产品 Y,然后用它来交换产品 X。这就是说,各国应该专门生产绝对成本较低,从而具有优势的产品,然后用它与别的国家交换假若本国生产绝对成本较高,从而具有劣势的产品,这样双方都能从国际分工得到好处。斯密的这种思想被称为绝对优势理论。按照斯密的绝对优势理论,国际分工是由产品生产成本的差异造成的。各国为了获得更多的利益,专门生产绝对成本较低的产品,用它去交换绝对成本较高的产品,从而形成了国际分工。

李嘉图(D. Ricado)是第一个系统分析了国际分工的原因的经济学家。他在出版于 1817 年的《政治经济学及赋税原理》中,用一个具体例子阐述了国际分工的原因:假定在国际分工发生以前,英国生产一定数量的毛呢需要 100 人 1 年的劳动,酿制一定数量的葡萄酒需要 120 人 1 年的劳动;葡萄牙生产同样数量的毛呢需要 90 人 1 年的劳动,酿制同样数量的葡萄酒需要 80 人 1 年的劳动。虽然葡萄牙可以用 90 人 1 年的劳动来生产毛呢,但因为专门酿制葡萄酒可以使它从英国交换到更多的毛呢,它宁愿从需要 100 人 1 年的劳动生产毛呢的英国进口。另外,英国专门生产毛呢,然后与葡萄牙交换在国内需要 120 人 1 年的劳动才能酿制的葡萄酒,同样可以得到利益。况且,英国专门生产毛呢,葡萄牙专门生产葡萄酒,还会带来劳动生产率的提高。[①]

李嘉图的分析表明,葡萄牙生产毛呢和葡萄酒的绝对成本都低于英国,都具有绝对优势。但是,如果将李嘉图所说的一定数量的毛呢或葡萄酒称为既定数量的毛呢或葡萄酒,葡萄牙多生产既定数量的毛呢需要放弃 1.1250 倍既定数量的葡萄酒(=90 人年/80 人年),而多生产既定数量的葡萄酒需要放弃 0.8889 倍既定数量的毛呢(=80 人年/90 人年)。英国多生产既定数量的毛呢需要放弃 0.8333 倍既定数量的葡萄酒(=100 人年/120 人年),而多生产既定数量的葡萄酒需要放弃 1.200 倍既定数量的毛呢(=120 人年/100 人年)。如果将一个国家多生产既定数量的一种产品需要放弃既定数量的另一种产品的倍数称为相对成

① 李嘉图:《政治经济学及赋税原理》,郭大力、王亚南译,商务印书馆 1962 年版,第 113—118 页。

本,那么英国生产毛呢的相对成本低于葡萄牙,而葡萄牙生产葡萄酒的相对成本低于英国。

在英国和葡萄牙没有发生交换的情况下,在葡萄牙毛呢的价值是葡萄酒价值的 1.1250 倍,在英国毛呢的价值是葡萄酒价值的 0.8333 倍。这意味着在葡萄牙专门生产葡萄酒而英国专门生产毛呢,并且这两个国家发生交换的情况下,毛呢的价值与葡萄酒价值之比高于 0.8333 倍或低于 1.1250 倍对于双方来说都是可以接受的。原来葡萄牙在国内要用 1.1250 倍既定数量的葡萄酒才能交换到既定数量的毛呢,现在用少于 1.1250 倍既定数量的葡萄酒就能够与英国交换到既定数量的毛呢。英国原来在国内要用既定数量的毛呢才能交换到 0.8333 倍既定数量的葡萄酒,现在用既定数量的毛呢就能够与葡萄牙交换到多于 0.8333 倍既定数量的葡萄酒。如果再考虑到英国和葡萄牙生产的专业化导致的劳动生产率的提高,那么国际分工给双方国家带来的好处就更大了。

李嘉图成功地证明了对于两个国家来说,如果它们专门生产相对成本较低的产品,与对方国家交换相对成本较高的商品,那么双方都可以得到更大的利益。这就是说,国际分工由相对成本的差异造成的。人们将李嘉图的这种思想称为比较优势理论。

赫克歇尔(E. F. Heckscher)和奥林(B. Ohlin)也分析了国际分工的原因。赫克歇尔在 1919 年发表了题为"对外贸易对收入分配的影响"的论文,[1]用生产要素的密集度来解释国际贸易的原因。奥林在 1933 年出版的《地区间贸易和国际贸易》中指出,影响商品的需求的因素是消费者的欲望和生产要素所有权的情况,影响商品供给的因素是生产要素的供给和生产的物质条件。在不考虑商品需求的条件下,假定生产的物质条件相同,即生产商品所使用的生产要素的比例相同,那么国际分工是由各国生产要素的禀赋不同所造成的。如果在 A 国某种生产要素的供给比较充裕,只要不被该生产要素的需求所抵消,该生产要素的价格就比较低;相反,如果在 B 国这种生产要素的供给比较缺乏,只要不被该生产

---

① E. F. Heckscher,"The Effect of Foreign Trade on the Distribution of Income", *Ekonomisk Tidskrift*, 1919, pp. 497-512.

要素的需求所抵消,该生产要素的价格就比较高。假设生产某种商品需要较大比例的该生产要素,那么 A 国生产该商品的成本较低,B 国生产该商品的成本高,A 国将专门生产这种商品并向 B 国出口这种商品。

奥林指出:"是某一地区的生产要素的比例来决定适合于什么样的具体产业。"他还在下面的话下加了着重号:"每一地区在生产某些产品上具有优势,即该产品含有该地区拥有丰盛而便宜的相当大量的生产要素。"奥林认为这就可以解释为什么澳大利亚生产羊毛,美国生产小麦,加拿大生产木材,如此等等。① 按照奥林的看法,各国应该专门生产那些需要大量使用某种生产要素,而该国又拥有充裕的这种生产要素的商品。生产要素禀赋的差异所形成的商品成本和价格的差异,是国际分工的原因。赫克歇尔和奥林的这种思想被称为资源禀赋学说。

在赫克歇尔—奥林的资源禀赋学说产生以后,人们把产品划分为自然资源密集型产品、劳动密集型产品、资本密集型产品、技术密集型产品,并用赫克歇尔—奥林的资源禀赋学说说明为什么在不同的国家生产不同的生产要素密集型产品。如果说李嘉图的比较优势理论推进了斯密的绝对优势理论,那么赫克歇尔—奥林的资源禀赋学说则解释了各国在生产产品过程中为什么具有绝对优势或比较优势。

斯密、李嘉图和奥林的理论从不同的角度阐述了国际分工的原因,直到现在对经济现实还仍然有解释力。李嘉图的比较优势理论比斯密的绝对优势理论更加深刻,尽管一个国家对另外一个国家在各种产品的生产上具有绝对优势,但只要它们在不同的产品的生产上具有比较优势,这两个国家之间也会发生贸易关系。但是不能否认,在当今世界上,仍然有不少国家在出口它们具有绝对优势的产品,进口绝对劣势的产品。另外,一个国家在某种产品的生产上具有绝对优势或比较优势可以有多种原因,但是生产要素质量和数量的差异无疑是其中最重要的原因,奥林的资源禀赋学说正是在这个方面发展了斯密的绝对优势理论和李嘉图的比较优势理论。

在肯定斯密、李嘉图和奥林的贡献的基础上,还应该指出,国内的社会分工

---

① 奥林:《地区间贸易和国际贸易》,王继祖等译,商务印书馆 1986 年版,第 9—16 页。

跨越国境发展为国际分工的过程实际上也是资本主义生产方式向世界范围扩张的过程。正如前面的分析所表明的,最初的国际分工是处于资本原始积累时期的宗主国和殖民地之间的国际分工。殖民主义者通过暴力的手段征服了殖民地以后,在殖民地大规模地建立矿山和种植园,催化了殖民地的资本主义因素。在产业革命发生以后,资本主义强国通过将机器大工业所生产出来的廉价商品销往经济落后的国家,以及从经济落后的国家采购原材料和农产品的方式,把还处于自然经济状态的经济落后的国家卷入资本主义的交换和分工体系,从而促进了这些国家资本主义生产方式的发展。因此,国际分工体系的形成是资本在世界范围内扩张的结果。正如马克思所指出的:资产阶级"把一切民族甚至最野蛮的民族都卷到文明中来了。它的商品低廉的价格,是它用来摧毁一切万里长城、制服野蛮人最顽强的仇外心理的重炮"。"它按照自己的面貌为自己创造出一个世界。"①

调节着国内分工的机制是国内市场,调节着国际分工的机制是国际市场。国际分工和国际贸易是相辅相成相互促进的。没有初步的国际贸易的发生,就不会出现国际分工;没有国际分工,国际贸易就不会发展;没有国际贸易的发展,又不会有国际分工的深化。从生产和交换的关系来看,生产是第一性的,交换是第二性的。因此,国际分工是国际贸易的基础。但是,在国际分工基础上的国际贸易形成以后,它对国际分工产生强有力的调节作用。各个国家在农业、牧业、工业的分工,以及在农业、牧业、工业内部的分工,是通过国际市场的调节实现的。

国际市场对国际分工的调节作用同样是通过价格机制实现的。在国际市场上形成了不同的贸易商品的相对价格,这些相对价格将随着贸易商品的需求和供给的变化而变化。如果一个国家用它的出口商品可以交换到更多的进口商品,它就会生产更多的出口商品,从而导致国际分工的深化。如果一个国家原来生产和出口某种商品无利可图,现在由于国际市场上商品相对价格的变化,这个国家生产和出口这种商品变得有利可图,它将生产和出口这种商品,从而导致国际分工的变化。

---

① 《马克思恩格斯全集》第 1 卷,人民出版社 1956 年版,第 255 页。

三、企业内部分工与国际分工

国内企业内部分工跨越国境发展形成国际分工是通过跨国公司的形式实现的。跨国公司产生于 19 世纪 60 年代,但到了 20 世纪 70 年代才迎来迅速发展的时期。跨国公司由分设在两个或两个以上国家的经济实体组成的企业,这些经济实体可以具有不同的法律形式和活动范围,但它们的业务是通过一个或多个决策中心,根据既定的政策和共同的战略来经营的。由于所有权或其他因素,在企业内部的各个实体中,有一个或一个以上的经济实体能够对其他经济实体的活动施加重要影响。企业内部分工所导致的国际分工是国际分工发展的第四个阶段的主要分工方式,它表现为跨国公司内部水平的国际分工和垂直的国际分工。

跨国公司内部水平的国际分工是指跨国公司在不同的国家建立子公司,根据当地的市场需要按照同样的生产方式来生产同样的商品。从跨国公司的角度来说,各个子公司同属母公司,它们的分工是企业内部的分工。从母公司和子公司所在国的角度来看,母公司以及各个子公司分处不同的国家,它们分别生产同样的商品,它们之间的分工是国际分工。

跨国公司所以采取内部的水平国际分工,通常是因为跨国公司拥有某种处于优势地位的无形资产,如专利、技术、商标、品牌、管理、营销等。对于跨国公司来说,可以有两种选择:一是把这些无形资产出售给外部公司,二是自己利用这些无形资产进行生产。

如果采取前一种方式,将存在下述问题:首先,有的无形资产是可出售的,如专利、技术;有的无形资产是不可出售的,如管理、营销。分拆无形资产出售将大大降低了无形资产整体的价值,对跨国公司造成不利影响。其次,即使这些无形资产是可出售的,而且出售这些无形资产可以获得丰厚的收益,如果跨国公司出售这些无形资产,那么它将给外部公司提供一个与自己竞争的机会,从而对于母公司的生产造成不利影响。因此,只有在跨国公司的专利或者技术已经过时,它已经研制出新的专利和技术,别的公司掌握原有的专利和技术不会对它造成威胁时,它才考虑采用出售无形资产的方式。

如果采取后一种方式,将产生下列好处:首先,可以充分利用无形资产的优势。跨国公司在国外设立子公司来进行生产,避免了分拆无形资产出售所带来的不利影响,发挥无形资产的整体效用。其次,可以产生规模经济的利益和外部正效应。在跨国公司拥有优势的无形资产的条件下,生产规模越大,无形资产的效率就越高,从而能够带来规模经济的好处。另外,当母公司或子公司发生了技术创新,或者开拓了新的市场,可以不必支付额外的代价而被跨国公司内部的其他公司所利用,从而带来了外部正效应。

跨国公司内部垂直的国际分工是指跨国公司根据世界各国生产要素禀赋的情况建立子公司,将不同的生产环节或不同的生产工序交由不同的子公司来承担,从而形成相互依赖的生产体系。同样,各子公司同属于母公司,它们的分工是企业内部的分工。但是,母公司和各子公司分别处于不同的国家,它们共同生产同样的商品,它们之间的分工是国际分工。

最初,跨国公司实行内部垂直的国际分工是为了确保原材料的供给。它们在经济落后的国家建立矿山和种植园,生产原材料或初级产品,然后再运回母公司进行深加工,最后生产出最终产品。后来,跨国公司实行内部垂直的国际分工是为了降低交易成本和提高交易效率。对于跨国公司来说,要共同生产同一种产品,同样有两种方式可以选择:一是在世界范围内采购中间产品,然后把它们加工成最终产品;二是在合适的国家设立子公司,分别生产不同阶段的中间产品,最后再由母公司或子公司加工成最终产品。前者需要通过跨国公司的外部市场进行交易,后者则可以在跨国公司的内部市场进行交易。显然,哪一种市场的交易成本较低、交易效率较高,跨国公司就会选择哪一种方式。

关于这个问题,巴克利(P. J. Buckley)和卡森(M. Casson)的内部化理论作了解释。内部化理论(The Theory of Internalization)的思想来源于科斯的交易成本理论。科斯在 1937 年发表的《企业的性质》中指出,由于市场不完善、缺乏效率以及信息不充分,导致企业的交易成本增加,企业通过一定的组织形式,将各项交易纳入企业内部进行,用内部市场取代外部市场,以节约运行成本。巴克利和卡森在 1976 年出版的《跨国公司的未来》中发挥了科斯的交易成本理论,提出了内部化理论。拉格曼(Allan Rugman)在 1981 年出版的《跨国公司的内幕》

中进一步发展了该理论。

内部化理论认为,市场内部化形成主要有以下原因:第一,中间产品市场的不完全。中间产品不仅指半成品和原材料,而且包括具有专利权的技术和人力资本中的知识与信息。前者依靠外部市场供给不仅来源不稳定,质量不可靠,而且价格变动大,交易成本高。后者的实际价值和效果难以确定,从而使买卖双方难以成交。即使能够成交,买卖双方都存在泄密的可能,使技术为社会所共享。面对中间产品交易的困难,企业将力求使中间产品的交易内部化。第二,外部市场的失效。外部市场往往存在着许多不确定的因素,使买方与卖方之间存在严重的信息不对称现象,产生交易的不确定性,导致外部市场失效。企业难以充分利用外部市场有效地协调其生产经营活动,于是用内部市场取代外部市场,使社会资源在企业内部得到合理的配置和充分的利用。第三,外部市场交易成本过高。外部市场的交易成本一般包括发现中间产品价格的成本,搜索交易对象的成本,确定合约双方责任权利的成本,谈判达成协议的成本,签订合同并监督实施的成本,接受合约的有关风险,有关市场交易应付税款等。此外,政府对汇率、关税的干预也构成成本。如果外部市场交易成本大于内部市场交易成本,企业就必然实行交易的内部化。

按照巴克利和卡森的看法,当企业交易的内部化过程跨越了国境发展,便形成了跨国公司。跨国公司通过在内部建立市场,来代替外部市场,以解决中间产品市场和外部市场不充分所带来的过高交易成本的问题,促进了跨国公司在国际分工的扩展。跨国公司将开发、生产、销售等职能统一于公司内部,并将承担这些职能的子公司安排到能够最好地实现公司全局战略的国家。①

四、企业网络分工与国际分工

国内企业网络分工跨越国境发展形成国际分工同样是通过跨国公司的形式

---

① P. J. Buckley and M. Casson, *The Future of the Multinational Enterprise*, London, Macmillian,1976;A. M. Rugman,"Inside the Multinationals", *The Economics of Internal Markets*,London:Croom Helm, 1981.

实现的。20 世纪 80 年代以后,跨国公司内部垂直的国际分工出现前移的现象。这就是说,在最终产品的整个生产过程中,跨国公司将前面的生产阶段如新产品的研制和新技术的开发仍然置于内部垂直的国际分工,而将后面的生产阶段如原材料、零部件等中间产品的生产分包给不同国家的外部合作企业,最后再由母公司或子公司把中间产品加工成最终产品。这样,就形成了企业网络的国际分工。

从企业网络的国际分工可以看到,网络内的公司并不同属于母公司,它们之间的分工不是企业内部的分工而是不同企业的分工。但是,网络内的公司又不是简单的产品买卖的关系,而是一种生产联盟的关系,相互之间存在着长期稳定的联系,即相互之间形成了一个网络。另外,网络内的公司分处不同的国家,它们相互衔接并共同生产同一种最终产品。

企业网络的国际分工是按照价值链进行的。价值链又称为生产链或商品链,它是指企业创造价值的过程中相互区别和相互联系的经济活动,它反映了企业生产过程中的不同的职能。价值链可以划分为上游环节和下游环节。上游环节包括原料的供应、产品的研制、技术的开发、产品的加工等,它的中心是产品。下游环节包括产品的储运、产品的销售、售后的服务等,它的中心是顾客。在价值链的不同环节中,对生产要素的要求是不同的。例如,产品研制和技术开发需要的是具有专业技术知识的科学技术人员,产品加工和产品储运需要的是具有一定操作技能的工人。由于各个国家生产要素的禀赋不同,跨国公司就可以将价值链中的各个环节包给最合适的国家的企业去完成,从而形成了企业网络的国际分工。

目前,企业网络的国际分工广泛存在。例如,美国耐克公司年销售量达数十亿美元,该公司的雇员约 9000 人,主要从事产品设计、技术开发、市场营销等工作,产品全部实行分包生产,分处世界各国的分包商所雇佣的工人将近达到耐克公司雇员的 10 倍。再如,美国福特汽车公司在 20 世纪 90 年代实现世界轿车战略,汽车的设计在英国和德国进行,四缸发动机在欧洲其他国家生产,六缸发动机、操纵系统、自动变速器在美国和加拿大开发,其他零部件由分布世界的分包商生产,最后由福特汽车公司设在不同国家的子公司装配成轿车并在当地销售。

正如国内的企业网络分工是由国内的网络机制调节一样,国际企业网络分工是由国际网络机制调节的。地处不同国家的各个企业从各自的长期的利益考虑,通过契约关系来规定各自的权利和责任,协调各自的生产活动,组成稳定的战略联盟。在网络内各个企业的分工趋于细致的条件下,它们相互依存的程度不断加强,网络机制的调节成本将下降而调节效率将提高。

第三节　国际分工与国际贸易

一、国际分工与国际贸易的关系

国际分工与国际贸易是相辅相成和相互推动的。如果一定要探究是国际贸易导致国际分工还是国际分工导致国际贸易,那么在人类历史上这两种情况都是存在的。

在没有受到外部强制力的条件下,在经济的自然发展过程中,是国际贸易导致国际分工。在人类的历史上,随着社会生产力的发展,产生了社会分工。随着剩余产品的出现,产生了阶级。当阶级矛盾发展到一定程度时,产生了国家。在国家与国家之间,商品的贸易从偶然发展到经常。各国在商品贸易的过程中,发现有的商品是本国不能生产的,而有的商品是外国不能生产的;有的商品在本国生产成本较低或质量较高,有的商品在外国生产成本较低或质量较高,它们逐渐地更侧重生产本国有优势的商品,从而产生了国际分工。

但是,经济的发展进程往往不是自然的和渐进的,它会受到外部强制力的作用而发生突变。在近代史上,是国际分工导致了国际贸易。殖民主义者通过暴力的手段征服了殖民地以后,按照自己的意志实行国际分工。他们在殖民地大规模地建立矿山和种植园,强迫殖民地为宗主国提供农产品和工业原料,而他们则把工业制品销往殖民地。资本主义时代的国际贸易,就是这种强制性的国际分工所导致的。殖民主义者对殖民地的控制、奴役、掠夺持续了约 400 年,给当代的国际分工打下了深刻的烙印。

从起源来看,既存在国际贸易产生国际分工的情形,也存在国际分工产生国际贸易的情形。但是,从逻辑上看,是国际分工决定了国际贸易。在人类的经济活动中,生产是第一性的,交换是第二性的,生产决定了交换。在国际分工和国际贸易的关系上,国际分工说明生产什么,国际贸易说明交换什么,国际分工决定了国际贸易。但是,正如前面第一章第二节的分析所表明的,国际分工的调节机制是国际市场。这意味着国际贸易反过来对国际分工产生影响,它调节着国际分工,促使国际分工的变化和发展。国际分工和国际贸易这种决定和被决定、作用和反作用的关系在成熟的国际分工和国际贸易形态上可以表现出来:

首先,国际分工决定了国际贸易的流向。在国际分工体系里,各个国家都在生产和出口具有比较优势的商品,从而决定了国际贸易的流向。例如,中东国家、部分非洲国家、俄罗斯主要生产和出口石油,美国和欧洲主要生产和出口航空和航天产品和服务,日本主要生产和出口轿车、电子产品,瑞士、智利、巴西分别向全世界出口手表、铜、咖啡,如此等等。

其次,国际分工的方式决定了国际贸易的结构。在垂直式的国际分工即由不同的国家完成一种商品的生产的占主要地位的条件下,国际贸易主要是初级产品和工业制品的贸易。在垂直式的国际分工转向水平式的国际分工即各个国家生产同样的产品的条件下,工业制品的贸易成为主要的贸易产品。在企业内国际分工和企业网络国际分工迅速发展的条件下,中间产品的贸易也在迅速发展。

再次,国际分工的格局决定了国际贸易的利益分配。资本主义时代的国际分工是从宗主国和殖民地的国际分工开始的。在第二次世界大战以后,宗主国演变为发达国家,而殖民地则成为发展中国家。宗主国和殖民地的国际分工格局至今还影响着发达国家和发展中国家的国际分工格局。发达国家主要出口的是高附加值的技术密集型或资本密集型产品,发展中国家则主要出口低附加值的初级产品和劳动密集型产品。这种国际分工的格局决定了发达国家获得了绝大部分的国际贸易利益,而发展中国家只获得很小一部分国际贸易利益。

但是,国际贸易也不是被动地取决于国际分工,它反过来调节着国际分工,对国际分工产生重要影响。

第一章 国内分工和国际分工

在现行的国际贸易结构条件下,如果一个国家在某种商品的生产上具有较大的比较优势,这种商品在国际贸易中就具有较大的竞争力,该国出口这种商品可以交换到的进口商品数量就越多,这就促使该国将更多的社会资源投入到这种商品的生产,从而深化了国际分工。例如,发达国家所进口的劳动密集型产品和部分资本密集型产品几乎是本国可以生产的,但是它们在别的资本密集型产品和技术密集型产品具有很大的比较优势,它们通过国际贸易用这些比较优势的商品可以交换到更多的比较劣势的商品,它们就放弃了比较劣势的商品的生产,从而深化了国际分工。

另外,随着科学技术的进步,新的产品不断创造出来。即使一个国家在原来的出口商品的生产上对原来的进口商品仍然具有比较优势,但是它在新产品的生产上对原来的出口商品具有比较优势,对原来的进口商品具有更大的比较优势,通过国际贸易可以交换到更多的原来出口和进口的商品,该国将会放弃一部分原来的出口商品的生产,从而导致国际分工的变化。例如,随着新产品的出现,发达国家在新产品的国际贸易中获得更大的贸易利益。在国际市场的调节下,它们把越来越多的社会资源投向新产品的生产,导致它们产业结构的升级和国际分工的变化。

二、 国际贸易的本质

在现代经济条件下,国际分工和国际贸易的相互推动使国际分工和国际贸易发展到较高的程度,国际贸易成为了产业资本循环的一个重要环节和重要条件,这就是在现代经济条件下国际贸易的性质。产业资本循环是一个产业资本的扩张过程,它不断在强化资本主义的生产方式。国际贸易作为产业资本循环的环节和条件,不断地促进产业资本的扩张。

马克思在《资本论》第二卷中详尽地分析了资本的循环。马克思指出,资本作为一种自行增值的价值,不仅在生产过程中活动,而且也在流通过程中活动。资本只有不断地从流通过程进入到生产过程,又从生产过程进入流通过程,才能实现增值。从马克思的分析可以揭示国际贸易的性质。

按照马克思的分析,资本循环的过程是:货币资本—生产资本—商品资本—货币资本。第一个阶段是货币资本通过购买劳动力和生产资料转化为生产资本,第二个阶段是生产资本通过生产过程转化为已经包含剩余价值的商品资本,第三个阶段是商品资本通过流通过程实现剩余价值而转化为货币资本。

如果在开放的条件下对产业资本循环进行考察,那么国际贸易是产业资本循环中的一个重要环节以及产业资本循环赖以发生的重要条件。国际贸易对产业资本循环的作用表现在下述两个方面:第一,国际贸易有助于实现货币资本到生产资本的转化。货币资本所以成为资本,是因为它要购买劳动力和生产资料。但是,在生产过程中所需要的生产资料如原料、材料、工具、设备等往往不能完全由国内厂商提供,因而不得不向外国厂商购买,国际贸易的存在使之成为可能。第二,国际贸易有助于实现商品资本到货币资本的转化。在产业资本的循环中,剩余价值的生产和剩余价值的实现是两个关键的环节。但是,在资本主义生产方式下,生产过剩经常发生,商品的销售比商品的生产更为重要。正如马克思所指出的,商品资本到货币资本的转化"是资本形态变化上最困难的部分"①。因此,商品资本不仅通过国内市场转化为货币资本,而且还要通过国际市场转化为货币资本。国际贸易成为产业资本循环的重要条件。

产业资本作为货币资本、生产资本和商品资本的三种职能形态在时间上是继起的,在空间上是并存的。正如马克思所说的:"任何一个个别产业资本实际上都是同时处在这三个循环全体之中。这三种循环,资本的这三种形态的再生产形式,是同时并存地连续进行的。"②如果用 G 表示货币资本,用 C 表示生产资本,用 W 表示商品资本,用 P 表示生产过程,用上标表示包含剩余价值,那么存在三种资本的循环③:

货币资本的循环: $G-C{\cdots}P{\cdots}W'-G'$

生产资本的循环: $C{\cdots}P{\cdots}W'-G'-C$

---

① 马克思:《资本论》第 2 卷,人民出版社 1964 年版,第 118 页。

② 同上书,第 91 页。

③ 这里对马克思的表述稍作调整。马克思用 W 表示包括劳动力和生产资料的生产资本,这里用 C 来表示。相应地,马克思表述的生产资本的循环从 P 开始,这里从 C 开始。

商品资本的循环:$W'-G'-C\cdots P\cdots W'$

　　虽然国际贸易是货币资本循环中的一个环节,但它更重要的是商品资本循环的一个环节。商品资本 W' 能否转化为货币资本 G',取决于两个市场,即国内商品市场和国际商品市场。因此,国际贸易本质上是商品资本的跨国流动。在产业资本不断扩张的条件下,国内商品市场变得相对狭小。因此,产业资本通过国际贸易才能继续扩张,资本主义生产方式通过国际贸易才能发展。正因为如此,马克思指出:"对外贸易的扩大,虽然在资本主义生产方式的幼年时期是这种生产方式的基础,但在资本主义生产方式的发展中,由于这种生产方式的内在必然性,由于这种生产方式要求不断扩大市场,它成为这种方式本身的产物。"①

---

① 马克思:《资本论》第 3 卷,人民出版社 1966 年版,第 264 页。

第二章　商品国内与国际的价值和市场价格

第一节　商品的国内价值和国内市场价格

一、对劳动价值理论的再认识

马克思在《资本论》第一卷中以严谨的逻辑阐述了劳动价值理论。马克思的劳动价值理论包括下述组成部分：

第一，价值实体的分析。商品是使用价值和价值的统一，劳动则是具体劳动和抽象劳动的统一。具体劳动创造使用价值，抽象劳动创造价值。因此，价值实体是劳动，是凝结在商品中的抽象劳动。由于商品是为市场而生产的商品，它体现了生产者之间的一定的生产关系。劳动者的劳动是一定生产资料所有制条件下的劳动，只有通过商品的交换才能表现为社会性质的劳动，只有通过商品的交换才能凝结为价值。

第二，价值量的分析。商品的价值作为质的规定性是由抽象劳动凝结而成的，作为量的规定性是由生产商品所耗费的劳动量决定的。但是，由于各个生产者的生产条件和劳动情况不同，商品的价值量是由社会必要劳动时间决定的，即由在社会现有的标准生产条件下，用社会平均的劳动熟练程度和劳动强度，生产某一种商品所必要的劳动时间决定的。在不同的生产部门里，劳动的复杂程度是不同的。如果以简单劳动作为单位，复杂劳动是倍增的简单劳动。

笔者认为,如果以计算公式的方式表示马克思关于商品价值量的概念,那么设 n 个生产者分别生产某种商品的个别价值即花费的劳动时间是 $V_1,V_2,\cdots,V_n$,分别生产这种商品的数量是 $Q_1,Q_2,\cdots,Q_n$,这种商品的价值 V 即社会必要劳动时间可以表示为个别价值的加权平均数:

$$V=\frac{Q_1V_1+Q_2V_2+\cdots+Q_nV_n}{Q_1+Q_2+\cdots+Q_n}=\frac{\sum\limits_{i=1}^{n}Q_iV_i}{\sum\limits_{i=1}^{n}Q_i} \qquad (i=1,2,\cdots,n)$$

第三,价值规律的分析。商品的交换是根据商品的价值量来进行的。在商品的交换中,个别劳动时间转化为社会必要劳动时间,商品根据社会必要劳动时间来进行交换。对于所耗费的个别劳动时间多于社会必要劳动时间的生产者来说,他们所耗费的劳动有一部分得不到补偿,他们在竞争中将处于不利的地位。对于所耗费的个别劳动时间少于社会必要劳动时间的生产者来说,他们所耗费的劳动全部得到补偿,而且还得到额外的收益,他们在竞争中将处于有利的地位。

马克思劳动价值理论的诞生已经有 130 多年了。在这 130 年来,在世界范围内没有一种经济理论的争论像马克思劳动价值论的争论那样激烈、广泛和持续。反对马克思劳动价值论的经济学者们曾经 100 次宣布驳倒了马克思劳动价值理论,但是他们却又在进行第 101 次关于马克思劳动价值论的争论。一种经济理论的正确性不仅在于它的论证逻辑没有缺陷,而且还在于能够解释经济现象、认识经济现实和指导经济实践。但是,马克思劳动价值论从诞生到现在,世界经济和世界各国的经济都发生了很大的变化。在坚持马克思劳动价值理论的基础上,对其中所涉及的一些具体问题还需要从时代发展的眼光来再认识。

二、科学技术与价值的创造

根据马克思的劳动价值理论,商品的价值在本质上是由无差别的人类劳动创造的,在数量上是由社会必要劳动时间决定的,商品的交换是依据商品的价值进行的。但是,随着经济的发展和科学技术的进步,科学技术在生产过程中发挥着越来越大的作用。科学技术是第一生产力已经成为科学技术重要意义的通俗和明确的表达。既然科学技术具有如此重要的作用,在同一个产业里,一个技术先进但工人较少的企业比一个技术落后但工人较多的企业创造出更多的价值和使用价值,那么科学技术不是也在创造着价值吗?

应该指出,在生产过程中所形成的价值包括原有价值的转移和新价值的产生两个部分,而在生产过程中所创造的价值仅指新产生的价值。从价值形成的角度来看,各种生产要素都参与了价值的形成。从价值创造的角度来看,只有劳动才生产新的价值。按照马克思的等式,商品的价值量(w)=耗费的不变资本的价值(c)+可变资本的价值(v)+剩余价值(m)。在这个公式里,c+v+m 是形成的价值,v+m 是创造的价值。这就是说,原材料的价值、机器设备的价值、土地设施的价值是根据它们的耗费程度转移到产品中去的。形成的价值超过转移的价值的部分是劳动新创造出来的。

关于科学技术是否创造价值的问题,可以从两个方面来探讨:一是研究科学技术的劳动是否创造价值,二是科学技术本身被投入生产过程是否创造价值。

从第一个方面来看,科学技术本身也是一种产品,它需要投入科学技术人员的劳动以及实验室、实验设备、实验材料研制出来的。因此,科学技术也具有价值,它的价值是所耗费的不变资本的价值和科学技术人员的劳动新创造的价值构成。显然,研究科学技术的劳动创造价值。

从第二个方面来看,科学技术主要有三种形态,不同的形态在价值形成过程中所起的作用是不同的。第一种形态是体现在劳动者之中。劳动者花费一定的教育和培训成本掌握了先进的科学技术以后,不但可以提高劳动生产率,而且还可以从事复杂的工作。体现了先进科学技术的劳动是一种复杂的劳动,它不仅会创造价值,而且会创造更多的价值。按照马克思的劳动价值论,商品的价值量是以简单劳动作为计算单位的,1单位复杂劳动可以化简为数单位简单劳动。第二种形态是体现在原材料或机器设备中。由于科学技术本身具有价值,体现先进科学技术的原材料或机器设备将具有更高的价值。这样,在生产过程中将有更多的价值转移到产品中去。第三种形态是科学技术以独立的形式存在,如关于某种方法的专利等。以专利形式存在的科学技术与体现在机器设备的科学技术一样,它的价值是转移到产品中去的。由此可见,科学技术被投入生产过程以后,若以劳动形态存在,体现科学技术的劳动创造价值;若以材料、设备、专利形态存在,它的价值被转移到产品中去。

然而,要比较不同技术水平的企业在价值形成中的差异,还涉及复杂的个别价值、社会价值、劳动化简倍数等问题。假定在一个产业里存在两个企业,一个企业只有 10 个工人,以自动化的方式每天生产 800 单位产品;另一个企业有 40 个工人,以半机械化的方式每天生产 200 单位产品。再假定前一个企业转移的价值是后一个企业的 3 倍,前一个企业劳动的复杂程度是后一个企业的 2 倍。如果后一个企业转移的价值是 800 单位劳动时间,新创造的价值是 400 单位劳动时间,那么后一个企业每单位产品的个别价值是 6 单位劳动时间($=[800+400]\div 200$),前一个企业每单位产品的个别价值是 4 单位劳动时间($=[800\times 3+400\times 2]\div 800$)。由于产品的价值是由社会必要劳动时间决定的,该产品的价值是 4.4 单位劳动时间($[6\times 200+4\times 800]\div[200+800]$)。这样,两个企业分别形成的社会价值是 3520 单位劳动时间和 880 单位劳动时间,新创造的社会价值分别是 1220 单位劳动时间和 80 单位劳动时间。这意味着技术较高的企业个别价值为 4 单位劳动时间的产品可以按 4.4 单位劳动时间出售,而技术落后的企业个别价值为 6 单位劳动时间的产品只能按 4.4 单位劳动时间出售,后者在竞争中处于不利地位。

三、非物质产品与生产劳动

马克思曾经从多个角度讨论生产劳动和非生产劳动的界限问题。但是,马克思的基本看法是,创造价值的劳动是生产劳动,不创造价值的劳动是非生产劳动。由于价值是物化在商品中的无差别的人类劳动,物质产品生产部门以及与物质产品生产部门相联系的某些部门如交通、维修、仓储等部门的劳动是创造价值的生产劳动,其他部门的劳动是不创造价值的非生产劳动。马克思的看法反映了他所处时代的特点。

认真研究一下经济思想史上关于生产劳动的讨论,可以发现人们对生产劳动的认识随着经济的发展而不断发生变化。在 18 世纪的法国,农业在经济中处于支配的地位。在这样的历史条件下,法国重农学派的代表人物魁奈(F. Quesnay)认为,只有农业部门才是生产部门,只有农业的劳动才是生产劳动。但是,在同一个时期的英国,工场手工业已经有了很大的发展,产业革命即将发生。在这样的历史背景下,英国古典学派的代表人物斯密认为,不论是工业部门的劳动还是农业部门的劳动,只要是创造使用价值的劳动,都是创造价值的生产劳动。到了19世纪中叶,虽然产业革命已经发生,资本主义已趋于成熟,但是占支配地位的是物质产品生产部门,服务业与物质产品生产部门联系并不密切。在这样的历史环境下,马克思形成了他对生产劳动的看法。但是,马克思也预感到随着经济的发展经济结构将日益复杂,从而提出了总体工人的概念,即参与生产过程有直接和间接之分,但这些参与者作为总体工人都参与了物质产品的生产,他们的劳动是生产劳动。

但是,在当今时代,生产过程已发生很大的变化。与生产劳动有关的变化主要表现在下述两个方面:第一,由劳动创造的具有使用价值的产品不一定是有形物品。从生产资料来看,在马克思所处的时代,生产资料基本上是有形的物品,如厂房、设备、工具、材料等等。但在现在,生产资料不一定是有形物品,如信息服务、技术咨询等。从消费资料来看,在马克思所处的时代,人们的消费领域主要是衣、食、住、行,主要的消费品也是有形的物品。但在今天,人们的精神消费已是重要的消费内容,例如听音乐、看电视、上网、旅游、娱乐等,这些消费品是无形的。因此,物质产品的内涵发生了变化,所谓物质不是仅仅指有形物品,而是指一种客观存在,正如电磁波不是物体,却是物质一样。这样,所有生产物品和劳务的劳动都是生产劳动,都创造价值。第二,创造价值的劳动已成为一种总体生产劳动。随着社会分工和企业内分工的发展,在一个企业里,在生产现场操作的劳动者越来越少,在生产现场外工作的劳动者越来越多,但该企业产品的价值是由现场内外的劳动者共同创造的;在一个经济里,一个企业往往只生产一种中间产品,最终产品的价值是由许多企业现场内外的总体劳动者共同创造的。

根据上述分析,可以认为,凡是提供生产性和消费性的物品和劳务的劳动都是生产劳动,都创造价值。按照这种看法,除了有形物品的生产部门以外,所有提供生产性和消费性劳务的服务业,如交通、运输、邮电、通信、勘探、仓储、管理、金融、商业、教育、培训、科学研究、技术服务、卫生、体育、文化、艺术、广播、饮食、旅游等部门都是生产部门,这些部门的劳动都创造价值。

但是,关于生产劳动的范畴应该注意两个问题:第一,生产劳动是一个经济范畴,不应把它的范围无限扩大而使它成为一个非经济范畴。例如,虽然像政党、行政、法庭、军队、警察、监狱、宗教、社会团体等政治性和社会性的活动是有益的活动,但它们是非经济活动,它们不创造价值。另外,即使是经济性活动也不全是生产劳动。例如,纸币的印刷等就是非生产劳动。第二,生产劳动具有道德的规范性,不应该把法律禁止和违反道德的活动看作是生产劳动。例如,尽管毒品、赌博、娼妓等活动能够满足部分人的消费需要,这些活动也不是生产劳动。

要在坚持的基础上发展马克思劳动价值理论,就要不断深化对新的历史条件下的生产劳动的认识。

四、商品的价值、价格和市场价格

商品的交换根据商品的价值量来进行,是从商品交换的内在规律而言的。由于商品的交换实际上是劳动产品的交换,相互交换的实际上是各自的劳动,商品将根据它们的价值进行交换。但是,个别劳动转化为社会必要劳动,复杂劳动化简为简单劳动,都是在交换的过程中实现的。因此,在现象形态上,商品的交换不是通过计算各自耗费的劳动量来进行的。在货币成为商品交换的媒介以后,商品的价值将通过货币表现为价格,商品的交换是根据商品的价格进行的。商品的价格是商品价值的货币表现,但是商品的价值是用劳动时间来衡量的,而商品的价格是用货币来衡量的。

商品的价格取决于两个因素:一是商品的价值量,二是货币的价值量或者货币所代表的价值量。就前一个因素来说,商品的价格与商品的价值成正比。就后一个因素来说,在不同的货币本位条件下有不同的特点。在金本位条件下,黄金本身也是商品,也具有价值,商品的价格与黄金的价值成反比。例如,假定生产 1 单位某种商品所耗费的社会必要劳动时间是 1 小时,如果生产 1 盎司黄金所耗费的社会必要劳动时间是 20 小时,那么这种商品的价格是 1/20 盎司黄金;

如果生产 1 盎司黄金所耗费的社会必要劳动时间是 30 小时,那么这种商品的价格是 1/30 盎司黄金;如此等等。但是,在 20 世纪 30 年代,金本位制已经解体。在现行的货币本位制条件下,纸币没有价值,商品的价格与纸币所代表的价值成反比。仍假定生产 1 单位某种商品所耗费的社会必要劳动时间是 1 小时,如果 1 单位纸币所代表的社会必要劳动时间是 1 小时,那么这种商品的价格是 1 单位纸币;如果 1 单位纸币所代表的社会必要劳动时间是 2 小时,那么这种商品的价格是 1/2 单位纸币;如此等等。这意味着货币数量增加将导致商品价格上涨。

商品的价格是商品价值的货币表现,它与商品的价值成正比,与货币的价值或所代表的价值成反比。但是,当商品在市场上进行交换时,商品的价格将会受到商品需求和供给的影响而发生变化,实际成交的价格不一定是商品的价格。商品价格受到商品需求和供给的影响而形成的价格就是市场价格,它是商品最终成交的价格。由此可见,商品的价格和商品的市场价格是两个不同的范畴。商品的价格是商品价值的货币表现,商品的市场价格是商品价格受到商品需求和供给的影响而形成的价格。

商品的市场价格随着商品需求和供给的变化而变化。商品的需求量与市场价格存在反方向变化的函数关系,这种函数关系称为需求函数。商品的供给量与市场价格存在同方向变化的函数关系,这种函数关系称为供给函数。在商品的需求函数与供给函数为一定的条件下,当商品的需求量大于供给量时,商品的市场价格趋于上升;当商品的需求量小于供给量时,商品的市场价格趋于下降,当商品的需求量等于供给量时,商品的市场价格处于稳定状态。这种处于稳定状态的市场价格称为均衡价格。由于消费者偏好、消费者收入、其他商品的市场价格对某种商品的需求函数存在影响,生产技术水平、生产资料市场价格、其他商品市场价格对某种商品的供给函数存在影响,当这些因素发生变化时,这种商品的需求函数或供给函数将发生变化,这种商品的市场价格也将发生变化。

马歇尔于 1898 年出版了他的代表作《经济学原理》,系统地提出了均衡价格理论。显然,马歇尔讨论的是市场价格。包括马克思在内的任何经济学者都不会否认,无数的市场事实也在证明,商品的市场价格受到供给和需求的影响。马克思关心的是,商品市场价格的基础是什么? 它的本质是什么? 商品的供给和需求的变化导致商品市场价格的变化,但商品市场价格总会存在一种客观的水平、一种变化的基础。对于作为劳动产品的商品来说,市场价格变化基础或客观水平就是耗费的劳动量的货币表现。

马克思所处的时代赋予马克思的任务是探索资本主义经济运行的规律。因此,马克思采用抽象的分析方法,他从经济现象中抽象出经济现象的本质,然后通过经济现象的本质的联系寻找经济规律。正由于这个缘故,马克思并没有把注意力放在商品的市场价格这种现象形态上,他从商品的市场价格抽象出商品的价格,再从商品的价格抽象出商品的价值;然后再用商品的价值去说明商品的价格,用商品的价格去说明商品的市场价格。

从商品的价值、价格和市场价格的分析可以看到,讨论商品的市场价格偏离价值是没有意义的。商品的价值是以劳动时间为单位的,商品的市场价格是以货币为单位的,说商品的市场价格偏离价值就好像说平方米偏离立方米一样没有意义。应该讨论的是商品的市场价格与价格的偏离。显然,由于受到商品需求和供给的影响,商品的市场价格和价格在数值上的等同是偶然的,偏离是必然的。但不可否认,商品的市场价格的基础是商品的价格,即不考虑商品需求和供给因素的价格,而商品的价格是价值的货币表现。这意味着商品的价值是市场价格的基础。这种基础的作用表现在生产商品所耗费的劳动量始终是制约着商品市场价格的最基本的因素。

在短期里,生产者的生产条件为一定,生产某种商品的社会必要劳动时间为一定,该商品的价值和价格就为一定。在以横轴表示该商品的数量,纵轴表示该商品的价格或市场价格的坐标系里,该商品的价格曲线是一条水平线,如图 2-1 中的 P 线所示。

但是,各个生产者生产该商品的条件并不相同。对于生产条件较好,生产该商品的个别价值低于社会价值的生产者来说,在该商品的市场价格低于价格的情况下也会提供该商品。而对于所有的生产者来说,该商品的市场价格越高,他们的亏损就越小或利润就越高,他们愿意提供该商品的数量就越多。因此,该商品的供给曲线即表示该商品的供给量与市场价格关系的供给函数的图像,是一条与 P 线相交的向右上方倾斜的曲线,如图 2-1 中的曲线 S 所示。

另外,在短期里,消费者的收入为一定,该商品的市场价格越高,部分收入较低的消费者将退出市场,部分收入较高的消费者也会减少该商品的购买量。所以,该商品的需求曲线即表示该商品的需求量与市场价格关系的需求函数的图像,是一条与P线相交的向右下方倾斜的曲线,如图2-1中的曲线D所示。供给曲线S和需求曲线D的交点,决定了相对稳定的市场价格Op'和交易量Oq'。这意味着当商品的需求较大或供给较小时,商品的市场价格将高于其价值的货币表现——价格;当商品的需求较小或供给较大时,商品的市场价格将低于其价值的货币表现——价格。

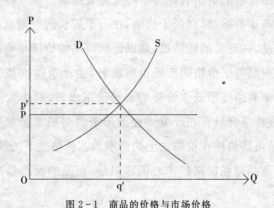

图2-1 商品的价格与市场价格

图2-1的分析是对于某一个特定的短期来说的。在不同的短期里,生产者生产该商品的生产条件将发生变化,社会必要劳动时间将发生变化,即该商品的价值发生变化,图2-1中的P线将发生向上或向下移动,从而将导致该商品的市场价格上升或下降。这就是商品价值对市场价格的支配作用。当然,当该商品的价值增加时,如果它的需求减少或供给增加,该商品价值对市场价格的推动作用会在不同程度上被抵消,该商品的市场价格未必上升。当该商品的价值减少时,如果它的需求增加或供给减少,该商品价值对市场价格的压抑作用也会在不同程度上被抵消,该商品的市场价格未必下降。但是,这并不能否认商品价值对市场价格的基础性影响,只不过是这种影响在某些特定的情况下被削弱了。

商品的价值是通过价格这个中间形态对市场价格产生影响的,所以还存在货币的因素。在商品价值为一定的条件下,如果发生了通货膨胀,一个单位货币代表的价值下降了,那么商品的价格将上升;如果发生了通货紧缩,一个单位货币代表的价值上升了,那么商品的价格将下降。这就可以解释在严重的通货膨胀或通货紧缩时期,由于商品的市场价格的基础发生了变化,不论需求或供给如何出现抵消性的影响,一般来说商品的市场价格将会发生上升或下降。

从上面的分析可以看到,将商品的价值、价格和市场价格的关系表述为,商品的市场价格以价格即商品价值的货币表现为基础变化,比表述为商品的市场价格以价格即商品价值的货币表现为中心变化要准确。后一种表述意味着商品的市场价格时而高于价格,时而低于价格,在一个较长的时期里商品的市场价格与价格相等。但是,在现实的经济里,难以证明商品的价格是商品市场价格的中心值。如果商品按照等于价格的市场价格出售,生产条件较差的生产者已经处于亏损状态。如果商品按照低于价格的市场价格出售,那么大多数生产者将处于亏损状态,而这种情况只有在严重的经济萧条的时期才会发生。即使在足够长的时期里,商品市场价格在价格之上的情形和在价格之下的情形未必对等,商品的价格未必是商品市场价格的中心值。但是,商品的价格是市场价格的基础则是很明显的。

在现象形态上,价值规律的作用表现为价格机制的作用。价格机制是指商品的市场价格受到商品需求和供给的影响而发生变化,商品的交换是按照商品的市场价格来进行的。在市场经济条件下,价格机制的主要作用表现在社会资源的配置上:当某种商品供不应求时,它的市场价格将会上升,生产这种商品变得有利可图,生产者在利润动机的支配下将增加这种商品的生产,更多社会资源被配置到这种商品的生产中来;相反,当某种商品供过于求时,它的市场价格将会下降,生产这种商品变得无利可图,生产者在利润动机的支配下将减少这种商品的生产,更少社会资源被配置到这种商品的生产中来。

从上面的分析可以看到,商品价值、价格和市场价格是三个不同层次的分析。劳动的凝结形成商品的价值,价值的货币表现形成商品的价格,价格受市场供给和需求影响形成市场价格。商品的价值是用劳动时间表示的,商品的价格和市场价格是用货币来表示的。价值是本质层次的分析,市场价格是现象层次的分析,价格是中间层次的分析,三者的关系如图 2-2 所示。

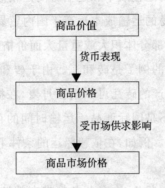

图 2-2　商品价值、价格和市场价格的关系

第二节　商品的国际价值和国际市场价格

一、国内商品和国际商品

　　在存在国际贸易的条件下,并不是任何在国内市场销售的商品都可以成为在国际市场销售的商品。因此,商品有国内商品和国际商品的区别。国内商品是仅限于在国内市场销售的商品,国际商品是既可以在国内市场销售,也可以在国际市场销售的商品。国内商品和国际商品的区别主要是由国内贸易和国际贸易的区别造成的:

　　第一,国内贸易不存在关税壁垒和非关税壁垒,国际贸易则存在关税壁垒和非关税壁垒。关税壁垒的存在将把部分价格低廉的商品以及部分需要征收高关税的商品排除在国际商品市场之外,非关税壁垒的存在也使部分商品由于技术上的、环境上的或有害物质含量上的因素而不能进入国际商品市场。例如,各国都严禁有可能带来环境污染的商品进口,那么这些商品不会成为国际商品。

第二,虽然国内贸易和国际贸易都涉及运输,但它们所支出的运输成本和所花费的运输时间是不一样的。在某些邻近的同处大陆的小国,如欧洲的部分国家,国际贸易和国内贸易的运输成本和运输时间是相似的。但是,对于不相邻的大部分国家来说,国际贸易的运输成本远高于国内贸易,运输时间也远长于国内贸易。运输成本的存在把部分体积大或重量大而价格低廉的商品排除在国际商品市场之外。人们通常举的例子是砖和瓦。由于砖和瓦的重量大而价格低,除了诸如在瑞典南部砖厂生产的砖瓦可以销往丹麦,在挪威砖厂生产的砖瓦可以销往芬兰以外,它们通常不是国际商品。运输时间的存在也会把部分时效性很强的商品排除出国际市场。例如,在依赖船运的条件下,花卉和鲜活食品也难以成为国际商品。

第三,商品分为物品和劳务,许多劳务都带有就地消费的性质,它们不会成为国际商品。例如家务、理发、修理等劳务,通常只向本地区的消费者提供,甚至不会向别的地区的劳动者提供,更不会向外国消费者提供。人们通常不会因为需要理发或修理一台电视机而跨越国境,它们也就不会成为国际商品。应该指出,一个国家的保姆有可能到别的国家提供家务服务,一个国家的技师可能到别的国家开设电器或汽车修理店,但这已经不是属于消费品的劳务的出口,而是属于生产要素的劳动的流动。当然,也有部分劳务成为国际商品,如金融业的服务、通信业的服务等等。

在经济全球化的过程中,随着国际贸易的自由化,关税壁垒和非关税壁垒存在降低的趋势。另外,随着技术的进步,如出现超巨型的轮船,某些价格低廉的商品如沙石、煤炭、矿石,也成为了国际商品。还有,随着航空运输的日益普及,时效性很强的商品如花卉和鲜活食品也大量进入国际市场。

由此可见,不是所有的商品都会形成国际价值,只有参与国际贸易的商品才有可能形成国际价值。

二、商品的国际价值、价格和市场价格

商品进入世界市场进行交换,商品的国内价值将转化为国际价值。从历史

上看,国际商品交换在国内商品交换还不是很发达的时候就已经发生。但是从理论上分析,世界商品市场是国内商品市场发展到较高的阶段才会形成。在这里,问题的关键在于个别的商品交换不等同于整个商品市场。因此,商品国际价值的逻辑起点是国内价值。这就是说,在商品进入世界市场以前,不同生产者生产这种商品的个别价值已经转化为国内价值。在商品进入世界市场以后,商品各种不同的国内价值将转化为国际价值。

从价值实体的角度来分析,国际价值实体仍然是劳动,是凝结在商品中的抽象劳动。如果说商品的国内价值体现了国内生产者之间的一定的生产关系,那么商品的国际价值则体现了不同国家的生产者群体之间的生产关系。商品的国际价值的形成是国民劳动和国际劳动的矛盾的产物。在一个国家内部,工人在资本家雇佣下进行生产,他们的劳动是国民劳动。但是,在国际分工的条件下,他们又是处于国际分工体系中的整体工人的一个部分。他们不仅为本国的市场而生产,而且为国际市场而生产,他们的劳动又是国际劳动。不同国家的商品要进行交换,国民劳动要表现为国际劳动,只能采取等量劳动交换的方式。正因为这样,不同程度的复杂劳动将化简为同样复杂的劳动,国内的社会必要劳动转化为国际必要劳动,从而形成了商品的国际价值。

商品国际价值形成的机制是竞争条件下的国家之间的商品交换。假定有两个国家 A 和 B,A 国生产某种商品耗费的社会必要劳动时间是 3 个单位,B 国生产同样的商品耗费同质的社会必要劳动时间是 5 个单位。在 A、B 两国之间存在商品交换的前提下,A 国生产者将把这种商品运到 B 国出售。在不考虑运输成本和关税的条件下,A 国生产者出售这种商品的价值大于或等于 3,小于或等于 5。如果 A 国生产者按照 5 的价值出售,由于存在着 B 国生产者的竞争,他的销售量将受到影响。如果 A 国生产者按照 3 的价值出售,他又失去了本来可以得到的更多的利润。因此,这种商品的国际价值将处于 3 与 5 之间。显然,如果没有国家之间的商品交换、没有商品生产者之间的竞争,国际价值将不会形成。

布哈林曾经指出:"世界分工和国际交换是世界市场和世界价格存在的前提。一般地说,价格的水平不是像地方的或'国家的'生产那样取决于生产成本。'国家的'与地方的价格差距在很大程度上被拉平,形成世界价格。"布哈林还证明,世界各国生产谷物的条件有着很大的差距,但是 20 世纪初期在 5 个国家的城市中谷物价格的差距已经很小了。① 虽然布哈林在这里说的是世界价格的形成,但他所提到的机理适合于国际价值形成的分析。

从价值量的角度来分析,商品的国际价值仍然是由抽象劳动凝结而成的,是由生产商品所耗费的劳动量决定的。如果说商品的国内价值量是由生产该商品国内必要劳动时间决定的,那么商品的国际价值量是由生产该商品国际必要劳动时间决定的。马克思曾经指出:"劳动中位强度是一国和一国不同的;它会在这里更大,在那里更小。不同的各国的平均数,因此会形成一种阶梯,而以世界劳动的平均单位作为尺度单位。因此,强度较大的国民劳动,比强度较小的国民劳动,将会在同等的时间内生产出更多的价值,表现为更多的货币。价值规律在国际上的应用,还会由于下述情况而发生更大的变化;只要生产效率较高的国家没有因竞争而被迫把它们的商品的出售价格降低到和商品价值相等的程度,生产效率较高的国民劳动在世界市场上也被算作强度较大的劳动。一国的资本主义生产愈是发展,那里民族的劳动强度和生产率,就会按同一程度高于国际水平。因此,在不同国内用同一劳动时间生产的不等量同种商品,将会有不等的国际价值,那表现为不同的价格,那就是,按国际价值表现为不同的货币额。"②

设 n 个国家分别生产某种商品的国内价值即花费的必要劳动时间是 V_1, $V_2, \cdots, V_n$,分别生产这种商品的数量是 $Q_1, Q_2, \cdots, Q_n$,笔者认为这种商品的国际价值 V 即社会必要劳动时间可以表示为国内价值的加权平均数:

$$V = \frac{Q_1 V_1 + Q_2 V_2 + \cdots + Q_n V_n}{Q_1 + Q_2 + \cdots + Q_n} = \frac{\sum\limits_{i=1}^{n} Q_i V_i}{\sum\limits_{i=1}^{n} Q_i} \qquad (i = 1, 2, \cdots, n)$$

在世界市场上,国内必要劳动时间形成国际必要劳动时间,商品根据国际必要劳动时间来进行交换。对于所耗费的国内必要劳动时间多于国际必要劳动时间的那些国家的生产者来说,他们所耗费的劳动有一部分得不到补偿,他们在国

---

① 布哈林:《世界经济与帝国主义》,蒯兆德译,中国社会科学出版社 1983 年版,第 6 页。

② 马克思:《资本论》第 1 卷,人民出版社 1963 年版,第 610 页。

际竞争中处于不利的地位。对于所耗费的国内必要劳动时间少于国际必要劳动时间那些国家的生产者来说,他们所耗费的劳动不但全部得到补偿,而且还得到额外的收益,他们将在国际竞争中处于有利的地位。

虽然马克思没有专门分析国际价值量的决定,但是马克思有一段话可以揭示商品的国际价值量形成的特点。马克思指出:"投在对外贸易上的资本所以能提供较高的利润率,首先是因为,和它们竞争的商品,在其他国家,是用较小的生产便利生产的,因此,那个比较发达的国家,虽然比竞争国家按比较便宜的价格来售卖商品,但仍然是在它们的价值以上售卖。"①如果以上面的关于国际价值量的计算公式来说明,那么假定存在发达国家 A 和发展中国家 B,A 国生产某种商品耗费的社会必要劳动时间是 3 个单位,产量是 50 个单位;B 国生产同样的商品耗费同质的社会必要劳动时间是 5 个单位,产量也是 50 个单位。按照国际价值量的计算公式,国际价值量是 4(=[3×50+5×50]÷[50+50])。这样,正如马克思所说的,发达国家按照比较便宜的价格 4(<5)来售卖商品,但仍然是在它们的价值以上(>3)售卖。

上述分析表明,国际价值形成的机理与国内价值是相同的。国内价值是个别价值扩展为社会价值,国际价值是国内价值扩展为国际价值。在国内价值的形成过程中,商品的交换突破了小区域的市场而扩大到大区域或全国的市场,因而国内价值除了生产商品所耗费的劳动时间以外,还涉及运输费用。但是,在国际价值的形成过程中,除了地处同一个大陆的小国之间交换的商品的国际价值所包括的运输费用与国内价值相似以外,大多数商品的交换都需要海洋运输或航空运输,因而国际价值中所包括的运输费用通常高于国内价值。

商品的国际价格是国际价值的货币表现。正如前面引用马克思的话所说的:"在不同国内用同一劳动时间生产的不等量同种商品,将会有不等的国际价值,那表现为不同的价格,那就是,按国际价值表现为不同的货币额。"②在金本位条件下,黄金本身是商品,也具有价值,商品的国际价格与国际价值成正比,与

---

① 马克思:《资本论》第 3 卷,人民出版社 1966 年版,第 258 页。
② 马克思:《资本论》第 1 卷,人民出版社 1963 年版,第 610 页。

第二章　商品国内与国际的价值和市场价格

49

黄金的价值成反比。但是,金本位在 20 世纪 30 年代已经解体,国际金汇兑本位在 20 世纪 70 年代也已经解体,现行的国际货币制度是以国际储备货币为中心的浮动汇率制度。因此,商品的国际价格是以国际储备货币来表示的国际价值,它将受到国际储备货币汇率和数量的影响。

例如,美元和欧元都是国际储备货币,以美元或欧元来表示的商品的国际价格要受到美元与欧元汇率的影响。如果美元对欧元降值了,对于某种商品来说,即使以美元来表示的这种商品的国际价格没有变化,但相对于以欧元表示的某种商品的价格来说,以美元表示的这种商品的国际价格上升了;即使以欧元表示的这种商品的国际价格没有变化,但相对于以美元表示的某种商品来说,以欧元表示的这种商品的国际价格下降了。具体地说,假定原来 1 美元兑换 1.20 欧元,现在 1 美元兑换 1.10 欧元,美元对欧元降值。原来某种商品的国际价格是 1.20 欧元或 1 美元,现在它仍然是 1.20 欧元,但是它已经是 1.09 美元了。这就是说,相对于欧元价格来说,该商品的美元价格上升了。同样,原来某种商品的国际价格是 1.20 欧元或 1 美元,现在它仍然是 1 美元,但是它已经只有 1.10 欧元。这就是说,相对于美元价格来说,该商品的欧元价格下降了。

另外,以某一种国际储备货币来表示的某种商品的国际价格还受到该国际储备货币数量的影响。如果该国际储备货币的数量过大,它所代表的价值同样会发生下降,商品的国际价格将上升。

商品的国际价格与国内价格不同的地方,除了国际价值与国内价值不同的地方以外,还在于国际价格包括关税,而国内价格不包括关税。假如其他因素不变,商品的国际价格要高于商品的国内价格。

当商品投放到国际市场以后,商品的国际价格要受到商品的供给和需求的影响。在国际商品市场上商品的供给和需求的影响而表现出来的价格就是国际市场价格。当商品供不应求的时候,商品的国际市场价格将会上升;当商品供过于求的时候,商品的国际市场价格将会下降;当商品供求均衡的时候,商品的国际市场价格趋向稳定。由此可见,商品的国际市场价格将会偏离它的国际价格。它们的相等是偶然的和暂时的,而它们的偏离则是必然的和长期的。即使是在商品的国际市场价格保持均衡的条件下,由于这种均衡可以是在较高的市场价格水平上的均衡,也可以是在较低的市场价格水平上的均衡,商品的国际市场价格与国际价格也是偏离的。

尽管商品的国际市场价格不等同于同样以货币表示的国际价格,更不等同于以劳动时间表示的国际价值,但是商品的国际价值和国际价格对国际市场价格的内在影响则是显而易见的。商品的国际价值表示国际商品是劳动的产品,如果生产商品所耗费的劳动数量发生变化,即商品的国际价值发生变化,商品的国际市场价格也将发生变化。商品的国际价格是国际价值的货币表现,如果国际储备货币的汇率发生变化,或者国际储备货币的数量发生变化,即商品的国际价格发生变化,商品的国际市场价格也将发生变化。当然,商品国际价值或国际价格的变化可能在一定程度上被国际市场上供给和需求的变化所抵消,但这种影响是内在的,具有基础性质的影响。商品国际价值、国际价格和国际市场价格的关系如图 2-3 所示。

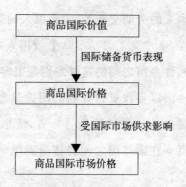

图 2-3　商品国际价值、国际价格和国际市场价格

三、 国际贸易的等价与不等价交换

日本经济学者名和在 20 世纪 30 年代和 40 年代相继发表了题为"国际贸易中的价值问题"和"国际价值论"的论文,试图将国内价值分析推广到国际价值分析,用马克思的劳动价值理论来分析国际贸易现象。在这两篇论文中,名和提出了国际贸易中的不等价交换问题。

第二章　商品国内与国际的价值和市场价格

名和认为,按照李嘉图的比较优势学说,各国的生产力的差异构成了国际贸易的基础,它们通过国际贸易都可以得到相应的利益。但是,在发达国家与发展中国家的贸易中,由于发达国家劳动者的劳动生产率高于发展中国家,发达国家出口商品包含的劳动量比较少,因而价值从发展中国家流向发达国家,商品的交换是不等价的。名和做了如下的解释:假定某工业国 A 生产某工业产品的效率是某农业国 B 的 12 倍,生产某农业产品的效率是该农业国的 2 倍。按照李嘉图的比较优势学说,A 国应该专门生产工业产品而 B 国应该专门生产农业产品。这样,A 国实际上是用 1 个单位的劳动生产的工业产品与 B 国交换 6 个单位劳动生产的农业产品,这两个国家的交换是不等价的交换。①

实际上,李嘉图在提出比较优势学说时曾指出过这个问题。他在分析英国与葡萄牙进行毛呢和葡萄酒的交换时写道:"因此,英国将以 100 人的劳动产品交换 80 人的劳动产品。这种交换在同一个国家中的不同个人间是不可能发生的。不可能用 100 个英国人的劳动交换 80 个英国人的劳动,但却能够用 100 个英国人劳动的产品去交换 80 个葡萄牙人、60 个俄国人或 120 个东印度人的劳动产品。关于一个国家和许多国之间的这种差别是很容易解释的。我们只要想到资本由一国转移到另一国以寻找更为有利的用途是怎样困难,而在同一个国家中资本必然会十分容易地从一省转移到另一省,情形就很清楚了。"②这就是说,在李嘉图看来,由于资本在国与国之间转移受到阻碍,造成了这种不等价交换。

后来,马克思在分析国际贸易时,似乎也提出了同样的问题。马克思指出:"就工业品来说,大家知道,拿英国比如说同俄国相比,100 万人生产的产品,不仅数量多得多,而且产品价值也大得多,……"③"一个国家的三个工作日也可能

---

① 转引自张忠任:《马克思主义经济思想史》(日本卷),程恩富主编,东方出版中心 2006 年版,第 108—109 页。

② 李嘉图:《政治经济学及赋税原理》,郭大力、王亚南译,商务印书馆 1976 年版,第 114 页。

③ 马克思:《剩余价值理论》第 2 册,人民出版社 1975 年版,第 542 页。

同另一个国家的一个工作日交换。价值规律在这里有了重大的变化。"①但是，笔者认为，马克思的看法与李嘉图不同。马克思不是说明国际贸易的交换是不等价交换，而是说在等价交换的前提下发生了价值转移。马克思曾经很明确地指出："交换是等价物的交换，这种交换同对外贸易中的交换一样不会增加价值。"②根据马克思关于国际价值形成过程的分析可以看到，由于国际价值是由国内价值或国民价值转化而来的，尽管某个国家生产某种产品耗费的劳动较多，但如果这个国家的劳动生产率较低，那么只能形成比较少的价值；相反，尽管某个国家生产某种产品耗费的劳动较少，但如果这个国家的劳动生产率较高，那么也可以形成比较多的价值。在按照国际价值进行等价交换的条件下，就会发生一个国家的三个工作日同另一个国家的一个工作日交换的情况。

笔者认为，在国际贸易中商品是等价交换还是不等价交换，问题是用什么价值来度量。如果用各国的国内价值来度量，商品肯定是不等价交换的。这就像李嘉图所说的，用 100 个英国人劳动的产品去交换 80 个葡萄牙人劳动的产品。但是，如果用国际价值来度量，商品将是等价交换的。然而，很显然，在国际贸易中，商品的交换应该用国际价值来度量而不是用国内价值来度量。即使在现实的国际贸易中不等价交换是经常发生的，从理论上研究国际贸易也必须从等价交换出发。首先，如果从不等价交换出发，那么将会得到剩余价值来自交换的结论，从而掩盖了剩余价值的真正来源。其次，如果从不等价交换出发，那么将不能深入到交换现象背后去认识生产的本质，而只在交换上兜圈子。再次，不等价交换的现象只有通过等价交换的分析才能更好地认识。但是，应该指出，即使商品按照国际价值进行等价交换的条件下，也会发生剩余价值的转移。

例如，假定有两个国家 A 和 B，原来分别生产 50 个单位的商品 X 和 Y。A 国生产商品 X 和商品 Y 耗费的社会必要劳动时间分别是 3 单位和 5 单位，B 国生产商品 X 和商品 Y 耗费的社会必要劳动时间分别是 1 单位和 3 单位。当这两种商品进入国际市场以后，将形成国际必要劳动时间即国际价值。按照商品

---

① 马克思：《剩余价值理论》第 3 册，人民出版社 1975 年版，第 112 页。
② 《马克思恩格斯全集》第 46 卷（下册），人民出版社 1980 年版，第 317 页。

国际价值量的计算公式,商品 X 和商品 Y 的国际价值分别是:

$$商品 X 的国际价值 = \frac{3 \times 50 + 1 \times 50}{50 + 50} = 2 \text{ 单位劳动时间}$$

$$商品 Y 的国际价值 = \frac{5 \times 50 + 3 \times 50}{50 + 50} = 4 \text{ 单位劳动时间}$$

A 国在商品 X 和 Y 的生产中都处于绝对不利地位,但却在商品 X 的生产中处于相对有利的地位。如果 A 国专门生产商品 X 而 B 国专门生产商品 Y,那么 A 国将用 2 个单位的商品 X 与 B 国交换 1 单位商品 Y。从国内价值的角度来看,交换是不等价的,A 国用 10 个单位的劳动与 B 国交换 3 个单位的劳动。但是,从国际价值的角度看,交换则是等价的,A 国用 4 单位劳动与 B 国交换 4 单位劳动。

在李嘉图看来,所以不能等价交换是因为资本在这两个国家之间不能充分流动。实际上,即使资本在这两个国家之间不能充分流动,在市场竞争的影响下同样形成商品的国际价值。例如,在上面的例子中,A 国生产商品 X 耗费了 3 个单位劳动时间,而 B 国生产商品 X 只耗费了 1 个单位劳动时间,A 国的商品 X 就可能被淘汰出市场。正是在这样的竞争中,商品 X 形成了 2 个单位劳动时间的国际价值。当然,商品的国际价值的形成不会像求各种商品国内价值的加权平均值这么简单,但求加权平均值可以用一种简洁的方式表现国际价值形成的关键过程。

但是,在等价交换的前提下,将会发生剩余价值的转移。假定存在两个国家,一个是发达国家,另一个是发展中国家,它们都有两个相同的生产部门 I 和 II,分别生产相同的两种产品 X 和 Y,产量都是 100 个单位,剩余价值率都是 100%,不变资本在生产期间耗费完毕,那么发达国家和发展中国家商品的价值如表 2-1 和表 2-2 所示。

表 2-1 发达国家商品的价值

生产部门	预付资本	剩余价值率(%)	剩余价值	价值	国际价值
I	70c+30v	100	30	130	135
II	90c+10v	100	10	110	115

表 2-2　发展中国家商品的价值

生产部门	预付资本	剩余价值率(%)	剩余价值	价值	国际价值
I	60c+40v	100	40	140	135
II	80c+20v	100	20	120	115

　　根据前面分析的结论,商品 X 的国际价值是 135(=[130×100+140×100]÷[100+100]),商品 Y 的国际价值是 115(=[110×100+120×100]÷[100+100])。如果只有这两个国家向其他国家提供这两种商品,那么发达国家每出售100 单位商品 X 得到的剩余价值是 35(=135-100),比它原来得到的剩余价值30 多了 5。发展中国家每出售 100 单位商品 X 得到的剩余价值是 35(=135-100),比它原来得到的剩余价值 40 少了 5。这就是说,每 100 个单位的商品有数量为 5 的剩余价值从发展中国家转移到发达国家。商品 Y 的情况也是如此。这就是说,表面上的平等掩盖着实际上的不平等。

四、商品的国际价值的本质

　　在国际商品市场上,人们相互交换商品,实际上是在交换劳动,商品的国际价值同样体现着各国生产者之间的关系。

　　在资本主义生产条件下,如果说商品的国内价值体现了一个国家内部的资产阶级和工人阶级的生产关系,商品的国际价值则体现世界资产阶级和世界工人阶级的生产关系以及不同国家的资产阶级之间的生产关系。例如,在前面的表 2-1 和表 2-2 列举的例子里,发达国家的资产阶级不仅占有本国工人阶级生产的 30 的剩余价值,而且占有发展中国家工人阶级生产的 5 的剩余价值,这就体现了世界资产阶级和世界工人阶级的关系。另外,发达国家的资产阶级多得到了 5 的剩余价值,发展中国家的资产阶级多少得了 5 的剩余价值,这也体现了不同国家的资产阶级之间的生产关系。马克思曾经指出:"两个国家可以根据利润规律进行交换,两国都获利,但一国总是吃亏。"①

---

① 《马克思恩格斯全集》第 46 卷(下册),人民出版社 1980 年版,第 401 页。

虽然马克思没有详细和具体分析国际价值的问题，但是马克思也指出了国际价值的本质。继续引用前面引用过的马克思的话可以说明这一点。马克思指出："投在对外贸易上的资本所以能提供较高的利润率，首先是因为，和它们竞争的商品，在其他国家，是用较小的生产便利生产的，因此，那个比较发达的国家，虽然比竞争国家按比较便宜的价格来售卖商品，但仍然是在它们的价值以上售卖。只要比较发达的国家的劳动会在这里当作比重较高的劳动来增殖价值，利润率就会提高；因为，不当作高级劳动来支付报酬的劳动，在这里，将会当作高级劳动来出卖。"①马克思这段话实际上表明了，资本家通过国际贸易不但占有本国工人创造的剩余价值，即马克思所说的不当作高级劳动来支付报酬的劳动在这里当作高级劳动来出卖，而且还占有外国工人创造的剩余价值，即马克思所说的那个比较发达的国家虽然比竞争国家按比较便宜的价格来售卖商品，但仍然是在它们的价值以上售卖。马克思还更直接地指出："一国可以不断获取另一国的一部分剩余劳动而在交换中不付任何代价。"②

① 马克思:《资本论》第 3 卷，人民出版社 1966 年版，第 258 页。
② 《马克思恩格斯全集》第 46 卷（下册），人民出版社 1980 年版，第 402 页。

第三章 商品国内与国际的生产价格和市场价格

第一节 商品的国内生产价格和国内市场价格

一、商品价值转化为生产价格的难题

对于马克思的劳动价值理论,争论最激烈的是价值转化为生产价格的问题。按照马克思的劳动价值理论,商品的价值是由生产商品所耗费的社会必要劳动时间决定的,商品的交换根据商品的价值进行。但是,在资本主义生产过程中,由于存在竞争,如果哪个生产部门投入一定数量的不变资本和可变资本获得的剩余价值高,资本就会通过生产部门之间转移的方法展开竞争,结果形成等量实际预付资本将取得等量剩余价值的状态。这样,尽管商品的价值是由生产商品所耗费的社会必要劳动时间决定的,但是商品的交换不是严格根据商品的价值进行的,而是根据经过剩余价值再分配以后所形成的生产价格进行的。

关于价值转化为生产价格的问题,曾掀起过三次世界性争论的浪潮。1896年,奥地利经济学者庞巴维克(Böhm-Bawerk)出版了名为《马克思体系的终结》的著作,对马克思的劳动价值理论提出了激烈的批评,导致了第一次世界性的争论。1906年和1907年,德国统计学者波特基维茨(L. V. Bortkiwicz)分别在《社会科学与社会政策杂志》和《国民经济与统计年鉴》上发表了题为"马克思价值体系中的价值计算和价格计算"和"马克思《资本论》第三卷基础理论结构的校正"

的论文,分析了价值转化为生产价格的数量关系,引起了第二次世界性争论。1970 年和 1971 年,美国经济学者萨缪尔森连续在《美国科学院记录汇编》和《经济文献杂志》发表了题为"马克思'价值'到竞争'价格'的'转化':一个扬弃和替代的过程"和"理解马克思的剥削概念:马克思的价值与竞争价格之间所谓转化问题的概述"的论文,认为价值向生产价格的转化在数量上是不能成立的,掀起了第三次世界性争论。100 多年来,价值转化为生产价格成为了一个经济学的世界难题。

二、马克思的解决方法

按照马克思的分析,在资本主义生产过程中,商品的价值等于耗费的不变资本的价值(c)、可变资本的价值(v)和剩余价值(m)之和。其中 c 是不变资本转移的价值,即过去劳动创造的价值;v+m 是现在劳动所创造的价值,m 是可变资本新创造的价值超过可变资本价值的余额。但是,对于资本家来说,v+m 是他所耗费的资本的价值,是生产商品的成本。因此,在资本主义的现象形态上,耗费的生产资本(c+v)表现为生产成本(k),商品的价值表现为耗费的生产资本即生产成本(k)与剩余价值(m)之和。这就是耗费的生产资本转化为生产成本的过程。

在耗费的生产资本转变为生产成本以后,剩余价值表现为生产成本的产物。这样,剩余价值采取了利润的现象形态,剩余价值率采取了利润率的现象形态。原来剩余价值是可变资本的产物,设可变资本的价值为 v,剩余价值为 m,剩余价值率为 m',那么 $m'=m/v$。现在利润变成是生产成本的产物,设生产成本为 k,剩余价值为 m,利润率为 p',那么 $p'=m/k$。这就是剩余价值转化为利润的过程。

由于各个生产部门的有机构成即不变资本与可变资本的比率不同,在剩余价值率相同的条件下,它们的利润率是不同的。但是,在竞争的条件下,如果各个部门的利润率出现差异,在获得更高利润的动机的推动下,资本所有者将以转移生产资本的方式展开竞争。这就是说,生产资本将从利润率低的生产部门退出,转移到利润率高的部门。这样,原来利润率高的部门由于产量增加而发生销售困难,它们的利润率将下降;原来利润率低的部门由于产量减少而出现畅销局面,它们的利润率将上升,各个生产部门的利润率产生了平均化的趋势。这就是利润转化为平均利润的过程。

在利润转化为平均利润以后,商品的价值不再表现为生产成本(k)与剩余价值(m)之和,也不再表现为生产成本(k)与利润(p)之和,而是表现为生产成本(k)与平均利润(p̄)之和。这样,价值转化为生产价格。生产价格由生产成本(k)与平均利润(p̄)之和构成。

马克思的价值转化为生产价格的过程可以用表列的形式表达如下。假定有三个生产部门Ⅰ、Ⅱ、Ⅲ,它们的预付资本都是100,剩余价值率都是100%,但是它们的资本有机构成不同,所以剩余价值率也不同。预付资本与剩余价值之和构成商品的价值,所以它们生产的商品的价值也不同。具体情况如表3-1所示。

表3-1　资本有机构成对利润率的影响

生产部门	预付资本	剩余价值率(%)	剩余价值	价值	利润率(%)
Ⅰ	70c+30v	100	30	130	30
Ⅱ	80c+20v	100	20	120	20
Ⅲ	90c+10v	100	10	110	10

正如前面分析的那样,在利润率不同的条件下,生产资本通过在不同生产部门的转移进行竞争,结果利润率出现平均化的趋势。表3-2说明了这个过程,三个生产部门根据它们的预付资本都得到了20%的利润。

表3-2　利润转化为平均利润

生产部门	预付资本	剩余价值率(%)	剩余价值	平均利润率(%)	平均利润
Ⅰ	70c+30v	100	30	20	20
Ⅱ	80c+20v	100	20	20	20
Ⅲ	90c+10v	100	10	20	20

由于商品的价值等于耗费的生产成本与剩余价值之和,生产价格等于耗费

的生产成本与平均利润之和,这三个生产部门的生产价格与价值出现了差异。结果可以用表 3-3 来表示。

表 3-3　价值转化为生产价格

生产部门	预付资本	剩余价值	平均利润	价值	生产价格
Ⅰ	70c+30v	30	20	130	120
Ⅱ	80c+20v	20	20	120	120
Ⅲ	90c+10v	10	20	110	120

马克思认为,从价值到生产价格的分析是从抽象到具体,从本质到现象的分析。首先,在价值的形态上,所耗费的不变资本的价值是转移到商品的,可变资本和剩余价值是新创造出来的,剩余价值是可变资本的产物,剩余价值率表示对劳动者剥削的程度。因此,价值的分析可以揭示事物的本质。但是,在生产价格的形态上,所耗费的不变资本和可变资本构成生产成本,它们似乎都在创造价值。可变资本表现为工资,劳动者的全部劳动似乎都得到了报酬。利润表现为生产成本的增加额,利润率成为实际预付资本的增值程度。这样,资本主义生产的本质变得模糊了。其次,在价值转化为生产价格以后,虽然各个生产部门的生产价格与价值发生背离,但是这并不意味着生产价格规律是对价值规律的否定。由于价值总额等于生产价格总额,生产价格受到价值的制约。另外,价值的变化将导致生产价格的变化,生产价格受着价值的支配。

三、商品价值转化为生产价格问题的症结

关于马克思价值转化为生产价格的争论集中在两个方面:一是商品的总价值和总生产价格是否相等?二是在价值转化为生产价格以后,各生产部门的产品是以与价值背离的生产价格来表示的,但各生产部门的生产成本仍然以价值(c+v)来衡量。既然生产成本所包括的生产资料和生活资料都是从别的生产部门购买的,它们也是别的部门的商品,也应该用生产价格来表示。如果考虑到这

个问题,价值与生产价格在数量上存在什么关系呢?

对于第一个问题,波特基维茨富有创意地增加了一个黄金生产部门,利用黄金既是商品也是货币的特点,运用方程组证明商品的总价值和总生产价格是相等的。但是,这个结论要成立必须有一个前提,即黄金部门的资本有机构成与各生产部门的平均资本有机构成必须相等。[①] 萨缪尔森则说明,黄金部门的资本有机构成等于各生产部门的平均资本有机构成的前提是不能成立的,商品总价值和总生产价格不可能相等。[②]

笔者认为,在这个问题上存在一个严重的误解,这就是商品的生产价格究竟是以什么单位表示的? 包括波特基维茨和萨缪尔森在内的大多数经济学者都认为商品的生产价格是用货币来表示的。尽管波特基维茨十分巧妙地引入了黄金生产部门,但这就好像要证明面积和重量相等是不可能的一样,在一般的情况下商品的总价值和总生产价格是不可能相等的。即使引入黄金生产部门可以证明商品的总价值和总生产价格相等,但金本位制在20世纪30年代已经解体,黄金在国内和国际均非货币化,这是否意味着马克思价值转化为生产价格的分析在金本位制的条件下是正确的,在金本位制解体以后就不能成立了?

实际上,马克思分析的是价值转化为生产价格而不是价值转化为价格。生产价格与价格是两个不同的范畴:生产价格是价值的转化形式,它是随着利润率的平均化而造成的价值的组成部分(c,v,m)在各个生产部门进行调整的结果。价格则是货币表现,在价值转化为生产价格以前,以货币表示的价值形成价格;在价值转化为生产价格以后,以货币表示的生产价格形成价格。这就是说,生产价格是按照等量资本获得等量利润的规律修正了的价值,它与价值一样都是以社会必要劳动时间来表示的。

---

① 转引自 P. A. Sweezy(ed.), *Karl Marx and the Close of His System by E. N. Bohm-Bawerk's Criticism of Marsx by Hilferding*, Augustus M. Kelley Publisher, New York, 1966, pp. 199-206.

② P. A. Samuelson, "Understanding the Marxian Notion of Exploitation", *Journal of Economic Literature*, June 1971, pp. 415-416, pp. 419-420.

既然商品的价值和生产价格都是以社会必要劳动时间表示的,总价值必然恒等于总生产价格。在价值转化为生产价格以后,由于利润的平均化,剩余价值在各个生产部门之间重新分配,各个生产部门的价值并不等于生产价格。但是,由于社会总产量没有变化,生产社会总产量所耗费的总社会必要劳动时间没有变化,总价值与总生产价格必然相等。

对于第二个问题,马克思也意识到各部门的生产成本应以生产价格表示,但是他没有解决这个问题。也就是说,马克思已经完整地提出了价值转化为生产价格的逻辑过程,但是并没有解决价值转化为生产价格的数量关系。这个问题可以用下述方法来解决。

四、商品价值转化为生产价格难题的解法[①]

假定存在这样一个简单的资本主义经济:第一,社会生产划分为两个生产部门 A 和 B,分别生产产品 X 和 Y。第二,这两个生产部门的预付资本都由产品 X 和 Y 构成,其中投入到生产部门 A 的不变资本是 30 单位产品 X 和 10 单位产品 Y,投入到生产部门 B 的不变资本是 15 单位产品 X 和 45 单位产品 Y。第三,投入这两个部门的劳动力分别为 6 单位和 4 单位,每单位劳动力工作 10 单位劳动时间,全部劳动都是同类劳动。第四,每单位劳动力得到的实物工资是 5/2 单位产品 X 和 5/2 单位产品 Y,剩余价值率是 100%。第五,生产部门 A 和 B 的产量分别是 100 单位产品 X 和 Y。

这两个生产部门的实物生产情况如表 3-4 所示。表中不变资本和产量分别用产品 X 和 Y 的单位表示,必要劳动和剩余劳动用劳动时间表示。由于投入到部门 A 的劳动力是 6 单位,每单位劳动力工作 10 单位劳动时间,在剩余价值率是 100% 的条件下,必要劳动时间和剩余劳动时间同为 30 单位。根据同样的道理,部门 B 的必要劳动时间和剩余劳动时间同为 20 单位。

---

① 这种解决方法是笔者提出的解决方法,参看李翀:《价值和价格论》,中山大学出版社 1989 年版,第 137—157 页。

表 3 - 4　实物生产情况

生产部门	产品 X	产品 Y	必要劳动	产量
A	30	10	30	100
B	15	45	20	100

由于投入到生产部门 A 的劳动力是 6 单位,每单位劳动力得到的实物工资是 5/2 单位产品 X 和 5/2 单位产品 Y,投入到该部门的可变资本是 15 单位产品 X 和 15 单位产品 Y。根据同样的道理,投入到生产部门 B 的可变资本是 10 单位产品 X 和 10 单位产品 Y。

设每单位产品 X 的价值是 V_x,每单位产品 Y 的价值是 V_y,生产部门 A 生产出来的体现剩余价值的产品 X 和产品 Y 的数量分别是 C 和 D,生产部门 B 生产出来的体现剩余价值的产品 X 和产品 Y 的数量分别是 E 和 F,那么可以得到下述方程组:

$$(30V_x + 10V_y) + (15V_x + 15V_y) + CV_x + DV_y = 100\ V_x \tag{3-1}$$

$$(15V_x + 45V_y) + (10V_x + 10V_y) + EV_x + FV_y = 100\ V_y \tag{3-2}$$

$$C + E = 100 - (30 + 15) - (15 + 10) \tag{3-3}$$

$$D + F = 100 - (10 + 45) - (15 + 10) \tag{3-4}$$

$$15V_x + 15V_y = 30 \tag{3-5}$$

$$CV_x + DV_y = 30 \tag{3-6}$$

方程(3-1)和(3-2)表示不变资本、可变资本和剩余价值之和等于产品的价值,方程(3-3)表示生产部门 A 的产量扣除了投入到两个生产部门的不变资本(30+15)和可变资本(15+10)后的余额。方程(3-4)同样表示生产部门 B 的产量扣除了投入到两个生产部门的不变资本(10+45)和可变资本(15+10)后的余额,方程(3-5)表示生产部门 A 可变资本的价值等于必要劳动时间,方程(3-6)表示生产部门 A 的剩余价值等于剩余劳动时间。从方程组求 6 个未知数可得 $V_x = 1$, $V_y = 1$, $C + E = 30$, $D + F = 20$。这样,可以得到表 3-5 表示的价值形成情况。表中的数字是以劳动时间为单位的。

表 3-5　价值形成情况

生产部门	不变资本	可变资本	剩余价值	剩余价值率(%)	价值
A	40	30	30	100	100
B	60	20	20	100	100

在资本主义生产条件下,不变资本与可变资本构成生产成本,剩余价值作为生产成本的产物而表现为利润,利润在资本转移的竞争中趋向平均化,从而得到表 3-6。生产部门 A 的生产成本是 70(=40+30),利润率是 43%(=30/70),生产部门 B 的生产成本是 80(=60+20),利润率是 25%(=20/80),平均利润率是 $33\frac{1}{3}$%(=[30+20]/[70+80]);生产部门 A 的平均利润是 $23\frac{1}{3}$(=70×$33\frac{1}{3}$%),生产部门 B 的平均利润是 $26\frac{2}{3}$(=80×$33\frac{1}{3}$%);生产部门 A 的生产价格是 $93\frac{1}{3}$(=70+$23\frac{1}{3}$),生产部门 B 的生产价格是 $106\frac{2}{3}$(=80+$26\frac{2}{3}$)。

表 3-6　价值转化为生产价格的第一阶段

生产部门	生产成本	利润率(%)	平均利润率(%)	平均利润	生产价格
A	70	43	$33\frac{1}{3}$	$23\frac{1}{3}$	$93\frac{1}{3}$
B	80	25	$33\frac{1}{3}$	$26\frac{2}{3}$	$106\frac{2}{3}$

完成了价值转化为生产价格的第一个逻辑阶段以后,总剩余价值等于总利润($30+20=23\frac{1}{3}+26\frac{2}{3}$),总价值等于总生产价格($100+100=93\frac{1}{3}+106\frac{2}{3}$)。各生产部门生产价格对价值的偏离是由于本部门平均利润对剩余价值的偏离造成的($93\frac{1}{3}-100=23\frac{1}{3}-30;106\frac{2}{3}-100=26\frac{2}{3}-20$)。这意味着,生产价格是在资本转移的影响下剩余价值在各个生产部门中重新分配而形成的。

在这个逻辑步骤里,利润率等于剩余价值除以生产成本,平均利润率等于总剩余价值除以总生产成本,它们都是以价值来表示的利润率。另外,在这个逻辑步骤里,生产成本等于不变资本与可变资本之和,它是用价值来表示的。既然产品 X 和 Y 的生产价格已经与价值发生偏离,而生产成本中的产品 X 和 Y 又是从市场购买的,它们也应该用生产价格表示而不是用价值表示。由此可见,价值转化为生产价格的过程并没有完成。

假设产品 X 和 Y 的生产价格与价值的比率分别是 x 和 y,平均利润率是 r,根据表 3-5 和表 3-6 的数据,可以得到下面的方程组:

$$(30x+10y+15x+15y)(1+r)=100x \qquad (3-7)$$

$$(15x+45y+10x+10y)(1+r)=100y \qquad (3-8)$$

$$100x+100y=100+100 \qquad (3-9)$$

方程(3-7)中的 30 和 10 分别是生产部门 A 不变资本的产品 X 和 Y 的价值,15 和 15 是可变资本的产品 X 和 Y 的价值,该方程说明以生产价格表示的不变资本和可变资本之和与(1+r)的乘积等于产品 X 的生产价格。方程(3-8)表示相似的意思。方程(3-9)表示前面论证的恒等式:总价值(100+100)等于总生产价格(100x+100y)。

解上面的方程组得 x=0.9,y=1.1,r=32%。这样,便得到了完成价值转化为生产价格的第二个逻辑阶段的最终的生产价格,如表 3-7 所示。

表 3-7　价值转化为生产价格的第二阶段

生产部门	生产成本*	利润率(%)	平均利润率(%)*	平均利润	生产价格
A	68	43	32	22	90
B	82	25	32	28	110

注:* 以生产价格表示。

在表 3-7 中,生产部门 A 的生产成本是(30x+10y+15x+15y),生产部门 B 的生产成本是(20x+40y+10x+10y),它们都是以生产价格表示的。平均利润率是从方程组求出来的,它也是以生产价格表示的。

比较表 3-6 和表 3-7 可以看到,价值转化为生产价格的过程在继续进行,以价值表示的生产成本进一步转化为以生产价格表示的生产成本,以价值表示的平均利润率进一步转化为以生产价格表示的平均利润率。

比较表 3-6 和表 3-7 可以看到,最终转化成的生产价格偏离价值的幅度,要大于转化过程中的生产价格偏离价值的幅度。究其原因,是因为经过第一个逻辑步骤的转化以后,产品 X 的生产价格低于价值,而生产部门投入的不变资本和可变资本有包含较多的产品 X,经过第二个逻辑步骤的转化以后,即不变资本和可变资本的价值转化为生产价格以后,产品 X 的生产价格低于价值的幅度增大了。根据同样的道理,产品 Y 的生产价格高于价值的差额也扩大了。

比较表 3-6 和表 3-7 还可以看到,经过第一个逻辑步骤的转化以后,总价值($=100+100$)等于总生产价格($=93\frac{1}{3}+106\frac{2}{3}$)。再经过第二个逻辑步骤的转化以后,总价值($=100+100$)仍然等于总生产价格($=90+110$)。

根据价值转化为生产价格的分析可以得到下述结论:在价值转化为生产价格的过程中,不仅剩余价值在各个生产部门中发生了重新的分配,而且生产成本也因为单位产品的生产价格与价值的偏离在数量上也发生了变化。这就是说,生产价格的形成不仅是剩余价值在各个生产部门中重新分配的结果,而且也是不变资本和可变资本的价值在各个生产部门中重新配置的结果。

根据价值转化为生产价格的分析还可以得到下述结论:尽管马克思没有完成生产成本应该用生产价格表示而不是用价值表示所产生的价值转化为生产价格的问题,但是马克思的结论是正确的,生产价格是由价值转化而来的,总价值等于总生产价格,商品的价值是商品的生产价格的基础。

五、商品的生产价格和市场价格

在价值转化为生产价格以后,价格和市场价格形成的基础从价值变为生产价格。正如前面分析指出的那样,商品的生产价格与价值一样,都是以劳动时间来表示的。当商品的生产价格以货币的形式表现出来,便形成了竞争条件下的商品的价格。由于商品的生产价格与价值已经发生了背离,在货币因素为一定的条件下,商品生产价格的货币表现即相对于生产价格而言的价格与价值的货币表现即相对于价值而言的价格也发生了背离。

当商品投入到市场以后,以商品的生产价格为基础的价格将受到供给与需求的影响,从而形成竞争条件下的商品的市场价格。由于在需求量大于供给量的时候商品的市场价格将上升,在需求量小于供给量的时候商品的市场价格将下降,商品的市场价格还将与价格发生背离。

商品的价值、生产价格、价格、市场价格的关系如图 3-1 所示。

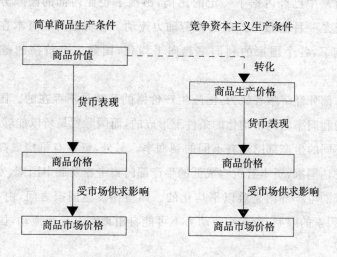

图 3-1　商品价值和生产价格的关系

第二节　商品的国际生产价格和国际市场价格

一、商品的国际生产价格

马克思没有提出国际生产价格的范畴。但是,恩格斯在"《资本论》第三卷的补充"一文中曾经指出:"现在,生产价格适用于国际贸易和批发商业,但在城市的零售商业上,价格的形成是由完全不同的利润率来调节。"①由此可见,恩格斯认为存在国际生产价格的范畴。然而,在马克思主义经济学界,对国际生产价格的问题一直存在着争论。

有一部分经济学者认为,虽然劳动力在国家之间的流动受到限制,但资本

---

① 马克思:《资本论》第 3 卷,人民出版社 1966 年版,第 1060 页。

在国际之间的流动已经比较自由。另外,随着跨国公司的发展,公司内部的贸易在国际贸易中已经占据了一定的比例,出现了企业内部的国际分工。企业内部的分工是一种隐蔽形式的国际劳动力流动。在劳动力和资本在国际之间流动的影响下,各个国家的利润率趋向平均化,国际生产价格的范畴已经产生。

也有一部分经济学者认为,国际生产价格的范畴是不存在的。国际生产价格是在各国利润率趋向平均化的条件下形成的,而国际贸易所以能够发生,正是各个国家不同的生产部门具有不同的利润率。另外,资本有机构成高的生产部门集中在发达国家,资本有机构成低的生产部门集中在发展中国家,发达国家和发展中国家的生产部门是难以平均化的。即使在发达国家之间,由于语言、地理、文化等因素的限制,资本和劳动力不可能自由地和充分地流动,国际生产价格难以形成。

还有一部分经济学者认为,虽然在世界范围内难以形成平均的利润率,因而难以形成世界性的国际生产价格,但是在局部的区域内仍然有可能形成国际生产价格。例如,在欧洲联盟内部,资本和劳动力的流动已经比较自由,在欧洲联盟内将会形成国际生产价格。

笔者认为,上述经济学者的看法都有一定的道理。实际上,是否存在国际生产价格范畴这个问题的关键是如何确定国际生产价格的定义。如果把国际生产价格看作是一个十分严格的定义,即只有在各国的利润率都已经平均化的条件下,国际生产价格才会形成,那么目前确实没有形成国际生产价格。但是,如果这样看待国际生产价格的范畴,那么不仅现在不存在国际生产价格的范畴,而且永远不可能存在国际生产价格的范畴。显然,即使人类社会再经过 1000 年,各国的利润率也不会完全平均化。另外,如果这样看待国际生产价格的范畴,不仅国际生产价格的范畴不存在,国内生产价格的范畴也不存在。在各个国家内部,由于各个生产部门的自然和技术条件不同,由于各个地区的自然和人文环境不同,再加上种种制度的因素,资本和劳动力也难以在各个生产部门和各个地区自由和充分地流动,各个生产部门和地区也没有形成一致的利润率,国内生产价格的范畴也不应存在。

在笔者看来，似乎不应该这样确定国际生产价格的定义。首先，国际生产价格的形成是一个过程，它是一个动态的范畴而不是一个静态的范畴，它是一个趋势的概念而不是一个时点的概念。只要各国的利润率趋向于平均化，国际生产价格的范畴就已经产生。各国的利润率越来越一致，国际生产价格就越来越成熟。其次，第二次世界大战以后，国际生产资本在各国之间大规模流动。它们不断从利润率低的国家流向利润率高的国家，促成了利润平均化的趋势。虽然劳动力在各国之间的流动没有生产资本流动的规模大，但发展中国家的劳动力也大量流向发达国家。另外，在世界范围内还出现了很多区域经济一体化组织形式，在这些组织内生产资本和劳动力的自由流动更加自由和充分。再次，从研究方法来看，即使国际生产价格的形成仅仅是一种倾向，也应该从完全成熟的国际生产价格的角度去研究。即使永远不可能达到完全成熟的国际生产价格，也只有了解了完全成熟的国际生产价格，才能更加清楚地认识在趋向这个完全成熟的国际生产价格的过程中的各种现象。因此，笔者认为国际生产价格的范畴已经开始形成。

在一个国家内部，商品的生产价格是因为不同生产部门利润率趋向平均化而由商品的价值转化而来的。从逻辑上说，在国家之间，商品的国际生产价格也是因为各个国家不同生产部门利润率趋向平均化而由商品的国际价值转化而来的。正如国内不同生产部门利润率的平均化是由国内资本在国内不同生产部门的转移所造成的一样，不同国家的不同生产部门利润率的平均化也是由国际资本在不同的国家和不同的生产部门的转移所造成的。但在实际上，商品的国际生产价格的形成要比国内生产价格的形成复杂得多。

从国内生产价格的形成过程来看，分析的起点是每个生产部门所生产的商品都形成了统一的价值，由于按照价值出售商品所得到的剩余价值或利润率不一样，导致生产资本在不同生产部门的转移，从而形成了商品的生产价格。但是，从国际生产价格的形成过程来看，国际生产资本跨越国境转移要受到东道国制度和政策的制约。如果东道国对国际生产资本的流动采取限制性的制度和政策，国际生产资本将难以实现跨越国境的转移，国际生产价格将不可能形成。从实际情况来看，国际生产资本发生大规模的跨国转移是 20 世纪 50 年代以后的事情,而国际生产资本发生大范围的跨国转移是 20 世纪 80 年代以后的事情。如果说 20 世纪 50 年代国际生产价格开始在一定的范围内形成,20 世纪 80 年代开始在较大范围内形成,那么国际生产价格形成的时间不但比国际价值形成的时间晚得多,而且也比国内生产价格形成的时间晚得多。

这样,即使在国际市场上商品按国际价值出售,由于各国的生产条件不同,不仅不同的商品有不同的利润,同一种商品也有不同的利润。这意味着国际生产资本的转移与国内生产资本的转移不同:国内生产资本仅在不同的生产部门之间转移,但由于不同的国家有同样的生产部门,国际生产资本既在不同国家同样的生产部门之间转移,也在不同国家不同的生产部门之间转移。这也意味着不仅商品的国际价值对国际生产价格产生影响,而且商品的国内生产价格也对国际生产价格产生影响。从逻辑上说,商品的国际生产价格是从国际价值转化而来,而不是从国内生产价格转化而来。但是,由于国内价值转化为国内生产价格的过程先于国际价值转化为生产价格的过程,在国内商品的生产价格已经形成的条件下,国际生产资本既在不同国家同样的生产部门之间转移,也在不同国家不同生产部门之间转移,这将会导致不同国家不同生产部门之间利润的平均化。

从目前的情况来看,国际生产资本跨越国境转移的限制已基本消除。据联合国贸易与发展委员会在 2007 年的统计,20 世纪 90 年代以来,越来越多的国家采取了有利于国际直接投资的政策。从表 3-8 可以看到,绝大部分的国家对国际直接投资都采取鼓励的政策。

虽然 20 世纪 90 年代以来国际生产资本跨越国境转移基本上不存在限制,但是它仍然存在国内生产资本在不同部门转移所不存在的风险。这些风险来自下述方面:第一,政策风险。各个国家不排斥外国生产资本流入本国,甚至争取外国生产资本流入本国,但这并不意味着东道国政府在某些特定的情况下不会调整政策。当东道国政府的政策发生不利于生产资本流动的变化时,将会对外国生产资本产生不利的影响。第二,制度风险。各个国家的法律制度、商业规则、办事效率、廉洁程度是不一样的,外国生产资本转移到一个国家以后,会遇到与自己国家不同的问题,并因为不适应而有可能出现损失。第三,文化风险。各个国家的文化传统是不一样的。一种做法在一个国家是习以为常的事情,在另外一个国家却是不能接受的。外国生产资本转移到一个国家以后会产生文化上的冲突,并有可能对经营管理造成影响。第四,汇率风险。外国生产资本转移到一个国家涉及两种货币的兑换,如果外国生产资本在投入资金时东道国的货币升值,在汇回利润时东道国的货币贬值,外国生产资本将遭受损失。

表 3-8　各国对国际直接投资政策的变化

年　份	1995	1996	1997	1998	1999	2000
调整政策的国家数	64	65	76	60	63	69
调整的政策数	112	114	150	145	139	150
有利于直接投资	106	98	134	136	130	147
不有利于直接投资	6	16	16	9	9	3
年　份	2001	2002	2003	2004	2005	2006
调整政策的国家数	71	70	82	102	93	93
调整的政策数	207	246	242	270	205	184
有利于直接投资	193	234	218	234	164	147
不有利于直接投资	14	14	24	36	41	37

资料来源:UNCTAD,*World Investment Report*, United Nations, New York and Geneva, 2006, p. 24, 2007,p. 14.

正由于这个缘故,国际生产资本的流动比国内生产资本的流动更不充分。如果说国内各个生产部门不可能获得完全一样的利润率,国内生产价格的形成是一种趋势,那么世界范围内的各个生产部门更不可能获得完全一样的利润率,国际生产价格的形成更是一种趋势。另外,如果说国内生产资本在不同部门之间的转移取决于不同部门的利润率,那么由于国际生产资本与国内生产资本相比要冒更大的风险,它在不同国家之间转移则取决于用风险来修正的利润率。这就是说,由于国际生产资本的转移比国内生产资本的转移存在更大的风险,外国的利润率扣除风险因素以后高于国内的利润率,才可能发生国际生产资本的转移。因此,在商品的国际生产价格的形成过程中,趋向平均的不是一般的利润率,而是经风险修正的利润率。

第三章　商品国内与国际的生产价格和市场价格

伊曼纽尔(F. Emmanuel)曾经按照马克思的思想阐述过国际生产价格的形成。伊曼纽尔假定有 A、B 两个国家,各有三个生产部门。各个生产部门的资本有机构成不同,不变资本在一个生产周期内折旧完毕,剩余价值率为 100%。表 3-9 表示 A 国生产价格的形成情况。在资本在不同的生产部门之间流动的影响下,这三个生产部门的利润率出现平均化,它们的价值转化为生产价格。表 3-10 以相似的方式说明 B 国生产价格的形成。

表 3-9 A 国生产价格的形成

生产部门	c 不变资本	v 可变资本	m 剩余价值	V 价值	T 利润率(%)	p 利润	L 生产价格
Ⅰ	80	20	20	120	20	20	120
Ⅱ	90	10	10	110	20	20	120
Ⅲ	70	30	30	130	20	20	120
总和	240	60	60	360	20	60	360

表 3-10 B 国生产价格的形成

生产部门	c 不变资本	v 可变资本	m 剩余价值	V 价值	T 利润率(%)	p 利润	L 生产价格
Ⅰ	40	20	20	80	33.33	20	80
Ⅱ	50	10	10	70	33.33	20	80
Ⅲ	30	30	30	90	33.33	20	80
总和	120	60	60	240	33.33	60	80

表 3-11 A、B 两国各部门国际生产价格的形成

生产部门	c 不变资本	v 可变资本	m 剩余价值	V 价值	T 利润率(%)	p 利润	L 生产价格
Ⅰ A	80	20	20	120	25	25	125
Ⅱ A	90	10	10	110	25	25	125
Ⅲ A	70	30	30	130	25	25	125
Ⅰ B	40	20	20	80	25	25	125
Ⅱ B	50	10	10	70	25	25	125
Ⅲ B	30	30	30	90	25	25	125
总和	360	120	120	600	25	120	600

表 3-12　A、B 两国国际生产价格的形成

生产部门	c 不变资本	v 可变资本	m 剩余价值	V 价值	T 利润率(%)	p 利润	L 生产价格
A	240	60	60	360	25	75	375
B	120	60	60	240	25	45	225
	360	120	120	600	25	120	600

　　在资本在国家之间可以自由流动的条件下,资本不仅在同一个国家内不同生产部门之间流动,而且在不同的国家和不同的生产部门之间流动。这样,如表3-11所示,在两个国家六个生产部门中出现了利润率平均化的倾向,形成了各个部门的国际生产价格。如果略去各个生产部门,这两个国家总的国际生产价格如表3-12所示①。

　　伊曼纽尔说明了国际生产价格形成的核心过程,但过于简单。下面,笔者根据马克思关于国内价值转化为生产价格的思想以及前面笔者关于国内价值转化为生产价格的分析,来说明笔者关于国际生产价格形成过程的看法。

　　虽然商品的国内价值转化为国内生产价格在历史上和逻辑上都先于商品的国际价值转化为国际生产价格,但是在现实的经济里,国内资本流动尚未充分展开,国际资本流动已经发生,国内价值转化为国内生产价格与国际价值转化为国际生产价格是相互交错的。因此,下面将从两个方面分析国际生产价格的形成:一个方面是从各国的价值出发,说明国际生产价格的形成;另一方面从各国的生产价格出发,说明国际生产价格的形成。

　　显然,如果要完整地解释商品价值转化为生产价格的过程,就要解释生产成本包括的商品用生产价格表示以后所发生的变化,即前面的表3-7所表示的变化。而要做到这一点,既要说明各个国家实物的投入和产出情况,又要说明它们的价值构成情况,这样将使表述变得非常复杂,理解起来也不那么清晰。因此,在下面的分析中,将回到马克思原来的分析方法,即不考虑生产成本包括的商品

---

　　①　F. Emmanuel,*Unequal Exchange:A Study of the Imperialism of Trade*,Monthly Review Press,1972,pp.52-56.

用生产价格表示以后所发生的变化。这样,就像马克思所说的将存在误差,但问题可以表述得比较清楚。

假定存在两个国家,一个是发达国家,另一个是发展中国家,它们都有两个相同的生产部门Ⅰ和Ⅱ,生产相同的两种产品,剩余价值率都是100%,不变资本在生产期间耗费完毕,那么发达国家和发展中国家商品的价值如表3-13和表3-14所示。

表3-13 发达国家商品的价值

生产部门	预付资本	剩余价值率(%)	剩余价值	价值	利润率(%)
Ⅰ	70c+30v	100	30	130	30
Ⅱ	90c+10v	100	10	110	10

表3-14 发展中国家商品的价值

生产部门	预付资本	剩余价值率(%)	剩余价值	价值	利润率(%)
Ⅰ	60c+40v	100	40	140	40
Ⅱ	80c+20v	100	20	120	20

首先从各国的价值出发来分析国际生产价格的形成。如果国与国之间资本和劳动力的流动是充分的,由于发展中国家的利润率高于发达国家,发达国家的资本将流向发展中国家,而发展中国家的劳动力将流向发达国家。这两个国家不同生产部门生产不同的产品,在技术上的要求不同,即使发生了资本和劳动力的流动,其资本的有机构成也是不同的。但是,这两个国家同一个生产部门生产同一种产品,假定所有劳动力都是同质的,工资率的变化是有弹性的,在资本和劳动力流动的影响下,其资本的有机构成趋向相同。例如,由于发达国家在技术和资本上处于优势地位,发达国家生产同类产品的资本有机构成以及劳动力的成本通常高于发展中国家。在资本和劳动力充分流动的条件下,一方面发达国家的资本将流向发展中国家以通过提高劳动生产率获得更多的利润;另一方面发达国家将吸纳发展中国家廉价的劳动力以增加利润,从而使发达国家和发展中国家同一个生产部门的资本有机构成趋向相等。

表 3-15　不同国家相同生产部门生产价格的形成

生产部门Ⅰ	资本有机构成	平均利润率(%)	生产价格
发达国家	65c+35v	35	135
发展中国家	65c+35v	35	135
生产部门Ⅱ	资本有机构成	平均利润率(%)	生产价格
发达国家	85c+15v	15	115
发展中国家	85c+15v	15	115

　　参看表 3-15。原来发达国家和发展中国家生产部门Ⅰ的资本有机构成分别为 70c+30v 和 60c+40v，现在都变为 65c+35v；原来发达国家和发展中国家该生产部门的利润率分别是 30% 和 40%，现在形成平均利润率 35%(=［30%+40%］÷2)。这样，这两个国家生产部门Ⅰ的生产价格变为 135(=65c+35v+35)。按照同样的道理，发达国家和发展中国家生产部门Ⅱ的资本有机构成变为 85c+15v，平均利润率变为 15%，生产价格变为 115(=85c+15v+15)。

　　由于生产部门Ⅰ的利润率是 35%，生产部门Ⅱ的利润率是 15%，在不同的国家相同的生产部门之间发生资本流动的同时，在不同的国家不同的生产部门之间发生资本流动。具体来说，资本将从生产部门Ⅱ流向生产部门Ⅰ。这样，在生产部门Ⅰ和生产部门Ⅱ之间最终形成了平均利润率 25%(=［35%+15%］÷2)以及生产价格 125(=65c+35v+25;=85c+15v+25)。这就是最终形成的国际生产价格，如表 3-16 所示。

表 3-16　不同国家不同生产部门国际生产价格的形成

发达与发展中国家	资本有机构成	平均利润率(%)	国际生产价格
生产部门Ⅰ	65c+35v	25	125
生产部门Ⅱ	85c+15v	25	125

　　其次从各国的生产价格出发来分析国际生产价格的形成。参看表 3-17。在发达国家里，生产部门Ⅰ的利润率是 30%，而生产部门Ⅱ的利润率是 10%，资本将从生产部门Ⅱ流向生产部门Ⅰ。在资本流动的影响下，这两个生产部门形

成了平均利润率 20%（＝[30%＋10%]÷2），并形成了生产价格 120（＝70c＋30v＋20；＝90c＋10v＋20）。另外，在发展中国家里，生产部门Ⅰ的利润率是 40%，而生产部门Ⅱ的利润率是 20%，资本将从生产部门Ⅱ流向生产部门Ⅰ。在资本流动的影响下，这两个生产部门形成了平均利润率 30%（＝[40%＋20%]÷2），并形成了生产价格 130（＝60c＋40v＋30；＝80c＋20v＋30）。

表 3-17　相同国家不同生产部门生产价格的形成

发达国家	资本有机构成	平均利润率(%)	生产价格
生产部门Ⅰ	70c＋30v	20	120
生产部门Ⅱ	90c＋10v	20	120
发展中国家	资本有机构成	平均利润率(%)	生产价格
生产部门Ⅰ	60c＋40v	30	130
生产部门Ⅱ	80c＋20v	30	130

同样，如果国与国之间资本和劳动力的流动是充分的，即使发生了资本和劳动力的流动，这两个国家不同生产部门由于生产不同的产品，它们的资本的有机构成也是不同的。但是，这两个国家同一个生产部门生产同一种产品，在资本和劳动力流动的影响下，它们的资本的有机构成趋向相同。

表 3-18　不同国家不同生产部门国际生产价格的形成

发达与发展中国家	资本有机构成	平均利润率(%)	国际生产价格
生产部门Ⅰ	65c＋35v	25	125
生产部门Ⅱ	85c＋15v	25	125

参看表 3-18。原来发达国家和发展中国家生产部门Ⅰ的资本有机构成分别为 70c＋30v 和 60c＋40v，现在都变为 65c＋35v；原来发达国家和发展中国家该生产部门的利润率分别是 20% 和 30%，现在形成平均利润率 25%（＝[20%＋30%]÷2）。这样，这两个国家生产部门Ⅰ的生产价格变为 125（＝65c＋35v＋25）。按照同样的道理，发达国家和发展中国家的生产部门Ⅱ的资本有机构成变为 85c＋15v，平均利润率变为 25%（＝[20%＋30%]÷2），生产价格变为 125（＝

85c＋15v＋25）。这就是最终形成的国际生产价格。

从上面的分析可以看到,如果国与国之间资本和劳动力的流动是充分的,不论是从各国价值出发分析国际生产价格,还是从各国生产价格出发分析国际生产价格,都得到这两个国家的两个生产部门的生产价格都是 125 的结论。

从上面的分析还可以看到,在国际生产价格的形成过程中,剩余价值发生了从发展中国家到发达国家的转移。原来发展中国家在生产部门Ⅰ和生产部门Ⅱ分别得到 40 和 20 的剩余价值,即总剩余价值是 60。但是,在国际生产价格形成以后,发展中国家在生产部门Ⅰ和生产部门Ⅱ分别得到 25 和 25 的剩余价值,即总剩余价值是 50,比以前减少了 10 的剩余价值。相应地,原来发达国家在生产部门Ⅰ和生产部门Ⅱ分别得到 30 和 10 的剩余价值,即总剩余价值是 40。但是,在国际生产价格形成以后,发展中国家在生产部门Ⅰ和生产部门Ⅱ分别得到 25 和 25 的剩余价值,即总剩余价值是 50,比以前增加了 10 的剩余价值。

应该指出,上述分析是在一系列严格的条件下进行的。这些条件包括两个国家的剩余价值率相同以及两个国家之间资本和劳动力充分流动。下面继续放宽这些假定,来分析国际生产价格的形成过程以及由此带来的变化。

首先放宽两个国家的剩余价值率相同的假定。在现实的经济里,发达国家的工会组织比较健全,工人不断地与资本家进行斗争以提高工资。另外,发达国家经济发展水平较高,资本家从高额利润拿出一部分来缓和阶级矛盾,并不影响他们的根本利益。因此,发达国家的剩余价值率一般低于发展中国家的剩余价值率。假定发达国家的情况不变,表 3－19 与表 3－13 相同。发展中国家其他情况相同,但剩余价值率为 150％,表 3－20 与表 3－14 相比发生了变化。

表 3－19　发达国家商品的价值

生产部门	预付资本	剩余价值率(%)	剩余价值	价值	利润率(%)
Ⅰ	70c＋30v	100	30	130	30
Ⅱ	90c＋10v	100	10	110	10

表 3-20　发展中国家商品的价值

生产部门	预付资本	剩余价值率(%)	剩余价值	价值	利润率(%)
Ⅰ	60c＋40v	150	60	160	60
Ⅱ	80c＋20v	150	30	130	30

按照与上面相同的分析方法可以得到:两个生产部门的平均利润率为 $32\frac{1}{2}\%$;两个生产部门的国际平均生产价格为 $132\frac{1}{2}$。

这样,在国际生产价格形成以前,原来发达国家和发展中国家分别得到 40 和 90 的剩余价值。在国际生产价格形成以后,发达国家和发展中国家分别得到 65 和 65 的剩余价值。有 25 的剩余价值转移到发达国家。由此可见,如果发展中国家的剩余价值率高于发展中国家,将有更多的剩余价值从发展中国家转移到发达国家。

其次放宽在两个国家之间劳动力充分流动的假定并假定劳动力完全不流动。在劳动力不流动的条件下,发达国家和发展中国家的工资差异将存在。为了说明劳动力不流动的情况下国际生产价格的形成,假定在发达国家 1 个单位可变资本可以雇佣 1 单位劳动力,在发展中国家 1 个单位可变资本可以雇佣 2 单位劳动力,但是发达国家劳动力的质量是发展中国家劳动力的 2 倍。

下面的分析从表 3-21 和表 3-22 出发,这两个表分别与表 3-13 和表 3-14 相同。但是应该注意的是,发达国家 30 和 10 单位可变资本分别可以雇佣 30 和 10 单位劳动力,发展中国家 40 和 20 单位可变资本可以分别雇佣 80 和 40 单位劳动力。但是,由于发达国家劳动力的质量是发展中国家的 2 倍,在劳动时间相等的假设下,这意味着发达国家 30 单位劳动力创造的价值与发展中国家 60 单位劳动力创造的价值是相等的。

表 3-21　发达国家商品的价值

生产部门	预付资本	剩余价值率(%)	剩余价值	价值	利润率(%)
Ⅰ	70c＋30v	100	30	130	30
Ⅱ	90c＋10v	100	10	110	10

表 3-22　发展中国家商品的价值

生产部门	预付资本	剩余价值率(%)	剩余价值	价值	利润率(%)
I	60c＋40v	100	40	140	40
II	80c＋20v	100	20	120	20

在两个国家之间资本充分流动的条件下,两个国家相同的生产部门生产资料和劳动力的技术构成将趋向相同。但是,由于两个国家工资差异的存在,不变资本和可变资本的价值构成未必趋向相同。为了使问题变得简单,上面关于工资差异和劳动力质量的假定避免了技术构成与价值构成的差异问题。

这样,由于以同质劳动来度量发达国家 1 单位劳动力等于发展中国家 2 单位劳动力,发达国家生产部门 I 的技术构成是 70 所代表的生产资料与 30 单位劳动力,发展中国家的生产部门 I 的技术构成都是 70 所代表的生产资料与 60 单位劳动力。而要达到这个技术构成,发达国家生产部门 I 资本有机构成不变,仍然是 70c＋30v。发展中国家生产部门 I 的资本有机构成发生变化,变为 70c＋30v。这就是说,发展中国家有 20 单位劳动力失业。

在资本流动的过程中,发展中国家生产部门 I 的资本有机构成提高了,劳动生产率提高了,但是工资却没有提高,这意味着剩余价值率提高了。假定发展中国家的剩余价值率提高到 120%,那么发达国家生产部门 I 的剩余价值还是 30,发展中国家生产部门 I 的剩余价值是 36,平均利润率是 33%(＝[30＋36]÷[100＋100]),两个国家生产部门 I 的生产价格都是 133(＝100＋33)。

根据同样的道理,发达国家生产部门 II 的技术构成是 90 所代表的生产资料与 10 单位劳动力,资本有机构成是 90c＋10v,剩余价值是 10。发展中国家的生产部门 II 的技术构成都是 90 所代表的生产资料与 20 单位劳动力,资本有机构成变为 90c＋10v,剩余价值是 12。这样,平均利润率是 11%(＝[10＋12]÷[100＋100]),两个国家生产部门 II 的生产价格是 111。

由于资本不仅从同一个生产部门流动,而且还向不同的生产部门流动。资本在生产部门 I 和生产部门 II 之间的流动形成了这两个部门的平均利润率 22%(＝[33%＋11%]÷2),最后形成了这两个国家两个生产部门的国际生产价格 122。

上面的分析是从不同的国家同一个生产部门首先形成生产价格开始的,当然同样的分析也可以从同一个国家不同的生产部门首先形成生产价格开始。在同样的假定下,发达国家和发展中国家的两个生产部门分别形成了生产价格120和124,最后形成了这两个国家两个生产部门的国际生产价格122。在资本流动的过程中,发展中国家也发生了 20 单位(=40−20)劳动力的失业。

从上面的分析可以看到,在国家之间资本充分流动而劳动力完全不流动的条件下,在国际生产价格的形成过程中同样发生了剩余价值从发展中国家转移到发达国家的现象。在国际生产价格形成的过程中,发达国家创造的剩余价值是 40(=30+10),发展中国家创造的剩余价值是 48(=36+12)。在国际生产价格形成以后,发达国家得到的剩余价值是 44(=22+22),发展中国家得到的剩余价值是 44(=22+22),有 4 的剩余价值从发展中国家转移到发达国家。但是,如果发展中国家相应提高劳动力的工资,则不会发生剩余价值的转移。

另外,从上面的分析还可以看到,在国家之间资本充分流动而劳动力完全不流动的条件下,发展中国家由于资本有机构成的提高而发生了失业。但是应该指出,这个结论是在静态分析条件下得到的结论。这就是说,在发展中国家这两个生产部门的生产已经完全满足本国的需求且发展中国家只有这两个生产部门的条件下,失业将会发生。如果发展中国家这两个生产部门的生产可以扩大,如果发展中国家别的生产部门还有很大的发展空间,失业不一定发生。但是从一定的生产部门和一定的生产规模的角度看,国际生产价格的形成过程将会造成发展中国家失业的增加。

当然,在现实的世界里,国家之间资本的流动不可能是充分的。因此,国际生产价格的形成也不可能是充分的。但是,只要发生国家之间的资本流动,上面分析所提到的现象就会在不同程度发生。

为了明确起见,现将国际生产价格形成的结论概括如下:如果国家之间资本和劳动力的流动是充分的,在剩余价值率相同的条件下,国际生产价格的形成将发生剩余价值从发展中国家转移到发达国家的现象。如果国家之间资本和劳动力的流动是充分的,在发达国家的剩余价值率低于发展中国家的条件下,国际生产价格的形成将有更多的剩余价值从发展中国家转移到发达国家。如果国家之间资本的流动是充分的,但劳动力完全不流动,国际生产价格的形成同样发生剩余价值从发展中国家转移到发达国家的现象,而且对一定的生产部门和一定的生产规模而言发展中国家还会发生失业增加的情况。

因此,国际生产价格的形成导致生产关系的变化。原来一个国家内部资产阶级和工人阶级的关系发展为世界资产阶级和工人阶级的关系。发达国家的资产阶级不但占有本国工人阶级的剩余价值,而且还占有发展中国家工人阶级的剩余价值。

二、 国际贸易的平等与不平等交换

伊曼纽尔是从国际生产价格的角度论证国际贸易不等价交换的最有代表性的学者。他于 1972 年出版了英文版的名为《不平等交换——对贸易的帝国主义的研究》的著作,以马克思劳动价值论为基础系统地分析了国际贸易的不等价交换。

伊曼纽尔将不平等交换分为广义的不平等交换和狭义的不平等交换。广义(broad sense)的不平等交换是在两国的工资率相同但资本有机构成不同的条件下所发生的不平等交换。狭义(strict sense)的不平等交换是在两国的工资率和资本有机构成均不同的条件下所发生的不平等交换。广义不平等交换分析的假定条件是:第一,资本可以在国与国之间自由流动,各国的利润率趋向平均化。第二,劳动力可以在国与国之间自由流动,各国的工资率趋向于相等。第三,投入的不变资本不等于耗费的不变资本,在一个生产周期内不变资本没有耗费完毕。第四,各国的剩余价值率相等。狭义不平等交换分析的假定条件是:第一,资本可以在国与国之间自由流动,各国的利润率趋向平均化。第二,劳动力不能在国与国之间自由流动,各国的工资率不相等。第三,投入的不变资本不等于耗费的不变资本,在一个生产周期内不变资本没有耗费完毕。第四,各国的剩余价值率不相等。

伊曼纽尔根据这些假定并按照马克思关于价值转化为生产价格的思路,分析了发达国家和不发达国家贸易中广义和狭义的不平等交换。广义的不平等交换发生的情况如表 3-23 所示,假定有 A、B 两国,A 国是发达国家,B 国是不发达国家。在这两个国家的剩余价值率相同以及耗费的不变资本和可变资本价值之和相等的条件下,这两个国家的商品价值将相等。但是,由于发达国家的资本有机构成高于不发达国家,在国际价格的形成中将出现剩余价值从 B 国转移到 A 国的情况,发生 190 单位生产价格与 150 单位生产价格交换的现象。原来发展中国家与发达国家的价值之比是 170/170,现在生产价格之比是 150/190,170/170>150/190。

表 3-23　广义的不平等交换

	k	c	v	m	V	r	T	p	L
	总资本	不变资本	可变资本	剩余价值	价值	生产成本	平均利润率(%)	利润	生产价格
A 国	240	50	60	60	170	110	33.33	80	190
B 国	120	50	60	60	170	110	33.33	40	150
总和	360	100	120	120	340	220		120	340

在伊曼纽尔看来,狭义的不平等交换更符合世界现实。如表 3-24 所示,假定 A 国的工资率是 B 国工资率的 10 倍,但 A 国的劳动强度是 B 国的 2 倍,因此 A 国的可变资本是 B 国的 5 倍。如 1 个单位的同质劳动创造 1 个单位的剩余价值,那么两国的剩余价值率不同,A 国的剩余价值率低于 B 国剩余价值率。但是,两国的商品价值相同。这样,在国际生产价格的形成过程中,仍然出现剩余价值从 B 国转移到 A 国的情况,仍然发生 230 单位生产价格与 110 单位生产价格交换的现象。原来发展中国家与发达国家的价值之比是 170/170,现在生产价格之比是 110/230。不平等交换的情况进一步加剧:170/170>150/190>110/230。

表 3-24　狭义的不平等交换

	k	c	v	m	V	r	T	p	L
	总资本	不变资本	可变资本	剩余价值	价值	生产成本	平均利润率(%)	利润	生产价格
A 国	240	50	100	20	170	150	33.33	80	230
B 国	120	50	20	100	170	70	33.33	40	110
总和	360	100	120	120	340	220		120	340

对于广义和狭义的不平等交换,伊曼纽尔认为狭义的不平等交换对于研究

国家之间的不平等交换具有更加重要的意义。首先,在资本主义体系里,不论交换是一个国家内部的交换还是不同国家之间的交换,由资本有机构成不同所造成的广义不平等交换都会发生。但是,在一个国家内部由于具有相同的劳动立法和统一的劳动力市场,工资率趋向于相等。但在不同的国家里由于有着不同的劳动立法以及劳动力流动受到限制,工资率不可能相同。因此,由工资差异造成的狭义不平等交换往往只发生在不同国家的交换中。其次,资本有机构成的差异是由技术的因素造成的,即使在完全竞争的条件下,各个生产部门的有机构成也不可能相同。因此,资本有机构成的差异是一个客观条件,而工资率的差异是一个制度因素。显然,国家之间的不平等交换应该用制度的因素来分析。

伊曼纽尔指出,除了工资率不同以外,广义和狭义的不平等交换所举的这两个例子中的其他条件都相同,但是交换比率却发生了从 150/190 到 110/230 的变化。因此,他得到了一个重要的结论:假定其他条件不变,工资率的不平等本身就是交换不平等的原因。接着,他又对这个结论做了进一步的引申,指出工资率是资本主义体系的独立变量(independent variable)。他写道:"我知道我的这个定义是一个有争议的定义,它将工资率看作是这个体系的独立变量。然而我通过有关表格所进行的分析表明,正是工资造成了相对价格的差异,而不是别的因素造成了相对价格的差异。"①

在伊曼纽尔提出了不平等交换理论以后,在马克思主义经济学界引起了争论,争论的焦点是工资是不是一个独立的变量。曼德尔(E. Mandel)和阿明(S. Amin)都肯定伊曼纽尔不平等交换理论的意义,但都指出在世界资本主义经济体系中工资不是独立的变量。

从伊曼纽尔的分析可以看到,他的不平等交换有双重意思:一是商品的交换是不等价的,如 190 单位生产价格与 150 单位生产价格、230 单位生产价格与110 单位生产价格相交换;二是商品的交换是不平等的,发达国家获得了发展中国家的剩余价值。当然,伊曼纽尔注重的是第二种意义的不平等交换。

---

① F. Emmanuel,*Unequal Exchange：A Study of the Imperialism of Trade*，Monthly Review Press，1972，pp. 57-64，pp. 161-164.

应该指出,伊曼纽尔第一种意义上的不平等交换是不存在的。即使在国家之间资本不流动的条件下,在国际商品市场上商品的交换也不是按照各个国家的国内生产价格进行。各个国家的生产价格将会在竞争的影响下趋向于形成一个一致的价格,商品将按照这个价格进行交换。这意味着生产价格较高的国家的商品在竞争中将处于不利地位,而生产价格较低的国家的商品在竞争中将处于不利地位。在国家之间资本充分流动的条件下,正如笔者在前面所证明的,一种商品将会形成一个国际生产价格,在国际商品市场上商品的交换将按照这个国际生产价格进行。

当然,在现实的世界里,不论在国际贸易中还是在国内贸易中,不等价交换的现象是大量存在的。但是,经济学的研究必须从等价交换出发,否则经济学的研究将无从进行。例如,如果商品的交换不是按照价值进行,马克思又如何得到剩余价值理论。另外,即使许多商品的交换都是不等价的,这种现象也只有通过等价交换的分析得到更好的说明。

但是,伊曼纽尔第二种意义上的不平等交换是存在的。笔者认为,关于工资是不是一个独立的变量的问题对不平等交换的研究没有实质性的影响。显然,发展中国家的工资水平不是不变的,它通过国际贸易的效应受到发达国家工资水平的影响,它还受到发展中国家资本积累、经济发展、制度变革、社会进步等许多因素的影响。但是,在现实的世界里,发达国家经济发展水平较高,在工人阶级不懈的斗争下,工人阶级的状况有了很大的改善,发达国家工人的工资大幅度高于发展中国家的现象是普遍存在的,以这个事实作为前提来论证不平等交换是可行的。

实际上,发达国家技术比较先进,资本比较雄厚,生产同类产品的资本有机构成通常高于发展中国家。也正如笔者在前面所证明的,即使不考虑工资的差异,在国际生产价格的形成过程中,也会出现剩余价值从发展中国家向发达国家转移的现象。但是,工资差异也是造成剩余价值转移的一个原因。正如笔者在前面证明的,如果发展中国家的劳动力的剩余价值率高于发达国家,或者发展中国家的劳动力没有能够得到与劳动生产率相应的工资,同样发生剩余价值从发展中国家到发达国家的转移。

从国际生产价格的分析可以看到,在国际商品市场上,在表面上的平等里交换存在着实际上的不平等。

三、商品的国际市场价格

商品的国际生产价格与市场价格的关系与国内生产价格与市场价格的关系是相似的。在国际价值转化为国际生产价格以后,商品的国际价格和国际市场价格形成的基础从国际价值变为国际生产价格。正如前面的分析指出的那样,商品的国际生产价格与国际价值一样,都是以劳动时间来表示的。当商品的国际生产价格以国际储备货币的形式表现出来,便形成了竞争条件下商品的国际价格。由于商品的国际生产价格与国际价值已经发生了背离,在国际储备货币因素为一定的条件下,商品的国际生产价格的货币表现即相对于国际生产价格而言的国际价格与国际价值的货币表现即相对于国际价值而言的国际价格也发生了背离。

当商品投入到国际市场以后,以商品的国际生产价格为基础的价格将受到国际市场供给与需求的影响,从而形成竞争条件下的商品的国际市场价格。由于在需求量大于供给量的时候商品的国际市场价格将上升,在需求量小于供给量的时候商品的国际市场价格将下降,商品的国际市场价格还将与国际价格发生背离。

商品的国际价值、国际生产价格、国际价格、国际市场价格的关系如图 3 - 2 所示。

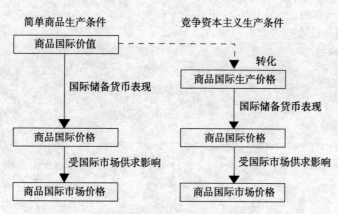

图 3 - 2　商品国际价值和国际生产价格的关系

第三章　商品国内与国际的生产价格和市场价格

由于在国内市场上商品的流通成本与在国际市场上商品的流通成本存在差异,竞争条件下商品的国际市场价格与国内市场价格也存在差异。在国内市场上,商品的流通成本主要是运输费用。但是,在国际市场上,商品的流通成本除了运输费用以外还有关税。就运输成本而言,除了邻近的国际市场以外,一般情况下在国际市场上销售商品的运输成本要高于国内市场。就关税来说,厂商可以到外国生产和销售商品,从而避免关税的成本。但是,全世界有200多个经济体,任何厂商都不可能在200多个经济体同时设厂生产商品。因此,在国际市场上,不但运输成本较高,而且还存在关税成本。因此,假定其他条件相同,竞争条件下商品的国际市场价格要高于国内市场价格。

第四章 商品国内与国际的垄断价格和市场价格

第一节 商品的国内垄断价格与国内市场价格

一、商品垄断价格的分析结构

　　垄断是指少数几个厂商通过控制市场的供给或需求来获得超额利润的行为。在竞争的压力下,厂商为了在竞争中处于有利地位,不断地把部分剩余价值用于扩大再生产,或者不断地兼并或收购别的厂商以扩大生产规模,即通过资本积累和资本集聚的方法进行扩张。当生产集中发展到一定的程度时,在一个生产部门内往往只有少数几家厂商,它们可以有效地排斥别的厂商的竞争,从而形成了垄断。

　　马克思生活在竞争的资本主义时代,他分析了竞争条件下商品的价值和生产价格及其作为它们的货币或市场表现形式的价格和市场价格。我们应该根据马克思的论证逻辑将生产价格的分析扩展到垄断价格的分析。

　　正如商品的价值转化为生产价格是一种价值转化为另一种价值、价值和生产价格都是以劳动时间为单位一样,商品生产价格转化为垄断价格也是一种价值转化为另一种价值,它们也是以劳动时间表示的。

　　从价值转化为生产价格,再从生产价格转化为垄断价格,都是价值形态的变化,这是从抽象到具体、从本质到现象的一种过渡。在价值转化为生产价格以前,价值的货币表现形成价格,价格在市场上受供求影响形成市场价格。在价值转化为生产价格以后,生产价格的货币表现形成价格,价格在市场上受供求影响形成市场价格。同样,在生产价格转化为垄断价格以后,垄断价格的货币表现形成价格,价格在市场上受供求影响形成市场价格。在经济不同的发展阶段,市场价格的基础不同的,它分别经历了从价值到生产价格、再到垄断价格的变化。

由此可见,价值、生产价格、垄断价格分别称为价值、生产价值、垄断价值似乎更加准确。但是,在马克思以前和以后的理论研究中,已经将生产价值称为生产价格,所以本书仍沿用生产价格的说法。另外,既然已经用生产价格表示生产价值,在本章也用垄断价格表示垄断价值。但是,应该明确的是,生产价格是经平均利润率规律调整后的价值,垄断价格是经垄断利润规律进一步调整后的价值,它们都是价值,都是以劳动时间表示的。价格仅仅是不同的价值形态即价值、生产价格、垄断价格的货币表现,它们是以货币来表示的。市场价格则是在市场需求和供给影响下形成的价格,它也是用货币来表示的。

二、商品生产价格转化为垄断价格的逻辑过程

如果说商品的生产价格是按等量资本获得等量利润的规律来调整的价值,那么商品的垄断价格是按照垄断利润规律来调整的生产价格。生产价格转化为垄断价格的逻辑过程如下:

第一,按最劣生产条件决定本部门的"生产价格"。在竞争的条件下,某个生产部门形成的生产价格是以正常的生产条件下厂商可以获得平均利润为基础,这是严格意义的生产价格。但是,在垄断的条件下,由于垄断厂商控制了本部门的生产,从而抑制了本部门的竞争,该生产部门的"生产价格"将以最劣生产条件下进行生产的厂商仍然能够得到平均利润作为基础。但是,这已经不是严格意义的生产价格,而是向垄断价格转化过程中的生产价格。这样,生产条件最劣的厂商得到与别的竞争部门相似的平均利润,而其他厂商则得到超额利润。

第二,阻碍利润率的平均化过程以实现超额利润。如果垄断厂商通过对本部门生产的控制以希望获取超额利润,但又不能有效地阻碍别的生产部门的厂

商通过生产资本的转移的方式来分享这部分超额利润,那么超额利润不会转化为垄断利润,生产价格不会转化为垄断价格。然而,既然垄断厂商控制了本部门生产,它就能够有效地排斥别的生产部门的厂商的竞争。首先,垄断厂商的生产规模已经很大,原料来源和产品销路已经很稳定,要打入该垄断部门,必须具有一定的优势,这对于别的生产部门的厂商来说是极为困难的。其次,即使别的生产部门的厂商具有一定的优势,当它进入到这个垄断部门的时候,将与该生产部门的垄断厂商产生激烈的冲突,从而面临很大的风险。正因为这些原因,跨部门的生产资本的转移受到了抑制。

第三,实现垄断价格以获取垄断利润。在垄断资本主义阶段,各个生产部门的垄断程度是不一样的,因而存在垄断的生产部门和非垄断的生产部门,它们的产品分别用垄断价格和生产价格表示。但是,在生产价格转化为垄断价格的过程中,垄断的和非垄断的生产部门的投入品都是以生产价格表示。既然投入品也是商品,也是从市场上购买的,那么来自垄断生产部门的投入品也应该以垄断价格表示,来自非垄断生产部门的投入品仍然以生产价格表示,这样垄断的和非垄断的生产部门的利润将发生一定程度的调整。如果假定工人的实际工资率不变,将有一部分利润从非垄断生产部门转移到垄断生产部门。这意味着垄断价格是生产价格的转化形式,它是利润在垄断的和非垄断的生产部门之间重新调整的结果。从整个社会来看,垄断价格与非垄断价格之和仍然等于总生产价格。

三、商品生产价格转化为垄断价格的数量关系

假定某资本主义经济有两个生产部门 A 和 B,分别生产产品 X 和 Y。生产部门 A 用 30 单位产品 X、10 单位产品 Y、6 单位劳动力生产出 100 单位产品 X,生产部门 B 用 20 单位产品 X、40 单位产品 Y、4 单位劳动力生产出 100 单位产品 Y。在生产部门 B 中,生产条件最劣的企业是 C,它用 5 单位产品 X、9 单位产品 Y、1单位劳动力生产出 20 单位产品 Y。在这些部门和企业中,每个单位劳动力的劳动时间是 10 单位劳动时间,他们的劳动的质量是相同的。另外,每单位劳动力得到的实物工资是 5/2 单位产品 X 和 5/2 单位产品 Y,剩余价值率为 100%。

根据这些假定,可以得到表4-1所示的实物的生产情况。如果生产部门B中各企业的生产条件是正常的生产条件,由于本章的假设条件与前面第三章第一节关于价值转化为生产价格分析中的假设条件相同,根据前面第三章第一节的结论,可以得到表4-2所表示的生产价格的生产情况。

表4-1　实物的生产情况

生产部门	投入产品 X	投入产品 Y	投入劳动量	产量
A	30	10	60	100
B	25	45	40	100
C(企业)	5	9	10	20

表4-2　生产价格的形成情况

生产部门	生产成本*	利润率(%)	平均利润率(%)*	平均利润	生产价格
A	68	43	32	22	90
B	82	25	32	28	110

注:* 以生产价格表示。

随着生产和资本的集中,生产部门B成为垄断部门。由于垄断厂商可以控制本部门的生产,它将按照本部门最劣生产条件的厂商C仍然能够得到平均利润决定本部门的"生产价格"。因此,假设本部门每单位产品Y的"生产价格"为V_y,那么它等于满足下述方程的V_y的解。

$$[(5 \times 0.9 + 9 \times 1.1) + (2.5 \times 0.9 + 2.5 \times 1.1)](1 + 32\%) = 20V_y \qquad (4-1)$$

方程(4-1)表示,厂商C不变资本的生产价格$(5 \times 0.9 + 9 \times 1.1)$加上可变资本的生产价格$(2.5 \times 0.9 + 2.5 \times 1.1)$之和,即生产成本在能够得到平均利润32%的条件下,该厂商生产的产品Y的生产价格。解方程得$V_y = 1.28$。这意味着如果厂商C仍然能够得到平均利润,生产部门B所生产的每单位产品Y的"生产价格"是1.28。这里需要再次强调,这个"生产价格"不是严格意义的生产价格,而是向垄断价格转化中的生产价格,可以称为最初的垄断价格。

在生产部门B所生产的产品Y形成最初的垄断价格以后,由于产品Y是生产部门A和B的投入品,它也是从市场上购买的,因而不能只将生产部门B的产品 Y 的生产价格转化为垄断价格,还要将投入到生产部门 A 和 B 的产品 Y 的生产价格转化为垄断价格。又由于产品 Y 的垄断价格高于生产价格,生产部门 A 和 B 并不是同比例地使用产品 Y,因而它们的生产成本和利润率都将发生变化。这样,设 x^p 是产品 X 调整后的生产价格与调整前的生产价格的比率,y^m 是产品 Y 最终的垄断价格与生产价格的比率,r 是平均利润率,R 是垄断利润率,那么在同时作为投入品和产出品的产品 Y 都以最终的垄断价格表示的条件下,整个调整过程必须满足下列方程组:

$$(45x^p + 25y^m)(1+r) = 100x^p \qquad (4-2)$$

$$(25x^p + 55y^m)(1+R) = 100y^m \qquad (4-3)$$

$$(7.5x^p + 11.5y^m)(1+r) = 20y^m \qquad (4-4)$$

$$100x^p + 100y^m = 90 + 110 \qquad (4-5)$$

方程(4-2)说明,生产部门 A 是非垄断部门,它投入的产品 X 用调整后的生产价格表示,投入的产品 Y 用最终的垄断价格表示,产出的产品 X 用调整后的生产价格表示以后,它的生产成本得到了平均利润率 r。

方程(4-3)说明,生产部门 B 是垄断部门,它投入的产品 X 用调整后的生产价格表示,投入的产品 Y 用最终的垄断价格表示,产出的产品 Y 用最终的垄断价格表示以后,它的生产成本得到了超额利润率 R。

方程(4-4)说明,生产条件最劣的厂商 C 处于垄断部门 B,它投入的产品 X 用调整后的生产价格表示,投入的产品 Y 用最终的垄断价格表示,产出的产品 Y 用最终的垄断价格表示以后,它的生产成本仍然得到了平均利润率 r。

方程(4-5)说明,由于生产价格和垄断价格都是用劳动时间表示的,在生产价格转化为垄断价格的过程中,社会产量没有变化,投入的劳动时间没有变化,所以在生产价格转化为垄断价格以后,产品 X 调整后的总生产价格与产品 Y 的最终的总垄断价格之和,等于生产价格转化为垄断价格以前产品 X 和产品 Y 的总生产价格。

求解由方程(4-2)到(4-5)构成的方程组,可以得到 $x^p = 0.8$,$y^m = 1.2$,$r = 21.21\%$,$R = 39.53\%$,从而可以得到表 4-3 所表示生产价格和垄断价格的形成情况。在表中,生产成本是不变资本与可变资本之和。

第四章 商品国内与国际的垄断价格和市场价格

表 4－3　生产价格和垄断价格的形成情况

生产部门	生产成本	利润率(%)	生产价格和垄断价格
A	36＋30	21.21	80
B	20＋66	39.53	120
C(企业)	6＋13.8	21.21	24

从表 4－3 可以看到,非垄断部门 A 在生产部门 B 的产品 Y 的生产价格转化为垄断价格以后,由于不得不按照垄断价格购买产品 Y,它得到的平均利润率从 32% 下降到 21.21%,它的产品 X 的生产价格从每单位产品 0.9 下降到 0.8。垄断部门 B 在本部门生产的产品 Y 的生产价格转化为垄断价格以后,即使按照垄断价格购买产品 Y,它得到的利润率从 32% 上升到 39.53%,它的产品 Y 的生产价格从每单位产品 1.1 上升到 1.2。厂商 C 是垄断部门生产条件最劣的企业,它仍然得到了平均利润 21.21%。正因为它得到了平均利润,本部门的垄断厂商得到了超额利润,这种超额利润就是垄断利润。

从生产价格转化为垄断价格的过程可以看到,转化以后的生产价格(80)与垄断价格(120)之和,仍然等于转化前的生产价格之和(90＋110),生产价格转化为垄断价格实际上是部分非垄断部门的利润转移到垄断部门,生产价格在垄断和非垄断部门重新配置的结果。正如价值支配着生产价格一样,价值也支配着垄断价格。

四、商品的垄断价格与市场价格

垄断价格是以劳动时间表示的。如果说生产价格是利润率平均化条件下的价值,那么垄断价格就是生产集中导致垄断条件下的价值。垄断价格的货币表现形成垄断条件下的价格,垄断条件下的价格在市场上受到供给和需求影响形成垄断条件下的市场价格。价值、生产价格和垄断价格是抽象层次的分析,价格是过渡层次的分析,市场价格是现象层次的分析。商品的价值、生产价格、垄断价格、价格、市场价格的关系如图 4－1 所示。

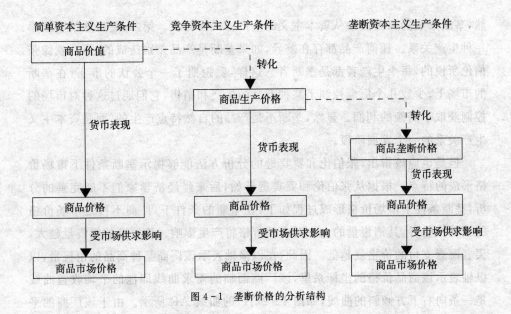

图 4-1　垄断价格的分析结构

在垄断条件下的市场价格的研究领域,张伯伦(E. H. Chanberlin)和罗宾逊建立的不完全竞争条件下的价格理论具有一定的借鉴意义。

应该指出,张伯伦和罗宾逊对垄断形成的原因的分析是肤浅的。按照张伯伦和罗宾逊的看法,垄断是由产品的差别造成的。张伯伦指出:"如有差别则垄断发生,差别的程度越大,垄断的因素也越大。盖产品如有任何程度的差别,即可说该售卖者对他的产品拥有绝对的垄断,但却要或多或少遭到不完全替代品的竞争。这样则每人都是垄断者,而同时也是竞争者,我们可以称他们为'垄断竞争者',而称这种力量为'垄断竞争'特别适宜。"①

这种看法有两个明显的理论缺陷:第一,它忽视了垄断的形成是一个历史的过程。产品的差别自从人类开始生产产品以来就产生并且永远存在。如果垄断是产品差别造成的,垄断就成为自古就有而且永恒存在的现象。众所周知,垄断资本主义是 19 世纪 70 年代开始形成的。当然,垄断与垄断资本主义不能相提并论。但是,只有在垄断资本主义形成以后,垄断才成为一种普遍的现象。显

① 张伯伦:《垄断竞争理论》,郭家麟译,三联书店 1958 年版,第 7 页。

然,垄断形成的原因应该从资本主义的生产方式去寻找。第二,它否认了垄断是一种生产关系。任何产品都存在差异,如果垄断是产品差别造成的,那么就像张伯伦所说的,每个生产者都是垄断者。这样,就歪曲了一个公认的事实:在垄断的市场上,少数几个厂商控制了某种商品的生产和销售,它们通过这种对市场的控制获取了高额的利润。显然,垄断不是产品的自然特点产生的,而是资本主义生产关系的一个发展阶段。

但是也应该指出,张伯伦和罗宾逊的分析方法能够揭示垄断条件下市场价格形成的特点。根据从张伯伦和罗宾逊开始,后来经经济学家们不断完善的分析,垄断条件下市场价格形成过程如下:在垄断的条件下,厂商不再是市场价格的被动接受者,其销售量的大小对市场价格将产生影响。该厂商的销售量越大,买者愿意支付的价格就越低。因此,在以横轴表示该厂商某种商品的销售量,以纵轴表示该商品价格的坐标系里,该厂商面临的需求曲线即他的平均收益曲线是一条向右下方倾斜的曲线,如图 4-2(A)的曲线 AR 所示。由于该厂商的平均收益随着销售量的增加而递减,而边际收益又是增加商品的销售量所增加的收益,边际收益曲线也是一条位于平均收益曲线下方的向右下方倾斜的曲线,如图 4-2(A)的曲线 MR 所示。这样,该厂商的按照边际收益等于边际成本的最大利润原则决定商品的销售量 Oq,相对这个销售量的商品价格是 Op。① 另外,图 4-2(B)的曲线 D 表示需求曲线,曲线 S 表示供给曲线,由需求曲线 D 和供给曲线 S 的交点决定的均衡价格是 Op,均衡交易量是 Oq。

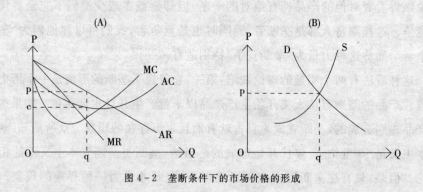

图 4-2 垄断条件下的市场价格的形成

---

① 萨缪尔森:《微观经济学》,萧琛等译,人民邮电出版社 2004 年版,第 152 页。

在完全垄断的条件下,即在这家厂商是这种商品的唯一生产者的条件下,该厂商的价格(图 4 - 2(A)中的 Op)就是市场的价格(图 4 - 2(B)的 Op),该厂商的产量(图 4 - 2(A)中的 Oq)就是市场的均衡供给量(图 4 - 2(B)的 Oq)。在寡头垄断的条件下,即在少数几家厂商控制了这种产品的市场的条件下,如果这些厂商存在勾结或默契的行为,各个厂商的价格等于市场的价格,各个厂商产量的总和等于市场的均衡供给量。如果这些厂商不存在勾结或默契的行为,各个厂商的价格与市场价格存在一定的差异,各个厂商产量的总和仍然等于市场的均衡供给量。在垄断竞争的条件下,即存在众多的厂商,它们能够在一定程度限制竞争但又不能完全排除竞争的条件下,别的行业的厂商在利润动机的支配下将进入这个行业进行生产,在图 4 - 2(B)中的供给曲线向右方移动,市场价格将下降,图 4 - 2(A)的 AR 和 MR 曲线将向下移动,最后使单位产品的垄断利润 cp 趋向于消失。

应该指出,前面对生产价格转化为垄断价格的分析与张伯伦、罗宾逊以及后来的经济学者对垄断价格的分析存在差异:

第一,生产价格转化为垄断价格的分析是价值形态的分析,在生产价格转化为垄断价格的过程中,各个变量都是以劳动时间表示的。张伯伦和罗宾逊对垄断价格的分析是市场价格形态的分析。虽然他们从某个厂商的角度分析垄断条件下如何制定价格,但是该厂商制定的价格与市场的价格是相互联系相互影响的。在图 4 - 2(B)中,在该厂商的平均成本和边际成本曲线为一定的条件下,如果该产品的需求曲线或供给曲线发生了移动,市场价格将发生变化,那么在 4 - 2(A)的 AR 和 MR 曲线将发生移动,厂商的价格也将发生变化。相反,在该产品的市场需求为一定的条件下,如果该厂商的平均成本和边际成本曲线发生变化,厂商的价格也将发生变化,市场的供给曲线将发生变化,市场价格也将发生变化。因此,生产价格转化为垄断价格的分析和在垄断的条件下厂商价格决定的分析是不同层次的分析。

第二,生产价格转化为垄断价格的分析主要涉及寡头垄断条件下厂商存在着不同形式的勾结这种垄断的情形,张伯伦、罗宾逊以及后来的经济学者对垄断价格的分析涉及垄断竞争、寡头垄断和完全垄断三种不同程度的垄断的情形。

第四章　商品国内与国际的垄断价格和市场价格

由于完全垄断的情形在现实的经济中几乎是不存在的,所以西方经济学者对垄断的分析范围更广。生产价格转化为垄断价格的分析所以选择寡头垄断作为分析的前提,是因为垄断竞争接近于竞争,完全垄断是理论上的极端情形,寡头垄断就成为垄断最有代表性的形态。但是,应该指出,张伯伦、罗宾逊以及后来的经济学者对垄断价格数量关系的分析能够从市场价格的形态上反映垄断价格的形成过程。

本节的分析表明,在生产价格转化为垄断价格以后,商品的市场价格将以垄断价格的货币表现即价格为基础并在需求或供给的影响下发生变化。

第二节　商品的国际垄断价格和国际市场价格

一、国际垄断的形成

国际市场的垄断是在国内市场垄断的基础上发展起来的。当资本在国内集中到一定程度,并在国内市场形成垄断的时候,为了占据更大的市场份额和获取更大的利润,它们必然向国际市场发展,从而导致资本在世界范围内的集中,最终形成国际市场的垄断。

第二次世界大战以后,资本在世界范围内积累和积聚是通过对外直接投资的方式实现的,而对外直接投资又是通过到外国建立企业、兼并和收购外国的企业以及与外国合资建立企业等具体形式实现的。其中到外国建立企业属于资本的积累,兼并和收购外国的企业以及与外国合资建立企业属于资本积聚。考察对外直接投资的数据,可以直观地认识国际垄断资本的发展情况。

根据联合国贸易与发展委员会的统计,1990 年以来世界以及发达国家对外直接投资流入量、世界以及发达国家兼并与收购的数额、世界兼并与收购的数额与世界对外直接投资流入量的比例如表 4-4 所示。从资本在世界范围内积累和积聚这个角度来看,对外具有下述特点:

第一,对外直接投资的规模在迅速地扩大,从 1991 年的 1600 多亿美元增加到 2000 年的 13000 多亿美元。2000 年以后直接投资的规模有所减小,但仍然在 6000 多亿美元以上。这意味着,战后以来,资本在世界范围内的积累和积聚从来没有停止过,而且还愈演愈烈。

第二,除了个别年份发达国家对外直接投资流入量占世界对外直接投资流入量约 60% 以外,其余年份发达国家对外直接投资流入量占了世界对外直接投资流入量很大的比例,甚至高达 80%。对外直接投资主要流向发达国家意味着资本在世界范围内的扩张首先选择了在发达国家进行资本的积累和积聚。这样,资本不仅可以控制发达国家这个世界最重要的市场,而且还可以借助于发达国家已形成的雄厚资本使自身迅速地扩大。

第三,在所列举的 16 个年份中,除了有 6 个年份世界兼并与收购的数额与世界对外直接投资流入量的比例接近 50%,其余 10 个年份该比例远超过 50%,甚至达到 81.91%。尽管没有能够找到到外国建立企业以及与外国合资建立企业的数额,但是也足以判断与资本积累相比,资本积聚是资本在世界范围内扩张的主要方式。

表 4-4　1990 年以来直接投资情况　　　　　　单位:亿美元

年　份	1991	1992	1993	1994
世界直接投资流量	1612.78	1692.38	2276.94	2594.69
发达国家	1170.92	1125.83	1440.04	1518.28
世界并购的数额	807.13	792.80	830.64	1271.10
发达国家	774.48	729.95	722.41	1124.61
并购数额/直接投资(%)	50.05	46.85	36.48	48.99
年　份	1995	1996	1997	1998
世界直接投资流量	3410.86	3929.22	4878.78	7011.24
发达国家	2187.38	2348.68	2840.13	5038.51
世界并购的数额	1865.93	2270.23	3048.48	5316.48
发达国家	1731.97	1970.22	2712.69	5095.89
并购数额/直接投资(%)	54.71	57.78	62.48	75.83
年　份	1999	2000	2001	2002
世界直接投资流量	10920.52	13965.39	8259.25	7161.28

第四章　商品国内与国际的垄断价格和市场价格

发达国家	8490.52	11342.93	5963.05	5477.78
世界并购的数额	7660.44	11438.16	5939.60	3697.89
发达国家	7015.78	10889.61	5359.85	3415.48
并购数额/直接投资(%)	70.15	81.91	71.92	51.64
年　份	2003	2004	2005	2006
世界直接投资流量	6325.99	6481.46	7790.00	13058.52
发达国家	4421.57	3800.22	646.00	8574.99
世界并购的数额	2969.88	3805.98	6263.39	8804.57
发达国家	2569.35	3397.99	5512.91	7524.82
并购数额/直接投资(%)	46.95	58.72	70.77	67.42

资料来源：2005年以前的数据根据联合国贸易与发展委员会网页http://www.unctad.org 提供的资料进行计算而得到,2006年的数据来源于 UNCTAD,*World Investment Report*,United Nations, New York and Geneva, 2007。

到了21世纪,资本在世界范围内的集中已经发展到了相当高的程度。根据联合国贸易与发展委员会在2003年所排列的世界上最大的100家跨国公司,年销售额超过2000亿美元的公司共有4家,它们分别是沃尔玛连锁店(Wal-Mart Stores),2563.39亿美元;埃克森石油公司(Exxon Mobil),2370.54亿美元;英国石油公司(British Petroleum Company),2325.71亿美元;壳牌石油公司,(Royal Dutch Shell Group),2017.28亿美元。[1] 如果将这四家跨国公司放在联合国贸易与发展委员会在2003年公布的世界211个经济体的国内生产总值中进行排列,那么这四大跨国公司分别居于19、21、22、24位。[2]

应该指出,国际垄断是一种趋势。尽管世界各个产业都在向垄断的方向发展,但是垄断的进展程度是不同的。部分产业已经形成了寡头垄断,部分产业是垄断与竞争并存,还有部分产业存在相当程度的竞争。下面具体来考察一下各个主要产业的生产集中和国际垄断情况。

民用航空器产业是一个典型的寡头垄断产业,世界民用客机市场基本上被

---

[1] UNCTAD, The World's Top 100 Non-financial TNCs, Ranked by Foreign Asscets, 2003.

[2] UNCTAD, Gross Domestic Product, by Host Region and Economy, 1970-2004.

美国的波音公司（Boeing）和欧洲航空防务与空间公司（European Aeronautic Defence and Space Company，以下简称空客公司）所瓜分。按照美国《幸福》杂志在 2005 年以总收入为标准的世界最大的 500 家公司排名，①波音公司位于第 76 位，它的总资产是 539.63 亿美元，2004 年总收入是 525.53 亿美元，利润是 18.72 亿美元。空客公司位于第 109 位，它的总资产是 791.97 亿美元，2004 年总收入是 395.03 亿美元，利润是 12.81 亿美元。这两家飞机制造商将只生产 100 座以下民用支线客机的第三大飞机制造商加拿大庞巴迪公司（Bombardier）远远甩在后面。庞巴迪公司在世界最大的 500 家公司中仅排在第 379 位，总资产 200.80 亿美元，2004 年总收入是 158.39 亿美元，利润是 -0.85 亿美元。

波音公司 20 世纪 60 年代以来在民用客机的生产方面一直处于世界领先的地位，但它本身也是在兼并和收购中取得垄断地位的。1996 年，波音公司收购了罗克韦尔防务及空间系统分部。1997 年，波音公司与麦道公司合并。2000 年，波音公司收购了休斯航天和通信业务分部。特别是 1996 年 12 月 15 日当世界航空器产业中排名第一的波音公司宣布与排名第三的麦道公司合并时，引起了民用航空器产业的震动。这两家公司合并之后，波音公司拥有 20 万名职工，可生产民用、军用飞机以及所有航空航天工业产品，从而有可能在一定程度上排斥空客公司的竞争，从而引起了欧洲联盟激烈的反应。

波音公司在民用客机的总产量方面处于绝对领先的地位。据 ATW 市场数据统计，在 2003 年底，全世界正在运营的包括干线和支线飞机在内的民用客机共计 16168 架，波音公司制造的飞机占 58%，空客公司制造的飞机占 16%，加拿大庞巴迪公司和巴西航空工业公司制造的飞机各占 5% 和 4%。这 4 家飞机制造商制造的飞机已经占了世界运营民用客机的 83%。波音公司和空客公司主要生产干线民用客机，庞巴迪公司和巴西公司则主要生产支线民用客机。目前，除了俄罗斯和少数几个国家使用俄罗斯制造的干线民用客机外，世界各国的航空公司基本上使用波音公司和空客公司的干线民用客机。

但是，波音公司在民用客机年产量方面日益受到空客公司的挑战。2005 年，空客公司生产民用客机 378 架，波音公司生产民用客机 290 架，空客公司处

---

① 引自 http://www.money.cnn.com 提供的关于世界最大的 500 家公司的数据。

于领先的地位。至此,空客公司已经连续 5 年超越了波音公司。另外,2005 年,空客公司获得 1055 架民用客机的定单,波音公司获得 1002 架民用客机的订单,空客公司也超过了波音公司。① 然而,不论是波音公司领先空客公司,还是空客公司领先波音公司,这两家公司都主宰着世界民用客机市场。

信息产业是一个涉及范围极广的产业,如果选择其中关键的硬件和软件生产产业分析,世界信息产业同样是一个寡头垄断产业。例如,计算机硬件的关键部件是芯片。芯片主要有三种类型:一是中央处理器(CPU),它是在计算机内部进行数据处理和控制的部件;二是存储芯片,它是对数据进行记录和储存的部件;三是多媒体芯片,它是用于处理和控制有声有色的多媒体数据的部件。在这三种芯片中,中央处理器(CPU)无疑是技术要求最高的最重要的部件。但是,世界计算机的中央处理器(CPU)市场基本上是被美国英特尔公司(Intel Corporation)所控制,它占据了中央处理器(CPU)市场 80% 的份额②。

英特尔公司建立于 1968 年,主要生产微处理器、芯片等信息产业的产品。自从英特尔公司 1971 年发明了第一个微处理器以后,从奔腾 I 到奔腾 IV,再到赛扬,它始终控制着全世界的计算机中央处理器市场。不论是什么公司生产计算机,基本上都要向英特尔公司购买核心部件中央处理器。英特尔公司不仅几乎完全控制了中央处理器(CPU)市场,而且也是半导体(semiconductor)市场的主要寡头厂商。在 2001 年,仅英特尔一家公司半导体的销售量占了世界销售量的 1/4。③ 英特尔公司有 91000 个雇员,在全世界有 294 个分支机构,2004 年的总收入是 342 亿美元,在世界 500 家最大的公司中位于第 53 位。

再如,计算机软件包括许多类型,计算机要完成不同的任务就需要有不同的软件。但是,计算机操作系统是其中的一种基本的软件。计算机要正常运行就需要操作系统。世界计算机操作系统市场几乎被美国微软公司(Microsoft)一家公司所完全垄断。微软公司建立于 1975 年。1985 年,微软公司与 IBM 公司

---

① 引自 2006 年 1 月 9 日《经济日报》的报道"空客连续 5 年世界领先"。

② 《IT 时代周刊》,2006 年 1 月 20 日,第 48 页。

③ UNCTAD, *World Investment Report*, United Nations, New York and Geneva, 2002, p. 126.

联合开发 OS/2 操作系统。由于 IBM 公司当时在个人计算机市场中占有绝对的优势,微软公司从 OS/2 操作系统获得了丰厚的收益,并迅速发展起来。后来,微软公司独立开发 Windows 操作系统,并于 1985 年生产出 Windows 1.0。Windows 操作系统的推出迅速排斥了别的计算机操作系统的竞争。1992 年,IBM 公司的 OS/2 2.0 只销售了 100 万套,而 Windows3.0 则销售了 1000 万套。随后,微软公司在计算机操作系统逐渐取得了无人可以匹敌的地位,世界各家计算机公司所生产的计算机基本上都配备 Windows 操作系统。

微软公司取得了计算机操作系统的垄断地位以后,借助于该系统继续向别的计算机系统发展,以扩大他的垄断势力范围。1997 年 9 月,微软推出互联网浏览器 IE4.0 版,并要求它的 Windows 操作系统的用户必须同时使用该互联网浏览器,以排挤当时的互联网浏览器软件生产商网景公司(Netscape)。接着,微软又向计算机生产商提供包含媒体播放器(Media Player)程序的 Windows 操作系统,试图排斥别的媒体播放器软件生产商。当 IBM 公司推出自己开发的 OS/2 操作系统与 Windows 操作系统展开竞争,并在 OS/2 操作系统安装 SmartSuite 软件以取代微软公司 Office 软件时,微软公司故意以较高价格向 IBM 公司出售 Windows95 操作系统,并且不提供技术支持。1997 年 10 月,美国司法部终于对微软公司提出起诉,认为它违反了美国反托拉斯法。从此以后,先后发生了数十起控告微软公司违反反托拉斯法的诉讼,如美国 20 个州的司法部长联合起诉微软公司非法妨碍竞争,美国各地 100 多家民间团体集体指控微软公司违反美国反托拉斯法,欧洲联盟以及许多美国国内外的公司都对微软公司的垄断行为提出了起诉。

在这种形势下,微软公司为了避免被肢解的命运,以赔偿的方式寻求庭外和解。2001 年 11 月,微软公司和美国各地 100 多家民间团体达成和解协议,微软公司愿意支付 10 亿美元的和解费,为美国 12500 所贫困学校提供电脑、软件与培训服务。2003 年 5 月,微软公司和时代华纳旗下的 AOL 公司达成了 7.5 亿美元的诉讼和解协议,AOL 公司可以免费 7 年使用微软的 IE 浏览器,并且可以接触到其基础代码。此外微软公司还向 AOL 提供了数字版权管理技术。2003 年 6 月,微软公司和 Be 公司达成了 2300 万美元的诉讼和解协议。2004 年 4 月,微软公司和 Sun 微系统公司达成了 7 亿美元的诉讼和解协议,两家公司将在服务器领域展开了更为紧密的合作,Java 服务器和 Windows 操作系统将得到进一步的融合。2004 年 11 月,微软公司和 Novell 公司达成了 5.36 亿美元的诉讼和解协议。2005 年 3 月,微软公司和 Burst 公司达成了 6000 万美元的诉讼和解协议,Burst 公司将继续使用微软的 Windows 操作系统的媒体技术。2005 年 7 月,微软公司和 IBM 公司达成了 7.75 亿美元的诉讼和解协议,IBM 公司还获得了 7500 万美元的用于购买微软公司软件信贷费用。2005 年 10 月,微软公司和 Real Networks 公司达成了诉讼和解协议,微软公司除了支付 7.61 亿美元高额费用之外,Real Network 公司的音乐业务 Rhapsody 可以在 MSN 上运行,游戏软件也在 MSN 游戏和 Xbox 360 Live 中获得一席之地,而 Real 公司则同意使用微软的搜索技术。2005 年 11 月,微软公司和韩国门户网站 Daum 通信公司达成了诉讼和解协议,除了支付 3000 万美元费用外,微软还同意在 MSN 网站上放置该韩国门户网站的内容。

汽车产业是世界经济的支柱产业,世界汽车汽车市场同样被少数几家公司所控制。但是,世界汽车产业的垄断程度低于民用航空器产业、中央处理器产业和计算机操作系统产业。首先来认识世界主要的汽车制造商:

第一大汽车制造商是美国通用汽车公司(General Motors),它在《幸福》杂志 2005 年世界最大的 500 家公司排名中居第 5 位,总资产是 4796.03 亿美元,2004 年总收入是 1935.17 亿美元,利润是 28.05 亿美元。

第二大汽车制造商是德国的戴姆勒-克莱斯勒公司(Daimler Chrysler),它在世界最大的 500 家公司排名中居第 6 位,总资产是 2483.24 亿美元,2004 年总收入是 1766.88 亿美元,利润是 30.67 亿美元。

第三大汽车制造商是日本丰田汽车公司(TOYOTA Motors),它在世界最大的 500 家公司排名中居第 7 位,总资产是 2275.13 亿美元,2004 年总收入是 1726.16 亿美元,利润是 108.98 亿美元。

第四大汽车制造商是美国福特汽车公司(Ford Motors),它在世界最大的 500 家公司排名中位于居 8 位,总资产是 2926.54 亿美元,2004 年总收入是 1722.33 亿美元,利润是 34.87 亿美元。

第五大汽车制造商是德国大众汽车公司(Volkswaqen),它在世界最大的

500 家公司排名中居第 15 位,总资产是 1725.83 亿美元,2004 年总收入是 1106.49 亿美元,利润是 8.42 亿美元。

第六大汽车制造商是日本本田汽车公司(Honda Motors),它在世界最大的 500 家公司排名中居第 27 位,总资产是 871.83 亿美元,2004 年总收入是 804.87 亿美元,利润是 45.24 亿美元。

第七大汽车制造商是日本日产汽车公司(Nissan Motors),它在世界最大的 500 家公司排名中居第 29 位,总资产是 920.76 亿美元,2004 年总收入是 798.00 亿美元,利润是 47.67 亿美元。这七家公司基本上垄断了世界汽车市场。

这些大公司也是通过资本积累和积聚而发展起来的。汽车产业近年影响最大的一次兼并是德国戴姆勒-奔驰公司和美国克莱斯勒公司的合并。1998 年 5 月 7 日,德国最大的工业集团戴姆勒-奔驰公司和美国第三大汽车公司克莱斯勒公司宣布合并。根据双方的协议,合并的资本达到约 920 亿美元,这是有史以来最大的一次工业合并事件。克莱斯勒公司主要生产卡车、面包车、吉普车和运动车,轿车产量占汽车总产量不到 1/3。戴姆勒-奔驰公司则以生产名牌豪华轿车闻名于世。两大汽车公司合并将使双方取长补短,发挥各自的优势,加强原戴姆勒-奔驰公司豪华汽车之外的汽车生产领域。合并后的戴姆勒-克莱斯勒公司在轿车和卡车的生产方面将成为世界上最重要的公司之一。

其他汽车公司也不甘落后。1999 年,通用汽车公司将它持有的日本五十铃汽车公司(Isuzu Motors)的股份从 37.5% 提高到 49.0%,以加强了对五十铃汽车公司的控制。2000 年,通用汽车公司将它持有的瑞典萨伯汽车公司(Saab Motors)的股份提高到 100%,从而完全控制了萨伯汽车公司。福特汽车公司早在 1925 年就通过收购林肯汽车公司(Lincoln Motors)来加快它的发展。1999 年,它又以 500 亿瑞典克朗收购了瑞典沃尔沃集团(Volvo)中的汽车公司,以巩固它在世界上的垄断地位。

根据对有关汽车公司网站的查询结果,2005 年通用汽车公司、戴姆勒-克莱斯勒公司、丰田汽车公司、福特汽车公司、大众汽车公司、本田汽车公司、日产汽车公司的产量分别为 917 万辆、405 万辆、800 万辆、194 万辆、524 万辆、335 万辆、289 万辆汽车,这七家汽车公司的总产量达到 3464 万。2005 年全世界汽车产量约 6000 万辆,这意味着这七家汽车公司的产量已经占了其中的 58%。

联合国贸易与发展委员会在 2000 年曾经分析了世界汽车产业生产的集中度,得到了汽车生产集中度不断提高的结果,如表 4-5 所示。

表 4-5　世界汽车生产的集中度　　　　　　　单位:万辆

跨国汽车公司	1996 年产量	1999 年产量
世　界	5503.6	56286
通用汽车公司	840.0	833.6
福特汽车公司	675.0	722.0
丰田汽车公司	475.6	540.1
大众汽车公司	397.7	485.3
克莱斯勒汽车公司	286.1	482.7
日产汽车公司	274.2	472.0
菲亚特汽车公司	258.6	259.6
本田汽车公司	208.4	249.6
三菱汽车公司	194.3	242.3
雷诺汽车公司	180.4	208.1
最大的 5 家公司占世界产量的比例	49%	54%
最大的 10 家公司占世界产量的比例	69%	80%

资料来源:UNCTAD,*World Investment Report*, United Nations, New York and Geneva, 2000, p. 128.

类似于这些产业的寡头垄断情况,在其他的许多产业也是普遍存在的。例如,联合国贸易与发展委员会在 2000 年《世界投资报告》中指出,在金融行业,世界最大的 25 家银行在 1999 年的总资产占世界最大的 1000 家银行的总资产的 33%。在制药行业,最大的 5 家制药公司的销售额占世界药品销售额的 28%,最大的 10 家制药公司的销售额占世界药品销售额的 46%。[①] 在通信行业里,2003 年诺基亚公司的手机销售量是 179339210 台,占据整个世界市场销售量的 33.6%;同年,诺基亚公司移动通讯设备的销售量是 5445307 台,占据整个世界市场销售量的 56.9%。[②]

---

① UNCTAD,*World Investment Report*, United Nations, New York and Geneva, 2000, p. 129.

② 《IT 时代周刊》,2004 年 3 月 20 日,第 25—31 页。

当然，也有部分产业是垄断和竞争并存。世界钢铁产业就是一个典型的例子。在 19 世纪 70 年代开始形成的国内垄断中，钢铁产业是走在前面的产业，寡头垄断的情况不断加剧。但是，由于世界钢铁市场是一个巨大的市场，世界钢铁产业的寡头垄断程度要低于汽车市场。2005 年世界最大的 10 家钢铁公司的钢产量如下：(1)荷兰米塔尔钢铁公司(Mittal Steel)4989 万吨。(2)卢森堡阿塞洛(Arcelor)集团 4665 万吨。(3)日本新日铁钢铁公司(Nippon Steel)3291 万吨。(4)韩国浦项钢铁公司(POSCO)3142 万吨。(5)日本 JFE 集团 2957 万吨。(6)上海宝山钢铁公司(Bao Steel)2273 万吨。(7)美国钢铁公司(USS)1926 万吨。(8)美国纽柯公司(Nucor)1845 万吨。(9)英国康力斯公司(Corus)1818 万吨。(10)意大利里瓦集团(Riva)1753 万吨。[①] 这十大钢铁公司的钢产量约占世界钢产量的 1/4。

虽然世界钢铁市场的垄断程度不是很高，但是国内钢铁市场则是寡头垄断市场。日本钢铁市场基本上被新日铁钢铁公司、JFE 集团、住友金属工业公司所控制，美国的钢铁市场基本上被美国钢铁公司、ISG 钢铁公司、纽柯公司所控制，如此等等。但是，前十名的钢铁公司的粗钢产量仅约占世界粗钢产量的 1/4，竞争还在一定的程度存在。

但是，世界钢铁产业的寡头垄断程度还不是很高并不意味着该产业的国际垄断没有在推进。实际上，规模巨大的钢铁公司也在通过兼并收购来迅速扩张。荷兰米塔尔钢铁公司就是一个明显的例子。米塔尔公司从 1989 年开始先后兼并和收购特立尼达和多巴哥、墨西哥、加拿大、德国、哈萨克斯坦、美国、法国、罗马尼亚、南非、捷克的钢铁厂，迅速扩大企业规模，逐渐在世界钢铁产业中取得举足轻重的地位。2004 年，米塔尔公司钢铁产量为 4210 万吨，收入达到 222 亿美元。接着，米塔尔公司发起收购世界特大型钢铁企业的行动。其中令人注目的是对美国国际钢铁集团和阿赛洛钢铁集团的收购。

美国国际钢铁集团(ISG)是 2004 年世界第十三大钢铁公司、美国第三大钢铁公司，年产量是 1350 万吨钢铁。2005 年 4 月，米塔尔公司以 45 亿美元收购

---

① 《人民日报》，2006 年 9 月 4 日。

美国国际钢铁集团,以年产7000万吨钢铁和312亿美元营业额,超越阿塞洛钢铁集团,成为世界上最大的钢铁商。阿塞洛钢铁集团(Arcelor)总部设在卢森堡,它是由法国、卢森堡和西班牙三国公司组成的联合企业,其股票同时在法国、比利时、卢森堡和西班牙上市。阿塞洛钢铁集团曾经是世界上最大的钢铁企业,2005年落后于米塔尔公司变为世界上第二大钢铁企业。2006年1月,米塔尔公司提出收购阿塞洛钢铁集团,遭到阿塞洛钢铁集团的拒绝,后来俄罗斯北方钢铁公司也加入到收购竞争。2006年6月,米塔尔公司与阿赛洛钢铁集团终于达成协议,米塔尔公司对阿赛洛钢铁集团的收购报价提高至每股40.40欧元,比1月的最初报价提高了49%,比当时巴黎股票市场上阿赛洛股票的价格高出15%,最后以高于阿赛洛钢铁集团240亿欧元市值的270亿欧元收购阿赛洛钢铁集团。新的阿赛洛-米塔尔公司成立后,将控制世界钢铁行业10%的市场份额,钢铁产量达到1.2亿吨,员工32万人,市值460亿美元。

另外,也有部分产业是竞争程度还相当激烈的产业,如纺织品产业等主要生产普通日用消费品的产业。

应该指出,从历史和逻辑的角度来看,国内资本的集中和国内垄断的形成要先于国际资本的集中和国际垄断的形成。首先,国内垄断的形成从时间来看要早于国际垄断的形成。19世纪70年代,在资本主义发达国家里,国内垄断已经开始形成了。但是,国际垄断的形成主要是在20世纪90年代。其次,国内垄断的形成从逻辑上分析要先于国际垄断的形成。在国内资本和生产集中到一定的程度,也就是在国内垄断达到一定的程度时,对于规模巨大的公司来说,国内的市场已经变得狭小了,它们必然要走向国际市场。要争夺和控制国际市场,这些大公司必然要在世界范围内进行资本的积累和积聚,从而走向国际垄断。

但是,国内垄断和国际垄断并不是截然分开的。这就是说,并不是在国内垄断完成以后才开始国际垄断。在国内垄断发展到一定程度时,便开始了国际垄断。接着,国内垄断和国际垄断不断发展并且相互促进和相互推动的。资本既通过在国际范围的集中来加强国内的垄断,也通过在国内范围的进一步集中来加强国际的垄断。例如,德国戴姆勒-奔驰公司和美国克莱斯勒公司的合并是一次国际并购活动,但它加强了这两家公司在本国市场的垄断地位。又如,波音公司与麦道公司合并是一次国内的并购活动,但它加强了波音公司在国际市场的垄断地位。

联合国贸易与发展委员会在 2000 年《世界投资报告》中曾指出:"从 1980 年到 1999 年,世界范围内并购的数目(包括跨国和国内并购)增加了 42%;并购的价值(包括跨国和国内并购)对世界国内生产总值的比例从 0.3% 提高到 8.0%。这个时期可以划分为两次大浪潮:一次是 1988 年到 1990 年,另一次是 1995 年以后。这一次的国际并购浪潮与国内并购浪潮一同发生。在整个 90 年代,跨国并购在全部并购中的比例没有什么变化,不论按照完成交易的价值还是数目都大约为 25%。"①这就是说,当资本在世界范围内集中的时候,它在国内仍然在大规模地集中。

另外,还应该指出,从 20 世纪 70 年代开始,特别是到了 90 年代,随着科学技术革命的深化,不论是国内垄断还是国际垄断都越来越与技术联系在一起。从现象上看,垄断的生产的垄断。从实质上看,垄断是技术的垄断。技术的垄断逐渐成为生产垄断的关键。当某些厂商掌握了某项核心技术时,即使它们的资本并不雄厚,即使它们的生产规模并不巨大,它们也可以控制依赖于这项核心技术的产品的生产。

例如,微软公司并不是一家拥有巨额资本的公司,但是当它研制出计算机操作系统并显示了该系统具有强大优越性以后,它迅速在美国市场和在国际市场形成对计算机操作系统的垄断。又如,航空产业的垄断实际上是技术的垄断造成的。民用客机制造业是高科技产业,不是任何一个拥有雄厚资本的厂商都可以制造民用客机的,甚至不是任何一个即使可以集中全国社会资源用于生产某种产品的国家都可以制造民用客机的。美国波音公司和欧洲空客公司垄断了民用客机的核心技术,它们就可以垄断民用客机的国际市场。目前,在世界范围内,高科技的产业多是国际垄断产业,而只需要普通技术的产业则多是竞争性产业,如纺织业等。

---

① UNCTAD, *World Investment Report*, United Nations, New York and Geneva, 2000, p. 129.

正由于技术的垄断越来越成为生产垄断的关键因素,国内垄断和国际垄断可以在短期内迅速形成,而且国内垄断与国际垄断可以同时发生。可以预料,在生物技术产业、电子信息产业等高科技产业中,只要出现重大的技术创新,就会在依赖于该技术的商品生产中形成垄断。越是需要高深技术的产业,就越容易形成国际垄断;而不需要高深技术的产业,国际垄断的形成就会较慢。

二、商品的国际垄断价格

国际垄断价格形成的理论前提是国际生产价格。在国际资本流动和国际竞争的条件下,某个生产部门形成的国际生产价格是以正常的生产条件下厂商可以获得平均利润为基础,这是严格意义的国际生产价格。当然,正如前面分析国际生产价格时所指出的,由于国际资本的流动没有国内资本流动那么充分,平均利润率规律和国际生产价格形成都是一种趋势。

在国际垄断的条件下,国际垄断厂商控制了世界范围内该部门的生产。这些国际垄断厂商规模巨大,如果彼此展开价格竞争,结果将是两败俱伤。因此,它们的竞争更多的是质量的竞争和营销的竞争。由于它们能够控制所在部门的生产,该生产部门的"国际生产价格"将以最劣生产条件下进行生产的国际垄断厂商仍然能够得到平均利润作为基础。但是,这已经不是严格意义的国际生产价格,而是向国际垄断价格转化过程中的国际生产价格。这样,生产条件最劣的国际垄断厂商得到平均利润,其他国际垄断厂商得到超额利润。

与国内垄断价格的形成相似,如果国际垄断厂商通过对世界范围内该部门生产的控制以希望获取超额利润,但又不能有效地阻碍别的生产部门的厂商通过国际生产资本的转移的方式来分享超额利润,那么超额利润不会转化为垄断利润,国际生产价格不会转化为国际垄断价格。然而,既然国际垄断厂商控制世界范围内该部门生产,它就能够有效地排斥别的生产部门的厂商的竞争。与国内垄断形成的情形相似,国际垄断厂商的生产规模已经很大,原料来源和产品销路已经很稳定,要打入垄断部门,必须具有一定的优势,这对于别的生产部门的厂商来说是极为困难的。另外,即使别的生产部门的厂商具有一定的优势,当它进入到这个垄断部门的时候,将与该生产部门的国际垄断厂商产生激烈的冲突,从而面临很大的风险。正因为这些原因,跨部门的生产资本的转移受到了抑制。在这种情况下,国际生产价格转化为国际垄断价格。

本章第一节解释了商品的国内垄断价格的形成,商品的国际垄断价格将按照相似的方式形成。借助于本章第一节的表列,可以解释国际垄断价格的形成。表4-6、表4-7和表4-8与表4-2、表4-3、表4-4相似。但是,原来的各个表表示某个国家垄断部门B和非垄断部门A的生产情况,现在的各个表假定世界由发达国家和发展中国家组成,这两类国家只生产两种商品,垄断部门B是发达国家的生产部门,非垄断部门A是发展中国家的生产部门。这样,利用本章第一节相同的方法可以证明,在发达国家的垄断部门B形成了垄断价格120。

在国际垄断价格形成的过程中,同样发生剩余价值从发展中国家转移到发达国家的情况。发展中国家的利润率从43%下降到21.21%,生产价格从90下降到80。发达国家的利润率从32%上升到39.53%,生产价格110变为垄断价格120。

表4-6　实物的生产情况

生产部门	投入产品 X	投入产品 Y	投入劳动量	产量
A	30	10	60	100
B	25	45	40	100
C(企业)	5	9	10	20

表4-7　国际生产价格的形成情况

生产部门	生产成本*	利润率(%)	平均利润率(%)*	平均利润	生产价格
A	68	43	32	22	90
B	82	25	32	28	110

注:* 以生产价格表示。

表4-8　国际生产价格和垄断价格的形成情况

生产部门	生产成本	利润率(%)	生产价格和垄断价格
A	36+30	21.21	80
B	20+66	39.53	120
C(企业)	6+13.8	21.21	24

第四章　商品国内与国际的垄断价格和市场价格

上面分析的是发达国家生产的商品处于垄断地位而发展中国家生产的商品处于非垄断地位。但是,在现实的世界里,发达国家生产的某种垄断商品发展中国家也生产。如果要按照上述方式完整地分析国际垄断价格的形成,不仅要设世界包括发达国家和发展中国家,而且还要设每一类国家都有垄断和非垄断的生产部门,不仅要涉及价值的生产,而且还要涉及实物的生产,因而表达起来十分复杂。为简单起见,只分析发达国家和发展中国家所生产的一种商品,以揭示国际垄断价格的核心过程。

表4-9表示某个生产部门价值的生产情况,其中第4行表示发达国家该生产部门中某个生产条件最劣的企业的价值生产情况。正如在前面的第三章分析国际生产价格时说明的那样,如果资本和劳动力的流动是充分的,那么如表4-10所示,这两类国家该生产部门的资本有机构成将趋向相同,从而形成135的国际生产价格。但是,如果发达国家的这个生产部门是一个垄断部门,那么它可以在一定程度上排斥竞争,按照本部门最劣生产条件形成垄断价格,从而形成138的国际垄断价格,如表4-11所示。

表4-9 某生产部门价值生产情况

	预付资本	剩余价值率(%)	剩余价值	价值	利润率(%)
发展中国家	60c+40v	100	40	140	40
发达国家	70c+30v	100	30	130	30
发达国家某企业	13c+8v	100	8	29	38

表4-10 某生产部门国际生产价格的形成

生产部门Ⅰ	资本有机构成	平均利润率(%)	国际生产价格
发达国家	65c+35v	35	135
发展中国家	65c+35v	35	135

表4-11 某生产部门国际垄断价格的形成

生产部门Ⅰ	资本有机构成	垄断利润率(%)	国际垄断价格
发达国家	65c+35v	38	138
发展中国家	65c+35v	38	138

比较表 4-10 和表 4-11 可以看到,发达国家和发展中国家的垄断价格之和大于它们的生产价格之和,这意味着有一部分利润从其他的非垄断部门转移到该垄断部门。另外,如果不存在垄断,生产价格是 135。在存在垄断的条件下,垄断价格是 138。这意味着垄断造成了价格的上升。

　　比较表 4-9 和表 4-11 可以看到,原来发展中国家获得 40 的剩余价值,现在只获得 38 的剩余价值。原来发达国家获得 30 的剩余价值,现在获得了 38 的剩余价值,同样发生了剩余价值从发展中国家转移到发达国家的现象。另外,如果不存在垄断,发展中国家只能获得 35 的剩余价值。这意味着如果发展中国家也生产发达国家所生产的垄断商品,它也可以获得一定的垄断带来的利益。

　　国际垄断价格是国际市场价格形成的基础。商品的国际垄断价格是一种价值。如果说生产价格是由平均利润率规律修正了的价值,垄断价格则是由最劣生产条件的国际垄断厂商仍然可以得到平均利润的规律修正了的生产价格。当垄断价格以货币表现出来时,便形成国际价格。国际价格受到国际市场供给和需求影响,便形成了国际市场价格。商品的国际价值、国际生产价格、国际垄断价格以及相应的国际价格和国际市场价格的关系,可以用图 4-3 来表达。

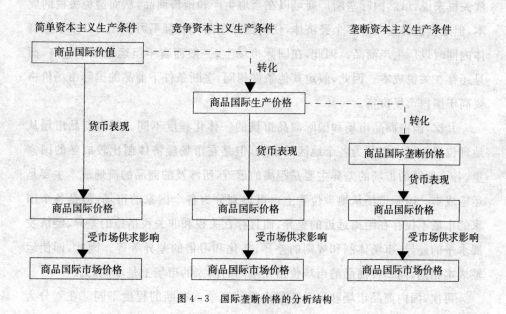

图 4-3　国际垄断价格的分析结构

第四章　商品国内与国际的垄断价格和市场价格

三、商品的国际市场价格

商品国际市场价格形成的基础是作为垄断价格的货币表现的国际价格。当商品投入到国际市场以后,以商品的国际垄断价格为基础的价格将受到国际市场供给与需求的影响,从而形成垄断条件下的商品的国际市场价格。由于在需求量大于供给量的时候商品的国际市场价格将上升,在需求量小于供给量的时候商品的国际市场价格将下降,商品的国际市场价格还将与作为垄断价格的货币表现的国际价格发生背离。

另外,由于国内市场与国际市场存在差异,与国内垄断条件下的市场价格相比,国际垄断条件下的市场价格具有不同的特点。

首先,在国内市场上商品的流通成本与在国际市场上商品的流通成本不同。在国内市场上,商品的流通成本主要是运输费用。但是,在国际市场上,商品的流通成本除了运输费用以外还有关税等费用。就运输成本而言,除了邻近的国际市场以外,一般情况下在国际市场上销售商品的运输成本要高于国内市场。就关税来说,虽然国际垄断厂商可以在当地生产和销售商品,从而避免关税的成本,但是全世界有200多个经济体,任何国际垄断厂商都不可能在200多个经济体内同时设厂生产商品。因此,在国际市场上,一般而言不但运输成本较高,而且还存在关税成本。因此,假定其他条件相同,垄断条件下商品的国际市场价格要高于国内市场价格。

其次,国内商品市场和国际商品市场的一体化程度不同。国内商品市场从地理位置上可以划分为各个地区的市场,但是在市场经济体制比较成熟的国家里,各个地区的市场的差异主要是距离的远近,所涉及的商品的流通成本主要是运输成本。国际市场从地理位置上也可以划分为各个国家的市场,但是各个国家的市场不仅存在距离远近的差异,而且存在关税和非关税措施的差异、经济发展水平的差异、市场体制和规则的差异、文化和习俗的差异等等。因此,即使运输成本相同,同一种商品的市场价格在不同的国家的市场上是不同的。

再次,国内商品市场和国际商品市场的竞争或垄断的程度不同。在划分为不同地区市场的国内市场上,竞争或垄断的程度是相似的,但是,在划分为不同国家市场的国际市场上,竞争或垄断的程度将存在差异。有的国家完全不能生产某种商品,有的国家则可以生产这种商品,因而在不同国家的市场上竞争或垄断的程度是不同的。这样,同一种商品的市场价格在不同国家的市场上是不同的。一般来说,在垄断程度高的市场上商品的市场价格较高,在垄断程度低的市场上商品的市场价格较低。

从上面的分析可以看到,国际市场的分割程度要高于国内市场。由于存在着上面提及的各种因素,国际市场实际上划分为不同国家的市场。在这种情况下,差别定价的垄断定价方法是普遍存在的。国际垄断厂商根据不同市场的特点,即根据不同市场的需求和供给情况对同一种商品确定不同的价格。

美国市场和中国市场是两个存在较大差异的市场,通过考察这两个市场上两种典型商品的定价方式,可以揭示寡头垄断厂商定价方式的特点。

第一种商品是轿车。正如前面的分析所指出的,国际轿车市场是一个寡头垄断的市场,轿车的生产和销售主要被约 10 家汽车公司所控制。在中美两国的轿车市场上,同样的轿车的市场价格存在较大的差异,具体情况如表 4 - 12 所示。

表 4 - 12　中美两国轿车的市场价格差异　　　　　　　单位:万元

车型	中国市场价格	个人进口价格	中美市场差价
奥迪(Audi)A8,4.2	126	85	41
宝马(BMW)X5,4.4i	102	68	34
宾利雅致(Bentley, Arnage)6.75	418	307	111
大众(Volkswaqen,Touareg)V8,4.2	85	59	26
捷豹(Jaguar)S-Type 3.0	63	51	12
克莱斯勒(Chrysler)300C,5.7	58	44	14
兰博基尼(Lamborghini) 6.2	488	381	107
劳斯莱斯(Rolls-Royce, Phantom) 6.75	576	431	145
雷克萨斯(LEXUS)LX470	108	83	25
迈巴赫(Maybach)62,5.5	618	484	134
沃尔沃(Volvo)XC90,4.4	88	60	28

资料来源:《北京青年报》(汽车时代版),2006 年 1 月 18 日。

第四章　商品国内与国际的垄断价格和市场价格

表 4-12 选择的车型是差价较大的车型。表中第 3 栏"个人进口价格"是指个人到美国购买轿车以后运回中国并且交纳了关税后的价格,它反映了相应轿车相对美国市场价格的中国市场价格。表中第 2 栏"中国市场价格"是相应轿车在中国市场上的实际价格。第 4 栏"中美市场轿车差价"是指第 2 栏减去第 3 栏的差价。从表中可以看到,越是豪华的轿车,市场价格在中美两国市场上的差距就越大。同样一辆轿车,为什么在中美两国的市场上却存在那么大的差价呢?

首先,中美两国汽车市场的垄断或竞争程度不同。虽然国际轿车市场是一个接近寡头垄断的市场,但是这并不意味着在不同的国家的轿车市场上垄断程度是一样的。美国是世界上第一大轿车市场,世界各个汽车生产商都希望在美国的轿车市场上占据一定的份额。在美国本土又有在世界上举足轻重的汽车生产商,它们也在努力保持本厂商在美国轿车市场的份额。另外,美国的经济发展水平较高,可以买豪华轿车的个人和机构较多,对不同类型的轿车都有广泛的需求。因此,美国轿车市场相对而言竞争程度较高。中国是一个迅速发展的轿车市场,2005 年已成为世界上第三大轿车市场。但是,中国经济发展水平较低,对轿车的需求主要是对中低档轿车的需求。另外,中国本土还没有具有竞争力的轿车生产商,豪华轿车的生产更是为零。因此,中国轿车市场相对而言竞争程度较低,豪华轿车的竞争程度更低。正是这种垄断程度的差异造成了豪华轿车价格的差异。

其次,中美两国汽车市场的需求情况不同。美国的人均国民收入较高,对豪华轿车有支付能力的需求较大。在这种条件下,豪华轿车在美国具有较高的需求的价格弹性,豪华轿车市场价格下降将导致需求量较大幅度的增加。中国的人均国民收入较低,对豪华轿车有支付能力的需求较小,购买豪华轿车的动机主要出于商业或其他的需要而显示实力、身份、地位、财富。在这种情况下,豪华轿车在中国的需求的价格弹性较低。即使豪华轿车市场价格上升,需求量也不会大幅度减少。因此,豪华轿车的价格在美国市场上较低,在中国市场上较高。在市场分割的条件下对同一种商品根据不同的需求的价格弹性制定不同的价格,正是寡头垄断的一种差别定价方式。

上述分析可以通过考察同样类型的豪华轿车在美国和日本市场上的价格得

到进一步的证实。表4-13所列的轿车车型与表4-12是一致的。第2栏和第3栏是相应的轿车在美国和日本市场上的价格,其中在日本市场上的价格是根据2006年1月1美元兑换114日元的汇率将日本市场上2004年相关汽车的日元报价折算为美元。第4栏是第3栏减去第2栏的差价。应该注意的是,将轿车销往日本市场与销往美国市场的成本是不一样的。雷克萨斯是日本丰田汽车公司的产品,它销往美国涉及运输成本和关税等费用,它在日本的售价低于美国。捷豹、克莱斯勒是美国福特公司的产品,它们销往日本同样涉及运输成本和关税等费用,它们在美国的售价低于日本。其他车型主要是欧洲生产的轿车,从欧洲将轿车运往日本的成本要高于美国。除了德国的宾利雅致和劳斯莱斯可能由于配置等因素出现稍大的差价以外,如果考虑到成本等原因,其他的车型在美国和日本市场上的售价基本上没有什么差别。

　　豪华轿车在日本市场的价格所以与美国市场相似,原因是日本轿车市场的特点与美国相似。日本拥有在世界上举足轻重的汽车公司如丰田、日产、本田等,日本的轿车市场的竞争程度与美国相差不大。另外,日本的经济发展水平与美国相近,在日本市场上豪华轿车需求的价格弹性与美国相当。因此,豪华轿车在日本市场上的售价与美国相似。如果说日美市场豪华轿车价格还存在差异,那么更多是由于消费偏好等因素造成的。这就从另一个方面证明了垄断程度和价格弹性是导致中美市场豪华轿车价格存在很大的差异的主要原因。

表4-13　美日两国轿车的市场价格差异　　　　单位:万美元

车　型	美国市场价格	日本市场价格	美日市场差价
奥迪(Audi)A8,4.2	6.5590	7.4473	0.8883
宝马(BMW)X5,4.4i	5.1800	5.7193	0.5393
宾利雅致(Bentley, Arnage),6.75	23.3990	27.5877	4.1887
大众(Volkswaqen,Touareg)V8,4.2	4.4660	4.9824	0.5164
捷豹(Jaguar)S-Type,3.0	4.4330	6.0526	1.6196
克莱斯勒(Chrysler)300C,5.7	3.3525	4.3246	0.9721
兰博基尼(Lamborghini),6.2	29.0900	28.0614	−1.0286
劳斯莱斯(Rolls-Royce,Phantom),6.75	32.8750	38.3157	5.4407
雷克萨斯(LEXUS)LX470	6.4225	5.9649	−0.4576

第四章　商品国内与国际的垄断价格和市场价格

迈巴赫(Maybach)62,5.5	37.5000	38.4035	0.9035
沃尔沃(Volvo)XC90,4.4	4.5840	5.0789	0.4949

资料来源：《北京青年报》(汽车时代版),2006年1月18日；《日本自动车年鉴》,2004年。

　　第二种商品是胶卷。世界胶卷市场同样是一个寡头垄断市场,世界胶卷市场主要被日本的富士公司(Fuji)和美国的柯达公司(Kodak)所控制。但是,富士和柯达胶卷在中国市场的销售价格却与轿车的销售价格相反,它们不是高于而是低于日本或美国市场的价格。在中国市场上,富士和柯达胶卷价格相似,均为20元人民币左右。但是,在日本或美国市场上,富士和柯达胶卷价格折合人民币却达50元人民币左右。同样一卷胶卷,又为什么在中美日的市场上却存在那么大的差价呢？

　　一种看法认为,胶卷在中美日的市场上的差异是由于这些国家经济发展水平的差异所导致的购买力的差异造成的。日本和美国的经济发展水平较高,购买力较强,因而普通的生活用品价格较高。中国经济发展水平较低,购买力较弱,因而普通的生活用品价格较低。另一种看法认为,富士和柯达胶卷在中国市场的价格低于日本或美国市场的价格,原因在于在中国市场上存在富士公司和柯达公司一个强有力的竞争者——乐凯公司。乐凯胶卷的质量与富士和柯达胶卷的质量没有明显的差别,但是乐凯胶卷的价格仅仅是13元人民币。在富士和柯达胶卷售价为20元人民币的情况下,乐凯胶卷已经占据了中国胶卷市场20%的份额,如果富士和柯达胶卷的售价达50元人民币,它们在中国的市场还能保持现在的份额吗？

　　应该指出,这两个原因都是存在的,但是垄断程度的差异是主要的原因。如果中国没有乐凯胶卷,中国胶卷市场将完全被富士公司和柯达公司所控制,即使胶卷是普通的生活用品,它的价格将不会是20元人民币。富士和柯达胶卷的售价为20元人民币,正是富士和柯达这两家寡头厂商在中国胶卷市场的现实情况下的合适价格。

　　从上面两个典型案例可以看到,差别定价是国际垄断厂商普遍采用的一种垄断定价方式。对于垄断厂商来说,在国际市场上,并不是商品的价格越高利润越高,也不是价格越低利润越高。它们将根据不同国家的市场上垄断的程度和需求的状况,来制定不同的价格,以实现长期的最大的利润。在中国市场上豪华轿车较高的售价可以带来较高的利润,垄断厂商就索取较高的价格。在中国市场上胶卷较低的售价可以带来较高的利润,垄断厂商就索取较低的价格。

第五章 国际贸易的原因、流向和利益

第一节 绝对优势及其形成的原因

一、价值层次的绝对优势分析

前面第一章在讨论国际分工的时候曾经指出,斯密没有系统地提出绝对优势的国际贸易学说,但他提出了绝对优势的国际贸易思想。这里主要从商品价值这个层次上表述斯密的这种思想,从绝对优势的角度分析国际贸易的原因、流向和利益。

假定有 A 和 B 两个国家,分别生产 X 和 Y 两种商品。如表 5-1 所示,A 国生产 1 单位商品 X 需要耗费 40 单位社会必要劳动时间,生产 1 单位商品 Y 需要耗费 30 单位社会必要劳动时间。B 国生产 1 单位商品 X 需要耗费 30 单位社会必要劳动时间,生产 1 单位商品 Y 需要耗费 40 单位社会必要劳动时间。

表 5-1 商品的价值

国家	商品种类	社会必要劳动时间
A 国	商品 X	40
A 国	商品 Y	30
B 国	商品 X	30
B 国	商品 Y	40

再假定在 X 和 Y 这两种商品的国际价值的形成过程中,国别价值的权重分别是 50%,那么:

商品 X 的国际价值＝40×50%＋30×50%＝35 单位国际必要劳动时间

商品 Y 的国际价值＝30×50%＋40×50%＝35 单位国际必要劳动时间

A、B 两国生产商品 X 分别耗费 40 和 30 单位社会必要劳动时间,而这种商品的国际价值是 35 单位国际必要劳动时间,A 国耗费的劳动时间较多而 B 国耗费的劳动时间较少,B 国生产商品 X 具有绝对优势。相反,A、B 两国生产商品 Y 分别耗费 30 和 40 单位社会必要劳动时间,而这种商品的国际价值是 35 单位国际必要劳动时间,B 国耗费的劳动时间较多而 A 国耗费的劳动时间较少,A 国生产商品 X 具有绝对优势。

在 A 国,由于生产 1 单位商品 X 和 Y 分别耗费 40 和 30 单位社会必要劳动时间,商品 X 和 Y 的交换比率是 3 单位商品 X＝4 单位商品 Y;在 B 国,由于生产 1 单位商品 X 和 Y 分别耗费 30 和 40 单位社会必要劳动时间,商品 X 和 Y 的交换比率是 4 单位商品 X＝3 单位商品 Y。但是,在国际市场上,由于商品 X 和商品 Y 的国际价值都是 35 单位国际必要劳动时间,商品 X 与商品 Y 的交换比例＝1 单位商品 X∶1 单位商品 Y。

这样,如果 A 国专门生产它具有绝对优势的商品 Y,然后与 B 国交换商品 X,那么它在国内耗费 30 单位社会必要劳动时间生产的 1 单位商品 Y,就可以交换到在国内要耗费 40 单位社会必要劳动时间才能生产的 1 单位商品 X。同样,如果 B 国专门生产它具有绝对优势的商品 X,然后与 A 国交换商品 Y,那么它在国内耗费 30 单位社会必要劳动时间生产的 1 单位商品 X,就可以交换到在国内要耗费 40 单位社会必要劳动时间才能生产的 1 单位商品 Y。国际贸易给双方都带来利益。

假设在没有发生国际贸易的条件下,A 国分别生产和消费 1 单位商品 X 和 Y,B 国也分别生产和消费 1 单位商品 X 和 Y。在发生国际贸易的条件下,A 国专门生产其具有绝对优势的商品 Y,可以生产 2.33 单位商品 Y;B 国专门生产其具有绝对优势的商品 X,也可以生产 2.33 单位商品 X。如果 A 国用 1 单位商品 Y 与 B 国交换 1 单位商品 X,那么发生国际贸易以后与发生国际贸易以前相比,A国可以消费 1 单位商品 X 和 1.33 商品 Y,B国则可以消费 1.33 单位商品 X 和 1 商品 Y。在耗费的社会资源没有变化的情况下,世界的产量分别增加了 0.33 单位商品 X 和 0.33 单位商品 Y,A、B 两国分别可以多消费 0.33 商品 Y 和 0.33 商品 X。表 5－2 反映了国际贸易发生前后的情况。

表 5－2 国际贸易的利益

国家	贸易前产量和消费量		贸易后产量		贸易后消费量	
	商品 X	商品 Y	商品 X	商品 Y	商品 X	商品 Y
A国	1	1	0.00	2.33	1.00	1.33
B国	1	1	2.33	0.00	1.33	1.00
总和	2	2	2.33	2.33	2.33	2.33

　　根据基于商品价值的绝对优势分析,国际贸易的原因是一个国家某种商品的价值绝对地低于另一个国家,因而它在这种商品的生产上具有绝对优势;国际贸易的流向是各个国家出口本国有绝对优势的商品,进口本国处于绝对劣势的商品;国际贸易的利益是在各国实行专业化生产,即专门生产本国有绝对优势的商品的条件下,各国可以生产和消费更多的商品。

　　从基于商品价值的绝对优势分析可以看到,在国际贸易中,商品的交换是等价的,都按照商品的国际价值进行。但是,对于一个特定的国家来说,由于有的商品耗费的劳动量较多,有的商品耗费的劳动量较少,如果它专门生产具有绝对优势的商品,以交换处于绝对劣势的商品,可以在商品的消费数量不变的前提下节约劳动量,或者在耗费的劳动量不变的前提下生产和消费更多的商品。

　　价值层次的绝对优势分析揭示了商品的价值是形成国际贸易中绝对优势的根本原因。由于商品价值是由耗费的不变资本的价值、可变资本的价值和剩余价值构成,这三部分价值的大小决定是否存在绝对优势,这三部分价值的变化将会导致绝对优势的变化。但是,正如前面的分析所指出的,在现实的经济里,商品的市场价格将偏离价值。除了商品价值这个基本因素以外,影响商品市场价格的别的因素也会对国际贸易产生影响。

二、市场价格层次的绝对优势分析

价值层次的绝对优势分析说明，对于两个国家来说，如果它们在不同的商品生产上所形成的价值绝对地低于对方国家，国际贸易将会发生。但是，在现实的经济生活中，对于两个国家来说，如果它们在不同的商品的市场价格绝对地低于对方国家，国际贸易同样会发生。

假定有 A 和 B 两个国家，分别生产 X 和 Y 两种商品。如表 5 - 3 所示，在 A 国，商品 X 的市场价格是 40 单位货币，商品 Y 的市场价格是 30 单位货币。在 B 国，商品 X 的市场价格是 30 单位货币，商品 Y 的市场价格是 40 单位货币。这样，A 国的商品 Y 的市场价格低于 B 国，B 国的商品 X 的市场价格低于 A 国。A 国的商品 Y 具有绝对优势，B 国的商品 X 具有绝对优势，这两个国家的商品交换将会发生。

表 5 - 3　商品的市场价格

国家	商品种类	市场价格
A 国	商品 X	40
A 国	商品 Y	30
B 国	商品 X	30
B 国	商品 Y	40

在 A 国国内，1 单位商品 Y 可以交换 3/4 单位商品 X。在 B 国国内，1 单位商品 X 可以交换 3/4 单位商品 Y。在发生国际贸易的条件下，A 国用 1 单位商品 Y 所能交换商品 X 必须多于 3/4 单位，否则它与 B 国的贸易没有意义。同样，B 国用 1 单位商品 X 所能交换商品 Y 必须多于 3/4 单位，否则它与 A 国的贸易也没有意义。这样，如果不考虑关税和运输等费用，在国际商品市场上，商品 X 与商品 Y 的交换比率 X/Y 将在下面的范围内：

$$3/4 \leqslant X/Y \leqslant 4/3$$

如果 $X/Y \leqslant 3/4$，A 国不会参与国际贸易。如果 $X/Y \geqslant 4/3$，B 国不会参与

国际贸易。究竟商品 X 与商品 Y 的交换比率是什么数值,取决于国际商品市场供给与需求的状况。在商品 X 供给不变的情况下,商品 X 的需求越大,X/Y 越接近于 3/4;商品 X 的需求越小,X/Y 越接近于 4/3。在商品 X 需求不变的情况下,商品 X 的供给越大,X/Y 越接近于 4/3;商品 X 的供给越小,X/Y 越接近于 3/4。在商品 X 的供给和需求同时变化的情况下,X/Y 取决于商品 X 的供给和需求变化的幅度。对于商品 Y 来说,情况也是如此。

假定在商品 X 与商品 Y 的交换比率的范围内取 1,那么国际贸易将会发生。A 国在国内用 1 单位商品 Y 只能交换到 3/4 单位商品 X,但在国外可以交换到 1 单位商品 X。B 国在国内用 1 单位商品 X 只能交换 3/4 单位商品 Y,但在国外可以交换到 1 单位商品 Y。A 国将出口商品 Y 进口商品 X,B 国将出口商品 X 进口商品 Y。

假设在没有发生国际贸易的条件下,A 国分别生产和消费 1 单位商品 X 和 Y,B 国也分别生产和消费 1 单位商品 X 和 Y。在发生国际贸易的条件下,如果商品的市场价格完全反映生产成本,A 国专门生产它具有绝对优势的商品 Y,可以生产 2.33 单位商品 Y;B 国专门生产它具有绝对优势的商品 X,也可以生产 2.33 单位商品 X。假如 A 国用 1 单位商品 Y 与 B 国交换 1 单位商品 X,那么发生国际贸易以后与发生国际贸易以前相比,A 国可以消费 1 单位商品 X 和 1.33 商品 Y,B 国则可以消费 1.33 单位商品 X 和 1 商品 Y。在耗费的社会资源没有变化的情况下,世界的产量分别增加了 0.33 单位商品 X 和 0.33 单位商品 Y,A、B 两国分别可以多消费 0.33 商品 X 和 0.33 商品 Y。表 5 - 4 概括了国际贸易发生前后的情况。如果商品的市场价格不完全反映生产成本,则不能得出具体的数值,但国际贸易同样也能给双方带来利益。

表 5 - 4　国际贸易的利益

国家	贸易前产量和消费量		贸易后产量		贸易后消费量	
	商品 X	商品 Y	商品 X	商品 Y	商品 X	商品 Y
A 国	1	1	0.00	2.33	1.00	1.33
B 国	1	1	2.33	0.00	1.33	1.00
总和	2	2	2.33	2.33	2.33	2.33

根据市场价格层次的绝对优势分析,国际贸易的原因是一个国家某种商品的市场价格绝对地低于另一个国家,因而它的这种商品具有绝对优势;国际贸易的流向是各个国家出口本国有绝对优势的商品,进口本国处于绝对劣势的商品;国际贸易的利益是各国实行专业化生产,即专门生产本国有绝对优势的商品的条件下,从各国可以生产和消费更多的商品。

从市场价格角度进行的绝对优势分析可以看到,在国际贸易中,商品的交换仍然是等价的,按照商品的国际市场价格进行。但是,对于一个特定的国家来说,由于有的商品的市场价格较高,有的商品的市场价格较低,如果它专门生产市场价格较低即具有绝对优势的商品,以交换处于绝对劣势的商品,可以在商品生产和消费数量不变的前提下节约社会资源,或者在耗费的社会资源不变的前提下生产和消费更多的商品。

价值层次的绝对优势分析表明,决定绝对优势的因素是商品的价值。市场价格层次的绝对优势分析表明,决定绝对优势的因素是市场价格。由于商品的价值是市场价格形成的基础,前者从商品价值这个最基本的因素解释了绝对优势的产生。但是,商品的市场价格会偏离价值,后者还可以从别的方面说明绝对优势的产生。除了商品价值这个因素以外,影响绝对利益的因素还有:

第一,商品的需求。如果某个国家对某种商品有着特殊的偏好,对这种商品产生大量的需求,那么在这种商品的供给为一定的情况下,即使该商品的价值不高,但市场价格将较高。这样,这个国家将会进口这种商品。

第二,商品的供给。如果由于社会资源的特点,某个国家某种商品的供给很少,在这种商品的需求为一定的情况下,即使该商品的价值不高,但市场价格将较高。这样,这个国家同样会进口这种商品。

在市场经济体制下,商品供给和需求的变化影响商品市场价格,但商品市场价格的变化又反过来对商品的供给量和需求量产生影响。因此,除了上面提到的某些特殊的情况,商品的价值发挥着决定性的作用。例如,假定在某些因素的影响下,商品的需求增加了,它的市场价格趋向上升。在利润动机的推动下,厂商不仅增加该商品的供给量,而且还会增加该商品的供给,因而市场价格将会回落。再如,假定在某些因素的影响下,商品的供给减少了,它的市场价格趋向上升。在利润动机的推动下,厂商同样不仅增加该商品的供给量,而且还会增加该商品的供给,因而市场价格也会回落。即使厂商只增加商品的供给量而不增加供给,即厂商的供给函数不变,厂商生产更多的商品也会导致单位产量所耗费的劳动量增加。

因此,从稍长的时期考察,商品的供给量和需求量处在相对均衡之中,商品的价值是决定绝对优势的最基本的因素。

在李嘉图提出比较优势理论以后,绝对优势理论似乎被人们忽略了。确实,在两个国家之间,即使一个国家对另一个国家没有绝对优势,但只要有比较优势,国际贸易仍然会发生。然而,也不能否认,绝对优势是产生国际贸易的原因之一。

三、绝对优势形成的原因

如果说绝对优势是产生国际贸易的原因,那么什么是形成绝对利益的原因?从价值层次分析,形成绝对优势的原因有:

第一,自然资源的特点。自然资源的地理分布是不同的,有的国家这样的自然资源比较充裕,有的国家那样的自然资源比较充裕。如果某个国家拥有充裕的某种自然资源,那么该国开采这种自然资源所耗费的劳动量就比较少,该自然资源的价值就会绝对地低于别的国家,该国在该自然资源的贸易中就具有绝对优势。由于自然资源是商品的生产不可缺少的,这样就会在国与国之间产生自然资源的贸易。例如,中东国家有着丰富的石油资源,而且石油埋藏在比较浅的地层里,质量也比较高。因此,中东国家石油的价值绝对地低于其他国家,它们在石油的贸易中具有明显的绝对优势,从而成为主要的石油出口国。

第二,可变资本的价值。假定耗费的不变资本的价值和剩余价值不变,可变资本的价值越大,商品的价值就越高。投在单位劳动力上的可变资本是一个经济的、历史的和道德的范畴。一般来说,经济发展水平越高,投在单位劳动力上的可变资本越大。但是,单位产量的可变资本价值不仅取决于投在单位劳动力上的可变资本,而且取决于劳动生产率。如果在某种商品的生产上一个国家投在单位劳动力上的可变资本是另一个国家的 2 倍,但前一个国家的劳动生产率是后一个国家的 3 倍,那么前一个国家生产每单位这种商品的可变资本是后一个国家的 66.67%。假定其他条件相同,前一个国家在这种商品的贸易中仍然具有绝对优势。由此可见,虽然发达国家的工资水平远高于发展中国家,但由于发达国家的劳动生产率也远高于发展中国家,即使在耗费活劳动量较多的劳动密集型商品的生产中,发展中国家未必具有绝对优势。

第三,不变资本的价值。假定可变资本的价值和剩余价值不变,不变资本的价值越大,商品的价值就越高。单位产量的不变资本的价值取决于科学技术发展水平。一般来说,科学技术水平越高,采用的机器设备越先进,投入的不变资本的价值就越大。但同样,单位产量的不变资本价值不仅取决于投在商品生产中的不变资本价值,而且取决于劳动生产率。如果在某种商品的生产上一个国家耗费的不变资本是另一个国家的 100 倍,但前一个国家这种商品的产量是后一个国家的 200 倍,那么前一个国家生产每单位这种商品的不变资本价值是后一个国家的 50%。假定其他条件相同,前一个国家在这种商品的贸易中也仍然具有绝对优势。由于发达国家的科学技术水平远高于发展中国家,在采用不同水平的机器设备生产同一种商品的条件下,从不变资本价值的因素来看,发达国家具有绝对优势。

第四,剩余价值率。剩余价值率是剩余价值对可变资本价值的比率,它主要度量对劳动者的剥削程度。就单位商品价值来说,在剩余价值不变的条件下,如果剩余价值率越高,可变价值就越少,这种商品的价值就越低。如果其他条件相同,在这种商品的贸易中就具有绝对优势。因此在现实的世界里,为了增强出口商品的竞争力,通过压低劳动者的工资来提高剥削率、以降低商品的价值的现象是经常发生的。

商品的价值是市场价格的基础,商品的价值变化了,市场价格也将变化。因此,从市场价格的层次分析,上述因素同样对绝对优势产生影响。但是,商品的市场价格不同于价值。从商品的市场价格的角度来看,赫克歇尔-奥林的生产要素禀赋学说也可以解释绝对优势形成。

在不考虑商品需求的条件下,假定生产条件相同,即生产商品所使用的生产要素的比例相同,如果某种生产要素在 A 国的供给比较充裕,只要不被该生产要素的需求所抵消,该生产要素的市场价格就比较低。相反,如果这种生产要素在 B 国的供给比较缺乏,只要不被该生产要素的需求所抵消,该生产要素的市场价格就比较高。假设生产某种商品需要较大比例的该生产要素,那么 A 国生产该商品的成本以及该商品的市场价格就绝对地低于 B 国,A 国在这种商品的贸易中就具有绝对优势。

例如,发展中国家的人口增长率高于发达国家,但经济发展水平低于发达国家,所以,发展中国家的劳动资源比较充裕,工资水平比较低。这样,对于那些生产已经标准化,同时又需要投入大量劳动力的商品的生产来说,发展中国家的生产成本和市场价格绝对地低于发达国家,它们在这些商品的贸易中具有绝对优势。纺织业等产业就是这种情形。又如,发达国家经济发展水平较高,物质资本比较充裕,因而市场价格比较低。对于那些需要投入大量的物质资本的商品的生产来说,发达国家的生产成本和市场价格绝对低于发展中国家,它们在这些商品的贸易中具有绝对优势。机器制造业等产业就是这种情形。

如果生产条件不同,即生产商品所使用的生产要素的比例不同,生产要素的充裕程度和市场价格同样对绝对优势产生影响。假设某种商品的生产需要 X 和 Y 两种生产要素,A 国生产要素 X 比较丰富,它的市场价格较低,当该国采用投入较大比例生产要素 X 的生产方法时,该商品的市场价格较低。B 国生产要素比较丰富,它的市场价格也较低,当该国采用投入较大比例生产要素 B 的生产方法时,该商品的市场价格也较低。在这种情况下,哪个国家在这种商品的贸易中具有绝对优势取决于生产要素 X 和 Y 的边际替代率与生产要素 X 和 Y 的市场价格。

生产要素的边际替代率是指在产量不变的条件下,增加或减少 1 单位生产要素 X,生产要素 Y 需要减少或增加的数量。设生产要素的边际替代率为 MRS,那么:

$$MRS = \frac{\Delta Y}{\Delta X}$$

假定 A、B 两国原来生产该商品使用生产要素 X 和 Y 的比例相同,该商品的市场价格相同。如果生产要素 X 和 Y 可以相互充分替代,在 B 国生产要素 X 对 Y 的市场价格的比率低于生产要素 Y 和 X 的替代率的条件下,B 国用生产要素 Y 替代 X 将导致它在该商品的贸易中具有绝对优势;反之,A 国在该商品的贸易中具有绝对优势。在相同的条件下,A 国用生产要素 X 替代 Y 将导致它在该商品的贸易中具有绝对优势;反之,B 国在该商品的贸易中具有绝对优势。

前面在讨论绝对优势的时候,没有考虑商品的需求。从市场价格的层次分析,商品的需求也是影响绝对优势的因素。例如,假定在某国某种生产要素的供给比较充裕,只要不被该生产要素的需求所抵消,该生产要素的市场价格就比较低。又假定生产某种商品需要较大比例的该生产要素,那么某国生产该商品的成本就比较低,但如果该国对该商品具有强烈的偏好,该商品的市场价格不一定低,该国在该商品的贸易中不一定有绝对优势。

西方经济学者在市场价格层次上对绝对优势形成原因的分析是有意义的,但是价值层次的分析可以使我们更明确和更深刻地认识绝对优势形成的根本原因。

第二节　比较优势及其形成的原因

一、价值层次的比较优势分析

马克思没有从价值的角度专门分析国际贸易的原因,但是从马克思在《资本论》第 3 卷第 14 章讨论对外贸易对利润率的影响时所说过的一段话来看,他对李嘉图的比较优势学说是认可的。马克思指出:"投在对外贸易上的资本所以能提供较高的利润率,首先是因为,和它们竞争的商品,在其他国家,是用较小的生产便利生产的,因此,那个比较发达的国家,虽然比竞争国家按比较便宜的价格来售卖商品,但仍然是在它们的价值以上售卖。只要比较发达的国家的劳动会在这里当作比重较高的劳动来增殖价值,利润率就会提高;因为,不当作高级劳动来支付报酬的劳动,在这里,将会当作高级劳动来出卖。同样的情况,对商品输往并有商品从那里取得的国家来说,也可能发生。这种国家尽管用实物来说,要超过所得到的物质化劳动,付出更多的物质化劳动,但是和本国自己生产的时候相比,他还是便宜地得到了商品。"①马克思后半段话实际上表明了,即使一个国家生产某两种商品所耗费的劳动都多于另一个国家,但是它仍然会从另一个国家进口一种商品而向另一个国家出口另一种商品。两个国家之间的贸易发生的原因是,如果这个国家不进口这种商品而自己生产这种商品,它将耗费更多的劳动。

笔者在第一章讨论国际分工的时候曾经指出,李嘉图以英国和葡萄牙进行毛呢和葡萄酒的贸易为例,系统地阐述了比较优势理论。在这里,笔者将从价值的层次表述李嘉图的比较优势理论,以揭示国际贸易的原因、流向和利益。

假定有 A 和 B 两个国家,分别生产 X 和 Y 两种商品。如表 5-5 所示,A 国生产 1 单位商品 X 需要耗费 40 单位社会必要劳动时间,生产 1 单位商品 Y 需要耗费 30 单位社会必要劳动时间。B 国生产 1 单位商品 X 需要耗费 50 单位社会必要劳动时间,生产 1 单位商品 Y 需要耗费 60 单位社会必要劳动时间。

表 5-5 商品的价值

国家	商品种类	社会必要劳动时间
A 国	商品 X	40
A 国	商品 Y	30
B 国	商品 X	50
B 国	商品 Y	60

再假定在 X 和 Y 这两种商品的国际价值的形成过程中,国别价值的权重分别是 50%,那么:

商品 X 的国际价值＝40×50%＋50×50%＝45 单位国际必要劳动时间

商品 Y 的国际价值＝30×50%＋60×50%＝45 单位国际必要劳动时间

---

① 马克思:《资本论》第 3 卷,人民出版社 1966 年版,第 258 页。

A 国生产商品 X 和 Y 分别耗费 40 和 30 单位社会必要劳动时间,B 国生产商品 X 和 Y 分别耗费 50 和 60 单位社会必要劳动时间,而商品 X 和 Y 的国际价值是 45 和 45 单位国际必要劳动时间,A 国生产这两种商品的国内价值都低于国际价值,B 国生产这两种商品的国内价值都高于国际价值。显然,A 国在商品 X 和 Y 的贸易中都具有绝对优势,B 国在商品 X 和 Y 的贸易中都处于绝对劣势。但是,这两个国家仍然有发生国际贸易的可能。正是在这个意义上,萨缪尔森把比较优势学说称为"经济学中最深刻的真理之一"[①]。

　　在 A 国,由于生产 1 单位商品 X 和 Y 分别耗费 40 和 30 单位社会必要劳动时间,商品 X 和 Y 的交换比率是 3 单位商品 X=4 单位商品 Y。这意味着 A 国增加 1 单位商品 X 的生产需要放弃 4/3 单位商品 Y 的生产,增加 1 单位商品 Y 的生产需要放弃 3/4 单位商品 X 的生产。在 B 国,由于生产 1 单位商品 X 和 Y 分别耗费 50 和 60 单位社会必要劳动时间,商品 X 和 Y 的交换比率是 6 单位商品 X=5 单位商品 Y。这意味着 B 国增加 1 单位商品 X 的生产需要放弃 5/6 单位商品 Y 的生产,增加 1 单位商品 Y 的生产需要放弃 6/5 单位商品 X 的生产。

　　如果把增加 1 单位某种商品的生产而不得不放弃的别的商品的产量称为相对价值,那么 A 国生产商品 Y 的相对价值(=3/4)低于 B 国生产商品 Y 的相对价值(=6/5),B 国生产商品 X 的相对价值(=5/6)低于 A 国生产商品 X 的相对价值(=4/3)。如果将相对价值较低的商品称为具有比较优势的商品,那么 A 国在商品 Y 的贸易中具有比较优势,B 国在商品 X 的贸易中具有比较优势。

　　在国际商品市场上,由于商品 X 和商品 Y 的国际价值分别是 45 和 45 单位国际必要劳动时间,商品 X 与商品 Y 的交换比例=1 单位商品 X:1 单位商品 Y。这样,如果 A 国专门生产它具有比较优势的商品 Y,然后与 B 国交换商品 X,那么它在国内耗费 30 单位社会必要劳动时间生产的 1 单位商品 Y,就可以交换到 1 单位商品 X。但在 A 国内,生产 1 单位商品 X 需要耗费 40 单位社会必要劳动时间。同样,如果 B 国专门生产它具有比较优势的商品 X,然后与 A 国交换商品 Y,那么它在国内耗费 50 单位社会必要劳动时间生产的 1 单位商品

---

　　① 萨缪尔森:《经济学》,萧琛等译,华夏出版社 1999 年版,第 561 页。

X,就可以交换到 1 单位商品 Y。但在 B 国内,要生产 1 单位商品 Y 需要耗费 60 单位社会必要劳动时间。国际贸易给双方都带来利益。

假设在没有发生国际贸易的条件下,A 国分别生产和消费 1 单位商品 X 和 Y,B 国也分别生产和消费 1 单位商品 X 和 Y。在发生国际贸易的条件下,如果 A 国专门生产它具有比较优势的商品 Y,可以生产 2.33 单位商品 Y(=4/3+1);如果 B 国专门生产它具有比较优势的商品 X,也可以生产 2.20 单位商品 X(=1+6/5)。如果 A 国按照国际商品市场上 1 单位商品 X∶1 单位商品 Y 的比率,用 1 单位商品 Y 与 B 国交换 1 单位商品 X,那么发生国际贸易以后,A 国可以消费 1 单位商品 X 和 1.33 单位商品 Y(=2.33−1.00),B 国则可以消费 1.20 单位商品 X(=2.20−1.00)和单位 1 商品 Y。在耗费的社会资源没有变化的情况下,世界的产量分别增加了 0.20 单位商品 X 和 0.33 单位商品 Y,A、B 两国分别可以多消费 0.20 单位商品 X 和 0.33 单位商品 Y。表 5−6 概括了国际贸易发生前后的情况。

表 5−6　国际贸易的利益

国家	贸易前产量和消费量		贸易后产量		贸易后消费量	
	商品 X	商品 Y	商品 X	商品 Y	商品 X	商品 Y
A 国	1	1	0.00	2.33	1.00	1.33
B 国	1	1	2.20	0.00	1.20	1.00
总和	2	2	2.20	2.33	2.20	2.33

根据基于商品价值的比较优势分析,国际贸易的原因是一个国家某种商品的价值相对地低于另一个国家,因而它在这种商品的生产上具有比较优势;国际贸易的流向是各个国家出口本国有比较优势的商品,进口本国处于比较劣势的商品;国际贸易的利益是各国实行专业化生产,即专门生产本国有比较优势的商品的条件下,从各国可以生产和消费更多的商品。

从基于商品价值的比较优势分析可以看到,在国际贸易中,商品的交换是等价的,都按照商品的国际价值进行。但是,对于一个特定的国家来说,由于有的商品耗费的劳动量较多,有的商品耗费的劳动量较少,如果它专门生产具有比较优势的商品,以交换处于比较劣势的商品,可以在商品的生产和消费数量不变的前提下节约劳动量,或者在耗费的劳动量不变的前提下生产和消费更多的商品。

价值层次的比较优势分析揭示了商品的相对价值是形成国际贸易中比较优势的根本原因。由于商品价值是由耗费的不变资本的价值、可变资本的价值和剩余价值构成,这三部分价值的大小决定是否存在比较优势,这三部分价值的变化将会导致比较优势的变化。但是,由于商品的市场价格将偏离价值,除了商品价值这个基本因素以外,影响商品市场价格的别的因素也会对国际贸易产生影响。

二、生产价格层次的比较优势分析

伊曼纽尔曾经从生产价格的角度分析过国际贸易的原因。他沿用了李嘉图的例子,即葡萄牙和英国都生产酒和布。为简单起见,他假定总资本中的不变资本没有发生损耗,两个国家的工资率相同,剩余价值率是100%。这样,根据马克思关于价值的构成的分析和价值转化为生产价格的分析,便得到了表5-7所表示的葡萄牙与英国的酒和布的生产价格。

表5-7 在工资率相等的条件下葡萄牙和英国的生产价格

国　家	商品	k 总资本	v 可变资本	m 剩余价值	V 价值	T 平均利润率(%)	p 利润	L 生产价格
葡萄牙	酒	100	63	63	126	17	17	80
	布	400	22	22	44	17	68	90
	总和	500	85	85	170	17	85	170
英　国	酒	100	98	98	196	22	22	120
	布	400	12	12	24	22	88	110
	总和	500	110	110	220	22	110	220

由于80/90<120/110,葡萄牙生产酒的比较成本低于英国,它应该专门生产酒。另外,由于110/120<90/80,英国生产布的比较成本低于葡萄牙,它应该专门生产布。如果在专业化生产以前葡萄牙和英国的生产情况如表5-8所表

示的那样，那么在进行专业化生产并出口本国比较成本低的商品以后，可以得到表 5-9 的结果。

表 5-8 在工资率相等的条件下专业化生产前的情况

	酒	布	总和
葡萄牙：劳动(小时)	126	44	170
英　国：劳动(小时)	196	24	220

表 5-9 在工资率相等的条件下专业化生产后的情况

	酒	布	总和
葡萄牙：劳动(小时)	126×2		252
英　国：劳动(小时)		24×2	48

比较表 5-8 和表 5-9 可以看到，在其他条件不变的情况下可以节省 90 小时的劳动(=[252+48]-[170+220])，双方都可以得到贸易的好处。

伊曼纽尔除了说明国际贸易可以带来劳动的节约以外，他更有兴趣研究工资率的变化对国际贸易的影响。假定葡萄牙的工资率提高了 1/3，其他条件保持不变，葡萄牙和英国的酒和布的生产价格的形成情况发生了变化。从表 5-10 可以看到，葡萄牙工资率的上升造成它的剩余价值率的下降。由于 74.67/95.33<100/120，葡萄牙生产布的比较成本较低，它将专门生产布。另外，由于 120/110<95.33/74.67，英国生产酒的比较成本较低，英国将专门生产酒。

表 5-10 在工资率不等的条件下葡萄牙和英国的生产价格

国　家	商品	k 总资本	v 可变资本	m 剩余价值	V 价值	T 平均利润率(%)	p 利润	L 生产价格
葡萄牙	酒	100	84.00	42	126	11.33	11.33	95.33
	布	400	29.33	14.66	44	11.33	45.33	74.67
	总和	500	113.33	85	170	11.33	56.66	170
英　国	酒	100	98	98	196	22	22	120
	布	400	12	12	24	22	88	110
	总和	500	110	110	220	22	110	220

第一卷　商品资本的跨国流动

在葡萄牙和英国实行专业化生产以后,酒和布的生产情况如表 5-11 所示。与实现专业化生产的情况相比,葡萄牙和英国多付出了 90 小时的劳动(=[88+392]-[170+220])。伊曼纽尔由此得到这样的结论:在两个国家资本有机构成不同并且按照比较成本的原则进行国际分工的条件下,工资率的差异有可能造成国际贸易不是给世界带来利益而是造成损失。[①]

表 5-11　在工资率不等的条件下专业化生产后的情况

	酒	布	总和
葡萄牙:劳动(小时)		44×2	88
英　国:劳动(小时)	196×2		392

笔者认为,伊曼纽尔试图从生产价格的角度来分析国际贸易的原因,这种探索精神是可嘉的。但是,伊曼纽尔的分析存在一些错误和缺陷。首先,他利用表 5-9 分析专业化生产后的情况时,简单地将葡萄牙生产酒以及将英国生产布的劳动时间乘 2 是不对的。在伊曼纽尔的例子里,在专业化生产以前,葡萄牙生产酒和布的时间是 170 小时,英国生产酒和布的时间是 220 小时。由于劳动是同质的,在专业化生产以后葡萄牙应该用原来投入到酒和布的生产中的全部 170 小时用于生产酒而不是像伊曼纽尔所说的 252 小时,英国应该用原来投入到酒和布生产中的全部 220 小时生产布而不是像伊曼纽尔所说的 48 小时。表 5-11 也存在同样的问题。其次,在伊曼纽尔的例子中没有酒和布的产量的数字。这样,葡萄牙和英国花费了一定的劳动量究竟生产了多少酒或布呢? 没有这样的分析将不能说明国际贸易的原因、流向和利益。

笔者将对伊曼纽尔的例子进行修改和补充,以从生产价格的角度来分析国际贸易的发生。

首先来分析工资率相等的情形。假定葡萄牙和英国用不同的劳动量生产的酒和布的数量是一样的,分别为 100 单位酒和 10 单位布。因此,葡萄牙每单位

① F. Emmanuel,*Unequal Exchange*:*A Study of the Imperialism of Trade*,Monthly Review Press,1972,pp. 245-248.

第五章　国际贸易的原因、流向和利益

酒的生产价格是0.8,每单位酒的生产价格是9,英国每单位酒的生产价格是1.2,每单位布的生产价格是11。由于0.8/9<1.2/11,葡萄牙生产酒的比较生产价格低于英国,它应该专门生产酒。另外,由于11/1.2<9/0.8,英国生产布的比较生产价格低于葡萄牙,它应该专门生产布。在实行专业化生产以后,葡萄牙用170小时专门生产酒可以生产202单位酒(=170÷84×100),英国用220小时生产布可以生产180单位布(=220÷12×10)。从世界来看,在实行专业化生产以后,酒的产量增加了2个单位,布的产量增加了160个单位。

由于酒的生产价格与布的生产价格之比必须符合下述不等式,国际贸易才可能发生:0.80/9<酒的生产价格/布的生产价格<1.2/11,可以假定在国际商品市场上酒与布的交换比率是10:1,即生产价格的比率是1:10。这样,葡萄牙可以在202单位酒的产量中留下101单位酒用于本国的消费,用101单位酒与英国交换10.1单位布;英国用10.1单位布与葡萄牙交换101单位酒,它在所生产的180单位布中还可以留下159.9单位布用于本国消费。这样葡萄牙可以多消费1单位酒和0.1单位布,英国可以多1单位酒和149.9单位布,双方都得到国际贸易的利益。在实行专业化生产以后,所以酒的产量没有增加多少而布的产量却增加很多,是因为在伊曼纽尔的例子里投入到酒的生产中的劳动很多而投入到布的生产中的劳动太少。

其次来分析工资率不等的情形。在葡萄牙的工资率提高了1/3以后,在伊曼纽尔的例子里,葡萄牙投入生产酒和布生产中的可变资本增加了1/3,但投入的劳动量没有变,产量没有变。这样,葡萄牙每单位酒的生产价格是0.9533,每单位酒的生产价格是7.4670,英国每单位酒的生产价格是1.2,每单位布的生产价格是11。由于7.4670/0.9533<11/1.2,葡萄牙生产布的相对生产价格较低,它将专门生产布。另外,由于1.2/11<0.9533/7.467,英国生产酒的相对生产价格较低,英国将专门生产酒。在实现专业化生产以后,葡萄牙170小时专门生产布可以生产58单位布(=170÷29.33×10),英国用220小时生产酒可以生产112单位酒(220÷196×100)。由于在伊曼纽尔的例子中假定在酒的生产上需要投入较多的劳动,从世界来看,在实行专业化生产以后,酒的产量减少了88单位,但布的产量增加了38单位,难以在实物上进行比较。

由于布与酒的生产价格之比必须符合下述不等式,国际贸易才会发生:7.4670/0.9533<布的生产价格/酒的生产价格<11/1.2,可以假定在国际商品市场上布与酒的交换比率是1∶8.5,即生产价格的比率是8.5∶1。因此,从葡萄牙和酒作为一个整体来看,多生产的38单位布用生产价格来度量相当于323单位酒(=38×8.5),足以弥补少生产的88单位酒。这就是说,生产专业化和国际贸易仍然给双方带来利益。

由此可见,李嘉图比较优势学说在逻辑上是正确的。不论如何列举例子,只要一个国家生产某种商品的相对生产价格低于另一个国家,如果这个国家专门生产这种商品,另一个国家专门生产另一种商品,然后按照介于这两个国家这两种商品的生产价格比率之间的比率进行交换,双方都可以得到利益。

应该说明,正如本书第三章所指出的,资本和劳动力在各国之间不可能充分自由地流动,利润率平均化是一种趋势,国际生产价格的形成是不完全。但是,从理论上分析,如果资本和劳动力在各国内部和各国之间可以充分自由地流动,国内和国际利润率平均化可以完全实现,那么比较优势这个国际贸易的原因将会消失。

这个问题可以借用本书第三章用于分析国际生产价格形成的表3-11和表3-12可以解释。如表5-12和表5-13所示,在各国国内资本转移的影响下,发达国家和发展中国家内部的两个生产部门利润率平均化,形成了两种商品国内生产价格。接着,在国际资本和劳动力完全流动的条件下,形成了两种商品的国际生产价格。从这个例子可以看到,发达国家在这两种商品的生产上都具有绝对优势。但是,如果假设这两个生产部门生产一定的产量,如两个国家的生产部门Ⅰ各生产120单位商品,生产部门Ⅱ各生产100单位商品,那么将会出现发达国家在生产部门Ⅱ具有比较优势而发展中国家在生产部门Ⅰ具有比较优势的情况。然而,由于这两个国家两个生产部门的生产价格都相同,发达国家专门制造生产部门Ⅱ的商品可以制造200个单位,发展中国家专门制造生产部门Ⅰ的商品可以制造240个单位,世界的总产量没有增加。在这样的情况下,只有假定发生了规模收益递增,才有可能产生国际贸易。

第五章　国际贸易的原因、流向和利益

表 5 - 12　相同国家不同生产部门生产价格的形成

发达国家	资本有机构成	平均利润率(%)	生产价格
生产部门 I	70c+30v	20	120
生产部门 II	90c+10v	20	120
发展中国家	资本有机构成	平均利润率(%)	生产价格
生产部门 I	60c+40v	30	130
生产部门 II	80c+20v	30	130

表 5 - 13　不同国家不同生产部门国际生产价格的形成

发达与发展中国家	资本有机构成	平均利润率(%)	国际生产价格
生产部门 I	65c+35v	25	125
生产部门 II	85c+15v	25	125

三、市场价格层次的比较优势分析

价值层次和生产价格层次的比较优势分析说明,对于两个国家来说,如果它们在不同的商品生产上所形成的价值或生产价格相对地低于对方国家,国际贸易将会发生。但是,在现实的经济生活中,对于两个国家来说,如果它们不同的商品的市场价格相对地低于对方国家,国际贸易同样会发生。

仍然借助于前面关于绝对优势分析的例子,假定有 A 和 B 两个国家,分别生产 X 和 Y 两种商品。如表 5 - 14 所示,在 A 国,商品 X 的市场价格是 40 单位货币,商品 Y 的市场价格是 30 单位货币。在 B 国,商品 X 的市场价格是 50 单位货币,商品 Y 的市场价格是 60 单位货币。这样,A 国的商品 X 和商品 Y 的市场价格都低于 B 国,A 国的商品 X 和商品 Y 具有绝对优势。

表 5 - 14　商品的市场价格

国家	商品种类	市场价格
A 国	商品 X	40
A 国	商品 Y	30
B 国	商品 X	50
B 国	商品 Y	60

但是，A 国增加 1 单位商品 X 的生产需要放弃 4/3 单位商品 Y 的生产，即生产商品 X 的相对成本是 4/3；增加 1 单位商品 Y 的生产需要放弃 3/4 单位商品 X 的生产，即生产商品 Y 的相对成本是 3/4。在 B 国，增加 1 单位商品 X 的生产需要放弃 5/6 单位商品 Y 的生产，即生产商品 X 的相对成本是 5/6；增加 1 单位商品 Y 的生产需要放弃 6/5 单位商品 X 的生产，即生产商品 Y 的相对价值是 6/5。这样，A 国生产商品 Y 的相对成本（＝3/4）低于 B 国生产商品 Y 的相对成本（＝6/5），B 国生产商品 X 的相对成本（＝5/6）低于 A 国生产商品 X 的相对成本（＝4/3）。A 国在商品 Y 的贸易中具有比较优势，B 国在商品 X 的贸易中具有比较优势。

在 A 国国内，1 单位商品 Y 可以交换 3/4 单位商品 X。在 B 国国内，1 单位商品 X 可以交换 5/6 单位商品 Y。在发生国际贸易的条件下，A 国用 1 单位商品 Y 所能交换商品 X 必须多于 3/4 单位，否则它与 B 国的贸易没有意义。同样，B 国用 1 单位商品 X 所能交换商品 Y 必须多于 5/6 单位，否则它与 A 国的贸易也没有意义。这样，如果不考虑关税和运输等费用，在国际商品市场上，商品 X 与商品 Y 的交换比率 X/Y 将在下面的范围内：

$3/4 \leqslant X/Y \leqslant 6/5$

如果 X/Y≤3/4，A 国不会参与国际贸易。如果 X/Y≥6/5，B 国不会参与国际贸易。究竟商品 X 与商品 Y 的交换比率是什么数值，取决于国际商品市场供给与需求的状况。在商品 X 供给不变的情况下，商品 X 的需求越大，X/Y 越接近于 3/4；商品 X 的需求越小，X/Y 越接近于 6/5。在商品 X 需求不变的情况下，商品 X 的供给越大，X/Y 越接近于 6/5；商品 X 的供给越小，X/Y 越接近于 3/4。在商品 X 的供给和需求同时变化的情况下，X/Y 取决于商品 X 的供给和需求变化的幅度。对于商品 Y 来说，情况也是如此。

假定在商品 X 与商品 Y 的交换比率的范围内取 1，那么国际贸易将会发生。A 国在国内用 1 单位商品 Y 只能交换到 3/4 单位商品 X，但在国外可以交换到 1 单位商品 X。B 国在国内用 1 单位商品 X 只能交换 5/6 单位商品 Y，但在国外可以交换到 1 单位商品 Y。A 国将出口商品 Y 进口商品 X，B 国将出口商品 X 进口商品 Y。

第五章 国际贸易的原因、流向和利益

假设在没有发生国际贸易的条件下,A国分别生产和消费1单位商品X和Y,B国也分别生产和消费1单位商品X和Y。在发生国际贸易的条件下,如果商品的市场价格完全反映生产成本,A国专门生产它具有比较优势的商品Y,可以生产2.33单位商品Y;B国专门生产它具有比较优势的商品X,也可以生产2.20单位商品X。假如A国用1单位商品Y与B国交换1单位商品X,那么发生国际贸易以后与发生国际贸易以前相比,A国可以消费1单位商品X和1.33商品Y,B国则可以消费1.20单位商品X和1商品Y。在耗费的社会资源没有变化的情况下,世界的产量分别增加了0.20单位商品X和0.33单位商品Y,A、B两国分别可以多消费0.20商品X和0.33商品Y。表5-15概括了国际贸易发生前后的情况。如果商品的市场价格不完全反映生产成本,则不能得出具体的数值,但国际贸易同样也能给双方带来利益。

表5-15　国际贸易的利益

国家	贸易前产量和消费量		贸易后产量		贸易后消费量	
	商品 X	商品 Y	商品 X	商品 Y	商品 X	商品 Y
A 国	1	1	0.00	2.33	1.00	1.33
B 国	1	1	2.20	0.00	1.20	1.00
总和	2	2	2.20	2.33	2.20	2.33

根据市场价格层次的比较优势分析,国际贸易的原因是一个国家某种商品的市场价格相对地低于另一个国家,因而它的这种商品具有比较优势;国际贸易的流向是各个国家出口本国有比较优势的商品,进口本国处于比较劣势的商品;国际贸易的利益是各国实行专业化生产,即专门生产本国有比较优势的商品的条件下,从各国可以生产和消费更多的商品。

从市场价格层次的比较优势分析可以看到,在国际贸易中,商品的交换仍然是等价的,按照商品的国际市场价格进行。但是,对于一个特定的国家来说,由于有的商品的市场价格较高,有的商品的市场价格较低,如果它专门生产市场价格较低即具有比较优势的商品,以交换处于比较劣势的商品,可以在商品的生产和消费数量不变的前提下节约社会资源,或者在耗费的社会资源不变的前提下生产和消费更多的商品。

上面关于比较优势的分析,实际上是在一定的假设条件下进行的。放宽这些假定,可以发现影响比较优势或者贸易利益的某些因素。

第一个假设条件是不存在规模节约。在上面例子的分析中,当 A、B 两国实行专业化生产时,只是根据它们生产比较劣势的产品的成本得到它们可以多生产比较优势的产品的数量。但是,在现实的生产过程中,当增加更多的生产要素来生产某种产品时,由于规模的扩大,将出现规模报酬递增的现象。增加 1 倍的生产要素投入量可以增加 1 倍以上的产量。如果考虑到规模节约的因素,那么 A 国不仅生产 2.33 单位的商品 Y ,B 国不仅生产 2.20 单位商品 X,国际贸易的利益将会增加。海普曼(E. Helpman)较早提出和分析了这个问题。[①]

第二个假设条件是不存在贸易成本。在上面例子的分析中,主要根据 X、Y 两种商品在 A、B 两个国家内的交换比率确定这两种商品在这两个国家之间的交换比率,然后根据这个交换比率分析贸易利益。但是,在现实的国际贸易中,将会发生贸易成本,如运输费用、保险费用、利息、关税等。如果考虑到贸易成本的因素,A 国用 1 单位商品 Y 不一定交换到 B 国 1 单位商品 X,贸易的规模将缩小,贸易的利益也将减少。

第三个假设条件是不存在垄断。在上面例子的分析中,商品的市场价格能够反映生产成本,根据相对成本就可以判断是否存在比较优势。但是,在垄断的条件下,由于垄断利润的存在,商品的市场价格高于生产成本。本来某个国家某种产品的生产成本具有比较优势,但垄断的存在可能使它失去比较优势。这样,需要从商品的相对市场价格来分析商品的比较优势。

第四个假设条件是生产成本与社会成本相一致。在上面例子的分析中,商品的生产成本就是它的全部成本,除此之外没有再付出别的代价。但是,在现实的经济中,部分产品的生产会带来环境污染,如空气污染、水质污染等等,商品的生

---

① E. Helpman, "Increasing Returns, Imperfect Markets, and Trade Theory", in R. W. Jones and P. B. Kenen(eds.), *Handbook of International Economics*, North-Holland, 1984, pp. 325-365.

产成本低于社会的成本。这样,按照商品的生产成本所形成的市场价格进行贸易,并不能真实地反映比较优势的状况。例如,会给社会带来污染的产品从生产成本的角度看可能具有比较优势,但从实际付出的代价的角度看可能是比较劣势。

上面的分析表明,在两个国家进行两种商品的贸易的条件下,如果在这两个国家中这两种商品的价格出现差异,就会产生比较优势的问题。但是,从市场价格层次上分析,为什么这两种商品的市场价格出现差异呢? 具有代表性的解释是里昂惕夫(W. W. leontief)和萨缪尔森利用生产可能性曲线和消费无差异曲线所进行分析。①

生产可能性曲线是指在投入的社会资源为一定的条件下所能生产的这两种商品的不同的组合。生产可能性曲线上任何一点的切线的斜率等于这两种商品的边际转换率。社会无差异曲线表示消费这两种商品不同的组合所得到的效用是一样的。社会无差异曲线的任何一点的切线的斜率等于这两种商品的边际替代率。当生产可能性曲线和社会无差异曲线相切时,边际转换率等于边际替代率,决定了最优的生产量和消费量,从而决定了这两种商品均衡的相对价格。如果由此决定的两种商品在两个国家均衡的相对价格出现差异,便产生了不同的国家在不同的商品生产上的比较优势。由于边际转换率体现了机会成本,边际替代率体现了消费偏好,里昂惕夫和萨缪尔森实际上是用成本和偏好从供给和需求的角度解释贸易商品市场价格差异的出现和比较优势的产生。

根据生产可能性曲线和社会无差异曲线的分析还可以得到两个推论:第一,在两个国家进行两种商品贸易的条件下,当其中一个国家在某种商品的贸易中具有比较优势而增加这种商品的生产时,边际转换率趋向于递增。因此,该国将会把这种商品的生产增加到边际转换率等于这两种商品贸易比率的水平,而不可能实现完全的专业化生产。第二,即使两个国家的供给条件相同,即生产可能性曲线相同,但是,只要需求情况不同,如消费偏好不同,社会无差异曲线的形状

---

① W. W. Leontief, "The Use of Indifference Curves in International Trade", *Quarterly Journal of Economics*, May 1933, pp. 493-503; P. A. Samuelson, Social Indifference Curves, *Quarterly Journal of Economics*, February 1956, pp. 1-22.

将不同,因而在这两个国家里这两种商品的价格不同,这两个国家仍然有可能发生这两种商品的贸易。

在上面关于商品的国际市场价格的分析中,根据贸易商品在贸易双方国家的国内市场价格确定了国际市场价格的范围。但是,贸易商品的国际价格将确定在该范围内的什么水平上呢? 经济学者们对这个问题已经进行了比较充分的讨论,提出了供求分析方法和提供曲线分析方法。

供求分析方法是经济学者们将马歇尔关于商品价格的局部均衡分析方法[1]运用到国际贸易研究领域而形成的。该分析过程如下:假定有 A、B 两个国家,商品 X 在 A 国的需求和供给曲线如图 5-1(A)所示,在 B 国的需求和供给曲线如图 5-1(C)所示,图 5-1(B)用于解释商品 X 国际市场价格的形成。从图中可以看到,商品 X 在 A 国的市场价格 p_1 低于 B 国的市场价格 p_3,A 国在商品 X 的贸易中具有比较优势,因而 A 国向 B 国出口商品 X。商品 X 的国际市场价格将介于 p_1、p_3 之间。在图 5-1(B)中,随着商品 X 的市场价格从 Op_3 下降到 Op_1,A 国供给量大于需求量的差额构成了国际市场上商品 X 的供给曲线,B 国需求量大于供给量差额构成了国际市场上商品 X 的需求曲线。供给曲线和需求曲线的交点,形成了商品 X 的国际市场价格 Op_2。

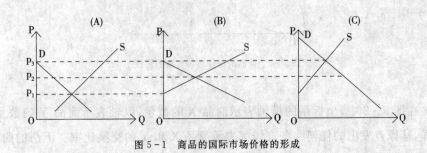

图 5-1　商品的国际市场价格的形成

提供曲线分析方法是马歇尔首创的。[2] 哈伯勒(G. Haberler)和维纳

---

[1]　马歇尔:《经济学原理》(下卷),陈良璧译,商务印书馆 1965 年版,第 24—67 页。

[2]　A. Marshall, *The Pure Theory of Foreign Trade*, Privately Printed, 1879, Reprinted in 1930, London: London School of Economics.

(J. Viner)在这种方法的运用中也作出了贡献。[①] 提供曲线(offer curves)也称为相互需求曲线(reciprocal demand curves),它可以从生产可能性曲线和社会无差异曲线导出。

在两个国家进行两种商品的贸易的条件下,如果这两种商品在国际市场上的交换比例为一定,参与贸易的一方国家将按照该国生产可能性曲线的边际转换率等于该交换比率的原则决定这两种商品的最优产量,然后再按照边际转换率等于社会无差异曲线的边际替代率的原则决定这两种商品的最优消费量。该国最优产量与最优消费量的差额,构成该国对这两种商品的出口量或进口量。根据在国际市场上这两种商品的交换比率和这个国家对这两种商品相应的出口量或进口量的关系,可以作出该国的提供曲线。

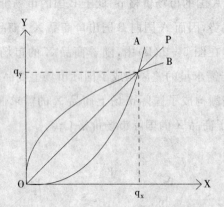

图 5-2　商品的国际市场价格的形成

在图 5-2 中,坐标系的横轴表示商品 X 的数量,纵轴表示商品 Y 的数量。这样,从原点发出的任何一条直线都表示商品 X 和 Y 的交换比率。下凸的曲线 A 是 A 国的提供曲线,它从 A 国的生产可能性曲线和社会无差异曲线导出。它表示按照商品 X 和 Y 不同的交换比率 A 国愿意出口商品 X 和进口商品 Y 的数

① G. Haberler, *The Theory of Intenational Trade*, London: W. Hodge and Co., 1936; J. Viner, *Studies in the Theory of International Trade*, New York: Harper and Brothers, 1937.

第一卷　商品资本的跨国流动

量。上凸的曲线 B 是 B 国的提供曲线,它从 B 国的生产可能性曲线和社会无差异曲线导出。它表示按照商品 X 和 Y 不同的交换比率 B 国愿意出口商品 Y 和进口商品 X 的数量。在两条提供曲线相交的时候,A 国愿意出口商品 X 的数量等于 B 国愿意进口商品 X 的数量,B 国愿意出口商品 Y 的数量等于 A 国愿意进口商品 Y 的数量,从而形成了均衡的国际市场价格,即直线 P 的斜率所表示的商品 X 和 Y 的交换比率。

这些分析对于在市场价格层次上探讨比较优势形成都有一定的理论意义。

四、比较优势形成的原因

从价值层次分析,笔者认为,比较优势形成的原因是各国社会资源的特点和资本有机构成。社会资源包括劳动资源、资本资源和自然资源。各国社会资源的特点是不同的,有的国家这种社会资源比较充裕,有的国家那种社会资源比较充裕。另外,在一个国家里面,资本有机构成是不同的。有的产业的资本有机构成较高,有的产业的资本有机构成较低。资本有机构成涉及资本的技术构成和价值构成,生产资料与劳动力的比例称为资本的技术构成,不变资本与可变资本的比例成为资本的价值构成,由资本的技术构成决定并且反映它的变化的资本价值构成称为资本有机构成。资本的技术构成取决于生产技术水平,因而资本有机构成也取决于生产技术水平。

从整个国家来看,由于经济发展水平和生产技术水平不同,资本有机构成不同。从一个产业来看,由于各国社会资源特点不同,各国之间资本的技术构成和价值构成的关系也不同。在资本的价值构成相同的条件下,生产资料价值较低的国家的资本技术构成要高于生产资料价值较高的国家,劳动力价值较低的国家的资本技术构成要低于劳动力价值较高的国家。在资本的技术构成相同的条件下,生产资料价值较低的国家的资本技术构成要低于生产资料价值较高的国家,劳动力价值较低的国家的资本技术构成要高于劳动力价值较高的国家。由于反映一个产业生产技术水平的是资本的技术构成,下面从资本的技术构成的角度分析比较优势形成的原因。

第五章 国际贸易的原因、流向和利益

143

假定有 A 和 B 两个国家,分别生产 X 和 Y 两种商品。A 国的经济发展水平高于 B 国,它的单位生产资料的价值低于 B 国,单位劳动力价值高于 B 国。设 A 国和 B 国生产商品 X 和 Y 的资本技术构成相同,而且两个国家劳动生产率相同。这两个国家的生产情况如图 5-16 所示。

表 5-16　资本技术构成相同条件下商品 X 和 Y 的生产情况

国家	商品种类	生产资料数量	劳动力数量	商品产量
A 国	商品 X	8	2	30
A 国	商品 Y	6	4	20
B 国	商品 X	8	2	30
B 国	商品 Y	6	4	20

假定 A 国单位生产资料的价值是 10,单位劳动力的价值是 10;B 国单位生产资料的价值是 20,单位劳动力的价值是 5,剩余价值为 100%,从表 5-16 可以得到表 5-17 所表示 A 国和 B 国生产商品 X 和 Y 的资本价值构成情况。

表 5-17　资本技术构成相同条件下商品 X 和 Y 的价值

国家	商品种类	不变资本	可变资本	剩余价值	商品总价值	单位商品价值
A 国	商品 X	80	20	20	120	4.0
A 国	商品 Y	60	40	40	140	7.0
B 国	商品 X	160	10	10	180	6.0
B 国	商品 Y	120	20	20	160	8.0

从表 5-17 可以看到,A 国在 X 和 Y 两种商品贸易中都有绝对优势,但是 A 国生产商品 X 的相对价值是 4/7 单位商品 Y,生产商品 Y 的相对价值是 7/4 单位商品 X。B 国生产商品 X 的相对价值是 6/8 单位商品 Y,生产商品 Y 的相对价值是 8/6 单位商品 X。A 国只在商品 X 的贸易中具有比较优势,B 国的商品 Y 的贸易中具有比较优势。

上面的分析是在相同的商品具有相同的资本技术构成的条件下进行的。如果资本技术构成发生了变化,将对比较优势产生什么影响呢? 在上面的例子里,

B国生产商品X的相对价值是6/8单位商品Y。如果该商品相对价值下降,意味着比较劣势在减小。现假定其他条件不变,但B国生产商品X的资本技术构成发生下降。如果B国生产商品X资本的技术构成是7:3,那么资本的价值构成是$140c+15v+15m=170$。要保持单位商品X的价值是6,商品X的产量必须达到28.33。如果商品X的产量高于28.33,单位商品X的价值下降,B国比较劣势在减小;如果商品X的产量低于28.33,单位商品X的价值上升,B国比较劣势在增加。在这里,28.33就成为了临界点。该临界点取决于劳动力与生产资料的边际替代率,即在保持产量不变的条件下,增加或减少1单位劳动力需要减少或增加生产资料的数量。例如,如果劳动力与生产资料的替代率等于1,B国生产商品X资本的技术构成变为7:3以后产量不变,B国比较劣势减小了。

当然,在现实的商品生产中,劳动力和生产资料的相互替代是不完全的。在部分商品的生产中,劳动力难以替代主要的生产资料,但生产资料则可以在较高的程度上替代劳动力。例如,在炼钢的过程中,如果减少炼钢炉的数量,那么不论增加多少劳动力,也不可能保持钢产量不变。但是,如果在炼钢的过程中自动化程度较高,那么生产资料在一定程度上替代劳动力;如果在炼钢的过程中自动化程度较低,那么劳动力在一定程度上替代生产资料。在部分商品的生产中,劳动力和生产资料可以在一定程度内相互替代。例如,在纺织的过程中,在增加生产资料的同时减少劳动力,或在减少生产资料的同时增加劳动力,可以保持产量不变。

由于资本的技术构成反映生产技术水平,资本技术构成的下降将导致产量的下降。如果资本技术构成的下降导致产量轻微下降而没有达到临界点,将带来比较劣势的轻微减小;如果资本技术构成的下降导致产量下降并超过了临界点,将带来比较劣势的增加。这样,不但各个国家单位生产资料的价值和劳动力的价值对比较优势具有重要的影响,而且资本的技术构成也对比较优势存在重要的影响。

另外,上面的分析是在不同的国家的劳动生产率相同,不同的国家的劳动力素质相同的条件下进行的,因而还需要分析劳动生产率的差异对比较优势的影响。一般而言,经济发展水平越高,劳动力价值将越高,劳动力的质量也将越高。在上面的例子里,A国的经济发展水平高于B国,它的单位劳动力价值高于B

国,它的劳动力质量也高于 B 国。假如考虑到这个因素而让表 5-5 中 A 国生产商品 X 和 Y 的数量增加,那么商品 X 和 Y 的价值将下降。这样,将存在下面三种情况:第一,如果商品 X 和 Y 的价值的下降导致商品 X 的价值与商品 Y 的价值的比率下降,将导致 A 国在商品 X 贸易中的比较优势扩大。第二,如果商品 X 和 Y 的价值的下降导致商品 X 的价值与商品 Y 的价值的比率上升,将导致 A 国在商品 X 贸易中的比较优势的缩小。第三,如果商品 X 和 Y 的价值的下降导致商品 X 的价值与商品 Y 的价值的比率不变,A 国在商品 X 贸易中的比较优势没有变化。除了第三种情况以外,不同的国家劳动生产率的差异将对比较优势产生影响。

综合上面从价值层次进行的分析,可以得到下面的结论:第一,假定各国生产各种商品的资本的技术构成相似,由于各国社会资源的特点不同,各国每单位生产资料和劳动力的价值将不同,从而形成了各国在不同商品贸易中的比较优势。第二,对于两个国家来说,假定一个国家用资本密集型产品与另一个国家交换劳动密集型产品,在一般情况下,生产资本密集型商品的国家的资本的技术构成越高,生产劳动密集型商品的国家的资本的技术构成越低,这两个国家在它们出口商品贸易中的比较优势将越明显。第三,对于一个国家来说,假定它的劳动力的质量与另一个国家相比不同,从而它的劳动生产率与另一个国家相比不同,如果劳动生产率的差异导致具有比较优势的商品的相对价值下降,那么将加强该商品的比较优势;如果劳动生产率的差异导致具有比较优势的商品的相对价值上升,那么将削弱该商品的比较优势。

但是,如果从市场价格的层次来分析,则需要考虑国内市场的供给和需求对商品的市场价格,从而对商品的相对市场价格的影响。马克思曾经指出:"产业资本家不断把世界市场记在心中,比较并且必须不断比较他自己的成本价格和国内的市场价格及全世界的市场价格。"①"如果一个国家的工资和土地价格很低廉,但因资本主义生产方式在那里总的说来还是不大发展,资本的利息很高,另一个国家在工资和土地价格名义上很高,资本的利息却很低,资本家在一个国

①　马克思:《资本论》第 3 卷,人民出版社 1966 年版,第 377 页。

家就会使用更多的劳动和土地,在另一个国家就会相对地使用更多的资本。在这里,要计算两个国家之间的竞争可能在什么程度之内进行,这些因素就会当作决定的要素参加进来。"①从马克思的话可以看到,尽管马克思本人不是很明确,但是他已经把生产要素相对价格的差异所造成的商品相对生产成本的差异看作是国际贸易的原因。另外,马克思以他敏锐和深邃的感觉指出,生产要素相对价格的差异不仅是与后来的经济学者所说的生产要素的数量有关,而且与资本主义生产方式的发展程度有关。

明确从商品的相对价格分析比较优势形成原因的是赫克歇尔和奥林。前面曾经指出,赫克歇尔—奥林的生产要素禀赋学说可以解释绝对优势的形成。它同样也可以解释比较优势的形成。正如奥林在 1933 年出版的《地区间贸易和国际贸易》中所指出的,影响商品的需求的因素是消费者的欲望和生产要素所有权的情况,影响商品供给的因素是生产要素的供给和生产的物质条件。在不考虑商品需求的条件下,假定生产的物质条件相同,即生产商品所使用的生产要素的比例相同,那么比较优势是由各国生产要素的禀赋不同所造成的。如果某种生产要素在 A 国的供给比较充裕,只要不被该生产要素的需求所抵消,该生产要素的价格就比较低。相反,如果这种生产要素在 B 国的供给比较缺乏,只要不被该生产要素的需求所抵消,该生产要素的价格就比较高。假设生产某种商品需要较大比例的该生产要素,那么 A 国生产该商品的成本较低,B 国生产该商品的成本高,A 国将专门生产这种商品并向 B 国出口这种商品。②

奥林的分析表明,在生产商品所使用的生产要素比例相同的条件下,一般来说,如果某个国家有充裕的某种生产要素,而生产某种商品又需要较大比例的这种生产要素,尽管这个国家在这种商品的贸易中不一定具有绝对优势,但将会具有比较优势。

赫克歇尔—奥林的生产要素禀赋学说是建立在各国生产商品所使用的生产要素比例相同这个条件之上,但这个条件在现实的经济中只在部分商品的生产

---

① 马克思:《资本论》第 3 卷,人民出版社 1966 年版,第 1027 页。
② 奥林:《地区间贸易和国际贸易》,王继祖等译,商务印书馆 1986 年版,第 9—16 页。

中近似地存在。正如价值层次的分析所表明的,如果资本的技术条件不同,将会对比较优势产生影响。另外,赫克歇尔—奥林的生产要素禀赋学说强调了商品市场供给的因素而省略了需求的因素。显然,从市场价格层次上分析,即使某个国家有充裕的某种生产要素,而生产某种商品又需要较大比例的这种生产要素,但如果该国对这种商品有着特殊的偏好,该国在这种商品的贸易中不一定具有比较优势。

从赫克歇尔—奥林的生产要素禀赋学说还可以得到下述推论:

第一,既然各国生产要素的充裕程度造成产品相对价格的差异,产品相对价格的差异导致国际贸易,那么在国际贸易条件下,各国将增加比较优势的商品的生产和减少比较劣势的商品的生产,从而导致比较优势商品密集地使用的生产要素需求的增加和报酬的上升,同时导致比较劣势商品密集地使用的生产要素需求的减少和报酬的下降。赫克歇尔和奥林已经认识到这个问题,但比较完整地论述这个问题的经济学者是斯托尔珀(W. F. Stolper)和萨缪尔森。

斯托尔珀和萨缪尔森于在 1941 年 11 月的《经济研究评论》中发表了一篇题为"保护与实际工资"的论文,提出了国际贸易对收入分配影响的问题。斯托尔珀和萨缪尔森假定:(1)两个国家分别使用两种生产要素生产两种商品,这两种商品分别是这两种生产要素的密集型产品;(2)生产要素被充分利用并且可以在两个生产部门自由流动;(3)市场处于竞争的状态;(4)生产技术保持不变,规模报酬保持不变。在这些假定下,斯托尔珀和萨缪尔森证明,走向自由贸易将提高一个国家比较优势的商品的相对价格和降低比较劣势商品的相对价格,从而提高生产比较优势商品密集地使用的生产要素的报酬和降低生产比较劣势商品密集地使用的生产要素的报酬。[①] 这个结论被西方经济学界称为"斯托尔珀—萨缪尔森定理"。

第二,既然各国生产要素的充裕程度造成产品相对价格的差异,产品相对价格的差异导致国际贸易,那么在国际贸易条件下,各国将专门生产具有比较优势

---

① W. F. Stolper and P. Samuelson, "Protection and Real Wages", *Review of Economic Studies*, November 1941, pp. 58-73.

的商品,从而造成密集地使用的生产要素的需求增加,最终导致该生产要素价格的上升。例如,假定 A 国的物质资本充裕而 B 国的劳动力充裕,A 国生产物质资本密集型产品的相对价格低于 B 国,而 B 国生产劳动密集型产品的相对价格低于 A 国。这样,A 国向 B 国出口物质资本密集型产品而 B 国向 A 国出口劳动密集型产品。随着 A 国扩大资本密集型产品的生产,物质资本的市场价格将会上升。同样,随着 B 国扩大劳动密集型产品的生产,劳动力的市场价格将会上升。两国的生产要素的价格趋向一致。

赫克歇尔和奥林已经提及这个问题,但比较完整地论述这个问题是萨缪尔森。萨缪尔森保留了前面论证贸易对生产要素报酬影响的四个条件以外,还假定:(1)两个国家在自由贸易的条件下没有专门生产比较优势的商品;(2)政府对国际贸易没有限制并且不存在国际贸易壁垒;(3)不存在运输成本;(4)两个国家技术水平和生产函数相同;(5)不存在生产要素密集型的逆转。在这些假定条件下,这两个国家的生产要素价格趋向均等。[①] 这个结论被西方经济学界称为"生产要素价格均等化定理"。

不论是"斯托尔珀—萨缪尔森定理",还是"生产要素价格均等化定理",都涉及生产要素的价格的问题。应该指出,生产要素的价格趋向一致是在极为严格的假定条件下的一种纯理论的推论,它只能看作从国际贸易角度而言的一种无限长期的趋势。在现实的经济里,生产要素的收入取决于经济发展水平和社会经济制度等多种因素,国际贸易是其中相对而言不那么重要的因素。即使撇开社会经济制度,从一个国家对社会产品的支出这个角度看,总支出包括消费支出、投资支出、政府支出和净出口,一个国家的出口额在国内生产总值中只占一个比较小的比例。除了一些高度依赖国际贸易的规模很小的国家以外,国内经济发展对生产要素收入的影响要大于商品进出口的影响。即使再撇开国内经济而只分析国际贸易具有重要地位的经济,对生产要素收入的影响还存在着国际

---

① P. Samuelson,"International Trade and the Equalization of Factor Price",*Economic Journal*,58,1948;International Factor Price Equalization Once Again,*Economic Journal*,59,1949.

贸易格局和国际贸易制度的问题。例如,目前发达国家和发展中国家之间的贸易还带有战前的宗主国和殖民地贸易的痕迹。不论是贸易条件、汇率制度,还是市场的垄断等因素,都造成发达国家在国际贸易中得到大部分的贸易利益,发达国家和发展中国家生产要素价格趋向相等无从谈起。自从国际贸易产生以来,已经过了数百年,但是各国生产要素的市场价格仍存在巨大的差异。

上述分析表明,从市场价格层次分析所得到的关键性或本质上的结论,从价值层次的分析都可以得到。市场价格层次分析的意义,在于通过一些市场现象的研究,对价值层次分析的结论进行补充。我们并不排斥西方经济学者在市场价格层次上对比较优势形成原因所作的分析,但是价值层次上的分析有助于揭示比较优势形成的主要原因。

五、里昂惕夫之谜的解释

如果认为赫克歇尔—奥林的生产要素禀赋学说可以从市场价格角度在一定程度上解释比较优势形成的原因,那么就不能回避里昂惕夫之谜的问题。

第二次世界大战以后,美国成为世界上经济发展水平最高的国家,也是物质资本比较充裕的国家。1951 年,里昂惕夫发表了一篇题为"国内贸易和国际贸易:美国资本地位的再检验"的文章,对美国的出口商品与进口商品的资本—产量比率进行了检验,得到了表 5-18 的结果。如果美国是物质资本充裕和劳动力缺乏的国家,那么它应该进口劳动密集型产品,出口物质资本密集型产品,但是美国出口商品的物质资本—劳动比率还低于进口商品。

表 5-18　1947 年美国每 100 万美元进出口商品所需要的资本和劳动数量

	出口商品	进口商品	进口/出口
物质资本(美元)	2550780	3091339	
劳动(人年)	182	170	
资本—劳动比率(美元/人年)	14010	18180	1.30

资料来源:W. Leontief,"Domestic Production and Foreign Trade: The American Capital Position Re-examined",*Economia Internationazionale*, February 1954, pp. 3-32.

1956 年和 1971 年,里昂惕夫和鲍德温(R. E. Baldwin)分别利用 1951 年和 1962 年的贸易数据再次进行检验,结果分别用表 5-19 和表 5-20 表示。从表中同样可以看到,里昂惕夫提出的问题一直存在。

表 5-19　1951 年美国每 100 万美元进出口商品所需要的资本和劳动数量

	出口商品	进口商品	进口/出口
物质资本(美元)	2256800	2303400	
劳动(人年)	174	168	
资本—劳动比率(美元/人年)	12977	13726	1.06

资料来源:W. Leontief, "Factor Proportions and the Structure of American Trade: Further Theoretical and Empirical Analysis", *Review of Economics and Statistics*, November 1956, pp. 386-407.

表 5-20　1962 年美国每 100 万美元进出口商品所需要的资本和劳动数量

	出口商品	进口商品	进口/出口
物质资本(美元)	1876000	2132000	
劳动(人年)	131	119	
资本—劳动比率(美元/人年)	14200	18000	1.27

资料来源:R. E. Baldwin, "Determinants of the commodity Structure of U. S. Trade", *American Economic Review*, March 1971, pp. 126-146.

里昂惕夫本人的解释是,美国的劳动生产率大约是其他国家的 3 倍。如果用其他国家的劳动作为标准来衡量,美国的劳动量是现在的 3 倍。这样,美国是劳动相对充裕而资本相对短缺的国家,美国的对外贸易没有违背赫克歇尔—奥林的生产要素禀赋学说。

里昂惕夫提出了这个问题以后,引起了一批经济学者求解。具有代表性的是下面的一些看法。

第一,里昂惕夫之谜是由要素密集度逆转造成的。明哈斯(B. S. Minhas)等经济学者认为,赫克歇尔—奥林的生产要素禀赋学说假定生产相同的产品所使用的生产要素的比例相同。但是,如果生产要素的替代比较充分,那么要生产某种产品,在资本充裕的国家将采用资本密集的生产方法,在劳动充裕的国家采用劳动密集的生产方法。这样,在生产要素的价格发生变化时,将发生要素密集度逆转的现象,原来某商品是物质资本密集型的,现在成为劳动密集型了。明哈斯利用 1947 年 和 1951 年的资料比较了美国和日本 20 个产业的物质资本密集度,得到了下述结论:美国的石油工业、煤炭工业、钢铁工业、纺织工业、船舶工业的物质资本密集度在本国的产业中分别列第 1、2、8、11、15 位,但日本钢铁工业、船舶工业的物质资本密集度在本国的产业中分别列第 3、7 位,这说明同样的产业在不同的国家的物质资本密集度是不同的。由此得到的一个假说是:即使美国从总体上看是物质资本充裕的国家,但由于美国劳动和物质资本的相对价格的原因,美国采用劳动密集型的方法生产部分出口商品,从而造成了美国出口商品物质资本密集度低的现象。[①]

这种看法作为一个假说从逻辑上是可以成立的。但是,还需要进一步证实美国劳动和物质资本的相对价格如何决定劳动和物质资本相互替代所导致的成本的变化,在美国的出口商品中什么样的商品劳动和资本的相互替代是充分的,由于劳动和物质资本的相对价格的原因又如何造成美国采用劳动密集的生产方法。由于经验资料的原因,这个假说是很难证实的。但正如前面所指出的,在现代大工业中,劳动与物质资本的相互替代是很不充分的,很少发现发生要素密集度逆转的现象。

第二,里昂惕夫之谜是由自然资源贸易造成的。鲍德温等经济学者认为,赫克歇尔—奥林的生产要素禀赋学说主要强调劳动和资本两种生产要素,将产品划分为劳动密集型产品和物质资本密集型产品。但是,部分产品是自然资源密集型的。例如,美国的进口商品包括石油、煤炭、钢铁等初级产品,这些产品的自然资源密集度很高,而里昂惕夫只计算资本与劳动的比率,结果提高了美国进口商品的物质资本与劳动的比率。鲍德温利用 1962 年的数据对美国的进出口商品进行分析,若不考虑自然资源,美国进出口商品资本对劳动的比率是 1.27;若考虑自然资源,该比率是 1.04。[②]

① B. S. Minhas, "The Homophypallagic Production Function, Factor Intensity Reversals, and the Heckscher-Ohlin Theorem", *Journal of Political Economy*, April 1962, pp. 138-156.

② R. Baldwin, "Determinants of the Commodity Structure of U. S. Trade", *American Economic Review*, March 1971, pp. 126-146.

鲍德温的结论有重要的价值。但是,即使按照鲍德温的分析,相对而言,美国进口商品仍然是资本密集型的,出口商品仍然是劳动密集型的。由此可见,鲍德温部分解释了这个问题而没有完全解决这个问题。

第三,里昂惕夫之谜是由人力资本差异造成的。克拉维斯(J. B. Kravis)、基辛(D. S. Keesing)、凯南(P. B. Kenen)等经济学者认为,资本应该不仅包括物质资本,而且还包括人力资本。物质资本是通过储蓄和投资形成的,人力资本是通过教育和培训形成的。如果将资本看作是物质资本与人力资本之和,里昂惕夫之谜将不存在。克拉维斯发现,美国出口产业的工资在 1947 年和 1951 年比进口竞争产业的工资高 15% 左右,这说明了美国的出口产品比进口替代品体现了更多的人力资本。[1] 基辛把劳动力分为 8 级,将前 7 级看作是熟练劳动,后 1 级看作是不熟练劳动,然后分别计算美国和其他国家生产出口商品和与进口竞争商品的熟练劳动对不熟练劳动的比例,得到了美国出口商品熟练劳动对不熟练劳动的比例高于与进口竞争商品的结论。这就是说,美国的出口商品是人力资本密集型或熟练劳动密集型产品。[2] 凯南则把美国熟练劳动高于非熟练劳动的收入进行资本化来估算人力资本,然后把人力资本与物质资本之和去与劳动相比,得到了出口商品与进口商品的资本—劳动比率大于 1 的结论。[3]

克拉维斯、凯南和基辛提出了一个重要的问题,即相对而言,美国出口的是熟练劳动密集型产品,进口的是不熟练劳动密集型产品。但是,就物质资本和劳动力的关系来说,他们仍然没有解决里昂惕夫之谜。

第四,里昂惕夫之谜是由对外贸易政策造成的。鲍德温等经济学者认为,赫克歇尔—奥林的生产要素禀赋学说是以自由贸易为条件的,但美国为了保护劳动密集型产业,对劳动密集型产品的进口实行了更多的限制,所以导致美国进口

---

① J. B. Kravis, "Wages and Foreign Trade", *Review of Economics and Statistics*, February 1956, pp. 14-30; "Availability and Other Influence on the Commodity composition of Trade", *Journal of Political Economy*, April 1956, pp. 143-155.

② D. S. Keesing, "Labor Skills and Comparative Advantage", *American Economic Review*, May 1966, pp. 249-258.

③ P. B. Kenen, "Nature, Capital and Trade", *Journal of Political Economy*, October 1965, pp. 437-460.

商品的资本密集度较高。鲍德温的计算结果表明,如果美国政府对商品的进口不加限制,与进口竞争商品的资本—劳动比率应该降低 5%。

这种看法是符合现实情况的,美国对纺织品等劳动密集型产品历来采取比较严格的限制政策,阻碍了劳动密集型产品的进口,从而导致进口商品的物质资本—劳动比率较低。问题是鲍德温对美国限制劳动密集型产品进口的估算是否充分。如果该估算已比较充分,那么这种看法可以在一定程度上解释里昂惕夫之谜。

第三节　超比较优势及其形成的原因[①]

一、超比较优势的定义

李嘉图的比较优势学说是国际贸易中的经典学说和核心学说,当代的国际贸易学说基本上是围绕着比较优势学说展开的。根据比较优势学说,国际贸易的原因是一个国家某种商品的生产成本或市场价格相对地低于另一个国家,因而它的这种商品具有比较优势;国际贸易的流向是各个国家出口本国具有比较优势的商品,进口本国处于比较不利的商品;国际贸易的利益是在各国实行专业化生产,即专门生产本国具有比较利益的商品的条件下,通过贸易各国可以生产和消费更多的商品。

但是,比较优势学说假定两个国家都能够生产两种商品,当一个国家某种商品的生产成本或市场价格相对地低于对方国家时,它在这种商品的贸易上具有比较优势。但在现实的经济里,一个国家能够生产的某种商品可能是另一个国家所不能生产的,这就不存在着在这两个国家里相对成本或相对价格的高低问题,因而也就不是李嘉图所说的比较优势的问题。

假定存在 A、B 两个国家,某种商品只有 A 国能够生产而 B 国不能生产,那

---

① 超比较优势学说是笔者试图建立的源于李嘉图的比较优势学说又有别于李嘉图的比较优势学说的国际贸易学说。

么在这两个国家进行这种商品的贸易中 A 国具有不可比拟的优势,笔者将这种优势称为超比较优势(super comparative advantage)。如果从成本或价格的角度分析,对于贸易双方来说,比较优势意味着当一个国家生产某种产品的成本或价格为一定时,另一个国家生产这种产品的相对成本或相对价格较低。超比较优势则意味着当一个国家生产某种产品的成本或价格为一定时,另一个国家生产这种产品的相对成本或相对价格趋向于无穷。

比较优势学说的假定是与李嘉图所处的时代相适应的。当时处于产业革命的时期,科学技术水平还不高,除了一些国家所特有的某些商品以外,一方能够生产而另一方不能生产的商品的贸易并不普遍。例如,英国和别的国家都可以生产纺织品,不同的是英国用蒸汽机生产,而别的国家用手工生产。但是,在第三次科学技术革命以后,科学技术日新月异,许多高技术商品是大部分国家不能生产的,一方能够生产而另一方不能生产的商品的贸易变得越来越普遍。例如,目前能够生产大型客机的企业只有美国的波音公司和欧盟的空客公司,能够生产中央处理器的企业主要是英特尔公司,如此等等。当这些国家与别的国家进行贸易时,它们在这些商品的贸易中就具有超比较优势。

超比较优势与比较优势的差异可以用图 5-3 和图 5-4 来表示。假定有 A、B 两个国家,生产 X、Y 两种商品,它们的产量是 x、y,A 国生产这两种商品的成本是 c_x^a 和 c_y^a,B 国生产这两种商品的成本是 c_x^b 和 c_y^b,C_a 和 C_b 是这两个国家生产这两种产品支出的总成本。对于 A 国来说,在支出的成本为一定的条件下,可以得到的这两种商品的产量是:

$$x = \frac{1}{c_x^a} C_a \tag{5-1}$$

或 $y = \frac{1}{c_y^a} C_a$ $\hspace{4cm}$ (5-2)

用(5-2)式除以(5-1)式可以得到:

$$\frac{y}{x} = \frac{c_x^a}{c_y^a} \tag{5-3}$$

即 $y = \frac{c_x^a}{c_y^a} x$ $\hspace{4cm}$ (5-4)

对于 B 国来说,同样可以得到:

$$y = \frac{c_x^b}{c_y^b}x \qquad\qquad (5-5)$$

方程(5-4)和方程(5-5)在图5-3中表现从原点出发的两条射线。

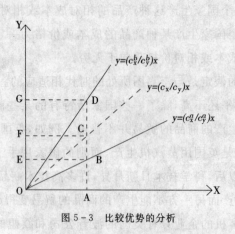

图5-3 比较优势的分析

设 A 国的直线 $y=(c_x^a/c_y^a)x$ 与横轴的夹角是 α，B 国直线 $y=(c_x^b/c_y^b)x$ 与横轴的夹角是 β，那么 $\tan\alpha=c_x^a/c_y^a$ 是 A 国生产这两种商品的比较成本，$\tan\beta=c_x^b/c_y^b$ 是 B 国生产这两种商品的比较成本。由于 A、B 两国的直线不重合，表示这两个国家生产这两种商品的比较成本出现差异。设表示贸易条件的射线与横轴的夹角是 γ，那么 $\tan\gamma=c_x/c_y$ 便是两种商品的交换比率。如果贸易条件直线 $y=(c_x/c_y)x$ 位于 A、B 两国的直线之外，A 国或 B 国在国内用一种商品交换到的另一种商品多于与对方国家交换到的另一种商品，国际贸易不会发生。如果贸易条件直线 $y=(c_x/c_y)x$ 与 A、B 两国的直线重合，A 国或 B 国在国内用一种商品交换到的另一种商品等于与对方国家交换到的另一种商品，国际贸易也不会发生。如果贸易条件直线 $y=(c_x/c_y)x$ 位于 A、B 两国的直线之间，即 $c_x^a/c_y^a < c_x/c_y < c_x^b/c_y^b$，那么两个国家将发生贸易。A 国向 B 国出口商品 X，从 B 国进口商品 Y；B 国向 A 国出口商品 Y，从 A 国进口商品 X。

这两个国家的贸易利益是明显的。按照贸易条件，OA 数量的商品 X 可以与 OF 数量的商品 Y 交换。对于 A 国来说，如果没有国际贸易，按照国内的价格，放弃的 OA 的商品 X 只能得到 OE 的商品 Y，但是现在出口 OA 的商品 X 便可以得到 OF 的商品 Y,即多得到 EF 的商品 Y。对于 B 国来说,如果没有国际贸易,按照国内的价格,需要放弃 OG 的商品 Y 才能得到 OA 的商品 X,但是现在出口 OF 的商品 Y 便可以得到 OA 的商品 X,即少放弃 FG 的商品 Y。这就是李嘉图的比较优势学说。

但是,根据超比较优势学说,如果在上面的例子中设商品 X 是 B 国不能生产的,那么 c_x^b/c_y^b 趋向于无穷大。如图 5-4 所示,B 国的直线 $y=(c_x^b/c_y^b)x$ 将趋向于与纵轴重合。同样,如果贸易条件直线 $y=(c_x/c_y)x$ 在 A、B 两国的直线之外或重合,国际贸易也不会发生。如果贸易条件直线 $y=c_x/c_y$ x 在 A、B 两国的直线之间,国际贸易将会发生。贸易条件直线 $y=(c_x/c_y)x$ 处于什么位置将在后面关于超比较优势商品的国际价格中进行分析。但是,在 B 国的直线 $y=(c_x^b/c_y^b)x$ 将趋向于与纵轴重合的条件下,贸易条件 cx/cy 存在很大的上升的空间。假定贸易条件直线从 $y=(c_x^1/c_y^1)x$ 移向 $y=(c_x^2/c_y^2)x$,A 国用 OA 的商品 X 所交换到的商品 Y 从 OF 增加到 OG,A 国在国际贸易中处于明显有利的地位,它可以得到很大的贸易利益。

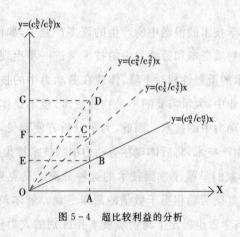

图 5-4 超比较利益的分析

比较图 5-3 和图 5-4 可以看到,在发生国际贸易的时候,如果是比较优势的商品,贸易双方的产量曲线都在坐标平面内;如果是超比较优势商品,其中一方的产量曲线与纵轴或横轴重合。另外,在发生国际贸易以后,具有超比较优势的国家要比与具有比较优势的国家得到大得多的贸易利益。

二、超比较优势产生的原因

超比较优势产生于各国生产要素的特点。传统的生产要素包括劳动力、物质资本和自然资源。随着科学技术的进步和经济的发展,生产要素逐渐表现出多样化的特点,生产要素有进一步划分的必要。

应该从传统的生产要素分离的是技术。在生产过程中,技术是指知识、方法、工艺等。技术没有独立的物质形态,它与物质资本和劳动力结合在一起并体现在物质资本和劳动力中。但是,技术具有独立的价值形态,它可以交易并具有价值或市场价格,如专利费、特许费、专家费等。

在科学技术高度发展的今天,技术对生产过程产生巨大的影响。如果物质资本体现了更新的技术,那么它与劳动者的结合可以生产出更多的商品。同样,如果劳动者掌握了更新的技术,他与物质资本的结合也可以生产出更多的商品。既然技术已成为商品并对生产过程具有重要的影响,可以将技术看作一种独立的生产要素。

但是,在新的科学技术的浪潮中所产生的许多产业中,如信息技术产业、生物技术产业等,体现在物质资本和劳动力中的技术又进一步出现分离的现象。体现在物质资本中的技术的重要性相对下降,体现在劳动力中的技术的重要性相对上升。例如,在软件产业中,大量需要的不是物质资本,也不是体现在物质资本中的技术,而是体现在劳动力中的技术。因此,为了分析方便起见,笔者将体现在物质资本中的技术称为生产技术,将后体现在劳动力中的技术称为生产技能。

实际上,经济学家们早就注意到技术的这种分离。马克思指出,劳动分为简单劳动和复杂劳动,复杂劳动相当于数倍的简单劳动。舒尔茨(T. W. Schultz)、贝克(G. Becker)等经济学者也提出了与物质资本相区别的人力资本的范畴,并将它定义为由正规教育、职业培训和医疗保健所导致的人的生产能力的提高。[1]

---

[1] T. W. Schultz,"Investment in Human Capital", *American Economic Review*, March 1961, pp. 1-17; G. Becker,"Investment in Human Capital: A Theoretical Analysis", Supplement to *Journal of Political Economy*, October 1962.

应该指出,生产技能不是一般意义上的劳动。这就是说,劳动有两种形态,一是不需要经过特殊的训练便可以从事的劳动,二是需要经过特殊的训练才能从事的劳动。后一种劳动就是生产技能。因此,如果把生产技术从一般意义上的物质资本独立出来,把生产技能从一般意义上的劳动独立出来,那么生产要素包括简单劳动、物质资本、自然资源、生产技术、生产技能。

在现实的国际贸易中,具有超比较优势的商品或者是自然资源产品,或者是特殊工艺产品,或者是包括生产技术和生产技能的技术产品。

某些自然资源在世界各国的蕴藏量是很不均等的。例如,石油输出国组织的石油蕴藏量占了世界石油蕴藏量的 2/3,摩洛哥磷酸盐的出口量占世界磷酸盐的出口量的 1/3,智利、秘鲁、赞比亚、扎伊尔的铜矿开采量也在世界上占了很高的比例,如此等等。在这些国家与没有这些自然资源的国家进行这些自然资源产品的贸易时,这些国家就具有超比较优势。在这些自然资源产品中,石油是生产所必需的并且难以被替代,所以石油的超比较利益表现得比较明显。但是,除了少数自然资源以外,大多数自然资源在世界的分布还比较均匀,超比较优势的现象在自然资源产品的贸易中并不普遍。

另外,世界许多国家在历史上形成了一些特殊的手工艺品的制作方法,这些祖先传下来的制作工艺十分复杂,别的国家难以模仿也没有意愿模仿。在手工艺品的贸易中,这些手工艺品也具有超比较利益。但是,手工艺品不是生产和生活的必需品,它们是人们生活中的装饰或点缀,或者是人们游历的一种纪念,在国际贸易中并没有占据重要地位,其超比较优势对国际贸易格局没有产生重要影响。

目前最重要和最大量的具有超比较优势商品是高生产技术或高生产技能产品,即需要用最新的生产技术和最高的人的技能才能生产的产品。这些产品的生产要求有很高的科学技术水平,而达到这种水平的国家只有某一个或某几个发达国家,大部分国家不能生产这些产品。这样,这个或这些发达国家在这些商品的贸易中具有超比较利益。在航空、航天、通信、信息、生物、化工、制药、材料等领域里,由某一个或某几个发达国家拥有超比较优势的产品的现象是大量存在的,这就是发达国家主宰当今国际贸易的关键所在。

超比较优势产生的原因与比较优势产生的原因不同。根据赫克歇尔—奥林模型,商品的相对成本的差异产生于生产要素相对价格的差异,而生产要素相对价格的差异又产生于生产要素相对充裕的差异。比较优势产生的原因可以用图 5-5 来说明。在生产要素的密度不可逆转的条件下,生产要素的价格与商品的相对价格存在对应关系。假定用技能 L 和资本 K 两种生产要素生产 X、Y 两种商品,这两种商品的价格比率是 $P_y/P_x = a$。这意味着用 a 单位商品 X 可以交换 1 单位商品 Y。在完全竞争的条件下,这又意味着 a 单位商品 X 的生产成本等于 1 单位商品 Y。

在一个国家里,由于生产商品 X、Y 的两个部门技能 L 和资本 K 的价格相同,a 单位商品 X 和 1 单位商品 Y 的最小成本将相同。如图 5-5 所示,这意味着 a 单位商品 X 的等产量曲线 aX 和 1 单位商品 Y 的等产量曲线 Y 与相同的一条等成本曲线 C 相切。因为等产量曲线上任何一点表示生产要素 L 和 K 的边际替代率 $|\triangle K / \triangle L|$,等成本曲线上的任何一点表示生产要素 L 和 K 的价格比率 P_l / P_k,所以经过 aX 单位商品 X 的等产量曲线与等成本曲线 C 的切点的射线 OR_x 以及经过 1 单位商品 Y 与等成本曲线 C 的切点的射线 OR_y 的斜率分别表示生产 aX 单位商品 X 和 1 单位商品 Y 使用的生产要素 K 的数量与生产要素 L 的数量的比率。上述分析表明,生产要素的相对价格与商品的相对价格相互对应。

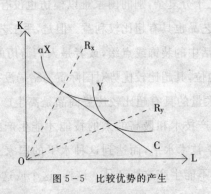

图 5-5 比较优势的产生

从图 5-5 可以看到,生产商品 Y 需要耗费较多的技能,而生产商品 X 需要耗费较多的资本。如果存在 A、B 两个国家,A 国的技能相对充裕因而价格相对较低,等成本曲线 C 的斜率的绝对值将减少,它将与小于 aX 单位商品 X 的等产量曲线相切,即现在 1 单位商品 Y 与小于 aX 单位商品 X 相交换,也就是在 A 国国内商品 Y 的相对价格下降而商品 X 的相对价格上升。根据同样的道理,如果 B 国资本相对充裕因而价格相对较低,B 国商品 X 的相对价格下降而商品 Y 的相对价格上升。这样,A、B 两个国家分别在商品 Y 和商品 X 产生比较优势。

现在假定商品 Y 是需要使用高水平的技能才能生产的商品,A 国具有这种技能而 B 国没有这种技能。在 A 国对这种技能的产权严格保护的条件下,B 国无法生产商品 Y。如图 5-6 所示,对于 B 国来说,它用再多的资本 K 都无法替代技能 L,射线 ORy 斜率所表示的资本数量与技能数量的比率无限增加,也就是等成本曲线 C 的斜率的绝对值无限增加,最后射线 ORy 和等成本曲线 C 趋向与纵轴重合。这样,等成本曲线 C 与任何数量的商品 Y 的等产量曲线都不可能相切,它无法生产商品 Y。A 国在商品 Y 的贸易中具有超比较优势。

由此可见,比较优势与超比较优势产生的原因是不同的。比较优势的产生与生产要素的充裕程度有关,而超比较优势的产生与生产要素的充裕程度无关。超比较优势的产生不是与生产要素的多少相联系,而是与有没有新的生产技术或生产技能的创新有关。如果说表示生产要素数量比率的射线或表示生产要素价格比率的等成本曲线与商品的价格比率相对应,那么在等成本曲线变得与纵轴重合的条件下,只要 B 国不是用无限多的商品 X 与 A 国交换商品 Y,在理论上它都有可能接受。这样,A 国在商品 Y 的贸易中具有不可比拟的优势或利益。

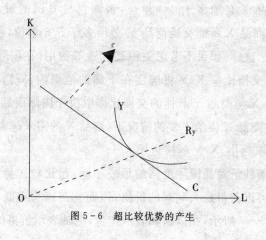

图 5-6 超比较优势的产生

第五章 国际贸易的原因、流向和利益

三、超比较优势商品的价格

在国际商品市场上，超比较优势商品价格的决定与比较优势商品价格的决定是不同的。在比较优势的条件下，由于贸易双方都能够生产这些商品，它们的国内商品的价格对商品的国际价格具有重要影响。但是，在超比较优势的条件下，只有贸易一方可以生产这种商品，这种商品的国际价格的形成将出现不同的特点。

先来分析比较优势条件下商品的国际价格的决定。假定有 A 和 B 两个国家，分别生产 X 和 Y 两种商品。在 A 国，商品 X 的市场价格是 40 单位货币，商品 Y 的市场价格是 30 单位货币。在 B 国，商品 X 的市场价格是 50 单位货币，商品 Y 的市场价格是 60 单位货币。在 A 国，增加 1 单位商品 X 的生产需要放弃 4/3 单位商品 Y 的生产，增加 1 单位商品 Y 的生产需要放弃 3/4 单位商品 X 的生产。在 B 国，增加 1 单位商品 X 的生产需要放弃 5/6 单位商品 Y 的生产，增加 1 单位商品 Y 的生产需要放弃 6/5 单位商品 X 的生产。这样，A 国生产商品 Y 的相对成本（＝3/4）低于 B 国生产商品 Y 的相对成本（＝6/5），B 国生产商品 X 的相对成本（＝5/6）低于 A 国生产商品 X 的相对成本（＝4/3）。A 国在商品 Y 的贸易中具有比较优势，B 国在商品 X 的贸易中具有比较优势。

在 A 国国内，1 单位商品 Y 可以交换 3/4 单位商品 X。在 B 国国内，1 单位商品 X 可以交换 5/6 单位商品 Y。在发生国际贸易的条件下，A 国用 1 单位商品 Y 所能交换商品 X 必须多于 3/4 单位，否则它与 B 国的贸易没有意义。同样，B 国用 1 单位商品 X 所能交换商品 Y 必须多于 5/6 单位，否则它与 A 国的贸易也没有意义。这样，如果不考虑关税和运输等费用，在国际商品市场上，商品 X 与商品 Y 的交换比率 X/Y 将确定在下面的范围内：$3/4 \leqslant X/Y \leqslant 6/5$。在这个范围内，商品 X 与商品 Y 具体的交换比率取决于国际商品市场供给与需求的状况。例如，在商品 X 供给不变的情况下，商品 X 的需求越大，X/Y 越接近于 3/4；商品 X 的需求越小，X/Y 越接近于 6/5。

与比较优势条件下商品国际价格的形成不同，超比较优势商品的国际价格取决于生产厂商可以获得最大利润的价格，因而它与寡头垄断厂商的定价方式是相似的。如图 5-7 所示，在以横轴表示产量，纵轴表示价格的坐标系里，别的国家对超比较优势商品的需求曲线为曲线 D。由于该商品价格越高,别的国家对该商品的需求量就越小,曲线 D 是一条向右下方倾斜的曲线。又由于商品的价格就是厂商的平均收益,从需求曲线可以得到厂商的边际收益曲线。设超比较利益商品的价格是 P,需求量是 Q,需求曲线是线性的,那么需求函数即平均收益(AR)函数是 $P=A-(\Delta P/\Delta Q)Q$,其中 A 为该曲线在纵轴上的截距。设边际收益为 MR,由于 $MR=P-(\Delta P/\Delta Q)Q=A-2(\Delta P/\Delta Q)Q$,边际收益曲线 MR 在横轴上的截距是需求曲线在横轴上的截距的 1/2。超绝对优势或超比较优势商品与别的商品一样,它的边际成本曲线是一条 U 型曲线。厂商将按照边际收益等于边际成本(MR=MC)的最大利润原则将价格确定在边际收益曲线与边际成本曲线交点相应的价格上,如图 5-7 中的 Op 所示。

如果超比较优势商品只有一个国家的一个厂商可以提供,那么它将由边际收益曲线 MR 和边际成本曲线 MC 的交点决定产量 Oq,再根据需求曲线 D 即平均收益曲线 AR 决定价格 Op。如果超比较优势商品有几个国家的厂商可以提供,那么这几个国家的厂商既存在相互竞争的关系也存在相互默契的关系。假如每一个厂商能够提供充分的供给,那么竞争程度越高,超比较优势商品国际价格就越接近于边际成本最低的厂商的价格;默契的倾向越强,超比较优势商品国际价格就越接近于或超越边际成本最高的厂商的价格。这就是说,在边际收益为一定的条件下,超比较优势商品的国际价格将大于或等于边际成本最低的厂商的价格加上国际贸易的交易成本之和。因此,超比较优势商品与比较利益商品不同,它可以获得垄断利润甚至高额垄断利润。

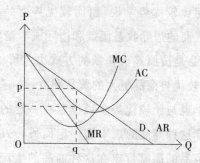

图 5-7 超比较优势商品的国际价格形成的基础

第五章 国际贸易的原因、流向和利益

但是,上面主要从成本的角度即供给的角度分析超比较优势商品国际价格的形成过程。如果考虑到需求的因素,并不是所有的超比较优势商品都能够采取这样的定价方式。能否采取这种定价方式,主要取决于超比较优势商品的必需程度和可替代程度。如果超比较优势商品不是生产或生活所必需的,其需求的价格弹性将较大,其价格的上升将导致需求量大幅度下降。另外,如果超比较优势商品可以被别的商品所替代,它的需求的价格弹性也较大,它的价格的上升也导致需求量大幅度下降。在这两种情况下,需求曲线 D 即平均收益曲线 AR 将变得平坦,超比较优势商品的国际市场价格未必保证厂商获得垄断利润。在超比较优势商品中,石油和高技术产品既必需也难以被替代,所以在石油和高技术产品的贸易中,这种定价方式表现得特别明显。

四、超比较优势学说与有关学说的比较

首先来比较超比较优势学说和比较优势学说。超比较优势学说与比较优势学说存在着差异:第一,分析的前提不同。比较优势学说是以贸易双方都可以生产贸易商品为前提的,而超比较优势学说是以只能由贸易的一方提供贸易商品为前提的。其次,贸易的原因不同。比较优势商品主要产生于各国不同生产要素的充裕程度,超比较优势商品主要产生于某种生产技术或生产技能。再次,贸易商品的定价不同。按照比较优势学说,贸易商品在贸易双方国家的国内价格同样将决定该商品的国际价格的范围,贸易商品将在这个范围内随着供求的变化而变化。但是,按照超比较优势学说,超比较优势商品是一种寡头垄断的价格,它主要取决于生产厂商的边际收益函数和边际成本函数。最后,贸易利益不同。由于超比较优势商品是按照寡头垄断的方式决定价格的,出口超比较优势商品可以得到比出口比较优势商品更大的贸易利益。

但是,超比较优势学说与比较优势学说也存在一定的联系。在超比较优势商品的贸易中,一方生产这种商品的成本为一定而另一方生产这种商品的成本为无穷,能够生产这种商品的国家肯定在这种商品的生产上具有比较优势。但是,这种比较优势又与原来的比较优势不同,它意味着能够生产这种商品的国家

的相对成本趋向于无穷小。

由此可见,超比较优势学说不是对比较优势学说的否定,它只是分析比较优势学说没有充分展开的一种特例:一个国家与另一个国家进行只有它可以生产而对方不能生产的商品的贸易。但是,应该指出,随着科学技术的发展,只能由贸易的一方提供贸易商品的情形将变得越来越普遍,这种特例越来越变成一般的情形。

其次来比较超比较优势学说与技术差距学说。像两个国家进行只有其中的一个国家所能生产的商品的贸易这样一种的现象,经济学家们也注意到了。波斯纳(M. V. Bosner)的技术差距理论、弗农(R. Vernon)的产品生命周期理论等都涉及这个问题。

以波斯纳的技术差距理论为例。波斯纳认为,从产品的创新到模仿要经过一定的时间,这段时间称为模仿时滞。模仿时滞分为需求时滞、反应时滞和掌握时滞。需求时滞是指在某个国家将新产品出口到别的国家以后,别的国家的消费者没有注意到新产品或不太了解新产品,没有用新产品取代旧产品所产生的时间差。反应时滞是指随着别的国家对新产品的需求逐渐增加,别的国家的生产者准备减少旧产品的生产和开始新产品的生产所产生的时间差。掌握时滞是指别的国家从开始生产新产品到完全掌握新产品的生产方法所产生的时间差。

技术差距对国际贸易产生重要的影响。产品的创新往往是在发达国家发生的。当发达国家创造出新的产品并投放到国际市场时,创新国在该商品的贸易中具有比较优势。由于技术差距的存在或模仿时滞的存在,发达国家的比较优势要持续一段时间。到模仿时滞过后,别的国家掌握了这种新产品的生产技术并不断扩大产量,创新国的比较优势将会减弱。由于技术创新需要有科学研究的积累和新产品的市场需求,而发达国家科学技术水平和经济发展水平较高,所以技术的创新往往发生在发达国家。[①]

从上面的分析可以看到,当某个发达国家创造出新的产品并投放到国际市

---

① M. V. Bosner, "International Trade and Technical Change", *Oxford Economic Papers*, 1961, pp. 323-341.

场时,其他发达国家和发展中国家还不能生产这种产品,它实际上是在进行超比较优势商品的贸易。但是,超比较优势学说与技术差距学说仍然存在差异:

第一,贸易的原因不同。按照技术差距学说,超比较优势商品是由技术的差异造成的。但是,按照超比较优势学说,超比较优势商品不仅是由技术的差异造成的,而且还由自然资源的特点和某些特殊技能的特点造成的。

第二,变化过程不同。波斯纳的技术差距学说主要分析技术差距的变化对国际贸易的影响,它并不是专门研究两个国家进行只有其中的一个国家所能生产的商品的贸易这种情形。按照技术差距学说,技术差距将会消失。随着技术差距的消失,贸易利益将发生变化。但是,超比较优势学说则专门分析两个国家进行只有其中的一个国家所能生产的商品的贸易的情形。这种商品可能别的国家在一定的时间里学会生产,也可能别的国家在可以预见的很长的时间里是不可能生产的。

再来比较超比较优势学说与寡头垄断定价学说。超比较优势商品不是按照竞争商品定价方式决定价格,而是按照垄断竞争商品、寡头垄断商品或完全垄断商品定价的定价方式决定价格。关于非完全竞争条件下厂商的产品价格的决定,张伯伦、罗宾逊等经济学家已作了比较充分的论述。[①] 关于在国际贸易中只有少数几个厂商生产的商品的价格的决定,克鲁格曼(P. R. Krugman)也作了分析。克鲁格曼以波音飞机、麦道飞机和空中客车为例,说明这些产品是按照垄断竞争的方式来决定商品价格的。[②] 但是,张伯伦、罗宾逊、克鲁格曼等人主要分析的是工业制成品,而超比较优势商品包括自然资源产品、特殊技能产品和高科技产品,不同类型的产品的定价方式有所不同,同一类型产品的定价方式在不同的条件下也可能有所不同。

另外,张伯伦、罗宾逊和克鲁格曼并没有穷尽这个问题的研究。在各种超比较优势的商品的贸易中,只有在这些产品既必需也难以被替代的条件下,寡头垄

---

① 张伯伦:《垄断竞争理论》,三联书店 1958 年版;罗宾逊:《不完全竞争经济学》,商务印书馆 1961 年版。

② 克鲁格曼:《国际经济学》,海闻等译,中国人民大学出版社 1998 年版,第 116—121页。

断定价方式才发挥作用。关于超比较优势商品的国际价格的决定问题还有很大的拓展空间,很值得深入研究。

五、构建超比较优势学说的意义

构建超比较优势学说在理论上和实际上都具有重要意义。

首先,超比较优势学说可以解释只有一方能够生产的商品的贸易现象。国际贸易的现象是丰富多彩的,既存在贸易双方都可以生产的商品的贸易,也存在只有一方可以生产的商品的贸易;国际贸易的原因既可以是比较优势,也可以是超比较优势。随着第三次科学技术革命的深入,随着发达国家与发展中国家在科学技术水平和经济发展水平方面差距的扩大,超比较优势的现象变得比以前更加普遍。深入研究超比较优势产生的原因、超比较优势商品的定价方式与贸易利益、超比较优势的动态变化过程,无疑具有重要意义。

其次,超比较优势学说可以揭示当今国际贸易格局的实质。目前发达国家在国际贸易中处于有利和主宰的地位,而发展中国家则处于不利和从属的地位,关键在于发达国家掌握着最先进的科学技术。在航空、航天、通信、信息、生物、化工、制药、材料等科学技术发展的前沿领域里,发达国家的产品具有的不仅是比较利益,而且是超比较优势。发展中国家进口的多是它们不能生产的商品,出口的却是发达国家可以生产但随着产业结构的调整趋向于放弃的商品。因此,发达国家支配着国际贸易并在国际贸易中获取高额的寡头垄断利润。显然,这已经不是一般意义上的各国可以通过出口绝对成本或相对成本低的商品,进口绝对成本或相对成本高的商品来获得国际贸易利益这样的问题。

再次,超比较优势学说对于一个国家制定对外经济发展战略具有参考意义。在当今的国际贸易中,不能否认出口相对成本低的商品和进口相对成本高的商品可以给贸易双方带来利益。但是,当今世界上最重要的贸易利益是超比较优势。对于发展中国家来说,特别是对于像中国这样一个发展中的大国来说,如果停留在按一般意义上的比较优势来制定对外经济发展战略,中国将永远落在发达国家的后面,将永远跟随着发达国家生产它们由于产业结构的调整放弃生产的商品。比较优势的格局在短期内是一定的,但在长期里是可变的。中国既要按照比较优势的原则参与国际分工,但又不能拘泥于按照比较优势的原则参与国际分工。中国必须要注重某些目前没有比较优势但在将来有可能具有比较优势或超比较优势的产业的发展,从而在一定程度上改变长期的比较优势格局。

不断从短期的、局部的非比较优势走向长期的、动态的比较优势或超比较优势,就是中国应该采用的发展战略。由于超比较优势产生的主要源泉是科学技术,要改变目前不利于中国的国际贸易格局,必须注重自主的技术创新,加快科学技术的发展。当然,科学技术的发展是需要长期积累的,在很长的时间里中国的科学技术水平不可能全面超越发达国家。但是,在政府的主导和支持下,中国有可能在科学技术的某个或某些方面取得突破,在某些产业处于领先的地位,创造出某些具有超比较优势的商品。

第六章 国际贸易的变化和发展

第一节 生产要素的变化对国际贸易的影响

一、生产要素的新特点

不论是从绝对优势的角度还是从比较优势的角度分析,生产商品的生产要素比例、一个国家生产要素的特点、劳动生产率的状况,都会对国际贸易产生影响。这样,一个国家生产要素特点的变化、劳动生产率状况的变化、生产商品生产要素比例的变化,都会导致国际贸易的变化。

商品的生产过程作为一个劳动过程,包括劳动力、劳动资料和劳动对象三个要素,而劳动资料和劳动对象又统称为生产资料。但经济学者们一般将劳动资料称为资本,将劳动对象称为土地即自然资源。这样,生产要素包括劳动、资本和土地。应该指出,马克思所说的资本与西方经济学者们所说的资本是不同的。马克思所说的资本是能够带来剩余价值的价值,它包括不变资本和可变资本。西方经济学者们所说的资本是劳动资料,即厂房建筑、机器设备、生产工具。为了坚持马克思经济学的基本观点,又能够借鉴西方经济学者们一些有价值的分析,这里将生产要素分为劳动力、物质资本、自然资源。其中物质资本指的是西方经济学者们所说的资本,或者是马克思所说的劳动资料。

随着科学技术的进步和经济的发展,生产要素逐渐表现出多样化的特点。正如前面对超比较优势的分析所指出的那样,如果把体现在物质资本中的技术称为生产技术,把体现在劳动力中的技术称为生产技能,再把生产技术从一般意义上的物质资本独立出来,把生产技能从一般意义上的劳动独立出来,那么生产要素包括生产技能、简单劳动、生产技术、物质资本、自然资源。但是,如果只提及一般意义上的技术,则包括生产技术和生产技能。

萨默斯(R. Summers)和赫斯顿(A. Heston)曾经对部分发达国家和发展中国家传统的劳动力和物质资本的情况进行了统计,得到了表6-1的结果。

表 6-1　1990 年部分国家每个工人的资本存量　　　　单位:美元

发达国家	每个工人的资本存量	发展中国家	每个工人的资本存量
加拿大	47961	韩 国	20644
联邦德国	47441	哥伦比亚	15648
法 国	42760	阿根廷	13972
美 国	41514	智 利	11670
日 本	39197	泰 国	5574
意大利	37612	菲律宾	4239
西班牙	28911	印 度	2345
英 国	23816	肯尼亚	1056

资料来源:R. Summers and A. Heston, *Penn World Table*, March 1994, in D. Salvatore, *International Economics*, Prentice-Hall Inc., 1995, p. 119.

另外,穆提(J. Mutti)和莫里茨(P. Morici)将生产要素划分为物质资本、研究与开发科学家、熟练劳动、半熟练劳动、不熟练劳动、可耕土地,根据实际数据得到了 1980 年世界范围内的生产要素的禀赋情况,如表6-2所示。从表中可以看到,世界各国的生产要素禀赋存在巨大的差异,美国在生产要素禀赋方面具有很大的优势。

表 6-2　世界主要国家的生产要素的禀赋　　　　单位:%

国　家	物质资本	科学家	熟练劳动	半熟练劳动	不熟练劳动	可耕土地
美 国	33.6	50.7	27.7	19.1	0.19	29.3
日 本	15.5	23.0	8.7	11.5	0.25	0.8
联邦德国	7.7	10.0	6.9	5.5	0.08	1.1

法 国	7.5	6.0	6.0	3.9	0.06	2.6
英 国	4.5	5.1	5.1	4.9	0.09	1.0
加拿大	3.9	2.9	2.9	2.1	0.03	6.1
其余国家	27.3	2.3	42.7	53.0	99.30	59.1
总 和	100.0	100.0	100.0	100.0	100.0	100.0

资料来源：J. Mutti and P. Morici, *Changing Patterns of U. S. Industrial Activity and Comparative Advantage*, National Planning Association, Washington D. C., 1983, p. 8.

应该指出，发展中国家物质资本缺乏的问题主要不是劳动力过多的问题，而是经济发展水平不高的问题。当然，发展中国家的人口增长率远高于发达国家。但是，如果发展中国家物质资本积累明显快于劳动力的增长，物质资本也不会相对于劳动力来说这样短缺。发展中国家在节制人口过快增长的同时加快物质资本和生产技能的积累，才能迅速走向经济发展。

二、不流动状态下生产要素的变化与国际贸易

在这里，不流动是指生产要素在国家与国家之间没有发生流动。在生产要素不流动的条件下，技术进步、技能积累、劳动力和物质资本增加对国际贸易产生重要影响。

1. 技术进步对国际贸易的影响

在现实的经济中，技术创新是不断发生的。技术创新从两个方面对国际贸易产生影响：一是新的技术将带来新的产品，从而带来新的产品的贸易；二是新的技术改变生产商品所需要的劳动和物质资本的比例，从而改变一个国家的比较优势。

首先来分析新技术对新产品贸易的影响。经济学者波斯纳 1961 年在《牛津经济论文集》中发表了题为"国际贸易与技术变化"的论文，提出了技术差距论，阐述了技术变化对国际贸易的影响。

波斯纳认为，从产品的创新到模仿要经过一定的时间，这段时间称为模仿时滞。模仿时滞分为需求时滞、反应时滞和掌握时滞。需求时滞是指在某个国家

将新产品出口到别的国家以后,别的国家的消费者没有注意到新产品或不太了解新产品,没有用新产品取代旧产品所产生的时间差。反应时滞是指随着别的国家对新产品的需求逐渐增加,别的国家的生产者准备减少旧产品的生产和开始新产品的生产所产生的时间差。掌握时滞是指别的国家从开始生产新产品到完全掌握新产品的生产方法所产生的时间差。

技术差距对国际贸易产生重要的影响。产品的创新往往是在发达国家发生的。当发达国家创造出新的产品并投放到国际商品市场时,发生创新的国家在该商品的贸易中具有比较优势。由于技术差距的存在或模仿时滞的存在,发达国家的比较优势要持续一段时间。到模仿时滞过后,别的国家掌握了这种新产品的生产技术并不断扩大产量,发生创新的国家的比较优势将会减弱。①

一个国家创造出一项新的技术以后,与别的国家存在技术差距,它将向别的国家出口新产品。这意味着随着科学技术的进步,将会不断出现新产品的国际贸易。技术的创新需要有科学研究的积累和新产品的市场需求,而发达国家科学技术水平和经济发展水平较高,所以技术的创新往往发生在发达国家。由于技术创新将导致国际贸易的变化,这就使发达国家在国际贸易中处于有利的地位。

当一个国家创造了一项新技术并生产出一种新产品以后,波斯纳认为该国在这种产品的贸易中将具有比较优势。实际上,在新产品生产出来以后,别的国家还没有能够生产以前,由于不存在绝对价值或绝对市场价格的差异,也不存在相对价值或相对市场价格的差异,发生创新的国家既不是具有绝对优势,也不是具有比较优势,而是具有超比较优势。正如前面所指出的,超比较优势是指某个国家能够生产某种产品而对方国家不能生产这种产品所产生的贸易优势。在别的国家可以生产新产品以后,创新国是具有绝对优势,还是具有比较优势,取决于它与对方国家进行贸易的产品。如果发生创新的国家出口绝对价值或绝对市场价格较低的新产品,进口绝对价值或绝对市场价格较高的产品,那么它在新产品的贸易中具有绝对利益;如果发生创新的国家出口相对价值或相对市场价格

---

① M. V. Bosner, "International Trade and Technical Change", *Oxford Economic Papers*, 1961, pp. 323-341.

较低的新产品,进口相对价值或相对市场价格较高的产品,那么它在新产品的贸易中具有比较利益。在别的国家掌握了这项新技术以后,新产品的贸易有可能发生变化,即创新国有可能在新产品的贸易中从比较优势转变为比较劣势。这个问题将留在后面讨论。

再来分析新技术对产品生产条件的影响。显然,所有的技术进步都能够实现用更少的劳动和物质资本来生产同样数量的产品。但是,从对劳动与物质资本的比例的影响的角度看,技术进步可以分为三种类型:一是中性的技术进步,即技术的进步没有带来劳动和物质资本的相互替代,在商品生产中物质资本对劳动的比例没有变化,生产者可以用较少的劳动和较少的物质资本来生产同样数量的商品。二是节约劳动的技术进步,即技术的进步导致物质资本对劳动的替代,在商品生产中物质资本对劳动的比例提高了,生产者用更少的劳动和更多的物质资本来生产同样数量的商品。三是节约物质资本的技术进步,即技术的进步导致劳动对物质资本的替代,在商品生产中物质资本对劳动的比例降低了,生产者用更多的劳动和更少的物质资本来生产同样数量的商品。

假定原来 A 国向 B 国出口物质资本密集型产品 X,从 B 国进口劳动密集型产品 Y。假定其他条件不变,技术进步对这两个国家的贸易具有下述影响:第一,如果 A、B 两国都发生了中性的技术进步,产品 X 和 Y 的产量都会增加,那么 A、B 两国比较优势的地位没有变化,两国之间的产品 X 和 Y 的贸易量将会扩大。第二,如果 A 国发生了节约劳动的技术进步,或者 B 国发生了节约物质资本的技术进步,或者 A 国节约劳动的技术进步和 B 国节约资本的技术进步同时发生,那么 A、B 两国比较优势的地位没有变化,两国之间的产品 X 和 Y 的贸易量将会扩大。第三,如果 A 国发生了节约物质资本的技术进步,或者 B 国发生了节约劳动的技术进步,或者 A 国节约物质资本的技术进步和 B 国节约劳动的技术进步同时发生,那么 A、B 两国比较优势的地位将发生变化,两国之间的产品 X 和 Y 的贸易也将发生变化。

从 20 世纪 40 年代开始的第三次科学技术革命是以原子能技术、空间技术、信息技术、生物技术的发展为标志。每一项技术突破都对经济和贸易产生重要影响,它导致新兴产业的兴起和贸易机会的发生。第三次科学技术革命没有结束,它仍然在延续,其中引人注目的是生物技术的发展以及可能产生的影响。

生物技术(Biotechnology)也称为生物工程,它是在分子生物学基础上建立的新的应用技术,是现代生物科学和工程技术相结合的产物。具体来说,生物技术包括转基因植物动物生物技术、农作物的分子育种技术、生物治疗技术等等。生物技术作为21世纪高新技术中的核心技术,对人类解决面临的食物、健康、环境、资源等重大问题将发挥越来越大的作用。

例如,农业生物技术可以对家畜、家禽、农作物进行品种改良,从而获得高产、优质、抗病虫害的转基因动植物新品种;海洋生物技术可以对海洋生物品种进行改良,从而提高海产养殖业产量和质量或者获取有特殊药用和保健价值的生物活性物质;医药生物技术可以创造新的基因治疗技术或开发新型生物药剂,来修复人体的器官、改善人们的健康状况或医治以前难以医治的疾病;环境能源生物技术还可以减少某些环境污染源所排放的废气、废水和废物的污染,或者利用能源植物生产乙醇或生物柴油,在一定程度上解决环境和能源的问题。

由于生物技术产业应用范围如此广泛,它是一项高利润高回报的产业。据报纸报道,生物产业的投资利润率可达到17.6%,是信息产业(8.1%)的两倍,也远高于7%的计算机制造业。目前,在世界范围内已有几十种生物技术产品的年销售额大于10亿美元,生物技术产业的年产值将很快超过6000亿美元。具有高投入、高收益、高风险等特征的生物技术产业更被公认为21世纪最有前途的产业之一。目前,约60%以上的生物技术成果用于医药产业,用于开发特色新药或改良传统医药。医药产品是具有大量市场需求和缺乏需求价格弹性的产品,它将会对经济和贸易产生重要影响。

生物技术对国际贸易的影响表现在两个方面:一是它降低了现有产品的成本,或者提高现有产品的质量。如果某个国家原来在某种产品的贸易中没有绝对优势或比较优势,现在有可能产生了绝对优势或比较优势。如果某个国家原来在某种产品的贸易中具有绝对优势或比较优势,现在将有更大的绝对优势或比较优势。二是它创造出新的产品。在这种情况下,创造出新产品的国家在这种产品的贸易中就具有超比较优势。目前发展最为迅速的四个科学技术领域是纳米技术、生物技术、信息技术和认知科学,其中生物技术对人类的生产和生活影响最大，它也将对国际贸易产生广泛和深远的影响。例如，如果某个国家研制出对于人类健康具有重要作用的某种药品，它不但可以推动新产业的建立，而且在这种药品的贸易中处于超比较优势。

正因为生物技术对各国的经济和贸易具有如此重要的影响，它成为各国竞争的焦点领域。20世纪90年代以来，许多国家将发展生物经济提到了国家战略的高度来认识，采取各种措施加强对生物技术的研究。

美国是现代生物技术发展较早的国家，生物技术产业已具有一定的规模，无论是研究水平、投资强度，还是产业规模、市场份额，均领先于世界。美国拥有世界上约一半的生物技术公司和一半的生物技术专利，其生物技术产品的销售额占全球生物技术产品市场的90%以上。2002年，美国每年投入到生物技术的预算费用高达380多亿美元。美国国立卫生研究院在生命科学领域所投入的经费从1998年的130亿美元增加到2003年的273亿美元，在联邦政府的研究预算中仅次于军事科技。

欧洲也不甘落后。欧洲联盟在2002年用于生物技术研究的费用高达175亿欧元，用于生物技术的风险投资近600亿欧元，它计划用10年的时间超过美国。英国政府在2000年发表了"生物技术制胜——2005年的预案和展望"的战略报告，提出要保持在生物技术领域居世界第二位的目标。法国政府根据国家科学研究基金分发的不同形式以及生物技术产业不同发展阶段的需要，给予不同形式的支持。在全法国31个高新技术产业孵化器中，有10多个孵化器专门或部分致力于生物技术的研究开发。在1998年以后，法国新创建了近百家生物技术企业，该领域的就业人数增加了13%，营业额提高了20%，达到20亿欧元。德国政府将2001年命名为生命科学年，生物技术成为德国科技投入最多的领域。

在信息经济时代中没有走在前列的日本，决心在生物经济时代创造辉煌。日本政府提出了"生物产业立国"的口号，增加了对生物技术研究的投入，希望能够跻身于生物技术强国的行列。

发展中国家的整体科学技术水平落后于发达国家，但它们也争取在生物技术的某个方面占据一席之地。新加坡政府制定了"五年跻身生物技术顶尖行列"的目标，将外汇储备的5%至10%用于生物技术及其产业的发展，它还用高薪在世界范围内招揽人才,努力使新加坡成为本地区生物制药研究和发展中心。马来西亚建立了生物技术与产业联合会,由副总理担任主席,目标是把生物资源丰富的优势转变为生物产业优势。泰国成立了国家生物技术委员会,总理亲自担任主席,另外还建立了国家生物技术中心,由副总理担任主任。印度成立了与科技部平级的生物技术部,以突出生物技术的重要性。该部设立了2100万美元的专门风险基金,用于支持生物技术的研究。

虽然发达国家在生物技术研究和应用方面处于领先地位,但是生物技术涉及的范围很广,可应用的领域很多,对生物资源的依赖性很强,发展中国家在生物技术的某个方面取得突破,在某种或某些产品的贸易中获得超比较优势是可能的。

2.技能的积累对国际贸易的影响

新的科学技术革命所产生的新产业几乎都有一个重要的特征,就是在生产过程中对技能这种生产要素具有特殊的要求。它们或者是技能密集型产业,或者是技能和物质资本密集型产业。例如,软件产业和生物产业并不需要投入大量的物质资本,它们主要依赖于技能这种生产要素,它们属于典型的技能密集型产业。又如,航天产业和原子能产业,不仅需要投入大量的物质资本,同样需要投入大量的技能,它们属于技能和物质资本密集型产业。最典型的技能密集型产业可能属软件产业。据统计,在世界范围内成功的计算机软件公司的平均创业资本是510万美元。软件公司对物质资本的要求只是办公室、服务器、若干电脑等,但它对技能的要求是大批受过良好训练的软件开发人才。

一个国家的技能是通过教育和培训积累的。由于发达国家具有较高的科学技术水平、经济发展水平和高等教育水平,技能的积累远优于发展中国家。正因为这样,目前发达国家垄断了大部分新产品的生产,它们在一系列的新产品的贸易中具有绝对优势或比较优势。但是,随着科学技术革命的深入,技能出现了专门化的趋势,在一个国家里有可能出现某种类型的技能迅速积累的现象。这样,从总体技能积累的角度看,发达国家的技能的积累强于发展中国家;但从某种类型的技能积累的角度看,不同的发达国家的技能的积累可能具有不同的特点,而发展中国家某个方面技能的积累可能要快于发达国家。技能积累的变化以及技能积累结构的变化将对国际贸易产生影响。

中国和印度这两个典型的发展中国家的航天产业和软件产业的发展,可以说明技能的积累是怎样对国际贸易和国际贸易结构产生影响。

中国的航天产业是在 20 世纪 50 年代为了对付战争的威胁的特殊情况下建立的。中国政府利用高度集中的计划经济体制,在全国范围内动员一定的人力、物力和财力,投入到航天产业的建设中。中国通过高等学校的培养和航天产业的建设实践,迅速积累起航天领域的技能,使中国的航天产业达到了相当大的规模和相当高的水平。目前,在卫星回收、一箭多星、低温燃料火箭技术、捆绑式火箭技术以及静止轨道卫星发射与测控等许多重要技术领域已跻身世界先进行列;在遥感卫星研制及其应用、通信卫星研制及其应用、科学实验卫星、导航定位卫星研制与应用以及载人飞船试验等方面均取得了重大成果。在运载火箭方面,中国已成功研制了 12 种不同类型、适用于发射近地轨道、太阳同步轨道和地球静止轨道卫星的"长征"系列运载火箭,到 2006 年 12 月共进行了 92 次发射,将 70 多颗中国的空间飞行器和 28 颗外国卫星送入太空,具有很高的稳定性和安全性。

国际商业发射服务市场是一个具有很大发展潜力的市场,需求主要来自卫星发射。从 1999 年到 2003 年,全世界的商业发射共 131 次,占发射总次数的 37%。世界商业发射收入 96.76 亿美元。国际商业发射服务市场基本上被美国、欧盟、俄罗斯所垄断。从 1999 年到 2003 年,美国进行了 35 次商业发射,欧盟 42 次,俄罗斯 42 次。据美国国际航天商业委员会发布的《2005 年航天产业现状》估计,2004 年商业发射服务的营业额是 1030 亿美元,到 2010 年将达到 1580 亿美元。中国作为一个发展中国家,到现在为止已经发射了约 62 颗自行研制的地球卫星,并成功发射了 28 颗外国制造的地球卫星,发射成功率达到 90% 以上。虽然中国在进入国际商业发射服务市场的过程中受到一些发达国家的阻碍和限制,但中国的运载火箭已经以低成本和高稳定性显示了它强大的竞争力。

印度的软件产业是在 20 世纪 80 年代起步的。尽管当时印度每 1000 人只有 6 部电话,但印度政府仍然提出了开发计算机软件的长期发展战略。首先,印度政府采取各种措施加快信息技术人才的培养,如吸引海外留学人员回国工作,增加对著名的印度理工学院的投入,在各邦设立信息技术学院,鼓励规模较大的软件公司办学,将信息技术教育引入中小学等等。目前,印度400多所高等学校开设了计算机或计算机软件的专业,1750多个私立培训机构提供计算机软件的培训,2598所中学开设了计算机课程。这些措施使印度的计算机软件的技能迅速积累。印度现在从事计算机工作的人员达150多万,而且每年新增8万多人。其次,印度政府还采取了一系列扶持软件产业的政策,如对生产软件产品不征收流转税,对出口软件产品免征所得税,对信息产业服务公司免征服务税,对个人购买计算机和软件减免所得税,优先对软件产业发放贷款,建立了班加罗尔、布班内斯瓦尔、普那三个软件技术园区,颁布了信息技术法案以规范信息产业的发展等等,有力地推动了印度软件产业的发展。

目前,印度的软件人才仅次于美国,在世界上占第二位。而且在美国的软件人才中,相当大的一部分来自印度。据报道,在美国硅谷高科技公司工作的印度裔美国人达30多万人,从事软件开发的印度人占全世界软件开发人员的30%。印度低工资高质量的软件人才的积累使其在软件的贸易中取得了比较优势甚至是绝对优势的地位。据统计,在软件的开发中,每个软件功能点的成本在美国是895美元,在德国是1150美元,在印度是90美元。印度的软件不仅价格低,而且质量高、稳定性强、交货及时。世界各大公司纷纷到印度订购软件,印度软件的出口总值仅次于美国,在世界上占第二位。

上述分析表明,在新兴产业的发展中,对技能的依赖程度提高了,但各国技能的积累是不平衡的。各国技能积累的状况决定了许多新产品的贸易结构,而各国贸易积累的变化将改变许多新产品的贸易结构。

3.劳动力和物质资本的增加对国际贸易的影响

经济学者们已经比较充分地讨论了劳动力或物质资本的增加对国际贸易的影响。假定某个国家生产两种产品:一种是劳动密集型产品,另一种是物质资本密集型产品。如果该国劳动和物质资本按照相同的比率增加,那么劳动和物质资本没有发生相互替代,这两种产品的产量也会以相同的比率增长。如果该国劳动力增加了但是物质资本没有变化,由于劳动被用于生产这两种产品,将发生劳动对物质资本的替代,这两种产品的产量也会增长,但劳动密集型产品的增长要快于资本密集型产品的增长。如果该国物质资本增加了但是劳动力没有变化,由于物质资本被用于生产这两种产品,将发生物质资本对劳动的替代,这两种产品的产量也会增长,但物质资本密集型产品的增长要快于劳动密集型产品的增长。

但是,罗伯津斯基(T. M. Rybczynski)指出,在商品价格保持不变的特定条件下,一种生产要素的增加将会导致密集地使用这种生产要素的产品产量的增加,但会导致其他产品产量的减少。这就是说,劳动的增加将会导致劳动密集型产品的产量的增加,但会导致物质资本密集型产品产量的减少。物质资本的增加将会导致物质资本密集型产品产量的增加,但会导致劳动密集型产品产量的减少。这种看法被称为罗伯津斯基原理。

所以出现这种现象是因为要保持商品价格不变,生产要素的价格也要保持不变;而要保持生产要素价格不变,在生产产品的过程中劳动对物质资本的比率以及劳动和物质资本的生产率也要保持不变;而要保持劳动对物质资本的比率不变,在劳动增加的情况下只能增加劳动密集型产品的产量和减少资本密集型产品的产量。[①] 但是,罗伯津斯基原理是在严格的假定条件下提出来的,一个国家一种生产要素的增加将会改变这种生产要素与其他生产要素的相对价格,从而改变不同生产要素密集型的产品的相对价格。因此,商品的价格不可能是不变的。

如果某种生产要素的增加导致出口商品比进口商品以更大的幅度增加,那么进出口贸易将会扩大;反之,进出口贸易将会缩小。这就是说,如果一个国家出口劳动密集型产品,假如该国劳动的增加导致劳动密集型产品产量的增加要大于物质资本密集型产品,那么该国进出口贸易将会扩大;反之,将导致该国进出口贸易缩小。

如果该国进出口商品数量不大,对进出口商品的价格没有什么影响,那么进出口贸易的扩大将增进该国的社会福利,进出口贸易的缩小将减少该国的福利。但是,如果该国进出口商品数量较大,对进出口商品的价格将产生影响,那么进出口贸易的变化对该国社会福利的影响取决于贸易条件效应和财富效应。贸易条件效应是指进出口贸易的变化对进出口商品交换比率的影响。当一个国家增

---

① T. M. Rybczynski, "Factor Endowments and Relative Commodity Price", *Economica*, November 1955, pp. 336-341.

加进出口商品数量时,出口商品的供给和进口商品的需求增加,该国用更多的出口商品才能交换一定数量的进口商品,该国贸易条件恶化。当一个国家减少进出口商品数量时,出口商品的供给和进口商品的需求减少,该国用更少的出口商品就能交换到一定数量的进口商品,该国贸易条件改善。财富效应是指出口贸易的变化对人均商品数量的影响。如果出口贸易的变化使该国的贸易条件改善而财富效应是正数,那么该国的社会福利提高了;反之,该国的社会福利下降了。但是,如果出口贸易的变化使该国的贸易条件改善而财富效应是负数,或者出口贸易的变化使该国的贸易条件恶化而财富效应是正数,那么该国的社会福利是提高还是改善取决于两者的净影响。①

这些经济学者所说的社会福利是指效用。但在他们看来,效用又是主观的。这样,社会福利只能在理论上用无差异曲线所处的位置来表示,在现实生活中是不可计量的。由于社会福利涉及国际贸易利益的问题,需要在这里专门讨论这个问题。

一个国家为生产而生产,为贸易而贸易是没有意义的。生产和贸易的最终目的是消费,即得到更多的使用价值。但是,使用价值仍然难以计量,因而应该用商品的消费数量来表示。这就是说,社会福利应该用商品的消费数量来表示。当一个国家根据绝对优势或比较优势进行专业化生产,然后与别的国家进行商品的交换时,如果最后商品的消费数量增加了,那么得到了贸易利益;如果最后商品的消费数量没有变化或减少了,那么没有得到贸易利益。在前面分析绝对优势或比较优势所举的例子中,贸易双方最终商品的消费量都增加了,它们都得到了贸易利益。

但是,用商品的消费数量来表示贸易的利益,还存在不同商品使用价值的比较问题。例如,假定一个国家生产 X、Y 两种商品,在实行专业化生产和国际贸易以后,一种商品的消费数量增加了但另一种商品的消费数量减少了,那么它的社会

---

① R. Findlay and H. Grubert, "Factor Intensities, Technological Progress, and International Trade", *Oxford Economic Papers*, February 1955, pp. 111-121; J. N. Bhagwati, "Immiserizing Growth", *Review of Economic Studies*, June 1958, pp. 201-205.

福利是增加还是减少呢？在这种情况下,这两种商品可以用它们的国内市场价格的比率来比较。市场价格受到市场供给和需求的影响,它包含了消费者对该商品的使用价值的判断。继续上面的问题,假定商品 X 的市场价格是商品 Y 的 2 倍,如果该国在实行专业化生产和国际贸易以后,商品 X 的消费数量减少了 1 个单位,但商品 Y 的消费数量增加了 3 个单位,就可以认为该国的社会福利是增加了。

三、流动状态下生产要素的变化与国际贸易

这里所谓流动是指生产要素可以在国家与国家之间流动。劳动力、技能、物质资本的流动对国际贸易产生不同的影响。

1. 劳动力的流动对国际贸易的影响

劳动力的流动分为短期劳动力流动和长期劳动力流动。短期劳动力流动是指在短期内到国外就业所导致的劳动力的流动,它具有多种形式,如个人取得旅游签证到外国从事一段时间的工作,通过双方公司的协议派出工人到外国从事某种特定的工作,本国公司在外国承接了工程以后派出工人从事该工程的建造等等。长期劳动力流动是指移民所导致的劳动力的流动。

短期劳动力的流动对国际贸易产生两方面的影响:一是它本身也是一种贸易。如果将国际贸易划分为生产要素的贸易和物品与劳务的贸易,那么劳动力的贸易属于生产要素的贸易。当然,物质资本既是生产要素也是物品,但从它的功能来看应属于生产要素的贸易。劳动力的贸易将使输出劳动力的国家得到工资收入。二是它改变了东道国生产要素的禀赋。输入劳动力的国家往往是劳动力缺乏的国家,劳动力的流入将增加该国劳动力的供给,从而会在一定程度上缓和它在劳动密集型产品贸易中的绝对劣势或比较劣势的地位。但是,从目前短期劳动力的流动情况来看,发展中国家的劳动力流向发达国家,主要是从事东道国不愿意从事的工作,如保姆、清扫、建筑等工作,而从事这些工作所提供的劳务和产品是非贸易的,因而对国际贸易没有什么影响。

长期劳动力的流动不是一种劳动力的贸易,它将影响到东道国生产要素的禀赋,从而影响到东道国的国际贸易。近代以来最大的移民浪潮发生在 20 世纪

初期,大量的欧洲移民流向美国、加拿大、澳大利亚,推动了这些国家劳动密集型产业如种植业的发展,使这些国家成为粮食的出口国。但是,到 20 世纪 20 年代,美国、加拿大等国家开始对移民进行限制。20 世纪 50 年代,欧洲国家也对移民进行限制。虽然移民还在不断地发生,但由于各国对移民的严格限制,移民难以对生产要素的禀赋,从而对国际贸易产生明显的影响。

2. 技能的流动对国际贸易的影响

技能的流动同样分为短期技能流动和长期技能流动。短期技能流动是指聘请外国的科学技术人员或熟练工人来本国短期工作,或者吸收外国的硕士研究生、博士研究生、博士后研究人员、访问学者参与科学研究工作所导致的技能的流动。长期技能流动是指技术人才通过移民方式发生的技能流动。20 世纪 50 年代以后,特别是 80 年代以后,发达国家对普通移民采取越来越严格的限制的同时,对技术人才的移民却采取比较宽松的政策,使移民的结构发生了有利于技术人才的变化。

正如前面所指出的,第三次科学技术革命所产生的产业大多数是技能密集型或技能和资本密集型产业,不论是短期还是长期技能的流入,都增强了东道国在新兴产业的竞争力,从而有利于这些国家新兴产业产品的出口。由于发达国家经济发展水平较高,工资水平也较高,大量的技能从发展中国家流向发达国家,使本来在新兴产业的发展中走在前面的发达国家具有更大的优势。

在各个发达国家中,美国是吸引技能流入最成功的发达国家。美国鼓励技术人才流动的政策、优越的研究条件、较高的生活水平,使世界各国的技术人才流向美国,使其科学技术水平始终处于世界各国的前列。在美国吸引技能流入的过程中,高等学校发挥了重要的作用。美国的高等教育比较发达,吸引了大量的外国留学生。这些留学生在学期间就参加导师的研究工作,毕业以后又大批留在美国工作。这样,其他国家,特别是发展中国家以义务教育等形式支付了技能的培养成本,而美国却得到了技能的效益。以中国为例,据 2003 年《中国统计年鉴》统计,从 1978 年到 2002 年,中国到外国留学的学生为 419777 人,其中大部分人到美国,但同期学成回国的学生为 100097 人,中国为美国等发达国家提供了大量的技能。这种情况在发展中国家是普遍存在的。正如前面所提及的,在美国硅谷高科技公司工作的印度裔美国人就有 30 多万人。正因为这样,美国在高科技产品的贸易中保持着优势的地位。

3.物质资本的流动对国际贸易的影响

从生产要素流出国的角度来看,假定某个劳动力充裕的国家劳动力增加了但是物质资本没有变化,如果增加的劳动力全部流动到国外,那么劳动力的增加对本国的产量没有影响,该国的商品贸易规模和结构没有变化。如果增加的劳动力只是部分流动到国外,那么将会发生劳动对物质资本的替代,劳动密集型产品的增长要快于物质资本密集型产品的增长。这样,它的出口商品的供给增加了而进口商品的需求减少了。假如该国对劳动密集型产品和资本密集型产品的需求按照同样幅度增长,它的贸易条件将会恶化。它的社会福利的变化将取决于贸易条件和财富效应的净影响。假定某个物质资本充裕的国家物质资本增加了但是劳动力没有变化,情况也是如此。

从生产要素流入国的角度来看,假定某个劳动力充裕的国家劳动力增加了但是物质资本没有变化,但是外国的物质资本同时也流入本国,如果流入物质资本与劳动力按照原来的比例增加,那么物质资本的流入将导致该国劳动密集型产品和物质资本密集型产品的产量平衡增加。这样,它的出口商品的供给增加了而进口商品的需求减少了,它的贸易条件的变化取决于出口商品供给增加和进口商品需求减少的净影响,它的福利的变化也取决于贸易条件和财富效应的净影响。如果流入的物质资本多于增加的劳动力,那么将会发生物质资本对劳动的替代,物质资本密集型产品的增长要快于劳动密集型产品的增长。这样,该国的出口商品增加而进口商品减少。假如该国对劳动密集型产品和资本密集型产品的需求按照同样幅度增长,它的贸易条件将会改善,它的社会福利将增加。如果流入的物质资本少于增加的劳动力,那么将会发生劳动对物质资本的替代,劳动密集型产品的增长要快于物质资本密集型产品的增长。这样,该国的出口商品增加而进口商品减少。假如该国对劳动密集型产品和资本密集型产品的需求按照同样幅度增长,它的贸易条件将会恶化,它的社会福利的变化取决于贸易条件和财富效应的影响。

前面在一般意义上讨论了生产要素流入对东道国的对外贸易的影响。实际上,生产要素的流入,特别是物质资本的流入对流入国对外贸易的影响要复杂得多。物质资本的流入主要有两种形式:一是取得外国贷款,然后用于物质资本投资;二是引进外国在本国设厂,进行直接投资。

先来分析取得外国贷款的情形。取得外国贷款并用于物质资本的投资对东道国对外贸易的影响,除了开始会导致机器设备的进口以外,主要取决于物质资本的投向。如果一般地将流入的物质资本均衡地投入到国内不同产品的生产,在假定劳动力没有增加的条件下将导致物质资本对劳动的替代,从而对劳动密集型产品和资本密集型产品的生产产生影响。这种情形在前面已经作了分析。如果将流入的物质资本投入到发展进口替代产业,这将导致与进口竞争的产品的产量的扩大。假定其他条件不变,东道国的进口减少但出口不变,这将导致东道国贸易条件的改善和社会福利的增加。如果将流入的物质资本投入到发展出口导向产业,这将导致出口产品的产量的扩大。假定其他条件不变,东道国的出口增加但进口不变。这里又将有两种情形:一是只将物质资本投入到原来的出口产业,这将导致贸易条件的恶化;二是将物质资本投入到原来不能生产的出口商品,则不会导致贸易条件的恶化。

由此可见,在物质资本跨越国界流动的条件下,如果一个发展中国家能够善于利用外国的资金并能够进行卓有成效的投资,它就能够改变本国资源禀赋的情况,有可能在较短的时间里从一个资本缺乏的国家变为一个资本充裕的国家,从而对这个国家的贸易结构和贸易规模产生影响。

韩国是通过借入外国资金来推动对外贸易和经济发展的一个典型的例子。韩国在经济发展过程中十分注意利用外国的资金来弥补本国资金的不足。从1945年到1996年,韩国取得的外国资金达到553.52亿美元,其中美国的经济与军事援助125.93亿美元,政府贷款215.90亿美元,商业贷款211.69亿美元,远远超过同期外国直接投资132.12亿美元的规模。韩国政府从20世纪60年代开始实行出口导向的发展战略。从20世纪60年代初期到70年代中期,主要生产和出口劳动密集型产品。70年代中期到80年代末期,主要生产物质资本密集型的家电产品、重工产品和化工产品。90年代以后则主要生产和出口技术和资本密集型的汽车和电子产品。与此同时,政府利用财政、金融、税收政策扶持大型和超大型企业来参与国际竞争。

50多年来,韩国的对外贸易取得了长足的发展。1971年,韩国的进出口贸易在世界上居第38位。到1997年,韩国的进出口贸易已经居世界第12位。在20世纪60年代初期,韩国的出口商品主要是农产品、水产品、矿产品,第一产业的产品出口额占了出口总额的49.3%。在20世纪90年代末期,韩国的出口商品主要是半导体、汽车、石化产品、船舶、金属矿物、计算机、人造纤维、钢铁,这些产品的出口额接近出口总额的50%。韩国财政部和韩国产业银行曾经研究了商业贷款对韩国进出口贸易的影响:从1981年到1991年,商业贷款直接导致出口的增加是27.7亿美元,间接导致出口的增加是8.8亿美元,直接导致进口的增加是20.7亿美元,间接导致进口的增加是8.6亿美元,由此产生的贸易顺差是7.2亿美元。

　　再来分析引进外国直接投资的情形。引进外国直接投资对东道国对外贸易的影响取决于外国直接投资的投向。如果外国直接投资是投向贸易加工型企业,即进口原材料或半产品进行加工,然后再出口到外国的企业,那么外国直接投资在名义上导致东道国对外贸易规模的扩大,但并没有给东道国带来多少贸易利益。它给东道国带来的利益主要是加工费、场地租金、税收等。如果外国直接投资是投向于进口竞争产业,将会产生对进口产品的替代。假定其他条件不变,东道国的进口减少而出口不变。这将导致东道国贸易条件的改善和社会福利的增加。如果外国直接投资是投向出口产业,将会导致出口规模的扩大。假定其他条件不变,东道国的出口增加而进口不变,东道国贸易条件将恶化。它的社会福利的变化取决于贸易条件变化和财富效应的净影响。如果外国直接投资是投向东道国生产规模不大的新兴产业,那么将导致东道国出口的增加和进口的减少,从而带来贸易条件的改善和社会福利的增加。

　　中国是引进外国直接投资来推动经济发展的一个典型的例子。中国原来是一个物质资本十分缺乏而劳动力十分充裕的国家,它在经济发展过程中同样注意利用外国的物质资本加快经济的发展。从1979年到2002年,中国借入的外国贷款为1471.57亿美元,引进的外国直接投资是4462.55亿美元。如果说韩国在引进外国资金方面主要利用取得外国贷款的方式,那么中国则主要采用引进外国直接投资的方式。2003年,中国已经成为当年引进外国直接投资最多的国家。

　　随着经济的迅速发展,中国一跃成为世界上的贸易大国。中国的进出口贸易在 1978 年只有 206.4 亿美元,到 2005 年已达到 14221 亿美元。中国的对外贸易 1980 年居世界第 26 位,到 2006 年已经居第 3 位。在中国的进出口贸易中,外商投资企业的进出口贸易已经占了较大的比重,如表 6 - 3 所示。很明显,外国的直接投资对中国的对外贸易起到了重要的推动作用。

表 6 - 3　在中国的外商投资企业进出口所占比重　　　　单位:万美元

年　份	项　目	中　国	外商投资企业	所占比重(%)
2000	进出口	47429000	23671390	49.91
	出　口	24920000	11944121	47.93
	进　口	22509000	11727269	52.10
2001	进出口	50965000	25906106	50.83
	出　口	26610000	13321810	50.06
	进　口	24355000	12584296	51.67
2002	进出口	62077000	33023948	53.20
	出　口	32560000	16998509	52.21
	进　口	29517000	16025439	54.29
2003	进出口	85099000	47216996	55.48
	出　口	43823000	24030598	54.84
	进　口	41276000	23186398	56.17
2004	进出口	115455000	83163864	72.03
	出　口	59332000	44418252	74.86
	进　口	56123000	38745612	69.04
2005	进出口	142191000	83163864	58.49
	出　口	76195000	44418252	58.30
	进　口	65995000	38745612	58.71
2006	进出口	176040000	103626949	58.87
	出　口	96894000	56377905	58.19
	进　口	79146000	47249044	59.70

资料来源:中华人民共和国国家统计局:《中国统计年鉴》,中国统计出版社,2004 年至 2007 年。

　　取得外国贷款和引进外国直接投资都会对东道国的对外贸易产生影响,但是它们给流入国带来的贸易利益却存在着差异。由于取得外国贷款可以自主地进行投资,它通常被投入到本国亟待发展的产业,在一般的情况下可以得到较多的贸易利益。但是,取得外国贷款进行投资将承担投资风险。如果借入的外国资金较多,投资的效率又不高,将很容易发生债务危机。引进外国直接投资则通常伴随着进口和出口的同时增加,而主导进口和出口并获的利润的是外国厂商,东道国得到的贸易利益不多。但是,外国直接投资是由外国厂商承担投资风险,东道国可以得到增加就业和租、税收入的利益。

四、生产过程中生产要素比例的变化与国际贸易

关于生产商品的生产要素比例的变化对国际贸易的影响,弗农的产品生命周期理论具有代表性。弗农认为,一种产品从产生到标准化形成一个生命周期,并将它分为产品创新阶段、产品成熟阶段、产品标准化阶段。在这个周期的不同阶段,生产这种产品的生产要素的比例是变化的。

在产品创新阶段,产品的设计需要完善,产品的质量需要改进,工艺流程需要定型,因而需要投入大量科学家、工程师、熟练工人的劳动,产品是技术密集型的。由于发达国家技术水平较高。产品创新往往首先出现在发达国家。当这种新产品投放到国际商品市场时,别的国家的生产者还难以模仿这种产品,发生创新的国家的生产者在国际商品市场上处于垄断地位,它向其他国家销售该产品。

在产品成熟阶段,产品的设计和工艺已经定型,专用的生产设备已经制造出来,产品进入大规模的生产阶段。因此,产品的生产已经不需要再投入大量科学家、工程师、熟练工人的劳动,只需要能够掌握生产技术的半熟练工人的劳动,产品从技术密集型产品向资本密集型产品转变。另外,由于产品投放国际商品市场已经有相当长的时间,别的国家的生产者已经开始仿制。由于别的国家生产这种产品不需要投入大量的研究与开发费用,销售这种产品也不需要支付运输费用和关税,因而成本比发生创新的国家要低,它们开始在本国市场与创新国的产品相竞争。

在产品标准化阶段,产品已经标准化了,不但一般的发达国家掌握了生产技术,一些发展中国家也开始掌握了生产技术,产品的生产开始向一般发达国家,甚至发展中国家转移。由于专用生产设备相当完善,劳动的熟练程度已经不重要,产品更加具有资本密集型的特点。其他国家生产的产品不仅在本国市场与发生创新的国家的产品相竞争,而且在第三国市场与发生创新的国家的产品相

竞争,甚至在发生创新的国家的市场与该国的产品相竞争。

产品生命周期的分析意味着在产品从创新走向标准化的过程中,生产商品的生产要素的比例在不断地变化。产品从技术密集型向技术和资本密集型、资本密集型转变。

弗农根据产品生命周期的分析指出了制成品的贸易变化过程。从新产品的需求角度来看,由于美国的人均收入水平较高,对新产品的需求强度较高;美国的劳动力成本较高,对先进设备的需求强度也较高。从新产品的供给角度来看,由于美国的科学技术水平较高,研究和开发的实力较强,因此,新产品的创新一般发生在美国。在第一阶段,产品处于创新时期,美国生产全部新产品,新产品从国内市场扩展到加拿大、欧洲和日本的市场。在第二阶段,产品处于成熟阶段的前期,欧洲开始生产新产品,加拿大、欧洲和日本与美国新产品的技术差距在缩小,它们在本国市场与美国产品竞争。但美国仍控制着新产品的市场,并开始将新产品销往发展中国家。在第三阶段,产品处于成熟阶段的后期,美国在新产品的技术优势开始丧失,加拿大、欧洲和日本不仅将美国产品排挤出本国市场,而且在发展中国家市场与美国产品竞争并占据了优势。在第四阶段,产品处于标准化阶段前期,加拿大、欧洲和日本开始在美国市场与美国产品竞争,美国逐渐成为净进口国。而发展中国家开始生产这种产品,并且在本国市场上与加拿大、欧洲和日本竞争,并逐渐将这些国家的产品排挤出本国市场。在第五个阶段,产品完全标准化了,加拿大、欧洲和日本的竞争实力开始削弱,发展中国家的产品在美国、加拿大、欧洲和日本的市场与欧洲国家的产品展开竞争,并成为该产品的净出口国。[1]

弗农的产品生命周期理论的意义在于它描述了新产品从创新、成熟到标准化的过程中生产该商品的生产要素比例的变化,从而解释了许多产品的国际贸易的变化。这样,一个国家创造出一种新产品以后,它在这种产品的贸易中有可能经历超绝对优势或超比较优势、绝对优势、比较优势到比较劣势的变化,它也

① Raymond Vernon,"International Investment and International Trade in the Product Cycle",*Quarterly Journal of Economics*,May 1966 , pp. 197-207.

从这种产品的完全出口国、净出口国到净进口国的变化。但是,在弗农的产品生命周期理论中,我认为下述问题值得进一步讨论:

第一,在产品的生命周期中,由于产品的多样性,产品不仅仅是从技术密集到资本密集的转变,也可能发生从技术密集到劳动密集的转变,或者技术密集到一定技能劳动密集的转变。在新产品的创新阶段,确实要大量科学家、工程师、熟练工人的劳动,产品一般是技术密集型的。但是,在产品成熟阶段或标准化阶段,有的产品不得不依赖劳动或一定技能的劳动,产品未必是资本密集型的,而可能是劳动或一定技能劳动密集型的。

以软件的开发为例。创造出一个新的计算机操作系统或计算机语言并以此为基础开发应用软件需要投入大量高技能的劳动,该产品是技术密集型产品。但是,当这个系统或语言被人们掌握以后,并不需要投入很多资本,只要投入具有一定技能的劳动,就可以不断地开发出新的应用软件。这样,该产品从技术密集型成为一定技能密集型产品。

第二,在产品的成熟和标准化阶段,产品的生产将会发生转移。但是,转移有两种方式:一种方式是别的国家逐渐掌握了这项技术,开始在本国生产这种产品;另一种方式是发生创新的国家在将产品的生产转移到别的国家,在别的国家生产这种产品。

如果是前一种方式,产品的生产转移到哪一个国家取决于这个国家生产要素的特点,未必按照最发达国家、发达国家、发展中国家这个梯次进行。仍以软件的开发为例。许多计算机操作系统或计算机语言是美国创造的,最初以这些系统或语言开发新的应用软件也是在美国进行的。但是,当利用这些系统或语言从事软件开发进入成熟阶段以后,需要投入大量的掌握计算机技术的劳动力。由于印度拥有充裕的软件开发人才,它一跃成为计算机软件的生产和出口大国,计算机软件的出口量仅次于美国而居世界第二位。

如果是后一种方式,由于发生创新的国家进行直接投资,东道国的资本是否充裕并不重要,产品的特点和东道国的市场成为重要的因素,生产的转移也未必按照最发达国家、发达国家、发展中国家这个梯次进行。如果产品是劳动密集型产品,创新国有可能在劳动力充裕的发展中国家生产这种产品,然后销往世界各国;如果发生创新的国家需要突破某个发达国家的贸易壁垒,它可能选择在这个国家进行生产。

第三,在产品的生命周期中,发生创新的国家始终获得丰厚的利润。按照弗农的描述,作为发生创新的国家的美国最终似乎成为受害者:美国创造了一种新产品,但最后它不得不进口这种新产品。实际上,发生创新的国家得到巨大的贸易利益。在产品的创新阶段,发生创新的国家垄断了新产品的生产,其他国家不得不购买在本国不能生产的这种产品,发生创新的国家获得了垄断利润。在产品的成熟和标准化阶段,当别的国家生产这种产品时,它们不得不向发生创新的国家交纳高额的专利权费、特许权费等费用。这就是说,即使当发生创新的国家最终成为新产品的净进口国的时候,它始终是这种新产品的专利权和特许权的出口国。

例如,微波炉、播放机、移动电话等电器产品已经进入成熟或标准化阶段,中国成为这些产品的生产和出口大国。但是,中国每生产一件这样的电器,都要向发达国家交纳各种专利费和特许费。作为生产和出口国的中国只得到了微薄的利润。

以 DVD 播放机的生产为例。据报纸报道,中国企业每生产 1 台 DVD 播放机,需要向日立、松下、JVC、三菱、东芝、时代华纳各公司支付 4 美元专利费,向索尼、先锋、飞利浦各公司支付 3.75 美元专利费,向汤姆逊公司支付 1 美元专利费,向迪提斯公司支付 10 美元专利费,向杜比公司支付 2.37 美元专利费,共支付 23.7 美元专利费。不论 DVD 播放机的市场价格发生什么变化,这些费用照交不误,中国的企业只获得了微薄的利润。

再以手机的生产为例。据《IT 时代周刊》报道,美国高通公司向中国联通公司转让不同于 GSM 技术的 CDMA 手机技术,至少收三重费用:首先是生产手机的厂商要取得 CDMA 手机的开发授权,必须缴纳知识产权转让授权费用;其次是生产手机的厂商要生产 CDMA 手机,必须要购买高通公司的芯片,而 CDMA 芯片价格高于 GSM 芯片价格 30%;再次,生产手机的厂商要得到芯片升级支持的软件,每一次支付的授权费用达数十万美元。正是如此高额的专利权费和特许权费,阻碍了 CDMA 手机在中国的推广。

美国高通公司最喜欢讲"韩国 CDMA 手机"的故事:韩国公司采用高通公司的 CDMA 手机技术以后,不仅基本占据了国内 CDMA 系统的市场,而且还占据世界 CDMA 手机出口额的 78%。但是，韩国公司却不认为高通公司给它们带来多大的利润。由于高比例的专利权费和特许权费，真正获得高额收益的是高通公司而不是韩国公司。[①]

因此，经过适当调整的产品生命周期理论可以表述如下：产品的生命周期分为产品创新阶段、产品成熟阶段、产品标准化阶段。在产品创新阶段，需要投入大量的科学技术人员的劳动和高额的研究和开发经费，创新往往发生在发达国家，所形成的产品是技术或技能密集型产品，发生创新的国家在该产品的贸易中具有超比较优势。在产品成熟阶段，新产品的生产方法已经基本定型，根据产品的性质需要投入物质资本，或者一定技能的劳动，或一般的劳动，新产品成为物质资本密集型，或一定技能密集型，或劳动密集型产品。别的国家掌握了这种产品的生产方法，并根据本国的生产要素的特点取得了绝对优势或比较优势，开始与发生创新的国家展开竞争。发生创新的国家在该产品的贸易中从超绝对优势或超比较优势转变为绝对优势或比较优势，但它得到技术转让的收益。在产品标准化阶段，新产品的生产方法已经成熟，有更多的国家掌握了新产品的生产方法，根据本国生产要素的特点最适合于生产这种产品的国家具有绝对优势或比较优势，它们向世界各国出口这种产品。创新国有可能失去在这种产品贸易中的绝对优势或比较优势，但它继续获得技术转让或专利的收益。也就是说，发生创新的国家仍然是该产品的主要收益者。

第二节　竞争优势的变化对国际贸易的影响

一、影响竞争优势的综合因素

前面的分析表明，国际贸易的原因是绝对优势或比较优势，而绝对优势或比

---

① 《IT 时代周刊》，2004 年 3 月 20 日，第 25—31 页。

较优势的原因是一定的生产条件下各国生产要素的禀赋。实际上，绝对优势或比较优势就是国际商品市场上的竞争优势。但是，竞争优势的形成和变化除了生产要素禀赋的特点和变化以外，还存在别的因素。关于这方面的分析，波特的国家竞争优势理论具有启发意义。

按照波特(M. E. Porter)的看法，在国际贸易中，一个国家的竞争优势取决于生产要素、国内需求、相关产业和竞争状况四个因素。首先，波特将生产要素分为基本要素和高级要素，基本要素是指自然赋予的或比较容易获得的生产要素，如自然资源、劳动力等；高级要素是指需要投资或培养才能获得的生产要素，如技术、人才等。与基本要素相比，高级要素对于国家竞争优势的形成具有更加重要的意义。其次，波特认为，企业一般先从国内需求来组织生产，在国内是否存在有利于国际竞争的需求，也是形成国家竞争优势的重要因素。在这里，有利于国际竞争的国内需求是指国内的需求带有全球性、超前性、严格性。在具备这些特点的国内需求的引导下，企业的产品将具有较强的国际竞争力。再次，波特提出，一个产业的国际竞争力取决于其相关产业，即存在纵向和横向联系的产业。例如，先进的上游产业可以为该产业提供高质量低成本的原料、材料、设备，发达的同类产业可以使该产业更容易获得市场信息和新的技术，并可以产生一种群体的优势。最后，波特指出，企业对外国竞争者的优势会使它的发展动力减弱，但国内激烈的竞争将迫使它不断地改进经营管理，采用更新的技术，从而使它对外国的竞争者保持竞争的优势。

在提出了决定国家竞争优势的因素以后，波特分析了国家竞争优势的变化过程。他将一个国家的优势产业参与国际竞争的过程划分为四个阶段：第一个阶段是要素驱动阶段。在这个阶段中，国家的竞争优势取决于它在生产要素上的优势，如是否拥有廉价的劳动力、丰富的自然资源等。各个国家可以利用其生产要素的优势生产出具有价格竞争力的产品。按照波特的标准，目前发展中国家和一些自然资源丰富的国家如加拿大和澳大利亚处于这个阶段。第二个阶段是投资驱动阶段。随着产品逐渐标准化，能否进行大规模的生产将影响着一个国家的竞争优势。一些拥有充裕的物质资本的国家通过大规模的投资来扩大生产，建立起产品的竞争优势。按照波特的标准，目前少数发展中国家进入这个阶段。第三个阶段是创新驱动阶段。在这个阶段,能否成功地研究和开发出新的产品,将决定一个国家的竞争优势。一些科学技术水平较高,技术人才充裕的国家不断地进行技术创新,形成了竞争优势。按照波特的标准,英国在 19 世纪上半期就进入这个阶段,美国、德国等国家在 20 世纪上半期进入这个阶段,日本、意大利等国家在 20 世纪 70 年代进入这个阶段。第四个阶段是财富驱动阶段。在这个阶段,资本积累转向资本保值,长期投资不足,企业开始失去竞争优势。一方面是富裕的,另一方面又是衰落的。按照波特的标准,英国已经进入这个阶段,美国和德国在 20 世纪 80 年代也开始进入这个阶段。

波特认为,一个国家要具有竞争优势,它的主导产业和企业必须具有竞争优势。而主导产业和企业要具有竞争优势,必须使主导产业和企业具有创新机制。创新机制包括微观竞争机制、中观竞争机制、宏观竞争机制。微观竞争机制是指企业之间充分的竞争可以促使企业提高劳动生产率,从而保持企业的活力。中观竞争机制是指一个企业向前、向后以及旁侧关联企业的相互促进,从而推动该企业的发展。宏观竞争机制是指前面提到的决定国家竞争优势的四个因素,即生产要素、国内需求、相关产业和国内竞争。①

波特国家竞争优势理论的意义在于它在更广泛的范围分析影响国际贸易竞争优势的因素。这就是说,不仅各国生产要素的状况影响国际贸易的竞争优势,而且许多因素如国内需求、相关产业、竞争状况都会对国际贸易的竞争优势产生影响。尽管波特对国家竞争优势的四个阶段的分析有值得商榷的地方,但他从历史的过程分析了一个国家竞争优势的变化。当世界各国从农业社会走向工业社会的初期,物质资本并不都是充裕的。这就是说,物质资本的积累是长期经济发展的结果。从静态的截面来看,各个国家的生产要素的禀赋是不同的。但是从动态的历史过程来看,各个国家生产要素的禀赋不同在很大程度上是经济发展的结果。波特的分析能够表现国家竞争优势变化的过程。

显然,影响竞争优势的因素是很多的,波特指出的是他认为最重要的因素。实际上,除了生产要素这个公认的因素以及波特提出的其余因素以外,许多影响

---

① M. E. Porter, *The Competitive Advantage of Nations*, New York: Free Press, 1990.

企业发展的因素都会对竞争优势产生影响,如经济体制、企业制度、企业治理、政府政策、法律环境等等。另外,波特提出的国家竞争优势的四个阶段也有可探讨的地方。首先,他把第一个阶段称为要素驱动,把第二个阶段称为资本驱动,但资本也是生产要素。其次,如果世界各国最终都要走向财富驱动阶段,那么世界经济将最终趋向衰退。

既然存在影响国家竞争优势的因素,那么在这些因素的作用下,不同的国家在不同的经济发展时期会发生不同的竞争优势的变化。在某一个历史时期,一些国家的贸易竞争力可能超越另一些国家;在另一个历史时期,这些国家的贸易竞争力可能会被另一些国家超越。但是,被超越的国家并不意味着从此走向停滞。古中国、古印度、古罗马、古希腊曾经创造了农业文明,当时它们的商品对其他国家具有竞争优势。但是到了近代,英国、法国、美国、德国等国家创造了工业文明,它们超越了那些曾经具有竞争优势的国家。但是,现在具有竞争优势的国家在未来同样有可能被别的国家超越。

实际上,从历史的进程和现在可以预见的将来来看,国家竞争优势经历四个阶段,它们分别是经验驱动阶段、资本驱动阶段、技术驱动阶段、技能驱动阶段。

在第一次科学技术革命以前,也就是在机器大工业出现以前,从时间跨度来说是18世纪70年代以前,属于经验驱动阶段。在这个阶段,工匠们从长期的劳动中积累了操作的经验,这种经验决定了一个国家的竞争优势。例如,如果某些国家的工匠比较熟练,生产出来的产品不但质量高而且数量多,这些国家在这些工匠制作的产品的贸易中就具有竞争优势。另外,各个国家的自然资源的特点是不一样的,如果某些国家拥有丰富的或特有的某种自然资源,它们在这些自然资源产品的贸易中就具有竞争优势。虽然不同的国家在不同的产品的贸易中具有竞争优势,但是总有某些国家从整体来说领先于别的国家而具有竞争优势。

第一次科学技术革命以前到第三次科学技术革命发生,从时间跨度来说是18世纪70年代到20世纪70年代,属于资本驱动阶段。机器大工业出现以后,在商品的生产过程中对物质资本的需求大量增加。那些从封建主义生产方式向资本主义生产方式转变,并在转变的过程中成功地完成了资本原始积累的国家,就取得了竞争的优势。例如,17世纪中期,英国爆发了资产阶级革命,促进了英国从封建主义生产方式向资本主义生产方式转变。与此同时,通过殖民掠夺和圈地运动,完成了资本的原始积累。这样,在资本驱动阶段,英国利用它的先进的生产方式和雄厚的物质资本确立了它的竞争优势。

第三次科学技术革命发生到现在,即20世纪70年代到现在,属于技术驱动阶段。在这里,技术主要是指与物质资本相结合的技术。随着科学技术的发展,新产品的创新不断出现,技术在商品生产过程中的重要性迅速提高。在这个阶段,那些在科学技术的发展中居于前列,产品的创新不断涌现的国家取得竞争的优势。例如,在这个时期,美国是世界上科学技术发展水平最高的国家,也是将科学技术运用到生产过程最成功的国家,美国也就取得了明显的竞争优势。

目前,技能驱动阶段还没有到来,但是它正在临近。在这里,技能主要是指与人相结合的技术。随着科学技术的深入,出现了越来越多这样的新产品,它们并不需要投入大量的物质资本,但是它们需要投入大量的经过良好的教育和训练的高技术人才。例如,目前的软件产业、生物产业等新兴产业已经表现出这样的特点。在这个阶段,哪个国家在科学技术的发展处于先进水平,在人才的培养和技能的积累上领先于别的国家,它就将取得竞争优势。从目前的情况看,美国仍可能在技能驱动阶段具有竞争优势。

在竞争优势形成和变化的过程中,哪个国家影响竞争优势的诸因素更能适应社会生产力发展的要求,它就取得竞争的优势;反之,它就失去竞争的优势。因此,竞争优势并不是一成不变的。失去竞争的优势只是意味着相对的衰落而不是绝对衰落。

上面关于竞争优势的分析与产品生命周期的分析是不同的。产品生命周期的分析主要从一种产品从出现到成熟所需要的生产要素的变化,来说明在这种产品生产和贸易中绝对优势或比较优势的变化。而竞争优势的分析主要从长期的经济发展过程中,说明生产过程的性质和特点发生变化所导致的竞争优势的变化。

第六章 国际贸易的变化和发展

二、政府在创立竞争优势中的作用

在影响竞争优势的各种因素中,政府是一个重要的因素。从发达国家的角度来说,由于在部分经济领域存在市场调节失灵的情况以及市场对宏观经济调节中表现出盲目的弱点,在第二次世界大战以后,发达国家已经加强了政府对经济的干预,政府在经济中发挥了重要的作用。另外,在科学技术的发展过程中,市场也在进行选择和调节,从社会需求方面不断推动科学技术的进步。但是,市场对科学技术的调节过程是比较缓慢的。因次,也需要政府引导科学技术的研究,通过科学技术的供给来创造新产品的需求。对于发展中国家来说,它们在整体上处于竞争劣势的地位。当发达国家已经进入了技术驱动阶段的中期或后期,大多数发展中国家还处于资本驱动阶段的初期或中期。因此,它们更需要通过政府的作用,在某个产业集中资本或技能,以取得局部的竞争优势。

在第二次世界大战以后,一些后进的国家追赶先进的国家,形成整体的竞争优势或局部的竞争优势,都与政府的作用是分不开的。

以日本为例。日本在 19 世纪 60 年代明治维新以后,走上了资本主义的道路,建立起了近代的大工业,经济发展已经达到较高的水平。但是,与美国、英国、德国等国家相比,日本经济还比较落后。第二次世界大战以后,在政府的积极推动下,日本经济迅速增长,在国际贸易中形成了竞争优势。按照日本学者的看法,日本政府是以"改革者、教育者、计划者和金融家"的身份出现的。[1] 它一开始就提出了"贸易立国"的方针,采取强有力的产业政策在不同的时期扶持不同的产业的发展,如提供国内外经济信息,提示产业发展方向,实现关税与非关税的保护,优先采购本国产品,实施优惠的税收制度,官民共同进行研究开发,甚至供给低价的原材料等等,来促进产业的发展。在政府的推动下,日本迅速地形成了竞争优势。日本在 20 世纪 50 年代出口的主要是纺织品等劳动密集型产

---

[1]　吉元国生:《面对西方的挑战——日本成功之道》,黄钢译,中国城市出版社 1991 年版,第 41、147 页。

品,在60年代转向出口钢铁、船舶、化学制品等资本密集型产品,在70年代开始出口汽车、机械等资本和技术密集型产品,到了80年代以后出口电子产品、新材料等技术密集型产品。在国际贸易中,日本的竞争力已位于世界各国的前列。

再以韩国为例。韩国曾受日本36年的殖民统治,后来又经历3年的朝鲜战争。在20世纪50年代,韩国是一个典型的落后国家。为了推动经济的发展,韩国政府在60年代提出了"出口第一主义"的口号,并实施了一系列强有力的措施来促进出口。贸易竞争国政府实行的鼓励出口的制度,韩国政府都要实行;贸易竞争国政府没有实行的鼓励出口的制度,韩国政府也要实行。韩国政府实行的制度包括:给予新产品出口商一定期限的出口垄断权,根据出口的表现给予高利润的进口权,对出口商品给予直接补贴,对出口商品的生产和销售减免税收,对出口商品的生产和销售提供优惠贷款,如此等等。另外,韩国政府还直接培育出口产业的发展。首先,韩国政府选择具有比较优势、能够扩大就业、对其他产业影响较大的产业作为重点支持的产业。其次,韩国政府对于选定的产业给予一系列的优惠待遇,如对这些产业原材料的进口提供优惠贷款,对这些产业机器设备的进口提供财政支持,对这些产业的生产和销售给予税收优惠,对这些产业进出口商品给予关税优惠,对外国专家来韩国工作和技术工人的培训给予资助等等。在政府的主导下,韩国在部分产品的贸易中形成了竞争优势。韩国的船舶、化纤、钢铁、电器、汽车的出口额列世界前十位。

由此可见,政府对于国家竞争优势的形成,特别是对于发展中国家竞争优势的形成发挥了重要的作用。但与此同时,政府介入经济过多、过深和过于直接也带来了一系列的问题。其中最严重的问题是国会议员和政府官员的腐败。政府广泛和直接地参与社会资源的配置使行政权力在经济活动中具有一定程度的支配作用,从而使钱权交易的可能性大大增加。在这样广泛和深厚的基础上,即使建立了严格的监督制度,也难以有效地抑制腐败现象的发生。在日本、韩国等政府主导的国家里,腐败现象要明显多于具有相似政治体制的非政府主导的国家。握有立法权的议员、掌管行政权的官员和商业界的财团相互勾结,形成臭名昭著的"铁三角",导致政治的落后和风气的败坏。

第七章　组织内、产业内和企业内贸易

第一节　组织内贸易

一、组织内贸易的发生

组织内贸易是指区域经济一体化组织内的国际贸易。在马克思生活的时代里,区域经济一体化的组织还没有出现,因而马克思没有关于区域经济一体化组织成员国之间贸易的论述。本章中笔者将从组织内贸易的现实出发,在分析和评论经济学者的有关研究成果的基础上,来探讨组织内贸易的现象。

在第二次世界大战以后,为了获得更多的国际贸易利益,许多国家相继建立了区域经济一体化组织。区域经济一体化组织的主要形式包括:第一,自由贸易区。自由贸易区是指两个或两个以上的国家或经济体达成协议,相互取消进口关税和非关税壁垒,但对外仍保留各自的进口关税和非关税壁垒的组织。第二,关税同盟。关税同盟是指两个或两个以上的国家或经济体达成协议,相互取消进口关税和非关税壁垒,对外实行统一的进口关税和非关税壁垒的组织。第三,共同市场。共同市场是指两个或两个以上的国家或经济体达成协议,相互取消进口关税和非关税壁垒,对外实行统一的进口关税和非关税壁垒,生产要素可以相互自由流动的组织。第四,经济联盟。经济联盟是指两个或两个以上的国家或经济体达成协议,相互允许商品和生产要素自由流动,实行共同的经济政策,对外实行统一的进口关税和非关税壁垒的组织。

在当今的国际贸易中,很大的一部分贸易是区域经济一体化组织内的国际贸易。表7-1表明了世界主要的区域经济一体化组织内的贸易情况。从表中可以看到,欧洲联盟和北美自由贸易区内部的国际贸易额已经占了世界贸易额的1/3强。

表7-1 2003年组织内出口贸易额 单位:亿美元

区域经济一体化组织	出口额	占世界出口额比例(%)
欧 洲		
欧洲自由贸易联盟(EFTA)(15国)	10.27	0.01
欧洲联盟(EU)(25国)	20634.50	27.72
欧元区(EZ)(12国)	12269.17	17.71
美 洲		
安第斯共同体(ANCOM)(5国)	47.81	0.06
中美洲共同市场(CACM)(5国)	32.88	0.04
加勒比共同体(CARICOM)(15国)	15.38	0.02
美洲自由贸易区(FTAA)(34国)	8412.64	11.30
拉丁美洲一体化协会(LAIA)(12国)	431.03	0.58
南部共同市场(MERCOSUR)(4国)	133.83	0.18
北美自由贸易区(NAFTA)(3国)	6512.13	8.75
东加勒比国家组织(OECS)(9国)	0.54	
非 洲		
大西洋国家经济共同体(CEPGL)(3国)	0.15	0.00
东南部非洲共同市场(COMESA)(20国)	18.12	0.02
中部非洲国家经济共同体(ECCAS)(11国)	2.36	0.00
西部非洲国家经济共同体(ECOWAS)(15国)	35.41	0.05
马诺河联盟(MRU)(3国)	0.06	0.00
南部非洲发展共同体(SADC)(14国)	53.45	0.07
中部非洲经济和货币共同体(CEMAC)(6国)	1.57	0.00
西部非洲经济和货币共同体(UEMOA)(8国)	10.43	0.01
阿拉伯马格里布联盟(UMA)(5国)	15.53	0.02
亚 洲		
东南亚国家联盟(ASEAN)(10国)	1022.81	1.37
曼谷协议(BA)(6国)	752.58	1.01
经济合作组织(ECO)(10国)	66.96	0.08
海湾合作委员会(GCC)(6国)	78.64	0.11

第七章 组织内、产业内和企业内贸易

美拉尼西亚先锋集团（MSG）（4 国）	0.34	0.00
南亚区域合作联盟（SAARC）（7 国）	38.69	0.05
国际组织		
亚洲太平洋经济合作组织（APEC）（21 国）	24639.81	33.10
黑海经济合作组织（BSEC）（11 国）	346.68	0.47
独立国家联合体（CIS）（12 国）	376.25	0.51

资料来源：UNCTAD, *Handbook of Statistics*, 2004, p. 34.

二、组织内贸易的原因

区域经济一体化组织内贸易的原因实际上是区域经济一体化组织形成的原因。关于区域经济一体化组织形成的原因具有代表性的研究成果是维纳（J. Viner）的贸易创造理论、西托夫斯基（T. Scitovsky）的大市场理论和小岛清的协议分工理论。

维纳认为，在建立关税同盟以后，成员国之间消除了关税和非关税堡垒，成员国将彼此用低成本的成员国商品来替代高成本的本国商品，从而带来商品价格的下降、消费者需求量的增加和商品贸易量的扩大，使成员国获得更多的贸易利益。对于某种商品来说，尽管这样会导致进口成员国产量的下降和生产者剩余的损失和进口成员国政府关税收入的减少，但是消费者剩余的增加超过了生产者和政府的损失，从总体上将增进经济福利。[①]

西托夫斯基针对当时西欧国家的企业满足于狭小的和受保护的国内市场的情况，提出了小市场恶性循环的问题。他认为，在狭小的市场里，新企业难以进入，市场缺乏竞争，商品价格较高。这样，商品的销售量较少，资本周转率较低。企业为了获得高利润，不得不提高价格，结果陷入了高商品价格、低资本周转率这种恶性循环。在区域经济集团建立以后，分散的和孤立的市场可以统一起来形成一个大市场，企业可以广泛采用专业化的方式进行大批量的生产，从而可以

---

① J. Viner, *The Customs Union Issue*, New York：The Carnegie Endowment for International Peace, 1953.

获得规模经济的利益。另外,大市场的形成还可以促进自由竞争,推动技术的创新,提高生产率。在规模经济和自由竞争的影响下,商品的价格下降,销售量增加,资本的周转率提高,形成低价格、高资本周转率的良性循环。①

小岛清认为,在一个区域内,如果按照比较优势来形成国际分工,利用竞争机制来实现规模经济,并不一定能够给有关国家带来利益。通过自由贸易实现的规模经济将导致生产集中和市场垄断,并带来生产成本递增的现象。要解决这个问题,需要建立区域经济一体化组织,通过协议的方式来实现国际分工,双方侧重于生产不同的商品,并彼此为对方提供市场。这样既得到规模经济的利益,又避免过度竞争的不利影响,使商品的生产成本从长期来看趋向递减。从两个国家的角度来说,协议性的国际分工是指双方达成互相提供市场的协议,一方放弃某种商品的生产而将国内的市场提供给对方,而另一方则放弃另一种商品的生产而将国内的市场提供给对方。这样,通过协议的方式实现了国际分工。决定协议性国际分工的基础不一定是比较优势。即使一个国家所生产的某种商品没有比较利益,也通过协议的方式可以专门生产这种商品。②

毫无疑问,建立区域经济一体化组织的最基本的原因是经济利益。因为现有的区域经济一体化组织主要是贸易组织,或者是从贸易组织发展起来的一体化程度更高的经济组织,所以成员国所追求的经济利益主要是贸易利益。研究区域经济一体化组织形成的原因,实际上是要研究建立区域经济一体化组织为什么可以得到更多的贸易利益。尽管经济学者们努力提出各种有创意的解释,但是斯密的绝对优势学说和李嘉图的比较优势学说已经给出了最基本的回答。

绝对优势学说和比较优势学说在逻辑上是正确的。但是,要在现实的世界里根据这个原则进行国际分工和国际贸易,将存在着一个难以逾越的障碍:贸易利益的分配。在现实的世界里,各个国家的经济发展水平存在很大的差异。这意味着经济发展水平较高的国家在关键性的产业具有绝对优势,而经济发展水平较低的

---

① T. Scitovsky, *Economic Theory and Western European Integration*, London: Allen & Unwin, 1958.

② 小岛清:《对外贸易论》,周宝廉译,南开大学出版社 1987 年版。

国家在非关键性的产业具有比较优势。当然,任何产业对一个国家的经济发展都是重要的,但它们对一个国家经济发展的作用是不一样的。从工业和农业的关系来看,农业是基础性产业,它提供一个民族生存所需要的食品以及为工业提供原材料。但是,工业是主导性产业,它是一个国家走向繁荣富强的关键性产业。工业文明是农业文明所不可比拟的,这是不同时代的文明。正因为这样,任何一个国家要实现经济发展,必须在保证农业发展的前提下迅速走上工业化道路。从工业内部不同的产业来说,在不同的时期有不同的关键产业,这些产业引导着经济发展的方向,决定着社会生产能力。例如,在工业化发展的初期,钢铁工业、化学工业、机器制造业是关键产业。在工业化的成熟阶段,信息产业、生物产业成为关键产业。因此,不同的产业对一个国家的经济发展来说具有不同的作用。

在各国经济发展水平存在很大差异的情况下实现自由贸易,将意味着有的国家专门发展关键产业,而有的国家则专门发展非关键产业。这也就意味着有的国家从国际贸易中会得到很大的利益,有的国家则得到很少的利益;有的国家从短期来看得到利益,但是从长期来看则遭受损害。例如,从发达国家之间的关系来看,由于它们也存在经济发展水平的差异,如果按照绝对优势和比较优势来进行国际分工,经济发展水平较低的发达国家有可能失去发展某些产业的机会,从而对这个国家长期的经济发展造成不利影响。不妨设想一下,如果在 19 世纪上半期德国不用关税来保护它的工业,而与工业化程度最高的英国实行自由贸易,德国就不一定有现在的工业发展水平。再如,从发达国家与发展中国家之间的经济关系来看,由于它们的经济发展水平存在巨大的差异,如果按照绝对优势和比较优势来进行国际分工,那么发展中国家将成为发达国家农产品和工业原料的供给者,发达国家将成为发展中国家工业制品的供给者,发展中国家将难以实现真正的经济发展。也可以设想一下,如果中国从 20 世纪 50 年代开始与发达国家实现自由贸易,也不一定有现在的工业体系。正因为这样,李斯特(F. List)喊出了"财富的生产力比财富本身不知道要重要多少倍"的经典口号。[①] 确实,对于经济发展水平较低的国家来说,自由贸易可以带来更多的财富,但削

---

① 李斯特:《政治经济学的国民体系》,陈万煦译,商务印书馆 1961 年版,第 118 页。

第一卷　商品资本的跨国流动

弱了财富的生产能力,而这种财富的生产能力从长期来看可以生产出更多的财富。

虽然绝对优势学说和比较优势学说所揭示的贸易利益难以在经济发展水平存在很大差异的世界中实现,但是它有可能在经济发展水平相近的区域内实现。对于经济发展水平相近的国家来说,它们的产业优势不是关键产业和非关键产业的优势,而是不同的关键产业的优势。如果在这些国家之间实现自由贸易,不论在短期还是在长期里,彼此都得到相差不大的贸易利益。这是区域经济一体化组织形成的最主要的原因。正因为这样,我们就可以解释为什么区域经济一体化组织一般是由经济发展水平相近的国家组成。从目前的情况来看,区域经济一体化组织主要有两种类型:一种是由发达国家组成的组织,如欧洲联盟、北美自由贸易区;另一种是发展中国家组成的组织,如亚洲、拉丁美洲、非洲的各种组织。

在经济发展水平相近的国家实现自由贸易,不但几乎可以得到斯密和李嘉图所描述的贸易利益,如提高了社会资源的效率,利用现有的社会资源可以生产更多的商品,贸易各方都可以消费更多的商品,都提高了社会福利水平等等,而且还可以得到后来的经济学者所描述的贸易利益,如获得规模经济的利益,通过自由竞争促进提高了经济效率等等。

经济学者们曾经讨论区域经济一体化组织是一种自由贸易的组织还是贸易保护的组织。在成员国之间,贸易是自由的。但在成员国和非成员国之间,贸易是限制的。另外,建立区域经济一体化组织还会出现成员国之间的贸易对成员国和非成员国贸易的替代。当然,区域经济一体化组织种类繁多,难以一概而论。但是,从总体上看,区域经济一体化组织是促进自由贸易的组织。正如前面的分析所指出的,区域经济一体化组织是经济发展水平相近的国家通过实现自由贸易得到更多的贸易利益而形成的组织。尽管会发生成员国之间的贸易对成员国和非成员国贸易的替代,但这是追求成员国之间的贸易利益不可避免的现象。从制度上说,区域经济一体化组织对外仍然保留原来的关税和非关税措施,它没有提高关税和非关税壁垒,因而不能认为它限制了国际贸易。

三、组织内贸易的经济效应

区域经济一体化组织必然会产生各种经济效应。维纳在 1950 年提出了关税同盟理论,分析了关税同盟贸易创造的生产效应,但是它忽略了消费效应。[1] 米德(J. E. Meade)在 1955 年扩展了关税同盟理论,并且分析了关税同盟的消费效应。[2] 李卜塞(R. G. Lipsey)在 1961 年综合两人看法,全面地分析了关税同盟的生产和消费效应。[3]

维纳、米德和李卜塞对关税同盟的经济效应进行了开创性的研究,但是他们主要分析了关税同盟的贸易创造效应。其后,巴拉萨(B. Balassa)、库普(C. A. Cooper)、西托夫斯基(T. Scitovsky)、瓦内克(J. Vanek)、梅洛(J. de Melo)、阿格拉(A. M. El-Agraa)等经济学者补充和发展了维纳、米德和李卜塞的分析,形成了比较完整的关于关税同盟经济效应的理论体系。[4] 按照经济学者们的分析,从关税同盟的角度分析,区域经济一体化组织将产生下述经济效应:

第一,贸易创造效应。贸易创造效应是指成员国某些高成本的商品被别的成员国低成本的商品替代所产生的效应,它将增加成员国的社会福利。贸易创造效应可以用图 7-1 来说明。假定有两个国家 A 和 B,A 国对某种商品的需求曲线和供给曲线为 D 和 S,这种商品的国际价格以及 B 国提供这种商品的价格

① J. Viner, *The Customs Union Issue*, New York: The Carnegie Endowment for International Peace, 1953.

② J. E. Meade, *The Theory of Customs Unions*, Amsterdam: North-Holland, 1955.

③ R. G. Lipsey, "The Theory of Customs Unions: A General Survey", *Economic Journal*, September 1961, pp. 498-513.

④ B. Balassa, *The Theory of Economic Integration*, Homewood: Irwin, 1961; C. A. Cooper, "A New Look at Customs Union Theory", *Economic Journal*, December 1965, pp. 742-747; T. Scitovsky, *Economic Theory and European Integration*, London: Allen & Unwin, 1958; J. Vanek, General Equilibrum of International Discrimination, *The Case of Customs Unions*, Cambridge, Mass.: Harvard University Press, 1965; J. de Melo, *New Dimensions in Regional Integration*, New York: Cambridge University Press 1993; A. M. El-Agraa, *Economic Integration* in E. Grilli and D. Salvatore(eds.), *Handbook of Economic Development*, Westport: Greenwood Press and North-Holland, 1994, pp. 211-260.

是 Op_1。在两国组成关税同盟以前,A 国从 B 国进口该商品。在进口关税税率为 p_1p_2 的情况下,该商品在 A 国的国内价格是 Op_2。按照价格 Op_2,A 国生产该商品的数量是 Oq_2,进口该商品的数量是 q_2q_3。现在假定 A 国和 B 国组成关税同盟,由于两个国家之间取消了进口关税,该商品在 A 国的国内价格等于国际价格 Op_1。按照价格 Op_1,A 国生产该商品的数量是 Oq_1,从 A 国进口该商品的数量是 q_1q_4。

从图中可以看到,在 A 国和 B 国组成关税同盟以后,A 国消费者消费的该商品的数量从 Oq_3 增加到 Oq_4,消费者剩余增加了 $a+b+c+d$。但是,A 国生产者剩余的损失是 a,A 国政府关税收入的损失是 c,A 国经济福利的净增加是 $b+d$。其中 b 是贸易创造所得到的经济福利中生产的部分,它是数量为 q_1q_2 的商品的生产从低效率的 A 国生产者转向高效率的 B 国生产者所产生的。d 是贸易创造所得到的经济福利中消费的部分,它是 A 国消费者数量增加为 q_3q_4 的商品的消费所增加的消费者剩余。

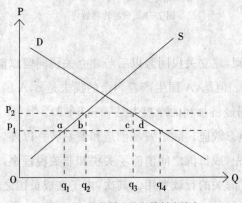

图 7-1 关税同盟的贸易创造效应

第二,贸易转移效应。贸易转移效应是指非成员国低成本的进口商品被成员国高成本的进口商品替代所产生的效应。贸易转移效应可以用图 7-2 来解释。假定有三个国家 A、B 和 C,A 国对某种商品的需求曲线和供给曲线为 D 和 S,B 国和 C 国提供这种商品的价格分别是 Op_1 和 Op_2。在没有建立关税同盟以前,C 国的商品没有竞争力,A 国从 B 国进口该商品。在进口关税税率为 $p_1 p_3$ 的情况下,该商品在 A 国的国内价格是 Op_3。按照价格 Op_3,A 国生产该商品的数量是 Oq_3,进口该商品的数量是 $q_3 q_4$。现在假定 A 国和 C 国组成关税同盟,由于两个国家之间取消了进口关税,C 国的商品变得比 A 国的商品更有竞争力,A 国从 C 国进口商品。这样,该商品在 A 国的国内价格为 Op_2。按照价格 Op_2,A 国生产该商品的数量是 Oq_2,从 C 国进口该商品的数量是 $q_2 q_5$。

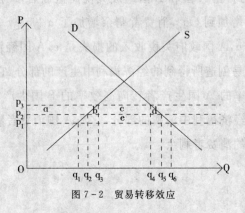

图 7-2　贸易转移效应

从图中可以看到,建立关税同盟以后与建立关税同盟以前相比,消费者剩余增加了 $a+b+c+d$。但是,A 国生产者剩余的损失是 a,A 国政府进口关税收入的损失是 $c+e$,A 国经济福利的净损失是 $e-(b+d)$。

第三,其他的静态效应。除了贸易创造和贸易转移以外,关税同盟还具有其他的静态效应。首先,成员国之间消除了关税和非关税壁垒,因而相互之间不需要设立海关,节省了海关的行政费用。其次,由于在成员国之间发生了贸易创造和贸易转移,关税同盟减少了对非成员国商品的需求和对非成员国商品的供给,从而从整体来看改善了关税同盟的贸易条件。再次,关税同盟作为一个贸易组织出现在国际市场上,提高了成员国贸易谈判的能力,从而可以得到更多的贸易利益。

第四,动态的经济效应。关税同盟除了可以获得静态的经济效应以外,还可以获得动态的经济效应。首先,促进了竞争。在建立关税同盟以前,在关税和非关税堡垒的保护下,成员国的生产者缺乏竞争,生产的效率较低。在建立关税同盟以后,关税和非关税堡垒不再存在,成员国的生产者之间的竞争将会加剧。这样,成员国的生产者将会采用先进的生产技术,改善经营管理,努力提高生产效率和降低生产成本,从而促进成员国经济的发展。其次,获得规模经济利益。建立关税同盟以后,原来成员国各个独立的市场形成了一个统一的市场,厂商可以扩大产量,从而更有可能获得规模经济的利益。再次,刺激了投资。在建立关税同盟以后,成员国的厂商一方面受到更大的竞争压力,另一方面又面对更大的市场,他们为了获得更大的利润将更加踊跃地进行投资。另外,非成员国为了绕过关税和非关税堡垒将商品销往关税同盟,也将更多地在关税同盟内设厂生产。

上述关于关税同盟的经济效应的分析在不同角度和不同程度上解释区域经济一体化组织的建立对成员国经济的影响。由于区域经济一体化组织是促进成员国自由贸易的组织,斯密的绝对优势学说和李嘉图的比较优势学说所揭示的贸易利益同样也是区域经济一体化组织的经济效应。例如,在区域经济一体化组织建立以后,在自由竞争和自由贸易的推动下,成员国将趋向于按照绝对优势和比较优势的原则进行国际分工,从而提高了成员国社会资源的效率,用同样数量的社会资源可以生产出更多的商品。当然,关税同盟仅仅是一种区域经济一体化组织形式,其他组织形式还有某些有所不同的经济效应,但在这里就不再赘述了。

塞齐尼(P. Cecchini)曾经在 1988 年用实证的方法估算如果欧洲联盟在 1992 年消除对商品、服务、资本、劳动流动仅存的限制所产生的影响,得到了下面的结论:消除非关税贸易堡垒、消除生产的障碍、得到的规模经济的利益、促进竞争分别可以导致欧洲联盟的国内生产总值增加 0.20%、2.20%、1.65%、1.25%。也就是说,实现完全的经济联盟可以导致欧洲联盟的国内生产总值增加 5.30%。①

---

① P. Cecchini, *The European Challenge:1992*, Aldershot, England: Wildwood House, 1988.

第二节　产业内贸易

一、产业内贸易的发生

在上面的分析中,国际贸易主要是不同的国家进行不同商品的贸易。例如,美国向日本出口客机,日本向美国出口汽车,等等。但是,在现实的世界里,国际贸易大多是不同的国家进行相同类别商品的贸易。例如,在日本向美国出口汽车的同时,美国也向日本出口汽车;在美国向欧洲出售客机的同时,欧洲也向美国出售客机,如此等等。

早在20世纪10年代,布哈林就指出存在着产业内的贸易,他写道:"国际商品交换的基础是国际分工。但是不应该认为,只是在国际分工限定的范围之内才发生国际商品交换。要知道,各国不仅相互交换不同的商品,而且还交换同一种类的商品,例如甲国不仅可以对乙国输出乙国不生产或产量很少的那些商品,而且还可以对乙国输出同乙国的地方性生产进行竞争的商品。"①

20世纪60年代,巴拉萨发现,欧洲经济共同体成员国之间的大量贸易不是产业之间的贸易,而是产业之内的贸易。进一步的研究表明,欧洲经济共同体成员国之间生产要素的禀赋差别越小,产业内贸易的可能性就越大。因此,传统的绝对优势和比较优势学说似乎更适合于解释产业间的贸易,产业内贸易需要用新的学说来解释。②

沃纳(S. Vona)曾经统计了经济合作与发展组织(OECD)24个工业国相互之间的贸易,发现同类商品的贸易即产业内的贸易在工业制品的总贸易额中占

---

① 布哈林:《世界经济和帝国主义》,蒯兆德译,中国社会科学出版社1983年版,第7页。
② B. Balassa,"Trade Creation and Trade Diversion in European Common Market",*Economic Journal*, March 1967, pp. 1-21.

了很大的比重,具体情况如表 7-2 所示。

表 7-2　OECD 成员国产业内贸易在工业制品贸易额中的比重　　单位:%

国　　家	1970 年	1980 年	1987 年
美　　国	45.4	52.5	51.4
日　　本	23.6	23.6	22.2
德　　国	58.9	67.1	65.5
法　　国	65.9	71.6	72.3
英　　国	57.8	66.8	68.8
意大利	54.2	53.8	55.3
加拿大	44.8	47.0	55.7
荷　　兰	56.0	62.6	64.0
比利时	57.8	64.7	66.7
西班牙	25.8	45.2	56.4
平　　均	49.0	55.5	57.8

资料来源:S. Vona, Intra-Industry Trade: A Statistical Artifact or a Real Phenomenon? Banca Naz. Lavoro Quart. Rev., December 1990, p.400.

格鲁贝尔(H. G. Grubel)和劳埃德(P. J. Lloyd)曾经利用产业内贸易指数(Intra-industry Trade Index)分析了 1967 年产业内贸易的情况。产业内贸易指数如下式所示:

$$T = 1 - \frac{|X - M|}{X + M} \tag{7-1}$$

在上面的公式里,X 和 M 分别表示某一个特定产业产品或某一组商品的出口和进口的价值,分子是出口价值减去进口价值之差的绝对值,分母是出口价值和进口价值之和。这样,T 值的取值范围在 0 和 1 之间。T 值为 0 意味着某个国家仅仅出口或进口某一类商品,不存在产业内贸易;T 值为 1 意味着某一类商品的出口价值等于进口价值,产业内贸易达到最大化。

格拉贝尔和劳埃德选取了 10 个工业国计算不同产业的产业内贸易指数,他们的结论是:加权平均的产业内贸易指数从 0.30(燃料、润滑油以及相关产品)到 0.66(化工产品),综合的加权平均产业内贸易指数是 0.48。这意味着约 50% 的商品贸易是在产业内进行的。另外,值得注意的是,产业内贸易指数有上升的趋势,它从 1959 年的 0.36、1964 年的 0.42 上升到 1967 年的 0.48。①

克鲁格曼也利用产业内贸易指数分析了 1993 年美国产业内贸易的情况,他所得到的各产业的产业内贸易指数如下:无机化工产品 0.99,能源设备 0.97,电气设备 0.96,有机化工产品 0.91,药品及医疗设备 0.86,办公设备 0.81,通信器材 0.69,运输机械 0.65,钢铁 0.43,服装 0.27,制鞋 0.20。②

二、产业内贸易的原因

产业内贸易的现象引起了经济学家广泛的兴趣,产生了各种各样的理论。具有代表性的主要有下述理论:

1. 布哈林的相同使用价值的成本差异理论

前面曾经引用过布哈林的一段话来说明他提出了产业内贸易的问题,接着这段话布哈林就指出产业内贸易的原因。为了完整起见,再复述前面引用过的布哈林的话。他指出:"国际商品交换的基础是国际分工。但是不应该认为,只是在国际分工限定的范围之内才发生国际商品交换。要知道,各国不仅相互交换不同的商品,而且还交换同一种类的商品,例如甲国不仅可以对乙国输出乙国不生产或产量很少的那些商品,而且还可以对乙国输出同乙国的地方性生产进行竞争的商品。在这种情况下,国际交换的基础就不是在于以生产不同的使用价值为前提的国际分工,而只是在于生产成本的差异,在于各国内不同量的价值,这些价值通过国际交换,化为全世界范围的社会必要劳动。"接着,布哈林在这段话后有一个标注,他在注中说明:"诚然,在第一种情况下,成本差异也是重要的,但它说明的是生产不同的产品,而第二种情况却不是如此。"③

布哈林的看法表明,各国生产同样的商品的国内价值是不同的。但是,在国

---

① H. G. Grubel and P. J. Lloyd, *Intra-industry Trade: The Theory and Measurement of International Trade in Differentiated Products*, London: Macmillan, and New York: Halsted, 1975.

② 克鲁格曼:《国际经济学》,海闻等译,经济科学出版社 1998 年版,第 129—130 页。

③ 布哈林:《世界经济和帝国主义》,蒯兆德译,中国社会科学出版社 1983 年版,第 7 页。

际贸易发生的情况下,一个国家范围的社会必要劳动就会转化为世界范围的社会必要劳动,国内的价值就会转化为国际价值。由于不同的国家生产同样的商品的效率不同,而世界范围的社会必要劳动是由在平均技术水平和平均劳动强度下的劳动量决定的。这样就会出现有的国家的国内价值低于国际价值,有的国家的国内价值高于国际价值的情况。对于那些生产某种商品的国内价值低于国际价值的国家来说,它们仍然会把这种商品出口到那些生产这种商品的国内价值高于国际价值的国家。

2.格鲁贝尔和劳埃德的无差异和有差异产品贸易理论

格鲁贝尔(H. G. Grubel)和劳埃德(P. J. Lloyd)在1975年出版了名为《产业内贸易:有差异产品的国际贸易理论与度量》一书,从产品差异的角度分析了产业内贸易的原因。根据格鲁贝尔和劳埃德的分析,无差异产品(Homogeneous Products)和有差异产品(Differentiated Products)都存在产业内贸易的现象。

无差异产品是指彼此之间可以完全替代的产品。产业内无差异产品的贸易主要有下述原因:

第一,原材料贸易。某些原材料如沙、石、砖、瓦、水泥等运输成本在产品的总成本中占了很大的比例,它们的贸易半径比较小。这些原材料的需求者将选择从最近的产地购买,从而有可能造成从外国进口而不是从本国购买的情况。例如,某个厂商与邻国生产原材料的厂商距离较近,它将选择从邻国厂商进口而不是从本国厂商购买这些原材料,因而产生了一个国家同时出口和进口同一种产品的情况。

第二,转口贸易。一些国家或地区通过提供仓储、运输服务来进行转口贸易,或者进口某些产品以后稍作加工然后再出口。在这些转口贸易和再出口贸易中,商品都是相同的,从而形成了产业内贸易的现象。

第三,季节性贸易。一些国家由于季节性产品供求不一致或发生了自然灾害,也会造成在某个时候进口某种产品而在另一个时候出口同一种产品的情况。例如,某个国家在收成以前从外国进口农产品,在收成以后又向外国出口农产品,从而出现了既进口农产品也出口农产品的现象。

第四,服务贸易。在国际贸易中,既有有形的物品的贸易,也有无形的劳务的贸易,而某些类型的劳务贸易是彼此提供的。这样,便形成了一个国家既进口劳务又出口劳务的情况。例如,国际贸易的结算是通过银行进行的,当银行为彼此的进出口商提供结算服务时,就形成了产业内贸易的情况。

但是,无差异产品在产业内贸易并不占据重要地位,产业内贸易主要是有差异产品的贸易。有差异产品是指在质量、性能、规格、品牌、材料、造型、色彩等方面存在差异的产品。产业内有差异产品的贸易主要有下述原因:

第一,需求偏好的相似性和多样性。人均国民收入水平是决定需求结构的重要因素。两个国家之间的人均国民收入水平差别越大,商品需求结构的差别就越大,产业结构的差别就越大,这两个国家进行产业之间贸易的可能性就越大,而进行产业之内贸易的可能性就越小;相反,两个国家之间的人均国民收入水平差别越小,商品需求结构的差别就越小,产业结构的差别也就越小,这两个国家进行产业之内贸易的可能性就越大,而进行产业之间贸易的可能性就越小,这就是需求偏好的相似性。但是,需求偏好相似性仅仅是产生产业之间贸易的必要条件。要使产业之间的贸易成为现实,需求偏好还必须具有多样性。正是由于人们对产品的质量、性能、规格、品牌、材料、造型、色彩等方面存在不同的偏好,因而产生了产业内的贸易。

第二,产品生产规模收益递增。每一种产品都有不同的规格或型号,如果某个企业专门生产某一种规格或型号的产品,它就可以使用更加专业化的机器设备和更有效率的生产方法来进行生产,从而得到规模报酬递增的收益。因此,在国际贸易自由化的前提下,不同国家的企业可能专门生产同一类型但不同规格和型号的产品,这样也会形成产业内的贸易。[①]

3. 克鲁格曼的垄断竞争贸易理论

克鲁格曼在 1980 年 12 月的《美国经济评论》上发表了题为"规模经济、产品差异与贸易方式"的论文,研究了产业内贸易的问题。按照克鲁格曼的看法,产业内贸易是在垄断竞争的条件下由产品差异和规模经济这两个因素造成的。

微观经济学的分析表明,在垄断竞争条件下,设 Q 是某个厂商的销售量,P

---

① H. G. Grubel and P. J. Lloyd, *Intra-industry Trade: The Theory and Measurement of International Trade in Differentiated Products*, London: Macmillan, and New York: Halsted, 1975.

是该厂商产品的价格，A 和 B 是常数，该厂商线性的需求函数为：

$$Q = A - B \times P \tag{7-2}$$

平均收益（AR）和边际收益（MR）函数分别为：

$$AR = Q/B - A \tag{7-3}$$

$$MR = P - Q/B \tag{7-4}$$

相应地，设总成本是 TC，固定成本是 FC，平均成本是 AC，边际成本是 MC，那么线性的总成本函数为：

$$TC = FC + MC \times Q \tag{7-5}$$

$$AC = TC/Q = FC/Q + MC \tag{7-6}$$

克鲁格曼提出，在垄断竞争条件下，设 Q 是某个厂商的销售量，S 是该产业的销售量，n 是该产业的厂商数，b 是参数，P 是该厂商产品的价格，$\overline{P}$ 是其他厂商产品的平均价格，那么：

$$Q = S \times \left[\frac{1}{n} - b \times (P - \overline{P}) \right] \tag{7-7}$$

这个公式表明，如果该厂商产品的价格等于其他厂商的平均价格，每家厂商分享 $1/n$ 的市场份额；如果该厂商产品的价格高于其他厂商的平均价格，它只能有较小的份额；如果该厂商产品的价格低于其他厂商的平均价格，它可以有较大的份额。从公式（7-7）可得：

$$Q = \left(\frac{S}{n} + S \times b \times \overline{P} \right) - S \times b \times P \tag{7-8}$$

将公式（7-8）与公式（7-2）相比较，可以得到 $A = \dfrac{S}{n} + S \times b \times \overline{P}$，$B = S \times b$。

把 $B = S \times b$ 代入边际成本函数得：

$$MR = P - Q/(S \times b) \tag{7-9}$$

厂商根据边际收益等于边际成本得最大利润原则决定产量和价格，从 $MR = P - Q/(S \times b) = MC$ 可以得到：

$$P = MC + Q/(S \times b) \tag{7-10}$$

当各厂商制定的价格相同时，$Q = S/n$，代入公式（7-6）和（7-10）可得：

$$AC = TC/Q = FC/Q + MC = FC/S \times n + MC \tag{7-11}$$

$$P = MC + 1/(b \times n) \tag{7-12}$$

克鲁格曼的思想可以用一个数字例子来说明。假定有两个国家即本国和外国,本国的汽车产量是 900000 辆,外国的汽车产量是 1600000 辆,本国厂商和外国厂商的成本函数相同。设固定成本是 $FC=750000000$ 美元,边际成本 $MC=5000$ 美元,参数 b 是 1/30000,那么根据公式(7-11)和(7-12),

$$AC=750000000/900000 \times n+5000; \quad P=5000+1/[(1/30000)n]$$

在长期均衡的条件下,平均收益即价格等于平均成本。这样,$750000000/900000 \times n+5000=5000+1/[(1/30000)n]$,解方程得 $n=6$。

把 $n=6$ 代入公式(7-12)和(7-11)得到,本国厂商最大利润的价格是:$P=5000+1/[(1/30000) \times 6]=10000$,每家厂商的产量是 $AC=750000000/Q+5000=10000$ 的解,即 $Q=150000$ 辆。

用同样的方法可以得到,外国厂商的数目是 8,它们生产汽车的价格是 8750 美元,每家厂商生产 200000 辆汽车。

假定本国和外国发生国际贸易而且交易成本为零,这就产生了汽车需求量为 2500000 辆的一体化市场。根据公式(7-12)和(7-13),$AC=750000000/2500000 \times n+5000$,$P=5000+1/[(1/30000) \times n]$。在长期均衡的条件下,平均收益即价格等于平均成本,从而可以得到 $750000000/2500000 \times n+5000=5000+1/[(1/30000) \times n]$。解方程得 $n=10$。把 $n=10$ 代入公式(7-12)和(7-11)得到,厂商最大利润的价格是:$P=5000+1/[(1/30000) \times 10]=8000$,每家厂商的产量是 $AC=750000000/Q+5000=8000$ 的解,即 $Q=250000$ 辆。将上面得结果用表列表达出来,可以得到表 7-3 所表示的情形。

表 7-3　贸易前后的情况

	贸易前的本国市场	贸易前的外国市场	贸易后的一体化市场
汽车总销售量	90000	1600000	2500000
厂商数	6	8	10
每个厂商销售量	150000	200000	250000
汽车价格	10000	8750	8000

从表中可以看到,每个厂商的销售量增加了,而汽车的价格下降了。这意味

着在市场一体化以后使厂商可以更大规模地进行生产,从而导致汽车价格的下降。

克鲁格曼认为,如果汽车产业不是一种生产有差异产品的产业,就像赫克歇尔—奥林模型所说明的那样,如果本国的资本更充裕,将由本国生产汽车;如果外国的资本更充裕,将由外国生产汽车。但是,汽车产业是一种生产有差异产品的产业,本国和外国消费者需要各种不同类型的汽车,结果本国和外国都生产汽车,然后彼此之间进行汽车的贸易,从而发生了产业内的贸易。[①]

兰卡斯特(K. Lancaster)于 1980 年在《国际经济学杂志》(*Journal of International Economics*)上发表的"在完全垄断竞争条件下的产业内贸易"(Intra-Industry Trade Under Perfect Monopolistic Competition),海普曼在 1981 年 8 月的《国际经济学杂志》上发表的"在存在产品差异、规模经济和垄断竞争条件下的国际贸易:一种张伯伦—赫克歇尔—奥林分析方法"(International Trade in the Presence of Product Differentiation,Economies of Scale and Monopolistic Competition:A Chamberlin-Heckscher-Ohlin Approach)等文章,都从垄断竞争、产品差异和规模经济方面用不同的方法解释产业内贸易的现象。

4. 布兰德的相互倾销贸易理论

布兰德(J. Brander)在 1981 年第 11 期的《国际经济学杂志》上发表了题为"相同商品的产业内贸易"的论文,提出了相互倾销也会形成产业内的贸易。

倾销是指厂商以低于国内价格的国际价格在外国市场上销售商品的行为。假定有两个国家分别有一个厂商,它们生产相同的产品并具有相同的边际成本。如果这两个厂商对产品制定的价格相等,这两个国家之间不会发生贸易。但是,这两个厂商都清楚,如果它们扩大在本国的销售量,将导致价格的下降,从而不能获得最大利润。如果它们将部分产品销往对方国家,即使销售价格低于国内价格,只要能增加利润,也是有利可图的。因此,它们将以高于边际成本但低于国内价格的国际价格向对方国家推销产品,从而形成了一个国家的厂商向另一个国家运送某种产品的同时,另一个国家的厂商也向这个国家运送同一种产品

---

① 这里的解释来自克鲁格曼:《国际经济学》,海闻等译,经济科学出版社 1998 年版,第116—129 页。

的现象。正是这种相互倾销,造成了产业内的贸易。[①]

三、关于产业内贸易原因分析的评述

在现实的国际贸易中,产业内贸易的现象是普遍存在的。但是,要研究产业内贸易的原因,必须对属于产业内贸易的产品类型进行明确的界定。对产业内贸易的产品类型理解得宽泛或严格,将影响到对产业内贸易原因的分析。

联合国为了便于国际贸易的统计,制定了国际贸易的分类标准。按照这个标准,国际贸易商品分为 10 类(用一位数表示)、63 部(用两位数表示)、233 组(用三位数表示)、786 小组(用小数点后第一个数字表示)、1924 项目(用小数点后第二个数字表示)。如果以数字为例,123.45 表示第一类第二部第三组第四小组第五项目。如果以产品为例,各种制成品属于类,鞋类属于部,鞋属于组,皮鞋属于小组,橡胶底皮鞋属于项目。

有人认为,产业内贸易是"部"一级产品的贸易。也有人认为,产业内贸易是"组"一级产品的贸易。笔者认为,所谓产业内贸易,应该至少理解为"组"一级产品的贸易。以中国为例,根据《2004 年中国统计年鉴》,如果从"部"一级来考察,中国 2003 年在出口每一种"部"一级产品的同时,又进口同样的"部"一级产品。这样,产业内贸易的概念过于宽泛,研究就失去了意义。如果从"组"一级来考察,产业内贸易的现象将会减少。

笔者认为,产业内贸易的发生与不完全竞争没有直接的关系。克鲁格曼等经济学家将不完全竞争作为产业内贸易的条件,主要说明产品存在差异。然而,就从张伯伦和罗宾逊的不完全竞争理论来说,且不论产品差异是不完全竞争的原因的看法是否正确,产品差异也是不完全竞争的原因而不是不完全竞争的结果。从逻辑上说,产品差异有可能导致不完全竞争,产品差异有可能产生产业内贸易,但不能得出不完全竞争是产业内贸易的条件的结论。

---

①   J. Brander,"Intra-Industry Trade in Identical Commodities", *Journal of International Economics*, 11, 1981, pp. 1-14.

当然,如果将完全竞争定义为众多的厂商生产完全一样的产品,那么由于在现实市场中不存在这样的情形,现实的市场就是不完全竞争的市场。假如是从这个角度看待这个问题,那么不完全竞争是一切经济分析的条件,这个条件本身也就没有意义了。

在现实的经济生活中,即使将产品差异看作是不完全竞争的原因,产品的差异也有程度上的不同。当产品的差异很小,竞争将很充分;当产品差异很大,垄断就很严重。只要产品存在差异,不管差异大小,都有可能发生产业内的贸易,那么产业内贸易的条件就不是垄断竞争,而是产品差异。

另外,还应该指出,产业内贸易的发生与规模经济也没有直接的关系。克鲁格曼在分析产业内贸易时对规模经济给予高度的重视,他甚至这样表述:"产业内贸易是指某一产业内差异产品之间的双向贸易,它反映出规模经济。"[①]按照克鲁格曼的看法,当某个产业的产品的市场规模很大时,厂商为了获得规模经济的利益将专门生产这个产业产品中某个特定型号的产品,从而形成了产业内贸易。但是,如果不能说在现实生活中没有这种情况,那么也可以说这种情况是很少的。

在现代经济里,生产能力是可以迅速扩张的。除非某一个产业的产品既存在很大的差异又有巨大的市场,否则不会发生规模收益递增即规模经济的现象。以轿车产业为例。按照商品的分类,机械与运输工具属于类,汽车属于部,轿车属于组。轿车可以分为高档车、中档车、低档车。在每一个档次的轿车中,还可以有不同性能、造型、颜色的轿车,产品的差异可谓很大了。另外,任何国家,不论是发达国家还是发展中国家都需要购买轿车,产品的市场也可谓很大了。但是,在现实的经济里,没有厂商为了获得规模经济而专门生产某个档次中的某种性能或某种造型的轿车。虽然有的厂商专门生产高档车、中档车或低档车,但更多的厂商同时生产高、中档车或中、低档车,或同时生产高、中、低档车。

另外,在现实的经济里,不仅存在规模经济,而且也存在范围经济,即生产邻近产品所产生的成本节约。从生产成本来说,即使大规模生产某种特定型号的产品可以导致生产成本的下降,但与同时生产多种型号产品相比也不会形成很

---

① 克鲁格曼:《国际经济学》,海闻等译,经济科学出版 1998 年版,第 144 页。

大的成本优势。可是从销售来说,生产单一型号产品的厂商对市场的适应能力要比生产多种型号产品厂商弱得多。正因为大规模生产单一型号产品并没有什么优势,厂商更多选择生产多种型号的产品。

从现实情况来看,布哈林的分析是正确的。对于某两个国家来说,不可能因为在它们之间出现了比较成本的差异就按照比较优势的原则实行完全的专业化生产,它们仍然会生产它们处于比较劣势的商品。在这种情况下,生产成本相对较低的国家仍然会向生产成本相对较高的国家出口这种商品,从而形成了产业内的贸易。但是,布哈林的分析不能解释在一个国家向另一个国家出口某种商品的同时,另一个国家也在向这个国家出口相同类型的商品的现象。另外,格鲁贝尔和劳埃德所指出的由于区位关系产生的原材料的贸易、由于转口关系产生的产品贸易、由于彼此提供服务的关系而形成服务贸易,都是产业内贸易的表现。布兰德所提出的由于相互倾销的原因而形成的产品贸易,也是产业内贸易的现象。但是,它们都是产业内贸易的某个方面的特殊原因而不是普遍存在的一般原因。

形成产业内贸易的主要原因是产品供给的差异性和产品需求的多样性。马克思曾经指出:"如果说,在发展过程中,需求创造贸易,那么,最初的贸易又是由需求创造的。需求是贸易的物质内容——交换对象的总和,用来进行交换和贸易的总和……需求的增长,直接和首先以各国现有的产品进行交换为保证。需求逐渐失去了自己的地方性等等,而带有广泛扩展的性质。"①

笔者认为,同一种产品的供给是有差异的。这种差异表现在下述方面:第一,品质上的差异,如质量、性能、材料、品牌等;第二,外观的差异,如颜色、造型、装潢、包装等;第三,销售条件的差异,如销售价格、销售地点、销售方式、售后服务等。产品的差异性和需求的多样性是相辅相成的。自从人类可以制造产品以来,产品就不可避免地存在差异。产品的差异使人们的选择成为可能,促进了需求的多样性。反过来,正因为人们的需求存在多样性,促使厂商生产出具有差异的产品来适应消费者的需求,从而又扩大了产品的差异性。这样,对于两个都可

---

① 《马克思恩格斯全集》第 42 卷,人民出版社 1979 年版,第 382 页。

以生产某种产品的国家来说，每个国家的厂商生产这种产品都存在差异，每个国家的消费者对这种产品的需求也存在差异，这两个国家的厂商在向本国的消费者提供这种产品的同时，也向外国的消费者提供这种产品，结果形成了产业内的贸易。

在产业内贸易中，国家之间需求结构的相似性不是决定产业内贸易的原因，而是影响产业内贸易数量的原因。

首先，尽管某两个国家的人均国内生产总值的差距很大，它们的需求结构相差很大，但是人们基本的生活和生产需求不会有什么差异，这样同样会发生与人们基本的生活和生产有关的产业内的贸易。

其次，尽管某两个国家的人均国内生产总值的差距很大，但是每一个国家都会有相对富裕和贫穷的人。这样，即使这两个国家的需求结构相差很大，但是低人均产值国家的富人的需求结构可能与高人均产值国家中等收入的人的需求结构相似，高人均产值国家的穷人的需求结构可能与低人均产值国家的中等收入的人的需求结构相似，这两个国家仍然有可能发生产业内贸易。

再次，随着跨国公司的发展，发达国家的跨国公司为了获得低工资和低租金的利益，到发展中国家投资生产某种产品，然后再返销本国的情况是大量发生的。这样，某个发达国家的跨国公司一方面向某个发展中国家出口这种产品，另一方面又从设在发展中国家的子公司进口同样的产品，从而形成产业内的贸易。

当然，两个国家经济发展水平越接近，需求结构越相似，在产品的差异性和需求的多样性的影响下，这两个国家的产业内贸易的规模可能就越大。

第三节　企业内贸易

一、企业内贸易的发生

企业内贸易是指分处不同的国家的同一个企业的分支机构彼此之间进行贸

易。随着跨国公司的发展,国际贸易越来越多地发生在跨国公司的母公司与子公司之间以及子公司与子公司之间,形成了国际贸易的一种新现象。

美国是跨国公司较为集中的国家,不仅美国本身有许多跨国公司,而且外国也有许多跨国公司的分支机构设在美国。另外,美国也是企业内部贸易(intra-firm trade)的资料比较完整的国家,美国的经济学者们对企业内部贸易有比较充分的研究。因此,考察美国的企业内部贸易情况对于考察世界企业内部贸易情况具有代表性的意义。

首先分析企业内部物品贸易的情况。按照泽勒(W. J. Zeile)的统计,20 世纪 90 年代美国企业内部物品贸易的情况如表 7-4 和表 7-5 所示。在表 7-4 和表 7-5 中,与跨国公司内部物品进出口贸易有关的美国物品进出口贸易情况是指与跨国公司内部物品贸易有关的美国的物品进出口情况,它包括下述两种类型:一种类型是美国的母公司对设在海外的分支机构的出口或从设在海外的分支机构的进口;另一种类型是外国跨国公司设在美国的分支机构对该国母公司的出口或从该国母公司的进口。

从表 7-4 和表 7-5 可以看到,20 世纪 90 年代跨国公司内部的物品出口贸易占美国出口贸易基本稳定在 33% 左右,跨国公司内部的进口贸易占美国进口贸易基本稳定在 40% 左右。但是,在跨国公司内部的物品出口贸易中,美国母公司对设在海外的分支机构的出口一般超过外国跨国公司设在美国的分支机构对该国母公司的出口的两倍,这意味着涉及跨国公司内部物品出口贸易的美国物品出口贸易主要是美国的母公司对设在海外的分支机构的物品出口贸易。在跨国公司内部的物品进口贸易中,外国跨国公司设在美国的分支机构从该国母公司的进口一般超过美国的母公司从设在海外的分支机构的进口的两倍,这意味着美国物品进口贸易主要是外国跨国公司设在美国的分支机构从其母公司的进口贸易。综合起来看,在美国,出口主要是美国或外国跨国公司母公司对海外分支机构的出口,也就是进口主要是海外分支机构从美国或外国跨国公司母公司的进口。

表 7-4 与跨国公司内部出口贸易有关的美国物品出口贸易

年　份	跨国公司内部物品出口额(亿美元)	占美国全部物品出口比例(%)	母公司对海外分支机构出口(亿美元)	占美国全部物品出口比例(%)	分支机构对海外母公司出口(亿美元)	占美国全部物品出口比例(%)
1990	1255.52	31.9	883.75	22.5	371.77	9.4
1991	1371.52	32.5	957.79	22.7	413.73	9.8
1992	1483.04	33.1	1007.37	22.5	475.67	10.6
1993	1530.68	32.9	1068.27	23.0	462.41	9.9
1994	1825.58	35.6	1326.94	25.9	498.64	9.7
1995	2034.64	34.8	1476.22	25.2	558.42	9.5
1996	2209.03	35.3	1613.59	25.8	595.44	9.5
1997	2463.53	35.7	1850.65	26.9	612.88	8.9
1998	2295.46	33.7	1734.31	25.4	561.15	8.2
1999	2169.60	31.2	1585.75	22.8	583.85	8.4
2000	2324.31	29.7	1676.46	21.4	647.85	8.3

资料来源：W. J. Zeile, *Trade in Goods Within Multinational Companies：Survey-Based Data and Findings for the United States of America*, U. S. Bureau of Economic Analysis, 2003, p. 22.

表 7-5 与跨国公司内部进口贸易有关的美国物品进口贸易

年　份	跨国公司内部物品进口额(亿美元)	占美国全部进口物品比例(%)	母公司从海外分支机构进口(亿美元)	占美国全部物品进口比例(%)	分支机构从海外母公司进口(亿美元)	占美国全部物品进口比例(%)
1990	2069.16	41.8	752.51	15.2	1316.65	26.6
1991	2057.21	42.1	775.78	15.9	1281.43	26.2
1992	2154.77	40.5	832.60	15.6	1322.17	24.8
1993	2379.03	41.0	932.05	16.1	1446.98	24.9
1994	2732.88	41.2	1072.03	16.2	1660.85	25.0
1995	3005.07	40.4	1183.59	15.9	1821.48	24.5
1996	3212.77	40.4	1333.88	16.8	1878.89	23.6
1997	3378.10	38.8	1438.41	16.5	1939.69	22.3
1998	3494.49	38.3	1499.30	16.4	1995.24	21.9
1999	3840.90	37.5	1589.58	15.5	2251.32	22.0
2000	4398.30	36.1	1726.43	14.2	2671.87	21.9

资料来源：W. J. Zeile, *Trade in Goods Within Multinational Companies：Survey-Based Data and Findings for the United States of America*, U. S. Bureau of Economic Analysis, 2003, p. 23.

马塔洛尼(R. J. Mataloni)的研究提供了 2000 年以后的涉及跨国公司内部贸易的美国的进出口贸易情况。马塔洛尼的分析与泽勒的分析有所不同。泽勒的分析既包括美国的跨国公司，也包括其他国家的跨国公司。但是，马塔洛尼的分析只包括美国的跨国公司。马塔洛尼得到的结果如表 7-6 所示。

表 7-6　与美国跨国公司内部贸易有关的美国物品进出口贸易

年　份	美国物品出口额(亿美元)	美国跨国公司物品出口额(亿美元)	跨国公司出口额所占比例(%)	美国物品进口额(亿美元)	美国跨国公司物品进口额(亿美元)	跨国公司进口额所占比例(%)
2001	7291.00	1676.93	23	11409.99	1825.60	16
2002	6931.03	1524.83	22	11613.66	1858.19	16
2003	7247.71	1594.50	22	12571.21	1885.68	15

资料来源：R. J. Mataloni, *U. S. Multinational Companies Operations in* 2003, *Survey of Current Business*, U. S. Bureau of Economic Analysis, July 2005, p. 13.

　　表 7-6 中的第 4 列和第 7 列分别与表 7-4 中的第 5 列和表 7-5 中的第 5 列相似。从这些表中可以看到，马塔洛尼的结果和泽勒的结果是相似的。因此，可以认为，在美国，跨国公司内部物品贸易约占其物品贸易的 1/3 强。

　　其次来分析企业内部劳务贸易的情况。跨国公司的内部贸易不仅在物品的贸易中占有重要地位，而且在劳务的贸易中也占有重要地位。根据联合国贸易与发展委员会的统计，与跨国公司内部劳务进出口贸易有关的美国部分劳务进出口贸易情况如表 7-7 和表 7-8 所示。在表中，劳务包括金融类劳务，商业(business)、专业(professional)和技术(technical)类劳务，其他私人劳务三种类型。其中商业、专业和技术类劳务是指计算机、信息、管理、咨询、租赁等劳务，其他私人劳务是指教育、保险、通信等劳务。跨国公司内部劳务贸易既包括美国跨国公司与设在海外的分支机构的内部劳务贸易，也包括外国的跨国公司与设在美国的分支机构的内部劳务贸易。

表7-7　与跨国公司内部贸易有关的美国的劳务出口贸易

年　份	美国金融类劳务出口额（亿美元）	跨国公司内部同类出口比例（%）	美国商业类劳务出口额（亿美元）	跨国公司内部同类出口比例(%)	美国其他劳务出口额（亿美元）	跨国公司内部同类出口比例(%)
1997	830	33	130	18	440	51
1998	910	29	140	19	460	50
1999	1040	32	180	23	540	49
2000	1070	33	190	20	550	54
2001	1160	34	190	22	620	54
2002	123	35	200	20	650	56

资料来源：UNCADE，*World Investment Report*，United Nations，New York and Geneva，2004，p. 128.

表7-8　与跨国公司内部贸易有关的美国的劳务进口贸易

年　份	美国金融类劳务进口额（亿美元）	跨国公司内部同类进口比例（%）	美国商业类劳务进口额（亿美元）	跨国公司内部同类进口比例(%)	美国其他劳务进口额（亿美元）	跨国公司内部同类进口比例(%)
1997	420	42	60	46	210	70
1998	460	43	80	54	230	67
1999	530	49	90	63	280	70
2000	580	50	120	60	310	71
2001	630	47	110	63	330	70
2002	690	47	90	60	380	71

资料来源：UNCADE，*World Investment Report*，United Nations，New York and Geneva，2004，p. 128.

　　从表7-7和表7-8中可以看到，在所分析的美国有关的劳务进出口贸易中，跨国公司的内部劳务进出口贸易平均来说也大约占1/3强。

　　其他发达国家也存在大量的跨国公司内部贸易情况，它们与美国的差异只是比例的不同。根据联合国贸易与发展委员会1995年《世界投资报告》提供的数据，可以揭示其他国家跨国公司内部贸易的情况。

　　跨国公司内部的贸易不仅包括某国母公司与海外分支机构之间的内部贸易，而且包括外国跨国公司设在该国的分支机构与外国母公司以及外国分支机构之间的内部的贸易。表7-9显示了日本有关这方面的情况。从表中看到,加上外国子公司的内部出口,跨国公司的内部出口在本国出口所占的比例没有什么变化,但跨国公司的内部进口在本国进口所占的比例则有较大幅度上升。这说明日本跨国公司的母公司从海外分支机构进口不多,但外国跨国公司设在日本的分支机构从母公司或其他分支机构进口较多。

表7-9　日本母公司和外国子公司内部贸易占日本进出口贸易的情况　单位:亿美元

年　份	1983	1989	1992
本国母公司内部出口额	31.4	62.9	85.6
外国子公司内部出口额	1.4	3.0	3.5
跨国公司的内部出口额	32.8	65.9	89.1
跨国公司内部出口额占日本出口总额的比例(%)	22.5	24.5	26.9
本国母公司内部进口额	5.0	19.4	15.5
外国子公司内部进口额	12.2	10.0	13.8
跨国公司的内部进口额	17.2	29.4	29.3
跨国公司内部进口额占日本进口总额的比例(%)	15.1	15.3	14.8

资料来源:UNCATAD,*World Investment Report*,United Nations,New York and Geneva,1995,p.194.

二、企业内贸易的原因

经济学者们对跨国公司内部贸易进行了大量的实证检验,为寻找跨国公司内部贸易的原因提供了论据。

西德哈森(N. S. Siddharthan)和库玛(N. Kumar)利用美国跨国公司1982年到1989年的资料,分析了美国母公司内部进出口贸易的份额与母公司及其海外分支机构的特征之间的关系。他们发现,在各个产业中,美国母公司内部出口贸易的份额与母公司研究与开发支出(R&D)的强度、雇员的技术水平以及销售和管理费用存在正相关的关系,美国母公司内部进口贸易的份额与母公司研究与开发支出的强度存在着密切的正相关的关系,但与母公司雇员的技术水平以及销售和管理费用存在负相关的关系。这项研究对于分析产业层次的跨国公司的内部贸易具有启发意义。①

兰根(S. Ragan)和劳伦斯(R. Z. Lawrence)利用美国母公司从若干东道国和若干制造业的分支机构进口的年度数据,分析了跨国公司内部贸易与汇率变化的关系。他们发现,与人们关于跨国公司内部贸易对价格波动相对缺乏敏感性的一般看法不同,跨国公司内部的贸易对汇率的变化做出较强的和较迅速的反应。②

克劳欣(K. A. Clausing)利用美国跨国公司内部贸易的年度数据分析了税收最小化的行为对跨国公司内部贸易的影响。考虑到跨国公司可以通过降低销往低税率国家的分支机构的商品价格和提高销往高税率国家的分支机构的商品价格来转移利润,美国母公司与高税率国家的分支机构之间的内部贸易余额应该大于与低税率国家的分支机构之间的内部贸易余额。她对美国母公司与某个国家的分支机构某年的内部贸易余额和东道国的实际公司税率以及决定该贸易余额有关控制变量进行了回归分析,结果表明美国跨国公司内部贸易余额与东道国的实际税率存在正向关系,从而证实了跨国公司通过价格操纵转移收入的假说。③

费伯格(S. E. Feinberg)和基恩(M. P. Keane)利用美国跨国公司的资料研究了美国母公司与它们在加拿大的分支机构的双边贸易对 1983 年到 1992 年美国和加拿大关税降低的反应。他们发现,美国关税的下降导致美国跨国公司在加拿大的分支机构增加对美国母公司出口,减少在加拿大市场上的销售;他们还发现加拿大关税下降导致美国母公司对加拿大分支机构的出口减少但影响较小。④

伯格(M. Borga)和泽勒利用美国跨国公司的资料研究了一系列因素对美国

① N. S. Siddharthan and N. Kumar, "The Determinants of Intra-industry Variations in the Proportion of Intra-firm Trade: The Behavior of US Multinationals", *Weltwirtschaftliches Archiv* 126, 1990, pp. 581-590.

② S. Ragan and R. Z. Lawrence, "Search and Deliberation in International Exchange: Learning from Multinational Trade about Lags, Distance Effects, and Home Bias", *National Bureau of Economic Research Working Paper*, 1999, Cambridge.

③ K. A. Clausing, "The Impact of Transfer Pricing on Intra-firm Trade", in J. R. Hines (ed.), *International Taxation and Multinational Activity*, Chicago: University of Chicago Press, 2001, pp. 173-194.

④ S. E. Feinberg and M. P. Keane, "U. S.-Canada Trade Liberalization and MUC Production Location", *The Review of Economics and Statistics* 83, 2001, pp. 118-132.

跨国公司内部中间产品贸易的影响,得到了如表 7 - 10 表示的结果。从表中可以看到,有的因素与跨国公司的内部贸易存在较大的相关性,在分析跨国公司内部贸易的原因时应该对这些因素给予重视。

表 7 - 10　影响跨国公司内部中间产品贸易的因素

因　素	定　义	相关系数
与母公司或跨国公司有关的因素		
母公司 R&D 强度	母公司 R&D 支出与销售额的比例	+0.508
国际化程度	海外分支机构的资产与跨国公司总资产的比例	-0.242
母公司规模	母公司扣除经营利润后的增加值	+0.0001
母公司的资本强度	母公司人均财产、厂房和设备净值	+0.0003
与东道国有关的因素		
东道国规模	1994 年国内生产总值	+0.001
东道国收入水平	1994 年人均国内生产总值	-0.005
距离	东道国首都与芝加哥的距离	-0.022
商业性能源的使用	人均消耗 1 公斤等热量的汽油	+0.00002
国内总投资	国内总投资与国内生产总值的比例	+0.015
都市化程度	都市人口与总人口的比例	+0.002
教育程度	在 15 岁以上的人口中文盲所占的比例	-0.0004
与海外分支机构有关的因素		
对母公司的销售额	对母公司的销售额与本身的总销售额的比例	+0.145
对第三国分支机构的销售额	对第三国分支机构的销售额与本身的总销售额的比例	-0.240
对第三国非分支机构销售额	对第三国非分支机构的销售额与本身总销售额的比例	-0.154
对美国非分支机构销售额	对美国非分支机构的销售额与本身总销售额的比例	-0.650
对东道国非分支机构销售额	对东道国非分支机构的销售额与本身总销售额的比例	-0.143
分支机构 R&D 强度	分支机构 R&D 支出与销售额的比例	-0.628
其他因素		
生产过程的可分性	在美国税则 9802 条款下某产业各个子项目的产品进口与该产业总的产品进口的比较	+0.668

资料来源:M. Borga and W. J. Zeile,"International Fragmentation of Production and Intra-firm Trade of U. S. Multinational Companies", *Bureau of Economic Analysis Working Paper* 2002 - 2004,January 2004,pp. 41-43.

关于跨国公司内部贸易的原因,人们比较认可的和比较有影响的有如下解释:

第一,降低交易成本。这种解释被称为内部化理论。在本书第一章中曾经指出,巴克利和卡森在1976年出版的《跨国公司的未来》中发挥了科斯的交易成本理论,提出了内部化理论。拉格曼在1981年出版的《跨国公司的内幕》中进一步发展了该理论。这种关于市场内部化的理论是较早提出的并且被认为较经典的对跨国公司内部贸易的解释。

内部化理论认为,市场内部化形成主要有以下原因:首先,中间产品市场的不完全。中间产品不仅指半成品和原材料,而且包括具有专利权的技术和人力资本中的知识与信息。前者依靠外部市场供给不仅来源不稳定,质量不可靠,而且价格变动大,交易成本高。后者的实际价值和效果难以确定,从而使买卖双方难以成交。即使能够成交,买卖双方都存在泄密的可能,使技术为社会所共享。面对中间产品交易的困难,企业将力求使中间产品的交易内部化。其次,外部市场的失效。外部市场往往存在着许多不确定的因素,使买方与卖方之间存在严重的信息不对称现象,产生交易的不确定性,导致外部市场失效。企业难以充分利用外部市场有效地协调其生产经营活动,于是用内部市场取代外部市场,使社会资源在企业内部得到合理的配置和充分的利用。再次,外部市场交易成本过高。外部市场的交易成本一般包括发现中间产品价格的成本,搜索交易对象的成本,确定合约双方责任权利的成本,谈判达成协议的成本,签订合同并监督实施的成本,接受合约的有关风险,有关市场交易应付税款等。此外,政府对汇率、关税的干预也构成成本。如果外部市场交易成本大于内部市场交易成本,企业就必然实行交易的内部化。

第二,保持技术优势。拉奥(S. Lall)等学者的实证分析表明,R&D支出强度越大,跨国公司的内部贸易就越活跃。在现实的生产过程中,R&D支出的强度是与技术水平和复杂程度是有关的。一般而言,R&D支出强度越大,技术水平和复杂程度就越高。对于跨国公司来说,最重要的研究与开发中心通常设在母公司。在母公司掌握了某种新的技术以后,如果它向外部公司提供包含该技术的中间产品而让外部公司完成生产过程,将存在被外部公司模仿甚至掌握该技术的风险。如果外部公司地处外国,由于不同的国家对于保护知识产权有不同的法律,执行法律也有不同的力度,丧失技术优势的风险更大。因此,跨国公司为了保持技术的优势,倾向于自己完成产品的生产过程。如果由于市场的缘故或成本的缘故,跨国公司需要在外国设立子公司或分公司进行生产,它将向这些公司或分公司提供包含该技术的中间产品,由它们完成产品的生产过程。这样,便产生了跨国公司的母公司对海外子公司或分公司的贸易。①

第三,实现价格转移。克劳欣等学者的实证分析表明,跨国公司的内部贸易与贸易双方所处国家的税率有关,从而证实了价格转移的存在。跨国公司通过内部贸易可以控制进出口商品的价格,从而得到价格转移的好处。首先,可以通过价格转移来降低赋税。在世界各国,税率是不同的。跨国公司可以通过内部贸易提高销往高税率国家的分支机构的商品的价格,降低销往低税率国家的分支机构的商品的价格,把利润从高税率国家的分支机构转移到低税率国家的分支机构,从而减少了赋税负担。其次,可以通过价格转移来避免限制。有的国家对外国公司汇回利润有所限制,如规定在一定的时期只能汇回一定比例的利润。在这种情况下,跨国公司可以利用价格转移将利润转移到没有汇兑限制的国家。再次,可以通过价格转移来控制市场。为了增强海外子公司或分公司竞争力,以控制东道国的市场,跨国公司可以利用价格转移的方法向海外子公司或分公司提供廉价的中间产品,以降低它们的生产成本。②

三、关于企业内贸易原因分析的评述

经济学者是从跨国公司的内部贸易开始关注企业的内部贸易的。在目前的经济学界,在分析企业内部贸易时几乎都是分析跨国公司的内部贸易。当然,从

---

① S. Lall,"The Pattern of Intra-firm Export by U. S. Multinations",*Oxford Bulletin of Economic and Statistics*,1978,pp. 209-222.

② K. A. Clausing,"The Impact of Transfer Pricing on Intra-firm Trade",in J. R. Hines(ed.),*International Taxation and Multinational Activity*,University of Chicago Press,2001,pp. 173-194.

国际贸易的角度分析,内部贸易主要是跨国公司的内部贸易。但是,在分析跨国公司的内部贸易时,注意到跨国公司的内部贸易只是一种类型的企业内部贸易,国内企业的内部贸易早在跨国公司出现以前就存在,对跨国公司内部贸易的根本原因将会有一个更清楚的认识。

企业内部贸易是企业内部分工发展到一定阶段的必然结果。本书第一章在分析企业内部分工时曾经指出,在马克思看来,企业内部分工形成的主要原因是提高生产效率。由于劳动者在同一个资本所有者的控制下分不同的工序同时进行生产,从而极大地提高了生产效率,企业就是在这种情况下产生的。扬格后来补充的关于企业内部的分工可以得到内部经济和外部经济的利益,同样从生产效率的角度分析企业内部分工所产生的报酬递增的现象。

但是,当企业的规模扩大到一定的程度时,企业内部的协调发生了困难,生产效率受到了影响,企业将寻找新的方式来进行生产。正如本书第一章所指出的,科斯的交易成本理论不能很好地解释企业的产生。但是,在市场价格机制已经形成并且变得较为完善的条件下,在企业内部生产日益复杂化并形成了内部协调机制以后,科斯的交易成本理论可以从成本的角度解释社会分工与企业分工的替代。例如,在某种最终产品的生产过程中,需要经过一系列中间产品的生产阶段。如果从市场获得中间产品的交易成本高于企业内部协调生产的成本,企业将选择在企业内部生产中间产品,即企业采取内部分工的方式。相反,如果从市场获得中间产品的交易成本低于企业内部协调生产的成本,那么中间产品和最终产品将由不同的企业完成,即生产采取社会分工的方式。

因此,当企业的规模扩大到一定的程度时,有的企业选择了市场调节的方法,将企业内部的分工转变为社会分工,原来的企业只从事产品某一个生产阶段的生产。但是,也有的企业选择了市场调节和内部协调相结合的方法,即将原来的企业按照生产阶段划分为在财务上相互独立的但同属于同样的资本所有者的企业。一方面,这些企业在法律上是彼此独立的,某一个企业并不是专门为另一个企业进行生产,这种分工属于社会分工;另一方面,这些企业又同属于同样的资本所有者,它们存在着密切的联系并且服从于同样的企业发展战略,这种分工又不完全是社会分工。在现实经济里大量存在的企业集团,很多都是这种性质的企业联系。

在这些相互联系的企业里便产生了大量的内部贸易。一方面,这些企业有着各自的财务利益,它们之间的贸易受市场调节;另一方面,这些企业又属于同样的所有者,它们之间的贸易又不完全受市场调节。正是提高生产效率和降低交易成本这两个相互联系的因素导致这种社会分工和企业内部分工相结合的企业形式,而正是这种企业形式产生了企业内部的贸易。当这种类型的国内企业向国际企业发展时,便产生了跨国公司这种企业组织形式以及跨国公司的内部贸易。经济学者们所分析的关于跨国公司内部贸易产生的原因言之有理,它们从不同的方面解释了跨国公司内部贸易的现象。但是,我们应该意识到,跨国公司的内部贸易是跨国公司这种企业组织形式的必然产物。

另外,值得注意的是,在竞争的资本主义发展到垄断的资本主义以后,在垄断资本主义阶段中又从国内垄断发展到国际垄断以后,国内企业和国际企业内部贸易还有一个重要原因,就是对市场的控制。在国内范围和世界范围内,为了能够控制国内市场或国际市场以获得垄断利润,企业不仅进行横向兼并与收购,以控制某种产品的生产的销售,而且还进行纵向兼并与收购,以控制中间产品的来源和最终产品的销售。当企业以后一种方式形成规模巨大的垄断企业时,便产生了企业内部的贸易。

应该指出,在现实的经济里,为了实现对市场的垄断和为了提高生产的效率,这两个企业内部贸易形成的基本原因是相互交错的,但是在理论上这两个原因是有所不同的。企业的目标是获得最大利润,但是企业如何获得最大利润以及要获得怎样的利润的方法是不同的。从提高生产效率这个原因来看,企业是否进行内部贸易取决于从内部获得中间产品是降低了交易成本或提高了生产效率,还是提高了交易成本或降低了生产效率。如果从内部获得中间产品是降低了交易成本或提高了生产效率,企业就进行内部贸易。但是,从实现市场垄断这个原因来看,企业关注的不是通过降低交易成本或提高生产效率来获取最大利润,而是通过对市场的垄断来获取最大利润。即使从内部获得中间产品交易成本较高或生产效率较低,但是如果通过内部贸易能够更好地实现对产品生产和销售的控制,从长期来说可以得到更高的垄断利润,企业也将选择内部贸易。

跨国公司的内部贸易产生了多方面的影响。首先,增加了跨国公司的利润。不论内部贸易的原因是降低交易成本还是加强对市场的垄断,跨国公司的内部贸易都导致跨国公司的利润增加。其次,减少了东道国的税收。当跨国公司利用内部贸易进行价格转移时,逃避了东道国的税收,从而损害了东道国的利益。再次,模糊了国际贸易的利益。一般来说,出口贸易可以得到贸易利益。但是,由于跨国公司内部贸易大量存在,某个国家的国际贸易顺差实际上是跨国公司的内部贸易造成的。这就是说,该国出口贸易的利益不是被该国企业得到,而是被外国企业得到。中美贸易争端就是一个典型的例子。2005 年,据美国海关统计,美国对中国的贸易逆差是 2016 亿美元。但据中国海关统计,中国对美国的贸易顺差是 1142 亿美元,其中 929 亿美元来自外资企业的加工贸易。暂不论两国统计上的差异,在美国对中国的贸易逆差中,美国相当大的一部分进口是美国跨国公司内部的进口。由于在中国生产成本较低,美国跨国公司在中国设厂生产,然后将中间产品或制成品销往美国。即使不提美国从中国进口得到的贸易利益,在中国对美国出口得到的贸易利益中,也有很大的一部分是被美国企业所得到。但是,美国政府却多次以美国对中国存在巨额贸易逆差为由,迫使中国人民币汇率升值。

第八章　国际贸易的性质与利益分配

第一节　国际贸易对资本主义生产方式的影响

一、国际贸易与资本主义生产方式的产生

马克思、恩格斯认为,国际贸易促进了资本主义生产方式的产生。马克思曾经指出:"美洲金银产地的发现,土著居民的剿灭、奴役和他们在矿坑中的活埋,对东印度开始进行的征服和劫掠,把非洲变为一个商业性黑人猎夺场所的转化:这一切都标志着资本主义生产时代的曙光。这些牧歌式的过程,也就是原始积累的主要的要素。"①在资本原始积累的时期,宗主国正是通过对殖民地掠夺性的贸易积累了大量的财富,推动了资本主义生产方式的产生。

二、国际贸易与资本主义生产方式的运行

马克思、恩格斯、列宁认为,国际贸易是资本主义生产方式运行的基本条件。

首先,国际贸易是资本主义生产方式的内在要求。列宁指出:"资本主义生产的规律,是生产方式的经常改造和生产规模的无限扩大。""资本主义企业

---

① 马克思:《资本论》第 1 卷,人民出版社 1963 年版,第 828 页。

必然超出村社、地方市场、地区和国家的界限。因为国家的孤立和闭关自守的状态已被商品流通所破坏,所以每个资本主义工业部门的自然趋向使它需要'寻求'国外市场。"[①]"没有对外贸易的资本主义国家是不能设想的,而且的确没有这样的国家。"[②]资本主义经济的内在矛盾,将要求资本跨越国界,到国外寻求市场。

其次,国际贸易是实现资本再生产的条件。在现实的资本主义经济里,生产资料和生活资料的生产部门必须在价值形态上和物质形态上得到补偿,资本的扩大再生产才能正常进行。但是,在资本主义经济的生产能力迅速扩张的情况下,国内市场变得相对狭窄,国外市场的存在成为资本的再生产在价值形态上得以实现的必要条件。另外,各国的社会资源都具有各自的特点。在现代生产条件下,几乎没有一个资本主义国家在原料、材料、燃料、设备、技术等方面完全自给自足,国外市场的存在成为资本的再生产在物质形态上得以实现的必要条件。

三、国际贸易与资本主义生产方式的发展

马克思、恩格斯认为,资本主义生产方式的发展离不开国际贸易的发展。

首先,国际贸易是资本积累的重要来源。资本积累是剩余价值资本化的过程,而对外贸易成为资本积累的重要源泉。马克思曾经指出:"投在对外贸易上的资本能够提供较高的利润率。"[③]对于发达的资本主义国家来说,它们通过国际贸易一方面从发展中国家得到廉价的原料、材料、燃料;另一方面生产出发展中国家不能生产的产品以高价出售给发展中国家,从而获得高额利润。资本正是通过国际贸易不断地进行积累。

其次,国际贸易推动了世界资本主义经济体系的形成。马克思曾经指出:资产阶级"把一切民族甚至最野蛮的民族都卷到文明中来了。它的商品的低廉的

---

① 《列宁选集》第 1 卷,人民出版社 1972 年版,第 187 页。
② 同上书,第 186 页。
③ 马克思:《资本论》第 3 卷,人民出版社 1966 年版,第 258 页。

价格,是它用来摧毁一切万里长城、制服野蛮人最顽强的仇外心理的重炮。它迫使一切民族——如果它们不想灭亡的话——采用资本主义的生产方式;它迫使它们在自己那里推行所谓文明制度,即变成资产者。一句话,它按照自己的面貌为自己创造出一个世界"①。马克思的话生动地说明了先进国家如何利用国际贸易的手段摧毁落后国家的奴隶制度和封建制度,将它们卷入资本主义经济体系。因此,国际贸易是推动世界资本主义经济体系形成的重要因素。

第二节　国际贸易对出口国经济的影响

一、在短期里出口对出口国经济的影响

在短期里,规模收益不变,科学技术水平保持稳定,就业与产值将存在严格的正相关关系,产值的增加意味着就业的增加。因此,研究出口对产值的影响与研究出口对就业的影响是一致的。

在一个国家的社会资源没有充分利用的前提下,出口的增加将导致产值高于1倍的增加,这种影响称为出口的乘数作用。最早发现社会支出具有乘数作用的是卡恩。卡恩(R. F. Kahn)在 1931 年 6 月的《经济学杂志》上发表了题为"国内投资和失业的关系"的论文,指出投资对就业具有乘数的作用,并将乘数定义为由于投资的增加所导致总就业量的增加与由于投资的增加所导致的生产投资品产业的第一级就业量增加的比例。凯恩斯(J. M. Keynes)在 1936 年出版的《就业利息和货币通论》中同样指出投资对就业具有乘数作用,但他把乘数定义为国民收入的增加与导致国民收入增加的投资增加的比例。② 瓦内特(J.

---

① 马克思:"共产党宣言",《马克思恩格斯选集》第 1 卷(上册),人民出版社 1972 年版,第 255 页。
② 凯恩斯:《就业利息和货币通论》,徐毓枬译,商务印书馆 1977 年版,第 99 页。

Vanek)在 1962 年出版的《国际经济学》中,将投资的乘数作用扩展到包括出口的支出的分析,提出了包括出口的支出乘数。[1]

出口的乘数作用的机理如下:如果一个国家的出口增加,该国国民收入将发生等同于出口额的第一轮的增加。但是,出口厂商得到出口收入以后,将分解为各种生产要素所有者的收入,如工资、利息、租金、股息等。在一定的边际消费倾向即人们的消费增量与国民收入增量之比的条件下,人们将增加消费支出。生产消费品的厂商将生产出消费品以满足新的消费需求,从而导致该国国民收入第二轮的增加。这个过程将继续下去,最终导致国民收入数倍的增加。但是,由于人们存在着边际进口倾向即人们的进口增量与国民收入增量之比,还由于存在边际税率即税收的增量与国民收入的增量之比,人们所增加的消费支出少于没有进口和税收条件下所增加的消费支出,该国国民收入每一轮的增加少于没有进口和税收条件下的国民收入的增加。

假定出口增加 100 万美元,边际消费倾向 c 为 85% 即边际储蓄倾向 s 为 15%,边际税率 t 是 5%,边际进口倾向 m 为 10%。如果将边际消费倾向和边际进口倾向理解为与国民收入之比而不是与可支配收入之比,这意味着人们每得到 100 美元,需要交税 5 美元($=100 \times 5\%$),储蓄 15 美元($=100 \times [1-85\%]$),进口 10 美元($100 \times 10\%$),剩下的收入才形成对国内商品的需求,这样每一轮国民收入的增加以及计算过程如下:

轮次	国民收入的增加	计算过程
第一轮	100 万美元	100
第二轮	70 万美元	$100[1-(5\%+15\%+10\%)]$
第三轮	49 万美元	$100[1-(5\%+15\%+10\%)]^2$
⋮	⋮	⋮

国民收入的增加

① J. Vanek, *International Trade*: *Theory and Economic Policy*, Homewood, 1962.

$$=100+100[1-(5\%+15\%+10\%)]+100[1-(5\%+5\%+10\%)]^2+\cdots$$

$$=100\{1+[1-(5\%+15\%+10\%)]+[1-(5\%+15\%+10\%)]^2+\cdots\}$$

$$=100\times\frac{1}{5\%+15\%+10\%}$$

这意味着出口乘数

$$K=\frac{1}{t+s+m} \qquad\qquad\qquad (8-1)$$

应该指出,在存在闲置的社会资源的条件下,出口的乘数作用是客观存在的。当出口增加时,将会导致就业率和设备利用率的上升和国民收入的增加,并通过派生的消费支出的增加导致国民收入的进一步增加。但是,如果出口的乘数作用要像出口乘数计算公式中所描述的那样,那么经济的运行将是十分协调和高效率的。例如,当一个部门在增加产量的过程中要增加原料、材料、燃料、电力、各种中间产品时,有关的各个部门在数量上和时间上可以保证这些产品的提供,但这样的前提在现实的经济里是不存在的。因此,出口乘数计算公式得到的结果是理论上的最大值,现实经济中的出口乘数要低得多。根据经济合作与发展组织研究人员的计算,在 20 世纪 70 年代,经济合作与发展组织成员国每增加包括出口在内的支出 1%,所导致的本国国民收入增加的百分比如下:美国 1.47%,德国 1.25%,日本 1.23%,加拿大 1.27%。[①]

上述分析表明,在短期里,在社会资源还没有充分利用的条件下,出口的增加会导致国民收入和就业的增加。正因为如此,各国都采取各种各样的方法,努力促进出口贸易,来提高本国的国民收入和就业水平。

二、在长期里出口对出口国经济的影响

国际分工产生国际贸易,国际贸易推动国际分工。但是,一个国家在出口贸易中所得到的利益,取决于它的出口产品的性质和国际分工的状况。从长期来看,出口对本国经济的影响存在以下情况:

---

① 转引自林德特:《国际经济学》,范国鹰等译,经济科学出版社 1994 年版,第 560 页。

首先,出口的增加反而造成经济的恶化。巴格瓦蒂(J. N. Bhagwati)证明,如果某个国家的出口商品缺乏需求的价格弹性,而且该国经济对国际贸易的依存度很高,那么该国的出口将导致该国的"贫困化增长",专业化生产和出口贸易有可能对本国经济造成损害。假定某个国家在产品 A 的生产上具有绝对优势或比较优势,在产品 B 的生产上处于绝对劣势或比较劣势,它专门生产和出口产品 A 来换取产品 B。如果该国的产品 A 缺乏需求的价格弹性,如果该国初级产品的出口在国际商品市场上占有较大的份额,该国产品 A 供给的增加将导致产品 A 的国际价格的下降。即使产品 B 的国际价格不变,该国的贸易条件也发生了恶化,它必须用更多的产品 A 才能交换到一定数量的产品 B。从长期来说,该国的出口对该国经济造成不利影响,该国实际上消费的商品数量将减少。①

在现实的国际贸易里,出口的增加有可能导致收入减少的产品主要是初级产品,有可能发生"贫困化增长"的国家主要是发展中国家。例如,在 20 世纪 30 年代以前,巴西的咖啡出口就属于这种情形。

其次,出口的增加并没有带来相应的利益的增加。如果保留巴格瓦蒂"贫困化增长"中关于出口商品缺乏需求的价格弹性的条件,再加上出口商品缺乏收入的价格弹性的条件,那么增加这种产品出口的国家没有相应增加贸易的利益。如果某种产品缺乏需求的收入弹性,那么随着世界各国的经济增长,人们对别的产品的需求量大量增加,但是对这种产品的需求量没有什么变化,这种产品相对于别的产品的价格将下降,它的贸易条件将趋向于恶化。再如果这种产品缺乏需求的价格弹性,其价格的下降不会导致人们增加其需求量,因而其供给的增加将很容易带来其价格的下降。

在现实的国际贸易里,大多数初级产品都具备需求的价格弹性和收入弹性低的特点,这意味着从趋势上初级产品的相对价格是下降的。当然,初级产品由于自身的特点,有的因素在加速其相对价格的下降速度,而有的因素在延缓其价

---

① J. N. Bhagwati, "Immiserizing Growth: A Geometrical Note", *Review of Economic Studies*, June 1958, pp. 201-205.

格的下降速度。加速初级产品相对价格下降的因素是它的可替代性。随着科学技术的进步,原材料的替代品迅速发展,如人造橡胶对天然橡胶的替代、人造纤维对棉花的替代、塑料对木材的替代等等。这些替代品的出现降低了人们对初级产品的需求,在供给增加的情况下有可能导致价格的下降。延缓初级产品价格下降的因素是它的自然属性。初级产品的生产依赖于土地、矿藏、森林等自然资源,它既受到自然资源稀缺的限制,又不能像工业制品那样利用自动化生产线大规模进行生产,因而它的供给的增加相对缓慢,这样在需求增加的情况下有可能导致价格的上升。

格里利(R. E. Grilli)和杨(M. C. Yang)曾经用初级产品出口的美元价格指数与工业制品出口的美元价格指数之比来表示初级产品的相对价格,研究了从1900年到1986年初级产品相对价格变化的情况。研究结果表明,从整体来看,1986年初级产品的相对价格只有1900年初级产品的相对价格的50%。相对价格明显下降的初级产品有橡胶、可可、小麦、稻谷、糖、铜、锡等。[1] 这意味着从长期来看,作为初级产品主要出口国的发展中国家出口的增加没有带来相应的收益的增加,它们在国际贸易中处于不利地位。

部分初级产品不但相对价格下降,而且价格易于波动。根据联合国贸易与发展委员会的统计资料,20世纪60年代以来初级产品价格指数的变化如表8-1所示。从表中可以看到,食品、蔬菜、食油等初级产品的价格波动远大于全部商品。初级产品的价格波动对作为初级产品主要出口国的发展中国家的出口收益造成不利影响。正因为这样,在1974年,发展中国家提出了建立国际经济新秩序的宣言,要求由出口国和进口国建立共同基金和18种初级产品的缓冲存货,通过调节市场的供求来稳定初级产品的价格。但是,这个要求遭到发达国家的拒绝。

---

[1] R. E. Grilli and M. C. Yang, "Primary Commodity Price, Manufactured Goods Price, and the Terms of Trade of developing Countries: What the Long Run Show", *World Bank Economic Review*, January 1988, pp. 73-83.

表 8 - 1　初级产品价格指数的变化　　　　　1990 年＝100

年　份	1960	1985	1995	1996	1997	1998
全部商品	130.8	77.6	113.3	106.4	105.9	92.0
食　品	160.5	85.2	115.8	117.1	119.3	104.3
蔬菜、食油	157.8	135.1	159.9	152.7	150.9	162.6
农业原料	96.4	70.3	113.4	101.4	91.4	81.7
矿物、金属	94.9	67.5	100.7	88.2	88.7	74.1
年　份	1999	2000	2001	2002	2003	标准差
全部商品	79.1	81.1	78.4	77.0	82.9	18.25
食　品	84.2	82.9	82.5	92.5	84.8	24.23
蔬菜、食油	123.7	96.0	88.4	110.8	129.7	26.16
农业原料	73.2	74.8	73.2	68.1	79.8	14.69
矿物、金属	72.9	81.7	73.9	72.3	81.0	10.45

资料来源：UNCTAD, *Handbook of Statistics 2004*, pp.44-47.

再次，出口的增加带来相应利益的增加。如果某个国家出口的产品具有较大的需求的收入弹性，那么随着世界各国经济的增长，对这种产品的需求大量增加，该国将得到相应的出口的利益。但是，出口国的利益在不同的情况下有所不同。在国际市场上对这种产品的需求大量增加的情况下，如果这种产品的供给随之发生同样程度的增加，但出口国能够出口更多的这种产品，那么这种产品的贸易条件没有变化但该国出口总收益增加了；如果这种产品的供给没有发生同样程度的增加，但出口国能够出口更多的这种产品，那么这种产品的贸易条件改善了，该国出口收益的增加大于出口数量的增加；如果这种产品的供给发生更大程度的增加，但出口国能够出口更多的这种产品，那么这种产品的贸易条件恶化了，该国出口收益的可能增加也可能减少。

在出口产品需求的收入弹性较大的条件下，其需求的价格弹性的高低在不同的情况下具有不同的效应。如果出口产品的需求缺乏价格弹性，当这种产品的价格上升时人们对它的需求量没有发生相应的减少，出口国得到很大的出口利益；当这种产品的价格下降时人们对它的需求量没有发生相应的增加，出口国的出口利益受到一定的影响。相反，如果出口产品的需求富有价格弹性，当这种产品的价格下降时人们对它的需求量发生更大幅度的增加，出口国的出口收益

第八章　国际贸易的性质与利益分配

取决于它的出口数量的增加幅度;当这种产品的价格上升时人们对它的需求量发生更大幅度的减少,出口国的出口收益取决于它的出口数量的减少幅度。

在现实的国际贸易中,工业制品和服务具备收入弹性大的特征,这些产品的出口国得到了相应的出口利益。虽然发展中国家工业制品的出口在增加,但是发达国家是工业制品的主要出口国,它们在服务出口方面更是居于支配地位,因而发达国家在国际贸易中得到更多的利益。

最后,出口的增加带来相应利益更大幅度的增加。如果一个国家生产和出口的是别的国家所不能生产的产品,该国在国际贸易中具有超比较优势。前面关于对超比较优势的分析表明,超比较优势商品是按照寡头垄断的方式定价的,它的出口国可以获得更大的贸易利益。超比较优势的源泉是分布极不均匀的自然资源、特殊的劳动技能、领先的科学技术。在现实的国际贸易中,超比较优势主要产生于先进的科学技术。目前,在科学技术的研究和开发方面,发达国家对发展中国家具有不可比拟的优势。因此,超比较优势所产生的贸易利益主要被发达国家所获得。例如,微软公司的计算机操作系统的出口、英特尔公司的芯片的出口、波音公司和空中客车公司的大型喷气客机的出口等等,都获得了巨大的贸易利益。

三、出口贸易利益的案例分析:中国贸易顺差的利益

对于出口国来说,不仅存在出口利益的问题,而且还存在出口利益分配的问题。前面的分析表明,除了"贫困化增长"的情形以外,出口国或多或少得到了贸易利益。但是,出口国在这里主要是一个地域的概念。在直接投资大规模地发生,经济趋向于全球化的条件下,出口商品的厂商不一定是出口国的厂商。因此,对于出口国来说,还存在一个名义的贸易利益和实际的贸易利益的问题,也就是出口贸易利益的分配的问题。

在出口贸易利益分配的问题上,对中国的出口贸易利益的分析具有典型意义。中国是一个迅速发展的发展中大国,它在 2006 年的进出口总额达到 17604 亿美元,在世界上仅次于美国和德国而居第三位。另外,中国多年来出口总额大

于进口总额,经常项目是顺差,具体情况如表8-2所示。不论是进口贸易规模、出口贸易规模,还是经常项目收支顺差,都是其他发展中国家所不能比拟的。但是,中国在巨额的出口贸易中以及在长期的经常项目顺差中获得了多少贸易利益呢?

表8-2 中国的经常项目差额 单位:亿美元

年 份	2000	2001	2002	2003	2005	2006
经常项目差额	205	174	354	459	1019	2499

资料来源:中华人民共和国国家统计局:《中国统计年鉴》,中国统计出版社,2000年至2007年。

首先来考察中国出口的产品结构。在表8-3中,初级产品包括食品、饮料、烟草、原料、矿物、动植物油脂等,工业制品包括化学产品、纺织产品、橡胶产品、矿冶产品、机械、运输设备、其他制品等。从表8-3可以看到,中国的出口产品结构得到很大的改善。从1980年到2003年,中国的初级产品出口总额在总出口额中所占的比例从50.30%迅速下降到7.94%,工业制品出口总额在总出口额中所占的比例从49.70%急剧上升到92.06%。一般来说,出口工业制品得到的贸易收益要大于出口初级产品。这意味着随着时间的推移中国出口贸易的利益相对来说在增加。

表8-3 中国的出口产品结构 单位:亿美元

年度	出口总额	初级产品出口总额	所占比例(%)	工业制品出口总额	所占比例(%)
1980	181.19	91.14	50.30	90.05	49.70
1985	273.50	138.28	50.56	135.22	49.44
1990	620.91	158.86	25.59	462.05	74.41
1995	1487.80	214.85	14.44	1272.95	85.56
2000	2492.03	254.60	11.38	2237.43	88.62
2003	4382.28	348.12	7.94	4034.16	92.06
2004	5933.26	405.49	6.83	5527.77	93.17
2005	7619.53	490.37	5.37	7129.16	94.63
2006	9689.36	529.19	5.46	9160.17	94.54

资料来源:中华人民共和国国家统计局:《中国统计年鉴》,中国统计出版社,2004年至2007年。

第八章 国际贸易的性质与利益分配

再来考察中国出口的厂商结构。从表 8 - 4 可以看到,在中国的出口总额中,外商投资企业的出口额所占的比重在稳定上升,从 1997 年的 40.98% 上升到 2005 年的 58.30%。这意味着从出口主体的收益来看,中国有超过 50% 的出口贸易收益是被外商投资企业所获得。这就是说,外国厂商本来可以在本国生产出口商品,但由于中国的工人工资和土地租金比较低廉,外国厂商到中国设厂生产这些出口产品,将原来是本国的出口额转变为中国的出口额,它们从中可以获取更大的利润。

表 8 - 4　中国的出口厂商结构　　　　　　　　　　　　单位:亿美元

年份	中国出口总额	外资企业出口总额	所占比例(%)
1997	1827.9166	748.9986	40.98
1998	1838.0907	809.6189	44.05
1999	1949.3087	886.2766	45.47
2000	2492.0255	1194.4121	47.93
2001	2661.5464	1332.3506	50.06
2002	3255.9597	1699.8509	52.21
2003	4382.2777	2403.0598	54.84
2004	5933.2600	3385.9148	57.07
2005	7619.5300	4441.8252	58.30
2006	96894000	56377905	58.19

资料来源:中华人民共和国国家统计局:《中国统计年鉴》,中国统计出版社,2000 年至 2007 年。

例如,中国手机的出口增长迅速。据《北京日报》2004 年 12 月 7 日报道,2004 年 1 月到 10 月,中国手机的出口达到 11100 万台,金额达到 1082000 万美元,出口市场面向 99 个国家和地区,主要市场是美国、中国香港、德国、新加坡。但是,出口的手机超过 90% 是采取来料加工的方式制造的。也就是说,购进外国的手机零配件,在中国进行装配,然后向外国出口。即使是来料加工生产手机,主要也不是中国厂商,而是外国厂商。摩托罗拉、西门子、爱立信公司出口的手机占了中国出口的手机的 2/3。

又如,中国是 DVD 播放机的出口大国。2000 年以后,中国企业每年出口 4000 万台至 5000 万台 DVD 播放机,出口数量世界第一。但是,中国企业每出口 1 台 DVD 播放机,销售价格不过 40 美元左右,但需要向日本和美国的厂商支付的专利费却高达 23.7 美元。不少中国企业出口 DVD 播放机的利润只有 1 美元。

当然,中国在这部分商品的出口中也不是毫无收益。中国获得的直接收益是:工人就业的工资收入、出租土地的租金收入、外商投资企业的赋税收入等。中国获得的间接收益是:外商投资企业在中国生产出口商品需要在中国购买原料、材料、燃料、电力、半成品等,这将增加这些产品的生产厂商的收益,并对中国的国内生产总值产生一定的乘数效应。

最后来考察中国厂商出口商品的价值构成。值得注意的是,在中国厂商出口贸易收益中,也不是全部被中国厂商所获得。中国厂商在生产出口产品的过程中,需要购买发达国家的设备、零部件和专利,还需要利用外国的商品品牌,发达国家的厂商在中国厂商的出口中获得了相当大的一部分收益。例如,正如前面所指出的,在中国厂商生产手机的过程中需要向外国厂商支付高额的技术费用。美国高通公司向中国联通公司转让 CDMA 手机技术至少收三重费用:知识产权转让授权费用、购买高通公司芯片的费用、支持芯片升级的软件费用。中国厂商真正从手机的出口中所得到的收益就所剩无几了。再如,中国是纺织品的出口大国,2005 年的纺织品出口额占世界纺织品出口额的 24%。但是,中国有 50% 以上的服装出口是来料加工,有 30% 的服装出口是由进口国提供商标、款式、纸样进行加工,中国厂商从服装出口中得到的只是加工费。中国纺织品出口厂商的平均利润率只有 3%,平均出口一件衬衣的净收益是 0.3 美元。[①] 2003年,具有中国自主品牌的商品的出口占中国商品出口的比例不到 10%,贴牌生产已经成为中国厂商出口的基本特征。[②]

上述分析表明,在中国出口商品的价值链中,中国厂商只获得较少的一部分价值。一般来说,越是技术密集型出口产品,中国厂商获得的价值的比例就越小。

---

① 《经济日报》,2006 年 7 月 5 日。
② 《经济日报》,2005 年 1 月 28 日。

第三节　国际贸易对进口国经济的影响

一、进口对进口国消费者和生产者的影响

进口商品最主要的受益者是进口国的消费者。虽然对弗里德曼夫妇(M. & R. Frideman)自由主义的主张不能苟同,但他所说的一句话有一定的道理:进口使"我们可以吃中美洲的香蕉,穿意大利的皮鞋,开德国的车,并在日本产的电视机上欣赏节目。我们从对外贸易中得益的是进口,出口是我们为进口付出的代价"①。一个国家所以进口外国商品并且形成一定的市场,或者是本国不能生产这种商品,或者是外国商品质量高,或者是外国商品价格低,或者是外国商品式样好。总之,进口商品具有某种优势或某种特点,进口国的消费者可以从进口商品的这些优势或者特点中得到利益。

外国商品的进口对进口国的生产者具有双重影响,它既是进口国的生产者的生产条件,也形成了对进口国生产者的竞争压力。在一个国家的生产过程中,所需要的原料、材料、燃料、设备、技术等不可能都由本国提供。因此,资本品的进口不仅对于提高该国的劳动生产率,还是使该国生产它原来不能生产的产品,都具有重要的意义。因此,资本品的进口是一个国家的经济发展必不可少的。

但是,资本品或消费品的进口将会与本国生产资本品或消费品的厂商形成直接的竞争关系。正如前面所指出的,一个国家所以会进口外国商品,是因为外国商品具有某种优势和特点。因此,外国进口商品将会对本国厂商产生一定的抑制作用。进口商品与本国厂商生产的商品竞争的结果可能有两种:一是本国厂商受到削弱,本国的产业发展受到不利影响;二是本国厂商在竞争中提高了劳动生产率,促进了本国产业的壮大。

---

① 弗里德曼:《自由选择》,胡骑等译,商务印书馆 1982 年版,第 45 页。

中国的家用电器业是在与进口商品的竞争中迅速发展的例子。在 20 世纪 80 年代初期,中国的家用电器市场充斥着外国商品,特别是日本的商品,中国的家用电器在市场竞争中处于明显的劣势。但是,中国的厂商通过引进技术、消化技术、提升技术的途径,在进口家用电器的竞争压力下顽强地发展起来。表 8-5 说明了中国主要家用电器产量的发展情况。表中家用电器的产量包括外商投资企业的产量,但是中国厂商的产量已经占了主导地位。随着中国家用电器产业的发展,中国家用电器经历了先在本国市场与外国商品竞争,再在外国市场与外国商品竞争的过程。以电视机为例,到 2005 年,中国出口电视机 8590 万台,进口电视机 71 万台,净出口电视机 8519 万台。[①] 在中国出口的电视机中,中国厂商的电视机的出口已经占了主导的地位。

表 8-5 中国主要家用电器产量的发展情况 　　　　　单位:万台

年份	家用电冰箱	家用空调器	家用洗衣机	彩色电视机	总和
1980	4.90	1.32	24.53	3.21	33.96
1985	144.81	12.35	887.20	435.28	1479.64
1990	463.06	24.07	662.68	1033.04	2182.85
1995	918.54	682.56	948.41	2057.04	4606.55
2000	1279.00	1826.67	1442.98	3936.00	8484.65
2005	2987.06	6764.57	3035.46	8283.22	21070.31
2006	3530.89	6849.42	3560.50	8375.40	22316.21

资料来源:中华人民共和国国家统计局:《中国统计年鉴》,中国统计出版社,2004 年至 2006 年。

二、进口对进口国宏观经济的影响

假定出口额不变,进口的商品又是本国可以生产的商品,那么进口的增加意味着外国商品对本国商品的替代,本国国内生产总值将下降,本国的就业将减少。这就是为什么各国都试图用各种方法限制进口的原因。

---

① 中华人民共和国国家统计局:《中国统计年鉴》,中国统计出版社 2006 年版,第 646、648 页。

但是,如果出口额是可变的,那么在出口额大于进口额的条件下,产值趋向于增加;在出口额小于进口额的条件下,产值趋向于减少;在出口额等于进口额的条件下,对产值没有影响。至于出口与进口差额是正数、负数还是零对就业的影响,则取决于生产出口和进口商品的劳动密集程度。如果出口商品的劳动密集度高于进口商品,在出口额大于或等于进口额的条件下都会导致就业的增加,在出口额小于进口额的条件下则未必导致就业的减少。如果出口商品的劳动密集度低于进口商品,在出口额小于或等于进口额的条件下都会导致就业的减少,在出口额大于进口额的条件下则未必导致就业的增加。

另外,如果进口商品是本国不能生产的,即使不进口外国的这些商品本国的国内生产总值和就业也不会增加,进口的增加不会导致本国产值和就业的下降。

三、进口贸易利益的案例分析:美国贸易逆差的利益

前面在分析出口贸易的利益的时候,以中国这样一个发展中的出口大国为例,说明虽然中国的出口规模很大,经常项目又是顺差,但是相对于出口额来说,中国只得到较少的出口贸易利益。现在分析进口贸易的影响,也可以以美国这样一个发达的进口大国为例,说明尽管美国的进口规模很大,经常项目又是逆差,但是美国仍然得到了巨大的贸易利益。

美国是世界上经常项目逆差最严重的国家。表 8 - 6 表明,从 1990 年到 2003 年,美国的经常项目的收支除了 1991 年是顺差以外,其他的年份都是逆差,2006 年达到创纪录的 8114.8 亿美元。按照一般的商品进口对进口国经济影响的分析,如此长期和巨额的经常项目逆差应该对美国经济产生不利影响。但

表 8 - 6　美国的国际收支差额　　　　　　　　单位:亿美元

年　份	1990	1991	1992	1993	1994	1995
经常项目	−789.6	36.9	−480.3	−819.5	−1177.1	−1051.9
收益流动	285.6	241.3	233.1	243.3	170.8	250.7
证券投资	−67.6	118.6	225.1	−352.5	791.0	878.4
国际收支	22.3	−57.6	−39.3	13.8	−53.5	97.5

年　份	1996	1997	1998	1999	2000	2001
经常项目	−1171.6	−1276.8	−2046.7	−2908.7	−4114.6	−3937.4
收益流动	245.4	206.8	69.2	171.1	196.1	106.9
证券投资	1829.5	2141.3	633.7	1693.6	2980.9	3404.4
国际收支	−66.7	10.1	67.3	−87.3	2.9	49.3
年　份	2002	2003	2004	2005	2006	2007*
经常项目	−4808.6	−5418.3	−6401.5	−7548.5	−8114.8	−3941.7
收益流动	260.3	166.2	563.6	564.6	480.6	268.3
证券投资	4056.4	4514.7	3285.5	3855.9	2666.0	2091.2
国际收支	36.9	−15.3	857.8	−184.5	−177.9	561.5

注：* 该数据是 2007 年上半年的数据。

资料来源：IMF，*International Financial Statistics*，Spring，2004；*U. S. International Transactions*，2004-2007.

是,美国政府并没有采取什么措施来减少经常项目的逆差,甚至还在相当长的一段时间里坚持实行会加剧经常项目逆差的"强势美元"政策。对于美国这样一个世界上最大的经济、贸易、金融大国来说,对于美国这样一个其货币是最主要的国际储备货币的国家来说,贸易逆差给美国带来了巨大的贸易利益。

首先,提高了美国的实际生活水平。美国是一个工资水平较高的国家,如果在美国生产劳动密集型的日用消费品,价格将较高。发展中国家大量廉价和优质的日用消费品出口到美国,不但提高了美国消费者的生活水平,而且压抑了美国的通货膨胀。正是这些外国日用消费品的进口,大大地增进了美国的福利水平。

其次,增强了美国的持续发展能力。美国是一个自然资源丰富的国家,但是出于所谓"国家经济安全"的考虑,对于可枯竭的自然资源在国内开采量不大,选择了从外国大量进口。美国进口的原油、原煤、铁矿石、精制铝分别占了国际市场的 26%、23%、25% 和 26%。虽然能源和原料的进口形成美国经常项目高额逆差,但却保护了美国国内的自然资源,使其获得了更强的持续发展能力。

再次,有利于美国产业结构的调整。美国是科学技术发展水平最高的国家,它要保持科学技术领域的优势地位,就需要放弃其不占优势的劳动密集型产业以及影响其环境的污染严重型产业,发展技术密集型产业和污染少收益高的服

第八章　国际贸易的性质与利益分配

务业。因此,美国大量进口劳动密集型产品、资源消耗型产品、严重污染型产品,出口技术密集型产品和服务。这样,有利于美国调整产业结构和保持技术优势地位。

最后,从进口中得到出口贸易利益。美国不但从出口中得到出口贸易的利益,而且还从进口中得到出口贸易的利益。第二次世界大战以后,跨国公司有了很大的发展,而美国的跨国公司在世界各国的跨国公司中具有举足轻重的地位。据统计,美国的跨国公司数量占了世界跨国公司总数的40%。在美国的进口商品中,有很大的一部分是其跨国公司在外国生产,然后销往美国。这就是说,美国的跨国公司获得了对美国出口的利益。

美国跨国公司的内部贸易有两种情形:第一种情形是美国海外子公司通过跨国公司内部的贸易,向美国母公司提供半成品和零部件,然后组装成最终产品,从美国向外国出口。例如,美国轿车有25%的零部件是由海外子公司供给的。这意味着通过这种进口,美国海外子公司得到了产品生产的利润,而美国母公司增强了出口的竞争力。第二种情形是美国的跨国公司在外国生产出最终产品,再出口到美国,在美国的市场上销售。例如,美国耐克公司在中国子公司所生产的运动鞋有90%以上返销美国的市场。这意味着通过这种进口,美国海外子公司得到了产品生产的利润,而美国的消费者则获得了低价格的商品。

从表8-5可以看到,美国的收益项目一直是顺差,美国跨国公司从外国汇回的收益大于外国跨国公司从美国汇出的收益。应该注意的是,这里的收益是汇回美国的收益,美国在外国的跨国公司还持有大量没有汇回美国的收益。

特别需要指出的是,美国凭借着美元是最主要的国际储备货币的特权,不但获得了巨额的铸币税收益,而且还有效地弥补了经常项目的逆差。从表8-6可以看到,从1990年到2003年,除了有6年出现少量的国际收支逆差,其余11年的国际收支都是顺差。美国有如此巨额的经常项目逆差而它的国际收支居然是顺差,这意味着美国对经常项目逆差具有很强的融通能力。

由于美元是国际储备货币,美国可以直接用美元来支付经常项目的差额。又由于美元是国际储备货币,各国通过向美国出口商品得到美元以后,为了满足国际清偿的需要总是保留一部分美元作为外汇储备,各国持有的这部分美元又一般存放在美国的银行或购买美国政府发行的国库券和政府债券,这就使美国不但可以几乎无偿地享有世界各国数以万亿美元计算的财富,而且还获得低成本融通经常项目逆差的巨额资金来源。美国享有的这部分利益相当于一个国家的中央银行在本国所享有的利益。从表8-6可以看到,美国很大的一部分经常项目逆差,是通过证券投资的顺差来弥补的,而证券投资的顺差相当大的一部分是外国以持有美国国库券或政府债券的方式保留外汇储备,从而形成对美国的证券投资。

当然,世界各国持有的美元储备将最终形成对美国商品或资产的购买力,这对美国来说意味着商品出口或资金融通,并不会对其经济造成不利影响。但是,只要美元还是国际储备货币,世界各国就会保留美元作为国际清偿手段,美国就可以几乎无偿地继续占有世界各国的财富,这就是铸币税收益。

上述分析表明,对于发达国家来说,特别是对于国际储备货币发行国来说,对外贸易的逆差,甚至是规模较大的对外贸易逆差,不一定对本国经济产生不利影响,甚至有可能对本国经济产生有利影响。由此可见,在当今的国际贸易格局中,发达国家处于明显的强势地位,而发展中国家则处于明显的弱势地位。如果说出口具有某些利益,发达国家的出口得到了这些利益,而发展中国家的出口则是与发达国家分享这些利益。如果说进口可能产生某些不利影响,发展中国家进口具有这种不利影响,而发达国家进口则会避免这种不利影响。

第四节　国际贸易格局和贸易利益的分配

一、发达国家出口工业制品进口初级产品所得到的贸易利益

由战前帝国主义列强对殖民地和半殖民地的剥削和掠夺演变而来的战后发达国家和发展中国家不平等的国际贸易格局,使发达国家对发展中国家的贸易

享有四重的贸易利益。

发达国家第一重贸易利益是发达国家工业制品出口相对于发展中国家初级产品出口的贸易利益,即发达国家主要向发展中国家出口工业制品而发展中国家主要向发达国家出口初级产品使发达国家所得到的贸易利益。发达国家的第二重贸易利益是发达国家在发展中国家出口贸易中占有的利益,即发展中国家的商品出口实际上是发达国家跨国公司子公司的商品出口所得到的贸易利益。发达国家的第三重贸易利益是发达国家用本国货币换取发展中国家商品的贸易利益,即发展中国家将发达国家的货币作为国际清偿手段使发达国家得到的贸易利益。发达国家第四重贸易利益是它们的货币与发展中国家货币的市场汇率高于购买力平价的贸易利益,即发达国家用一定价值的财富可以与发展中国家交换更多价值的财富所得到的利益。这个部分主要分析发达国家的第一重贸易利益。

首先来考察世界农产品的贸易格局。根据国际贸易组织的统计,2003 年世界农产品贸易情况如表 8-7 所示。如果把西欧和北美看作是发达国家,把其他地区看做是发展中国家,从世界农产品出口贸易来看,发达国家是农产品主要的出口国。但是,发达国家大量的农产品出口是发生在发达国家之间。

表 8-7 世界主要地区农产品出口贸易情况

地 区	西 欧	亚 洲	北 美	拉 美	中 欧	非 洲	中 东
出口数额(亿美元)	3009	1189	1100	748	351	241	101
所占比例(%)	44.6	17.6	16.3	11.1	5.2	3.6	1.5

资料来源:WTO,*International Trade Statistics 2004*,2004,pp.103-104.

如果要考察发达国家与发展中国家的农产品贸易,需要扣除下述类型的贸易:第一,西欧内部农产品贸易;第二,北美内部的农产品贸易;第三,西欧、北美、日本相互之间的农产品出口贸易;第四,发展中地区内和发展中地区之间的农产品的出口贸易。另外,据估算,处于亚洲的日本 2003 年 584.6 亿美元的农产品进口中 30% 来自北美,15% 来自西欧,55% 来自亚洲。考虑到这些因素以后,可以得到表 8-8 所表示的发达国家与发展中国家之间的农产品出口贸易情况。表 8-8 表明,2003 年,发达国家向发展中国家出口的农产品总额为 865 亿美元,占相互之间农产品的出口总额的 38%;而发展中国家向发达国家出口的农产品 1378 亿美元,占相互之间农产品的出口总额的 62%。这就是说,发展中国家向发达国家出口农产品的贸易格局没有变化。

表 8-8　发达国家与发展中国家的农产品出口贸易情况

地　区	西　欧	亚　洲	北　美	拉　美	中　欧	非　洲	中　东
出口数额(亿美元)	426	651	439	425	144	137	21
所占比例(%)	18.99	29.02	19.57	18.95	6.42	6.11	0.94

资料来源:WTO,*International Trade Statistics 2004*,2004,pp.103-104.

　　分析一下 2003 年农产品出口最多的国家,可以更加明确哪个国家是主要的农产品出口国。表 8-9 列出了农产品出口最多的 15 个国家,其中欧洲联盟扣除了盟内的出口贸易。从表中可以看到,在这些国家里,农产品净出口额为正数的发达国家只有加拿大和澳大利亚,而农产品净出口额为正数的发展中国家有巴西、泰国、阿根廷、马来西亚。另外,发展中国家农产品净出口额远大于发达国家。

表 8-9　农产品出口最多的 15 个国家　　　　　单位:亿美元

国家或地区	出口额	进口额	净出口额
欧洲联盟	733.8	981.1	-247.3
美　国	762.4	772.7	-10.3
加拿大	336.9	180.2	+156.7
巴　西	242.1	42.3	+199.8
中　国	221.6	304.8	-83.2
澳大利亚	163.4	51.8	+111.6
泰　国	150.8	57.2	+93.6
阿根廷	121.4	6.3	+115.1
马来西亚	110.6	51.4	+59.2
墨西哥	99.8	138.5	-38.7

资料来源:WTO,*International Trade Statistics 2004*,2004,p.107.

　　像美国、加拿大、澳大利亚这样的发达国家有辽阔的耕地、先进的技术和发达的农业,而发展中国家往往是人口众多、耕地不足、农业落后,在农产品的贸易中发展中国家处于绝对劣势。但是,由于发展中国家在工业制品的贸易中的绝对劣势更大,它们在农产品的贸易中具有比较优势,因而它们不得不出口农产品来换取其不能生产或者要付出很高的成本才能生产的工业制品。

再来考察世界矿产品的贸易格局。根据世界贸易组织的统计,2003 年世界矿产品的贸易情况如表 8-10 所示。如果像前面的农产品出口贸易的分析那样排除了发达国家之间和发展中国家之间的矿产品的贸易,再按照估算,日本约900 亿美元矿产品的进口 15% 来自西欧,15% 来自北美,45% 来自中东,25% 来自亚洲,那么可以得到表 8-11 所表示的发达国家和发展中国家矿产品的出口贸易情况。表 8-10 表明,西欧和北美向发展中国家出口矿产品 172 亿美元,占相互之间矿产品的出口总额的 5%;而发展中国家向发达国家出口的矿产品3274 亿美元,占相互之间矿产品的出口总额的 95%。由此可见,发展中国家不仅向发达国家提供农产品,而且大量提供矿产品,即发展中国家仍然向发达国家提供初级产品。

表 8-10　世界矿产品的出口贸易情况

地　区	西　欧	中　东	亚　洲	中　欧	非　洲	北　美	拉　美
出口数额(亿美元)	2218	2180	1376	1196	951	842	837
所占比例(%)	23.1	22.7	14.3	12.5	9.9	8.8	8.7

资料来源:WTO, *International Trade Statistics 2004*, 2004, p. 111.

表 8-11　发达国家与发展中国家的矿产品出口贸易情况

地　区	西　欧	中　东	亚　洲	中　欧	非　洲	北　美	拉　美
出口数额(亿美元)	122	986	370	714	682	50	522
所占比例(%)	3.54	28.61	10.74	20.72	19.79	1.45	15.15

资料来源:WTO, *International Trade Statistics 2004*, 2004, p. 111.

除了中东国家拥有丰富的石油资源以外,发展中国家的矿藏与发达国家相比并不占优势。但是,发展中国家只有通过农产品和矿产品的出口来换取它们所需要的工业制品。

最后来考察世界工业制品的贸易格局。根据世界贸易组织的统计,2003年世界工业制品的贸易情况如表8-12所示。按照前面分析农产品和矿产品时相同的方法扣除发达国家之间和发展中国家之间工业制品出口贸易,并按照估算日本工业制品的出口额中有40%销往发达国家,60%销往发展中国家,那么可以得到表8-13所表示的发达国家和发展中国家之间工业制品的出口贸易情况。从表中可以看到,发达国家向发展中国家出口工业制品11965亿美元,占相互之间工业制品出口贸易总额56%,发展中国家向发达国家出口工业制品9423亿美元,占相互之间工业制品出口贸易总额44%。在这里应该指出的是,在发展中国家向发达国家出口的工业制品中,有相当大的一部分是发达国家跨国公司出口的。

表8-12　世界工业制品的出口贸易情况

地　区	西　欧	亚　洲	北　美	中　欧	拉　美	中　东	非　洲
出口数额(亿美元)	25276	15912	7522	2387	2133	669	467
所占比例(%)	46.5	29.3	13.8	4.4	3.9	1.2	0.9

资料来源:WTO,*International Trade Statistics 2004*,2004,p.116.

表8-13　发达国家和发展中国家之间工业制品的出口贸易情况

国家或地区	西　欧	北　美	日　本	亚　洲	中　欧	拉　美	中　东
出口数额(亿美元)	6176	3157	2632	5065	1563	1882	311
所占比例(%)	29.29	14.76	12.31	23.68	7.30	8.80	1.45

资料来源:WTO,*International Trade Statistics 2004*,2004,p.116.

再分析一下2003年工业制品出口贸易中最大的10个国家或地区,可以更加清楚地看到哪个国家或地区是工业制品出口最多的国家或地区。表8-14列出了工业制品出口最多的10个国家或地区,其中欧洲联盟扣除了盟内的出口贸易。从表中可以看到,工业制品出口贸易中最大的10个国家或地区中,发达国家或地区有欧洲联盟、美国、日本、加拿大,中等发展水平的国家或地区是韩国、新加坡、中国香港、中国台湾,发展中国家只有中国和墨西哥。从总体来看,主要是发达国家向发展中国家出口工业制品。

表 8－14　工业制品出口贸易最多的 10 个国家或地区

国家或地区	制成品出口额(亿美元)	占世界制成品出口的比例(%)
欧洲联盟	9574	17.6
美　国	5867	10.8
日　本	4387	8.1
中　国	3970	7.3
中国香港	2155	4.0
韩　国	1771	3.3
加拿大	1648	3.0
中国台湾	1411	2.6
墨西哥	1347	2.5
新加坡	1209	2.2

资料来源:WTO,*International Trade Statistics 2004*,2004, p.120.

　　前面关于出口贸易利益的分析表明,从长期来看初级产品的价格相对于工业制品下降,工业制品出口贸易与初级产品的出口贸易相比具有更大的利益。据联合国贸易与发展委员会的统计资料,发展中国家的贸易条件趋向于恶化,而发达国家的贸易条件趋向于改善,具体情况如表 8－15 所示。在表 8－15 中,贸易条件指数是指出口商品价格指数与进口商品价格指数之比。贸易条件指数上升意味着贸易条件改善,贸易条件指数下降意味着贸易条件恶化。从表中可以看到,2002 年与 1980 年相比,发达国家贸易条件改善了 5%,而发展中国家的贸易条件恶化了 17%。发达国家得到了出口工业制品相对于初级产品而言的贸易利益。

表 8－15　发达国家和发展中国家贸易条件指数的变化　　　2000 年＝100

年　份	1980	1990	1994	1995	1996	1997	1998	1999	2001	2002
发达国家	97	103	105	105	104	103	105	105	101	102
发展中国家	117	100	102	102	102	103	100	99	99	100

资料来源:UNCTAD,*Handbook of Statistics*,2004, p.42.

二、发达国家在发展中国家制成品出口中所得到的贸易利益

发达国家第二重贸易利益是发达国家在发展中国家制成品出口中所获得的贸易利益。这些贸易利益表现在下述方面：

第一，发达国家在发展中国家设立的跨国公司所获得的工业制品出口的贸易利益。前面的分析表明，2003 年，发展中国家向发达国家出口工业制品达 9423 亿美元，占了它们相互之间制成品出口贸易总额的 44%。但是，出口这些工业制品并不都是发展中国家的厂商，其中大量是发达国家的厂商。如果说出口工业制品具有贸易利益，那么发达国家得到了很大的一部分贸易利益。

以发展中国家第一大贸易大国中国为例。正如前面的分析所指出的，在中国 2003 年的商品出口中，有 54.84% 是外资企业的出口。当然，中国外资企业不仅包括发达国家的企业，还包括中国香港、中国台湾、韩国等中等发展水平的地区或国家的企业，还有发展中国家的企业。但是，据中华人民共和国国家统计局 2007 年出版的《中国统计年鉴》，在 2006 年，发达国家对中国的直接投资占外国对中国直接投资约 22%。由于资料所限，上述中国的出口不仅仅是工业制品的出口，发达国家某一年对中国直接投资的比例并不是在中国的发达国家跨国公司子公司出口工业制品的比例，但这些数字可以说明中国相当大的一部分工业制品出口贸易利益被发达国家所得到。

第二，发达国家在发展中国家出口工业制品的增值链中所获得的贸易利益。出口工业制品的生产过程是价值增值过程。但是，在这个价值增值过程中，发达国家同样也得到了贸易利益。首先，发达国家在机器设备的生产中具有优势，发展中国家厂商在生产工业制品的过程中，所需要的机器设备部分来自发达国家，这部分价值所代表的利益被发达国家所得到。其次，发达国家在科学技术上具有优势，发展中国家厂商在生产工业制品的过程中，往往依赖于发达国家的技术，因而需要向发达国家交纳各种专利费用，这部分价值所代表的利益也被发达国家所得到。再次，发达国家在工业制品的品牌上具有优势，发展中国家厂商生产工业制品往往采用来料加工、贴牌生产的方式，它们只得到少量的加工费，大

部分贸易利益被发达国家所得到。

以发展中国家第一大贸易大国中国为例。2003 年,中国的加工出口贸易大约占出口贸易总额的 60% 以上。但据中国报纸报道,中国厂商每加工出口 100 美元的商品,所得到的工资、租金、利润等只有 15 美元。发达国家在中国出口制成品的增值链中可获得大量的贸易利益。

三、发达国家从本国货币是国际储备货币中所得到的贸易利益

美元等发达国家的货币是国际储备货币,是国际清偿手段。发展中国家要从事对外经济活动,必须要持有国际储备货币。发展中国家不得不把它们通过向国际商品市场提供资源、物品、劳务所得到的国际储备货币保留下来以用于国际支付。从理论上说,发展中国家持有的国际储备货币可以随时用于购买发达国家的物品和劳务。但在实际上,发展中国家出于国际清偿的需要总是保留一部分国际储备货币。尽管发展中国家持有的这部分国际储备货币一般存放在发达国家的银行或购买发达国家的国库券和政府债券,从而可以得到利息收益,但利息收益仅仅是国际储备货币价值中很小的一部分,这意味着发达国家可以无偿享有发展中国家以万亿美元计算的财富。发达国家享有的这部分利益相当于中央银行在所在国所享有的利益。

例如,假定发展中国家通过商品的出口得到了国际储备货币,其中 10000 亿美元作为外汇储备保留下来。再假定它们将这 10000 亿美元的外汇储备用来购买发达国家的国库券和政府债券,得到 3% 的年利率。在这种情况下,一方面发展中国家为发达国家的政府支出提供了融通资金;另一方面发达国家还可以以 3% 的价值为代价得到 100% 价值的财富。只要国际货币制度不改变,发展中国家将继续保留国际储备货币,发达国家就可以占有这部分贸易利益。

四、发达国家从市场汇率与购买力平价的差异所得到的贸易利益

发达国家的第四重利益是以发达国家货币为基础货币的汇率高于购买力平

价的贸易利益。市场汇率是由外汇市场上供给和需求所决定的汇率,它实际上是用另一种货币来表示的某种货币的名义价格。购买力平价是指两种货币对国内同样的商品具有的购买力所形成的比价,它实际上是用商品来表示的货币的价值。

2001 年,世界银行在《世界发展指标》中公布了 1999 年 148 个国家或地区以市场汇率和购买力平价计算的国民生产总值,为分析市场汇率与购买力平价的关系提供了宝贵的资料。由于篇幅的限制,根据世界银行提供的数据,在表 8 - 16 中列举的是 4 类国家或地区的市场汇率与购买力平价的比率。在表里,人均国民生产总值用美元表示,市场汇率与购买力平价都以 1 美元可以兑换各国货币的数量表示,市场汇率是 3 年的平均值。从表中可以看到,发展中国家的货币的市场汇率远远高于购买力平价。

表 8 - 16   不同收入国家市场汇率对购买力平价的比率

国 家	人均国民收入	汇率/平价
低收入国家	420	4.48
中低收入国家	1200	3.54
中高收入国家	4870	1.02
高收入国家	26440	0.97

资料来源:World Bank,*World Development Indicators*,2001,pp. 12-15.

市场汇率与购买力平价差异造成了不公平的国际贸易格局。美国等发达国家获得了市场汇率高于购买力平价的利益。从表面上看,国与国之间的商品交换是等价的。在国际市场上,商品价格是供求决定的;在外汇市场上,市场汇率也是供求决定的。按照市场决定的商品价格和货币汇率进行贸易,一切都似乎是公平合理的。但在实际上,发展中国家货币对美元的市场汇率和购买力平价存在巨大差异,使美国等发达国家可以一定价值的财富与发展中国家交换数倍价值的财富。

以 20 世纪 90 年代中国和美国的贸易为例。美元与人民币的市场汇率约为 1 美元:8.0 元人民币,按照世界银行测算,美元与人民币的购买力平价大约为 1

美元：1.5元人民币,这意味着美元兑人民币的市场汇率大约是购买力平价的5.33倍。假定中国向美国出口价值1500亿元人民币的商品。从美国的角度来看,如果不从中国进口,按照购买力平价,美国在国内要支出1000亿美元才能得到这些商品。但是,如果从中国进口,按照市场汇率,美国支出187.5亿美元就可以买到这些商品。这就是说,美国用一定价值的商品可以与中国交换5.33倍价值的商品。

上述分析表明,经济发展水平的差异是不公平的国际贸易格局的原因,而经济发展水平之所以存在如此巨大的差异,除了发展中国家内部的因素以外,在近代史上列强对发展中国家疯狂的奴役、掠夺和剥削也是重要的原因。上述分析还表明,在现行的国际贸易制度下,富国将越富,穷国将越穷。一个国家的经济不发展,它在国际经济中就处于不利的地位。

第九章 国际贸易政策和国际贸易发展战略

第一节 国际贸易政策的经济效应

一、关税措施及其效应

国际贸易政策实际上是使国际贸易利益进行有利于本国再分配的手段,它包括进口贸易政策和出口贸易政策。马克思在提及关税政策时一针见血地指出:"保护关税制度把一个国家的资本武装起来和别国的资本作斗争,加强一个国家的资本反对外国资本的力量。"①这就是说,国际贸易政策是一个国家的商品资本与外国的商品资本竞争的手段。

在国际贸易中,一个国家的出口就是别的国家的进口,反之亦然。如果一个国家的贸易政策对别的国家的贸易利益造成损害,别的国家就会进行贸易报复,该国的贸易利益也将受到损害。因此,一个国家难以单独制定本国的国际贸易政策,它需要与别的国家相互协调来制定本国的国际贸易政策。正因为这样,才出现一个个回合的贸易谈判,才出现世界贸易组织。

进口贸易政策的手段之一是关税。严格来说,关税是对进出口商品征收的

---

① 马克思:"保护关税派、自由贸易派和工人阶级",《马克思恩格斯全集》第 4 卷,人民出版社 1958 年版,第 284 页。

税。但是,关税主要是对进口商品征收的税。关税包括从量税和从价税,前者是根据进口商品的数量征收的税,后者是根据商品的价值征收的税。反映一个国家关税总体水平的指标是关税水平。关税水平的计算方法有两种:一种方法是简单算术平均法,即把个别关税税率加起来,再除以个别关税税率的个数;另一种方法是加权算术平均法,即把个别关税税率与在该税率下进口的商品占总进口商品的比例相乘,然后再把各个乘积加起来。

经济学者们对关税效应已经进行了充分的讨论,他们提出对进口商品征收关税具有价格效应、消费效应、生产效应、收入效应、贸易效应等多种效应。

关税的价格效应是指一个国家对进口商品征收关税对进口商品价格的影响。价格效应主要有两种情形:第一,进口商品价格的上升幅度低于关税税率。如果进口国对进口商品的需求的价格弹性较大而出口国对出口商品的供给的价格弹性较小,进口国对该商品的进口又占据了较大的市场份额,那么进口国对进口商品征收关税将提高进口商品的价格,该国对进口商品的需求量将大量减少,出口国为了避免出口数量的减少不得不降低出口商品的价格,在进口国内进口商品价格的上升幅度低于关税税率。第二,进口商品价格上升的幅度近似于关税税率。如果进口国对进口商品的需求的价格弹性较小而出口国对出口商品的供给的价格弹性较大,进口国对该商品的进口所占比例较小,那么进口国对进口商品征收关税将提高进口商品的价格,该国对进口商品的需求量不会发生什么变化,出口国也不会降低出口商品的价格,在进口国内进口商品价格的上升幅度近似于关税税率。

关税的消费效应是指一个国家对进口商品征收关税对本国消费者利益的影响。一个国家对进口商品征收关税将导致该国进口商品价格的上升,如果该国消费者对进口商品的需求的价格弹性较小,他们不得不为购买进口商品支付更高的价格。如果该国消费者对进口商品的需求的价格弹性较大,他们不得不减少购买进口商品的数量。不论发生哪一种情况,都会损害消费者的利益。

关税的生产效应是指一个国家对进口商品征收关税对本国生产者利益的影

响。一个国家对进口商品征收关税将导致该国进口商品价格的上升,即使该国消费者对进口商品的需求的价格弹性较小,他们仍然购买进口商品,但或多或少也会发生本国商品对进口商品的替代。如果该国消费者对进口商品的需求的价格弹性较大,他们将大量减少购买进口商品的数量,本国商品的销售量将发生较大幅度的增加。在这两种情况下,都会增进生产者的利益。这意味着关税导致消费者利益向生产者利益的转移。

关税的收入效应是指一个国家对进口商品征收关税对本国政府收入的影响。除非进口国对进口商品的需求的价格弹性为无穷,进口国对进口商品征收关税导致该国停止进口该商品,否则进口国政府都可以得到关税收益。但是,并不是关税税率越高,政府的关税收入就越高。如果进口国对进口商品的需求的价格弹性较大,关税税率的提高导致商品进口额的减少,政府的关税收入将减少。这意味着关税导致消费者利益向政府利益的转移。

关税的贸易效应是指一个国家对进口商品征收关税对本国贸易的影响。除非进口国对进口商品的需求的价格弹性和出口国对出口商品的供给的价格弹性都为零,否则进口国对进口商品征收关税导致该国进口的减少。该国商品进口减少意味着别国商品出口减少,在一般情况下别国进口该国的商品就会减少,该国商品的出口就会减少。这意味着一个国家对进口商品征收关税将导致该国进出口贸易的减少。

关于关税效应的经典分析是利用消费者剩余和生产者剩余的概念来估算对进口商品征收关税的影响。这种估算可以分两种情形:一种情形是进口国对某种商品的进口数量占世界总进口数量的比例很小,该国对该商品征收进口关税导致该国进口数量减少不会对该商品的国际价格形成影响。另一种情形是进口国对某种商品的进口数量占世界总进口数量的比例很大,该国对该商品征收进口关税导致该国进口数量减少将会促使该商品的国际价格下降。

图 9-1 表示前一种情形。在图 9-1 里,D 表示某个国家某种商品的需求曲线,S 表示这种商品的供给曲线。在自由贸易的条件下,该商品的国内价格与国际价格相同,为 Op_1。该国生产者提供这种商品的数量为 Oq_1,该国消费者购

买这种商品的数量为 Oq_4，两者的差额 q_1q_4 是该商品的进口数量。假定政府对该进口商品征收关税，使该进口商品的国内价格提高到 Op_2。在该商品的价格上升以后，该国对这种商品的供给量是 Oq_2，需求量是 Oq_3，两者的差额 q_2q_3 是进口数量。这样，该国消费者以较高的价格购买较少的商品，消费者剩余的损失是 $a+b+c+d$。该国生产者以较高的价格提供更多的产量，生产者剩余的增加是 a，政府得到的关税收入是 c，$b+d$ 构成了该国征收进口关税给该国带来的经济福利净损失。

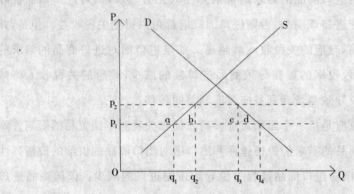

图 9-1　在商品的国际价格不变的条件下关税的效应

　　图 9-2 表示后一种情形。在图 9-2 里，各条曲线的意义与图 9-1 相同。图 9-2 与图 9-1 不同的是，由于该国减少了该商品的进口，导致国际市场对这种商品的需求下降，这种商品的国际价格随着下降。这样，除了原来在自由贸易条件下的国际价格 Op_1，征税以后的国内价格 Op_2 以外，还有征税以后的国际价格，也就是该国进口这种商品的价格 Op_3，Op_3 在 Op_1 以下。在这种情况下，消费者的损失、生产者的收益都不变，但是政府的关税收入增加了。原来每单位进口商品的关税收入是 p_1p_2，现在是 p_3p_2，这意味着该国征收进口关税给该国带来的经济福利净损失是 $b+d-e$，也意味着出口国为该国征收进口关税支付的代价是 e，该国征收进口关税还对出口国的经济福利造成了损害。

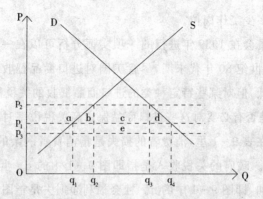

图 9-2　在商品的国际价格可变的条件下关税的效应

约翰逊(H.G.Johnson)以在商品的国际价格不变的条件下关税效应的分析为基础,提出了对进口商品征收关税造成的净损失的计算公式[1]:

$$\frac{关税造成的净损失}{国民生产总值}=\frac{1}{2}\times 关税税率\times 进口数量变化的百分比\times \frac{进口额}{国民生产总值}$$

$$(9-1)$$

应该指出,上面关于关税效应的分析从单独一个方面来看是合理的,但综合起来看存在一定的问题。经济学者们都很清楚,上面关于关税效应的分析是以同样数量的货币对任何人都具有同样的效用为前提的。但是,这个前提对于关税效应的分析是不合理的。在对进口商品征收关税以后,国内该商品的产量增加了,而产量的增加意味着就业的增加。这意味着消费者剩余的损失是就业者的福利损失,生产者剩余的增加是失业者的福利增加。显然,同样数量的收入的得失对这两类人群来说所导致的效用的得失是不同的。就业者减少一定数量的收入固然导致他们生活水平的下降,但是失业者增加同样数量的收入则使他们能够生存,就业者减少一定数量的收入所减少的福利要比失业者增加同样数量的收入所增加的福利小得多。因此,难以直接比较对征收进口关税对不同的人群所造成的经济福利的净影响。在估算征收进口关税的福利影响的时候,应该

---

[1]　H.G.Johnson,"The Cost of Protection and the Scientific Tariff", *Journal of Political Economy*, August 1960, pp. 327-345.

同时估算提供了多少工作岗位。

美国贸易委员会在 1989 年进行的一项实证分析可以在一定程度上弥补了这个不足。在 20 世纪 80 年代末期,尽管美国对进口商品征收的关税税率从总体水平来看比较低,但对某些特定种类的进口商品征收的关税税率很高,美国贸易委员会在分析是否有必要对这些进口商品保留高关税税率时得出了如表 9-1 所表示的结果。在表 9-1 里,消费者的损失是指消费者剩余的减少,即图 9-1 中的 a+c+b+d。政府的关税收入是指即图 9-1 中的 c。生产者的收益是指生产者剩余的增加,即图 9-1 中的 a。社会福利净损失是指图 9-1 中的 b+d。每个岗位的成本是指由于征收进口关税所带来的消费者剩余的损失除以所创造的工作岗位数之商。例如,对胶鞋征收 41.9% 的进口关税导致消费者剩余的损失是 27220 万美元,但它提供 2400 个工作岗位,因而每个工作岗位的成本是 11.3 万美元。这组数据比较完整地分析了征收进口关税的经济效应。但是,应该用经济福利净损失除以工作岗位数,而不应该用消费者剩余的损失除以工作岗位数来估算征收进口关税的经济效应。

表 9-1　美国对某些进口商品征收关税的经济效应　　单位:万美元

产品	关税税率(%)	消费者的损失	政府的关税收入	生产者的收益	社会福利净损失	每个岗位的成本
胶鞋	41.9	27220	18840	4410	3790	11.3
女袜	10.0	32510	25340	5460	1710	9.3
瓷片	19.1	9000	7760	1000	250	22.5
皮箱	16.3	18630	13980	3640	1020	10.4
皮手套	15.3	2810	1500	1080	230	4.7
瓷器	14.2	4380	3330	920	140	7.3
陶器	9.4	3470	3370	80	30	17.4
女手提包	12.5	13440	10340	2570	540	8.4
服饰珠宝	9.9	8670	5950	2070	670	8.7
玻璃器皿	12.9	18580	9900	7720	960	7.4
自行车	11.0	3810	2640	1000	180	6.4

资料来源:U. S. International Trade Commission, *The Economic Effects of Significant U. S. Import Restraints*, Washington:U. S. Government Printing Office, October 1989.

综上所述,经济学者们对关税的经济效应的分析是有意义的。但是,即使不能划分一单位货币对不同的人的效用,也应该划分一单位货币对不同的人群的效用。在比较征收进口关税所带来的社会福利的收益和损失时,必须要考虑到就业增加的情况。

上述分析表明,对进口商品征收关税对进口国最终产品的生产可以提供一定的保护作用。但是,进口国在生产最终产品的时候,可能需要购买外国的原材料和零部件等。由于进口这些中间商品同样要支付关税,生产最终产品的成本将上升,这实际上降低了对最终产品生产的保护作用。为了衡量征收进口关税对国内有关产品生产的实际保护程度,约翰逊、柯登(W. M. Corden)等经济学者提出了有别于名义关税税率的实际保护率(effective rate of protection)的概念,并且提出了实际保护率的计算公式[①]。

实际保护率是指进口关税的征收导致国内增加值的变化。设 v 是在自由贸易条件下的国内增加值,v' 是在对进口商品征收关税条件下的国内增加值,那么实际保护率 g 为

$$g = \frac{v' - v}{v} \tag{9-2}$$

设进口国是一个小国,对商品的价格不能产生影响。该国生产的某种最终产品的价格是 p,生产该产品需要进口 n 种投入品。假定进口投入品的成本在该产品的价格中所占的比例是 α,那么该国生产该产品所需要的进口投入品的总成本是:

$$\alpha_1 p + \alpha_2 p + \cdots + \alpha_n p = \sum \alpha_i p \qquad (i = 1, 2, 3, \cdots, n) \tag{9-3}$$

该国生产该产品的国内增加值是:

$$v = p - \sum \alpha_i p = p(1 + \sum \alpha_i) \tag{9-4}$$

在对最终产品和进口投入品征收关税税率 t 的条件下,该国生产该产品的

---

① H. G. Johnson, "The Theory of Tariff Structure, with Special Reference to World Trade and Development", in H. G. Johnson and P. B. Kenen(eds.), *Trade and Development*, Geneva: United Nations, 1965; W. M. Corden, *The Theory of Protection*, London, Oxford University Press, 1971.

国内增加值是：

$$v' = p(1+t) - p\sum \alpha_i(1+t_i) \qquad (i=1,2,3,\cdots,n) \qquad (9-5)$$

将公式(9-4)和(9-5)代入公式(9-2)可以得到：

$$g = \frac{t - \sum \alpha_i t_i}{1 - \sum \alpha_i} \qquad (9-6)$$

实际保护率的分析是有意义的。对任何进口商品征收关税一方面保护了最终产品的生产，另一方面通过提高进口中间产品的国内价格削弱了最终产品的生产。因此，必须通过计算征收进口关税对某种产品的增加值的影响来反映它的保护作用。然而，应该指出，从最终产品生产的角度来说，对最终产品的进口征收的关税税率越高，对生产最终产品所需要的中间产品的进口征收的关税税率越低，对本国最终产品生产的保护作用就越大。但是，对中间产品的进口征收较低的关税又会减弱对本国中间产品的生产的保护作用。因此，实际保护率的计算是对某种商品而言的。一个国家在分析征收进口关税对本国生产的保护作用时，还必须综合考察。对于某种最终产品的生产来说，只有在本国不生产该最终产品的生产所需要的中间产品的条件下，对该最终产品的进口征收的关税税率越高，对生产该最终产品所需要的中间产品的进口征收的关税税率越低，对本国该最终产品生产的保护作用才越大。

另外，上述分析表明，如果进口国对某种商品的进口数量占世界总进口数量的比例很小，那么该国对该商品征收进口关税导致该国进口数量减少不会对该商品的国际价格形成影响，该国征收进口关税将导致本国社会福利水平的下降。在这种情况下，关税税率应该为零。但是，如果进口国对某种商品的进口数量占世界总进口数量的比例很大，那么该国对该商品征收进口关税导致该国进口数量减少将会促使该商品的国际价格下降。这意味着该国征收进口关税将导致贸易条件的改善：相对于出口商品来说进口商品的价格下降了，或相对于进口商品来说出口商品的价格上升了。这样，该国征收进口关税有可能导致社会福利水平的减少，也有可能导致社会福利水平的增加。在这种情况下，将存在最优税率的问题。

勒纳(A. P. Lerner)、西托夫斯基和格拉夫(V. J. de Graff)等经济学者对最优关税税率的问题进行了研究,提出了最优关税税率的度量方法。[1] 按照他们的分析,最优关税税率是指贸易条件的改善所带来的有利影响超过贸易规模减少的不利影响的差额达到最大化的进口关税税率。

最优关税税率需要借助于提供曲线(offer curve)和贸易无差异曲线(trade indifference curve)来表达。前面第五章曾对提供曲线作过介绍,它表示一个国家按照不同的进口商品和出口商品的交换比率愿意用一定数量的出口商品去交换多少进口商品。因此,它既是一个国家对进口商品的需求曲线,也是这个国家对出口商品的供给曲线。假定有两个国家 A 和 B 进行两种商品 X 和 Y 的交换,A 国出口商品 X 进口商品 Y,B 国出口商品 Y 进口商品 X,那么在以横轴表示商品 X 的数量,纵轴表示商品 Y 的数量坐标系里,A 国的提供曲线是一条向右上方倾斜的下凸的曲线,B 国的提供曲线是一条向右上方倾斜的上凸的曲线,如图 9-3 所示。A、B 两国的提供曲线相交,表示 A 国出口和进口的商品数量正好是 B 国进口和出口的商品数量,所形成的商品 X 和 Y 的交换比率就是均衡的价格。

贸易无差异曲线表示一个国家在用不同数量的出口商品交换不同数量的进口商品时它得到的效用保持不变。贸易无差异曲线可以从一个国家的生产可能性曲线和社会无差异曲线推导出来,它与该国提供曲线的形状相似。对于 A 国来说,距离横轴越远的贸易无差异曲线,表示该国得到的效用越大。对于 B 国来说,距离横轴越近的贸易无差异曲线,表示该国得到的效用越大。

在图 9-3 里,原来 A、B 两国的提供曲线在商品 X 与 Y 的价格之比等于 p_1 的时候相交,形成了均衡的相对价格。如果 B 国对进口商品 X 征收关税,B 国对商品 X 的需求减少。在 B 国对进口商品 X 的需求占有较大份额的情况下,商品 X 与 Y 的价格之比下降。随着商品 X 与 Y 的价格之比下降,B 国进口一定

① A. P. Lerner,"The Symmetry between Import and Export Taxes",*Economica*,August 1936,pp. 306-313;T. Scitovsky,"A Reconsideration of Theory of Tariffs",*Review of Economic Studies*,No. 2,1942,pp. 89-110;V. J. de Graff,"On Optimum Tariff Structure",*Review of Economic Studies*,No. 1,1949,pp. 47-59.

数量的商品 X 所需要出口的商品 Y 减少,B 国的提供曲线向下移动。当 B 国的提供曲线向下移动到本国的贸易无差异曲线与 A 国的提供曲线的切点时,它到达了距离横轴最近的本国的贸易无差异曲线 TI,即它从贸易中获得的效用最大化,这样便在 X 与 Y 的价格之比等于 P_2 时形成了均衡的相对价格。从图中可以看到,B 国原来用 xy 单位商品 Y 与 A 国交换 Ox 单位商品 X,现在用 xE 单位商品 Y 就可以与 A 国交换到 Ox 单位商品,出口商品 Y 的差额可以看做是 B 国政府征收的出口税,它相当于对进口商品征收的进口税。这就是最优的进口关税税率。

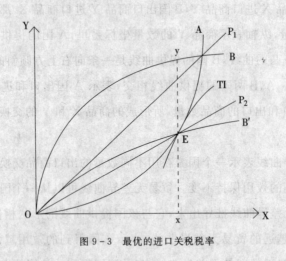

图 9 - 3　最优的进口关税税率

最优的进口关税税率还可以用公式来表达。设 e 是交易伙伴的提供曲线的弹性的绝对值,那么最优的出口或进口关税税率 t^* 为:

$$t^* = \frac{1}{e-1} \tag{9-7}$$

提供曲线的弹性是指一个国家以出口商品作为代价进口商品时,当出口商品对进口商品的相对价格发生 1% 的变化时,对进口商品的需求量发生多少百分比的变化。这就是说,在一般的情况下,当一个国家出口商品对进口商品的相对价格提高,即进口一定数量的商品所付出的出口商品的代价减少时,它增加对进口商品的需求量;当一个国家出口商品对进口商品的相对价格降低,即进口一定数量的商品所付出的出口商品的代价增加时,它减少对进口商品的需求量。进口商品需求量变化的百分比对出口商品变化的百分比之比,就是该国提供曲线的弹性。以图 9-3 的 A 国的提供曲线为例,如果继续延长 A 国的提供曲线,它将是从原点出发向右上方倾斜再向左上方倾斜的曲线。在到达拐点以前,A 国放弃一定数量的商品 X 可以交换到更多数量的商品 Y,这种情况称为富有弹性。在到达拐点时,A 国放弃一定数量的商品 X 可以交换到一定数量的商品 Y,这种情况称为单位弹性。在到达拐点以后,A 国减少出口一定数量的商品 X 仍然可以增加进口商品 Y,但商品 Y 进口数量的增加较少,这种情况称为缺乏弹性。

从公式 9-1 可以看到,B 国的交易伙伴是 A 国,如果 A 国的提供曲线的弹性是无穷,那么当 A 国进口一定数量的商品 Y 所付出的出口商品 X 的代价增加时,它无限减少对进口商品的需求量,这意味着 B 国征收进口关税不可能影响进口商品的国际价格,最优关税税率为零。如果 A 国的提供曲线的弹性小于无穷,那么当 A 国进口一定数量的商品 Y 所付出的出口商品 X 的代价增加时,它只会减少一定数量的进口商品,这意味着 B 国征收进口关税有可能影响进口商品的国际价格,最优关税税率为正数。A 国的提供曲线的弹性越小,B 国通过征收进口关税压低进口商品的国际价格的可能性就越大,最优关税税率就越高。

应该指出,最优关税税率的分析主要考虑进口国对进口商品的国际价格的影响程度,也就是主要考虑进口国在进口商品的国际市场上的垄断程度。但是,贸易无差异曲线是从生产可能性曲线和社会无差异曲线推导而来的,因而包含了一定数量的收入对于任何人群具有同样的效用的假定。正如前面的分析所指出的,就业者减少一定数量的收入所减少的效用和失业者增加同样数量的收入所增加的效用是不等的。因此,理论上的最优关税税率并不能完全反映现实中的最优关税税率,最优关税税率的计算只能在不考虑商品进口对就业影响的前提下作为参考。

二、非关税措施及其效应

一个国家除了可以用征收进口关税来限制进口以外,还可以用非关税措施来限制进口。主要的非关税措施包括进口配额、"自愿"出口配额、进口许可证制度、国家对进出口贸易的垄断、限制政府采购外国商品、对进口商品征收消费税、对进口商品规定最低限价、在海关对进口商品设置障碍、对进口商品需要的外汇进行管制、预付进口押金、对进口商品制定严格的技术标准、对进口商品制定严格的环境保护标准等等。在这里,需要深入分析的是配额壁垒和绿色壁垒。

进口配额(import quota)是指一个国家的政府对一定时期某种商品进口的数量或金额作出规定,超过配额的商品不许进口或者征收较高的关税。关于实行进口配额的经济效应,经济学者们也进行了充分的讨论。利用消费者剩余和生产者剩余的范畴进行分析,进口配额的经济效应与进口关税是相似的。如图 9-4 所示,某个国家对某种商品的需求曲线和供给曲线分别是 D 和 S。在自由贸易的条件下,该国进口该商品的数量为 q_1q_6,该商品的国际价格和国内价格同为 Op_1。如果该国政府对该商品的进口实行配额,配额为 q_2q_5,那么该商品的国内价格为 Op_2,本国生产者的供给量为 Oq_2,进口数量为 q_2q_5,本国消费者需求量为 Oq_5。实行进口配额与自由贸易相比,消费者剩余减少了 $a+b+c+d$,生产者剩余增加了 a,政府通过发放进口许可证得到的收入为 c,经济福利的净损失为 $b+d$,与征收关税的情形相似。

但是,当该国对该商品的需求发生变化时,实行进口配额和征收进口关税的效果将出现差异。假定该国对该商品的需求增加了,需求曲线从 D 移向 D'。在实行进口配额的情况下,进口数量不变($q_3q_7=q_2q_5$)。由于该国对该商品的需求增加,一方面本国对该商品的供给从 Oq_2 增加到 Oq_3,另一方面商品的国内价格从 Op_2 上升到 Op_3。然而,在征收进口关税的情况下,由于关税税率不变,仍为 p_1p_2,该国对该商品的需求增加将导致该商品的进口数量从 q_2q_5 增加到

q_2q_8,但该国生产者对该商品的供给量没有变化。

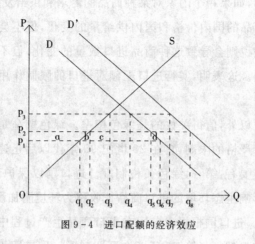

图9-4 进口配额的经济效应

按照同样的方法,可以比较在该国对该商品的需求减少、对该商品的供给增加、对该商品的供给减少等各种情况下实行进口配额和征收进口关税效应,可以得到下述的结论:

第一,在该国对该商品的需求增加的情况下,实行进口配额导致该商品国内价格的上升和该国生产者供给量的增加,但该商品的进口数量不变。征收进口关税导致进口数量的增加,但该商品的国内价格和该国生产者的供给量不变。

第二,在该国对该商品的需求减少的情况下,实行进口配额导致该商品国内价格的下降和该国生产者供给量的减少,但该商品的进口数量不变。征收进口关税导致进口数量的减少,但该商品的国内价格和该国生产者的供给量不变。

第三,在该国对该商品的供给增加的情况下,实行进口配额导致该商品国内价格的下降和该国生产者供给量的增加,但该商品的进口数量不变。征收进口关税导致进口数量的减少和该国生产者的供给量的增加,但该商品的国内价格不变。

第四,在该国对该商品的供给减少的情况下,实行进口配额导致该商品国内价格的上升和该国生产者供给量的减少,但该商品的进口数量不变。征收进口关税导致进口数量的增加和该国生产者的供给量的减少,但该商品的国内价格不变。

由此可以看到,如果一个国家对某种商品的需求和供给发生变化,实行进口配额会导致该种商品的国内价格和国内供给量的变化,但不会对进口数量造成影响。实行进口关税则会导致这种商品进口数量的变化,但不会对这种商品的国内价格产生影响。这表明,实行进口配额对进口的限制作用比征收进口关税更大。

除了进口关税以外,值得关注的是绿色壁垒。绿色壁垒是指以保护环境为由对进口商品实行严格的限制,它在 20 世纪 90 年代以后迅速发展起来。绿色壁垒的表现形式主要有:第一,绿色关税制度。进口国以保护环境为由,对可能造成环境污染和影响生态环境的进口商品征收称为环境附加税的额外关税。第二,环境配额制度。进口国根据出口国在出口商品生产过程中的环境保护情况来制定该商品的进口配额。第三,环境许可证制度。进口国规定某些有可能消亡的动植物必须要获得进口许可证才能进口。第四,环境贸易制裁。进口国对违反环境保护规则的出口国的商品实行进口限制。第五,环境成本内在化。进口国以本国与出口国环境保护程度不同造成生产成本不同为由,提出出口国的出口商品没有包括环境成本,因而形成对进口国的"生态倾销",并对进口商品征收"生态倾销税"。第六,苛刻的环境保护标准。进口国对进口商品规定严格的环境技术标准,包括某些物质的残留量、包装材料的可回收性、产品报废后的处理等等,达不到这些标准不许进口。

毫无疑问,保护环境对于人类的生存和发展是绝对必要的。从这个意义上说,倡导绿色贸易是文明和进步的表现。关税和贸易总协定(GATT)和世界贸易组织(WTO)的有关协议对保护环境的贸易措施也作出了规定。GATT 第 2 条提出,成员国在国民待遇的基础上可以对进口商品征收以保护环境为目的的关税,但必须遵守关税减让的有关规定。另外,成员国可以对自然资源产品的出口征收关税,以补充和更新自然资源。GATT 第 11 条禁止限制贸易数量,但可以有下述例外:为防止粮食或其他必需品的出口造成出口国短缺,出口国可以对出口商品实行限制;为实施国际贸易上商品分类、分级和销售的标准及条例,可以对进出口商品实行限制;对农副产品的进口可以实行必要的限制。WTO《卫生和动植物检疫措施协定》规定,成员国有权选择它认为合适的保护措施来保护本国领土内的人民、动物、植物的生命和健康安全。GATT 和 WTO 协议是在发达国家主导下制定的,它们一方面体现了各国发展贸易的要求,另一方面则更多地维护发达国家的利益。但是,GATT 和 WTO 有关环境保护的协议存在两个问题:

第一,缺乏合理的关于绿色贸易的国际标准。显然,进口商品不能损害进口国人民的健康,不能影响进口国的环境,不能破坏进口国动植物的生长。但是,在什么情况下进口国人民的健康会受到损害,进口国的环境受到影响,进口国动植物的生长受到破坏,应该有一个各国可以接受的标准。发达国家和发展中国家的科学技术水平和经济发展水平存在很大的差异,如果像 WTO《卫生和动植物检疫措施协定》规定的那样,成员国有权选择它认为合适的保护措施来保护本国领土内的人民、动物、植物的生命和健康安全,发达国家就可以制定远远高于"保护本国领土内的人类、动植物的生命和健康安全"所需要的绿色贸易标准,从而使本来就对发展中国家不公平的国际贸易格局变得对发展中国家更不公平。正如前面的分析所指出的,许多发展中国家不得不通过出口包括农产品在内的初级产品来进口它们不能生产的工业制品,但是发达国家还用苛刻的绿色贸易标准来限制发展中国家初级产品的进口,这将使发展中国家处在更加困难的境地。在发达国家可以不购买发展中国家的商品而发展中国家不得不购买发达国家商品的国际贸易格局下,这种貌似文明和公平的贸易条款实际上并不文明和公平。

第二,对绿色贸易措施的实施缺乏规范的约束。GATT 和 WTO 协议在绿色贸易的问题上含糊其辞和表达不明确,这就给一些国家利用绿色贸易条款来限制商品的进口提供了机会。例如,GATT 第 2 条规定,为实施国际贸易上商品分类、分级和销售的标准及条例,可以对进出口商品实行限制。这种商品分类、分级和销售的标准当然也可以包括一个国家根据环境保护的标准制定的商品分类、分级和销售的标准,进口国就可以利用这个条款来限制商品的进口。同时,正因为 GATT 和 WTO 协议在绿色贸易的问题上含糊其辞和表达不明确,一旦发生由绿色贸易而引起的贸易纠纷,将难以建立有效的机制来解决。

在这种情况下,绿色贸易成为许多国家限制进口的手段,并引起了大量的贸易纠纷。在发达国家和发展中国家的贸易中,发达国家常常采用绿色贸易手段来限制发展中国家商品的进口。例如,美国在 1996 年 4 月修订和颁布了《濒危物种法第 609 条款实施细则》,以保护海龟为由,禁止从那些在捕虾的过程中不使用海龟排除器的国家进口虾。美国的这项法律提出保护海龟是有道理的,但要求虾的出口国必须采用海龟排除器是没有道理的。印度尼西亚、马来西亚、巴基斯坦、泰国联合向 WTO 争端解决机构提出上诉,它们宣称已经采用了本国的技术保护海龟,无法接受美国这种强制性的购买和使用海龟排除器的要求。

在发达国家之间,也常常使用绿色贸易手段来抑制对方国家商品的竞争。例如,在 20 世纪 90 年代末,欧盟对轿车贸易制定了新的环境保护标准,要求到 2008 年在欧洲市场上销售的全部轿车的二氧化碳的排放量比 1995 年下降 25%。由于出口到欧洲的日本轿车主要是高级和大型的轿车,这些轿车的二氧化碳的排放量比欧洲轿车高 10%,这意味它们要达到新的标准必须使二氧化碳的排放量比 1995 年下降 31%。这样,日本轿车在欧洲的销售面临着更大的困难。同样,日本根据本国汽车节约能源的优势,在 1999 年 4 月开始实施《节能修正法》,要求到 2010 年在日本市场上销售的汽车,必须要达到相应的节能标准:两人(按 110 千克计算)乘坐时质量在 1250 千克至 1499 千克的轿车,到 2010 年要比 1995 年节能 30% 以上。这样,美国和欧洲的轿车在日本的销售将受到影响。为此,美国政府在 1999 年 3 月向 WTO 递交了意见书,指出日本单方面提高节能标准是限制外国轿车进口的不正当行为。可以预料,类似的纠纷还会不断出现,甚至会不断增加。

三、出口贸易政策及其效应

国际贸易政策除了进口贸易政策以外,还包括出口贸易政策。出口贸易政策的主要措施有:出口补贴,即一个国家的政府向本国出口商品的厂商提供补贴以提高出口商品的竞争力;商品倾销,即一个国家的厂商以低于国内正常价格的国际价格销售商品以占领外国市场。这里主要分析出口补贴及其效应。

一个国家的政府对本国商品的出口给予补贴包括直接补贴和间接补贴。直接补贴是指对本国商品的出口给予货币补贴,间接补贴是指对本国出口厂商或外国进口厂商提供优惠贷款,对本国出口厂商提供减免税收的优惠等。经济学者们的分析方法大同小异,但都认为出口补贴将导致经济福利的损失。

萨尔瓦多(D. Salvatore)利用图 9-5 来说明出口小国的出口补贴政策的经济效应。D 和 S 分别表示某个国家对某种商品的需求曲线和供给曲线。如果没有发生国际贸易,该商品的国内价格是 Op_1。但是,在发生国际贸易的条件下,该商品的国际价格为 Op_2。在不考虑运输成本和关税成本的情况下,该国生产者不可能按照不同的价格向国内和国外市场提供同样的商品,生产者在增加产量的过程中将该商品的国内价格提高到 Op_2。按照这个价格,该国生产者提供该商品的数量为 Oq_3,消费者消费该商品的数量为 Oq_2,出口该商品的数量为 q_2q_3。假定政府对每 1 单位出口商品提供 p_2p_3 的补贴,如果该国不能影响该商品的国际价格,它将尽量出口该商品,直到该商品的国内价格与国际价格的差价等于出口补贴额。该商品的国内价格上升到 Op_3。按照这个价格,该国生产者提供该商品的数量为 Oq_4,消费者消费该商品的数量为 Oq_1,该商品出口的数量为 q_1q_4。这样,消费者剩余的损失是 $a+b$ 的面积,生产者剩余的增加是 $a+b+c$ 的面积,政府的补贴是 $b+c+d$ 的面积,经济福利的净损失是 $b+d$ 的面积。[①]

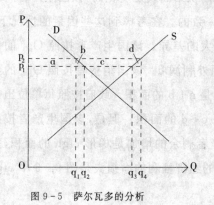

图 9-5　萨尔瓦多的分析

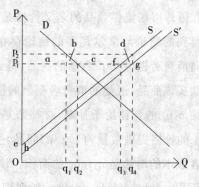

图 9-6　对萨尔瓦多的分析的疑问

①　D. Salvatore, *International Economics*, Prentice-Hall International, Inc., 1995, pp. 266-268.

萨尔瓦多的分析是在生产者的供给函数不变的前提下提出来的。但是,在政府出口商品给予补贴的情况下,生产者的供给函数不可能不变。如图 9-6 所示,在政府对出口商品给予补贴以前,该国生产者按照 Op_2 的价格向国内外市场提供商品。但是,在政府对出口商品给予 p_2p_1 的补贴以后,生产者的供给曲线将从 S 移向 S′,即垂直向下移动等于 p_2p_1 的距离。这是因为生产者原来按照 Op_2 的价格向国外市场提供商品,现在政府对出口商品给予 p_2p_1 的补贴,生产者按照比 Op_2 低 p_2p_1 的价格也愿意向国外市场提供同样数量的商品,即供给曲线向下移动等于 p_2p_3 的距离。但是,在出口国不能影响出口商品的国际价格的假定下,供给曲线表现为从 S 向右移向 S′。由于政府对销往国内的商品没有给予补贴,生产者在增加销往国外市场的商品时提高该商品的国内价格,直到该商品在国内市场的价格与在国外市场的价格相差 p_2p_1 为止。生产者生产数量为 Oq_4 的商品,该国消费者消费数量为 Oq_1 的商品,出口商品的数量 q_1q_4。这意味着生产者向国内和国外市场提供商品得到的名义价格是不同的,国内市场价格是 Op_1,国际市场价格是 Op_2。但是,由于生产者向国外市场提供商品得到的补贴 p_2p_1,他们所得到的实际价格同为 Op_1。

　　图 9-6 没有改变萨尔瓦多关于出口国不能影响出口商品的国际价格的条件,但认为在出口补贴的条件下出口商品的供给曲线是变化的,该国生产者向国内和国外市场提供商品的名义价格是不一致的。在考虑到这些因素的情况下,所得到的结论与萨尔瓦多的结论存在很大的差异。该国生产者按照 Op_3 的价格向消费者提供 Oq_1 数量的商品,得到额外利润 a。该国消费者按照 Op_3 的价格购买该商品,遭受的消费者剩余的损失是 $a+b$ 的面积。政府按照每单位出口商品 p_2p_3 的金额给予补贴,总补贴是 $b+c+d$ 的面积。但是,该国生产者按照 Op_2 的价格提供数量为 Oq_4 的商品,生产者剩余的增加是梯形 efgh 的面积,生产者成本的增加是 q_3fgq_4 的面积。该国的经济福利的净损失是图 9-6 中 efgh 的面积－$(2b+c+d)$－q_3fgq_4 的面积。

　　克鲁格曼的分析与萨尔瓦多的分析是相似的,但是他改变了萨尔瓦多关于出口国不能影响商品的价格的前提。他认为,出口补贴将导致商品出口的增加,从而造成出口商品价格的下降。因此,与萨尔瓦多分析出口小国的情形不同,克鲁格曼分析的是出口大国的情况。

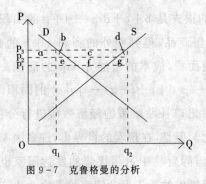
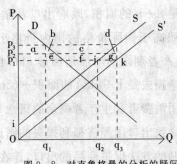

图9-7 克鲁格曼的分析　　　　　　图9-8 对克鲁格曼的分析的疑问

克鲁格曼利用图9-7来分析出口补贴政策的经济效应。假定在政府没有给予出口补贴的条件下,商品的国际价格是 Op_2,该国生产者按照该价格向国内和国外市场提供该商品。现在政府对出口商品给予补贴。在出口补贴的影响下,该国生产者增加该商品的供给量,导致商品的国内价格上升到 Op_3 而国外价格下降到 Op_1。商品国内外价格的差异等于政府对每单位商品给予的补贴的金额 p_1p_3。这样,实行出口补贴政策前后相比,消费者剩余的损失是 $a+b$ 的面积,生产者剩余的增加是 $a+b+c$ 的面积,政府出口补贴的损失是 $b+c+d+e+f+g$ 的面积,经济福利的净损失是 $b+d+e+f+g$ 的面积。[1]

既然商品的供给曲线是生产者在各种实际得到的价格下希望提供的商品的数量,当政府给予补贴以后,生产者实际得到的价格提高了,在原来坐标系的纵轴所表示的各种价格下,生产者希望提供的商品的数量将增加,供给曲线将向下方移动等于出口补贴 p_1p_3 的距离。如图9-8所示,生产者供给的增加导致国内价格的上升和国外价格的下降,当供给曲线向下从 S 移向 S′,即垂直移动的距离等于出口补贴 p_1p_3 时,形成了差距为 p_1p_3 的国内和国外两种价格。但是,由于出口得到补贴,该国生产者向国内和国外市场提供商品实际得到的价格是一样的。这样,该国生产者按照 Op_1 的价格生产数量为 Oq_3 的商品,其中数量

----

① 克鲁格曼:《国际经济学》,海闻等译,中国人民大学出版社1998年版,第184页。

为 Oq_1 的商品提供给国内消费者,数量为 q_1q_3 的商品提供给国外消费者。

图 9-8 与图 9-7 的结论不同。实行出口补贴政策前后相比,消费者剩余的损失是 $a+b$ 的面积,政府出口补贴的损失是 $b+c+d+e+f+g$ 的面积。生产者按照高于国际价格的国内价格出售商品,得到额外的利润 $a+h$ 的面积。另外,生产者剩余的增加是梯形 $ijkO$ 的面积,成本的增加 q_2jkq_3 面积。经济福利的净损失是 $h+ijkO$ 的面积$-(2b+c+d+e+f+g)- q_2jkq_3$ 的面积。

利用消费者和生产者剩余的概念对出口补贴政策的经济效应进行分析,可以得到导致出口国经济福利损失的结论。但是,在现实的世界里,许多国家都用出口补贴的方法促进商品的出口,连在国际贸易中占尽优势的发达国家也不例外。萨尔瓦多根据经济合作与发展组织提供的关于发达国家给予农业生产者各种补贴的情况,得到了表 9-2 所表示的情况。从表中可以看到,在发达国家里,日本是补贴程度最高的国家。另外,1990 年与以前相比,除了澳大利亚和新西兰以外,各发达国家里的补贴程度都提高了。

表 9-2 发达国家给予农业生产者补贴的情况

国家与地区	年补贴额(亿美元)		占农业产值的比例(%)	
	1979—1990	1990	1979—1990	1990
美 国	307	359	28	30
欧洲联盟	399	816	37	48
日 本	216	309	66	68
澳大利亚	11	13	12	11
奥地利	11	24	32	46
加拿大	42	65	32	41
芬 兰	23	53	58	72
新西兰	7	2	25	5
挪 威	17	31	72	77
瑞 典	16	34	44	59
瑞 士	26	50	68	78
总 和	1074	1756	37	44

资料来源:D. Salvatore, *International Economics*, Prentice-Hall International, Inc., 1995, p. 269.

由此可见,理论和现实存在很大的差异。显然,还有一些效应是消费者或生产者剩余的分析所没有涉及的。政府对某些产业的出口给予补贴将刺激这个产业的产量的扩大,对这个产业起到了扶持的作用。这种扶持将产生三种影响:首先,导致这个产业的就业的增加。如果该国没有达到充分就业,这意味着一部分工人从失业转为就业。正如前面在分析关税的经济效应所指出的,就业者减少1单位货币的福利损失小于失业者增加1单位货币所增加的福利。另外,就业的增加可以使得社会变得比以前稳定,从而可以带来非经济福利。其次,导致该国产值的增加。如果该国还存在没有被利用的社会资源,通过出口补贴实现的出口增加还可以通过乘数的作用导致国内生产总值的增加。再次,如果给予补贴的产业对经济具有重要的作用,扶持该产业对经济的长期发展具有一定的有利影响。发达国家对农产品的出口给予补贴,更多地是从产业发展的角度考虑。出口补贴会带来经济福利的损失,这实际上就是为得到就业、产值和产业这些收益所付的代价。比较这些利益和代价,实行出口补贴的国家并不一定受到明显的损失。这就可以理解,如果不是关税和贸易总协定和国际贸易组织的约束,出口补贴将会更加广泛和严重。

　　出口补贴政策最主要的问题损害了该商品的其他出口国的利益。一般来说,给予出口补贴的产业不是该国的优势产业,这种产业的产品应该由别的国家来提供。但是,该国利用出口补贴促进该商品的出口,必然影响别的国家这种商品的出口。如果别的国家也对本国处于劣势的产业给予补贴,那么国际贸易将受到影响,国际贸易的利益也就受到影响。

　　从上面的分析可以看到,国际贸易政策包括进口贸易政策和出口贸易政策,但进口贸易政策主要是限制进口的政策,出口贸易政策主要是鼓励出口的政策。国际经济学教科书告诉我们,贸易顺差不一定是一件好事,贸易逆差不一定是一件坏事。但是,各国政府为什么总是限制进口和鼓励出口呢?

　　贸易顺差确实不一定是一件好事。例如,假定某个实行固定汇率制度的国家同时发生了通货膨胀和贸易顺差,这个国家将处于两难的境地。如果它用收缩性的经济政策来控制通货膨胀,将会扩大贸易顺差;如果它用扩张性的经济政策来减少贸易顺差,将会加剧通货膨胀。如果它不采用任何经济政策对付通货膨胀和贸易顺差,外汇储备的增加将导致本国货币供给量的增加,同样会加剧通货膨胀。同样,贸易逆差确实不一定是一件坏事。例如,前面第八章对美国的经常项目逆差的分析表明,尽管美国连年发生经常项目逆差,而且经常项目逆差越来越严重,但是美国仍然得到了巨大的贸易利益。再如,假定某个国家某一年进口了大量的专利技术和机器设备,造成了贸易逆差。但是,这个国家提高了生产能力,贸易逆差对这个国家来说也不是一件坏事,

但是,如果说贸易顺差不一定是一件好事,贸易逆差不一定是一件坏事,又过于含混不清。应该指出,在一般情况下,从稍长的时期看,贸易顺差比贸易逆差更容易解决,贸易顺差比贸易逆差得到更多的经济利益。假定只有两个国家A 和 B,A 国的贸易收支是顺差的而 B 国的贸易收支是逆差的,A 国把顺差得到的 B 国的货币以资金融通的方式提供给 B 国。在这个例子里,B 国在短期里消费水平提高了,A 国持有的 B 国的货币似乎将最终形成对 B 国商品的需求,B 国似乎只有利益而没有什么损失。但是,如果 A 国对 B 国的贸易顺差持续一段时间,A 国将形成更强的生产能力,A 国商品对 B 国商品具有更大的竞争优势。即使 A 国持有的 B 国的货币最终形成对 B 国商品的需求,也是以更有利的贸易条件形成对 B 国商品的需求。A 国与 B 国相比不仅处于更有利的贸易地位,而且具有更高的经济发展水平。

第二节　国际贸易政策的经济分析

一、关于赞成和反对自由贸易的争论

斯密是主张自由贸易的经济学者的代表。他在《国民财富的性质和原因的研究》第四篇第一、二、三章中批评了重商主义的观点,提出了自由贸易的主张。他指出:"至于一国比另一国优越的地位,是固有的,或是后来获得的,在这方面,无关重要。只要甲国有此优势,乙国无此优势,乙国向甲国购买,总是比自己制

造有利。"①按照斯密的看法,与别的国家相比,一个国家在某些产品的生产上具有优势,在某些产品的生产上处于劣势。在自由贸易的条件下,如果该国专门生产和出口它具有优势的产品,以交换它处于劣势的产品,那么该国在社会资源不变的条件下可以消费更多的产品。因此,自由贸易可以增加一个国家的社会福利。

在斯密以后,主张自由贸易的经济学者还提出下述理由:

第一个理由是论证既然自由贸易能够增进经济福利,那么贸易保护将导致经济福利的损失。巴拉萨(B. Balassa)利用 1966 年巴西的统计资料,证明巴西的关税和非关税壁垒导致经济福利的损失达到国民收入的 9.5%。② 世界银行的研究人员利用 1978 年土耳其和菲律宾的统计资料,说明土耳其和菲律宾的关税和非关税壁垒导致经济福利的损失分别达到国民收入的 5.4% 和 5.2%。③ 塔尔(D. G. Tarr)和莫克勒(M. E. Morkre)利用 1983 年美国的统计资料,证明美国的关税和非关税壁垒导致经济福利的损失达到国民收入的 0.26%。④ 他们用贸易保护造成的损失来说明自由贸易的利益。

第二个理由是自由贸易可以得到规模经济的利益。在自由贸易的条件下,各国都生产和出口本国有比较优势的商品,它们面对的市场将更为广阔,它们的出口商品的产量将更大,因而还可以得到规模经济的利益;相反,在贸易保护条件下,由于限制了外国厂商的竞争,本国有关商品生产的利润率较高,吸引过多的本国厂商来生产这些产品,从而造成生产规模较小,损失了规模经济的利益。

第三个理由是自由贸易可以得到竞争和学习的好处。在自由贸易的条件下,本国厂商将面临外国厂商的竞争。这将促使本国厂商改善企业的经营管理,采用先进的生产技术,向外国厂商学习可取的理念和经验,从而加快国内企业的

---

① 斯密:《国民财富的性质和原因的研究》下卷,郭大力、王亚南译,商务印书馆 1974 年版,第 30 页。

② B. Balassa, *The Structure of Protection in Developing Countries*, Baitimore: The Hopkins Press, 1971.

③ World Bank, *The World Development Report*, Washington: World Bank, 1987.

④ D. G. Tarr and M. E. Morkre, *Aggregate Cost to the United States of Tariffs and Quotas on Import*, Washington: Federal Trade Commission.

发展。

李斯特则是主张在特定的经济发展阶段实行贸易保护的代表。他在《政治经济学的国民体系》中指出,在本国经济发展初期到以农业为主的发展阶段,应该与经济更加发达的国家进行自由贸易,这将使本国得到更多的利益。但当本国某些工业逐步形成,出现工业和农业分工协作的关系时,应该采用保护主义的关税政策,防止发达国家的工业品的进口对本国工业的打击。在本国的生产力有了很大的发展,能够与外国工业品竞争时,则应该回到自由贸易的原则,以防止本国厂商变得保守和懒惰。①

在李斯特以后,主张贸易保护的经济学者还提出下述理由:

第一个理由是贸易保护能够扶助幼年产业。这种看法与李斯特的看法相似,它认为一个国家在某种商品的生产上可能具有潜在的比较优势,但是在生产这种商品的工产业建立的初期,由于受到外国厂商的竞争,该产业难以发展起来。因此,应该对幼年产业提供暂时的贸易保护,直到该产业能够得到规模经济的利益,适应外国厂商的竞争,并获得了长期的比较优势。

第二个理由是贸易保护能够产生外部效应。这种看法认为,关于贸易保护造成社会福利的损失的分析没有考虑到外部效应的问题。如前所述,征收进口关税会导致图 9-1 中 b+d 的社会福利损失。但是,在进口关税的保护下,国内有关的产业将得到发展,从而对别的产业或整个社会产生正的外部效应,如培训了一批掌握了该产业生产技能的工人等等。这种正的外部效应可能大于社会福利的损失。

第三个理由是贸易保护能够改善贸易条件。这种看法认为,对于一个可以影响进口商品国际价格的大国来说,征收进口关税可以降低进口商品的国际价格,从而能够改善本国的贸易条件。按照这种看法,在进口关税较低的情况下,提高进口关税税率导致贸易条件改善所产生的利益大于社会福利的损失。随着进口关税税率的不断提高,贸易条件改善所产生的利益会等于再到小于社会福利的损失。

---

① 李斯特:《政治经济学的国民体系》,商务印书馆 1961 年版,第 128 页。

第四个理由是贸易保护能够维护国家安全。这种看法认为,某些产业对于保持和提高一个国家的国防能力是很重要的,如钢铁、造船、航空产业等。但是,这些产业不一定是这个国家的比较优势产业,在自由贸易的条件下,这些产业难以得到发展,从而会削弱这个国家的国防能力。因此,应该用贸易保护的方式来支持这些产业的发展。

二、关于自由贸易和贸易保护的分析

自由贸易和贸易保护的争论由来已久,各种文献浩如烟海。麦克康内尔(C. R. McConnnell)曾经讲了一句耐人寻味的话:"尽管自由贸易的拥护者在教室里比比皆是,但是保护主义者却常常支配着国会大厅。"[①]连经济发展水平最高的美国尚且如此,何况别的国家?

斯密以及斯密以后的自由贸易主张在逻辑上是正确的。但是,在现实的经济生活中,要实现自由贸易所产生的利益,必须具备下列基本条件:

第一,各个国家的经济发展水平相近。在各国经济发展水平相近的条件下,它们的比较优势往往不是不同的主要生产部门的优势,如工业对农业的优势,而是各个主要生产部门内不同的产业的优势,如农业内或工业内各个产业的优势。这样,如果各国都按照比较利益的原则进行国际分工,用比较优势的商品交换比较劣势的商品,那么彼此都能够得到相近的自由贸易的利益。例如,欧洲联盟经历了自由贸易区、关税同盟、经济共同体、经济联盟各个阶段,取得了很大的成功和进展,重要原因之一就是成员国经济发展水平相近,各国都获得了自由贸易的利益。

但是,在各国经济发展水平相差很大的条件下,它们的比较优势往往不是各个主要生产部门内不同的产业的优势,而是不同的主要生产部门的优势。由于主要生产部门的产品存在明显的差异,如果各国按照比较优势的原则进行国际

---

① C. R. McConnnell, *Economics*, New York: McGraw-Hill Book Company, 1981, p. 829.

分工,用比较优势的商品交换比较劣势的商品,那么那些专门生产在贸易中处于不利地位的商品的国家将得不到应有的贸易利益甚至会受到损害,自由贸易将导致极不均衡的贸易利益的分配。例如,发达国家和发展中国家的经济发展水平存在很大的差异,发达国家在高附加值的工业制品和服务业中具有比较优势,发展中国家在初级产品和低附加值的工业制品中具有比较优势,在这两类国家中进行自由贸易只会造成相对而言的富者越富,穷者越穷。

斯密和李斯特的贸易主张从他们各自的角度来看都是合理的,它们的差异体现了经济发展水平不同的国家的利益的差异。当时的英国是世界上最发达的工业国,英国的工业制品具有不可比拟的竞争力,自由贸易将给英国带来巨大的贸易利益。而当时的德国工业体系尚未形成,工业制品的竞争力并不强,自由贸易将会损害德国工业的发展。斯密代表的是英国的利益,当然主张自由贸易;李斯特代表德国的利益,自然主张贸易保护。

第二,各个国家能够彼此平等相待。即使各个国家经济发展水平存在很大的差异,但如果各个国家能够平等相待,获得巨大贸易利益的发达国家对发展中国家给予贸易利益的补偿,自由贸易仍然能够促进各个国家经济的发展和社会福利水平的提高。但是,在现实的世界里,各个国家在经济和政治上平等相待只是一种乌托邦式的幻想。从各国或民族之间的关系的角度来看,至今为止的世界史基本上是一部弱肉强食的历史。在人类文明已经发展到较高程度的今天,强国对弱国的控制、剥削、掠夺还经常发生。当然,这种控制、剥削和掠夺不像古代和近代那样赤裸裸和血淋淋,它们更多地采取市场的和"文明"的方式。在各个国家都从本国的利益出发去处理国与国之间的经济和政治事务的条件下,自由贸易将会把发展中国家置于极为不利的境地。

首先,由于发达国家在科学技术和经济发展水平方面远高于发展中国家,这意味着发达国家几乎在所有的随着科学技术进步而产生的新兴产业都具有比较优势和绝对优势。在自由贸易的条件下,发展中国家的新兴产业几乎无法发展,它们只有等待着发达国家的残羹剩饭。当发达国家从劳动密集型工业转向资本密集型工业,发展中国家开始发展劳动密集型工业;当发达国家从资本密集型工业转向技术密集型工业和服务业,发展中国家发展开始发展资本密集型工业。

在产业的发展过程中,发展中国家将永远落后于发达国家。

其次,在发展中国家跟随发达国家发展那些发达国家淘汰的产业的过程中,发展中国家的贸易条件将趋向于恶化。发达国家生产的是发展中国家不能生产的带有垄断性的商品,发展中国家生产的是发达国家可以生产只不过现在放弃的商品;发展中国家对发达国家生产的商品由于可替代性较弱而缺乏需求的价格弹性,而发达国家对发展中国家生产的商品由于可替代性较强而富有需求的价格弹性。这种不对等的贸易地位必然使发展中国家的贸易条件趋向于恶化。

由此可见,在自由贸易的条件下,发达国家和发展中国家的经济差距不是缩小而是扩大。如果将经济的分析稍微扩展到政治和军事的分析,那么一般来说,特别在是在现代,经济实力将决定政治和军事实力,这意味着发展中国家在国际政治或军事的冲突中处于弱者的地位。

在自由贸易的贸易保护的问题上,马克思和恩格斯的论述可谓一针见血,它触及问题的实质。1848 年,马克思发表了题为"保护关税派、自由贸易派和工人阶级"的文章,恩格斯发表了题为"讨论自由贸易问题的布鲁塞尔会议"的文章,讨论了保护关税和自由贸易对资本主义生产方式和工人阶级的影响。1888 年,恩格斯又写成了"保护关税制度和自由贸易",从历史的角度分析了保护关税和自由贸易制度的演变。从马克思和恩格斯的这些论述中摘录若干段话,就可以看到自由贸易的贸易保护问题的实质。

恩格斯写道:"英国在国内市场上实行的保护关税制度,又用在国外对它的商品的一切可能的消费者实行自由贸易作了补充。由于两种制度的这样巧妙的结合,到战争终了时,即 1815 年,英国已经成了一切最重要的工业部门的世界贸易的实际垄断者。"[1]"1848 年到 1866 年期间不列颠工业和贸易的空前发展,无疑在很大程度上是由废除食品和原料的保护关税引起的。"[2]"只要我们注意考察英国的自由贸易的性质,我们几乎可以处处看到,它的'自由'的基础就是垄断。"[3]

---

[1]　《马克思恩格斯全集》第 21 卷,人民出版社 1965 年版,第 414 页。
[2]　同上书,第 416 页。
[3]　同上书,第 591 页。

恩格斯写道："建立在手工劳动基础上的德国家庭工业遭到依靠蒸汽进行生产的英国工厂竞争的无情压制，……从1983年以来大多数德国工业家就已经大声疾呼要求向保护关税制度过渡。"①

恩格斯还写道："保护关税制度不仅可以有益于还在继续同封建制度作斗争的尚未充分发展的资本家阶级，而且也可以有益于像美国这样的一个国家——它从未见过封建制度、但是已经达到势必从农业向工业过渡这一发展阶段——的新兴资本家阶级。"②在美国面前"敞开着两条道路：或者是实行自由贸易，进行比如说五十年的费用极大的竞争斗争来反对领先于美国工业的约一百年的英国工业；或者是用保护关税在比如二十五年中堵住英国工业品的来路，几乎有绝对把握地坚信，二十五年以后自己就能够在自由的世界市场上占有一个地位"③。

从恩格斯的这些论断可以看到，各个发达资本主义国家在选择自由贸易和贸易保护政策的时候，都是从本国资产阶级的经济利益出发的。如果本国商品的竞争力不强，需要用贸易保护手段抵制别的国家的商品的竞争以建立本国的工业体系，就实行贸易保护的政策；如果本国商品具有很强的竞争力，需要用自由贸易手段来扩大本国商品的市场，就实行自由贸易的政策。

但是，马克思、恩格斯都认为，自由贸易是资本主义正常生产的条件。恩格斯指出："自由贸易是现代资本主义生产的正常条件。只有实行自由贸易，蒸汽、电力、机器的巨大生产力才能够得到充分的发展。"④这就是说，资本主义生产方式在本质上是要求自由贸易的。但是，处于资本主义不同发展阶段的国家出于本国利益的考虑，在不同程度上实行自由贸易的政策。马克思也指出："保护关税制度不过是为了在某个国家建立大工业的手段，也就是使这个国家依赖于世界市场，但自从对世界市场有了依赖性以来，对自由贸易也就有了或多或少的依赖性。"⑤

---

① 《马克思恩格斯全集》第21卷，人民出版社1965年版，第423页。
② 同上书，第419页。
③ 同上书，第418页。
④ 同上书，第416页。
⑤ 《马克思恩格斯全集》第4卷，人民出版社1958年版，第458页。

恩格斯说得再清楚不过了："关于自由贸易和保护关税的问题，完全是在现代资本主义生产制度的范围内兜圈子。因此对于我们，即争取消灭这一制度的社会主义者来说，没有什么直接的吸取。"①

由于在现实的世界里不存在各国的经济发展水平相近彼此平等相待的基本条件，在现实的世界里也就不可能存在完全的自由贸易。从这个角度来看，前面提到的关于贸易保护的主张是有道理的。但是，自由贸易的主张也并非错误。首先，任何国家都不可能生产本国人民所需要的全部商品，不同的国家的社会资源又具有不同的特点，如果各国生产和出口其具有比较优势的商品，进口处于比较劣势的商品，那么它们确实可以提高各自的社会福利水平。其次，一个国家商品的出口就是别的国家商品的进口，一个国家商品的进口就是别的国家商品的出口，如果各国都限制进口商品，那么各国都无法出口商品。如果各国趋向于闭关自守，各自生产本国需要消费的商品，那么将造成经济效率的极大损失。从这个角度来看，前面提到的关于自由贸易的主张也是有道理的。

在各种学科中，可能像经济学这样的社会科学才出现这样的情况：两种相反的看法和主张都有道理。但是，这种结果本身就说明了如下事实：既不可能存在完全的自由贸易，也不可能存在完全的贸易保护，各国对贸易政策的选择处于完全的自由贸易和完全的贸易保护之间。对于经济发展水平较高、出口商品的竞争力较强的国家来说，它们主张自由度更高的贸易政策。对于经济发展水平较低、出口商品的竞争力较弱的国家来说，它们主张保护性更强的贸易政策。但是，如果一个国家实行自由的贸易政策，另一个国家实行保护的贸易政策，将对实行自由贸易政策的国家造成不利影响。如果实行自由贸易政策的国家反过来对实行保护贸易政策的国家进行报复，也对实行保护贸易政策的国家产生不利影响。因此，各国必须进行贸易政策的协调，国际贸易政策具有多边的性质。关税和贸易总协定（GATT）和世界贸易组织（WTO）就是在这种情况下产生的。

从 GATT 和 WTO 的发展历程来看，它们是趋向于自由贸易的。实际上，

---

① 《马克思恩格斯全集》第 21 卷，人民出版社 1965 年版，第 429 页。

GATT 和 WTO 是在发达国家主导下缔结和成立的。根据上面的分析不难理解,GATT 和 WTO 所以趋向于自由贸易是因为发达国家倾向于自由贸易。由此可见,GATT 和 WTO 具有双重的性质:一方面,它们建立了国际贸易的准则和解决贸易争端的机制,这对于维护国际贸易的秩序和促进世界经济的发展具有积极意义;另一方面,尽管发展中国家可以采取适当的贸易保护政策来扶持年幼工业,能够享受发达国家单方面给予的普遍优惠制,但这些待遇毕竟是很有限的,GATT 和 WTO 是对贸易利益进行有利于发达国家的再分配的一种贸易制度安排,发达国家可以从趋向于自由的贸易政策获得巨大的利益。

不少马克思主义经济学者对 WTO 持批评态度。例如,阿明(S. Amin)在评论 WTO 时曾经指出:WTO 的支持者们是以这样一种简单的但却是错误的思想为根据的,即自由贸易有利于国际贸易的扩大,而国际贸易的扩大有利于各国的经济增长。然而,历史并不能证明这种主张的正确性。第二次世界大战以后的历史证明,国际贸易扩大是各国经济增长的结果,而不是经济增长的原因。在各国经济迅速增长的时期,即使存在着高关税以及其他形式的贸易保护,国际贸易仍然迅速扩大。在各国经济增长减缓的时期,即使降低了关税和减少了其他形式的贸易限制,国际贸易仍然发展缓慢。另外,自由贸易的拥护者认为,征收关税给一个国家消费者带来的损害要大于征收关税所增加的收益。这种看法是以一个完全竞争的不现实的世界为前提的。历史证明,一个国家从生产力的提高所得到的利益远比从比较优势得到的利益更重要。历史还证明,商品的相对价格不是由市场的需求和供给决定的,而是由社会生产条件决定的。作为边缘国家的发展中国家的劳动报酬与作为中心国家的发达国家的劳动报酬的差距要大于它们的生产力的差距。[①]

笔者认为,阿明的看法虽过于偏激但却是深刻的。国际贸易与经济增长是互动的。经济增长会促进国际贸易,国际贸易也会促进经济增长。不能只说国际贸易是经济增长的原因,也不能只说经济增长是国际贸易的原因。关键的问题在于 WTO 是在当今世界一种不公平和不合理的国际贸易格局下推进自由贸

---

① S. Amin,*Capitalism in the Age of Globalization*, ZED Books, 1997, pp. 26-27.

易的,而这种不公平和不合理的国际贸易格局又带有深刻的宗主国对殖民地的剥削和掠夺的烙印。显然,WTO 制定的国际贸易规则对发达国家是有利的。阿明看法的深刻之处在于,如果一个国家或一个民族将自己发展希望寄托在从比较优势得到贸易利益,那么就太幼稚了。发展中国家在现行国际贸易格局下仅仅按照比较优势的原则参与国际分工和国际贸易,是不可能从根本上改变本国经济不发达的状况。它们只有不断提高本国社会生产力水平,才能促进本国经济的发展。

既然 WTO 是有利于发达国家的一种贸易制度安排,那么发展中国家为什么要加入 WTO? 确实,在 WTO 规则下,发展中国家得到的贸易利益远少于发达国家。但是,如果发展中国家不加入 WTO,它可能连这些贸易利益都得不到。作为 WTO 的非成员国,它不受 WTO 规则约束,但也没有相应的权利。它可以对别的国家的出口商品征收高关税,别的国家也可以对它的出口商品征收高关税,双方发生贸易争端没有有效的机制或方法来解决。这样,这个国家将倾向于自给自足,不能利用国际贸易来加快国内经济的发展。发达国家和发展中国家经济发展水平的差异决定了这种国际贸易格局,发展中国家拒绝这种格局并不能改变这种格局,而只会损害自己的利益。相反,如果发展中国家加入WTO,尽管它与发达国家相比不可能得到同等的贸易利益,但与其自身相比将有更多的发展机会。它有可能利用发达国家产业结构调整的机会来发展某些产业,推动国内经济的发展。

第三节　国际贸易的发展战略

一、比较优势的发展战略

在经济全球化的条件下,各国经济都在不同程度上融入世界经济。因此,如何制定本国的国际贸易发展战略,在国际经济竞争中处于有利地位,是每个国家面临的问题。国际贸易发展战略是指通过对外贸易促进本国经济发展的战略。关于国际贸易发展战略,在经济学界里,有的学者主张各国按照比较优势的原则参与国际分工,有的学者则呼吁谨防落入比较优势陷阱。实际上,这个问题与国际贸易政策是相互联系的。国际贸易政策主要是各国政府根据对国际贸易利益的认识而采取的影响进出口商品贸易的措施,国际贸易发展战略则主要是通过生产和贸易来促进本国经济的发展。虽然国际贸易政策的实施也会影响生产和贸易,其目的也是推动本国经济的发展,但是国际贸易政策主要是指对商品的进出口所采取的关税和非关税措施,而国际贸易发展战略则主要是指从国际贸易角度考虑的产业的发展战略。

在短期内,在科学技术和社会资源为一定的条件下,比较优势的格局为一定。世界各国只有按照比较优势的原则参与国际分工,才能得到国际贸易的利益。以中国和美国的贸易为例,中国在纺织品、鞋类制品、家用电器等商品的生产上具有比较优势,而美国在喷气客机、通信器材、化工制品等商品的生产上具有比较优势。如果中国按照比较优势的原则参与国际分工,向美国出口纺织品、鞋类制品、家用电器等商品,从美国进口喷气客机、通讯器材、化工制品等商品,不论是中国还是美国都可以获得国际贸易的利益。如果中国不按照比较优势的原则参与国际分工,那么在理论上可以有两种选择:第一种选择是不按照比较优势参与国际分工,即不从美国进口喷气客机、通信器材、化工制品等商品,而是自己制造这些产品;第二种选择是逆比较优势原则参与国际分工,即向美国出口喷气客机、通信器材、化工制品等商品,从美国进口纺织品、鞋类制品、家用电器等商品。第一种选择将导致很高的生产成本,从而使经济缺乏效率;第二种选择实际上是不可能存在的选择。

当然,正如本书第八章关于国际贸易利益的分析所表明的那样,按照比较优势参与国际分工,国际贸易利益的分配是不均等的,甚至是很不均等的。例如,中国向美国出口纺织品、鞋类制品、家用电器等商品,得到的贸易利益是很少的;美国向中国出口喷气客机、通信器材、化工制品等商品,得到的贸易利益是很大的。假如中国得到的贸易利益是 20%,而美国得到的贸易利益是 80%,中国还有必要按照比较优势的原则参与国际分工吗? 笔者认为仍然有必要。如果中国不按照比较优势的原则参与国际分工，不但失去这 20% 的静态利益，而且将失去更多的由国际贸易所带来的动态利益，如进口自己不能生产的机器设备和自己没有掌握的科学技术所导致的生产能力的提高等。中国和世界各国的历史已经充分证明，闭关自守必然导致经济落后。

因此，在短期和静态的条件下，比较优势的原则不可抗拒。即使发展中国家在国际贸易中处于不利地位，它们也应该按照比较优势的原则参与国际分工，发挥本国社会资源的特点，争取在国际贸易中获得更多的利益，争取通过国际贸易加快本国经济的发展。

但是，正如本章第二节所指出的那样，比较优势学说在逻辑上是正确的，但是要将比较优势学说应用于现实世界并且得到比较优势学说所揭示的国际贸易利益，需要满足一定的前提条件。例如，世界各国平等互利，和平相处，并且有一定的机制进行国际贸易利益的再分配。但是，现实世界并不具备这些前提条件。

从 16 世纪开始长达 400 年的殖民主义国家对殖民地和半殖民地国家的剥削和掠夺，决定了宗主国和殖民地与半殖民地国家之间的国际贸易格局。第二次世界大战以后，殖民地与半殖民地国家纷纷独立，宗主国演变为现在的发达国家，而殖民地与半殖民地国家演变为现在的发展中国家。50 多年来，尽管发展中国家取得了很大的发展，但是发达国家和发展中国家之间的国际贸易格局仍然带有第二次世界大战以前的国际贸易格局烙印。如果发展中国家仅仅满足于按照比较优势的原则参与国际分工，它们将永远处于相对落后的地位，甚至处于被欺凌的地位。

例如，第二次世界大战以来，发展中国家不仅向发达国家提供农产品，而且大量提供矿产品，即发展中国家向发达国家提供初级产品的贸易格局也没有改变。在现实的国际贸易里，大多数初级产品都具备需求的价格弹性和收入弹性低的特点，这意味着从趋势上初级产品的相对价格是下降的。这意味着从长期来看，即使国际贸易是公平的，由于初级产品本身的特点，作为初级产品主要出口国的发展中国家的出口增加没有带来相应的收益的增加，它们在国际贸易中处于不利地位。

又如，如果说工业制品的出口与初级产品的出口相比具有更多的贸易利益，那么在发展中国家出口工业制品不断增加的情况下,他们是不是得到相应的利益呢? 实际上,在发展中国家出口的工业制品中,相当大的一部分是发达国家的跨国公司的出口。这就是说,外国厂商本来可以在本国生产出口商品,但由于发展中国家的工资和租金比较低廉,发达国家厂商到发展中国家设厂生产这些出口产品,将原来是发达国家的出口额转变为发展中国家的出口额,它们从中可以获取更大的利润。因此,发展中国家工业制品出口中很大的一部分贸易利益仍然被发达国家所得到。

再如,即使是发展中国家的厂商生产的出口商品,发达国家从发展中国家出口工业制品的增值链中仍然得到相当大的一部分贸易利益。首先,发达国家在机器设备的生产中具有优势,发展中国家厂商在生产工业制成品的过程中,所需要的机器设备部分来自发达国家,这部分价值所代表的利益被发达国家所得到。其次,发达国家在科学技术上具有优势,发展中国家厂商在生产工业制成品的过程中,往往依赖于发达国家的技术,因而需要向发达国家交纳各种专利费用,这部分价值所代表的利益也被发达国家所得到。再次,发达国家在工业制成品的品牌上具有优势,发展中国家厂商生产工业制成品往往采用来料加工、贴牌生产的方式,它们只得到少量的加工费,大部分贸易利益被发达国家所得到。

当然,从长期来看,发展中国家将会生产越来越多的工业制成品。但是,它们所生产的工业制成品也是发达国家由于产业结构的升级而放弃生产的工业制成品。当发展中国家用这些技术含量低的工业制成品与发达国家交换技术含量高的工业制成品时,又重复着过去它们用初级产品与发达国家交换工业制品的恶性循环。这是仅仅局限于按照比较优势参与国际分工所难以避免的发展前景。

由此可见,即使在和平的年代里,如果发展中国家停留在按照比较优势的原则参与国际分工,从国际贸易的角度来看,它们与发达国家的经济差距将越来越大。如果一旦发生国际争端,由于发达国家掌握先进的科学技术,具有不可比拟的经济实力,它们将处在强势的地位。这样,发展中国家不要说发展,甚至连生存都将成为问题。

对于发展中国家来说,特别是对于发展中大国来说,不能满足于本国经济发展水平继续远远落后于发达国家的现状,也不能让自己的命运永远掌握在发达国家手里。不论从经济发展和国家安全的角度来看,发展中国家不能停留在仅仅按照比较优势的原则参与国际分工。

二、创建动态的比较优势格局

发展中国家既要按照比较优势的原则参与国际分工,但又不能拘泥于按照比较优势的原则参与国际分工。比较优势的格局在短期内是一定的,但在长期里是可变的。发展中国家在短期内按照比较优势的原则参与国际分工的同时,必须注重自主的技术创新,以在一定程度上改变长期的比较优势格局。在投入高成本去研究发展中国家得不到的发达国家的先进技术,或者去超越发达国家的先进技术时,显然没有遵循比较优势的原则。但是一旦发展中国家掌握了这样的先进技术,发展中国家将创造出新的比较优势格局,使发展中国家可以按照新的比较优势格局参与国际分工。

这意味着比较优势发展战略有短期和长期、静态和动态之分。采取积极的比较优势发展战略,在短期内按照比较优势的原则参与静态的国际分工的前提下,通过局部地发展没有比较优势但具有比较优势前景的产业来创建新的动态的比较优势格局。这就是说,不断从短期的、局部的非比较优势走向长期的、动态的比较优势,就是发展中国家应该采用的发展战略。在这个方面,日本和韩国的经验值得借鉴。

日本是一个以贸易立国的国家,国际贸易对其经济发展具有重要的意义。但是日本的经济发展战略是一种既考虑比较优势原则又不拘泥于比较优势原则的发展战略。在20世纪60年代,日本国内对主导产业的选择有不同的意见。但是,事后来看,日本政府对主导产业的选择主要根据下述标准:第一,产品的需求的收入弹性较大,当人们收入提高时对这些产业的产品产生较大的需求。第二,产业的劳动生产率较高,从而可以提高社会生产力水平。第三,产业关联性较强,使该产业的发展可以带动一系列产业的发展。根据这些标准,日本政府选择并重点给予支持的产业在20世纪60年代是钢铁、机械、汽车、石油化工、造船、电力,70年代是电子计算机、集成电路、计算机软件,80年代以来是能源、材料、信息、生物工程。①

在这些产业的发展初期,日本并不都是具有比较优势的。以轿车产业为例,在 20 世纪 60 年代,美国和欧洲的轿车具有强大的竞争力,日本生产轿车并没有比较优势。如果按照比较优势的原则,日本似乎不应该发展轿车产业。但是,轿车产业具有需求的收入弹性大、劳动生产率高、产业关联度强的特点,日本政府通过优先采购、减免税收、低息贷款、提供信息等措施给予支持和培育,使轿车产业发展成为具有比较优势的产业。

但是,日本产业的发展又没有完全违背比较优势的原则。在第二次世界大战以前,日本就已经走向工业化,具有比较雄厚的工业基础。经过 20 世纪 50 年代的经济恢复,日本的资本积累也达到一定的水平。即使当时部分产业没有比较优势,但也具有发展成为比较优势产业的前景。另外,应该指出的是,许多对日本经济发展发挥了重要作用的出口产业,如,20 世纪 50 年代的缝纫机、照相机、摩托车、钢琴,60 年代的电视机、录音机、数控机床等产业,基本上没有得到政府特别的扶持,主要是按照比较优势的原则发展起来的。

韩国走的是一条与日本相似的道路,但由于韩国原来是一个十分落后的国家,所以在经济发展过程中政府主导的色彩或者说没有按照比较优势的原则发展经济的色彩更强于日本。韩国的经济发展战略是通过产业政策来实施的。韩国的产业政策与出口导向的战略相结合,将本国的社会资源集中于对本国经济发展最为有利的、能够提高国际竞争力的产业。它不局限于按照比较优势的原则发展产业,而是采用资金、技术、税收、信息等手段,主动地和先行地引导产业结构的变化,甚至将某些比较劣势的产业扶植为比较优势的产业。

正是通过这样的产业政策,韩国政府在 20 世纪 60 年代重点发展轻工业、70 年代重点发展重化工业、80 年代重点发展信息产业,并且使这些产业成为在世界上具有一定地位的产业。当然,韩国的产业政策也存在一定的问题,如政府过多地对经济进行干预,弱化了市场经济体制的调节作用,对外债务负担过重,对外依存度过高等。韩国在 1997 年爆发金融危机就是多年积累的矛盾的激化所

---

① 余尚雕:《日本经济新论》,吉林大学出版社 2000 年版,第 117 页。

致。但不可否认,韩国的产业政策对其经济发展发挥了重要的作用。

从日本和韩国的经济发展过程可以看到,从静态来看,它们发展没有比较优势的产业是不经济的,它们本来可以花更低的成本从别的发达国家进口这些产业的产品。但是,从动态上看,它们发展当时没有比较优势但是经过培育有可能成为比较优势的产业未必是不经济的,这些产业在长期里可以带来很高的收益。即使从本产业的成本收益的角度来看发展这些产业可能是不经济的,但是如果这些产业能够带来一系列相关产业的发展和社会生产力的提高,从整个经济的成本收益的角度来看仍然是可行的。日本和韩国的产业政策存在不少问题,也产生了许多消极影响,但是这些产业政策强有力地推动日本和韩国的经济发展,使它们迅速步入发达国家和准发达国家的行列。

然而需要强调的是,创建动态的比较优势格局并不意味着政府可以为所欲为地发展产业。由于社会资源是稀缺的,政府只能有重点地发展某些对本国经济具有重要影响的主导产业,而且这些主导产业是有可能成为比较优势产业的。

另外,本书第五章曾经指出,比较优势假定两个国家都能够生产两种商品,当一个国家某种商品的生产成本或市场价格相对低于对方国家时,它在这种商品的贸易上具有比较优势。但在现实的经济社会里,一个国家能够生产的某种商品可能是另一个国家所不能生产的,这就不存在着在这两个国家相对价格的高低问题,因而也就不是比较优势的问题,而是超比较优势的问题。正如前面第五章所指出的,如果从成本或价格的角度分析,对于贸易双方来说,超比较优势意味着一个国家生产某种产品的成本或价格为一定,而另一个国家生产这种产品的相对成本或价格趋向于无穷。

在当代,许多具有超比较优势的产品的生产技术十分复杂,而且还受到严格的知识产权保护,要模仿这些技术是比较困难的。掌握了这些技术的国家只有在研制了更新的技术以后,才将原来的技术以专利的方式出售给别的国家,这意味着技术的差距和超比较优势的现象将长期存在。

目前发达国家在国际贸易中处于有利和主宰的地位,而发展中国家则处于不利和从属的地位,关键在于发达国家掌握着最先进的科学技术。发展中国家进口的很多产品是它们不能生产的,出口的却是发达国家可以生产但随着产业结构的调整趋向于放弃的商品。因此,发达国家支配着国际贸易并在国际贸易中获取高额的寡头垄断利润。显然,这已经不是一般意义的各国可以通过出口相对成本低的商品,进口相对成本高的商品来获得国际贸易利益这样的问题了。

在当今的国际贸易中,不能否认各自发挥比较优势可以给贸易双方带来贸易利益。但是,最重要的贸易利益是超比较优势所带来的贸易利益。如果发展中国家停留在按一般意义上的比较优势来制定经济发展战略,它们将永远落在发达国家的后面,始终在国际贸易中处于不利地位。由于超比较优势产生的主要源泉是科学技术,发展中国家要改变不利的国际贸易格局,必须要加快科学技术的发展,必须要进行自主的技术创新。当然,科学技术的发展是需要长期积累的,在很长的时间里发展中国家的科学技术水平不可能全面超越发达国家。但是,在政府的主导和支持下,发展中国家有可能在科学技术的某个方面取得突破,局部地建立某些具有超比较优势的高技术产业。

第十章 在国际贸易条件下的资本积累和社会资本再生产

第一节 在国际贸易条件下的资本积累

一、国际贸易与剩余价值的实现

国际贸易本质上是商品资本的跨国流动,它是商品资本循环的一个环节。根据马克思的分析,商品资本循环的过程是:$W'-G'-C\cdots P\cdots W'$。在这里,W表示商品资本,G表示货币资本,C表示生产资本,P表示生产过程,用上标"$'$"表示包含剩余价值。但是,在国际贸易条件下,商品资本W'能否转化为货币资本G',取决于两个市场,即国内商品市场和国际商品市场。因此,商品资本循环的过程表现为下述形式:

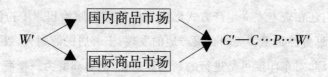

图 10-1 在国际贸易条件下商品资本的循环

显然,商品资本循环的关键问题是商品资本W'能否转化为货币资本G',即包含在商品中的剩余价值能否实现,而商品资本W'能否转化为货币资本G',又取决于国内商品市场和国际商品市场。第二次世界大战以后,随着国际贸易的发展,国际商品市场在各国剩余价值的实现中发挥越来越大的作用。

表 10-1 说明了 20 世纪 80 年代以来世界物品出口总额在世界国内生产总值所占的比例的变化情况。从表中可以看到,世界物品和劳务出口总额在世界国内生产总值所占的比例趋向上升,到 2005 年已经达到了 29.32%。这就是说,从世界平均水平来看,包含在商品中的剩余价值超过 1/4 是通过国际商品市场实现的。剩余价值的实现越来越带有国际的性质,越来越依赖于国际商品市场。

表 10-1　世界出口总额占世界国内生产总值的比例　　　　　单位:亿美元

	1980	1990	2000	2005
国内生产总值	107052.78	216636.06	315238.81	428860.14
物品出口总额	20318.74	34914.51	63640.80	101590.00
劳务出口总额	3629.00	7827.00	14794.00	24150.00
出口所占比例(%)	22.37	19.73	24.88	29.32

资料来源:WTO,*International Trade Statistics*,2001-2006.

二、国际贸易与资本的积累

资本积累是指剩余价值的资本化。剩余价值是资本积累的唯一源泉,而资本积累是资本主义扩大再生产的唯一源泉。由于剩余价值的实现依赖于国际商品市场,国际贸易成为资本积累的重要途径。

但是,国际贸易不仅在资本主义生产方式确立以后的资本积累中发挥了重要的作用,它还在资本主义生产方式形成初期的资本原始积累中扮演了重要的角色。马克思曾经指出:"美洲金银产地的发现,土著居民的剿灭、奴役和他们在矿坑中的活埋,对东印度可是进行的制服和劫掠,把非洲变为一个商业性黑人猎夺场所的转化:这一切都标志着资本主义生产时代的曙光。这些牧歌式的过程,也就是原始积累的主要的要素。"[1]在马克思所提到的资本原始积累的主要要素

---

① 　马克思:《资本论》第 1 卷,人民出版社 1963 年版,第 828 页。

中,殖民主义国家对殖民地和半殖民地国家强制性的和掠夺性的贸易,是资本原始积累的重要源泉。马克思还曾经指出:"奴隶制使殖民地具有价值,殖民地产生了世界贸易,世界贸易是大工业的必备条件。"①

在第二次世界大战以后,随着国际贸易的扩大,国际商品市场对于剩余价值的实现具有更加重要的意义,国际贸易成为资本积累的重要途径。国际贸易的存在使一个国家的剩余价值的实现可以突破国内商品市场的限制,剩余价值的实现促进资本的积累,资本的积累推动了生产的扩张。在生产的扩张和国际商品市场的拓展的相互作用下,资本更加迅速地积累起来。美国、英国、法国等战胜国通过国际贸易实现资本的积累,在世界各国中保持着经济上的领先地位。日本、德国等战败国也通过国际贸易实现资本的积累,在世界经济中处于举足轻重的地位。在这个方面,日本的崛起表现得更为典型。

第二节 在国际贸易条件下的社会资本再生产

一、在不存在国际贸易条件下的社会资本的再生产

马克思在分析社会资本的再生产时是假定不存在国际贸易的。马克思指出:"把对外贸易引进来,不过会使问题更加紊乱,对问题本身及其解决,不会提供任何新的要素。所以,我们就把它完全丢开了。"②马克思在不存在国际贸易、不变资本在一年内耗费完毕、全部商品均按照价值出售的条件下,分析了社会资本的简单再生产和扩大再生产的过程。按照马克思的分析,如果社会生产部门划分为生产生产资料部类Ⅰ和生产消费资料的部类Ⅱ,每个部类的商品价值包

---

① 马克思:"哲学的贫困",《马克思恩格斯选集》第1卷,人民出版社1972年版,第110页。

② 马克思:《资本论》第2卷,人民出版社1964年版,第519页。

括不变资本的价值 c、可变资本的价值 v 和剩余价值 m 三个部分,那么社会资本简单再生产的条件可以表达为:

第一,$I(v+m)=IIc$。这个条件表示第一部类的可变资本的价值和剩余价值需要用于消费,第二部类的不变资本的价值需要用生产资料和更替。在 $I(v+m)=IIc$ 的条件下,体现的消费资料和体现的生产资料正好相互弥补,社会资本的简单再生产可以正常进行。

第二,$I(c+v+m)=Ic+IIc$。它是第一个条件在等号的两边同时加上而得到。这个条件表示,第一部类全部商品的价值必须同时弥补第一部类不变资本的价值和第二部类不变资本的价值,从生产资料的角度来看社会资本的简单再生产才能够正常进行。

第三,$II(c+v+m)=I(v+m)+II(v+m)$。它是第一个条件在等号的两边同时加上而得到。这个条件表示,第二部类全部商品的价值必须同时弥补第一部类可变资本的价值、剩余价值和第二部类可变资本的价值、剩余价值,从消费资料的角度来看社会资本的简单再生产才能够正常进行。

如果社会资本要扩大再生产,从价值的角度来看,资本家阶级就不能把全部剩余价值用于个人消费,而必须把一部分积累起来作为追加资本;从物质的角度来看,社会商品中必须有扩大再生产所需要的生产资料和消费资料。

为了能够追加生产资料,第一部类生产代表的可变资本和剩余价值的商品,必须要大于第二部类耗费的不变资本的价值。只有这样,才能有追加的生产资料用于两个部类的扩大再生产。因此,社会资本扩大再生产的条件是:$I(v+m)>IIc$,即 $I(c+v+m)=I(\Delta c)+II(c+\Delta c)$。

另外,为了能够追加消费资料,第二部类生产的代表不变资本和用于积累的剩余价值的商品,必须要大于第一部类可变资本的价值和用于资本家阶级个人消费的剩余价值之和,才能有追加的消费资料用于两个部类的扩大再生产。设表示资本家阶级用于个人消费的剩余价值,表示积累的剩余价值,那么扩大再生产的条件是:$II(c+m-n)>I(v+n)$,即 $II(c+m-n)=I(v+\Delta v+n)+II(\Delta v)$。

马克思的社会资本再生产理论具有重要的意义,它从价值形态和物质形态揭示了社会资本再生产的条件。西方经济学界将 20 世纪 30 年代凯恩斯经济学的产生称为经济学的革命，认为凯恩斯开创了现代宏观经济学。当然，不应该否定凯恩斯经济学的历史意义和历史作用，但在实际上，作为凯恩斯经济学中两个最基本的经济理论之一的现代国民收入理论，完全可以从马克思的社会资本再生产理论推导出来。

如前所述，社会资本扩大再生产的条件是：

$$I(v+m) = I(\Delta c) + II(c+\Delta c) \qquad (10-1)$$

$$II(c+m-n) = I(v+\Delta v+n) + II(\Delta v) \qquad (10-2)$$

如果在公式(10-1)的两边同时加上 $I c$，在公式(10-2)的两边同时加上 $II(v+n)$，那么可以得到：

$$I(c+v+m) = I(c+\Delta c) + II(c+\Delta c) \qquad (10-3)$$

$$II(c+v+m) = I(v+\Delta v+n) + II(v+\Delta v+n) \qquad (10-4)$$

公式(10-3)表明，要实现社会资本的扩大再生产，第一部类所生产的生产资料，除了补偿第一和第二部类已经耗费的不变资本的价值以外，还必须满足第一和第二部类追加生产资料的需要。公式(10-4)表明，实现社会资本的扩大再生产，第二部类所生产的消费资料，除了补偿第一和第二部类劳动者的消费和资本家的消费以外，还必须满足第一和第二部类追加消费资料的需要。将公式(10-3)和(10-4)的等号的两边分别相加，可以得到：

$$I(c+v+m) + II(c+v+m) = [I(c+\Delta c) + II(c+\Delta c)] + [I(v+\Delta v+n) + II(v+\Delta v+n)] \qquad (10-5)$$

公式(10-5)等号的左边表示包括生产资料和消费资料的社会商品的供给，它等于生产资料和消费资料的价值之和。等号的右边表示包括生产资料和消费资料的社会商品的需求，它等于用于补偿耗费的不变资本的生产资料的价值、用于追加不变资本的生产资料的价值、用于满足劳动者和资本家需要的消费品的价值，以及用于追加劳动者需要的消费品的价值。因此，公式(10-5)表示，当社会商品的总供给等于社会商品的总需求时，社会资本扩大再生产的条件得以成立，社会商品的生产处于均衡状态。而这正是凯恩斯提出的二部门经济国民收入均衡的条件。

第十章　在国际贸易条件下的资本积累和社会资本再生产

二、在存在国际贸易条件下的社会资本的再生产

虽然马克思为了更加清楚地揭示社会资本的再生产过程而假定不存在国际贸易,但是马克思曾经提到国际贸易在实物形态上对于资本再生产过程的重要性。他指出:"如果一个国家自己不能把资本积累所需要的那个数量的机器生产出来,它就要从国外购买。如果它自己不能把所需数量的生活资料(用于工资)和原料生产出来,情况也会如此。"[1]"资本主义生产方式,一般来说,没有对外贸易是不行的。"[2]他还指出:"在这两个场合,对外贸易都可以起挽救的作用;在第一个场合,是使第Ⅰ部类停留在货币形式上的商品,转化为消费资料;在第二个场合,是把过剩的商品处理掉。但若对外贸易不单纯是(按价值)补充替换各种要素,它就不过会把矛盾推入更广的范围,为各种矛盾开放更大的活动范围。"[3]

如果改变马克思社会资本再生产理论中关于不存在国际贸易的条件而保留其他的条件,那么结论将发生很大的变化。

首先来考察社会资本简单再生产的条件。在发生国际贸易的条件下,由于可以从外国进口生产资料,即使 $Ⅰ(v+m) < Ⅱc$,社会资本的简单再生产仍然可以正常进行。

从生产资料的角度来看,设 $ⅠM$ 是第一部门的商品即生产资料的进口额,$ⅠX$ 是第一部门的商品即生产资料的出口额,社会资本简单再生产的条件是:

$$Ⅰ(c+v+m)+(ⅠM-ⅠX)=Ⅰc+Ⅱc \qquad (10-6)$$

公式(10-6)表示,第一部类生产的生产资料可能出口到外国,而该国也可能从外国进口生产资料。只要 $Ⅰ(c+v+m)+(ⅠM-ⅠX)=Ⅰc+Ⅱc$,第一和第二部类耗费的生产资料都能够得到补偿,社会资本的简单再生产能够正常进行。在这里,$ⅠM-ⅠX$ 可能是正数,可能是负数,可能是零。它们分别表示生

---

① 马克思:《剩余价值理论》第 2 卷,人民出版社 1975 年版,第 560 页。
② 马克思:《资本论》第 2 卷,人民出版社 1964 年版,第 519 页。
③ 同上书,第 517 页。

产资料的贸易为逆差、顺差或平衡。假定其他条件不变,生产资料的贸易逆差导致黄金或外汇储备减少,生产资料的贸易顺差导致黄金或外汇储备增加。这意味着在发生国际贸易的条件下,可以用黄金或外汇储备来维持社会资本的简单再生产。

从消费资料的角度来看,设为 $\mathrm{II}M$ 第一部门的商品即生产资料的进口额,$\mathrm{II}X$ 为第一部门的商品即生产资料的出口额,社会资本简单再生产的条件是:

$$\mathrm{II}(c+v+m)+(\mathrm{II}M-\mathrm{II}X)=\mathrm{I}(v+m)+\mathrm{II}(v+m) \qquad (10-7)$$

公式(10-7)的意思与公式(10-6)相似,它表示第二部类生产的消费资料可能出口到外国,而该国也可能从外国进口消费资料。只要 $\mathrm{II}(c+v+m)+(\mathrm{II}M-\mathrm{II}X)=\mathrm{I}(v+m)+\mathrm{II}(v+m)$,第一和第二部类需要的消费资料都能够得到满足,社会资本的简单再生产能够正常进行。在这里,$\mathrm{II}M-\mathrm{II}X$ 可能是正数,可能是负数,可能是零。它们也分别表示消费资料的贸易为逆差、顺差或平衡。假定其他条件不变,消费资料的贸易逆差导致黄金或外汇储备减少,消费资料的贸易顺差导致黄金或外汇储备增加。这意味着在发生国际贸易的条件下,同样可以用黄金或外汇储备来维持社会资本的简单再生产。

如果把社会资本简单再生产的条件结合起来,生产资料的顺差或逆差与消费资料的逆差或顺差可以相互弥补。只有包括生产资料和消费资料的社会商品的贸易出现差额时,才会导致黄金或外汇储备的变化。在一定的时期内,黄金或外汇储备的变化可以维持社会资本简单再生产的条件。但是,假定其他条件不变,如果社会商品的贸易连续多年出现逆差而导致黄金或外汇储备全部流失,社会资本简单再生产的条件将受到破坏。

再来考察社会资本扩大再生产的条件。根据在发生国际贸易条件下社会资本简单再生产的条件的分析相似,在存在国际贸易的条件下,社会资本扩大再生产的条件是:

$$\mathrm{I}(c+v+m)+(\mathrm{I}M-\mathrm{I}X)=\mathrm{I}(c+\Delta c)+\mathrm{II}(c+\Delta c) \qquad (10-8)$$

$$\mathrm{II}(c+v+m)+(\mathrm{II}M-\mathrm{II}X)=\mathrm{I}(v+\Delta v+n)+\mathrm{II}(v+\Delta v+n) \qquad (10-9)$$

公式(10-8)表明,第一部类所生产的生产资料加上生产资料的净进口额,必须能够补偿第一和第二部类耗费的生产资料 $\mathrm{I}c+\mathrm{II}c$,而且还可以向第一和

第二部类提供追加的生产资料Ⅰ(Δc)＋Ⅱ(Δc)。同样,公式(10－9)表明,第二部类所生产的消费资料加上消费资料的净进口额,必须能够满足第一和第二部类对消费资料的需求Ⅰ(v＋n)＋Ⅱ(v＋n),而且还可以向第一和第二部类提供追加的消费资料Ⅰ(Δv)＋Ⅱ(Δv)。在生产资料和消费资料的贸易存在差额的条件下,黄金或外汇储备同样可以在一定时期内起着维持社会资本扩大再生产的作用。

由此可见,国际贸易使社会资本的扩大再生产突破原来的条件的限制,它本身已经成为社会资本扩大再生产的条件。应该指出,上面的分析是第一部类能够提供本国扩大再生产的生产资料为前提的。但在实际上,在一个国家的扩大再生产的过程中,部分原料、材料和设备是本国不能生产或生产不足的,必须通过国际贸易来获得。从这个角度来看,国际贸易更是成为社会资本扩大再生产的条件。

马克思曾经指出:“像简单再生产会不断再生产资本关系自身,一方面再生产资本家,另一方面再生产工资雇佣劳动者一样,规模扩大的再生产或积累,也会以扩大的规模再生产资本关系,在一极端,再生产更多的或更大的资本家,在另一极端,再生产更多的工资雇佣劳动者。”①在国际贸易成为社会资本扩大再生产的条件以后,社会资本的扩大再生产不仅在一个国家内部更多地产生资本家和劳动者,而且在世界范围内更多地产生资本家和劳动者。在这种不断地在世界范围内再生产资本主义生产关系的情况下,出现了错综复杂的阶级矛盾和利益冲突。

第一是世界劳动者与资本家之间的矛盾。劳动者是生产剩余价值的一方,资本家是占有剩余价值的一方,双方在生产过程中处在对立的状态。国际贸易使各国的劳动者和资本家分别形成了一个整体,从而形成了世界劳动者阶级和世界资本家阶级。世界资本家阶级具有共同的利益,这就是如何在生产过程中获得更多的剩余价值。世界劳动者阶级也具有共同的利益,这就是改变自己在生产过程中被剥削的地位。这意味着一个国家的资本家阶级不仅剥削本国的劳

---

① 马克思:《资本论》第 1 卷,人民出版社 1963 年版,第 674—675 页。

动者阶级,而且剥削外国的劳动者阶级。

第二是各国的资本家之间的矛盾。一个国家的社会资本要通过国际贸易才能实现资本的积累和扩大再生产,不同国家的资本家在国际商品市场上形成了竞争的关系。这种关系是一种剩余价值分配的关系。哪个国家的资本家在国际商品市场的竞争中处于有利地位,他们就可以获得更多的剩余价值。这意味着一个国家的资本家从内部来看存在着出口企业的资本家同与进口竞争企业的资本家的利益关系,从外部来看出口企业和与进口竞争企业的资本家同外国的资本家存在竞争关系。

从表面上看,各国的劳动者之间也存在一定的矛盾。在各国劳动者未能改变他们在生产过程中被剥削的地位的情况下,他们都面临着就业和生存的问题。因此,从国际贸易的角度来看,一个国家的资本家与劳动者似乎又具有某些共同利益。如果本国的资本家在国际商品市场的竞争中处于有利地位,本国劳动者的就业状况就会好一些。从这个意义上说,各国的劳动者之间也存在一定的利益上的矛盾。这就是说,一个国家的资本家在与另一个国家的资本家的竞争中处于优势时,前一个国家的劳动者的就业状况会好一些,后一个国家的劳动者的就业状况会坏一些。

但是,应该指出,在实质上,各国劳动者之间的这种矛盾是由一个国家的资本家与另一个国家的劳动者之间的矛盾派生出来的,各国劳动者之间并不存在直接的矛盾。如果由于国际贸易的缘故,一个国家的劳动者失去某些就业机会,这些就业机会实际上是被外国的资本家剥夺的,而不是外国的劳动者剥夺的。显然,外国劳动者是被外国资本家雇佣的,他们处在被动的和被剥削的地位。

第十一章　世界商品市场的
形成及其影响

第一节　世界商品市场的形成与发展

一、世界商品市场的形成

早在原始社会,部落与部落之间的商品贸易就已经发生。在原始社会转变为奴隶社会、国家形成以后,国家与国家之间的商品贸易随之发生。因此,如果将国家与国家之间发生商品的贸易所形成的市场称为国际商品市场,那么国际商品市场几乎在国家形成的同时就形成了。世界商品市场与国际商品市场不同,它是指在世界范围内普遍地发生的商品贸易所形成的市场。因此,世界商品市场是国际商品市场发展到一定的范围和程度所形成的市场。

考察世界商品市场形成的指标是广度、深度、规则。广度是指参与国际贸易的国家的数量以及一个国家同时与之贸易的国家的数量。深度是指参与贸易的国家的国际贸易额与国内产值的比例,即一个国家生产的商品有多大的比例在国内市场出售以及有多大比例在国际市场出售。规则是指参与国际贸易的国家共同受到约束的市场规则。世界市场的形成是一个过程,不可能用这三个指标的某个绝对值来度量世界市场是否形成,而只能这三个指标度量世界市场的成熟程度。

世界商品市场的形成过程是从 17 世纪中期开始的。在 17 世纪中期以前,国家与国家之间的贸易往来已经存在,但涉及的范围并不广,经常化程度也不高。当时世界各国基本处于封建社会或奴隶社会发展阶段,经济上自给自足,国际贸易主要是对国内消费需求的一种补充。在17世纪中期以后,在欧洲开始了资本原始积累的过程,英国、法国等殖民主义国家大规模地占领殖民地,用暴力的手段把殖民地纳入世界贸易的范围。从17世纪初期开始,英国在爱尔兰、西印度群岛、北美洲、大洋洲的澳大利亚和新西兰、亚洲的印度等地区建立了殖民地,西班牙在北美洲的墨西哥、中美洲的古巴、拉丁美洲除了巴西以外的地区建立的殖民地,葡萄牙在巴西、北非、西非、东非建立了殖民地,荷兰在南非、亚洲的印度尼西亚建立了殖民地,法国在中美洲的海地、非洲的埃及、亚洲的越南等地区建立了殖民地,如此等等。这些殖民主义国家把工业制品销往殖民地,并强迫殖民地国家种植农作物和开采矿山,为它们提供工业原材料,使世界大批国家卷入了带有殖民掠夺性质的国际贸易。

世界商品市场基本形成的时期是20世纪50年代。首先,在第二次世界大战以后,大多数殖民地和半殖民地国家纷纷独立。尽管这些国家在国际贸易上还依附于以前的殖民国家,但是它们之间的贸易是独立国家之间的贸易,不再带有殖民掠夺的色彩。其次,在第二次世界大战以后,各个国家相继废除了封建主义制度,走上资本主义或社会主义道路,国内的商品市场有了长足的发展,国家与国家之间的贸易迅速和广泛地发展起来。再次,1947年,美国、英国、法国等23个主要国家达成了《关税与贸易总协定》,这标志着世界商品市场开始建立贸易的规则。

二、世界商品市场的发展

20世纪50年代以来,世界商品市场迅速发展,世界上全部国家或地区都参与到国际贸易。国际贸易的规模不断扩大,国际贸易的深度不断提高,国际贸易规则不断完善。

首先来考察国际贸易的规模。表11-1和表11-2显示了20世纪80年代以来国际贸易的发展规模。从表中可以看到,1980年,世界各国进口或出口贸易在 20300 亿美元的水平。但到 2005 年,世界各国进口或出口贸易达到 125000 多亿美元。在 23 年的时间里,世界各国进口或出口贸易总额增长了 516%。从表中还可以看到,在 23 年的时间里,发达国家和发展中国家的出口或进口贸易总额在世界出口或进口贸易总额中所占的比例保持稳定,这意味着发展中国家的出口或进口贸易与发达国家发展速度相近。现在,世界上任何一个国家都与世界多个国家发生广泛的贸易往来。

表 11-1　　出口贸易的规模　　　　　　　　单位:亿美元

年　份	世　界	发达国家	发展中国家	东、南欧国家
1980	20318.74	13269.34	5979.31	1070.08
1990	34914.51	25167.33	8454.11	1293.07
1995	51379.56	35778.31	14251.74	1349.52
2000	63640.80	41586.04	20348.20	1706.57
2001	61218.07	40420.00	19088.35	1709.72
2002	63966.97	41761.11	20386.39	1819.48
2003	74436.92	48031.96	24108.71	2296.25
2004	111400.00	70630.00	36048.00	4730.00
2005	125740.00	81070.00	39720.00	4950.00

资料来源:WTO, *International Trade Statistics*, 2004, p.14, 2005, p.25.

表 11-2　　进口贸易的规模　　　　　　　　单位:亿美元

年　份	世　界	发达国家	发展中国家	东、南欧国家
1980	20278.19	14703.05	4954.22	1470.85
1990	36128.08	26389.79	8141.42	1365.64
1995	51980.96	35737.90	15014.27	1733.02
2000	65550.66	45365.30	19003.83	2035.63
2001	63107.69	43708.13	18044.72	2057.29
2002	65345.18	44935.10	18904.93	2037.18
2003	76145.88	51917.49	22295.06	2440.36
2004	110600.00	74290.00	32330.00	3980.00
2005	128560.00	87500.00	36170.00	4890.00

资料来源:WTO, *International Trade Statistics*, 2004, p.15, 2005, p.25, 2006, p.16.

接着考察国际贸易的发展速度。表11-3反映了20世纪50年代以来与国内生产总值相比较的物品贸易的发展速度。由于服务市场一般限于国家内或区域内,国家与国家之间的服务贸易规模不大。例如,2003年,世界物品出口贸易的规模是72940亿美元,而总的出口贸易的规模是74437亿美元,物品出口贸易占了很大的比例。在比较的时候应该注意,表中的国际贸易是物品的国际贸易,但产值是包括服务产值在内的国内生产总值。另外,表中的增长率是本年度与上一个年度相比的增长率。从表中可以看到,除了两个年份以外,世界物品贸易的增长率都超过国内生产总值的增长率。如果包括1951年以来的所有年份,那么在53年里,只有14年世界物品贸易的增长率低于国内生产总值的增长率,其余39年世界物品贸易的增长率高于国内生产总值的增长率。从平均增长率来看,世界物品贸易的增长率远高于国内生产总值的增长率。

表11-3　世界物品贸易与国内生产总值的年增长率　　　　单位:%

年份	1951	1955	1960	1965	1970	1975	1980
货物贸易	31.1	9.4	13.2	8.1	14.3	4.7	21.4
GDP	7.9	6.5	5.4	4.1	5.1	1.4	2.9
年份	1985	1990	1995	2000	2003	2004	2005
货物贸易	−0.3	12.9	19.4	12.8	15.8	9.0	6.0
GDP	3.5	2.5	2.3	4.0	2.3	4.0	3.5

资料来源:WTO,*International Trade Statistics*,2004,p.29,2005,p.19,2006,p.15.

再来考察国际贸易的深化程度。由于世界物品贸易持续地以高于世界国内生产总值增长率的速度增长,世界物品贸易额在世界国内生产总值中的比重不断上升。表11-4说明了2001年与1990年相比,世界物品贸易占国内生产总值中物品产值的比例的变化。在表中,物品贸易包括物品的进出口贸易。从世界平均水平来看,在1990年到2001年间,物品贸易占国内生产总值中物品产值的比例提高了约20个百分点。由于世界物品的进口额和出口额相当,这意味着从世界平均水平来看,一个国家所生产的商品的价值,约50%是在国内市场实现的,约50%是在世界市场上实现的。国际贸易已经达到很高的深化程度。

第十一章　世界商品市场的形成及其影响

表 11 - 4　　世界物品贸易占国内生产总值中物品产值的比例　　　　单位:%

年　份	1990	2001
世　界	81.5	110.7
低人均 GDP 国家	56.7	70.0
中人均 GDP 国家	74.8	93.0
高人均 GDP 国家	82.3	112.3

资料来源:World Bank,*World Development Indecators*,2003, p.310.

　　最后来考察国际贸易规则的完善情况。在第二次世界大战以后,各国面临重建经济的问题。但是,各国对 20 世纪 30 年代经济萧条时期以邻为壑的政策的不利影响记忆犹新,希望能够重建国际贸易的新秩序。1947 年,美国、英国、法国等 23 个国家达成了关于关税减让的"关税与贸易总协定"。在"关税与贸易总协定"生效的 48 年里,共进行了 8 轮的谈判,在关税减让、减少非关税堡垒、建立贸易竞争规则方面取得了进展。1995 年,世界贸易组织宣告成立。从此以后,在国际贸易领域内有了一个管辖范围广泛、贸易制度统一、具有贸易政策评审机制和贸易争端解决机制的国际组织。

　　世界贸易组织的基本原则是:第一,非歧视原则,包括某一个缔约国给予另一个缔约国的贸易优惠待遇将自动地适用于其他缔约国的最惠国待遇原则,以及缔约国对其他缔约国厂商和居民给予的待遇应等同于国内厂商和居民的国民待遇原则。第二,透明度原则,即缔约国应及时公布贸易政策的变化情况,有关贸易法律或法规的实施应该公正、合理、一致。第三,自由贸易原则,即缔约国通过减低关税壁垒和减少非关税壁垒来推动国际贸易的发展。第四,公平竞争原则,即缔约国应该避免采取影响市场竞争的措施,纠正不公平的贸易行为。第五,磋商调解的原则,即缔约国之间发生贸易纠纷,应该在世界贸易组织框架内磋商和裁决。

　　世界贸易组织是在发达国家主导下的国际组织,在不公平的国际贸易格局下实行"公平"的国际贸易规则实际上是确保了发达国家在国际贸易中的有利地位。但是,世界贸易组织的建立也维护了世界商品市场的秩序,推动了国际贸易的发展,使世界商品市场趋向成熟。

第二节　世界商品市场对世界经济周期的影响

一、对经济周期形成原因的重新认识

马克思在《资本论》中并没有专门分析经济周期或经济危机,但是马克思在《剩余价值理论》中多次提到经济危机的问题。马克思指出:"如果货币执行流通手段的职能,危机的可能性包含在买和卖的分离中。如果货币执行支付手段的职能,货币在两个不同的时刻分别起着价值尺度和价值实现的作用,危机的可能性就包含在这两个时刻的分离中。"①

这就是说,马克思说明了危机在形式上存在两种可能性:第一,在货币执行流通手段的职能以后,商品流通分离为卖和买的过程。商品生产者把商品卖出去得到货币,再用货币去购买商品。这样,如果把商品卖出去以后不再购买商品,商品就存在卖不出去的可能性。第二,在货币执行支付手段的职能以后,商品生产者以赊账的方式购买商品,相互之间形成了债权和债务关系的链条。一旦债权人不能支付欠款,将产生连锁反应,导致商品的过剩。

另外,马克思在《资本论》中指出固定资本的更新和周转是经济周期的物质基础。马克思写到:"若干互相联系的(固定资本—引者)周转在若干年内形成的周期,为周期的危机给予了一个物质基础。在周期的危机中,营业要依次通过萧条,比较活跃,急躁和危机的时期。当然,资本投下的时期是极其不同的,分散的。但危机往往是大规模更新的起点。"②在危机过后,资本家大规模地进行固定资本的更新来迎接经济的高涨,但又为新一轮的生产过剩奠定了基础。

虽然马克思没有专门分析经济危机的原因,但是马克思敏锐地感觉到必须

---

① 马克思:《剩余价值理论》第2卷,人民出版社1975年版,第587页。
② 马克思:《资本论》第2卷,人民出版社1964年版,第188页。

从资本主义再生产过程去寻找经济危机的根源。他指出："有简单的货币流通，甚至有作为支付手段的货币流通——这两者早在资本主义生产以前很久就出现了，却没有引起危机——而没有危机是可能的，也是现实的。……现实的危机只能从资本主义生产的现实运动、竞争和信用中引出。"①

马克思甚至提到了经济危机的根源是资本主义制度所造成的生产和消费的矛盾："因为资本的目的不是需要的满足，而是利润的生产，并且因为它为达到这个目的而用的方法，是按照生产的规模来调整生产量，而不是相反，所以，在那个有限的、立足在资本主义基础上的消费范围和那个不断要突破它的各种内在限制的生产之间，必然会不断发生冲突。"而消费所以受到限制，是消费力"既非由绝对的生产力，也非由绝对的消费力决定，而是由那种建立在对抗分配关系的基础上的消费力决定。这种对抗性的分配关系，使社会大多数人的消费，减少到一个只能在狭小的限界以内变动的最小限度"。"与人口相比显得惊人巨大的、在资本主义生产方式内发展的生产力，以及（虽然不是按相同的比例）与人口增加相比进行得更快得多的资本价值（不仅是它的物质基体）的增加，已经和这个与财富增长相比而言不断变得狭小但有这个惊人巨大的生产力为之服务的基础相矛盾，并且也和这个日益膨胀的资本借以增殖价值的关系相矛盾。危机就是这样发生的。"②

正因为如此，在马克思以后，马克思主义经济学者们从资本主义经济制度去分析经济危机的原因，形成了经典的马克思主义的经济周期理论。关于马克思主义经济学者对资本主义经济危机的分析，前苏联经济学者瓦尔加的论述具有一定的代表性。瓦尔加在 20 世纪五六十年代曾出版过《帝国主义经济和政治基本问题》、《二十世纪的资本主义》、《资本主义政治经济概览》等论著，指出资本主义经济危机的根源在于资本主义的基本矛盾。瓦尔加的论点如下：第一，资本主义经济危机是资本主义经济发展过程中周期性发生的社会经济大混乱，它的基

---

① 马克思：《剩余价值理论》第 2 卷，人民出版社 1975 年版，第 584—585 页。

② 马克思：《资本论》第 3 卷，人民出版社 1966 年版，第 280 页、第 266 页、第 291—292 页。

本特征是生产过剩。第二,资本主义的生产过剩不是绝对过剩而是相对过剩,即相对于劳动群众有支付能力来说的生产过剩。第三,资本主义经济危机的根本原因是生产的社会化和生产资料的私人占有形式之间的矛盾。在资本主义制度下,一方面把分散的、小的生产资本集中起来,大大地提高了生产力;另一方面,工人成为一无所有、依靠出卖劳动力来维持生活的劳动者。第四,资本主义基本矛盾的表现形式是生产与消费的矛盾。由于存在资本主义基本矛盾,一方面生产无限扩大,另一方面劳动群众的购买力相对缩小。[1] 后来的马克思主义经济学者对资本主义经济危机的分析,基本上是按照瓦尔加的表述进行的。

按照马克思主义经济学者的经济周期理论,经济周期形成的根源是资本主义的基本矛盾,即生产的社会化与生产资料的私人占有之间的矛盾。由于存在资本主义的基本矛盾,各个企业内部的生产是有组织的但整个社会生产处于无政府状态,资本主义生产可以迅速扩张但劳动人民有支付能力的需求却相对缩小,从而形成了经济周期。

马克思主义经济学者们的解释要比杰文斯(W. S. Jevons)等人用太阳黑子的运动解释经济周期,庇古(A. C. Pigou)等人用乐观和悲观心理的交替解释经济周期,弗里德曼用货币数量的变化来解释经济周期,汉森(A. Hansen)和萨缪尔森用投资和产值的交替作用解释经济周期要深刻得多。正如马克思在分析经济危机发生的可能性时所反复说的,这些西方经济学者所分析的实际上是经济危机的形式而不是本质的问题。马克思曾经这样写道:"信用的伸张和收缩,不过是产业循环周期变化的症状。政治经济学会把这种症状看为是产业循环周期变动的原因,不说别的,单有这点,已经显示出它是如何浅薄了。"[2]

但是,当人们在理论和实践中发现经济制度与经济体制可以区别时,应该对经济周期的原因进行再思考。经济制度是以生产资料所有制为基础的生产、交换和分配的制度,经济体制是社会资源的调节方式和机制。在历史上,资本主义

---

[1] 转引自李新等:《马克思主义经济思想史》(苏联俄罗斯卷),程恩富主编,东方出版中心 2006 年版,第 111—113 页。

[2] 马克思:《资本论》第 1 卷,人民出版社 1963 年版,第 696 页。

经济制度和市场经济体制是相互联系的。商品市场的发展和成熟是以资本主义私有制为前提的,而在资本主义经济制度下又是采用市场经济体制对社会资源进行配置的。另外,在历史上,在市场经济体制和资本主义经济制度发展到一定的程度才出现明显的经济周期。因此,马克思主义经济学者们从资本主义经济制度本身去寻找经济周期的原因,在方向上是正确的。但是,在商品生产和交换的一定发展时期里,即使国家或集体所有制取代了资本主义私有制,经济周期是否就会消失呢?

实际上,如果说货币执行流通手段和支付手段的职能使经济危机的发生成为可能,那么市场经济体制的形成将使经济危机的发生成为现实。西方经济学者们已经意识到市场调节的失灵现象,但是他们所指出的市场调节失灵主要是在微观经济领域的失灵。在经济出现垄断的情况下,在市场信息不完全的情况下,在存在负的外部效应的情况下,在公共产品的生产领域,市场的调节是失灵的。① 但是,市场的调节不仅在微观经济领域存在失灵的现象,在宏观经济领域同样存在失灵的现象。马克思早就指出:"价值规律……是当作盲目的自然规律来发生作用,并且要在生产的各种偶然变动中,维持着生产的社会平衡。"②

在市场经济条件下,社会资源的配置是通过价格机制的调节实现的。但是,价格机制的调节一方面是低成本的和有效率的;另一方面是自发的和盲目的。在存在商品生产和交换的条件下,各个生产者是独立的,他们为利润而进行生产。如果某种商品出现供不应求的现象,商品市场将通过价格的上升向生产者发出信号。在利润动机的支配下,生产者将增加这种商品的生产。由于生产者之间没有协调,一旦生产者的反应过度,这种商品将出现过剩。如果在许多商品都发生这种情况,那么社会生产将会出现过剩,经济在扩张以后就是收缩,经济周期由此产生。

上述分析表明,经济周期的产生有两个条件:第一,社会生产力已经发展到一定的水平,社会生产可以迅速地扩张。从历史上看,虽然市场经济体制在资本

---

① 萨缪尔森:《微观经济学》,萧琛等译,人民邮电出版社 2004 年版,第 263 页。
② 马克思:《资本论》第 3 卷,人民出版社 1966 年版,第 1034 页。

主义经济中趋向成熟,但商品生产和交换早在资本主义经济产生以前就存在。如果把价格机制的形成和发展看作是一个过程,那么尽管在资本主义经济产生以前价格机制并不完善,但是它也在一定的程度上和以一定的形式发挥作用。因此,经济周期所以在资本主义经济产生之前并不明显,原因在于社会生产力水平还不高,虽然生产者发现商品出现短缺的情况,他们也不可能迅速地扩大产量,普遍生产过剩不可能发生。第二,商品市场已经发展到一定的程度,价格机制在社会资源的配置中发挥主要的作用。由于在企业内部生产是有组织的但社会生产是通过价格机制的调节实现的,由于社会生产可以迅速扩张而人们有支付能力的需求不一定同步增加,经济周期将不可避免。但是,市场经济体制在社会生产发展到一定的水平才形成的,所以市场经济体制将成为经济周期最主要的原因。

如果说市场经济体制是经济周期的主要原因,那么经济制度在经济周期的形成中起了什么作用? 由于市场经济体制是在一定的经济制度下运行的,经济制度将起到加剧或缓和市场经济体制弱点的作用。

在资本主义经济制度下,生产已经社会化了,但是生产资料却是私人占有。资本唯利是图的本质使社会生产处于更无秩序的状态,资本家将越来越多的财富聚集在自己手里削弱了劳动人民有支付能力的需求,这一切都加剧了价格机制调节的盲目性,从而使经济周期性的变化变得更加强烈。20 世纪 30 年代资本主义世界的经济大萧条就是一个很好的证明。这次大萧条生动地说明,传统的资本主义经济制度与市场经济体制的结合将导致经济更加剧烈的波动。要么调整资本主义经济制度,要么调整市场经济体制,否则资本主义经济将不断受到大幅度的经济动荡的折磨。

正是在这样的情况下,在西方经济学中出现了"凯恩斯革命"。虽然凯恩斯没有意识到经济周期的基本原因在于市场经济体制,而资本主义经济制度又强化了市场经济体制的弱点,但是经济大萧条的铁的事实使凯恩斯意识到资本主义经济不可能保持充分就业的国民收入的均衡。凯恩斯从生产过剩的现象得出与"生产过剩"属于同义反复的"需求不足"的原因,又进一步把"需求不足"的原因归咎于人们的心理特点。理论上的解释可以含糊其辞,政策上的建议则必须能够解决问题。尽管凯恩斯对经济萧条原因的解释是肤浅的,但经济现实告诉凯恩斯,私人经济的需求是不足的,必须通过政府的干预来刺激总需求。凯恩斯提出了宏观财政政策和宏观货币政策的建议,政府可以通过调整财政支出和财政收入的宏观财政政策调整政府的需求和私人的消费需求与投资需求,通过调整货币供给来影响利率,并进而影响私人的消费需求与投资需求。这就是说,用政府这只"看得见的手"去弥补市场这只"看不见的手"的缺陷。

在第二次世界大战以后重建经济时,面对着 20 世纪 30 年代经济萧条的沉痛教训,资本主义国家在经济制度和经济体制上进行了一定的调整。首先,资本主义国家在保持资本主义私有制不变的前提下对资本主义的生产关系进行一定的调整,特别是对资本主义的分配关系进行了一定的调整。一方面通过累进的所得税和高额的遗产税来调节收入分配的差异;另一方面通过建立社会福利制度来维持失业者和贫穷家庭的最低生活需要。其次,资本主义国家采用了凯恩斯学派的政策建议,用宏观财政政策和宏观货币政策去调节社会需求,以保持经济的稳定。

应该指出,资本主义国家在经济制度和经济体制上的调整对于缓和经济周期的波动幅度发挥了一定的作用。累进的所得税制和社会福利制度在一定程度上缓和了生产迅速扩张和社会需求相对缩小的矛盾,政府的宏观经济政策在一定的程度上缓和了企业生产的有组织和社会生产的无政府状态的矛盾。正因为如此,在第二次世界大战以后,再也没有发生像 20 世纪 30 年代那样严重的经济萧条。但是,资本主义国家只是对经济制度和经济体制进行调整,它们没有改变资本主义经济制度和市场经济体制的基本特征。价格调节机制的盲目性受到了抑制,但它还发挥着主要的作用。资本主义经济制度强化价格调节机制弱点的作用有所缓和,但还仍然存在。因此,在第二次世界大战以后,经济周期还是一次一次地发生。

既然经济周期发生的基本原因是市场经济体制,那么在社会主义经济制度下,只要实行市场经济体制,经济周期仍然会发生。在现实的社会主义经济制度中,国家所有制、集体所有制、个人所有制等多种所有制并存,商品生产者是彼此独立的,他们为利润进行生产。因此,他们对市场的反应是很敏感的,他们将根据市场价格的信号来调整产量,价格调节机制的自发性和盲目性仍然存在,经济周期仍然会发生。即使社会主义经济制度中只存在国家所有制和集体所有制的公有制形式,在市场经济体制下,商品生产者之间的关系仍然是相互独立的商品交换的关系,价格调节机制仍然自发地发挥作用,经济周期同样会发生。

但是,应该说明的是,在指出市场经济体制的弱点的同时不能否认它的优点。像中国这样一个社会主义国家实行市场经济体制是正确的。显然,在中国现有的社会生产力发展水平上,不可能指望有一个计划机构能够有效地对数十万种社会产品的生产作出安排,也不能想象行政性的计划指令有利于发挥数十万个企业的积极性和创造性。但是,市场经济体制能够有效地对社会资源的配置进行调节,市场经济体制能够激励商品生产者的积极性和创造性,中国是根据长期的经济实践才选择了市场经济体制的。但是,任何的经济决策都是有收益和有代价的,任何经济体制都是有优点和有缺点的,中国选择了市场经济体制并不意味着市场经济体制就完美无缺了。

中国走向改革开放以来,市场经济体制的逐步建立激发了经济活力,促进中国经济长期和高速增长。但是,经济周期也开始显现出来。1979 年以来,中国经历了四次通货膨胀和一次通货紧缩。五次通货膨胀发生的时间分别是 1984 年至 1985 年、1988 年至 1989 年、1993 年至 1994 年、2003 年至 2004 年、2007 年至 2008 年,一次通货紧缩发生的时间是 1998 年至 2002 年。在改革开放以前,中国的经济是短缺经济,改革开放所产生的经济动力在相当长的时间里有可能导致的是通货膨胀。但是,随着供给短缺的改善,经济的迅速扩张终于在 1998 年至 2002 年导致了生产过剩。虽然这次生产过剩没有造成国内生产总值的负增长,但造成了国内生产总值增长率的逐年下降和价格水平的下降。显然,经济周期在中国已经成为不可回避的事实。

如果说资本主义经济制度起着加剧市场经济体制弱点的作用,那么社会主义经济制度又发挥着什么作用呢? 在社会主义经济制度下,国有企业处于经济的核心部门,在经济中发挥主导的作用。因此,在社会主义经济制度下,政府除了可以用宏观财政政策和宏观货币政策对经济进行调节以外,还可以通过国有企业产量的扩张和收缩对经济进行调节。这意味着在社会主义经济制度下政府对经济调节的力度和效率要强于资本主义经济制度,社会主义经济制度起着缓和市场经济体制弱点的作用。

二、世界商品市场对世界经济周期的影响

在世界商品市场形成以后,国际贸易的迅速扩大使各国的经济周期带有世界的性质,各国的经济周期正逐渐出现同步的现象。在各国的经济周期汇聚成世界的经济周期的过程中,国际贸易起着传导机制的作用。

首先,国际贸易传导着国内生产总值的扩张和收缩。经济学家们利用统计数据对进口进行了分析,发现进口是本国国内生产总值和本国与外国商品的相对价格的函数。[①] 假设本国进口为 M_d,本国国内生产总值是 Y_d,本国商品的价格水平是 P_d,外国商品的价格水平是 P_f,那么:

$$M_d = f(Y_d, P_d/P_f)$$

进口函数形成的原因是:第一,当一个国家的国内生产总值增加时,居民的收入趋向于增加,居民一方面增加对国内商品的消费支出,另一方面增加对外国商品的消费支出,从而导致进口的增加。第二,在一个国家的国内生产总值的增加过程中,厂商需要投入更多的原材料和机器设备,而这些原材料和机器设备不可能完全由国内厂商提供,从而导致进口的增加。第三,当一个国家的国内生产总值增加时,政府的财政收入也在增加,政府将相应增加支出。在政府增加对进口商品的支出时,将导致进口的增加。第四,当本国商品相对于外国商品的价格上升时,本国将增加对外国商品的进口,从而导致进口的增加。

由于一个国家的出口就是另一个国家的进口,根据同样的道理,一个国家的出口将受到进口国的国内生产总值和本国与外国商品的相对价格的影响。假设本国出口为 X_d,外国国内生产总值是 Y_f,其他符号的意义不变,

$$X_d = f(Y_f, P_d/P_f)$$

根据进口函数和出口函数,便可以考察国际贸易如何传导着国内生产总值

---

① 萨缪尔森:《宏观经济学》,萧琛等译,人民邮电出版社 2004 年版,第 230 页。

的扩张和收缩。假定有 A、B 两个国家,这两个国家的价格水平不变,如果 A 国的国内生产总值发生增加,根据 A 国的进口函数,A 国的进口将增加。A 国进口的增加就是 B 国出口的增加。B 国出口的增加导致 B 国国内生产总值的增加,从而导致 B 国进口的增加。B 国进口的增加是 A 国出口的增加,而 A 国出口的增加又导致 A 国国内生产总值的增加。这个过程将继续下去,最后导致这两个国家国内生产总值的扩张。相反,如果 A 国的国内生产总值出现减少,将导致这两个国家国内生产总值的收缩。这样,各国经济周期将趋向于同步。

正由于存在国际贸易,在存在闲置的社会资源的条件下,当一个国家的支出增加时,按照乘数原理的分析,国内生产总值将发生一定的倍数的增加。该国国内生产总值的增加通过该国进口的增加、外国出口的增加、外国国内生产总值的增加、外国进口的增加、本国出口的增加等环节,又导致本国国内生产总值的增加,因而乘数将会扩大。

林德特(P. H. Lindert)曾经分析了考虑到两个国家通过国际贸易相互影响的乘数。[①] 假定只有两个国家,在不考虑政府支出和政府税收的条件下,设储蓄为 S,投资为 I,s 为边际储蓄倾向,m 为边际进口倾向,下标 d 表示本国,f 表示外国。根据注入量等于漏出量的原理:

$$S_d + M_d = I_d + X_d, \quad S_d - I_d = X_d - M_d \tag{11-1}$$

根据同样的道理,从外国的角度看:

$$S_f - I_f = X_f - M_f, \quad S_f - I_f = M_d - X_d \tag{11-2}$$

假定本国的投资发生增加,将公式(11-1)和(11-2)的变量表示为增量,可以得到:

$$s_d \Delta Y_d - \Delta I_d = m_f \Delta Y_d - m_d \Delta Y_d \tag{11-3}$$

$$s_f \Delta Y_f = m_d \Delta Y_d - m_f \Delta Y_f \tag{11-4}$$

对这两个方程求解可以得到:

$$\frac{\Delta Y_d}{\Delta I_d} = \frac{1 + (m_f / s_f)}{s_d + m_d + (m_f s_d / s_f)} \tag{11-5}$$

① 林德特:《国际经济学》,范国鹰等译,经济科学出版社 1994 年版,第 557—558 页。

从上面的分析可以看到,国家之间还通过乘数的作用在强化着国内生产总值的扩张和收缩。

其次,国际贸易传导着通货膨胀和通货紧缩。如果一个国家发生了通货膨胀,出口商品的价格上升,而外国又不得不进口这些商品,在这些商品是投资品的条件下,外国的生产成本将会提高,价格水平将会上升;在这些商品是消费品的条件下,外国的价格水平也将上升。这样,一个国家的通货膨胀通过国际贸易传递给外国。相反,如果一个国家发生了通货紧缩,出口商品的价格下降,外国将增加对这些商品的进口,外国的生产成本和价格水平将会下降。这样,一个国家的通货紧缩也通过国际贸易传递给外国。

从上面的分析可以看到,外国对该国出口商品的需求的价格弹性是能否传递在通货膨胀的条件。如果该国出口商品的需求的价格弹性很大,外国将大幅度减少甚至停止这些商品的进口,通货膨胀的传递将受到阻碍。如果该国出口商品的需求的价格弹性很小,外国将继续进口这些商品,通货膨胀得到有效的传递。但是,外国对该国出口商品的需求的价格弹性不是能否传递在通货紧缩的条件。不管该国出口商品的需求的价格弹性是大是小,外国都将进口这些商品,通货紧缩都被传递。

第二卷

生产资本的跨国流动

第十二章 国际直接投资与生产资本的跨国流动

第一节 国际直接投资及其发展

一、国际直接投资与跨国公司

国际直接投资是指目的在于获得外国企业的经营管理权并且具有持续利益的投资。国际直接投资的方式是在外国设立分支机构或附属机构,或者与东道国投资者共同创办合资企业,或者通过收购外国公司的企业并拥有该公司一定比例的股权,或者用在外国得到的利润进行再投资等。

跨国公司则是指在两个或两个以上的国家设有企业,这些企业以股权或其他的方式形成密切的联系,并且具有统一的决策体系的企业组织。到外国设立企业的公司是母公司,母公司在外国设立的企业主要有三种类型:第一是子公司,它在法律上独立于母公司;第二是分公司,它在法律上从属于母公司;第三是关联企业,它是母公司与东道国投资者合资举办的企业或参股的企业。

国际直接投资与跨国公司不同:国际直接投资是一种行为,而跨国公司是一个企业。但是,国际直接投资与跨国公司又存在密切的关系:在跨国公司形成以前,跨国公司是国际直接投资的结果。如果母公司不通过国际直接投资的方式在外国设立子公司或分公司,就不可能出现跨国公司。但是,在跨国公司形成以后,跨国公司是国际直接投资的主体。世界上绝大多数的国际直接投资都是跨国公司发起的。

二、国际直接投资的趋势与特点

第二次世界大战以后,国际直接投资有了很大的发展,表现出如下趋势与特点:

第一,国际直接投资在规模上尚不及国际贸易,但在发展速度上则快于国际贸易。从表12-1可以看到,在规模上,年国际直接投资流出量比年商品出口量少了一个数位。但是,在速度上,年国际直接投资流出量则快于年商品出口量。即使将国际直接投资处于低潮的2003年与1980年相比,国际直接投资流出量的年平均递增速度是11%,而商品出口量年平均递增速度是6%。如果将国际直接投资处于高潮的2000年与1980年相比,国际直接投资流出量的年平均递增速度是17%,而商品出口量年平均递增速度是6%。另外,从表中还可以看到,年商品出口量是比较平稳的,而年国际直接投资流出量却具有较大的波动性。

表12-1　国际直接投资与国际贸易规模的比较　　　　单位:亿美元

年　份	1980	1990	1995	2000	2001
直接投资流出量	536.83	2420.57	3582.35	11868.38	7215.01
商品出口量	20318.74	34914.51	51379.56	63640.80	61218.07
年　份	2002	2003	2004	2005	2006
直接投资流出量	5964.87	6116.62	8130.00	9160.00	12160.00
商品出口量	63966.97	74436.92	111960.00	126410.00	119829.32

资料来源:UNCTAD, *Handbook of Statistics*, 2004, p. 2, p. 273, 2006-2007, p. 2; *World Investment Report*, United Nations, New York and Geneva, 2006, p. 9, 2007, p. 9.

第二,发达国家之间的直接投资占主导地位,但发展中国家的对外直接投资迅速发展。表12-2表明,从国际直接投资流出量来看,在1980年,发达国家直接投资流出量占了世界直接投资流出量的93.82%,发展中国家与东南欧国家只占6.18%。这种情况一直持续到2000年。在2000年,发达国家的直接投资流出量仍然占了国际直接投资流出量的91.41%,发展中国家与东南欧国家只占8.59%。但是,在2000年以后,发展中国家的直接投资流出量迅速增加。到2005年,发达国家直接投资流出量占国际直接投资流出量的比例下降到82.28%,发展中国家与东南欧国家所占的比例上升到 17.72%。2006 年,发达国家直接投资流出量有所回升,占国际直接投资流出量的 84.12%,发展中国家与东南欧国家所占的比例为 15.88%。但是,发达国家直接投资流出量所占的比例趋向于下降。

从国际直接投资流入量来看,情况与国际直接投资流出量相似,但趋势更加明显。在 1980 年,发达国家直接投资流入量占世界直接投资流入量的 84.80%,发展中国家与东南欧国家只占 15.20%。在 2000 年,发达国家的直接投资流入量仍然占了国际直接投资流入量的 81.35%,发展中国家与东南欧国家只占 19.65%。但是,到 2005 年,发达国家直接投资流入量占世界直接投资流入量的 60.67%,发展中国家与东南欧国家占 39.33%。2006 年,发达国家直接投资流入量占国际直接投资流入量略有上升,达 65.67%,发展中国家与东南欧国家占 34.33%。这意味着发达国家对外直接投资除了对发达国家的对外投资外,还大量对发展中国家与东南欧国家直接投资。

表 12 - 2　国际直接投资的地区结构　　　　　　　单位:亿美元

年份　流出量	1980	1990	1995	2000	2001
世　界	536.83	2420.57	3582.35	11868.38	7215.01
发达国家	503.64	2257.96	3049.08	10849.31	6591.53
发展中国家	33.19	162.43	526.91	987.10	594.94
东南欧国家	0	18	638	3197	28.54
年份　流出量	2002	2003	2004	2005	2006
世　界	5964.87	6116.62	8130.68	7787.25	12157.89
发达国家	5488.69	5721.25	6857.24	6407.33	10227.11
发展中国家	429.37	344.23	1133.71	1229.36	1743.89
东南欧国家	46.81	41.14	139.73	150.56	186.89
年份　流入量	1980	1990	1995	2000	2001
世　界	549.86	2086.46	3357.34	13879.53	8175.74
发达国家	466.26	1718.05	2187.05	11291.19	5905.27
发展中国家	88.36	367.66	1142.26	2497.64	2155.42
东南欧国家	0.24	0.75	48.02	90.69	115.05

流入量＼年份	2002	2003	2004	2005	2006
世　界	6787.51	5601.15	7107.55	9162.77	13058.52
发达国家	5131.09	3794.01	4109.41	5559.27	8574.99
发展中国家	1524.95	1651.30	2602.36	3206.70	3790.70
东南欧国家	131.47	158.84	395.77	396.79	692.83

注：东南欧国家包括俄罗斯。

资料来源：UNCTAD，*Handbook of Statistics*，2004，pp. 272-273；*Handbook of Statistics*，2006－2007，pp. 344-345；*World Investment Report*，United Nations，New York and Geneva，2007，p. 251.

第三，国际直接投资的产业结构在不断变化，对服务业的国际直接投资的增长迅速。据联合国贸易和发展委员会公布的资料，国际直接投资的产业结构正在向服务业倾斜。在 20 世纪 70 年代初期，对初级产业的国际直接投资存量占国际直接投资总存量的比例约为 9%，对制造业的国际直接投资存量所占的比例约为 42%，对服务业的国际直接投资存量所占的比例约为 25%。在 1990 年，对初级产业的国际直接投资存量所占的比例下降到 6%，对制造业的国际直接投资存量所占的比例下降到 34%，对服务业的国际直接投资存量所占的比例上升到 50%。2002 年，对服务业的国际直接投资存量占国际直接投资总存量的比例接近 60%。2005 年，对服务业的国际直接投资的存量占国际直接投资总存量的比例达到 61%。[1]

近年服务业的国际直接投资的情况可以从服务业的跨国收购和兼并中表现出来。表 12－3 反映了 2005 年和 2006 年各个产业的收购和兼并情况。

表 12－3　有关产业收购和兼并额　　　　　　单位：亿美元

2005 年	所有产业	初级产业	制造业	服务业
世　界	7163.02	1154.20	2037.30	3971.52
发达国家	6048.82	1104.74	1710.20	3233.88
发展中国家	941.01	28.58	259.63	652.80
转型国家	173.18	20.88	67.47	84.83

---

① UNCTAD，*World Investment Report*，United Nations，New York and Geneva，2007，p. 22.

2006 年	所有产业	初级产业	制造业	服务业
世　界	8804.57	861.33	2744.06	5199.18
发达国家	7279.55	651.19	2472.33	4156.02
发展中国家	1273.72	166.39	226.03	881.30
转型国家	251.30	43.73	45.70	162.85

资料来源：UNCTAD, *World Investment Report*, United Nations, New York and Geneva, 2007, p. 34.

在对外国服务业的直接投资中，美国的跨国公司一直占据绝对主导的地位。但是，20 世纪 90 年代以来，其他国家和地区的跨国公司对外国服务业的直接投资迅速增加。在 1990 年，发展中国家跨国公司对外国服务业的直接投资存量占世界对外国服务业直接投资存量的 1%。到 2002 年，这个比例已经提高到 10%。另外，在外国对本国服务业的直接投资中，直接投资存量的分布情况则相对来说比较平衡。对发达国家服务业的直接投资存量占对世界各国服务业直接投资存量的 72%，发展中国家与东南欧国家占 28%。

在对服务业的国际直接投资中，虽然对贸易部门和金融部门直接投资从绝对数来看仍然占据重要地位，但是从相对数来看则趋向下降。如表 12-4 所示，在 1990 年，对贸易部门和金融部门的国际直接投资存量占对服务业的国际直接投资存量的 65%，流量占服务业流量的 59%。但是，到 2002 年，对贸易部门和金融部门的国际直接投资存量占对服务业的国际直接投资存量下降到 47%，流量占服务业流量下降到 35%。①

表 12-4　对服务业直接投资的结构　　　　　单位：%

	1990 年		2002 年	
	直接投资流入	直接投资流出	直接投资流入	直接投资流出
世界服务业	100	100	100	100
电力煤气供水	1	1	3	2

---

①　UNCTAD, *World Investment Report*, United Nations, New York and Geneva, 2004, pp. 20-21.

建　筑	2	2	2	1
贸　易	25	17	18	10
旅馆娱乐	3	1	2	2
交通仓储通信	3	5	11	11
金　融	40	48	29	34
商务活动	13	7	26	36
其　他	13	19	9	4

资料来源：UNCTAD, *Handbook of Statistics*, 2004, p. 99.

三、国际直接投资的形式

国际直接投资有两种基本的形式，一种是在外国建立新的企业，另一种是收购和兼并外国已有的企业。本书第四章中表 4-4 的统计数据表明，从 1990 年到 2005 年 16 个年份中，除了有 4 个年份国际兼并与收购的数额与国际直接投资流入量的比例接近 50%，其余 11 个年份该比例远超过 50%，甚至达到 81.91%。这意味着收购和兼并外国已有的企业是国际直接投资的主要形式。

从表 12-5 可以看到，在跨国兼并和收购的过程中，兼并和收购主要发生在发达国家之间，它们既是主要的出售者，也是主要的购买者。另外，发达国家是发展中国家和转型国家企业的主要购买者。发展中国家出售企业的金额大于购买企业的金额，转型国家出售企业的金额更是大于购买企业的金额。

表 12-5　世界各类国家跨国收购和兼并的情况　　　　单位：亿美元

	出　售			购　买		
	2004 年	2005 年	2006 年	2004 年	2005 年	2006 年
世　界	3805.98	7163.02	8804.57	3805.98	7163.02	8804.57
发达国家	3174.43	6048.82	7279.55	3416.82	6270.64	7524.82
发展中国家	531.20	941.01	1273.72	379.25	824.26	1229.41
转型国家	100.47	173.18	251.30	9.91	68.12	50.34

资料来源：UNCTAD, *World Investment Report*, United Nations, New York and Geneva, 2007, pp. 271-273.

不论是在外国建立新的企业,还是收购和兼并外国已有的企业,国际直接投资又有三种具体的形式:第一种是横向国际直接投资,即对外国相同产业的投资。第二种是纵向国际直接投资,即对可以为本企业提供原材料的外国企业的投资或对销售本企业产品的外国企业的投资。第三种是国际直接混合投资,即对与本产业没有关系的外国产业的投资。

第二节　生产资本的跨国流动

一、国际直接投资与产业资本的循环

在现代经济条件下,随着国际分工的发展,不同的国家的厂商专门生产不同的商品,国际贸易成为了产业资本循环的一个重要环节和重要条件。另外,随着国际分工的发展,不但各个国家的厂商利用别的国家的有利资源在这些国家设厂生产,而且一种商品由同一个厂商在分设不同国家的企业进行生产,国际直接投资也成为了产业资本循环的一个重要环节和重要条件,这就是在现代经济条件下国际直接投资的性质。产业资本循环是一个产业资本的扩张过程,它不断在强化资本主义的生产方式。国际直接投资作为产业资本循环的环节和条件,它同样在强化资本主义的生产方式。

马克思在《资本论》第二卷中,详尽地分析了资本的循环。马克思指出,资本作为一种自行增值的价值,不仅在生产过程中活动,而且也在流通过程中活动。资本只有不断地从流通过程进入到生产过程,又从生产过程进入流通过程,才能实现增值。从马克思的分析可以揭示直接投资的性质。

按照马克思的分析,资本循环的过程是:货币资本——生产资本——商品资本——货币资本。第一个阶段是货币资本通过购买劳动力和生产资料转化为生产资本,第二个阶段是生产资本通过生产过程转化为已经包含剩余价值的商品资本,第三个阶段是商品资本通过流通过程实现剩余价值而转化为货币资本。

如果在开放的条件下对产业资本循环进行考察,那么国际直接投资是产业资本循环中的一个重要环节以及产业资本循环赖以发生的重要条件。国际直接投资对产业资本循环的作用表现在下述两个方面:第一,国际直接投资有助于实现生产资本到商品资本的转化。生产资本要转化为商品资本,必须通过生产过程。但是,某些商品如果在国内进行生产,或者遇到国际贸易的障碍不能在外国市场销售,或者由于生产成本过高而失去市场竞争力,从而无法实现生产资本到商品资本的转化。在这些情况下,到国外设厂生产,既可以绕过国际贸易的壁垒,也可以利用外国廉价的社会资源。这就是说,国际直接投资的存在使生产资本转化为已经包含剩余价值的商品资本成为可能。第二,国际直接投资有助于实现货币资本到生产资本的转化。货币资本要转化为生产资本,必须要购买到劳动力和生产资料。但是,有的生产资料是本国缺乏的。当然,通过国际贸易可以取得这些生产资料,但是这些生产资料的供给可能是不稳定的。在这种情况下,通过国际直接投资在外国设厂生产这些生产资料,可以保证这些生产资料的来源。从这个角度看,国际直接投资同样成为产业资本循环的重要条件。

产业资本作为货币资本、生产资本和商品资本的三种职能形态在时间上是继起的,在空间上是并存的。正如前面的分析所表明得那样,如果用 G 表示货币资本,用 C 表示生产资本,用 W 表示商品资本,用 P 表示生产过程,用上标表示包含剩余价值,那么存在三种资本的循环:[①]

货币资本的循环: $G-C\cdots P\cdots W'-G'$

生产资本的循环: $C\cdots P\cdots W'-G'-C$

商品资本的循环: $W'-G'-C\cdots P\cdots W'$

二、国际直接投资与生产资本的循环

虽然国际直接投资是产业资本循环中的一个环节,但它更重要的是生产资

---

① 这里对马克思的表述稍作调整。马克思用 W 表示包括劳动力和生产资料的生产资本,这里用 C 来表示。相应地,马克思表述的生产资本的循环从 P 开始,这里从开始。

本循环的一个环节。生产资本 C 能否转化为商品资本 W',取决于利用劳动力和生产资料能否生产出具有市场竞争力的商品。这就需要在世界范围内来寻求劳动力和生产资料的最优结合。因此,国际直接投资本质上是生产资本的跨国流动,这就是本书第二部分取名为生产资本的跨国流动的原因。

产业资本通过国际直接投资不断扩张,资本主义生产方式通过国际直接投资不断发展。在国际直接投资大规模发生的条件下,产品的生产带有国际性,生产关系也带有国际性。剩余价值不再是一个国家的劳动者创造的,而是多个国家的劳动者共同创造的。随着资本主义生产关系的发展,一方面是世界资产阶级的形成,另一方面是世界工人阶级的形成。

生产资本跨国流动主要是为了获得国际剩余价值。但是,生产资本为什么不能满足于获得国内剩余价值而是要追求国际剩余价值,这就涉及国际直接投资原因的分析。

第十三章　发达国家对外直接投资
原因分析的述评

第一节　垄断优势理论

一、垄断优势理论的形成

经济学者们对发达国家对外直接投资的原因进行了比较广泛的分析,形成了许多关于发达国家对外直接投资的理论,垄断优势是较早提出的理论。1960年,海默(S. Hymer)在他的博士论文《国内企业的国际经营:对外直接投资的研究》中提出了垄断优势理论。[1]

海默首先区分了国际直接投资与国际证券投资:第一,国际证券投资只涉及资金的流动,而国际直接投资还涉及知识、技术和管理的流动。第二,国际证券投资将导致资金的流动,而国际直接投资可以在东道国筹集资金,这样不会导致资金的流动。第三,国际证券投资一般是从资金充裕的国家向资金缺乏的国家流动,而国际直接投资则不一定是资金充裕的国家对资金缺乏的国家投资。他强调,国际直接投资与国际证券投资的根本差异是国际直接投资注重对国外企业经营管理权的控制。

在这个基础上,海默论证了市场不完全竞争是国际直接投资的前提。如果

---

[1]　S. Hymer, *International Operation of National Firms: A Study of Direct Foreign Investment*, MIT Press, 1976.

市场是完全竞争的市场,那么企业在国内市场和国际市场上没有优势,它只能像别的企业那样以同样的价格出售同样的产品,该企业对外直接投资并没有什么利益,也就不会发生对外直接投资。但是,如果市场是不完全竞争的,企业在本国市场上具有垄断优势,企业就会对外直接投资,以巩固和加强它的垄断优势。

按照海默的分析,一个企业到外国直接投资与当地企业相比将发生额外的成本,包括一次性的成本和投资风险带来的成本。这些成本是由于文化、法律、制度和语言的差异,以及由于跨国从事经营活动需要的交通和通信等支出所产生的。因此,这个企业对外直接投资的必要条件是它对当地企业具有某种优势并足以抵消这些额外的成本,而且这种优势是与该企业所有权相联系的、不容易丧失的,属于有形资产或无形资产的优势。显然,在市场不完全竞争的条件下,企业才可能拥有这种垄断优势。特别是当企业在外国市场上具有的垄断优势大于在本国市场上具有的垄断优势,它将会优先考虑到外国直接投资。

二、垄断优势理论的发展

但是,海默对企业的垄断优势没有深入和明确的说明。金德尔伯格(C. P. Kindleberger)推进了海默的思想,他通过对美国公司对外直接投资的考察,确认了市场不完全竞争是企业对外直接投资的前提条件。由于商品市场和生产要素市场的不完全竞争,某些国内企业获得垄断优势。正是这种垄断优势使国内企业具备对外直接投资的能力。当国内企业利用这种垄断优势进行跨国经营所得到的收益超过了额外的成本,并获得高于东道国企业的利润时,它将对外直接投资。首先,这种不完全竞争可能在商品市场上发生,如商品差异、商标、销售技能、价格联盟等。其次,这种不完全竞争可能在生产要素市场上发生,如管理技能、进入资本市场的便利、受专利制度保护的技术等。再次,规模经济有可能造成这种不完全竞争。最后,政府的税收、关税、利率、汇率政策也可能造成不完全竞争。

按照金德尔伯格的解释,这样的跨国企业对外直接投资将具有下述优势:第一,规模优势。跨国企业对外直接投资将可以使生产扩大到最优规模,从而降低了生产成本。第二,市场优势。跨国企业对外直接投资可以得到东道国某些特殊的原材料,并且接近东道国的市场。第三,生产要素优势。跨国企业拥有知识、信息、技术、秘诀以及各种无形资产,具有资金、技术和管理的优势。[1]

在 20 世纪 70 年代以后,经济学者们沿着金德尔伯格的方向继续论证跨国企业的垄断优势。

第一个分支是从核心资产的角度来论证跨国企业的垄断优势。1970 年,约翰逊(H. G. Johnson)在"国际公司的效率与福利含义"的论文中指出,跨国企业的垄断优势主要来自跨国企业对知识资产的占有和使用。他认为,知识资产形成的成本很高,但它的使用不存在边际收益递减。在跨国企业对外直接投资的过程中,子公司用很低的成本就可以获得母公司的知识资产,而东道国企业获得同样的知识资产却要支付昂贵的代价。这样,跨国企业一方面通过在企业内部使用知识资产获得收益,另一方面又保持对东道国的垄断优势。[2]

1971 年,卡夫斯(R. E. Caves)在"国际公司:对外投资的产业经济学"的论文中,提出跨国公司的垄断优势主要体现在对产品的异质化的能力上。这种异质化能力不仅表现在利用技术优势使产品的实物形态发生变化,而且还表现在利用商标和品牌等无形资产使本企业产品区别与别的企业的产品。[3] 1982 年,卡夫斯又在《跨国企业和经济分析》的著作中指出,核心资产是指这样的知识和技术:企业在一定的投入的条件下可以生产质量更高的产品,或者在一定的产出条件下可以生产成本更低的产品。产品的复杂程度不同,核心资产的类型也不同。生产复杂的产品需要高科技,这种核心资产专用性很强,别的企业难以模仿。跨国公司正是因为拥有高科技这种核心资产,才使它具有垄断优势。[4]

第二个分支是从规模经济的角度论证跨国企业的垄断优势。卡夫斯、邓宁(J. H. Duning)、彭罗斯(E. T. Penrose)等人指出,规模经济是形成垄断优势的

---

[1] C. P. Kindleberger, *American Business Abroad*, Yale University Press, 1969.

[2] H. G. Johnson, "The efficiency and Welfare Implications of the International Corporation", in C. P. Kindleberger(ed.), *The International Corporation*, Cambridge, Mass.: MIT Press, 1970.

[3] R. E. Caves, "International Corporation: The Industrial Economics of Foreign Investment", *Economics*, February 1971, p. 5.

[4] R. E. Caves, *Multinational Enterprise and Economic Analysis*, Cambridge University Press, 1982, p. 3.

重要原因。① 首先,在研究与开发的成本越来越高,研究与开发工作需要大规模协作的条件下,企业的规模越大,它获得新技术的可能性就越大。其次,要防止新技术外流,必须对新技术进行保护。在国际上获得专利和保护专利的成本很高,企业的规模越大,它的技术专利得到有效保护的可能性就越大。一旦企业获得了新技术并且该新技术得到保护,它就具有垄断优势。

规模经济不但会形成垄断优势,而且本身还会产生对外直接投资的动力。如果企业大规模生产的产品可以通过出口销往外国市场,企业不一定选择对外直接投资。但是,如果在外国市场上出现贸易壁垒,本国市场的容量有限而且又受到反托拉斯法的限制,那些规模巨大的企业就会选择对外直接投资,以充分获得规模经济的利益。

这些经济学者强调,企业的规模与工厂的规模是有区别的。工厂的规模指的是产品的生产规模,企业的规模则不仅包括产品的生产规模,而且包括产品的销售、研究与开发、资金的筹集以及其他管理活动的规模。规模经济是指企业的规模经济,特别是产品生产规模以外的规模经济。

第三个分支是从货币和资本的角度论证跨国企业的垄断优势。阿利伯(R. Z. Aliber)在题为"对外直接投资理论"的论文中指出,即使跨国企业投资于预期收益率与东道国企业相当的行业,它也可以得到比东道国企业高的实际收益率。按照阿利伯的看法,跨国企业母国通常是货币坚挺的国家,它们对外投资将货币溢价的利益。例如,当美国的跨国企业到英国直接投资,在美元对英镑升值的条件下,该企业用一定数量的美元就可以兑换较多的英镑进行投资。这样,美国跨国企业实际支付的成本要低于英国企业,它就可以获得高于英国企业的收益率。②

还有的经济学者指出,跨国企业大都是具有较强的资金实力的企业,它们在

---

① R. E. Caves,"International Corporation: The Industrial Economics of Foreign Investment", *Economics*, February 1971; J. H. Duning,"The Determinants of International Production", *Oxford Economic Papers* 25, No. 3, 1973, pp. 289-336; E. T. Penrose,"Ownership and Control: Multinational Firms in Less developed Countries", in G. K. Helleiner (ed.), *A World Divided: The Less Developed Countries in the International Economy*, London: Cambridge U. P. 1976.

② R. Z. Aliber,"A Theory of Direct Foreign Investment", in C. P. Kindleberger(ed.), *The International Corporation*, Cambridge, Mass.: MIT Press, 1970.

资本市场上具有较高的信用等级,可以以低于东道国的企业成本筹集到资金,因而在资本方面具有垄断优势。

三、垄断优势理论的验证

经济学者们不但提出垄断优势是对外直接投资的原因,而且还利用实际的统计资料对这些原因进行验证。沃佩尔(J. W. Vaupel)用研究与开发支出、广告支出等因素来表示企业的核心资产,然后比较国内企业和国际企业的核心资产以及相应的利润率,[①]结果如表 13 - 1 所示。在表中,国内企业是指只在美国生产的企业,跨国企业是指在 1—5 个国家生产的企业,多国企业是指在 6 个国家以上生产的企业。从表中可以看到,核心资产从少到多排列是国内企业、跨国企业、多国企业,利润率从低到高排列也是国内企业、跨国企业、多国企业。

表 13 - 1　核心资产与垄断优势

	国内企业	跨国企业	多国企业
选择的企业数	125	194	172
研究与开发支出占销售额的比重(%)	0.6	1.6	2.6
广告费用占销售额的比重(%)	1.7	1.9	2.5
平均销售额(百万美元)	160	200	460
净利润率(%)(1960—1964)	6.7	7.3	8.9

资料来源:胡德:《跨国企业经济学》,叶刚等译,经济科学出版社 1990 年版,第 80 页。

卡夫斯利用加拿大和英国制造业对外直接投资的资料,验证了跨国企业对外投资具有三个优势:第一是拥有无形资产的优势,如产品异质化;第二是拥有多个工厂的企业的经济性超过只拥有一个工厂的企业;第三是跨国企业可以充分利用原来利用不足的企业家资源。卡夫斯回归分析的结果表明,以研究与开发以及广告支出在销售额中的比例来表示的无形资产的优势是全部加拿大和英

[①]　J. W. Vaupel, "Characteristics and Motivations of the US Corporations Which Manufacture Abroad", Paper Presented to a Meeting of the Atlantic Institute, Paris, June 1971.

国制造业对外直接投资的决定因素;拥有多个工厂的企业的经济性在加拿大制造业对外直接投资表现得比较明显,但在英国制造业对外直接投资表现得不明显;充分利用企业家资源的因素在加拿大和英国制造业对外直接投资中只得到微弱的证明。[①] 这样,卡夫斯证明了企业在核心资产和企业规模方面具有的垄断优势是对外投资的原因。

霍斯特(T. Horst)利用美国企业对加拿大和别的国家的直接投资的资料,证明企业的规模与对外直接投资的可能性存在明显和稳定的关系,如图 13-1 所示。[②] 在图中,纵轴表示对外直接投资的可能性,横轴表示企业的销售额即规模,销售额以百万美元为单位。从图中可以看到,销售额不足 500 万美元的美国企业开始到加拿大直接投资,但可能性只有 15%。当企业的销售额超过 50000 万美元时,企业到加拿大直接投资的可能性提高到 90%。由于美国企业对别的国家熟悉程度不如加拿大,销售额超过 12500 万美元的美国企业才开始对别的国家直接投资。

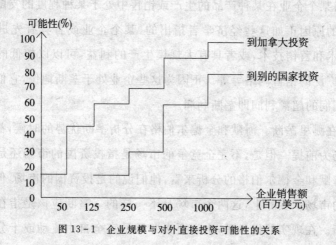

图 13-1 企业规模与对外直接投资可能性的关系

① R. E. Caves,"The Causes of Direct Investment: Foreign Firms' Shares in Canadian and U. K. Manufacturing Industries",*Review of Economics and Statistics*, 56,1974,pp. 279-293.

② T. Horst,"Firm and Industry Determinants of the Decision to Invest Abroad: An Empirical Study",*Review of Economics and Statistics*, 54, 1972, pp. 258-266.

沃尔夫(B. M. Wolf)也发现,企业规模和技术人才这两个变量能够解释美国企业国内多样化经营、出口和到国外生产。企业的平均规模与到国外生产的倾向以及与国内经营多样化的关系,要比它与出口的关系更加密切。这表明到国外生产和国内经营多样化比出口需要花费更多的资本和承担更大的风险,而规模大的企业能够更好地克服这些困难。[①]

四、对垄断优势理论的评论

笔者认为,促使企业对外直接投资的原因很多,垄断优势是其中的一个重要原因。因此,海默等经济学者所提出的垄断优势理论是有意义的。但是,关于对外直接投资的垄断优势,需要澄清下述问题:

第一,什么是垄断。海默等经济学者在分析垄断优势的时候实际上都是在说明垄断形成的原因,而垄断应该是他们所分析的这些原因所产生的结果。垄断应该是指某个企业在某种产品的生产或销售中处于某种程度的支配和控制地位,而垄断的原因正如这些经济学者指出的,某个企业或者具有先进的生产技术、管理技术和营销技术,或者具有大规模生产的利益,可以以较低的成本筹集资金,拥有广泛的销售网络等等。正因为这些企业处于垄断地位,它们可以得到超过正常利润的超额利润即垄断利润。

第二,在哪里垄断。海默和金德尔伯格在分析垄断优势的时候,都以不完全竞争的市场为前提。但是,不完全竞争的市场是指投资国的市场还是东道国的市场?从海默和金德尔伯格的分析来看,他们说的是投资国的市场,但同时也暗指东道国的市场。实际上,这两个市场是不一样的。垄断应该是指在东道国市场上的垄断。在现实的世界里,生产要素并不是完全自由流动或十分充分流动的,投资国和东道国市场的较大差异是可能发生的。例如,某个发达国家的某个企业在本国的市场上可能并没有垄断优势,但是它在某个发展中国家却可能具

---

① B. M. Wolf, "Industrial Diversification and Internationalization: Some Empirical Evidence", *Journal Industrial Economic*, 26, No. 2, 1977, pp.177-191.

有垄断优势。又如,某个发达国家的某个企业在本国的市场上可能具有垄断优势,但是它在某个发达国家却可能没有垄断优势。在前一种情况下,该企业可能对外直接投资。在后一种情况下,它不可能对外直接投资。

第三,垄断的作用。一个企业在某个国家的市场上具有垄断优势,它只是可能对这个国家直接投资而不是必然对这个国家直接投资。在现实的世界里,企业对外直接投资要考虑的因素是很多的。毫无疑问,企业的目标是追求最大利润。即使企业在某个国家的市场上具有垄断优势,但如果它采用国际贸易的方式比采用直接投资的方式可以得到更大的利润,它不会选择对外直接投资。另外,即使企业在某个国家的市场上具有垄断优势,但如果它在本国生产和销售比在外国生产和销售可以得到更大的利润,它也不会选择对外直接投资。这就是说,要正确和客观地估计垄断优势在企业对外直接投资中的作用。在企业对外投资决策中,垄断优势只是影响企业在外国直接投资的收益诸多因素中的一个因素,但可能是主要的因素。企业要考虑对外直接投资,不仅需要考虑在外国生产和销售得到的收益,还要考虑不得不付出的额外的成本;不仅要考虑对外直接投资可以得到的利润,还要比较对外贸易得到的利润以及在国内生产和销售得到的利润。

第二节　内部化理论

一、内部化理论的提出

巴克利和卡森批评以前有关对外直接投资原因的研究往往没有考虑除了企业的生产活动以外的其他活动,如研究与开发、市场营销、就业培训、经营管理等等。企业的这些活动将形成中间产品。按照巴克利和卡森的理解,中间产品不仅包括原材料或半成品,而且包括体现在技术专利和人力资本之中的知识。这些中间产品的市场与最终产品的市场一样是不完全竞争的。在不完全竞争的中间产品市场上,像知识这样的信息形态的中间产品又具有信息悖论、零边际成本、共享性等特征,这就决定了要维持知识产权的排他性需要支付很高的代价。企业为了获得在前期投入巨额的研究和开发支出所形成的知识产品全部资金,它们倾向于不是在外部的中间产品市场上出售知识产品,而是在国外设立分支机构,在企业内部市场转移知识产品,从而形成了对外直接投资。在这里,所谓信息悖论是指像知识这样的信息形态的中间产品只有在用户充分认识到它的价值以后才会购买,但是在用户掌握了知识产品的内容以后他们购买的意愿将减弱甚至消失。[①]

巴克利和卡森认为,内部化产生下述五个方面的收益:第一,当外部的现货和期货市场不完善,不能有效调节具有较长时滞的经济活动时,创造了内部的远期市场。第二,当为了实现利润的最大化需要采用差别价格而通过外部市场又不能实现这个目标时,引入了差别价格机制。第三,当市场结构不完善如存在双边垄断导致交易成本很高时,避免了讨价还价所产生的成本。第四,当知产品市场不完善导致买卖双方信息不对称并进而产生交易的不确定性时,有助于消除这种不确定性。第五,当各国在关税、对资本流动的限制、所得税等方面存在政策差异时,有助于减少政府干预的影响。

但是,内部化也会产生成本:第一,资源成本。跨国企业内部各个子公司的最优规模是不同的,将原来的一个外部市场分割为若干个相互独立而又具有最优规模的子市场需要支付额外的成本。第二,通信成本。在跨国企业内部市场形成以后,母公司和子公司之间、子公司和子公司之间的信息流量增加,而这些信息流量又涉及跨国公司的技术和管理的秘密,跨国公司不得不设立自己的通信系统来传递,这样降低了通信的专业化程度,失去了通信的规模效益。第三,政府的歧视性成本。东道国政府为了本国的利益,有可能对跨国企业实行歧视性的政策,甚至对跨国公司实行国有化,从而有可能给跨国企业带来损失。第四,企业管理成本。跨国企业用内部市场价格取代外部市场价格以后,外部市场价格所具有的激励机制不再存在,跨国企业需要用内部监督机制来替代,从而增加了跨国企业的管理成本。[②] 当企业内部化的收益大于内部化的成本时,企业

----

① P. J. Buckley and M. Casson, *The Future of Multinational Enterprise*, London: Macmillan, 1976, Chapter 2.

② Ibid., pp. 39-45.

将选择用内部市场代替外部市场,从而形成对外直接投资。

内部化理论与垄断优势理论既有联系又有区别。垄断优势理论认为企业对外直接投资的原因是它具有某种特有资产的优势,内部化理论则认为企业对外直接投资的原因是它要发挥其具有的某种特有资产的优势。也就是说,垄断优势理论认为,只要企业具有某种特有资产的优势,它就有可能对外直接投资。但内部化理论认为,即使企业具有某种特有资产的优势,如果外部市场是有效的,企业也可以通过外部市场出售它的特有资产而不必对外直接投资。正因为外部市场不是有效的,企业要发挥和利用它的特有资产的优势,就要对外直接投资。正如巴克利和卡森所指出的,跨国企业通过内部化具有的优势是获得:"它过去投资于(1)研究与开发设施(创造技术上的优势)的报酬,(2)发明一组紧密结合的技能(它能创造出大于个别技能总和的收益)的报酬和(3)创建信息传递网络的报酬。这种网络不仅可以使它以较低的成本在企业内转移(1)和(2)的优势,而且可以保护这些信息(包括市场知识在内)不被外人染指。"①

二、内部化理论的讨论

马吉(S. P. Magee)坚持了巴克利和卡森内部化的思想,但他强调跨国企业对外直接投资原因是要从它的产品开发中得到充分的报酬和补偿。他认为,由于市场的低效率,特别是由于信息市场的低效率,企业将跨越国境来进行企业内部的信息交易活动,以保证从产品发明的投资得到充分的报酬和补偿。其论证过程如下:专利制度对于使投资产品发明的人充分得到报酬和补偿是有效的。但是,产品发明是许多不同种类的信息的一种,除此以外还有产品开发、生产工艺和市场营销等信息,企业的研究与开发支出主要就是用于产品的开发。由生产一种新产品所产生的信息可以通过边做边学应用到其他的新产品生产中去。这样就产生了一个问题:专利制度只保护已开发产品的最初原型,别的企业可以利用该产品开发的信息,不需要付出很大的代价就能够对该产品进行明显的和

---

① P. J. Buckley and M. Casson, *The Future of Multinational Enterprise*, London: Macmillan, 1976, p. 69.

重大的变动,从而使投资产品开发的企业得不到充分的报酬和补偿。在这种情况下,投资产品开发的企业不愿意通过市场进行信息的交易,而是通过直接投资在外国建立分支机构,然后在企业内部进行信息的交易,以保证从产品开发中取得充分的报酬和补偿。[1]

汉纳特(J. H. Hennart)则提出跨国企业的内部化不是建立企业的内部市场,而是威廉姆森企业层级结构的国际化。威廉姆森(O. E. Williamson)认为,在一个不确定的世界里,仅具有有限理性的交易当事人预测在交易过程中可能发生的一切情形,结果他所达成的交易契约是不完备的契约。在一定的条件下,这种不完备的交易契约可能被具有机会主义倾向的某一方交易当事人所利用。要防范交易另一方的机会主义行为,就要使交易契约尽可能完备。而要使交易契约尽可能完备,就要付出多种成本,如搜寻成本、议价成本、缔约成本、监督成本和执行成本等。但是,如果在作为层级机构的企业内部进行交易,就可以避免交易双方的机会主义行为,从而节约交易成本和提高交易效率。因此,企业交易的内部化是企业的一种治理结构。[2] 汉纳特据此认为,由于有限理性和机会主义,自由的市场机制难以衡量、测度和表示产品的价值,使提供或购买该产品的经济主体得不到应有的报酬,从而导致市场的失效。由于经济组织既可以通过市场体系也可以通过层级体系来进行交易,它就会选择内部化的方式。当这种内部化向外国发展,便形成了对外直接投资。[3]

三、对内部化理论的评论

笔者认为,内部化理论很有创意,但内部化并不是企业对外直接投资的原

① S. P. Magee, "Information and the Multinational Corporation: An Appropriability Theory of Direct Foreign Investment", in J. N. Bhagwati (ed.), *The New International Economic Order*, Cambridge, Mass.: MIT Press, 1977, pp. 317-340.

② O. E. Williamson, *Markets and Hierarchies: Analysis and Antitrust Implications*, New York: Free Press, 1975.

③ J. H. Hennart, *A Theory of Foreign Direct Investment*, Ph. D. Dissertation University Maryland, 1977.

因,它只是企业维护其垄断优势的途径或方式。不错,企业既可以在外部市场也可以在内部市场出售知识等中间产品。巴克利和卡森反复说明如果在内部市场出售知识的效率高于或交易成本低于在外部市场出售知识,企业将选择交易的内部化。但是,企业为什么要把知识传递到国外?显然是为了获得知识的收益。如果企业可以有效地通过外部市场获得知识的收益,它将采用技术贸易的方式。如果企业不能有效地通过外部市场获得知识的收益,它将通过内部市场将知识出售给子公司,再由子公司生产出最终产品来获得收益。假如是后一种情形,那么该企业的对外直接投资已经发生,它在外国已经建立了子公司。没有之前的直接投资,何来之后的内部化?

当然,在企业准备对外直接投资的时候,它也可能会考虑内部化的因素。但是,即使在这样的情况下,内部化也不是对外直接投资的原因。企业在内部市场进行交易的最主要的中间产品是知识类产品,而企业所以在内部市场上交易知识类产品是因为它在这些产品中具有某种优势,它担心通过外部市场交易使它失去这种优势。这就是说,企业选择对外直接投资是因为它在某个方面的知识具有优势,它试图通过对外直接投资发挥这种优势以获得更高的收益。推动企业对外直接投资的因素不是内部化,而是知识上的优势。内部化的作用是可以使企业有效地保持它在知识上的优势。即使在最极端的情形,即不能内部化就没有知识上的优势,知识上的优势也是企业对外直接投资的原因,而内部化是保持企业知识上的优势的途径或方式。

第三节　企业区位理论

一、产品生命周期理论

弗农不仅运用产品生命周期理论解释国际贸易的变化,而且运用产品生命周期理论解释对外直接投资的发生。正如在本书第六章所指出的,弗农将一种产品从产生到标准化的过程称为一个生命周期,并把这个周期分为产品创新阶段、产品成熟阶段、产品标准化阶段。弗农认为,在产品生命周期的不同阶段,企业的区位选择是不同的。

假定产品的创新从美国开始,在产品生命周期的第一个阶段即产品创新阶段,尽管美国的劳动力成本较高,由于新产品具有特异性,发明企业具有垄断优势。另外,新产品的需求的价格弹性较低,不同国家之间劳动力成本的差异并不重要。因此,企业选择在美国生产新产品。

在产品生命周期的第二个阶段即产品的成熟阶段,该产品的设计和生产已经趋向于定型,产品的变动已经不大,利用现有的技术进行大量和长期生产已经成为可能,欧洲的竞争者开始模仿并生产这种新产品。在这种情况下,产品的生产成本变得越来越重要。美国企业将根据利润最大化原则来进行企业区位的选择。如果美国企业出口该产品的边际成本加上运输成本和关税低于在外国生产该产品的平均生产成本,美国企业将选择出口而不是到外国设厂生产该产品。但是,如果美国企业出口该产品的边际成本加上运输成本和关税高于在外国生产该产品的平均生产成本,美国企业将选择对外直接投资来生产该产品。

在产品生命周期的第三个阶段即产品标准化阶段,该产品的生产已经标准化,技术和市场信息变得不那么重要,而生产成本成为最重要的因素,产品的竞争主要是价格的竞争。在这种情况下,美国企业将选择到生产成本最低的国家生产该产品,因而有可能对发展中国家直接投资。①

产品的生命周期与对外直接投资的关系可以用图 13-2 来说明。在图 13-2 中,纵轴 0 以上的部分表示美国生产和出口产品,0 以下的部分表示欧洲生产和出口产品;横轴表示时期。从 t_0 到 t_1 时期,美国企业生产新产品并且在国内销售新产品。从 t_1 到 t_2 时期,美国企业生产新产品并且向欧洲出口新产品。因此,从 t_0 到 t_2 时期是产品的创新时期,美国在国内生产新产品。但是,从 t_2 时期开始,欧洲生产新产品,但是有相当一部分新产品是由美国企业通过对欧洲直

---

① R. Vernon, "International Investment and International Trade in Product Cycle", Quarterly, *Journal of Economics*, 80, 1966, pp. 190-207.

接投资的方式在欧洲设厂生产的。从 t_2 到 t_3 时期,美国企业在国内和欧洲同时生产新产品并向欧洲出口新产品。但是,由于欧洲企业和美国设在欧洲的企业都生产新产品,美国本土企业生产新产品的数量在减少,美国向欧洲出口新产品的数量即欧洲从美国进口新产品的数量在减少。这个阶段是产品的成熟阶段。从 t_3 时期开始,欧洲不再进口新产品而是出口新产品,美国企业在国内生产新产品的数量在继续减少,美国企业将到欧洲设厂生产该产品并出口到发展中国家,甚至到发展中国家设厂生产该产品并在当地销售。产品生命周期进入标准化阶段。[①]

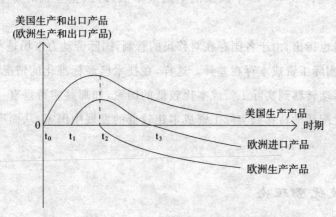

图 13 - 2　产品生命周期与对外直接投资

弗农的产品生命周期理论解释了第二次世界大战初期美国企业向欧洲扩展的情况,该理论对于生产最终产品的企业初次对外直接投资有一定的适用性,但对于已经建立起来的跨国企业继续对外直接投资却不大适用。在这种情况下,弗农后来又修改了他最初的产品生命周期理论,强调跨国企业的寡头行为,将产品生命周期的三个阶段分别称为发明创造寡头阶段、成熟寡头阶段、老化寡头阶段。

在发明创造寡头阶段,弗农不再强调美国是新产品的创新国,而是假定美国主要在节约劳动方面进行发明创造,欧洲主要在节约土地和原材料方面进行发

①　C. P. Kindleberger, *International Economics*, Homewood, Illinois: Irwin, 1973, p. 64.

明创造,日本主要在节约原材料方面进行发明创造。当这些国家发明创造出新产品以后,它们主要在国内进行生产,以便把生产过程与研究开发和市场营销协调起来。在成熟寡头阶段,企业的区位选择取决于其他跨国企业的行为与反应。由于研究与开发、生产和销售的规模经济构成防止别的寡头企业进入本行业的有效障碍,企业将根据不允许个别寡头企业领先以及稳定本行业各个寡头企业在世界市场的份额的原则,决定它的对外直接投资策略。在老化寡头阶段,随着产品的标准化,研究与开发、生产和销售的规模经济已经不再构成防止别的寡头企业进入本行业的有效障碍,竞争的压力将会出现,跨国企业选择生产地点更多地考虑生产成本。哪个国家的生产成本低,跨国企业就对哪个国家直接投资。[1]

约翰逊也指出,由于各国存在对移民的管制,国际劳动力市场是不完全竞争的,各国的实际工资成本存在差异。这样,在技术已经标准化的情况下,企业将部分生产活动转移到实际工资成本比较低的国家,如那些实行垂直一体化分工的企业把装配活动转移到实际工资成本比较低的发展中国家,从而形成对外直接投资。[2]

二、比较优势理论

小岛清(Kojima kiyoshi)研究了美国和日本对外直接投资的情况,他发现美国和日本对外直接投资的原因存在差异:美国的对外直接投资主要分布在制造业,是美国具有比较优势的部门,这种投资是贸易替代型的,即对贸易发生替代的作用。日本的对外直接投资主要分布在自然资源行业,也有一部分投向制造业。但是,在日本对外国制造业的直接投资不是贸易替代型的,而是贸易创造型的。直接投资不但没有替代日本的出口,反而带动了日本的出口。另外,美国对

---

[1] R. Vernon,"The Location of Economic Activity", in J. H. Dunning(ed.), *Economic Analysis and the Multinational Enterprise*, London: George Allen & Unwin, 1974, pp. 89-114.

[2] H. G. Johnson,"Comparative Cost and Commercial Policy Theory for a Developing World Economy", *Wiksell Lectures*, 1968, Stockholm: Almqvist & Wiksell, 1968.

外直接投资的企业多是大规模的企业,拥有技术上的垄断优势。而日本对外直接投资的企业却大多是中小企业,它们只有某些生产劳动密集型产品的技术优势。1978年,小岛清出版了《对外直接投资:日本跨国企业运行的模式》一书,阐述了他对日本对外直接投资的原因的研究,形成了其比较优势理论。

小岛清认为,对外直接投资分为贸易导向性和反贸易导向型两种类型。贸易导向型直接投资是从投资国已经或即将处于比较劣势的产业向东道国处于比较优势的产业的投资,这种投资将增强比较优势,从而扩大国际贸易。反贸易导向型直接投资是从投资国处于比较优势的产业向东道国处于比较劣势的产业的投资,它将削弱比较优势,从而减少国际贸易。日本属于前一种类型的直接投资,美国属于后一种类型的直接投资。贸易导向型的直接投资与国际贸易一样,都是按照比较优势的原则进行的。它们的区别在于:国际贸易是按照现行的也就是静态的比较优势格局进行的,而直接投资既按照现行的、静态的比较优势格局进行,也会创造出新的动态的比较优势格局,从而扩大了国际贸易。①

小岛清的思想可以用下面的例子来表达:假定日本和泰国相比,日本的机器制造业相对于家用电器业具有比较优势,泰国的家用电器业相对于机器制造业具有比较优势。如果不考虑直接投资,日本将生产和出口机器设备,进口家用电器。但是,如果日本向泰国的家用电器业进行直接投资,将增强日本机器制造业和泰国家用电器业的比较优势,从而扩大机器设备和家用电器的贸易。首先,日本企业在泰国加工制造家用电器需要大量的机器设备,从而推动了日本机器设备的出口。日本机器设备出口的增加给其机器制造业带来的规模经济的利益又加强了日本机器制造业的比较优势,使日本可以向其他的国家出口更多的机器设备。其次,泰国的家用电器业获得了先进的机器设备,提高了劳动生产率,降低了生产成本,从而也加强了泰国家用电器业的比较优势。泰国将向日本和其他国家出口更多的家用电器。

1982年,小岛清发表了题为"有别于国际企业分析方法的对外直接投资的

---

① Kojima kiyoshi, *Direct Foreign Investment*: *A Japanese Model of Multinational Business Operations*, London: Croom Helm,1978.

宏观经济分析方法"的论文,进一步概括他对日本对外直接投资原因的分析。小岛清提出,日本企业对外直接投资分为自然资源导向型、劳动力导向型、市场导向型、生产与销售国际化型。

关于自然资源导向型的对外直接投资,小岛清认为,对于缺乏自然资源的日本来说,对外国自然资源产业的投资有助于保证日本原材料的来源,扩大日本的对外贸易,对日本和东道国都有利。关于劳动力导向型的直接投资,小岛清认为,发达国家应该按顺序向技术差距最小的具有潜在的比较利益的发展中国家的产业进行投资,并且将生产、管理、营销技术转到发展中国家。这种直接投资将对发展中国家的相关产业产生溢出效应,从而提高发展中国家该产业的竞争力。但是,如果过多的直接投资进入发展中国家的某个产业,将对当地企业产生压抑的作用。在发达国家的直接投资完成了"导师"的作用,应该将企业的所有权和控制权转移给当地企业而转向对可以获得更大利益的其他的发展中国家直接投资。关于市场导向型的直接投资,小岛清认为,这种类型的直接投资主要是为了克服国际贸易的障碍,在东道国并没有比较优势,因此不应该提倡。关于生产与销售国际化型的直接投资,小岛清认为,这种类型的直接投资在世界范围内追求利润的最大化,易于造成寡头垄断,不利于经济福利水平的提高。①

三、企业区位理论的检验

经济学者们在 20 世纪 60 年代和 70 年代采用对企业家问卷调查的方式检验区位因素对直接投资的影响。邓宁(J. H. Duning)总结了多位经济学者的检验结果,得到了如表 13 - 2 所表示的区位因素对直接投资的影响。表中从左到右 5 位经济学者的研究结果分别发表于 1961 年、1962 年、1966 年、1968 年、1972 年,表中的数字表示被调查的企业家所认可的区位因素。从表中可以看到,尽管各个企业家的看法并不相同,但是不少因素是企业家们共同关注的。

---

① Kojima kiyoshi,"Macroeconomic versus International Business: Approach to Direct Foreign Investment", *Hitotsubashi Journal of Economics*, 1982, 23, pp. 1-19.

表 13 - 2　区位因素对直接投资的影响

区位因素/进行检验的学者	美国企业对外直接投资考虑因素				
	鲁滨逊	贝尔曼	巴　锡	科尔迪	福赛思
市场因素					
1. 市场规模	262	- - -	141	- - -	- - -
2. 市场增长	262	19	158	7	82
3. 维持市场份额	130	- - -	126	12	35
4. 促进母公司出口	- - -	1	- - -	- - -	2
5. 与顾客密切联系	- - -	7	- - -	- - -	6
6. 不满足现有市场安排	- - -	3	- - -	25	- - -
7. 建立出口基地	104	3	- - -	- - -	- - -
贸易壁垒					
1. 贸易壁垒	130	14	- - -	21	28
2. 顾客喜欢本地产品		14			
成本因素					
1. 接近供应来源	- - -	- - -	- - -	- - -	3
2. 可得到劳动力	209	- - -	- - -	- - -	- - -
3. 可得到原材料		12	114		
4. 可得到资本和技术	- - -	- - -	78		
5. 劳动力成本低	79	- - -	103	- - -	- - -
6. 其他生产成本低	- - -	7	- - -	20	- - -
7. 运输成本低					
8. 政府财政的诱因	50				1
9. 更有利的成本			134		
投资环境					
1. 对外国投资的态度	- - -	- - -	145	6	- - -
2. 政治稳定	115		150	- - -	- - -
3. 所有权限制	20				
4. 外汇管理	105				
5. 汇率稳定	105		151	- - -	- - -
6. 税收结构	- - -		131	4	- - -
7. 熟悉国家	- - -	- - -	100	- - -	- - -
总体条件					
1. 预期利润较高	182	20	144	- - -	14
2. 其他	252	14	112	5	171
调查企业数	205	72	214	104	105

资料来源:J. H. Duning,"The Determinants of International Production",*Oxford Economic Papers* 25, No. 3,1973. 转引自:胡德:《跨国企业经济学》,叶刚等译,经济科学出版 1994 年版,第 92～94 页。

类似的关于企业区位理论的检验还有很多。例如,霍斯特对美国向加拿大出口与美国在加拿大子公司在当地销售的关系进行了检验,他发现影响美国企业对加拿大投资最重要的因素是加拿大的关税水平:加拿大的关税越高,美国企业对加拿大的出口就越少,美国子公司在加拿大的生产就越多。另外,美国对加拿大的出口额与美国在加拿大的总销售额(出口额加上美国子公司在加拿大的销售额)的比例与加拿大的市场规模成反比。[1]

四、对企业区位理论的评论

笔者认为,相对于垄断优势的因素来说,企业区位因素更能够解释企业对外直接投资的原因。企业区位理论在与对外贸易的联系中来分析对外直接投资的原因,但它们表达的核心思想是:各国社会资源的特点是不同的,各国的市场环境也是不同的,如果企业能够利用这些社会资源的特点和这些市场环境的差异在成本不变的条件下获得更多的收益,或者在收益不变的条件下降低成本,或者在成本和收益都变的条件下得到更高的利润,企业将对外直接投资。这正是企业对外直接投资最重要的驱动因素,否则不能解释为什么企业不选择在国内生产,也不能解释企业为什么不选择对外贸易。

弗农的产品生命周期理论说明了在产品生命周期的不同阶段,产品的生产要素密集度发生了变化,企业将根据不同的国家生产要素的特点,选择对外直接投资的方式生产这些产品以降低生产成本。弗农的分析是有意义的,但他只是从产品生命周期的角度来揭示企业对外直接投资的原因。

小岛清的比较优势理论的主要贡献是既展示了企业对外直接投资原因的多样性,又将企业对外直接投资的原因收拢于比较优势。小岛清说明了既有美国企业式的对外直接投资,也有日本企业式的对外直接投资;既有替代国际贸易的直接投资,也有促进国际贸易的直接投资。但是,各种各样的对外直接投资都可以归结为比较优势:或者是发挥投资国的比较优势,或者是发挥东道国的比较优势。小岛清的分析同样是有意义的,但他也只是从比较优势的角度来揭示企业

---

[1]　T. Horst,"The Industrial Composition of U. S. Exports and Subsidiary Sales to the Canadian Market",*American Economic Review*,62,1972,pp. 37-45.

对外直接投资的原因。

应该指出,弗农和小岛清分别从产品生命周期和比较优势的角度阐述对外直接投资的原因并不是指出他们的片面性,而是说明对外直接投资的原因是错综复杂的。但是,正是学者们从不同的角度分析对外直接投资的原因,才有可能使我们全面和系统地认识对外直接投资的原因。

第四节　国际生产理论

一、贸易和投资选择理论

对外直接投资的问题实际上是国内生产和国际生产的选择问题。如果选择在国内生产,企业将以国际贸易的方式出售它们所生产的产品;如果选择在外国生产,企业将对外直接投资。因此,部分经济学者将国际贸易和直接投资综合起来,从相互之间的选择来分析企业对外直接投资的原因。另一部分学者则将经济学者们的研究成果综合起来,阐述对外直接投资的原因。贸易和投资选择理论属于前一种分析,国际生产折衷理论属于后一种分析。

柯登从国际贸易理论出发来分析对外直接投资的原因。柯登首先围绕着生产过程提出了假设条件,然后通过改变这些假设讨论企业对贸易和投资的选择。柯登的假设条件如下:第一,生产函数的自变量包括劳动、资本和知识,其中劳动在各国之间是不流动的,而资本和知识在各国之间是流动的。第二,在企业内部,资本和知识是完全流动的。第三,企业面对的生产函数和生产要素禀赋不随时间的变化而变化。第四,企业的规模收益不变。第五,不存在贸易壁垒和阻碍贸易的政府的税收和汇率政策。第六,不存在运输成本。第七,对于特定的产品来说,各国的生产函数均相同。第八,各国的劳动力是同质的。这些条件与赫克歇尔—奥林模型的假定条件是相似的,不同的是柯登引入了知识的生产要素并假定资本和知识在国与国之间是可以流动的。接着,柯登逐一舍弃这些条件并分析对企业产生的影响。

如果舍弃第八个条件,劳动力是异质的,即存在熟练劳动力和非熟练劳动力,那么各国的生产要素禀赋不同,它们将根据熟练劳动力和非熟练劳动力的充裕进行国际分工,熟练劳动力充裕的国家将生产熟练劳动密集型产品,非熟练劳动力充裕的国家将生产非熟练劳动密集型产品,然后通过国际贸易交换产品。

如果舍弃第七个条件,各国的生产函数是不同的,例如即使资本和知识可以流动,但各国政府的政策仍然会造成生产函数的差异,那么那些生产效率更高的国家将吸引资本和知识流向这些国家,这些国家将生产和出口资本或知识密集型产品。在这里,资本和知识的转移既可以采取贸易的方式,也可以采取投资的方式。

如果舍弃第六个条件,运输成本是存在的,那么运输成本将对国际贸易产生阻碍的作用。在运输成本很大的情况下,国际贸易将不会发生,各国企业选择在当地生产和销售产品,从而产生了对外直接投资。

如果舍弃第五个条件,贸易壁垒和阻碍贸易的政府政策是存在的,如某个国家存在较高的关税和非关税壁垒,那么其他国家的企业无法正常地对这个国家出口商品,它们将选择在这个国家生产和销售产品以绕过贸易壁垒,从而产生对外直接投资。

如果舍弃第四个条件,规模收益是递增的,那么规模收益递增将与生产函数不同的因素结合在一起,将使一种产品集中在一个国家或少数几个国家生产。这种情况将减轻运输成本和贸易壁垒对国际贸易的不利影响,从而对国际贸易产生推动作用。

如果舍弃第三个条件,生产函数和生产要素禀赋随着时间的变化而变化,企业将根据生产函数和生产要素禀赋的变化调整产品的生产,进出口商品的结构将发生变化。

如果舍弃第二和第一个条件,知识在各国之间不完全流动,那么在知识上处于领先地位的国家将长期保持它的比较优势的地位,随着别的国家的知识积累,比较优势将根据产品的生命周期发生变化,企业仍然选择以贸易的方式销售产品。[1]

从上面的分析可以看到,柯登实际上还是从区位的因素讨论企业对贸易和直接投资的选择。

---

[1] W. M. Corden, "The Theory of International Trade", in J. H. Dunning (ed.), *Economic Analysis and Multinational Enterprises*, London: George Allen & Unwin, 1974, pp. 195-199.

希尔施(S. Hirsch)则建立一个模型来说明企业对贸易和投资的选择。希尔施假定有 A、B 两国,某企业准备在 A 国建立一家工厂,向包括 A、B 两国所组成的世界生产产品。该企业的决策取决于下述变量之间的关系:(1)P_a 和 P_b 分别表示 A、B 两国某产品的生产成本,它包括原材料的费用、劳动的工资、机器设备的损耗等。(2)K 表示企业的专门知识和无形资产在国外得到的额外收益,这些资产是由研究与开发、广告与促销、管理技术上的投资带来的。它使该企业在国外获得暂时的垄断地位。(3)M 表示出口的销售成本超过国内销售成本的差额,它是由运输、包装、装卸、保险、关税以及额外的通信费用等带来的。如果 M_x 为出口销售成本,M_d 为国内销售成本,那么 $M = M_x - M_d$。(4)C 表示管理和协调国外经营活动需要付出的额外成本,它由外国的法律、制度、文化等方面的因素带来的。如果 C_x 为国外的管理成本,C_d 为国内的管理成本,那么 $C = C_x - C_d$。如果

$$P_a + M < P_b - K \qquad\qquad (13-1)$$

$$P_a + M < P_b + C \qquad\qquad (13-2)$$

该企业向 B 国出口产品。

如果

$$P_b + C < P_b + K \qquad\qquad (13-3)$$

$$P_b + C < P_a + M \qquad\qquad (13-4)$$

该企业向 B 国直接投资。

公式(13-1)表示在 A 国的生产成本加上出口的销售成本超过国内销售成本的差额小于在 B 国的生产成本减去在 B 国生产获得的专门知识和无形资产的收益。公式(13-2)表示在 A 国的生产成本加上出口的销售成本超过国内销售成本的差额小于在 B 国的生产成本加上在 B 国从事经营活动需要付出的额外成本。当两个不等式成立时,企业将选择向 B 国出口产品。

公式(13-3)表示在 B 国生产获得的专门知识和无形资产的收益大于在 B 国从事经营活动需要付出的额外成本。公式(13-4)表示在 A 国的生产成本加上出口的销售成本超过国内销售成本的差额大于在 B 国的生产成本加上在 B 国从事经营活动需要付出的额外成本。当两个不等式成立时,企业将选择向 B 国直接投资。[1]

---

[1] S. Hirsch, "An International Trade and Investment Theory of the Firm", *Oxford Economic Papers*, 28, 1976, pp. 258-270.

第十三章 发达国家对外直接投资原因分析的述评

实际上,上面的不等式假定产品在 A 国和 B 两国国内的销售成本和销售价格均相同。在这样的条件下,希尔施的思想只需要用下面两个不等式来表示:

如果

$$P_a + M < P_b - K + C \qquad (14-5)$$

该企业选择向 B 国出口产品。

如果

$$P_a + M > P_b - K + C \qquad (14-6)$$

该企业选择对 B 国直接投资。

霍斯特对企业对外直接投资的分析与希尔施相似。霍斯特假定一家跨国企业在国外市场上具有一定的垄断地位,因而它在国外市场上面临的平均收益曲线和边际收益曲线是向右下方倾斜的曲线,如图 13-3 中的曲线 AR 和曲线 MR 所示。该企业既可以通过出口的方式向国外市场销售产品,也可以通过直接投资的方式在国外生产和销售产品。再假设该企业出口的边际成本即该企业在国内的生产成本加上在国外销售的成本之和在任何产量水平上均相同,如图 13-3 中水平的曲线 C_x 所示;该企业在国外生产和销售的边际成本既在国外生产成本加上在国外销售成本之和在任何产量水平上均相同,如图 13-3 中水平的曲线 C_f 所示。由于该企业在国外进行生产具有某种优势,该企业在国外生产和销售的边际成本低于出口的边际成本,曲线 C_f 位于曲线 C_x 的下方。在图 13-3 中,坐标系的横轴表示产量,纵轴表示价格。

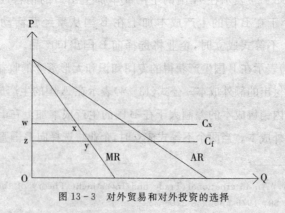

图 13-3　对外贸易和对外投资的选择

根据图 13-3,霍斯特指出,该企业为了获得最大的利润,如果选择出口,将把产量确定在出口边际成本曲线 C_x 和边际收益曲线 MR 相交的产量水平上,如果选择投资,将把产量确定在在国外生产和销售边际成本曲线 C_f 与边际收益曲线 MR 相交的产量水平上。这样,霍斯特得到了他的结论,如果到国外直接投资相对与对外贸易所产生的成本节约即梯形 wxyz 的面积大于在国外生产所付出的额外的管理和协调的成本,该企业将选择对外直接投资;相反,该企业选择对外贸易。[1]

二、国际生产折衷理论

邓宁在 1977 年发表了题为"贸易、经济活动的区位与多国公司:折衷方法探索"的论文,概括和总结了以往关于对外直接投资原因的研究成果,提出了国际生产折衷理论。在以后,他又连续发表了多篇论文,对国际生产折衷理论进行修改和加以完善。[2]

邓宁认为,国际生产的方式、范围和结构是由企业所具有的优势决定的。而企业所具有的优势,又是在不完全竞争市场的条件下形成的。在邓宁看来,现实的市场是失效的。市场失效有两种类型:一种类型是结构性失效。例如,东道国设立的关税和非关税壁垒造成的市场失效,它导致跨国公司为了绕过关税和非

① T. Horst, "The Theory of Firm", in J. H. Dunning (ed.), *Economic Analysis and Multinational Enterprises*, London: George Allen & Unwin, 1974, pp. 31-46.

② J. H. Dunning, "Trade, Location of Economic Activity and the Multinational Enterprise: A Search for an Eclectic Approach", *University of Reading Discussion Papers in International Investment and Business Studies*, No. 29, 1976, Revised Version Published in B. Ohlin(ed.), *The International Allocation of Economic Activity*, Macmillan, London, 1977; "Explaining Changing Pattern of International Production", in Defense of Eclectic Theory, *Oxford Bulletin of Economics and Statistics*, 1979; *International Production and Multinational Enterprise*, London: Allen & Unwin, 1981; "The Eclectic Paradigm of International Production: A Restatement and Some Possible Extension", *Journal of International Business Studies*, Spring 1988, 19, pp. 1-31; *Theory of Transnational Corporations*, London, Rontledge, 1993.

关税壁垒到东道国投资。再如,无形资产的特点影响了外部市场的形成和发展,它导致企业通过内部交易的方法进行无形资产的交易。另一种类型是交易性失效。例如,交易渠道不畅和交易风险过高造成交易成本过大,导致市场失效。在不完全竞争的市场中,企业具有下述优势:

1. 所有权优势(ownership advantage)。所有权优势包括:(1)在某一个区位中的企业具有的超过别的企业的优势,如接近生产要素市场,拥有独占的无形资产,形成大规模的生产等。(2)跨国企业的子公司具有的超过当地企业或新进入企业的优势,如子公司可以以很低的边际成本得到各种投入、市场信息、会计程序、管理经验等。(3)与国际化相联系的优势,如利用不同国家生产要素与市场条件的差异所产生的优势。如果企业没有这些优势,它将不能弥补在国外生产所产生的额外成本,因而将不会对外直接投资。但是,所有权优势不是对外直接投资的充分条件。除此以外,还必须存在某种区位因素和市场条件,使企业面临可利用的经营机会,并可以通过内部化来实现这些机会。

2. 内部化优势(internalization advantage)。内部化优势是指企业通过扩充和增添国际生产网络所带来的收益。导致内部化的前提条件是下述三种形式的市场失灵:(1)风险的不确定性导致的市场失灵。(2)范围经济导致的市场失灵。(3)交易市场的失灵。在市场失灵的条件下,企业为了达到降低交易成本,减少交易的不确定性,通过控制生产要素市场获得竞争优势,逃避或利用政府的干预,保护知识产权和获得规模经济等目的,将把交易内部化。但是,内部化只说明企业为什么不在外部市场让渡信息而选择在内部市场上让渡信息,还不能说明企业为什么要对外直接投资。促使企业以内部化的方式对外直接投资的原因是区位优势。

3. 区位优势(location advantage)。区位优势是企业选择不同的生产地点所产生的优势,它包括下述三种优势:(1)由当地特定的资源禀赋所决定的成本优势。(2)由当地的有关法规如税收、补贴等所带来的优势。(3)由原料、生产、市场之间的距离决定的运输成本的优势。区位优势主要来自东道国的投资环境,它并不是跨国企业所固有的而只能是跨国企业所利用的。

在邓宁的国际生产折衷理论的三种优势分析中,所有权优势(O)说明企业为什么(why)要从事国际生产,内部化优势(I)说明企业如何(how)利用所有权优势,区位优势(L)说明企业到哪里(where)从事国际生产。企业要对外直接投资,必须同时具备所有权优势、内部化优势和区位优势。如果企业只具备前两种优势,后一种优势在国内,企业将通过许可证交易的方式将所有权转让给外国企业而不会选择对外直接投资。

在邓宁提出了国际生产折衷理论以后,引起了人们的讨论。坎特威尔(J. A. Cantewell)指出,邓宁的所有权优势与内部化优势是重叠的。邓宁的所有权优势是指企业层级内部共同支配位于不同的国家的资产网络所产生的收益,这实际上是内部化优势。当企业采取对外直接投资的方式时,所有权优势将被实现。当企业采取别的方式如国际贸易时,所有权优势应该被排除。[1]

依特克(Itaki Masahiko)认为,邓宁的国际生产折衷理论存在下述四个缺点:(1)如果没有内部化的因素,许多所有权优势可能并不存在或者不可能利用,所以所有权优势对于内部化优势来说是多余的。(2)所有权优势与区位优势往往是联系在一起的,所有权优势在特定的区位条件下才会产生。(3)区位因素不明确,存在着多种解释。(4)由于邓宁的三种优势是密切联系的,过多的优势使要素分析方法难以运用。[2]

邓宁的国际生产折衷理论从企业的竞争优势来说明企业,这种竞争优势既包括成本的优势,也包括非成本的优势。高廷(Ting Gao)则从产业聚集的成本的变化来解释对外垂直直接投资的产生。

高廷认为,产品的生产包括两个阶段:第一个阶段是公司总部的研究与开发和制订发展规划等,这个阶段支出成本可以看作是固定成本,它的成果可以应用于下属企业。第二个阶段是下属企业的生产,即利用总部提供的技术和雇佣劳动者生产产品。相对于第一个生产阶段来说,第二个生产阶段是劳动密集型的。在生产发展的初期,由于企业的生产需要投入中间产品,各个相关企业为了减少

---

① J. A. Cantewell,"A Survey of Theories of International Production", in N. P. Christos and S. Roger(ed.),*The Nature of the Transnational Firms*, London: Routledge, 1991.

② Itaki Masahiko,"A Critical Assessment of the Eclectic Theory of the Multinational Enterprises",*Journal of International Business Studies*, Vol. 22, No. 3,1991, pp. 445-460.

贸易和运输等成本,倾向于聚集在同一个地区,从而形成了聚集效应。但是,在劳动力不能充分流动的条件下,随着劳动需求的增加,企业聚集地的劳动力成本不断上升。另外,随着贸易壁垒的减少和经济一体化的发展,对外直接投资的成本下降。这样,劳动力成本的上升和聚集效应的下降导致公司将生产转移到国外,或者将劳动密集的生产部门转移到国外,从而形成了垂直的直接投资。①

三、对国际生产理论的评论

笔者认为,国内生产和对外贸易是对外直接投资的历史和逻辑的起点。在历史上,先有国内生产国内销售,再有国内生产对外销售,最后才有到外国生产和在外国销售。在逻辑上,国内生产国内销售、国内生产对外销售、到外国生产和在外国销售是可以选择的,必须在相互选择中分析对外直接投资的原因。从这个角度说,柯登和希尔施的分析有启发意义。

柯登的分析存在的不足是过于粗糙。他改变了七个企业生产和销售的条件来说明企业对国际贸易和直接投资的选择,实际上在改变的每一个条件时都存在企业对外直接投资的可能。例如,舍弃柯登的第八个条件,劳动力变成异质的。在这种情况下,如果某个国家的劳动力的特点适合于生产某种产品,又如果外国企业在其他条件相配合的情况下利用这个国家劳动力的特点生产这种产品可以得到更高的利润,外国企业就会对这个国家直接投资。这就是说,围绕着企业生产和销售条件的变化还要进一步深入地进行分析,才能完整地揭示企业对外直接投资的原因。

希尔施和霍斯特的分析的主要特点是以简洁的方式阐述了对外直接投资的原因。他们分别用不等式和图形清楚地表示,在对外贸易的成本低于直接投资时,企业将选择对外贸易;在对外贸易的成本高于直接投资时,企业将选择直接投资。但是,他们主要对企业关于对外贸易和直接投资的选择提供了一个理论

---

① Ting Gao,"Economic Geography and the Department of Vertical Multinational Production", *Journal of Economics*, 1999,48, pp. 301-320.

的框架,霍斯特水平的成本曲线也过于简化,还需要继续探讨影响企业对外贸易和直接投资选择的成本或收益的因素。

高廷的分析指出对外直接投资与聚集效应的变化有关。当然,在现实的经济里,聚集效应的变化导致对外直接投资可能是存在的。但是,即使企业不是聚集在一起,由于别的因素如经济发展导致劳动者工资的上升,企业也有可能选择劳动力成本比较低的国家进行生产。这就是说,高廷只是从一个不太重要的方面或角度来解释对外直接投资。在现实的经济里,对外直接投资的原因是千差万别的。经济学研究的任务,是寻找其中重要的或主要的原因。

在经济学者的分析中,邓宁的分析是最为系统的。显然,邓宁的国际生产折衷理论是在综合各位经济学者的研究成果的基础上形成的。但是,邓宁关于所有权优势(O)说明企业为什么(why)要从事国际生产,内部化优势(I)说明企业如何(how)利用所有权优势,区位优势(L)说明企业到哪里(where)从事国际生产的论断还有可斟酌的地方。企业对外直接投资的原因是错综复杂、千差万别的,不一定在具有所有权优势的情况下才对外直接投资,例如在自然资源导向的对外直接投资中企业不一定具有所有权优势。另外,在企业对外直接投资的过程中也不一定采用内部化的方式,例如企业可以采用企业网络分工的方式进行国际化生产而不采用内部化的方式。因此,在邓宁综合分析的基础上还需要进一步的综合。

第十四章　发达国家对外直接
投资理论的重构

第一节　从国内生产到国际生产

一、马克思和列宁给予的启示

在马克思和恩格斯所处的时代,对外直接投资的现象并不普遍,马克思和恩格斯没有专门分析对外直接投资的问题。但是,马克思揭示了资本的本质以及资本跨越国境的必然趋势。马克思认为,资本是能够带来剩余价值的价值,资本的本质是依靠不断地获取剩余价值来维持自己的生存和发展。资本天生所具有的对剩余价值的贪婪,使以资本为基础的生产处于扩张之中。当资本在国内的发展受到限制时,它必然跨越国境走向世界。

马克思指出:"资本一方面具有创造越来越多的剩余劳动的趋势,同样,它也具有创造越来越多的交换地点的补充趋势;……从本质上来说,就是推广以资本为基础的生产或以资本相适应的生产方式。"①马克思还指出:资产阶级"挖掉了工业脚下的民族基础"②建立起"以国际分工为基础的商品生产"③,"拿来加工制

---

① 《马克思恩格斯全集》第 46 卷(上册),人民出版社 1979 年版,第 391 页。
② 《马克思恩格斯全集》第 4 卷,人民出版社 1958 年版,第 469 页。
③ 《马克思恩格斯全集》第 49 卷,人民出版社 1982 年版,第 311 页。

造的,已经不是本地的原料,而是从地球上极其遥远的地区运来的原料"①。"现在纺纱工人可以住在英国,而织布工人却住在东印度"②。显然,在马克思看来,如果资本获取剩余价值的冲动在国内受到某种抑制,它会流向别的有利可图的国家来继续获取更多的剩余价值。

到了19世纪初期,对外直接投资开始大量出现。列宁在其《帝国主义是资本主义的最高阶段》一书中,专门分析了资本输出的问题。在列宁的概念里,资本输出既包括货币资本的输出,也包括生产资本的输出,即对外直接投资。列宁对资本输出提出了他的精辟的看法。

列宁首先将资本输出看作是垄断资本主义阶段的重要特征。列宁指出:"自由竞争占统治地位的旧资本主义的特征是商品输出,垄断占统治地位的最新资本主义的特征是资本输出。"③在列宁看来,资本输出的原因是少数积累了大量资本的最富的国家已经处于垄断地位,在这些国家里已经出现了大量的相对过剩的资本。列宁指出:"其所以有输出资本的必要,是因为资本主义在少数国家中已经'成熟过度了','有利可图的'场所已经不够了。""其所以有输出资本的可能,是因为许多落后的国家已经卷入世界资本主义的流通范围,主要的铁路线已经建成或已经开始兴建,发展工业的起码条件已有保证等等。"④列宁深刻地指出资本输出的本质:"这就是帝国主义压迫和剥削世界上大多数民族和国家的坚实的基础,这就是极少数最富国家的资本主义寄生性的坚实的基础。……这只会扩大和加深资本主义在全世界的进一步发展。"⑤列宁不仅说明了对外直接投资的必要,而且说明了对外直接投资的可能。

许多马克思主义经济学者也对直接投资的原因进行了分析。例如,斯威齐(P. M. Sweezy)和马格多夫(H. Magdoff)指出,对外直接投资是垄断资本主义的产物。在竞争资本主义的条件下,厂商要获得利润,就要降低成本;而要降低成本,就要扩大生产规模和采用新的技术。随着成功厂商的扩张和失败厂商的

---

① 《马克思恩格斯全集》第4卷,人民出版社1958年版,第470页。
② 同上书,第168页。
③ 《列宁选集》第2册,人民出版社1960年版,第782页。
④ 同上书,第783页。
⑤ 同上书,第784—785页。

破产,某一个厂商已经在市场上占据了一个很大的份额,从而形成了垄断。当这种情况在大多数重要产业中变得比较普遍的时候,资本主义进入垄断的阶段。在垄断资本主义的条件下,规模巨大的厂商在原来的产业上受到了成本和需求因素的制约,它们存在一种内在的动力要求超越产业和国家的界限。这就说明了资本主义发展的一种重要现象:厂商的规模越大,就越在产业上和地理上分散化,即越混合化和国际化。当然,不能排除厂商对外直接投资的原因是为了获得东道国低工资和低成本的利益,但在垄断资本主义条件下,由于在一个产业中只有少数几家厂商,当其中一家厂商到外国直接投资的时候,其他厂商为了保持一定的市场份额,也必然对外直接投资。① 这就是说,在斯威齐看来,在垄断资本主义条件下,厂商具有内在的动力、现实的实力和外在的压力对外直接投资。

二、对外直接投资的原因和条件

对外直接投资的本质是生产资本跨国流动。正如在前一节所指出的,国内生产和国际贸易是对外直接投资的历史和逻辑的起点。在历史上,先有国内生产国内销售,再有国内生产对外销售,最后才有到外国生产和在外国销售。因此,要在逻辑上解释对外直接投资的原因,首先要说明为什么企业不选择在国内生产国内销售而选择到外国生产和在外国销售,其次还要说明企业为什么不选择在国内生产对外销售而选择到外国生产和在外国销售。

马克思反复指出,资本是能够带来剩余价值的价值。显然,生产资本的跨国流动主要是为了获得更多的剩余价值。但问题在于为什么企业在国外生产可以比国内生产获得更多的剩余价值。企业选择到国外生产而不是在国内生产,需要具备下述条件:

第一,对于投资国来说,资本主义经济已经"成熟"到这样一种程度,在国内有利可图的投资机会已经不多,资本出现相对的过剩。

从历史上看,非经济意义的对外直接投资很早就出现了。例如,1627 年和

---

① P. M. Sweezy and H. Magdoff, *The Dynamics of U. S. Capitalism*, Monthly Review Press, 1972, pp. 98-101.

1655年,英国殖民者侵占了巴巴多斯和牙买加,在当地建立了大规模的甘蔗种植园,强迫从非洲贩运的黑人从事奴隶劳动,以获取蔗糖原料。这种对外直接投资实际上是一种带有暴力性质的经济掠夺,而不是经济意义的对外直接投资。经济意义的对外直接投资是从19世纪后半叶开始的。

在资本主义经济制度建立以后相当长的一段时间里,随着工业革命的发生和深入,一方面社会生产力迅速提高;另一方面新的社会需求又不断产生。在这种情况下,各个资本主义国家存在大量的投资机会,在国内的投资收益率比较高,企业将不会选择对外直接投资。以英国为例,工业技术变革是从棉纺织业开始的。纺纱机的出现对动力提出了要求,蒸汽机的发明满足了这种要求。随着蒸汽机在棉纺织业的应用,推动了机器制造业的发展。而机器制造业的发展又促进了冶炼业和采煤业的发展,如此等等。在这样的时代里,资本不是过剩而是不足,企业选择在国内进行生产。

随着资本主义经济的发展,资本在各个生产部门之间流动,使利润率出现了平均化的倾向。另外,随着机器设备的大规模使用,社会资本有机构成即不变资本对可变资本的比例不断提高,平均利润率出现下降的趋势。在资本主义经济走向"成熟"的时候,资本主义经济的特有矛盾即生产无限扩大的趋势和劳动人民有支付能力的需求相对缩小的矛盾开始表现出来,国内市场变得狭窄,资本出现了相对的过剩。正是在这样的历史条件下,生产从国内扩展到国际,企业开始大量对外直接投资。这就是为什么跨国公司在19世纪60年代才开始产生的原因。

应该指出,在对外直接投资的产生过程中,垄断资本主义经济的形成发挥了重要的作用。在19世纪70年代以后,竞争的资本主义经济逐渐过渡到垄断的资本主义经济。我们知道,垄断是生产和资本集中到一定的程度而出现的。在垄断形成的过程中,产生了大规模或超大规模的企业。对于这些企业来说,一方面国内市场变得越来越狭小了,它们必然要以对外贸易或者对外直接投资的方式对外扩张;另一方面垄断资本控制了国内本部门的生产和销售,对国内生产部门投资的动力下降,它们必然在利润动机的支配下寻求对外直接投资。正是在这个意义上,列宁指出垄断资本主义的特征是资本输出。

第二,对于东道国来说,交通运输已经发展到一定的程度,国内市场已经基本形成,发展工业的基础条件已经具备。

外国企业能否到一个国家直接投资,还取决于这个国家的投资环境。如果一个国家交通运输没有发展到一定的程度,没有一个统一的国内市场,那么发展工业的基础条件并不具备,外国企业无法到这个国家直接投资。

从历史上看,在对外直接投资发展的初期,对外直接投资主要是宗主国对殖民地半殖民地国家的投资。在第二次世界大战以后,对外直接投资才变为主要是发达国家对发达国家的投资。例如,在 1910 年,当时最主要的对外直接投资国是英国。在英国主要是直接投资的资本输出中,对欧洲国家的资本输出只占总资本输出的 5.71%,对美洲、亚洲、非洲、澳洲的资本输出占了总资本输出的 94.29%。① 在 19 世纪下半叶,许多殖民地半殖民地国家已经建立起交通运输线,国内市场初步形成,发展工业的基础条件已经具备。正是在这样的情况下,宗主国才有可能比较大规模地对这些殖民地半殖民地国家直接投资。

第二节　从国际贸易到国际直接投资

一、资源导向型对外直接投资

从历史上看,对外贸易早于对外直接投资。在国内生产到国际生产的条件已经具备的条件下,企业在什么条件下选择对外贸易和在什么条件下选择直接投资,是揭示对外直接投资原因的关键问题。显然,不论是对外贸易还是对外直接投资,其根本原因是资本对利润的追逐。但是,资本具体如何追逐利润则是错综复杂的。资本可能追逐短期的利润,也可能追逐长期的利润;资本可能通过降低成本来增加利润,也可能通过提高收益来增加利润。因此,需要从不同类型的对外直接投资来分析企业如何从国际贸易走向直接投资。

资源导向型对外直接投资是指企业为了获得如石油、矿藏、木材等各种自然资源而对外国相应的行业进行直接投资。企业要获得自然资源的原因是多种多

---

① 《列宁选集》,人民出版社 1960 年版,第 785 页。

样的,或者是本国自然资源缺乏,或者是外国自然资源价格低廉,或者是外国自然资源品质良好,或者是保护和储备本国的自然资源等等。这就是说,企业仍然是为了得到更高的利润而去获取外国的自然资源。

当然,企业要获得外国的自然资源既可以采取对外贸易的方式,也可以采取直接投资的方式。事实上,自然资源的国际贸易和直接投资都是大量存在的。企业对国际贸易和国际直接投资的选择取决于自然资源供给和价格的稳定性。通过国际贸易或直接投资获得外国自然资源最重要的差异,就是对外国自然资源供给控制程度的差异。如果企业选择进口外国自然资源,对它有利的地方是不需要承担到外国直接投资的风险,在自然资源市场价格下降的情况下可以获得廉价的自然资源;对它不利的地方是它无法控制外国自然资源的供给,因而需要承担自然资源供给不足、中断或市场价格上升的风险。如果企业选择投资外国自然资源,对它有利的地方是控制外国自然资源的供给,在获取自然资源所支付的市场价格上升或下降的情况下它生产自然资源的利润也在增加或减少;对它不利的地方是需要承担到外国直接投资的成本和风险。

因此,如果某些自然资源供给充足,市场价格稳定或趋向下降,企业将倾向于选择以进口的方式获取外国的自然资源。如果某些自然资源的供给很不稳定,它们的市场价格趋向上升,企业将倾向于选择以投资的方式获取外国的自然资源。假如企业选择以投资的方式获取外国的自然资源,这就形成自然资源导向型直接投资。

企业的选择可以用图 14-1 表示。图 14-1 坐标系的横轴表示时间,纵轴表示平均成本。假定以直接投资方式获得外国自然资源的企业的额外收益与额外成本彼此抵消。这就是说,如果自然资源价格上升,该企业进口自然资源的平均成本增加,但它作为生产商所得到的单位自然资源的利润也增加了;如果自然资源价格下降,该企业进口自然资源的平均成本减少,但它作为生产商所得到的单位自然资源的利润也减少了。又由于自然资源是可枯竭的,获得自然资源的成本随着时间的推移而增加。因此,该企业获得外国自然资源的预期平均成本稳定地上升,如图中直线 I 所示。另外,由于自然资源的供给和需求不断地变化,它的市场价格也在不断地变化,以进口的方式获得外国自然资源的企业的预期平均成本是波动的,如图中曲线 F 所示。

假定企业需要获取的自然资源的数量为一定,在图14-1的(A)中,曲线 F 在直线 I 上方的面积与它在直线 I 下方的面积相当,这意味着企业预期以进口贸易的方式与以直接投资的方式获得外国自然资源的成本相似,企业选择以什么方式获得外国自然资源无关紧要。在图14-1的(B)中,曲线 F 在直线 I 上方的面积小于它在直线 I 下方的面积,这意味着企业预期以进口贸易的方式与以

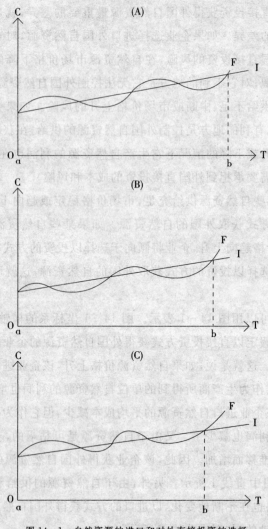

图14-1　自然资源的进口和对外直接投资的选择

对外直接投资的方式相比获得外国自然资源的成本较低,企业将选择以进口贸易的方式获得外国自然资源。在图 14-1 的(C)中,曲线 F 在直线 I 上方的面积大于它在直线 I 下方的面积,这意味着企业预期以进口贸易的方式与以对外直接投资的方式相比获得外国自然资源的成本较高,企业将选择以对外直接投资的方式获得外国自然资源。

这就是说,如果设以进口的方式获得自然资源的平均成本函数是 $F=f(t)$,以对外直接投资的方式获得自然资源的平均成本函数是 $I=g(t)$,这两个函数在区间 $[a,b]$ 是连续的,那么:

如果 $\int_a^b f(t)dt=\int_a^b g(t)dt$,企业选择以进口和对外直接投资的方式获得外国自然资源都是一样的。这就是图 14-1 的(A)所表示的情况。

如果 $\int_a^b f(t)dt<\int_a^b g(t)dt$,企业将选择以进口的方式获得外国的自然资源。这就是图 14-1 的(B)所表示的情况。

如果 $\int_a^b f(t)dt>\int_a^b (t)dt$,企业将选择以对外直接投资的方式获得外国的自然资源。这就是图 14-1 的(C)所表示的情况。

二、市场导向型对外直接投资

市场导向型对外直接投资是指企业试图接近某个国家的市场并在这个市场上销售产品而进行的直接投资。与自然资源导向型直接投资的分析相似,企业既可以通过出口的方式向这个国家的市场销售产品,也可以通过对外直接投资的方式向这个国家的市场销售产品。企业选择哪一种方式销售产品,取决于企业为此付出的代价。

企业以出口的方式向某个国家的市场销售产品的成本包括该企业在本国生产该产品的生产成本、向本国政府缴纳的赋税、将产品运往进口国的市场的运输成本、向进口国政府缴纳的关税、在进口国市场销售产品的销售成本。企业以对外直接投资的方式向某个国家的市场销售产品的成本包括它在该国生产该产品的生产成本、向东道国政府缴纳的赋税、在东道国市场上销售产品的销售成本。首先,对于在外国生产的企业来说,为了使本企业的派出人员安心工作需要向他们支付较高的薪金,为了与母公司保持联系需要支付额外的通信费用,为了弥补社会、制度或文化上的差异需要支付额外的费用,所以在国外生产产品的成本通常高于国内。其次,企业向本国政府或向外国政府缴纳的赋税取决于这两个国家的税收制度。有的国家对外国直接投资实行优惠的税收待遇,而有的国家则对国内外企业实行统一的税率,因而很难判断企业在国内生产的赋税高还是在国外生产的赋税高。再次,运输成本和关税成本是企业采取出口的方式销售产品需要支付而采取对外直接投资的方式不需要支付的。

综合上述各种因素,为了突出重要的成本差异和简化不必要的分析,假定企业缴纳的赋税是相似的,企业销售成本是相似的,那么企业采取对外直接投资的方式与采取出口贸易的方式在外国销售产品相比在成本方面的主要差异是多支付了生产成本但节约了运输和关税成本。这样,从经济角度分析,如果到国外生产多支付的生产成本高于出口贸易的运输和关税成本,企业将选择出口贸易的方式;如果到国外生产多支付的生产成本低于出口贸易的运输和关税成本,企业将选择对外直接投资的方式。

如果东道国的市场是接近竞争的,这意味着投资国的企业不能影响它所销售的产品的市场价格。不论是以出口贸易还是以对外直接投资的方式向东道国的市场销售某种产品,该企业所得到的该产品的市场价格是相同的。在这种情况下,可以以某一种方式作为基础来分析企业的选择。在图 14-2 中,横轴表示产品的数量,纵轴表示产品的价格或成本。由于市场是竞争的,企业面临的平均收益曲线 AR 和边际收益曲线 MR 都是水平线并且重合。该企业以出口贸易的方式向该市场销售产品的平均成本曲线是 AC,边际成本曲线是 MC。在形成长期均衡(MR=MC=AR=AC)的情况下,该企业的产量是 Oq,价格是 Op。

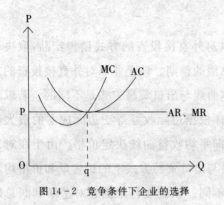

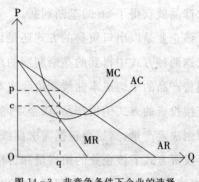

图 14-2 竞争条件下企业的选择　　　图 14-3 非竞争条件下企业的选择

现在问题的关键是如果该企业以对外直接投资的方式向该市场销售产品的成本是大于 Op 还是小于 Op。对外直接投资与出口贸易相比,少付出了运输成本和关税成本,多付出了额外的生产成本。在销售的产品数量同样是 Oq 的条件下,如果该企业额外的生产成本大于运输成本和关税成本,这意味着以对外直接投资的方式向该市场销售产品的成本大于 Op,企业将选择出口贸易的方式;如果该企业额外的生产成本小于运输成本和关税成本,这意味着以对外直接投资的方式向该市场销售产品的成本小于 Op,企业得到了超额利润,它将选择对外直接投资的方式。

这就是说,在东道国市场是竞争的条件下,市场导向型的直接投资的主要原因是,企业采用对外直接投资的方式向东道国市场销售产品所付出的额外生产成本小于采用出口贸易的方式向东道国市场销售产品所付出的运输成本的关税成本,它获得了更高的利润。

如果东道国的市场是非竞争的,某外国企业处于寡头垄断的地位,那么情况有所不同。在图 14-3 中,由于市场是非竞争的,企业面临的平均收益曲线 AR 和边际收益曲线 MR 向右下方倾斜,边际收益曲线 MR 位于平均收益曲线 AR 的下方。如果该企业以出口贸易的方式向该市场销售产品的平均成本曲线是 AC,边际成本曲线是 MC,那么它将按照最大利润的原则(MR=MC)将出口数量确定在 Oq 的水平上,然后根据需求曲线即平均收益曲线 AR 将价格确定在 Op 的水平上。由于该企业出口 Oq 数量的产品的平均成本是 Oc,它每出口一

第十四章　发达国家对外直接投资理论的重构

单位产品就获得了 cp 的垄断利润。

　　该企业是以出口贸易的方式还是以对外直接投资的方式销售产品，取决于它从这两种方式中得到的垄断利润的总额的预期。该企业以对外直接投资的方式销售产品的平均成本曲线和边际成本曲线与出口贸易方式是不同的。若以对外直接投资的方式销售产品，该企业同样根据边际收益等于边际成本的最大利润原则决定产量，然后再根据需求曲线即平均收益曲线决定价格。由于在对外直接投资方式下该企业的销售量和价格与出口贸易方式下的销售量和价格均不同，在这两种方式下的垄断利润总额也不同。该企业将根据它对垄断利润总额的预期来做出决策：如果在对外直接投资方式下预期得到的垄断利润总额小于出口贸易方式下的垄断利润总额，它继续选择出口贸易的方式；如果在对外直接投资方式下预期得到的垄断利润总额大于出口贸易方式下的垄断利润总额，这意味着运输成本和关税成本较高，它将转向选择对外直接投资的方式。

　　这就是说，在东道国市场是非竞争的条件下，市场导向型的直接投资的主要原因是节约运输成本和避开关税壁垒以获得更高的垄断利润。

三、国际化生产型对外直接投资

　　国际化生产型对外直接投资是指企业在世界范围内进行生产和销售而不是面向某个特定的市场进行生产和销售。国际化生产型对外直接投资的主要原因是企业具有某个方面或多个方面的优势，在国内市场变得相对狭小的情况下，它们凭借着这些优势在世界范围内充分利用各国社会资源的特点进行生产，然后将产品销往世界市场。它们可能在某个最适合生产某种产品的国家进行生产，也可能在若干个国家分别完成某种产品的不同的工序，然后销往世界市场，甚至是本国市场。关于国际化生产型对外直接投资，前面评述的垄断优势理论、企业区位理论和国际生产理论都具有一定的解释能力。

　　企业的优势可能是多方面的，如包括研究与开发、生产、管理、营销等方面的技术的优势，或者是品牌的优势，或者是资金的优势等等。但是，企业最重要的优势的是核心技术的优势。另外，企业所具有的核心技术的优势还可以由内部化的方式保持。正是企业对这种核心技术优势的拥有和保持,使企业在国际商品市场上处于垄断的地位。它可以凭借着这种垄断地位获得高额利润。正是对这种高额利润的追求,促使企业对外直接投资。企业在具有垄断优势的条件下,可以通过下述对外直接投资的方式发挥优势:

第一,利用外国廉价的社会资源。发达国家经济发展水平较高,因而工人的工资水平较高。如果企业在本国完成全部生产过程,再销往国际商品市场,生产成本较高。在这种情况下,发达国家的企业将通过对外直接投资的方式,将使用劳动力较多的工序转向发展中国家进行生产,以降低生产成本,提高垄断利润。除了工人的工资以外,土地的租金也是一个因素。如果发达国家的租金较高,它们的企业将转向租金较低的国家进行生产。

第二,接近原材料产地进行生产。企业生产某种产品所需要的原材料并不都是本国可以提供的。对于这种类型的企业来说,如果从外国采购原材料,运到国内加工生产,再销往国际商品市场,那么生产成本将较高。特别是那些所使用的原材料运输成本较高的企业更是如此。在这种情况下,企业将对接近原材料产地的国家直接投资,设厂在当地进行生产,再销往国际商品市场。

第三,利用东道国优惠的政策。有的发展中国家为了促进经济的发展,对外国的直接投资给予优惠的政策待遇,如减免税收等。在这种情况下,外国企业有可能对这个国家进行直接投资。

在上面所分析的这三种情况下,如果企业在国外进行生产比在国内进行生产得到更大的利润,它们将选择直接投资的方式。企业的选择可以借助于图 14 - 4来进行解释。由于企业在国际商品市场上具有垄断优势,它所面临的平均收益曲线 AR 和边际收益曲线 MR 是向右下方倾斜的。又由于企业既可以在国内进行生产然后销往国际商品市场,也可以在国内生产然后销往国际商品市场,它在这两种情况下所面临的平均收益曲线和边际收益曲线是相同的,其产品的价格也是相同的。图 14 - 4(A)表示在国外生产的情况,图 14 - 4(B)表示在国内生产的情况。只有在对外直接投资可以降低企业的生产成本,即图 14 - 4(A)的平均成本曲线 AC 和边际成本曲线 MC 低于图 14 - 4(B)的平均成本曲线 AC 和边际成本曲线 MC,从而导致图 14 - 4(A)的垄断利润 cp 高于图 14 - 4(B)的垄断利润 cp 时,企业才选择对外直接投资。

第十四章　发达国家对外直接投资理论的重构

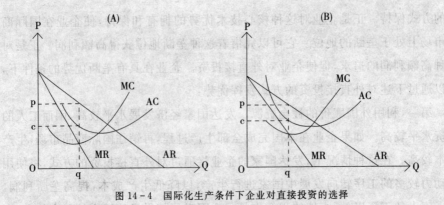

图 14-4　国际化生产条件下企业对直接投资的选择

　　对于国际化生产型对外直接投资来说,企业到外国生产的产品可以是投资国具有比较优势的产品,也可以是投资国正在失去而东道国具有比较优势的产品。由于企业进行的是国际化生产,这两种情况都会发生的。正如小岛清所指出的,在 20 世纪 50 年代以后,美国的企业到外国生产的是它具有比较优势的产品,而日本企业到外国生产的是它正在失去比较优势的产品。在前一种情况下,由于可以接近原材料产地和产品市场,或者可以让某道生产工序利用最适合的当地社会资源去完成,对外直接投资可以加强原来的比较优势。在后一种情况下,由于企业原来具有品牌等方面的优势,即使它所在的国家现在正在失去比较优势,但通过对外直接投资它可以利用东道国具有比较优势的社会资源,从而保持企业的比较优势。

　　另外,对于国际化生产型对外直接投资来说,并不都是采用内部化的方式。正如前面在讨论内部化是所指出的,内部化的好处之一是可以充分利用无形资产的优势。跨国公司在国外设立子公司来进行生产,避免了分拆无形资产出售所带来的不利影响,发挥无形资产的整体效用。内部化的好处之二是可以产生规模经济的利益和外部正效应。在跨国公司拥有优势的无形资产的条件下,生产规模越大,无形资产的效率就越高,从而能够带来规模经济的好处。跨国企业发生了技术创新,可以不必支付额外的代价而被跨国企业内部的其他公司所利用。

　　但是,20 世纪 80 年代以后,跨国企业的内部化出现前移的现象。这就是说,在最终产品的整个生产过程中,跨国企业将前面的生产阶段如新产品的研制和新技术的开发仍然置于内部化的过程,而将后面的生产阶段如原材料、零部件等中间产品的生产分包给不同国家的外部合作企业,最后再由母公司或子公司把中间产品加工成最终产品。这就是说,核心技术仍然采取企业内部分工的形式,但原材料、零部件等中间产品的生产则采取企业网络分工的形式。

归纳上面的分析可以得到下面的结论:垄断优势和内部化是对外直接投资的条件。由于企业具有垄断优势,交易的内部化又可以使它保持垄断优势,企业有可能对外直接投资。追求高额垄断利润是对外直接投资的根本原因,利用外国廉价的社会资源、接近原材料产地进行生产、利用东道国优惠的政策则是对外直接投资的具体原因。由于企业既可以选择在国内生产也可以选择在外国生产然后再销往国际商品市场,即使企业具有垄断优势并可以实现交易的内部化,如果它在国内生产比在国外生产可以获得更多的利润,它也不会对外直接投资。因此,垄断优势和内部化不是对外直接投资的原因而是条件。只有在国外生产既可以使企业保持它的垄断优势,又可以使它获得更多的利润,它才会到外国直接投资。

这个结论所涉及的因素与邓宁的结论所涉及的因素是相似的,不同的是邓宁将垄断优势看作是对外直接投资的原因,将内部化看作是对外直接投资的方式,将区位因素看作是对外直接投资的地点;而本结论则将垄断优势和内部化看作对外直接投资的条件,将追求利润和区位因素看作是对外直接投资的根本原因和具体原因。

第三节 对外直接投资的比较优势分析

一、比较优势的产生

上面主要分析发达国家的对外直接投资。如果将讨论限于发达国家对发达国家的对外直接投资,则可以将发达国家之间直接投资的基本原因归因于比较优势。按照李嘉图的比较优势贸易理论,国际贸易的原因是某个国家生产某种商品的成本或价格低于对方国家。按照这里表述的比较优势投资理论,直接投资的原因也是某个国家由于掌握了先进的技术等原因生产某种商品的成本或价格低于对方国家。

假定有两个发达国家 A 和 B,它们分别生产 X、Y 两种商品。在没有发生国际直接投资以前,假定不变资本的价值在生产过程中完全转移到商品中去,剩余价值率相同,这两个国家的生产情况如表 14-1 和表 14-2 所示。

表 14-1　A 国在国际直接投资发生前的生产情况

商品	不变资本	可变资本	产量	单位价值	总价值
X	200	100	100	4	400
Y	150	150	90	5	450

表 14-2　B 国在国际直接投资发生前的生产情况

商品	不变资本	可变资本	产量	单位价值	总价值
X	150	150	90	5	450
Y	200	100	100	4	400

从表中可以看到,A 国在商品 X 的生产上对 B 国具有优势,它生产商品 X 的资本有机构成较高,它用同样数量的资本生产出较多的商品,每单位商品的价值较低。相反,B 国在商品 Y 的生产上对 A 国具有优势,它生产商品 Y 的资本有机构成较高,它用同样数量的资本生产出更多的商品,每单位商品的价值较低。因此,A 国将对 B 国直接投资,以生产商品 X,B 国将对 A 国直接投资,以生产商品 Y。假定 A、B 两国都放弃了自己处于劣势的商品的生产,它们在直接投资发生以后的生产情况如表 14-3 和表 14-4 所示。

表 14-3　A 国在国际直接投资发生后的生产情况

商品	不变资本	可变资本	产量	单位价值	总价值
X(A 国企业)	200	100	100	4	400
Y(B 国企业)	200	100	100	5	500

表 14 - 4 B 国在国际直接投资发生后的生产情况

商品	不变资本	可变资本	产量	单位价值	总价值
X（A 国企业）	200	100	100	5	500
Y（B 国企业）	200	100	100	4	400

在国际直接投资发生以后，A 国的企业按照同样的资本有机构成在母国和东道国生产商品 X。前面关于国际直接投资原因的分析表明，国际直接投资在历史上和逻辑上都是以国际贸易的替代形式出现的。A 国可以在本国生产出商品 X，然后以国际贸易的方式销往 B 国，但这样它将要支付运输成本和关税。现在 A 国以国际直接投资的方式在 B 国生产和销售商品 X，它肯定要得到比以国际贸易的方式在 B 国销售商品更大的利润。因此，A 国在东道国生产的商品 X 的价值不会下降到与母国相同。假定在 B 国商品 X 的价值维持在 5 不变，在不考虑国际直接投资需要付出额外成本的条件下，A 国以对 B 国直接投资的方式生产商品 X 给它增加了 100 的剩余价值。按照同样的道理，B 国以对 A 国直接投资的方式生产商品 Y 也给它增加了 100 的剩余价值。

二、对外直接投资的流向和利益

上述分析表明，如果各个发达国家按照比较优势实行专业化生产的条件下，即各个发达国家通过对外直接投资生产本国具有比较优势的产品的条件下，它们都可以通过对外直接投资获得更多的利益。在上面的例子中，在对外直接投资发生以前，A、B 两国商品 X 和 Y 的产量分别是 190 单位。在对外直接投资发生以后，由于两个国家专门生产本国具有比较优势的产品，生产效率提高了，社会资源在两个国家之间得到更有效的配置，在资本投入不变的条件下，A、B 两国商品 X 和 Y 的产量分别达到 200 单位，即商品 X 和 Y 的产量分别增加了 10 个单位，如表 14 - 5 所示。

表 14 - 5　对外直接投资的利益

对外直接投资发生以前			对外直接投资发生以后		
商品	产量	总价值	商品	产量	总价值
X	190	850	X	200	900
Y	190	850	Y	200	900

上面的例子可以通过图像的分析得到更加清楚的表达。在分别投入 600 单位资本的条件下,在对外直接投资发生以前,A 和 B 两个发达国家生产 X、Y 两种商品的生产可能性曲线如图 14 - 5 所示。

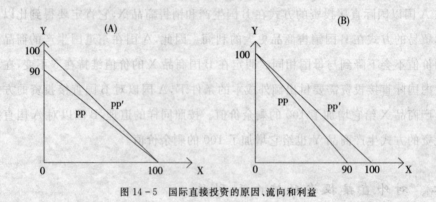

图 14 - 5　国际直接投资的原因、流向和利益

图 14 - 5(A) (B)表示 A 国和 B 国的生产情况。在直接国际投资发生以前,A 国各利用 300 单位资本分别生产 100 单位商品 X 和 90 单位商品 Y,B 国各利用 300 单位资本分别生产 90 单位商品 X 和 100 单位商品 Y。这样,A 国生产商品 X 和 Y 的机会成本是 9/10 和 10/9,B 国商品 X 和 Y 的机会成本是 10/9 和 9/10。A 国生产商品 X 的机会成本低于 B 国,B 国商品 Y 的机会成本低于 A 国。A 国通过对外直接投资的方式在 B 国生产商品 X,B 国通过对外直接投资的方式在 A 国生产商品 Y。在直接投资发生以后,在 A 国国内商品 X 和 Y 的产量分别达到 100 单位,在 B 国国内商品 X 和 Y 的产量也分别达到 100 单位。这意味着通过对外直接投资,A、B 两国的生产可能性曲线发生了向外移动。从世界角度来看,商品 X 的产量增加了 10 个单位,商品 Y 的产量也增加了 10 个

单位。

　　应该指出,在上面的分析中,不同生产部门之间的利润率没有平均化,生产价格没有形成。所以如此,是因为生产不同商品的厂商掌握着核心的生产技术,资本在生产部门之间的转移受到影响。

第十五章　发展中国家对外直接投资的原因

第一节　发展中国家对外直接投资的特点

一、经济发展与对外直接投资

随着发展中国家对外直接投资的发展,发展中国家不仅对别的发展中国家直接投资,而且对发达国家投资。这种情况引起了经济学者的关注,经济学者们对发展中国家对外直接投资的原因进行了多角度的分析。

邓宁指出了发展中国家对外直接投资的现实,他通过对许多发展中国家对外直接投资的情况的分析,提出了一个国家的对外直接投资取决于本国的经济发展水平的看法。邓宁认为,反映一个国家经济发展水平的指标包括人均国民生产总值、教育水平、非农业人口的比例、对外开放程度等,但最重要的指标是人均国民生产总值。

邓宁提出,随着人均国民生产总值的提高,净对外直接投资出现周期性变化。人均国民生产总值低于 400 美元属于净对外直接投资的第一阶段,在这个阶段里只有小量的外国直接投资流入,没有本国直接投资流出。人均国民生产总值高于 400 美元低于 2000 美元属于净对外直接投资第二阶段,在这个阶段外国直接投资流入增加,并开始出现本国直接投资流出。人均国民生产总值高于 2000 美元低于 4750 美元属于净对外直接投资的第三个阶段,在这个阶段本国直接投资流出增长速度超过外国直接投资流入,但对外净直接投资仍然是负数。人均国民生产总值高于 4750 美元属于净对外直接投资的第四个阶段,本国直接投资流出量超过外国直接投资流入量。[①]

后来,邓宁又增加了第五个阶段,这个阶段的特征是企业内部的直接投资的增长。另外,邓宁没有明确界定第一和第二阶段直接投资的特征,表示这两个阶段的界限变得不那么明显。邓宁还具体提出若干个发展中国家或地区处于直接投资的前三个阶段:印度、印度尼西亚、泰国、巴布亚新几内亚属于第一组国家,它们对外直接投资很少,人均净对外直接投资远小于零。突尼斯、韩国、智利、巴西、马来西亚、中国台湾、阿根廷属于第二组国家或地区,它们对外直接投资增加,但人均净对外直接投资小于零,而且人均净对外直接投资的负数由于外国直接投资流入大量增加而增加。以色列、利比亚、科威特、中国香港、新加坡属于第三组国家或地区,它们对外直接投资大量增加,虽然人均净对外直接投资仍然是负数,但已经接近于零。[②] 邓宁的上述分析被称为投资发展路径理论(Investment Development Path),简称 IDP 理论。

托伦惕诺(P. E. Tolentino)在 1993 年利用 30 个国家的数据,从时间序列和横截面两个方面对邓宁的 IDP 理论进行验证。时间序列分析证明了邓宁的 IDP 理论的有效性,但横截面分析的结果却不支持邓宁的 IDP 理论。托伦惕诺认为原因是发展中国家的对外直接投资不仅数量上迅速增加,而且时间上也提前了。[③] 但是,刘红忠利用 1988 年至 1995 年 32 个国家和地区的数据,根据不同的假定建立了 4 个 Panel 数据模型对邓宁的 IDP 理论进行验证,结果表明托伦惕诺所说的结构变化不存在,邓宁的 IDP 理论具有广泛的适用性。高敏雪和李

---

① J. H. Dunning, "Explaining Changing Patterns of International Production: in Defense of the eclectic Theory", *Oxford Bulletin of Economics and Statistics*, 1979(41), pp. 269-296.

② J. H. Dunning, "The Investment Development Cycle and Third World and Third World Multinationals", in K. M. Khan(ed.), *Multinationals of the South: New Actors in the International Economy*, London: Francis Printer Publish, 1986.

③ P. E. Tolentino, *Technological Innovation and Third World Multinationals*, Routledge,1993, pp. 86-120.

颖俊同样证明 IDP 理论具有广泛的适用性。①

联合国贸易与发展委员会在 2006 年的《世界投资报告》中曾总结了发展中国家的对外直接投资情况:"直到 20 世纪 60 年代,发展中国家对外直接投资微乎其微。但从那个时候开始,发展中国家跨国公司的对外扩展导致三次对外直接投资的浪潮:1973 至 1978 年,1985 年至 1989 年,1991 年至 1997年。"②

另外,该委员会还列举了 1985 年以来发展中国家和转型经济对外直接投资的情况,如表 15-1 所示。从表中可以看到,20 世纪 80 年代末以来,发展中国家的对外直接投资有了很大的发展。但是,在发展中国家的对外直接投资中,大部分还是发展中国家之间的直接投资。

表 15-1　发展中国家和转型国家对外直接投资　　　　单位:亿美元

年份	对外直接投资总额	扣除了离岸金融中心的对外直接投资		
		总额	对发达国家	对发展中国家
1985	43	38	19	20
1986	51	50	29	21
1987	67	63	42	21
1988	121	116	68	48
1989	196	152	67	85
1990	127	116	50	65
1991	137	107	37	70
1992	248	230	51	180
1993	408	341	26	315
1994	486	393	41	352
1995	560	463	46	418
1996	648	505	50	455
1997	827	545	110	435

---

① 刘红忠:《中国对外直接投资的实证研究及国际比较》,复旦大学出版社 2001 年版,第47—52 页;高敏雪、李颖俊:"对外直接投资发展阶段的实证分析",《管理世界》2004 年第 1 期。

② UNCTAD,*World Investment Report* 2006, United Nations, New York and Geneva, 2006, p. 107.

1998	549	163	11	152
1999	919	387	75	312
2000	1469	733	247	486
2001	794	465	107	359
2002	544	435	122	312
2003	463	366	96	270
2004	1268	608	10	598

资料来源：UNCTAD，*World Investment Report*，United Nations，New York and Geneva，2006，p. 118.

二、关于发展中国家对外直接投资的研究状况

经济学者们对发展中国家对外直接投资的原因的分析，主要从下面两个角度进行：一是竞争优势，二是学习技术。

威尔斯（L. T. Wells）在其1983年出版的《第三世界的跨国公司》一书中，提出了发展中国家对外直接投资的原因在于它们具有某种竞争优势，他将这些竞争优势归结为下述三种优势：第一，小规模制造的优势，包括小规模市场、小规模技术、低管理成本等方面的优势。第二，当地采购和特殊产品的优势，包括使用当地资源、生产民族产品等优势。第三，接近市场的优势，包括商标、追随顾客等的优势。

小规模制造的优势是指发展中国家的企业为小规模的市场提供产品所具有的优势。某些发展中国家对制成品的需求量较小，市场容量有限，发达国家的企业采用大规模的生产方法难以获得效益，从而给发展中国家的企业提供了机会。它们可以采用适合于小规模生产的技术，以较低的管理成本在东道国进行小批量产品的生产，以满足当地小规模市场的需要，从而形成了发展中国家企业的竞争优势。

当地采购和特殊产品的优势是指发展中国家的企业利用东道国的资源产生某些特定产品所具有的优势。随着劳动力在世界范围的流动，往往在某些国家聚集了一定数量的来自某个发展中国家的劳动者。这些外来的移民或劳动力由于长期形成的生活习惯，需要消费本民族的产品。当发展中国家的企业利用东

第十五章　发展中国家对外直接投资的原因

道国的资源生产这些民族产品的成本低于从母国进口这些民族产品的成本时，它们便以对外直接投资的方式生产这些民族产品。

接近市场的优势是指发展中国家企业在东道国生产某些具有一定影响的廉价产品所具有的优势。发展中国家的企业生产的产品以价格低著称，其中不乏物美价廉的产品。而许多发展中国家由于人均产值较低，更倾向于选择价格低廉的产品。这样，当某些发展中国家的企业在某些产品的生产上具有一定的品牌效应时，它们可以对另一些发展中国家直接投资，通过雇佣当地廉价的劳动力，以较低的基本建设费用和少支出广告费用等低成本的营销策略，生产出具有价格竞争力的产品。

威尔斯指出，世界市场是多元化和多层次的，对于那些技术不够先进，生产规模不够大的发展中国家的企业，由于它们具有明显的低成本的优势，它们在对外直接投资中仍然具有较强的竞争力。[①] 从威尔斯的分析可以看到，发展中国家的对外直接投资只是对发达国家对外直接投资的一种拾遗补缺。

拉奥通过对印度跨国公司的研究指出，发展中国家的企业通过对成熟技术或工艺的消化、改进和创新，可以形成自己的特定优势，如更适合于发展中国家市场的需要，在小规模的生产条件下具有更高的效益等。这样，它们就有可能选择对外直接投资。

拉奥认为，发展中国家所以可以形成自己的特定优势，主要有以下原因：

第一，发展中国家对技术的消化、改进和创新往往与本国社会资源的特点相联系。例如，发展中国家所采用的技术，一般具有可以密集使用劳动而节约资金的特点，也就是劳动密集型技术。这样，发展中国家在某种特定的技术上具有特定的优势。

第二，发展中国家生产的产品适合于本国的收入水平和消费需求，这样也就适合于其他相似发展水平的发展中国家的收入水平和消费需求。另外，一些大的发展中国家的企业由于本国市场规模较大和需求层次较多，具有生产差异化

[①]　L. T. Wells, *Third World Multinationals : The Rise of Foreign Investment from Developing Countries*, Cambridge, Mass.: MIT Press, 1983.

的产品的能力。因此,发展中国家的企业在产品的适应性方面具有特定的优势。

第三,发展中国家通过对技术的消化、改进和创新,形成了适合小规模生产的技术,这些技术使发展中国家的企业在生产数量不大的产品上具有特定的优势。

第四,发展中国家的企业能够开发不同于发达国家名牌产品的具有自己特色的同类产品。当某个国家的市场规模较大,不同消费者的购买力存在很大的差异时,发展中国家企业的产品在某一种购买力层次上具有特定的优势。①

拉奥对发展中国家的跨国公司不同于发达国家跨国公司的优势进行了概括和比较,如表 15-2 所示。

表 15-2　发达国家和发展中国家跨国公司的优势

发达国家跨国公司的优势	发展中国家跨国公司的优势
企业规模优势	家族企业或国有企业的所有制优势
接近资本市场,便于融资	- - -
拥有专利和未申请专利的技术	拥有适合于"第三世界"技术的优势
具有生产异化产品差的能力	能够生产少数差异化产品
营销技巧	营销技术
管理技术和组织优势	适合于当地条件的管理技术
低成本的投入	低成本的投入(管理和技术人员低工资)
对生产要素和产品市场的纵向控制	种族血缘和文化优势
东道国政府的支持	东道国政府的支持

资料来源:S. Lall, *The New Multinationals:The Spread of Third World Enterprises*, New York, John Wiley & Sons, 1983, p.7.

另外,有的学者提出,在没有竞争优势的情况下,发展中国家的企业也会通过对外直接投资来获取发达国家先进的技术。

科洛特(B. Kogut)和赞德(U. Zander)在 1993 年就注意到技术落后的企业到技术先进的国家进行直接投资的情况。他们的调查和研究表明,当日本的企

---

① S. Lall, *The New Multinationals:The Spread of Third World Enterprises*, New York, John Wiley & Sons, 1983.

第十五章　发展中国家对外直接投资的原因

业与美国和欧洲的企业相比技术处于相对落后的地位时,它们就通过购买美国和欧洲的企业进入这些国家,来获取和分享这些国家的先进技术,并且取得了明显的效果。[①]

弗斯福瑞(A. Fosfuri)和莫塔(M. Motta)在1999年提出了无优势跨国经营的看法。他们认为,技术落后的企业对某个国家直接投资的目的不是发挥自己的优势,而是在地理上接近该国技术先进的企业以获得技术外溢和扩散的好处。技术不仅仅是由跨国公司向东道国扩散,也可以是东道国企业向外国设在本国的跨国公司扩散。这样,弗斯福瑞和莫塔提出了不同传统理论的思想。按照传统的理论,是企业先具有竞争优势,后对外直接投资。按照弗斯福瑞和莫塔的思想,企业先对外直接投资,后试图获得竞争优势。[②]

穆恩(H. Moon)和罗海尔(T. W. Roehl)在2001年也指出,跨国公司对外直接投资可能是为了利用它的竞争优势,也可能是为了学习外国企业先进的技术和市场运作经验。后一类直接投资不是发挥竞争优势而是弥补不足和提高竞争能力。[③]

联合国贸易与发展委员会在2006年发表了副标题为"发展中和转型经济的对外直接投资"的《世界投资报告》,既把发展中国家对外直接投资的原因归于竞争优势,也把发展中国家对外直接投资的动机之一看作是为了获取技术等创新资产。

关于发展中国家竞争优势的情况如表15-3所示。按照该报告的解释,表中第一种优势是大多数发达国家跨国公司对外直接投资的原因,也是部分发展中国家跨国公司对外直接投资的原因,如电子电器产业中国的海尔公司和海信公司、韩国的Daewoo公司和Samsung公司、中国台湾的宏基公司和大同公司、

① B. Kogut and U. Zander, "Knowledge of the Firm and the Evolutionary Theory of the Multinational Corporation", *Journal of International Business Studies*, 1993(24).

② A. Fosfuri and M. Motta, "Foreign Direct Investment and Spillovers through Workers' Mobility", *CEPR Discussion Paper Series*, No. 2194, 1999.

③ H. Moon, and T. W. Roehl, "Unconventional Foreign Direct Investment and the Imbalance Theory", *International Business Review*, 2001, 10, pp. 197-215.

土耳其的 Arcelik 公司和 Vestel 公司、食品和饮料产业墨西哥的 Grupo Bimbo 公司、菲律宾的 San Miguel 公司、新加坡的 Fraser 公司和 Neave 公司,重工业墨西哥的 Cemex 公司、巴西的 Gerdau 公司和 Odebrecht 公司、印度的 Reliance 公司、南非的 Sasol 公司、运输设备产业巴西的 Embraer 公司、印度的 Tata 公司、韩国的现代(Hyundai)公司。

第二种优势是发展中国家某些产业如自然资源、基础设施服务、通信、软件等产业,在本国政府的产业政策、竞争政策甚至国有化政策的影响下所形成的优势,如委内瑞拉的石油公司(Petroleos de Venezuela)、马来西亚的石油公司 Petronas、巴西的金属制品公司 Gerdau、中国石油公司、南非纸业公司 Sappi、沙特的基础工业设施公司 Saudi Basic Industries Corp.、俄国的天然气公司 Gazprom、印度的软件公司 TCS 等。发展中国家的通信企业由于较早获得了发达国家的先进技术并产生了后发展优势,它们可以与发达国家的通信公司直接竞争。

表 15-3　发展中国家跨国公司的竞争优势

优势类型	竞争优势的来源		
	厂商的特定优势	来自母国外部环境的优势	来自发展过程或阶段的优势
所有制和获得资源的难易程度	技能和技术:合适的和特殊的技能与技术;新技术的及时采用;对研究和开发和其他方面的持续投资而获得的某些先进技术和技能	资源获取和能动性:初级产品和自然资源部门,这些部门有时是被国有企业所垄断;知识和技能的集群;易于获得资金或其他形式的融资;公用事业和基础设施的发展	相对优势:发展中国家某些处于增长点的企业具有的对国内厂商以及其他发展中国家厂商暂时的相对规模和所有制的优势
产品和劳务的生产过程以及在价值链中的定位	生产和服务能力:零部件和产品的有效生产;配置和运送能力	创新资产的获取:包含相关生产要素投入的生产的集群	市场的定位:适合于发展中国家市场的产品和劳务;廉价的产品

网络和关系	企业模式：利用优势的网络的发展；注重顾客或供应基地以及关系	家族关系：在国外居住的本民族人士	发展中国家内部的关系：政府部门之间的主动性
组织结构和企业文化	管理方式：家族企业；国有和集体所有企业；能够更好地利用网络的新的组织架构	文化相似性：与其他国家的文化和历史联系	制度的相似性：企业文化和结构；从相似的发展阶段和发展过程产生的政府与企业的关系

资料来源：UNCTAD，*World Investment Report* 2006，United Nations，New York and Geneva，2006，p. 148.

第四种优势是发展中国家的企业专门从事某些产业如电子、汽车部件、服装、制鞋的价值链中某一个环节的大规模生产所产生的优势。中国台湾的宏基公司和大同公司以及韩国的 Daewoo 公司和 LG 公司原来也是这样的企业。后来，这些公司通过购买技术、创立品牌等途径沿着价值链延伸，才形成与发达国家企业相似的公司。①

从上面的分析可以看到，联合国贸易与发展委员会 2006 年的《世界投资报告》发挥了威尔斯等学者的看法，沿着竞争优势这个途径研究发展中国家对外直接投资的原因。另外，为了清楚起见，该报告还将发展中国家对外直接投资的原因概括为母国的推动因素、东道国的拉动因素、母国和东道国的政策因素。

按照该报告的分析，母国的推动因素有下述四种类型：第一，市场和贸易条件。许多发展中国家国内市场较小，又受到贸易障碍的限制，这种情况导致企业对外直接投资。第二，生产成本。由于经济的发展和资源的稀缺，部分发展中国家的生产成本趋向上升，企业通过对外直接投资的方式降低生产成本。第三，当地企业环境。在国内市场面临国内企业和外国企业竞争的压力下，发展中国家某些企业采取先发制人的方法对外直接投资。第四，母国的政策。发展中国家

---

① UNCTAD，*World Investment Report*，United Nations，New York and Geneva，2006，pp. 146-150.

的政府通过提供信息和贷款等方式支持本国企业对外直接投资。

东道国的拉动因素正好是母国的推动因素的反面。例如,在母国市场狭小的情况下东道国的市场拉动发展中国家的企业对外直接投资,在母国生产成本上升的情况下东道国的低生产成本拉动发展中国家的企业对外直接投资,在母国市场竞争压力较大的情况下东道国市场为发展中国家的企业提供新的竞争场所。另外,东道国自由化和私有化的政策、鼓励外国直接投资的措施、双边和多边投资协定的签署等,是拉动发展中国家对外直接投资政策因素。①

根据对发展中国家对外直接投资原因的分析,联合国贸易与发展委员会2006年的《世界投资报告》将发展中国家企业对外直接投资的动机归纳为寻求市场动机、寻求效率动机、寻求资源动机、寻求创新资产动机。寻求市场动机是指通过对外直接投资接近外国市场的动机。根据贸易与发展委员会的调查,大约有51%的被调查的发展中国家的公司将寻求市场作为最重要的动机。这些国家主要是南非、印度、中国等国。寻求效率动机是指通过对外直接投资降低生产成本,或者得到生产和服务活动国际一体化所产生的协同作用的动机。根据贸易与发展委员会的调查,大约有22%的被调查的发展中国家公司将寻求效率作为战略动机。这些公司所在的产业主要是电子和电器产业、服装产业和信息产业。寻求资源动机是指通过对外直接投资获得外国的自然资源。根据贸易与发展委员会的调查,大约有13%的被调查的发展中国家的公司将寻求资源作为主要的动机。这类直接投资主要发生在发展中国家之间。寻求创新资产动机是指通过对外直接投资获得技术等资产的动机。根据贸易与发展委员会的调查,只有14%的被调查的发展中国家的公司将寻求资源作为主要的动机。但是,中国的跨国公司则将寻求创新资产作为仅次于寻求市场的第二重要的动机。②

---

① UNCTAD, *World Investment Report*, United Nations, New York and Geneva, 2006, pp. 155-157.

② Ibid. , pp. 158-163.

第二节 关于发展中国家对外
直接投资原因的分析

一、发展中国家资源和市场导向型对外直接投资

要研究发展中国家对外直接投资的原因,首先应该确定发展中国家的范围。按照目前经济学界通行的划分方法,发展中国家是指人均产值较低或者工业化程度较低的国家。一般来说,人们将西欧国家、北欧国家、南欧的意大利、北美的美国和加拿大、大洋洲的澳大利亚和新西兰、亚洲的日本看作是发达国家,其余的国家均为发展中国家。这样,发展中国家就包括众多的经济发展水平差异很大的国家。

在探讨发展中国家对外直接投资的特殊原因时,有必要分析不论投资国是发达国家还是发展中国家都相似的对外直接投资的原因,这就是资源导向型和市场导向型直接投资。前一种类型的对外直接投资主要目的是获得自然资源,哪个国家缺乏自然资源,哪个国家的企业就会对外直接投资;哪个国家有自然资源,别的国家的企业就到哪个国家投资,不管投资国是发达国家还是发展中国家,也不管东道国是发达国家还是发展中国家。后一种类型的对外直接投资的主要目的是接近外国市场。发达国家的企业为实现这个目的对外直接投资,发展中国家的企业为实现这个目的同样也会对外直接投资。

关于发展中国家的资源导向型对外直接投资,可以中国为例。中国的经济发展越来越受到自然资源的制约,中国的企业越来越关注资源导向型对外直接投资。中国的企业既向发达国家的自然资源产业投资,也向经济发展水平高于本国的发展中国家投资,还向经济发展水平低于本国的发展中国家投资。

关于中国企业对发达国家自然资源产业的直接投资,中钢集团公司就是一个典型的例子。1988年1月,中钢集团公司在澳大利亚建立了全资子公司——

中国冶金澳大利亚有限公司,后更名为中钢澳大利亚有限公司。接着,中钢澳大利亚公司与澳大利亚哈默斯利铁矿有限公司组建契约式合营企业,合资经营恰那铁矿,中方占有 40% 股份。恰那铁矿总投资 4.2 亿澳币,生产 2 亿吨高品位的铁矿石。1990 年 1 月,恰那铁矿建成投产,并于 1998 年达到年产 1000 万吨的设计水平。到 2005 年底,已累计生产铁矿石 1.3 亿多吨,全部通过中钢集团公司销往中国市场。

2005 年 10 月 18 日,中钢集团再与澳大利亚 Midwest 公司签署了关于 Koolanooka 磁铁矿和 Weld Range 赤铁矿的合资协议,中方占有 50% 的股份。2005 年 11 月,中国中钢集团公司又建立了全资子公司——中钢澳大利亚矿业有限公司,该公司通过 100% 持股的中钢康达矿业有限公司,持有中钢—Midwest 合资管理公司 50% 的股权。中钢—Midwest 合资管理公司是中钢集团与 Midwest 公司合资成立的管理公司,根据 Koolanooka 和 Weld Range 合资协议,负责 Koolanooka 磁铁矿和 Weld Range 赤铁矿的勘探及研究。[①]

另外,中国国际信托公司于 1986 年投资 6299 万加元,收购了加拿大塞尔加纸浆厂 50% 的股份;中国化工进出口总公司于 1988 年购买了美国海岸公司太平洋炼油公司 50% 的股权,建立了中国太平洋炼油公司;中化公司于 1989 年收购了美国一家年产 200 万吨磷矿的矿山和一家年产 60 万吨磷肥的磷肥厂,以生产磷肥;如此等等,这些投资都是资源导向型对外直接投资。

关于中国对发展中国家自然资源产业的直接投资也屡见不鲜。首都钢铁公司于 1992 年投资 1.2 亿美元,建立了全资子公司——首钢秘鲁铁矿公司。1993 年,该公司生产的铁矿石达到 512 万吨。中国石油集团公司于 2002 年投资 2500 万美元,收购了阿曼一家石油开采公司。按照该公司的计划,到 2005 年通过直接投资从外国得到的原油从 1623 万吨增加到 3000 万吨。2006 年 7 月,中国石油天然气集团公司投资 5 亿美元,买进俄罗斯石油公司首次公开发行的 66225200 股的股份,占该次发行股份约 5%。

据联合国贸易和发展委员会统计,在发展中国家最大的 50 家跨国公司中,

---

① 资料来自中钢集团的网页:http://www.sinosteel.com。

中国的跨国公司有 4 家,其中 3 家是自然资源开发企业。中国石油集团公司以
40.6 亿美元的海外资产列第 13 位,中国海洋石油公司以 14.7 的海外资产列第
38 位,中国五矿集团公司以 11.5 亿美元的海外资产列 46 位。① 由此可见,像中
国这样一个经济发展受到自然资源制约的发展中国家,资源导向型对外直接投
资具有重要的意义。

正如前一章所指出的,以对外直接投资的方式比以对外贸易的方式更能获
得稳定的自然资源供给。如果从长期来看,以对外直接投资的方式获得自然资
源比以对外贸易的方式获得自然资源付出更小的代价,发展中国家也将选择对
外直接投资。

接近市场型对外直接投资是指发展中国家的企业为了更好地进入发达国家
的市场而进行的对外直接投资。这种类型的对外直接投资通常有两种情形:一
种情形是以对外直接投资的方式来避免发达国家对进口商品的限制,以便于进
入发达国家的市场;另一种方式是以对外直接投资的方式了解发达国家的市场
信息,以推动本企业产品对发达国家的出口。

许多发达国家往往存在一种倾向,即关注进口贸易的情况,经常用苛刻的技
术标准、关税和限额、反倾销调查等手段来限制进口发展中国家的商品。但是,
它们对外国的直接投资却采取比较宽松的政策,甚至鼓励外国到本国直接投资。
发展中国家的企业为了绕开这种贸易的限制,将产品生产的组装阶段放在发达
国家进行,以增加对发达国家产品的销售数量。

这种类型的对外直接投资同样可以用图 15 - 2 解释。发展中国家的企业不
论以对外贸易还是对外直接投资的方式向发达国家销售产品,产品的市场价格
是相似的,即总收益曲线是相似的。即使以对外贸易的方式销售产品的成本低
于对外直接投资的方式销售产品,但如果以对外直接投资的方式可以增加产品
的销售量,从而增加总利润,企业将选择对外直接投资。

另外,发达国家的市场远离发展中国家的市场,如果发展中国家的企业单纯

---

① UNCTAD,*World Investment Report*,United Nations,New York and Geneva,2005,
pp. 270-271.

向发达国家出口产品,可能由于不能及时掌握市场的信息或者它们的产品不适合发达国家的市场需求而影响产品的销量。为了扩大产品的销量,发展中国家的企业往往在发达国家设立贸易机构,甚至设立设计与开发机构,以了解市场信息,并根据市场信息开发适合于发达国家需求的产品。

以中国的波司登股份有限公司为例。波司登公司成立于1976年,以8台家用缝纫机起家,是一家主要生产羽绒服的企业。经过30多年的发展,它已跻身于中国服装企业十强。波司登羽绒服连续11年在全国羽绒服市场名列销量第一。2005年,波司登公司实现销售收入65.13亿元人民币,出口收入达1.97亿美元。为了拓展美国的市场,波司登公司在纽约曼哈顿成立了美国分公司,聘用熟悉当地市场并有丰富管理经验的专业人士收集信息和开拓市场,还聘请当地优秀的服装设计师根据当地市场的需求设计服装。三年来,由于波司登羽绒服的款式风格与营销模式适应美国消费者的需要,它已得到美国连锁经销商的认可,销售额超过了8000万美元。[1]

二、发展中国家对发达国家的直接投资

按照邓宁的分析,经济发展水平是决定对外直接投资的重要因素。因此,从经济发展水平的角度分析,发展中国家的对外直接投资可以划分为下述类型:第一,发展中国家对发达国家的直接投资。第二,发展中国家之间的直接投资。笔者认为,发展中国家对发达国家的直接投资从原因来划分,可以分为技术学习型对外直接投资和局部竞争优势对外直接投资。

1. 技术学习型对外直接投资

技术学习型对外直接投资是指发展中国家的企业通过对发达国家直接投资的方式学习发达国家先进的技术。正如弗斯福瑞和莫塔所指出的,技术学习性对外直接投资是无优势对外直接投资。在现实的世界里,技术学习性对外直接投资经常是劣势对外直接投资。发展中国家与发达国家相比在技术上处于劣势,它们

---

[1] 引自李佳霖的报道:"波司登:做精 做强 不做量",《经济日报》,2006年7月19日。

要获得发达国家的先进技术,一般有三个途径:第一,引进发达国家企业的直接投资。第二,进口发达国家企业的先进技术。第三,对发达国家企业直接投资。

长期以来,发展中国家一直采用前两种方式学习发达国家的先进技术。但是,历史经验表明,发展中国家引进发达国家企业的直接投资可以学到一般的生产技术和管理技术,但是学不到核心技术。另外,发展中国家以技术贸易的方式获得发达国家的技术需要支付很高的费用,甚至还需要在很长的时间里支付专利费和特许费。在这种情况下,部分发展中国家的企业通过第三种方式,即对发达国家直接投资来获得先进的技术。

发展中国家的技术学习型对外直接投资一般采用两种方法:一种方法是兼并和收购发达国家的企业,通过对该企业的控制来掌握该企业核心的技术;另一种方法是在发达国家建立研究和开发机构,将本企业的研究和开发阶段转移到发达国家,雇佣当地的工程技术人员进行研究与开发,以掌握先进的技术。

以中国为例。随着中国经济的发展,中国企业开始对外直接投资,其中部分企业对外直接投资的目的就是要获得发达国家的先进技术。南京汽车公司收购英国罗孚汽车公司是通过收购的方式获得发达国家先进技术的一个例子。南京汽车公司建立于1947年,当时是解放军华东野战军一个汽车修理厂。建国以后,该公司生产过"跃进"牌卡车,曾经创造了较好的生产和销售的业绩。改革开放以后,该公司与意大利企业合作生产"依维柯"商用车和"菲亚特"轿车,但没有取得很大的成功。

2005年4月,英国罗孚汽车公司因经营管理不善而宣布破产。这家汽车公司有着百年的历史,制造技术和汽车品质都很先进。2005年7月,南京汽车公司以5300万英镑的价格收购了该公司,获得了下述设备和技术:1套完整的研究与开发的设备,共有4507台套,包括焊装、总装生产线、研发设施、整车排放试验系统、发动机试验系统及加工中心;4个整车生产平台,包括高档轿车、中档轿车、经济型轿车和跑车;3个系列发动机,从1.1到1.8升直列四缸汽油发动机,2.0升、2.5升V6汽油发动机和2.0升轿车柴油发动机;1个变速箱产品,低压铸造铝合金壳体,重量轻、速比范围大;1套百年积淀的无形资产,拥有历史悠久的品牌和自主知识产权,包括名爵(MG)和奥斯汀(Austin)等著名品牌,名爵

(MG)的知识产权包括相关专利、网络域名等等。

　　南京汽车公司收购了罗孚汽车公司以后,将设备拆卸后运回国内,在南京建立汽车生产基地。但是,按照南京汽车公司的承诺,它还将在英国伯明翰长桥建立另一个汽车生产基地。2006年6月,南京汽车公司已经为世界400万辆"名爵"轿车原用户继续提供汽车零配件。按照南京汽车公司的目标,2006年12月,使"名爵"发动机的生产恢复到原有的水平。2007年3月,"名爵"轿车下线。2007年下半年,在英国伯明翰的长桥生产基地生产MG TF跑车。在2011年以前,形成20万辆"名爵"整车的生产规模,并建立可以持续发展的自主创新体系。南京"名爵"汽车将涵盖高中低端轿车以及城市休闲和跑车车型,配备汽油机全系列排量、柴油机2.0排量,功率覆盖面从55千瓦到140千瓦,并且全部符合欧Ⅳ排放标准。

　　虽然南京汽车公司将罗孚汽车公司的设备运回国内,但它将在英国伯明翰的长桥设厂生产MG TF跑车,所以它实际上是对外直接投资。从上述分析可以看到,中国的轿车制造技术比英国落后,而南京汽车公司的轿车制造技术在中国又比别的汽车公司落后。但是,它有可能通过收购发达国家汽车公司的方式迅速获得先进的轿车制造技术。南京汽车公司能否成功目前还不能肯定,但它获得发达国家先进的汽车制造技术的动机是很明显的。[①]

　　南京汽车公司的收购案不是个别的案例,2003年宁波中强公司收购德国LUTZ公司是另外一个典型的例子。宁波中强公司是一家成立于1993年的民营企业。经过约10年的发展,它已成为在中国居第二位的生产电动工具的公司。德国的LUTZ公司也是一家专门生产电动工具的公司,它具有65年的历史,位于德国的巴伐利亚州。2003年,LUTZ公司濒临破产。中强公司认识到,一旦收购了这家公司,将获得在欧洲享有盛誉的品牌——LUTZ,并且获得了该公司完整的研究与开发、制造与销售的网络。中强公司投入了30万欧元的前期成本,经过与德国和波兰企业的激烈竞争,终于在2003年10月以3000万欧元成功收购了LUTZ公司。在中强公司接管LUTZ公司半年以后,中强公司不但延续了LUTZ公司原来的产品的生产,而且还研究和开发了16个新的LUTZ

---

　　① 资料来自中国经济网:http://www.ce.cn。

品牌的电动工具。[①]

与此同时,部分中国企业采用在发达国家建立研究与开发机构的方式收集技术信息和学习先进技术。例如,长虹公司与日本东芝公司合作,在日本建立研究与设计机构,华虹公司与日本 NEC 公司合作在日本建立研究与开发机构,TCL 公司独资在美国洛杉矶设立研究机构,科龙公司独资在日本神户设立研究机构,小天鹅公司独资在美国和日本设立研究机构,海信公司独资在美国设立技术开发机构,格兰仕公司独资在美国设立技术开发机构等,都是试图通过在发达国家建立研究与开发机构来学习先进的技术。但是,从目前的情况来看,这些分支机构更多的是发挥了技术信息窗口的作用,中国的公司仍不能很成功地通过这种方式获得先进的核心技术。

由于发展中国家实际上可以通过技术贸易的方式和对外直接投资的方式获得发达国家的先进技术,从经济的角度分析,发展中国家以什么方式获得发达国家的先进技术取决于它们的成本。技术贸易方式的特点是开始将技术运用于生产过程需要较高的代价,并在以后的生产过程中需要长时间支付特许费或专利费。对外直接投资的方式的特点是在兼并和收购外国企业时付出较高的代价,在以后正常的生产过程中不必再为技术支付成本。

假定某一个发展中国家的企业既可以以技术贸易的方式也可以以对外直接投资的方式获得某项技术;它不论以什么方式获得技术,生产产品的数量为一定,产品的价格为一定,那么在获得技术到技术失效的时间里,成本曲线如图 15－1 所示。

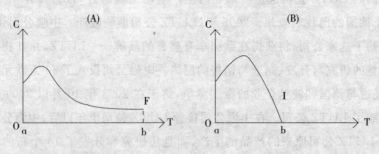

图 15－1 企业对获得技术的方式的选择

① 资料来自中强公司的网页:http://www.zqtool.com。

图 15-1 的坐标系的横轴表示时间，纵轴表示平均每个时期支付的成本。(A)表示以技术贸易的方式获得技术的成本曲线 F。它说明企业除了在前期购买技术支付较多的费用以后，将技术投入生产过程以后还需要缴纳特许费。(B)表示以对外直接投资的方式获得技术的成本曲线 I。它说明到外国收购或兼并企业通常需要支付比单纯购买技术更高的费用，但收购或兼并以后不再对技术支付费用。(A)中表示时间的 ab 的距离大于(B)中表示时间的 ab 距离。当曲线 F 以下的面积小于曲线 I 以下的面积时，发展中国家的企业将选择以技术贸易的方式获得技术。当曲线 F 以下的面积大于曲线 I 以下的面积时，发展中国家的企业将选择以对外直接投资的方式获得技术。

设以技术贸易获得技术的成本函数是 $F=f(t)$，以对外直接投资获得技术的成本函数是 $I=g(t)$，这两个函数在区间 $[a,b]$ 是连续的，那么

当 $\int_a^b f(t)dt < \int_a^b g(t)dt$ 时，发展中国家的企业选择以技术贸易的方式获得技术。

当 $\int_a^b f(t)dt > \int_a^b g(t)dt$ 时，发展中国家的企业选择以对外直接投资的方式获得技术。

2. 局部优势型对外直接投资

笔者认为，局部优势型对外直接投资是指发展中国家的企业在某种特定的产品或某个细分的市场上具有优势而产生的对发达国家的直接投资。发展中国家的企业与发达国家的企业从整体上相比，在技术、资金、管理、营销等方面都处于劣势。但是，这不意味着在每个行业的企业都是如此，更不意味着生产每种产品的企业都是如此。发展中国家的企业可以在局部上形成对发达国家的企业的优势，并利用这种优势对发达国家直接投资。发展中国家企业的局部优势包括局部技术优势、局部规模优势、企业整合优势和市场细分优势。

(1)局部技术优势。局部技术优势是指发展中国家的企业在某种产品的生产技术上具有的优势。从技术上说，目前新兴产业的先进技术基本上掌握在发达国家企业手中。但是，并不是所有的技术都是发达国家的企业处于优势地位。发展中国家企业通过对某些趋向于成熟的技术的改造和创新，可以领先于发达

国家的企业。

中国的海尔集团公司就是局部技术优势的一个典型的例子。该公司成立于1984年,前身是专门生产冰箱的青岛冰箱总厂。家电生产技术不是当今世界的尖端技术,而是趋向于成熟的技术。但是,即使是趋向于成熟的技术,技术的创新也是没有穷尽的。海尔公司正是凭借着不断的技术变革和创新,使产品的质量不断提高,成为了世界第四大白色家电制造商,并开始大规模地向发达国家直接投资。

首先考察一下海尔公司的冰箱技术。1998年,海尔公司紧跟世界冰箱技术的发展,开发出国内首台变频冰箱。经过多年的技术积累与创新,海尔公司已经形成全系列100多个型号的变频冰箱。后来,海尔集团公司又开发出无氟冰箱,并同时实现了节能50%的目标,这种超级节能无氟冰箱在世界居于领先的地位。2006年海尔公司又推出具有“光波增鲜”技术的“增鲜＋变频”冰箱。这种冰箱突破传统的保鲜观念,利用光合生长技术,释放5种波长的仿自然光波,达到了保鲜的效果。

其次考察海尔公司的空调技术。海尔公司创造了“AIP电离净化”专利技术,在房间除尘健康技术上取得了突破。该技术解决了空调的过滤网只能隔离较大的灰尘颗粒,无法隔离小颗粒烟尘的问题,提高了房间的洁净度。海尔公司还发明了“07鲜风宝”空调专利技术,在调节温度和调度的技术上取得进展。该技术解决了目前的空调只能将温度设定在比环境温度低并且不能设定湿度的问题,可以降温除湿、升温除湿、恒温除湿等等。另外,海尔公司还利用世界首创的“双新风”专利技术,使空调在“呼出”室内污浊空气的同时“吸入”室外新鲜空气,实现“不用开窗、保温加氧”的目的。海尔公司最近研究与开发的全变多联中央空调在能效比上最近取得新突破:最高能效比达到4.28,比普通空调能效比2.5高出近一倍,超过2007年日本年度标准的39.4%。

再次来考察海尔公司洗衣机的技术。海尔公司开发了不用洗衣粉的洗衣机,该洗衣机拥有32项技术专利,它采用电解原理,把水分解成碱性离子,同时采用海尔独有的“双动力”技术,在不用洗衣粉的情况下,达到高于洗衣粉的洗净效果。由于该洗衣机一次就漂洗干净衣服,避免了在衣服上残留洗衣粉的现象,有利于消费者皮肤的保护。

在这种情况下,海尔公司在白色家电的某些技术具有优势。1999 年 4 月,海尔公司在美国南卡州建立了美国海尔工业园。园区占地 700 亩,年产能力 50 万台家电产品。2000 年,该园区正式投产生产家电产品,并通过高质量和个性化设计逐渐打开美国的市场,其中 180 升以下的冰箱在美国市场的占有率超过 50%。这样,海尔公司实现了"三位一体本土化"的目标,即设计中心在洛杉矶、营销中心在纽约、生产中心在南卡州。2002 年 3 月 5 日,海尔公司买下纽约中城格林尼治银行大厦作为它在北美地区的总部。2001 年 6 月,海尔公司又并购了意大利迈尼盖蒂冰箱工厂,加上海尔公司在法国里昂和荷兰阿姆斯特丹的设计中心、在意大利米兰的营销中心、海尔也在欧洲实现了"三位一体本土化"的目标。①

具有局部技术优势的发展中国家的企业要实现对发达国家直接投资,往往需要首先经历对发达国家贸易的过程。对外贸易的主要作用是使发达国家的消费者了解本企业的产品,并使本企业的产品在发达国家市场上的销售量达到一定的规模,这样直接投资才可能发生。发展中国家这种具有局部技术优势的产品往往是国内具有比较优势的产品,企业借助于它所掌握的技术和利用本国相对廉价的劳动力和土地来生产这些产品。如果企业将这些产品转移到发达国家生产,生产成本将会上升。如果发达国家的消费者不了解这种产品,或者即使了解这种产品但销售量不大,发展中国家的企业将无法实现在发达国家的本土上生产这些产品。

但是,一旦发展中国家企业的产品在发达国家的市场上达到一定的销售量,发展中国家的企业往往选择直接投资。这是因为发达国家人均收入较高,市场规模较大,如果发展中国家企业的产品以贸易的方式进入发达国家的市场,往往受到发达国家技术标准的阻碍以及反倾销的调查,结果无法拓展发达国家的市场。以反倾销为例,发展中国家企业具有竞争力的产品都是性能与价格比率较高的产品。由于技术上的局限,这些企业难以按照同样的性能与价格比率提高

---

① 资料来自海尔集团公司的网页:http://www.haier.com。

产品的性能和价格,它们只能在一定的性能下降低产品的价格,结果很容易导致发达国家的反倾销起诉。企业关心的是总利润而不是单位产量的利润,即使对发达国家直接投资的单位产量的利润下降,但如果能够得到更大的总利润,它们也将对发达国家直接投资。这种情况可以借助于图15-2来分析。

图15-2的横轴表示产量,纵轴表示总成本或总收益。图中的TR曲线表示总收益曲线,TC曲线表示总成本曲线,TFC曲线表示总固定成本曲线,TC曲线与TFC曲线的垂直距离表示不同产量的总可变成本,TR曲线和TC曲线的垂直距离表示不同产量的利润,图中各种收益和成本的数值都是预期值。另外,在图15-2中,(A)表示国际贸易的情形,(B)表示国际直接投资的情形,这两个坐标系的单位都相同。假定发展中国家的企业不论是以贸易的方式销售产品还是以投资的方式销售产品,市场价格将相同。这意味着国际贸易和国际直接投资这两种方式的总收益曲线TR相同。即使以国际贸易的方式销售产品需要支付额外的运输成本和关税,它的成本仍然低于国际直接投资的方式。因此,(A)中的盈亏平衡点的产量(Oa)小于(B)(Oc)。但是,由于国际贸易受到这样或那样的限制,只要以国际直接投资的方式销售产品的产量(Od)高于国际贸易(Ob),由此带来的总利润(产量为Od时总收益曲线TR与总成本曲线TC的垂直距离)高于国际贸易(产量为Od时总收益曲线TR与总成本曲线TC的垂直距离),发展中国家的企业将选择对发达国家直接投资。

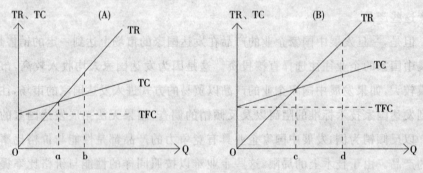

图15-2　发展中国家对发达国家直接投资的选择

海尔公司走向世界正是经历了从对外贸易走向对外直接投资的过程。按照海尔公司的说法,它走向世界的"三部曲"是:本土化认知阶段、本土化扎根阶段、本土化名牌阶段。这就是说,第一步,按照"'创牌'而不是'创汇'"的方针,出口产品开拓海外市场,创"知名度";第二步,按照"先有市场,后建工厂"的原则,当销售量达到建厂盈亏平衡点时,开办海外工厂;第三步,按照本土化的方针,实行"三位一体"的本土发展战略,创"美誉度"。1998 年,海尔公司向美国出口的冰箱达到 1700 多万美元。据统计,在美国建一个冰箱厂的盈亏平衡点是28 万台,海尔公司出口的冰箱已远超过这个数字。1999 年,海尔公司对美国直接投资。

(2)局部规模优势。局部规模优势是指发展中国家的企业在某个行业里形成大规模的生产所形成的优势。世界上大规模的企业绝大多数是发达国家的企业。但是,发达国家的企业并不是在全部产业中都具有规模的优势。特别是在一些技术趋向于成熟的产业,或者是在发达国家企业逐渐退出的"夕阳产业"中,发展中国家的企业有可能具有规模的优势。它们可以凭借着这种优势对发达国家直接投资。

中国蓝星(集团)总公司是一个例子。蓝星公司是生产化学工业材料的企业,在化学工业新材料、膜与水处理以及工业清洗领域居国内领先地位。蓝星公司生产多种产品,其中有一种产品是有机硅。有机硅是一种重要的化学工业原料,中国长期以来一直不能生产,只能依赖进口。20 世纪 70 年代,江西化工厂投资生产有机硅单体,但先后试车 28 次,仍不能正常生产。1996 年,中国蓝星(集团)总公司兼并了江西化工厂,借助总公司技术、资金、管理的优势,终于成功地生产出有机硅。到 2005 年,蓝星公司有机硅单体年产量已经达到 20万吨,居世界第六位。这意味着蓝星公司在有机硅单体的生产方面已经具有举足轻重的地位。法国罗地亚(Rhodia)公司是著名的特殊化学用品公司,分别在巴黎和纽约股票交易市场上市。2005 年,罗地亚公司有机硅单体年生产能力 22 万吨,居世界第五位。它在世界市场上拥有 6% 的有机硅产品份额,生产技术在国际上处于领先地位。2006 年 10 月,蓝星公司借助于它的规模优势 100% 收购法国罗地亚公司有机硅和硫化物业务,包括有机硅的专利技术、生产设备、销售渠道等,使它的有机硅单体生产能力达到 42 万吨,从世界第六位跃居世界第三位。按照蓝星公司发展规划,它将在 2007 年建设年生产 40 万吨有机硅单体的项目。到该项目完成的时候,蓝星公司机硅单体的生产规模将居世界第二位。[①]

印度的塔塔钢铁公司(Tata Steel)是另一个例子。塔塔钢铁公司成立于 1907 年,它是印度的一家私营钢铁企业,它的生产规模在印度仅次于印度钢铁管理局。2006 年 10 月,塔塔钢铁公司以 46 亿英镑即近 80 亿美元,收购英国康力斯钢铁公司(Corus),一跃成为世界上第五大钢铁企业。从生产规模来看,2005 年塔塔公司在世界上居第 56 位,康力斯公司居第九位,塔塔钢铁公司小于康力斯公司。但是,根据世界钢铁动态公司(WSD)的评估,2006 年塔塔公司的竞争力在世界钢铁企业中居第五位,高于康力斯公司。因此,塔塔公司有能力收购康力斯公司。塔塔公司通过收购康力斯公司可以获得下述利益:第一,可以合并行政、管理和技术方面的工作,从而可以节约行政和管理的费用。第二,塔塔公司主要生产粗钢,而康力斯公司则主要生产精钢,双方在生产上可以起到互补的作用。第三,康力斯公司拥有较高的钢铁生产技术,塔塔公司通过收购康力斯公司可以获得这些技术。第四,塔塔公司通过收购康力斯公司跃居世界钢铁企业第五位,从而增强了它在世界钢铁行业的竞争力。

钢铁产业是一个技术趋向于成熟的产业,钢铁生产的核心技术没有什么重大的突破。另外,发达国家的产业结构不断地转向信息产业、生物产业、材料产业、服务业,钢铁产业成为"夕阳产业"。但是,发展中国家的经济处在发展状态,钢铁产业还是"朝阳产业"。发展中国家在某些产业形成大规模的企业并对多数发达国家的企业具有规模优势是可能的。在这种情况下,发展中国家的这些企业对直接投资的选择可以用图 15 - 3 来分析。

图 15 - 3 中的(B)和(A)分别表示发展中国家企业兼并或收购发达国家企业前后的平均收益(AR)、边际收益(MR)、平均成本(AC)、边际成本曲线(MC)。假定在兼并和收购前后平均收益和边际收益曲线不变,兼并和收购的

---

① 资料来自中国蓝星(集团)总公司网页:http://www.china-bluestar.com。

决策将取决于平均成本和边际成本曲线的变化。如果在兼并和收购以后经过对企业的整合,减少了组织和安排生产和销售的职能部门,共享了双方最先进的技术,使原材料供给和产品销售的布局更加合理,那么正如图15-3(A)所示,平均成本和边界成本曲线将下降,(A)的利润(cp 与 Oq 的乘积)高于(B)的利润(cp 与 Oq 的乘积),发展中国家的企业将选择对发达国家直接投资。

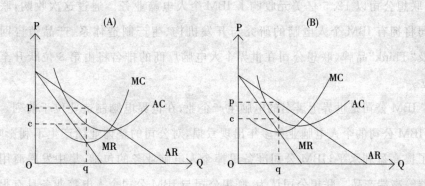

图15-3　发展中国家具有局部规模优势的企业对直接投资的选择

如果在兼并和收购以后,发展中国家的企业能够在市场上形成更高程度的垄断,那么图15-3(B)中的平均收益和边际收益曲线不是与(A)中的平均收益和边际收益曲线相同而发生向上的移动,这样发展中国家的企业将得到更大的利润,它更倾向于兼并和收购发达国家的企业。

(3)企业整合优势。企业整合优势是指发展中国家的企业通过完善生产体系或者完善生产与销售体系所产生的更强的竞争力。在发展中国家的企业根据本国社会资源的特点生产某种具有比较优势的产品,并在这种产品的国际市场上形成一定竞争力的情况下,如果该企业或者只生产某个档次的产品,或者只生产某个品种的产品,或者只有较强的生产体系而没有相应的销售体系,那么该企业有可能通过兼并和收购发达国家企业的方式,来完善自己的生产体系或销售体系,从而产生一种整合的优势。中国多个企业就是由于这样的原因而走上对外直接投资的道路的。

以中国联想集团公司为例。联想公司成立于 1984 年,主要生产个人电脑。经过 20 多年的努力,联想公司个人电脑的生产和销售在国内居第 1 位,在世界上居第 8 位。联想公司在个人电脑的生产上并不具有超过发达国家企业的核心技术。个人电脑的核心技术和关键部件是中央处理器(CPU),而联想公司个人电脑的中央处理器都是美国英特尔公司提供的。2004 年 12 月 8 日,联想公司以 12.5 亿美元收购了 IBM 个人电脑业务。通过这次收购,联想公司将拥有 IBM 个人电脑的研究与开发机构、生产制造体系、产品销售网络以及"Think"品牌,联想公司在世界个人电脑厂商的排名将由第 8 位跃升至第 3 位。

IBM 公司是世界上著名的电脑生产企业,在世界电脑制造业位于前列。但是,IBM 公司的个人电脑业务多年出现亏损,对公司的整体业绩产生不利影响。为了提高盈利水平,IBM 公司准备甩掉个人电脑业务的包袱,集中发展商用服务器等高端产品。联想公司认为,联想公司与 IBM 公司个人电脑业务具有很强的互补性:从产品来看,联想公司的产品主要是中低端个人电脑,IBM 公司的产品则是高端个人电脑。从特长来看,联想公司的强项是个人消费者电脑,IBM 公司的强项是高端商用电脑。在中低端个人电脑市场格局已经基本确定的情况下,联想公司能否继续发展,取决于它在高端个人电脑生产上的作为。另外,利用联想公司生产和销售个人电脑特长,有可能改变 IBM 公司个人电脑生产和销售的不利局面。基于这种考虑,联想公司仍然发起这次业内人士普遍认为前景不乐观的收购行动。

仅仅过了半年,联想公司整合的优势就发挥出来了。联想公司不仅把原来亏损的 IBM 个人电脑业务带向盈利,而且联想公司的个人电脑业务也有两位数的增长。难能可贵的是,联想公司在中国、北美、亚太地区的个人电脑业务均取得盈利,而不是依靠用一个地区的盈利来弥补另一个地区的亏损。①

---

① 资料来自联想集团公司的网页:http://www.legend.com.cn。

再来考察 TCL 集团公司。TCL 公司创办于 1981 年,以生产电话机起家,后来扩展到各种家电产品。进入 21 世纪以后,TCL 公司的彩电、手机、电话机等产品在国内市场上的占有份额位于前列,其产品的出口情况良好。但是,TCL 公司为了扩大它的生产规模,在国际市场上占据更大的份额,它同时选择了对外直接投资的方式。2002 年 10 月,TCL 公司收购德国老牌电子企业施耐德的品牌资产及部分固定资产,成立了新的施耐德电子有限公司,然后开发出适合于欧洲联盟市场的全系列 TV、AV 产品线。2003 年 5 月,TCL 公司收购了美国 Govideo 公司,并用 Govideo 这个品牌进入美国市场。2004 年 1 月,TCL 公司与法国汤姆逊公司签订了成立 TCL—汤姆逊电子有限公司的协议。根据协议,TCL 公司的子公司 TCL 国际对合资公司控股,占 67% 的股份,汤姆逊公司则占有 33% 的股份。汤姆逊公司是法国最大的电子产品制造商,其彩电、DVD 播放机的销售业务以及研究开发中心都投入了合资公司。[1]

接着分析沈阳合金投资股份有限公司。该公司成立于 1987 年,主要生产电动工具、农业机械、园林机械、汽车电器等产品。2003 年 12 月,合金投资公司以 8000 万美元收购美国 Murray 集团公司全部资产,创下了当时中国传统制造业最大的海外兼并金额。美国 Murray 集团公司系英国上市公司 TomkinsPLC 下属厂商之一,是世界领先的民用草地花园设备供应商和生产商,公司总资产约 2.7 亿美元,年销售额 7.5 亿美元。Murray 集团公司产品和服务现已销往 50 个国家,其中在北美和欧洲市场约占 75%。在北美,Murray 集团与大零售商有着良好的合作关系。该公司 83% 的产品通过最大的 8 家零售商销售,其中通过沃尔玛、HOME DEPOT 和西尔斯销售的产品占总销售量的 73.4%。相比之下,虽然合金投资公司具有很强的生产和出口能力,但是没有知名品牌,也没有世界范围的销售网络。合金投资公司收购美国 Murray 集团公司的主要动机,就是建立自己的品牌,并且使本公司的生产体系与国际市场营销渠道和售后服务网络的有效对接,形成一种整合的优势,迅速在世界上扩大本公司电动工具的

---

[1] 资料来自 TCL 集团公司的网页:http://www.tcl.com。

市场。①

　　最后看看上工申贝公司等中国机床企业。上工申贝公司主要生产缝纫机,北京第一机床厂和沈阳机床集团公司则主要生产机床,它们都是中国机床产业的骨干企业。从 2004 年开始,它们先后走上了对外直接投资的道路。2005 年,上工申贝公司收购德国杜克普·阿德勒股份有限公司(简称 DA 公司)。同年,北京第一机床厂收购德国阿道夫·瓦德里希科堡公司。2004 年,沈阳机床集团公司收购德国希斯公司。DA 公司建立于 19 世纪 60 年代,是世界著名的生产高档缝纫机的企业。科堡公司以生产重型机床著称,它在重型镗铣床、导轨磨床等产品的市场占有率居世界第一。希斯公司建立于 19 世纪 60 年代,也是世界著名的机床制造商。中国的三家企业主要生产中低档缝纫机和机床,若通过自身的发展延伸到生产高端缝纫机和机床,需要经历很长的时间。跨入 21 世纪以来,由于市场需求下降,世界机床产业持续低迷。加上欧洲生产成本偏高,这三家德国企业连年亏损。而在中国,随着经济的发展,机床产业蒸蒸日上。在这种情况下,中国的机床企业通过收购德国公司以产生整合优势。

　　上工申贝公司收购 DA 公司以后,利用 DA 公司的技术力量开发世界领先的缝纫机技术和设备,到 2006 年已经拥有 200 多项专利,几乎涵盖高端缝纫机技术的全部领域。接着,上工申贝公司实现了 DA 公司中高端产品生产的本土化,成功地降低了生产成本,提高了产品的竞争力。另外,上工申贝公司还利用自己的和 DA 公司的销售网络,向中国和欧洲销售 DA 公司的产品,迅速扩大了市场。北京第一机床厂和沈阳机床集团公司都通过企业内部的技术转移,不断更新产品,迅速向中高端产品发展。同时,它们都利用整合的销售网络扩展市场。科堡公司在 2005 年没有得到中国的任何订单,但在 2006 年第一季度就得到中国 1000 万欧元的订单。沈阳机床集团公司对外销售额在 2005 年突破5000 万美元,其中高端产品的销售额占了 46%。②

---

　　①　资料来自沈阳合金投资股份有限公司的网页:http://www.hjinv.com。
　　②　江夏:"机床企业:海外并购曙光初现",《人民日报》,2006 年 11 月 27 日。

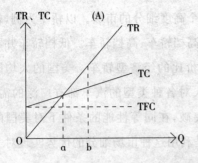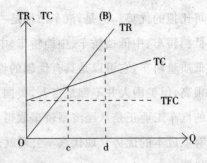

图 15 - 4　发展中国家对发达国家直接投资的选择

　　发展中国家企业整合优势直接投资的情形可以借助于图 15 - 4 来分析。图 15 - 4 与图 15 - 2 相似。它们不同的地方是如果发展中国家的企业直接投资的方式销售产品,它们的总成本较高。但是,由于形成了整合优势,它们不但总收益较高,而且总产量较大。这意味着图 15 - 4(B)中的总收益曲线 TR 的斜率要大于(A)中的总收益曲线 TR 的斜率,(B)中的总成本曲线 TC 的位置要高于(A)中的总成本曲线 TC。与局部优势对外直接投资的情形相似,只要以对外直接投资的方式销售产品所带来的总利润(产量为 Od 时总收益曲线 TR 与总成本曲线 TC 的垂直距离)高于国际贸易(产量为 Od 时总收益曲线 TR 与总成本曲线 TC 的垂直距离),发展中国家的企业将选择对发达国家直接投资。

　　(4)市场细分优势。市场细分优势是指发展中国家的企业在某个特定档次或特定品种的产品生产上具有的成本优势。某种产品的市场是可以细分为多种市场的。例如,从档次上分,某种产品市场可以分为低档产品、中档产品和高档产品市场。从国际贸易的角度说,发达国家和发展中国家在不同类型的产品或同一类型不同品种的产品具有不同的优势。从发展中国家的企业对发达国家直接投资的角度说,发展中国家的企业有可能在某种细分的产品生产上具有成本的优势。

　　韩国现代汽车公司对美国的直接投资就是一个典型的例子。美国是汽车的生产和消费王国,美国的通用汽车公司和福特汽车公司的生产和销售数量在世界上分别居第一和第四位。从整体来看,美国的汽车工业对韩国的汽车工业具

第十五章　发展中国家对外直接投资的原因

有不可比拟的优势。但是,汽车市场是一个高度细分的市场。以轿车为例,轿车分为低档轿车、中低档轿车、中档轿车、中高档轿车、高档轿车。低档轿车并不意味是低质量轿车,它可以是具有优越的性价比的经济型轿车。美国的人均国民收入很高,但美国人并不都是富人,美国人对各种类型的汽车都有广泛的需求。韩国的汽车工业正是从经济型轿车取得突破,在同等性能的条件下对美国的汽车具有低成本的优势。现代汽车公司就是利用这种市场细分的优势实现对美国直接投资。

现代汽车公司(Hyundai Motor Company)建立于1967年。经过30多年的发展,虽然它还没有进入世界十大汽车公司的行列,但已经取得了良好的业绩。现在,现代汽车公司向世界193个国家和地区出售汽车。到2004年,现代汽车的出口累计达到了1000万辆。2005年,现代汽车公司在韩国国内市场销售汽车627367辆,在国际市场销售汽车1011494辆。

从20世纪80年代开始,现代汽车公司尝试通过对发达国家直接投资的方式销售汽车。它开始选择在加拿大组装索纳塔汽车,结果遭受惨重损失。后来现代汽车公司加强市场调查,首先对美国出口性价比较高的经济型轿车,在得到美国市场的认可后,再对美国进行直接投资。它投资11亿美元在阿拉巴马州建立了一个汽车组装厂,专门组装现代汽车;在加利福尼亚州建立一个安全测试与研究中心,测试与改进汽车的安全性;再分别在加利福尼亚州和密歇根州建立了技术研究与开发中心,前一个中心主要研究和开发汽车技术,后一个中心主要研制下一代的汽车。①

发展中国家的企业市场细分优势的直接投资通常有一个特点,就是在发达国家建立产品的组装工厂。这是因为细分优势主要来自低端产品的成本优势,如果在发达国家完成产品的全部生产过程,将会失去成本的优势;如果在本国或在其他发展中国家采购零部件,再到发达国家进行组装,才有可能保持低成本的优势。在发达国家组装产品需要支付较高的工资成本和租金成本,但可以在一

① 关于在美国投资的资料来自韩国现代汽车公司的网页:http://www.hyundaiasa.com。

定程度上节约运输成本和关税成本,因而不会导致生产成本的大幅度上升。

三、发展中国家相互之间的直接投资

　　发展中国家相互之间的直接投资分为经济发展水平高的发展中国家的企业对经济发展水平低的发展中国家直接投资,以及经济发展水平低的发展中国家的企业对经济发展水平高的发展中国家直接投资。前者与发达国家的企业对发展中国家直接投资的原因相似,后者与发展中国家的企业对发达国家直接投资的情况相似。

　　韩国汽车公司对中国的直接投资和中国汽车公司对韩国的直接投资可以从垄断优势和学习技术的角度说明不同经济发展水平的发展中国家的直接投资。在本节前面已经分析了韩国现代汽车公司的情况。在汽车制造技术上,该公司与美国、欧洲和日本的汽车公司相比处于劣势,但与中国的汽车公司相比处于优势。2002 年 10 月,韩国现代汽车公司与北京政府合作建立了合资企业——北京现代汽车有限公司,注册资金为 27.1 亿元人民币,约合 3 亿美元,双方各出资50%。虽然该公司属于双方合资,但韩国现代汽车公司掌握着全部关键技术,它实际上处于支配的地位。恰逢中国轿车市场需求急剧增加,北京现代汽车公司迅速发展。现代汽车年生产能力从 15 万辆扩大到 30 万辆,2005 年轿车销售量位于上海汽车公司、第一汽车公司、东风汽车公司、长安汽车公司之后居第 5 位。

　　在韩国汽车公司对中国直接投资的同时,中国汽车公司也对韩国直接投资。2004 年 10 月,上海汽车工业集团公司正式收购韩国双龙汽车公司 48.92% 的股权,开创了中国汽车公司的首个海外兼并案例。上海汽车公司是中国第一大汽车制造商,2003 年首次进入《财富》杂志公布的世界最大的 500 家工业公司,居第 461 位。该公司曾经生产过中国最早的轿车即红旗轿车和上海轿车中的上海轿车。但是,由于上海汽车公司没有掌握轿车生产的核心技术,从 20 世纪 80 年代开始相继与德国大众汽车公司、美国通用汽车公司等公司合资生产外国品牌的轿车。上海汽车公司一直希望能够掌握生产轿车的核心技术和生产自己品牌的轿车的目标,它收购韩国双龙汽车公司的目的,就是要拥有双龙汽车公司在整

车开发上的全部能力。

在分析经济发展水平高的发展中国家的企业对经济发展水平低的发展中国家直接投资时,还必须解释这样的事实:发达国家的企业也可以对经济发展水平低的发展中国家直接投资,为什么经济发展水平高的发展中国家的企业也能与发达国家的企业竞争并且占有一席之地呢?这就是前面分析发展中国家企业对发达国家直接投资所提及的局部优势。

以发展中国家企业的市场细分优势来说,在韩国汽车公司对中国直接投资的同时,几乎发达国家所有著名的汽车公司如通用汽车公司、丰田汽车公司、大众汽车公司、福特汽车公司、本田汽车公司、日产汽车公司等都对中国直接投资。韩国现代汽车公司所以能够对中国直接投资,主要是它生产的经济型轿车在性价比上占有一定的优势。由于也有美国人买经济型轿车,现代汽车公司能够对美国直接投资。由于更多的中国人买经济型轿车,现代汽车公司不但能够对中国直接投资,而且还可以得到更高的利润。

发展中国家企业的这种市场细分优势还可以从中国汽车公司对外直接投资得到更充分的证明。中国的汽车工业是后来者,它在轿车的生产技术上不仅落后于发达国家,而且落后于像韩国这样的发展中国家。但是,中国的汽车工业不仅在本国的市场上与外国的汽车公司竞争,而且还在对其他发展中国家直接投资中与外国的汽车公司竞争。中国奇瑞汽车公司就是一个例子。

奇瑞汽车公司于 1995 年在安徽芜湖筹建。1996 年,为了生产轿车,奇瑞汽车公司投资 2500 万美元从英国福特公司引进一种发动机和一条生产线。1999年 5 月,第一台发动机正式下线。1999 年 12 月,第一辆轿车终于生产出来。为了掌握汽车生产的核心技术,奇瑞汽车公司投资 4 亿元人民币建立了奇瑞汽车工程研究院,并于 2002 年与奥地利著名的发动机设计公司 AVL 公司合作研究与开发了从 0.8 升到 4.2 升的 18 种技术先进的 ACTECO 发动机。同时,奇瑞汽车公司还与台湾福臻公司合资建立了一个模具公司,以掌握汽车模具制造技术。虽然奇瑞汽车公司在学习和掌握汽车制造核心技术的过程借助于外国公司的力量,但它建立起来的是本国汽车的民族品牌,轿车的关键部件都是该公司生产的。由于奇瑞汽车公司不断地改进生产技术和有效地控制成本,它所生产的经济型轿车显示了很强的竞争力。2003 年 3 月,第 10 万辆奇瑞轿车下线。2004 年 4 月,第 20 万辆奇瑞轿车下线。2006 年 3 月,第 50 万辆奇瑞轿车下线。在跨国汽车公司林立的中国轿车市场上,奇瑞汽车公司生产的单一品牌的轿车的销售量居前 5 位。

随着奇瑞汽车公司的发展,它先后与古巴、伊朗、约旦等 23 个国家签署了以整车或散件组装(CKD)的方式出口奇瑞轿车的协议。2006 年 3 月,它还向美国出口 5000 台 ACTECO 发动机。2003 年 2 月,奇瑞汽车公司与伊朗 SKT 公司签订协议,由奇瑞提供技术和设计,在伊朗马什哈德省为建立一个汽车装配厂,第一期工程设计产能为 3 万辆。2003 年 11 月,奇瑞汽车公司与 SKT 公司又签署了设备及 CKD 件采购协议。奇瑞公司将批量出口 CKD 件到伊朗进行组装,生产奇瑞风云系列轿车。2004 年 4 月,奇瑞公司又与马来西亚 ALADO 汽车公司合作,授权 ALADO 公司制造、组装、配售奇瑞牌轿车。如果说韩国现代汽车的经济型轿车的性价比对发达国家公司具有优势,那么奇瑞汽车公司的更加经济型的轿车的性价比对现代汽车公司具有优势。这也是奇瑞汽车公司之所以能够走上准直接投资道路的原因,以奇瑞"风云"轿车为例,它的原型是西班牙的图雷多轿车(toledo),配有 1.6 升的发动机,与德国的桑塔纳和捷达轿车以及法国的富康轿车属同一档次,但它的价格却低近 1/3。[①] 发展中国家人均收入不高,但奇瑞汽车公司可以使他们开得起轿车。

---

① 资料来自奇瑞汽车公司的网页:http://www.chery.cn。

第十六章　对外直接投资对
母国经济的影响

第一节　对外直接投资对母国经济的短期影响

一、对外直接投资对母国国际收支的影响

　　所谓母国是指对外直接投资的公司所在国。对外直接投资对母国经济的影响应该分为对母国微观经济的影响和宏观经济的影响，这两种影响并不是完全相同的。关于对外直接投资对母国微观经济的影响，在前面第十四章和第十五章关于对外直接投资的原因的分析中实际上已经进行了阐述。对外直接投资所以会发生，是因为对外直接投资给对外直接投资的公司带来了利益，这就是对外直接投资对母国的微观经济影响。因此，本章分析的对外直接投资对母国经济的影响，主要是对母国宏观经济的影响。

　　对外直接投资对母国国际收支的影响是错综复杂的。

　　首先，这种影响取决于对外直接投资的具体方式。对外直接投资既可以采用资金输出的方式，也可以采用机器设备和原材料输出的方式。如果对外直接投资采用前一种方式，在其他条件不变的情况下它将导致母国的国际收支逆差；如果对外直接投资采用后一种方式，在其他条件不变的情况下它将导致母国的国际收支顺差。

　　其次，这种影响取决于对外直接投资所带来的进出口的变化情况。不管跨

国公司最初的对外直接投资采取什么方式,一旦到外国设厂生产,一般会从母国进口机器设备,零部件、原材料等,从而会推动母国出口的增加。但是,部分跨国公司对外直接投资以后将把在外国生产的部分产品返销本国,从而导致母国进口的增加。就对外直接投资所带来的进出口的变化而言,如果母国出口大于进口,将导致母国国际收支顺差;反之,将导致母国国际收支逆差。

再次,这种影响还取决于对外直接投资所带来的收益的流动情况。跨国公司到外国设厂生产以后,一般会获专利费、特许费以及利润等收益。当这些收益汇回母国的时候,将导致母国的国际收支顺差。因此,即使跨国公司采用资金输出的方式对外直接投资,从短期来看将导致母国国际收支逆差,从长期来看如果汇回的投资收益大于最初对外直接投资的金额,将导致母国国际收支顺差。

对外直接投资对母国国际收支的影响可以概括为表 16-1。

表 16-1　对外直接投资对母国国际收支的影响

对外直接投资方式	导致出口增加	导致进口增加	收益的汇回
资金输出的方式	取决于两者差额	逆差	取决于两者差额
设备输出的方式	顺差	取决于两者差额	顺差

经济学者们试图检验对外直接投资对母国国际收支的影响。胡德(N. Hood)提出,要对对外直接投资进行调查,涉及三个假设:第一个假设是古典学派的假设,即对外直接投资导致东道国资本形成的增加和母国资本形成的减少;第二个假设是逆古典学派假设,即队伍直接投资取代东道国的资本形成但不会导致母国资本形成的减少;第三个假设是反古典学派假设,即对外直接投资导致东道国资本形成的增加但不会造成母国资本形成的减少。雷德韦(W. B. Reddway)曾经按照逆古典学派假设分析过英国对外直接投资对母国国际收支的影响,[1]而赫夫鲍尔(G. C. Hufbauer)和阿德勒(F. M. Adler)则按照三个假设分析

① W. B. Reddway, *Effects of United Kingdom Direct Investment Overseas*: *Interim Report*(1967): Final (1968), London: Cambridge U. P., 1967-1968.

了美国对外直接投资对母国国际收支的影响。[1] 胡德从逆古典学派假设总结了其实证分析的结果,得到了表 16 – 2。

在表 16 – 2 中,雷德韦利用 1955 年至 1964 年共 60 家英国跨国公司的数据进行估算,而赫夫鲍尔和阿德勒则利用从 1961 年至 1962 年到 1964 年至 1965 年美国制造业跨国公司的数据进行估算。对外直接投资、对外直接投资导致的进口在其他条件变的条件下导致母国国际收支的逆差,对外直接投资导致的出口、特许费等费用的收入以及汇回的利润在其他条件变的条件下导致母国国际收支的顺差。两者相互抵消,雷德韦的结论是每 100 英镑对外直接投资对英国国际收支的影响是造成 89 英镑的逆差,赫夫鲍尔和阿德勒的结论是每 100 美元对外直接投资对美国国际收支的影响是造成 73 美元的逆差。

表 16 – 2　对外直接投资对母国的国际收支效应

	雷德韦估算	赫夫鲍尔估算
1.(1)向子公司出口设备占对外直接投资额比例(%)	10.5	27.0
(2)向当地公司出口设备占对外直接投资额比例(%)	3.1	23.8
2.(1)向子公司出口零部件占对外直接投资额比例(%)	3.2	4.2
(2)向当地公司出口零部件占对外直接投资额比例(%)	0.7	3.5
3.促进和替代母公司出口的差额占投资额的比例(%)	−1.7	2.3
4.(1)母国进口占子公司销售额的比例(%)	−1.5	−4.3
(2)母国进口占当地公司销售额的比例(%)	n. a.	−3.7
5.(1)特许费和管理费占子公司销售额的比例(%)	0.6	1.2
(2)特许费和管理费占当地公司销售额的比例(%)	0.3	n. a.
6.汇回利润占子公司税后利润的比例(%)	50.5	50.5
7.税后投资收益率(%)	8.1	11.7
8.根据逆古典学派假设的偿还期	14 年	9 年
结论:每 100 单位货币对外直接投资对国际收支的影响	−89 英镑	−73 美元

资料来源:胡德等《跨国企业经济学》,叶刚等译,经济科学出版社 1994 年版,第 381 页。

在现实的经济里,母公司得到的特许费等费用的收入以及汇回的利润是可

---

[1]　G. C. Hufbauer and F. M. Adler, *Overseas Manufacturing Investment and the Balance of Payments*, *Tax Policy Research Study* No. 1, Washington: U. S. Treasury Department, 1969.

统计的,但是由对外直接投资导致的出口和进口很难准确地从母国的出口和进口中分离出来,雷德韦以及赫夫鲍尔和阿德勒的实证分析仅可以供参考。从一般的情况来看,由于跨国公司很少将全部的对外直接投资额用于购买母国的设备和材料在外国进行生产,对外直接投资对母国国际收支的短期影响是逆差。但是,随着时间的推移,跨国公司可以不断用子公司获得的利润进行再投资,而不需要母公司长期对子公司进行投资。这样,流出母国的资金趋向减少而流回母国的资金趋向增加,从长期来看对母国的国际收支是有利的。

因此,笔者认为,即使是根据雷德韦以及赫夫鲍尔和阿德勒的估算,对外直接投资对母国国际收支的影响也是一条 U 形曲线。如图 16-1 所示,如果以横轴表示时间,以纵轴表示国际收支差额,对于跨国公司某一个特定的对外投资项目的来说,假定跨国公司的对外直接投资不是在短期内全部完成,而是随着投资项目的进展逐渐展开,那么在开始的时候它的对外直接投资导致母国国际收支逆差。但是,随着投资项目的趋向于完成,它的对外投资额不断减少,汇回的利润不断增加,母国国际收支逆差减少,最后将导致母国国际收支的顺差。

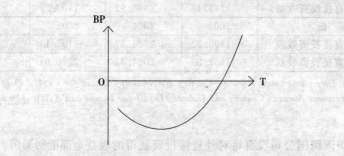

图 16-1　对外直接投资对母国国际收支的影响

如果不是考察一个特定的直接投资项目而是考察整个母国,那么没有一个明确的结论。在一个特定的时期里,由于不断有对外直接投资流出母国,不断有对外直接投资导致的母国出口和进口的发生,又不断有利润从国外汇回母国,对外直接投资对母国国际收支的影响取决于它们的净差额。如果汇回的利润加上出口的数额大于流出的投资额加上进口的数额,母国的国际收支将顺差;反之,

第十六章　对外直接投资对母国经济的影响

母国的国际收支将逆差。

另外,对于那些长期对外直接投资的发达国家,由于对外直接投资的积累,在各个年度里对外直接投资的收入额经常超过了对外直接投资的流出量。在这种情况下,对外直接投资对这个时期的国际收支的影响取决于该国的跨国公司把多少利润汇回本国以及把多少利润继续用于东道国的投资。但是应该指出,把部分利润继续用于东道国的投资不利于这个时期的国际收支,但由于在将来可以得到更多的利润,它有利于未来的国际收支。

表 16-3 显示了近几年美国对外直接投资对美国国际收支的影响。从表中可以看到,从 2000 年以后,美国对外直接投资的收益已逐渐接近并超过对外直接投资数额。这意味着如果美国跨国公司将对外直接投资获得的收益全部汇回美国,不但不会导致美国国际收支的恶化,反而导致美国国际收支的改善。

表 16-3　美国的对外直接投资及其收益　　　　单位:亿美元

年　份	1999	2000	2001	2002
美国对外直接投资数额	2093.92	1426.27	1248.43	1349.46
美国对外直接投资收益	1143.48	1336.92	1100.29	1249.40
年　份	2003	2004	2005	2006
美国对外直接投资数额	1293.52	2224.37	-127.14	2268.24
美国对外直接投资收益	1652.03	2034.84	2278.64	2729.48

资料来源: *U. S. Direct Investment Abroad : Country and Industry Detail for Capital Outflows*, BEA; *U. S. Direct Investment Abroad : Country and Industry Detail for Income*, BEA, http://www.bea.org.

但是,美国跨国公司没有将对外直接投资获得的收益全部汇回美国。表 16-4 显示了美国对外直接投资数额和美国对外直接投资收益的具体结构。由于资料来源不同以及对数据的调整不同,表 16-4 和表 16-3 的相应数据有一定的差异。在表 16-4 中,美国对外直接投资收益分为分配的收益、再投资的收益和净利息收益三个部分,其中分配的收益和净利息收益汇回美国,而再投资的收益继续用于东道国的直接投资。美国对外直接投资数额属于资本流出美国,记入国际收支平衡表的借方,因而用负号表示。它由权益资本投资、再投资收益和公司间债务三个部分组成,其中再投资收益一方面作为美国的直接投资收益,另一方面作为美国的对外直接投资。如果扣除了再投资的收益,只计算真正汇回美国的直接投资收益和真正流出美国的直接投资,美国 2004 年对外直接投资的收益小于对外直接投资数额,但 2003 和 2005 年外直接投资的收益大于对外直接投资数额。这意味着对于对外直接投资存量较大的发达国家来说,对外直接投资将导致国际收支的改善。

表 16 - 4　美国的对外直接投资及其收益的结构　　　　单位:亿美元

年　　份	2003	2004	2005	2006
美国对外直接投资的收益	1932.89	2330.67	2488.56	6475.82
1. 分配的收益	560.54	503.98	2440.01	- - -
2. 再投资的收益	1310.07	1765.40	-10.30	- - -
3. 净利息收益	62.28	61.28	58.84	- - -
美国对外直接投资数额	-1405.79	-2520.12	-214.81	-2353.58
1. 权益资本投资	-192.06	-806.86	-437.12	- - -
2. 再投资收益	-1310.07	-1765.40	10.30	- - -
3. 公司间债务	96.34	52.14	212.10	- - -

资料来源:C. L. Bach, "US International Transactions in 2005", BEA, p. 35; D. B. Weinberg, "U. S. International Transactions:Second Quarter 2007", BEA.

　　从世界整体来看,对外直接投资对国际收支的影响与美国相似。随着对外直接投资存量的增加,每年对外直接投资收益已经逐渐接近直接投资外流量,如表 16 - 5 所示。但是,世界对外直接投资存量的平均水平低于美国,所以不像美国那样每年对外直接投资收益已经超过直接投资外流量。当然,对外直接投资的收益并不全部汇回。

表 16 - 5　世界对外直接投资及其收益　　　　单位:亿美元

年　　份	1990	2004	2005
直接投资外流量	2300	8130	7790
对外直接投资收益	1200	6070	6440

资料来源:UNCTAD,*World Investment Report*,United Nations,New York and Geneva,2006, p. 9.

二、对外直接投资对母国就业的影响

对外直接投资对母国就业的影响同样是错综复杂的。对于发达国家和发展中国家这两种不同类型的国家来说,对外直接投资对母国就业的影响不同;对于特定类型的国家来说,在不同的情况下对外直接投资对母国就业的影响也不同。为了使分析更加清楚起见,笔者认为,可以在一般的情况下从理论上讨论对外直接投资对母国就业的影响,然后就不同的具体情况进行具体的分析。

在货币供给量为一定的条件下,一个国家的投资来源是储蓄。储蓄分为两个部分:一个部分是国内储蓄,另一个部分是国外储蓄。国外储蓄是该国以债务和股权的方式对外融资所产生的储蓄。投资也分为两个部分:一个部分是对内投资,另一个部分是对外投资。设 S_n 是国内储蓄,S_f 是国外储蓄,I_n 是对内投资,I_f 是对外投资,在一般的和均衡的条件下,

$$S_n + S_f = I_n + I_f \qquad\qquad (16-1)$$

如果不考虑对外直接投资对母国的附带就业效应,并且从静态的角度分析,从公式(16-1)可以观察下述可能性:第一种可能性是该国国内有很多的投资机会,对内投资完全可以吸纳国内和国外的储蓄,即使没有对外投资也可以实现储蓄和投资的均衡,即 $S_n + S_f = I_n$,那么对外投资将导致对对内投资的替代,对外投资增加多少对内投资就减少多少,该国的就业将减少。第二种可能性是对内投资不仅能够吸纳全部国内储蓄而且还能够吸纳部分国外储蓄,即 $S_n + S_f - I_n < I_f$,那么对外投资将导致对对内投资的部分替代,该国的就业有所减少。第三种可能性是对内投资仅仅能够吸纳全部国内储蓄,$S_n = I_n$,$S_f = I_f$,那么对外投资对该国就业没有影响。第四种可能性是对内投资仅仅能够吸纳部分国内储蓄,即 $S_n + S_f - I_n > I_f$,那么对外投资对该国就业没有影响。

但是,在现实的经济中,对外直接投资对母国具有附带的就业效应,如促进母国机器设备的出口,增加对母公司管理和服务的需求等等。另外,在现实的世界里,对外直接投资往往伴随着产业结构的调整。如果考虑到这些因素,对外直接投资对母国就业具有多种影响。

由于发达国家和发展中国家的情况不同,首先来讨论发达国家的情况。

第一,假定其他条件不变,如果发达国家的企业不对外直接投资,它将在国内进行投资,那么对外直接投资将导致母国就业的减少。但是,企业不对外直接投资就一定在国内投资吗? 正如前面分析对外直接投资的原因时所指出的,发达国家的企业所以对外直接投资,是因为资本出现相对过剩,即相对于有利可图的投资机会来说,资本已经太多了。因此,即使企业不对外直接投资,它未必在国内进行投资。这样,假定其他条件不变,将存在三种情形:如果企业不对外直接投资,它也不在国内进行投资,那么对外直接投资对母国就业没有影响;如果企业不对外直接投资,它将在国内进行部分的投资,那么对外直接投资对母国就业有一定的不利影响;如果企业不对外直接投资,它将在国内进行全部的投资,那么对外直接投资对母国就业有较大的不利影响。

从实际情况来看,如果企业不对外直接投资,它有可能在国内进行一定数量的投资。从这个角度来看,对外直接投资将会导致就业一定数量的减少。

第二,假定其他条件不变,如果发达国家的企业对外直接投资导致对本国本行业投资的替代,而该国的产业结构不变,那么对外直接投资将导致母国就业的减少。但是,该国的产业结构不可能是不变的。现实情况表明,发达国家对外直接投资的过程是本国产业结构升级换代的过程,它们不断将传统的产业转移到国外,而在国内发展新兴的产业。这个过程不是政府主导的过程,而是市场调节的过程。在这种情况下,即使企业对外直接投资导致对本国本行业投资的替代,但由于它促使产业结构的变化,也将存在两种情形:如果新兴产业就业的增加多于或等于传统产业就业的减少,对外直接投资对母国就业没有影响;如果新兴产业就业的增加小于传统产业就业的减少,对外直接投资造成母国就业的减少。

从实际情况来看,发达国家转移到国外的产业往往是劳动密集型产业,国内的新兴产业往往是技术密集型产业,在新兴产业和传统产业同等规模反向变化的情况下,对外直接投资有可能造成母国就业数量的减少。但是,如果新兴产业是某种服务业,对外直接投资则有可能导致母国就业数量的增加。应该指出的是,即使对外直接投资造成母国就业数量的减少,但由于技术密集型产业的发展,该国的高技能劳动者增加了,就业结构改善了。

第十六章 对外直接投资对母国经济的影响

第三,假定其他条件不变,如果发达国家的企业对外直接投资导致母国出口的增加小于母国进口的增加,那么对外直接投资将导致母国就业的减少。发达国家的企业对外直接投资对母国的出口和进口都有影响。正如分析对外直接投资原因时所指出的,企业往往具有某种优势才会对外直接投资。因此,当发达国家的企业对外直接投资时,东道国往往不能提供生产所需要的机器设备,而不得不从母国进口。这样,对外直接投资将导致机器设备出口的增加,从而导致机器设备产业就业的增加。但与此同时,当发达国家的企业对外直接投资生产出产品时,它们不仅在当地以及别的国家出售,还有可能返销母国。这样,对外直接投资将导致对母国生产的替代,从而导致生产被替代的产业的就业减少。

从实际情况看,对外直接投资通常将导致母国机器设备出口的增加,但对外直接投资所生产的产品具有广阔的国际市场而不仅仅是母国市场,对外直接投资通常导致母国净出口的增加,从而有助于增加母国的就业。

如果假定其他条件不变而只考虑单一的因素,在不同的因素的影响下母国的就业发生不同的变化,结果可以用表 16-6 表示。

表 16 - 6 发达国家对外直接投资对母国就业的影响

条　件	发达国家对外直接投资
完全替代母国相同产业的投资	母国就业减少
部分替代母国相同产业的投资	母国就业减少
不替代母国相同产业的投资	母国就业不变
在某产业对外直接投资的同时没有发生产业结构的变化	母国就业不变或减少
新兴产业与对外直接投资产业发生同等规模的反向变化	母国就业不变、增加或减少
对外直接投资导致母国的净出口是正数	母国就业增加
对外直接投资导致母国的净出口是负数	母国就业减少

对外直接投资对母国就业的影响是发达国家经济学者们争论不休的问题。不同的经济学者对这个问题进行实证分析的时候得到不同的结论,甚至得到相反的结论。胡德将有关美国经济学者的分析所得到的结论归纳为表 16-7。

表 16 – 7 　 美国对外直接投资对美国就业的影响

研究者	没有对外直接投资的企业估计保持的市场份额	对美国就业数量的影响			
		生产替代效应	出口刺激效应	管理服务就业效应	净就业数量
鲁藤伯格	提高	−500000	n. a.	n. a.	−500000
斯托鲍夫	接近于零的增加	很小	+250000	+350000	+600000
美国贸易委员会	不会有什么增加	n. a.	+300000	+250000	正效应
美国商会	不会有什么增加	n. a.	+311345	n. a.	正效应
霍金斯	替代 5% 国内生产	−190000	+260000	+209000	+279000
	替代 10% 国内生产	−381000	+260000	+209000	+89000
	替代 25% 国内生产	−791000	+260000	+209000	−322000
美国关税委员会	提高	−603100	+286000	+321000	+488000

资料来源:胡德等《跨国企业经济学》,叶刚等译,经济科学出版社 1994 年版,第 384—385 页。

　　在表 16 – 7 中,生产替代效应是指对外直接投资导致母国投资和生产的减少,出口刺激效应是指对外直接投资导致母国出口的增加,管理服务就业效应是指对外直接投资导致母公司管理职能的扩大和需要提供的服务的增加,从而带来就业的增加。

　　鲁藤伯格(S. Ruttenberg)在 1971 年代表美国产联劳联利用官方综合数据进行统计分析,得到从 1966 年到 1969 年美国对外直接投资导致 50 万个就业机会损失的结论。斯托鲍夫(R. B. Stobaugh)在 1971 年根据官方综合数据和 9 个跨国公司案例进行了实证分析,得到美国对外直接投资创造了 60 万个就业机会的结论。美国贸易委员会和美国商会在 1972 年分别通过 74 个和 158 个跨国公司的案例调查,提出美国对外直接投资对国内的就业具有正向效应。霍金斯(R. G. Hawkins)在 1972 年利用官方综合数据进行统计分析,在不同的生产替代效应假设下得到美国对外直接投资具有不同的就业效应。美国关税委员会根据没有公布的美国跨国公司的统计数据,同样指出美国对外直接投资对国内的就业具有正向效应。

　　从上面这些实证分析的结果不但可以体会到研究者或多或少代表了不同的利益集团的利益,而且还可以体会到利用实证检验的方法很难准确地判断对外直接投资对母国就业的净影响。笔者认为,尽管发达国家的对外直接投资在不

第十六章 　 对外直接投资对母国经济的影响

同的条件下对就业产生不同的影响,但是从总体来看,发达国家是资本相对过剩的国家,对外直接投资对发达国家的就业没有明显的不利影响,甚至还有有利的影响。

现在再来分析发展中国家的情况。发展中国家的情况与发达国家不同。首先,发达国家是资本充裕的国家,而发展中国家是资本短缺的国家;发达国家对外直接投资主要是获取市场和利润,而发展中国家对外直接投资主要是获取技术和资源。其次,发达国家对外直接投资往往伴随着产业结构的调整,它们将一些逐渐失去优势的产业转移到别的国家去生产,而在国内发展高技术和高技能的产业。发展中国家对外直接投资往往不会伴随产业结构的调整,它们基于学习或者获取资源的考虑对外直接投资。再次,发达国家的经济发展水平很高,各种社会需求趋向饱和,可投资的机会不多。发展中国家经济发展水平很低,许多社会需求远没有得到满足,可投资的机会很多。因此,一般来说,发展中国家对外直接投资将对发展中国家的就业造成不利影响。当然,对于资本比较充裕的发展中国家来说,这种不利影响要小一点;对于资本比较缺乏的发展中国家来说,这种不利影响要大一点。

综上所述,从宏观经济的角度来看,对外直接投资在短期里有可能导致母国国际收支的逆差,但它对母国的就业没有明确和明显的影响。

第二节　对外直接投资对母国经济的长期影响

一、对外直接投资对母国生产能力的影响

发达国家是对外直接投资的主要国家。发达国家长期以来一直关心这样一个问题:对外直接投资是否会导致产业的空心化,从而对母国的生产能力造成不利影响。直到 2000 年前后,日本经济学界还对这个问题进行了激烈的争论。

从表面上看,随着发达国家一批制造业转移到国外,产品的制造从国内转向

国外,国内的生产能力将会下降。但是,这里存在一系列的问题:什么是一个国家的生产能力? 发达国家的制造业为什么转移到国外? 发达国家的制造业转移以后产业结构将发生什么变化?

首先应该分析的问题是:什么是一个国家的生产能力? 如果将一个国家的生产能力仅仅理解为现场操作工人开动机器设备制造产品,那么由于对外直接投资将产品的制造过程从国内转移到国外,它毫无疑问将导致母国生产能力的下降。但在实际上,现场操作工人的生产能力是一个国家的生产能力中最不重要的一种能力。

随着科学技术的发展,产品的制造过程趋向于自动化。操作工人是母国的工人还是东道国的工人,对母国生产能力的影响是微不足道的。一个国家的生产能力最重要的是研究开发的能力、掌握核心技术的能力、经营管理的能力等。显然,发达国家对外直接投资并不损害这些生产能力。

发达国家的跨国公司将制造过程转移到外国以后,研究与开发工作,或者说重要的研究与开发工作还是在母公司进行的,关键的核心技术主要掌握在母公司手里,主要的经营管理决策还是由母公司派出的经营管理人员做出的。一个显而易见的事实是,美国从 20 世纪 50 年代开始大规模地对外直接投资,50 年来美国的生产能力是削弱了还是增强了? 可以肯定地说,美国的生产能力增强了。由此可见,对外直接投资并不损害母国的生产能力。

其次应该分析的问题是:发达国家的制造业为什么转移到国外? 当然,不能排除发达国家的跨国公司为了争夺市场,将部分新兴产业转移到国外进行生产。但是,发达国家跨国公司更多的是将竞争力趋向于下降的产业转移到国外进行生产。这些产业的技术已经成熟,生产已经标准化。因此,这些产业的竞争力主要不是表现在新技术上,而是表现在低成本上。由于发达国家的经济发展水平较高,工人的工资水平较高。对于部分土地面积狭小的发达国家来,土地租金水平也比较高。这样,发达国家的这些产业的竞争力在下降。

显然,如果发达国家不把这些产业转移到国外,这些产业将会在竞争中处于不利地位而衰落,最后有可能被新兴国家的产业所替代。如果发生了这样的情况,发达国家又如何保持它的生产能力? 但是,如果发达国家把这些产业转移到国外,利用外国廉价的劳动力和土地进行生产,这些产业将会保持较强的竞争力。正如前面分析所表明的那样,生产能力并不仅仅是操作工人的生产能力,发达国家的生产能力反而得到增强。

最后应该分析的问题是:发达国家的制造业转移以后产业结构将发生什么变化?如果发达国家将部分产业转移到国外以后产业结构没有变化,仅仅是增加了食利者阶层的人数,那么对外直接投资将导致母国生产能力的下降。但是,发达国家对外直接投资的过程往往是产业结构调整的过程,它们不断将一些趋向衰落的产业转移到国外,在国内发展新兴的产业。如果对外直接投资能够促使产业结构的变化,那么将有力地提高母国的生产能力。

二、对外直接投资对母国收入分配的影响

经济学者们根据现代西方微观经济学的基本原理,很容易得到下面的推论:第一,在劳动供给和技术不变的条件下,随着资本存量的增加,资本的边际生产率趋向于下降。第二,在资本供给和技术不变的条件下,随着劳动数量的增加,劳动的边际生产率趋向于下降。第三,在完全竞争的条件下,资本的收益率和劳动的工资率等于它们的边际产品价值。第四,当一个国家对外直接投资时,该国的资本存量减少,资本的收益率提高;劳动的需求量减少,劳动的工资率下降。经济学者们的这些命题值得质疑。

首先,这种离开社会经济制度而单纯从资本和劳动的数量来论证收益率和工资率的决定与经济现实差距甚远。马克思指出:"资本不是任何物,而是一定的、社会的、属于一定历史社会形态的生产关系,它体现在一个物品上,给这个物品一种独特的社会性质。"[1]作为能够带来剩余价值的价值的资本的收益率,显然还取决于剩余价值率等因素。马克思还指出,工资率是劳动力价值或价格的转化形式,"劳动力的价值,是由生产、发展、维持和延续劳动力所必需的生活资

---

[1] 马克思:《资本论》第3卷,人民出版社1966年版,第955—956页。

料的价值决定的。"①作为劳动力价值或价格的转化形式的工资率,显然还取决于剩余价值率,取决于经济发展水平,工人阶级的力量等因素。

其次,资本和劳动的边际生产率仅仅存在于数学公式里,它们在现实的经济里是无法计量的。罗宾逊夫人(J. Robinson)曾经指出:"在资本边际生产率方面是存在着一些困难的(姑且不谈'协调作用')。资本体现在'资本物'(生产的生产资料,如机器)上面。现在,设备体现着使劳动富有生产性的工艺。我们怎样为资本物求得个别生产率呢? ⋯⋯这种分析一点也不清楚,但是这种形而上学却是令人欣慰的。"②劳动者操作机器设备生产出产品,如何计算劳动和资本的边际生产率? 又如何决定劳动的工资率和资本的收益率?

再次,这些命题都是建立在严格的静态的假设条件之上的,但是现实经济与这些条件差距甚远。当然,从方法论的角度可以说,先从静态的角度分析对外直接投资对母国收入分配的影响,就可以更清楚地认识动态条件下对外直接投资对母国收入分配的影响。但实际情况并不是这样。这些命题的假设是技术条件不变、劳动数量不变、资本数量不变、产业结构不变,但现实世界是技术条件在变、劳动数量在变、资本数量在变、产业结构在变。从这些因素不变到这些因素变化并不能得到明确的结论。

当然,从方法论的角度还可以说,在短期里可以假设这些变量不变,先从短期的角度分析对外直接投资对母国收入分配的影响,就可以更清楚地认识在长期里对外直接投资对母国收入分配的影响。然而实际情况也不是这样。我们要研究的问题是对外直接投资对母国收入分配的影响,而在现实的经济里资本的收益率和劳动的工资率并不是每时每刻都在变化的,如果我们说在这些变量都不变的假设下对外直接投资在一个月内、或在一个季度内、或在一个年度内导致收入分配如何变化,过了这个期限这个结论将失效,但资本的收益率和劳动的工资率在这样的期限内又不可能变化,这样的讨论有意义吗?

笔者认为,在市场经济条件下,对外直接投资对母国资本收益率的影响取决

---

① 马克思:《工资、价格和利润》,人民出版社 1964 年版,第 35 页。
② 罗宾逊:《现代经济学导论》,陈彪如译,商务印书馆 1982 年版,第 55 页。

于对外直接投资对国内生产的替代程度以及对外直接投资在母国总投资中所占的比重。如果对外直接投资对国内生产的替代程度很高,在母国总投资中所占的比重也很高,那么在资本没有在短期里大量积累的条件下,将导致资本的收益率提高。但是,在现实的发达国家经济里,对外直接投资对国内生产的替代程度很小,在母国总投资中所占的比重也不高。另外,在现实的发展中国家经济里,对外直接投资对国内生产的替代程度较高,但在母国总投资中所占的比重很小。因此,可以认为,对外直接投资对母国资本收益率没有明显影响。

同样,在市场经济条件下,对外直接投资对母国劳动工资率的影响取决于外直接投资对母国就业的影响。如果对外直接投资导致母国大量的失业,那么在工资率的变化具有弹性的情况下,它将引起劳动工资率的下降。但是,正如前面的分析所表明的,由于对外直接投资所带来的母国就业效应,由于产业结构的相应的变化,对外直接投资对就业没有明显的影响。因此,也可以认为,对外直接投资对母国劳动工资率没有明显影响。

斯劳特(M. J. Slaughter)曾经收集了美国1977年至1994年的数据,检验了美国对外直接投资对熟练劳动与非熟练劳动的工资比率的影响。结果证明,美国对外直接投资对熟练劳动与非熟练劳动的工资比率没有什么影响。[1] 这同样说明对外直接投资对母国的收入分配没有明显的影响。显然,发达国家将部分劳动密集型产品或工序转移到发展中国家生产,按照现代西方微观经济学原理,将会减少对发达国家非熟练劳动的需求,从而导致非熟练劳动者的工资下降,但事实并非如此。

综上所述,从宏观的角度来看,对外直接投资没有导致母国生产能力的下降,对母国收入分配没有明显的影响。实际上,对外直接投资对发达国家具有明显的好处。美国对外经济政策委员会在20世纪50年代曾很坦率地表达了这种利益:对外直接投资"从长期来看是通过提高海外的生产力和收入推动国际贸易的增长和经济的繁荣以为美国的工农业提供市场的手段,它是开发其他国家的

---

[1]　M. J. Slaughter, "Production Transfer Within Multinational Enterprise and American Wages", *Journal of International Economics*, 2000, 50, pp. 449-472.

原材料以满足美国经济日益增长的公民和军事需要的首要手段,它还是通过为美国资本提供更广阔和更有利可图的投资机会促进美国国民收入增长的更为重要的手段"①。

第三节　对外直接投资政策的分析

一、发达国家对外直接投资的政策

考察一下有关国家对外直接投资政策的历史发展过程,有助于从实践的角度来理解对外直接投资对母国经济的影响。政府在制定经济政策的过程中不可能不犯错误,但是政府不可能坚持它的错误的经济政策。从政府对待对外直接投资的政策演变过程,可以从政府的角度体会它们所理解的对外直接投资政策对母国宏观经济的影响。美国和英国是两个对外直接投资的主要国家,考察它们的对外直接投资政策具有代表意义。

美国早在20世纪初就制定了涉及美国跨国公司的税收立法,该税收立法主要有两个原则:一是国外税收抵免原则,二是税收迟征原则。所谓国外税收抵免原则是指美国政府对美国跨国公司向东道国缴纳的公司利润税给予抵免。例如,假定某东道国公司利润税税率是25%,美国的公司利润税税率是35%,美国跨国公司向东道国每100美元缴纳25美元的公司利润税以后,只需要向美国政府缴纳10美元的公司利润税。这项原则的目的是保证美国的公司,不论是国内公司还是跨国公司,都享受同样的税收待遇。所谓税收迟征原则是指美国政府对美国跨国公司的利润不是当年征收而是在汇回时征收。这意味着在迟征期间对美国的跨国公司提供了无息贷款,从而鼓励美国跨国公司将利润用于当地的

---

①　转引自 A. G. Frank, *Capitalism and Underdevelopment in Latin America*, Monthly Review Press, 1967, p. 315.

再投资。从美国的税收立法可以看到,美国政府对美国的跨国公司给予略为优惠的税收待遇。

另外,美国政府从 20 世纪 50 年代开始实行鼓励和保护对外直接投资的政策,其中包括如果美国的投资者因为东道国的战争、动乱、没收资产和货币不可兑换而造成损失,美国政府给予一定的补偿。

在 20 世纪 60 年代以前,美国的政界和经济学界都认为,自由的对外直接投资政策对美国是有利的,所以美国政府从来没有限制美国跨国公司的对外直接投资。进入 20 世纪 60 年代以后,美国出现了比较严重的国际收支逆差。在不能有效地推动出口和资本流入的情况下,美国政府面临的选择是抑制进口和资本流出。当时在美国的经济学界引起激烈的争论,其中引人注目的是施耐德(D. A. Snider)的看法。施耐德在 1964 年第 84 卷《美国经济评论》上发表了一篇题为"利用资本控制减轻美国国际收支逆差的理由"的论文,认为用控制资本流出的方式解决美国国际收支逆差符合有效、就业、制度和效率的标准,优于其他的政策手段。[1]

1965 年,美国政府终于实行"自愿限制安排",对对外直接投资进行限制。按照这项政策,美国的跨国公司自愿限制资本流向其他发达国家的子公司,并增加汇回美国的利润。但是,美国的国际收支逆差没有得到根本的改善,美元的地位继续趋向下降。1968 年,美国政府将"自愿限制安排"改为"强制控制安排"。按照这项政策,将对对外直接投资进行全面的控制。这项政策以美国跨国公司1965 年至 1966 年对外直接投资额为基础,制定美国跨国公司对外直接投资的限额。同时将东道国分为三种类型,A 类国家是发展中国家,C 类国家是西欧发达国家,其他国家属于 B 类。对 A 类国家直接投资的限制最少,对 C 类国家的限制最多。例如,在 1973 年,对流向 A 类国家的限额是 1965 年至 1966 年平均投资额的 110%,对 B 类国家的限额是 65%,对 C 类国家的限额是 35%。对流向加拿大的直接投资不加限制,但不能通过加拿大将资金转移到别的国家。然

---

① D. A. Snider, "The Case for Capital Controls to Relieve The US Balance of Payments", *American Economic Review*, 84, 1964, pp. 346-358.

而,在美国国际收支逆差减轻以后,美国就取消了对对外直接投资的限制。

1972年,美国劳联和产联提出,美国对外直接投资造成的就业机会的损失,应该限制对外直接投资。美国国会有两位议员提出了"伯克—哈特基提案",要求撤销税收迟征原则,并对美国跨国公司征收更重的赋税,以限制对外直接投资。但是,这个提案没有被通过。[①]

从美国政府实施的政策可以看到,除了在美国发生严重国际收支逆差时对对外直接投资实行限制以外,一直对对外直接投资采取鼓励的政策。这就从一个侧面说明对外直接投资对母国的宏观经济没有什么不利的影响。

英国长期以来受着国际收支逆差和英镑不断衰弱的折磨,英国对对外直接投资的限制比美国严格。英国为了解决国际收支逆差的问题,首先限制的是对外证券投资。在20世纪50年代,英国对证券投资所涉及的外汇交易设立了两个市场:一个是提供官方外汇的市场,另一个是投资货币市场。如果人们在英镑区内购买外国证券,英国政府将按照官方的汇率提供外汇;如果人们在英镑区外购买证券,他们只能到投资货币市场购买外汇。由于在投资货币市场上外汇的需求大于外汇的供给,外汇汇率出现高于官方汇率的溢价。另外,英国政府还规定,人们出售证券所得到的外汇收入,75%可以在投资货币市场上卖出,但25%必须按照官方的汇率卖给政府。这样,人们必须按照较高的价格购买外汇以投资外国证券,但在出售外国证券得到外汇以后又必须按照较低的价格买入部分外汇,从而抑制了人们的对外证券投资的积极性。

英国政府处理对外直接投资的政策与处理对外证券投资的政策有所不同。英国跨国公司对英镑区的直接投资以及对符合政府规定的非英镑区的直接投资,可以按照官方汇率提供外汇。所谓符合政府规定的非英镑区的直接投资,是指在两至三年内能够促进英国商品的出口因而能够改善英国国际收支的投资。从1962年开始,英国政府允许不符合上述规定的对外直接投资可以到投资货币市场购买外汇。在1965年至1966年期间,英国的国际收支状况恶化,英国政府

---

① 参看胡德等:《跨国企业经济学》,叶刚等译,经济科学出版社1994年版,第367—375页。

不得不加强对对外直接投资的限制：推迟或取消英国跨国公司那些需要从英国筹集资金然后到英镑区主要发达国家直接投资的项目，对于有利于英国国际收支改善的那些对非英镑区的直接投资只能到投资货币市场购买外汇，其他的对外直接投资项目只能到外国金融市场筹集资金。

1972 年，随着英国国际收支状况的好转，英国政府放宽了对对外直接投资的限制。如果英国跨国公司对欧洲经济共同体国家直接投资，每个项目每年特许按照官方汇率获得价值 100 万英镑的外汇。但是，1974 年，英镑又陷入困境，英国政府又取消了这项特许的措施。从 1978 年起，英国政府对对外直接投资制定了下述政策：对欧洲经济共同体的直接投资项目，如果在 3 年内可以实现国际收支的自我平衡，可以按照官方汇率购买价值 50 万英镑的外汇或者购买投资额 50% 的外汇。对欧洲经济共同体直接投资不足的外汇，或者对非欧洲经济共同体直接投资的外汇，只能到投资货币市场筹集。另外，英国跨国公司任何对外直接投资都需要经过英国中央银行的批准，跨国公司每年汇回的利润必须达到总利润的 2/3。进入 20 世纪 80 年代以后，由于北海油田的发现和开发，英国的国际收支状况得到改善，英国政府逐渐放宽了对对外直接投资的限制。①

从英国政府实行的政策也可以看到，英国政府对对外直接投资的限制并不是因为对外直接投资给英国宏观经济带来什么不利的影响。在国际收支发生逆差的情况下，政府只能依靠限制进口和资本流出来减少这种逆差，因而不得不对对外直接投资进行限制。

发达国家在历史上实行过这样或那样的限制对外直接投资的政策，但是从 20 世纪 70 年代和 80 年代以来，发达国家已经基本实现了资本项目交易的自由化。目前，没有什么发达国家对对外直接投资进行限制。

二、发展中国家对外直接投资的政策

发展中国家的情况与发达国家不同。由于经济发展水平较低，发展中国家

---

① 参看胡德等：《跨国企业经济学》，叶刚等译，经济科学出版社 1994 年版，第 375—378 页。

一直受到经常项目逆差和资本外逃的困扰,从而对包括对外直接投资在内的资本流出进行限制。但是,在 20 世纪 80 年代以后,许多发展中国家都相继放宽了对对外直接投资的限制。

　　发展中国家限制资本流出常用的方法是资本管制。所谓资本管制是政府当局利用一系列的法律和法规来影响资本流动的规模、构成和方式。从对象的角度区分,资本管制包括对资本流入的管制和对资本流出的管制。从方法的角度区分,资本管制包括直接管制和以市场为基础的管制。直接管制是指政府采用限额、许可证或完全禁止的方法直接对资本流动的规模进行管制,以市场为基础的管制是指政府通过增加资本流动的成本的方法对资本流动进行限制。从 20 世纪 80 年代开始,发展中国家纷纷放宽对资本流出的管制。但是,直到现在,仍然有不少发展中国家保留了这种资本管制。根据联合国贸易与发展委员会的统计,在 155 个发展中国家中,有 78 个国家仍然保留这种资本管制,其中包括 40 个非洲国家、23 个亚洲国家、15 个拉丁美洲和加勒比海地区国家。[1]

　　按照贸易与发展委员会的解释,发展中国家实行资本管制有多种目标,如增进经济政策特别是货币政策的自主性,便于实行外汇管理以维持固定汇率制度,防止剧烈的资本流动或货币投资所造成的金融动荡。如果发展中国家对对外直接投资进行管制,它们主要也是为了降低资本外逃的风险以及保持足够的外汇储备,而不是为了限制本国企业对外直接投资。[2]

　　到 2005 年,如果只涉及对外直接投资的政策,那么发展中国家可以划分为三种类型:

　　第一种类型是完全取消了对对外直接投资的限制,这些国家或地区包括拉丁美洲的玻利维亚、智利、哥斯达黎加、墨西哥、委内瑞拉、巴拉圭、秘鲁等 20 个国家,亚洲的新加坡、印度尼西亚、也门、沙特阿拉伯、阿拉伯联合酋长国、中国香港等 17 个国家或地区,非洲的安哥拉、埃及、赞比亚、肯尼亚等 11 个国家,东欧

---

　　① UNCTAD, *World Investment Report*, United Nations, New York and Geneva, 2006, p. 205.

　　② Ibid. , pp. 204-205.

和南欧的罗马尼亚、阿美尼亚等 6 个国家。

第二种类型的国家是正在取消对对外直接投资的限制,这些国家或地区包括韩国、南非、中国台湾等。以韩国为例,韩国政府对对外直接投资的政策经历了四个阶段:第一个阶段是 1968 年至 1974 年,政府开始允许对外直接投资,主要是林业、制造业和贸易业,但总体来看管制还比较严格。第二个阶段是 1975 年至 1980 年,政府制定了管理对外直接投资的指导原则,下述对外投资项目可以得到批准:有助于获得本国所缺乏的原材料,有助于消除出口障碍,有利于渔业的安全,有利于增强本国企业的国际竞争力。第三个阶段是 1981 年至 1990 年,随着经常项目出现顺差,政府开始简化对外直接投资的程序,放宽对对外直接投资的限制。100 万美元以下的对外直接投资项目只需要到中央银行备案。第四个阶段是 1991 年至现在,政府继续推进对外直接投资自由化的政策,对外直接投资的领域已经扩展到各个产业。1999 年以后,对外直接投资所需要履行的手续只是事先报告和得到外汇银行的许可。

第三类国家或地区是在不同的程度上保持对对外直接投资的限制。在这些国家或地区,企业在对外直接投资以前必须得到中央银行或财政部的批准,而政府当局是否批准在有的情况下是依据国家利益等主观标准,在有的情况下是考虑投资项目的价值。大多数发展中国家在实行这种限制时采用非歧视原则,对任何部门和产业同等对待。但也有的国家在实行这种限制时对不同的部门和产业区别对待。①

值得注意的是,除了放宽对对外直接投资的限制以外,有的发展中国家开始实行鼓励对外直接投资的措施。但是,目前这类国家为数还很少。发展中国家鼓励对外直接投资的措施主要有:第一,通过出版物、数据库、面谈、研讨会等方式,向企业提供现实的或潜在的投资机会的信息。马来西亚、墨西哥、韩国、新加坡、泰国等国家采取了这种措施。第二,通过投资使团、法律援助、咨询服务、可行性研究等方式,向现实的和潜在的投资者提供培训服务。第三,通过在东道国

---

① UNCTAD, *World Investment Report*, United Nations, New York and Geneva, 2006, pp. 207-208.

建立能够提供比较完善的投资服务"舒适区"(comfort zones)的方式,鼓励本国企业对外直接投资。例如,新加坡在中国建立的"中国—新加坡苏州工业园区",韩国在中国等国家建立了8个"信息园区",都是这种类型的"舒适区"。第三,通过优惠贷款、设备融资、出口信贷、税收减免等方式,降低对外直接投资的成本。新加坡、马来西亚、中国、泰国都在不同程度上实行了这些措施。第四,为了防止出现诸如货币转换限制、没收、战争、动乱、违反合同等政治风险,向对外直接投资的企业提供投资保险。[①]

不论是从发达国家还是发展中国家的政策都可以发现,只要不会造成母国的国际收支的严重逆差,对外直接投资对母国经济是有利的。

---

① UNCTAD, *World Investment Report*, United Nations, New York and Geneva, 2006, pp. 209-212.

第十七章　外国直接投资对东道国经济的影响

第一节　外国直接投资对东道国经济的正面影响

一、外国直接投资对东道国经济短期的正面影响

外国直接投资对东道国经济的影响要比对母国经济的影响复杂得多。如果说对外直接投资对母国经济利益大于代价，那么对于东道国经济来说则利益与代价共存。有的东道国可能利益大于代价，有的东道国可能代价大于利益。正因为如此，人们将外国直接投资称为"双刃剑"。本章将首先分析对外直接投资对东道国经济的正面影响，然后分析对外直接投资对东道国经济的负面影响。

1. 外国直接投资对东道国国际收支的影响

对外直接投资对母国来说是资本流出，对东道国来说则是资本流入。因此，对外直接投资对东道国国际收支的影响与对母国国际收支的影响相反。对于某一个特定的对外投资项目而言，如果在以横轴表示时间，以纵轴表示国际收支差额的坐标系里，它对母国国际收支的影响是一条正 U 形曲线，它对东道国国际收支的影响是一条"倒 U 形"曲线，如图 17-1 所示。

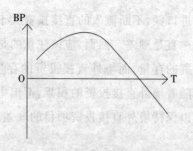

图 17-1　对外直接投资对东道国国际收支的影响

同样,如果不是考察一个特定的直接投资项目而是考察整个东道国,也没有一个明确的结论。在一个特定的时期里,由于不断有对外直接投资流入东道国,不断有对外直接投资导致的东道国出口和进口的发生,又不断有利润汇出东道国,直接投资对东道国国际收支的影响取决于它们的净差额。如果流入的投资额加上出口的数额大于汇出的利润加上进口的数额,东道国的国际收支将顺差;反之,东道国的国际收支将逆差。

但是,应该说明的是,外国直接投资所导致的东道国的进出口,除了在直接投资的初期发生的机器设备的进口以外,主要是企业内贸易,即跨国公司内部的贸易。跨国公司为了降低生产成本,提高价格的竞争力,将不同的生产工序安排在不同类型的国家生产,结果导致了大量进出口贸易的发生。例如,半导体的生产一般需要经过三道工序:第一道工序是开发设计工序,第二道工序是精密加工工序,第三道工序是装配和测试工序。前两道工序需要高技能的劳动,跨国公司一般将它们放在母公司内进行。后一道工序需要大量的简单劳动,跨国公司一般将它们放在发展中国家进行。这样,作为东道国的发展中国家从发达国家进口半导体的元件,加工成产品,然后再出口到国际市场。由于在产品的装配过程中增加了价值,就跨国公司的内部贸易来说,东道国出口产品的价值往往大于进口产品的价值。这就是说,如果不考虑直接投资的初期的机器设备的进口,外国直接投资导致的东道国的出口一般大于东道国的进口。

正因为如此,如果东道国表现出持续的投资吸引力,那么它有可能出现长期的国际收支顺差,中国引进外商直接投资的情况说明了这一点。表 17-1 表明,

第十七章　外国直接投资对东道国经济的影响

由于外商的出口额大于进口额,不断流入的直接投资大于流出的投资利润,中国在境外直接投资项目上一直是顺差。然而,应该注意的是,每年境外直接投资的流量将形成境外直接投资的存量,而境外直接投资的存量决定了汇出中国关境利润的数量。这意味着随着境外直接投资的积累,汇出中国的利润将不断增加,从更长时期来看未必可以保持境外直接投资项目的顺差。

表 17 - 1   境外直接投资对中国国际收支的影响   单位:亿美元

年度	外商直接投资	外商出口额	外商进口额	汇出投资收益	投资收益差额
2000	520.09	1194.41	1172.73	265.37	−141.88
2001	468.78	1332.18	1258.43	277.11	−186.19
2002	527.43	1699.85	1602.54	223.39	−146.69
2003	535.05	2403.06	2318.64	228.13	−80.01
2004	606.30	3385.92	3244.48	226.85	−41.55
2005	603.25	4441.83	3874.56	265.07	+91.15
2006	694.68	5637.79	4724.90	371.55	+97.65

资料来源:中华人民共和国国家统计局:《中国统计年鉴》,中国统计出版社,2003 年,第 670 页;2004 年,第 713,730 页;2005 年,第 642 页;2006 年,第 733,751 页;2007 年,第 94,741,751 页。

根据联合国贸易和发展委员会 2007 年《世界投资报告》的估计,外国跨国公司 2002 年至 2004 年在中国获得的利润分别为 226.80 亿美元、335.56 亿美元、417.41 亿美元。[①] 但是,这不是外国跨国公司汇出中国的利润。由于难以收集到外国跨国公司汇出中国的收益的数据,在表 17 - 1 中采用的是汇出的投资收益的数据,而投资收益不仅包括直接投资收益,而且包括金融资产收益。由于中国金融市场近年才开始接受有资格的外国机构投资者(QFII)的金融资产的投资,这意味着外国机构投资者尚处于投入资金阶段,还没有到达汇出收益的阶段。因此,表 17 - 1 汇出的投资收益可以近似地看作汇出的直接投资的收益。汇入的投资收益则不同,虽然近年来中国对外直接投资不断增加,但从总体上看仍然处于投入的阶段,汇回的投资收益还很少。然而,中国中央银行近年持有大

[①] UNCTAD, *World Investment Report*, United Nations, New York and Geneva, 2007, p. 284.

量的外汇储备,这些外汇储备用于购买外国政府的债券和其他金融资产,汇入的投资收益主要是金融资产的收益。这样,投资收益差额可以近似地看作中国直接投资的收益减去我国持有外国金融资产的收益的差额。

应该指出,并不是所有的东道国都可以有中国的这种表现。中国是一个发展中大国,它一方面经济发展水平不高,劳动力质量较高而工资低廉,另一方面不但市场规模巨大,而且还有广阔的发展前景,发达国家都希望到中国直接投资。因此,长期以来中国是引进外国直接投资最多的发展中国家,个别年份还超过美国成为引进外国直接投资最多的国家。但是,其他的东道国,特别是其他发展中国家,未必有中国这么大的对外国直接投资的吸引力,外国直接投资未必导致东道国国际收支顺差。如果跨国公司的直接投资导致较多的技术和设备进口,而跨国公司在最初投入小量的资金后转向在当地筹集资金,那么对东道国国际收支有可能产生不利影响。

在历史上,一些东道国所实行的政策也表现了它们对这个方面的担心。在20世纪70年代,墨西哥政府将外国人持有在本国的公司的股权与该公司出口的情况联系起来,只有该公司生产的产品全部出口,外国人才能在该公司拥有100%的股权。在同一个时期,印度政府规定,除了在政府规定的优先部门进行直接投资,或者是专门为出口生产产品的企业,外国人持有的股权可以超过40%,否则外国人持有的股权不得超过40%。正因为这样,美国国际商用机器公司和美国可口可乐公司于1978年相继关闭了在印度的企业。在同一个时期,美国对日本电子企业对美国的直接投资规定了前提条件,日本电子企业必须在美国购买较高比率的电子元件,以抑制日本电子企业的直接投资所带来的日本电子元件的进口。在同一个时期,澳大利亚政府实行限制外国跨国公司在本国筹集资金的政策,这是世界上第一个实行这种政策的国家。[①]

综合来看,外国直接投资在一定时期里一般能够导致东道国国际收支的改善。在这个方面,经济学者们的实证检验分析没有很大的分歧。例如,1973年,斯托伊尔(M. D. Steuer)向英国政府提交了一份研究报告。该报告表明,如果英

---

① 参看胡德等:《跨国企业经济学》,叶刚等译,经济科学出版社1994年版,第320页。

国政府不改变它关于外国直接投资的政策,外国直接投资对英国国际收支能够产生有利的影响,改善的程度约占外国在英国企业的总产值的 10% 。[1]

2. 外国直接投资对东道国就业的影响

如果说对外直接投资对母国就业没有明确和明显的影响,那么在一般的情况下外国直接投资对东道国的就业具有有利的影响。

在研究对外直接投资对东道国就业影响的时候,应该考虑外国直接投资的"挤出效应"和"带动效应"。外国直接投资的挤出效应是在下面两种情况下发生的:第一,如果外国公司不对本国的某个产业投资,本国公司将对这个产业投资;现在外国公司对这个产业投资,本国公司就不再对这个产业投资了。第二,由于东道国的投资是由东道国的储蓄转化而来的,如果外国公司利用东道国的资本市场筹集资金,然后用于东道国的直接投资,同样也导致东道国投资的减少。因此,外国直接投资的挤出效应的取值范围是 0—100% 。外国直接投资的带动效应是在下面的情况下发生的:如果外国公司不对本国的某个产业投资,本国公司不会对这个产业的相关产业投资;现在外国公司对这个产业投资,本国公司将对这个产业的相关产业投资。所以,外国直接投资的挤入效应的取值范围是等于或大于零。

如果不考虑带动效应,当外国直接投资的挤出效应等于 100% 时,假定外国直接投资和本国投资的产业的劳动密集度相似,它不会导致东道国就业的增加。当外国直接投资的挤出效应小于 100% 时,它就会导致东道国就业的增加。如果不考虑挤出效应,只要外国直接投资的带动效应大于或等于零,它都将导致东道国就业的增加。外国直接投资的带动效应越大,东道国就业的增加就越多。如果同时考虑带动效应和挤出效应,那么只有在外国直接投资的带动效应等于零而挤出效应等于 100% 的条件下,它才不会导致东道国就业的增加。只要外国直接投资的带动效应大于零,不管挤出效应等于多少,它都可以导致东道国就业的增加。

一般来说,发达国家资本比较充裕,各个产业的发展比较均衡,外国直接投

---

[1] M. D. Steuer, *The Impact of Foreign Direct Investment on the United Kingdom*, London: HMSO, 1973.

资所产生的挤出效应较大。发展中国家资本比较缺乏,各个产业结构的发展很不均衡,外国直接投资所产生的挤出效应较小。如果说外国直接投资的挤出效应与东道国的经济发展水平有关,那么外国直接投资的带动效应则与产业的特点有关。对于结构比较单一、不需要由很多零部件组成的产品的生产产业来说,外国的直接投资所产生的带动效应较小。例如,在钢铁产业,炼钢的过程不可能由许多企业完成,钢铁并不是由很多零部件装配而成,外国对东道国钢铁产业的直接投资有可能带动一些服务业的发展,但是难以带动与钢铁生产有关的产业发展。但是,对于产品结构比较复杂并由许多零部件组成的产品的生产产业来说,外国的直接投资所产生的带动效应较大。例如,在汽车产业,汽车由许多零部件组成,外国直接投资通常伴随着如发动机、变速器等关键部件的进口,而其他的许多零部件有可能在当地采购,从而带动了东道国汽车零部件产业的发展。

中国汽车零部件产业的发展是外国的直接投资的带动效应的一个例子。在20世纪50年代和60年代,中国第一和第二汽车制造厂的建设带动了中国汽车零部件产业的发展。但是从整体来看,中国汽车零部件产业一直处在落后的状态。到了20世纪90年代,随着外国汽车公司对中国直接投资,建立起一批合资的汽车公司,中国汽车零部件产业迅速发展起来。当然,从原因来说,中国汽车零部件产业的发展不仅得益于外国汽车公司对中国的直接投资,而且也受到汽车零部件出口贸易的推动。但是,20世纪80年代以来,中国对外贸易已经没有受到什么限制,为什么中国汽车零部件产业并没有迅速发展呢?直到20世纪90年代外国汽车公司大规模对中国进行直接投资,中国汽车零部件产业才迅速发展起来呢?显然,外国对中国汽车制造业的直接投资对中国汽车零部件产业产生了带动作用。

据国家统计局统计,中国具有一定规模以上汽车零部件企业为4505家,占汽车企业总数的71.3%。汽车零部件从业人员115万人,占汽车工业总数的53.2%;资产4227亿元,占汽车工业总资产数的36.3%。在汽车零部件企业中,国有企业的数量不到4%,民营企业的数量占42%,外国企业和中外合资企业的数量占10.5%。如果按国有资本在中外合资企业里占30%估算,国有资本在所统计的企业里总计约为500亿元左右,占全部资本总量的14%。另外,汽车零部件的生产开始出现集群效应,围绕着主要的汽车制造厂集中了一批零部件企业。按地区划分,现在已经基本形成东北、京津、华中、西南、长江三角洲、珠江三角洲6大零部件产业集群。[①] 许多中国的零部件企业已经成为外国汽车在中国建立的汽车公司的供应商,如宁波的华翔集团是德国大众汽车在中国的合资企业的塑料零部件的供应商,云南西仪工业股份有限公司已经成为日本三菱公司和美国福特公司在中国合资企业金属零部件的供应商,等等。

总的来说,外国直接投资对东道国就业具有正面的影响。由于发展中国家挤出效应较小而带动效应较大,外国直接投资对发展中国家就业的正面影响较大。以中国为例。改革开放以来,如果以关境为界,境外投资带动了中国的就业增加。从表17-2可以看到,20世纪90年代以来,到境外投资机构就业的人数的增加的速度快于全国就业人数的增加,境外投资机构就业所占的比例稳定地趋向于增加。

表 17-2 境外直接投资与中国的就业情况　　　　　　　单位:万人

年份	全国各种机构	港澳台投资机构	外商投资机构	境外投资机构所占的比例(%)
1990	64749	4	62	0.1
1995	68065	272	241	0.7
2000	72085	310	332	0.9
2001	73025	326	345	0.9
2002	73740	367	391	1.0
2003	74432	409	454	1.2
2004	75200	470	563	1.4
2005	75825	557	688	1.6
2006	76400	611	796	1.8

资料来源:中华人民共和国国家统计局:《中国统计年鉴》,中国统计出版社,2007年,第128—129页。

3.外国直接投资对东道国收入以及收入分配的影响

外国直接投资对东道国的收入具有正面的影响,它使东道国产生了工资收

---

① 参看中国汽车工业协会网站:www.auto-stats.org.cn。

入、租金收入和赋税收入。

正如前面所证明的,外国直接投资通常导致东道国就业的增加,从而给东道国带来工资收入。另外,外国直接投资需要租用东道国的土地,从而也给东道国带来租金收入。这两项收入是跨国企业使用东道国的生产要素所支付的收入。但是,应该指出的是,对于不同的东道国来说,单位数量的外国直接投资所带来的工资收入是不同的。发达国家的工资收入水平较高,劳动法律较健全,工会组织在保护工人工资方面发挥较大的作用,单位数量的外国直接投资给东道国带来的工资收入较高。发展中国家工资收入水平较低,劳动法律不健全,工会组织在保护工人工资方面没有发挥充分的作用,单位数量的外国直接投资给东道国带来的工资收入较低。中国对外直接投资和接受境外直接投资的经历可以从一个角度说明这一点。

2004年1月28日,中国TCL公司与法国汤姆逊公司在巴黎签订正式合作协议,汤姆逊公司将彩电业务剥离给TCL公司,组建合资企业TTE公司。2004年7月29日,TTE在深圳正式成立。TCL公司下属的TCL国际控股公司和汤姆逊公司分别持有TTE公司67%和33%的股权。但是,到2006年9月30日,TTE公司已累计亏损20多亿港元。2006年10月31日,TCL公司与法国汤姆逊公司同时发布公告,宣布将对TTE公司的欧洲业务进行重组。然而,根据法国《劳动法》,如果公司由于经济困难或技术变化的原因裁员,对雇员的补偿标准将不得低于工资总收入的20%,假如被裁雇员工龄超过10年,还要再加补最后6年工资总收入的2/15。另外,雇员除了得到法定的补偿,还可以要求增加一些额外补偿,补偿的数额将由资方与工会谈判决定。另外,按照法国法律,劳方还享有3个月的预通知期,在这个期间资方需要继续支付工资。这意味着中国企业到外国直接投资不仅需要向当地工人支付原来水平的工资,而且对解雇的工人还要支付高额的补偿金。

反观境外企业对中国的直接投资,情况却截然相反。中国的珠江三角洲是境外投资企业集中的地区,由于中国的劳动力趋向于无限供给,中国又缺乏严格的劳动法律对劳动者给予保护,劳工的境遇远远差于发达国家。在珠江三角洲,境外投资企业都是使用灵活的"劳动派遣制度"来雇佣工人。这就是说,境外投资企业不是直接与雇佣的工人签订劳动合同,而是通过中介机构派遣的方式来获得它们所需要的工人。这样,境外投资企业可以比较随意地解雇工人。一方面境外投资企业比较容易解雇工人;另一方面各地的农民又涌向珠江三角洲寻找工作,结果造成工人的工资受到压制。珠江三角洲绝大多数境外投资企业的月工资是500元至600元,不包吃住,也没有为劳工购买相应的保险。从1993年到2005年,珠江三角洲境外投资企业劳工的月工资只增长了68元,扣除物价上涨因素,劳工的工资水平实际上趋向下降。2006年以来,由于农村经济的发展和珠江三角洲工资的低下,到珠江三角洲寻找工作的农民减少,终于出现了"民工荒"。2006年8月,位于珠江三角洲的东莞市政府决定,将企业职工最低工资标准调整为每人每月690元,非全日制工人小时最低工资标准为4.86元/小时。

外国直接投资不仅使东道国产生了工资收入和租金收入,而且还产生赋税收入。外国企业到东道国投资,需要按照东道国的税法缴纳赋税,从而给东道国带来赋税收入。以中国为例,2000年以来,"三资"企业,即港、澳、台商投资企业和外资企业缴纳的增值税的数额和所占比例如表17-3所示。从表中可以看到,"三资"企业缴纳的增值税在中国政府的增值税收入中稳定地占16%左右的比例。

表 17-3　中国"三资"企业缴纳的增值税　　　　　单位:亿元人民币

年份	全国的增值税收入	"三资"企业缴纳的增值税	所占比例(%)
2000	4553.17	738.88	16.23
2001	5357.13	876.37	16.36
2002	6178.39	960.87	15.55
2003	7236.54	1189.01	16.43
2004	9017.94	1508.66	16.73
2005	10792.11	1811.52	16.79
2006	12784.81	2361.95	18.47

资料来源:中华人民共和国国家统计局:《中国统计年鉴》,中国统计出版社,2006年,第282、540页。

同样也应该指出,资本的本性是追求高额的利润,跨国公司总是千方百计地利用"价格转移"的方式逃避东道国的税收。它们在一些赋税很低的"避税地"建立名义公司,然后采用内部贸易的形式,由设在某一个国家的子公司低价向该名义公司出售产品,再由该名义公司高价向设在另一个国家的子公司出售产品,从而逃避了这两个国家的税收。

如果仅从收入的角度来看,正如前面分析所证明的,外国直接投资将会增加东道国的收入。但是,如果将收入的概念引申到福利,并将福利理解为包括收入在内的各种经济利益,那么瑞斯的研究值得注意。瑞斯(A. B. Reis)指出,假定外国投资者能够以比东道国投资者更低的成本生产新产品,东道国基本上退出新产品的研究与开发领域,那么即使外国直接投资导致国内生产总值的增长对东道国的福利存在正效应,由于外国投资者获得了利润,外国直接投资仍有可能导致东道国福利的下降。只有当东道国生产能力的提高可以弥补利润的损失时,外国直接投资才有可能增加东道国的福利。瑞斯还指出,随着外国产品对东道国产品替代的加强,将会产生一种创造性毁灭效应(creative destruction effect),外国投资挤出了东道国投资。[1]

另外,在分析外国直接投资对东道国收入的影响时,还涉及这样一个问题:外国直接投资增加了东道国的资本存量,它是否会减少东道国的资本收益和增加东道国的劳动收益,从而导致收入分配的变化?

麦克杜格尔(G. D. A. MacDougall)曾经在《经济记录》季刊上发表了题为"对外私人投资的收益和成本:一种理论探索"的论文,利用标准的新古典学派的分析方法,分析了外国直接投资对东道国收入分配的影响。他假定竞争是完全的,就业是充分的,国际收支是均衡的,贸易条件不变,规模收益不变,没有外部效应,没有政府税收,然后根据资本边际产量递减规律,得到资本边际产量随着资本存量的增加而减少的结论,如图 17－2 所示。

在图 17－2 中,GL 曲线是资本边际产量曲线。假定原来的资本存量是 AC,其中 AB 是国内投资形成的资本存量,BC 是外国投资形成的资本存量。这样,国内资本存量的利润是 FEBA,外国资本存量的利润是 EDCB,工资额是

---

① A. B. Reis,"On the Welfare Effects of Foreign Investment",*Journal of International Economics*,2001,54,pp.411-427.

GDF。现在外国直接投资从 BC 增加到 BM,由于资本存量增加,资本边际产量下降,国内资本的利润减少到 HJBA,外国资本的利润从 EDBC 变化为 JLMB,工资额增加到 GLH。但是,在工资额 FDLH 的增加中,FEJH 来自国内资本利润的减少所转移的收益,东道国的净收入是 EDLJ。外国资本减少了 EDKJ 的利润,但增加了 KLMC 的利润。[①]

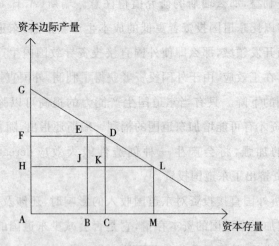

图 17-2　外国直接投资对东道国收入分配的影响

麦克杜格尔的分析得到了两个结论:第一,外国直接投资带来了东道国收入分配的变化,它减少了资本的收入,增加了劳动的收入。第二,在外国直接投资带来的收入变化中,东道国的收入少于外国资本的收入。

对于麦克杜格尔的分析,胡德做了如下评价:首先,麦克杜格尔的分析是在东道国没有征收赋税的条件下进行的,假定东道国对外国企业征收的税率是 t,如果只考虑外国资本增加的直接投资 CM,那么外国资本的税后利润将减少到 1-t(KLMC),东道国的赋税收入增加 t(KLMC)。其次,麦克杜格尔的分析是在没有外部效应和不存在规模经济的条件下进行的,如果外国企业的知识和技术对

①　G. D. A. MacDougall,"The Benefits and Costs of Private Investment from Abroad:A Theoretical Approach",*Economic Record*, 36, 1960, pp. 13-35.

东道国的企业产生正的外部效应,如果外国企业引进的生产方法能够促进规模经济,东道国的收入将增加。再次,麦克杜格尔的分析是在完全竞争的条件下进行的。但是,外国企业在东道国具有垄断优势。这样,外国企业的成本优势可能没有以降低价格的方式转移给东道国的消费者,也没有以提高工资的方式转移给东道国的劳动者,而是增加了外国企业的利润。胡德的结论是:"总体上说,这一模型的种种预示是十分模糊的。这种研究方法也有相当的局限性,特别是在分析对外投资动态力量时,这种比较静态的分析方法不是十分有用。"①

胡德的评价是比较中肯的。但是,如果将讨论的问题集中在外国直接投资是否会减少东道国的资本收益和增加东道国的劳动收益,那么笔者认为还需要在下述两个方面进一步探讨:

首先,麦克杜格尔的分析是在东道国的投资机会基本趋向于饱和的条件下才可能有效。正因为这样,资本存量的增加才会导致资本边际产量的下降。这种条件在某些发达国家的某段时期里是存在的,但是在发达国家的一般情况下以及在发展中国家是不存在的。就发达国家而言,它们的资本确实比较充裕。但是,在经济全球化的条件下,它们的资本以直接投资和证券投资的方式大量流出本国,国内的投资机会并不会趋向于饱和。以最发达的国家美国为例,它是资本流出最多的国家,也是资本流入最多的国家,美国的资本边际产量并没有出现明显的下降趋势。就发展中国家而言,它们的资本比较缺乏,投资机会很多,外国直接投资并不必然导致利润率下降。

其次,麦克杜格尔的分析是在东道国处于充分就业状态而且劳动制度比较完善的条件下才可能有效。正因为这样,资本存量的增加才会导致资本边际产量的下降和劳动工资的增加。但是,对于广大的发展中国家来说,随着经济的发展,农村的人口不断向城市转移,劳动力的供给比较充裕。另外,发展中国家为了引进外国直接投资,难以通过制定严格的劳动制度来充分保护劳动者的利益。在这样的条件下,外国资本在资本本性的推动下,采取各种方法压低工人的工资,从而使劳动者的工资没有得到应有的提高。

---

① 胡德等:《跨国企业经济学》,叶刚等译,经济科学出版社1994年版,第224页。

根据上面的分析可以得到这样的结论:对于发展中国家来说,外国的直接投资在一般的情况下不会导致资本收益的减少和工资收益的增加。

二、外国直接投资对东道国经济长期的正面影响

　　外国直接投资对东道国经济长期的正面影响主要体现在增进了东道国的生产能力和提高了东道国的普通技术水平。

　　1.外国直接投资对东道国生产能力的影响

　　严格地说,生产能力包括物质资本生产能力和劳动者生产能力,它不仅涉及资本、劳动,而且涉及技术。由于生产能力涉及面较广,这里主要分析物质资本的生产能力。

　　在现实的统计分析中,投资品包括资本品、房屋和存货,所谓投资是指资本品的生产,即资本品和房屋的更新和增加以及存货的增加。资本品和房屋的更新称为更新投资,资本品、房屋和存货的增加称为净投资,总投资等于更新投资加上净投资之和。在投资品中,资本品和房屋又称为固定资产,对资本品和房屋的投资称为固定资产的投资。物质资本的生产能力主要是通过对固定资产的投资形成的。从直观上看,外国直接投资增加了东道国的资本形成,从而增进了东道国的生产能力。

　　根据联合国贸易与发展委员会的统计,外国直接投资对东道国的资本形成,从而在生产能力的提高中发挥了重要作用。从 1991 年到 1996 年,世界直接投资流入量与世界总资本形成的比例平均为 4.4%。1996 年到 2005 年各年的情况如表 17-4 所示。

表 17-4　世界直接投资流入量与世界总资本形成的比例　　　　单位:%

年份	1996	1997	1998	1999	200
比例	5.9	7.5	10.9	16.5	20.8
年份	2001	2002	2003	2004	2005
比例	12.8	12.2	7.7	8.2	9.7

资料来源:UNCTAD,*World Investment Report 2003*, United Nations, New York and Geneva,1997-2006.

在各种类型的东道国中东南欧国家和俄罗斯外国直接投资在本国资本形成中起的作用最大,发展中国家次之,发达国家最小,表 17 - 5 说明了这一点。

表 17 - 5　外国直接投资流入量与本国固定资本形成的比例　　　单位:%

年　份	2004	2005	2006
发达国家	6.6	9.3	11.8
发展中国家	12.9	12.6	13.8
东南欧国家	20.7	16.1	20.8

资料来源:UNCTAD,*World Investment Report*, United Nations, New York and Geneva, 2007, pp. 259-268.

外商直接投资在中国的资本形成和生产能力的提高中也发挥了作用。据联合国贸易和发展委员会 2007 年《世界投资报告》中估计,2004 年至 2006 年外商直接投资流入量对中国固定资产投资的比例分别为 8.0%、8.8%、8.0%。① 但是,外商直接投资并不是全部形成固定资产。表 17 - 5 说明了外商投资形成的固定资产在中国固定资产形成中所占的比例。在表 17 - 6 中,外商包括中国香港、中国澳门、中国台湾和外国投资的企业。港、澳、台是中国的一部分,但它们是不同的经济体,在这里也看作是境外的经济体对中国内地的直接投资。从表中可以看到,外商在中国的固定资产投资所占的比例接近 5%。这意味着在现实的中国经济中,如果固定资产投资的效率是相同的,中国每年形成的生产能力接近 5% 是外商投资形成的。

表 17 - 6　外商在中国的固定资产投资　　　单位:亿元人民币

年　份	2001	2002	2003	2004	2005	2006
全　国	37213.49	43499.91	55566.61	70477.40	88773.60	109998.20
外　商	1730.73	2084.98	2599.40	3285.70	3978.80	4334.30
所占比例(%)	4.7	4.8	4.7	4.7	4.5	3.9

资料来源:中华人民共和国国家统计局:《中国统计年鉴》,中国统计出版社,2003,第 185 页,2005,第 187 页,2007,第 187 页。

---

① UNCTAD,*World Investment Report*, United Nations, New York and Geneva, 2007, p. 267.

但是,外国直接投资对东道国生产能力的实际影响并不一定是真正的影响。前面在分析对外直接投资对东道国就业影响的时候,曾经提到外国直接投资的"挤出效应"和"带动效应"。现在分析对外直接投资对东道国生产能力影响的时候,同样应该考虑外国直接投资的"挤出效应"和"带动效应"。

外国直接投资在形成东道国的生产能力的同时,由于它挤出了一部分东道国的直接投资,又导致东道国生产能力的减少。另外,外国对某一产业的直接投资会带动东道国和外国对相关产业的投资,从而促进东道国生产能力的提高。假定外国直接投资和东道国投资的效率是相同的,设外国直接投资形成的生产能力是 P,"挤出效应"是 X,"带动效应"是 Y,那么外国直接投资对东道国生产能力的净影响(NP)是:

$$NP = P - XP + YP \tag{17-1}$$

从公式(17-1)可以看到,如果 $X=100\%$,$Y=0$,那么外国直接投资对东道国生产能力的净影响(NP)为零。由于"挤出效应"的最大值是 100%,"带动效应"的最小值是 0,这意味着除了这种情况以外,外国直接投资对东道国的生产能力具有正面的影响。

当然,东道国或外国不同企业之间每一单位货币投资的效率,以及东道国和外国之间每一单位货币投资的效率是不同的,上面的公式还不能完全反映外国直接投资对东道国生产能力的净影响。假如外国直接投资的效率高于东道国,即使"挤出效应"是 100% 而"带动效应"是 0,外国直接投资对东道国的生产能力也具有正面的影响。

总体来看,外国直接投资促进了东道国物质资本的形成,从而导致东道国生产能力的提高。

2.外国直接投资对东道国技术水平的影响

技术是一个需要定义的概念。笔者在本书第五章中将体现在劳动力中的技术称为生产技能,将体现在物质资本中的技术称为生产技术,将技术看作是生产技能和生产技术的总和。这样,外国直接投资对东道国技术水平的影响包括对生产技能和生产技术的影响。

首先分析外国直接投资对东道国生产技能的影响。

生产技能包括研究技能开发技能、管理技能、操作技能等等。在当今的企业的竞争中，主要是核心技术的竞争。因此，对于企业来说，核心技术是高度的商业秘密。大量事实表明，即使发达国家跨国公司对发展中国家直接投资，核心技术的研究与开发部门往往设在母国。在核心技术产品化以后，再通过跨国公司的内部贸易转让给发展中东道国的子公司。发达国家直接投资无助于发展中东道国核心技术研究与开发技能的提高。

但是，在发展中国家跨国公司对发达国家直接投资中，特别是在学习型的直接投资中，发展中国家的跨国公司不得不将核心技术的研究与开发部门设在发达国家，以借助于发达国家的研究与开发人员。这样，发展中国家的跨国公司得到了核心技术的所有权，而发达国家则增加了核心技术研究与开发技能的积累。

当然，发达国家跨国公司也会在发展中东道国设立研究与开发部门，并雇佣发展中国家的研究与开发人员。但这些部门研究与开发的并不是核心技术，而是根据东道国的实际情况对产品的式样、性能等进行改良。在这种情况下，发展中东道国可以获得非核心技术的研究与开发技能。

由此可见，发达国家的跨国公司对发展中国家的直接投资一般不会导致发展中国家核心技术研究与开发技能的提高，但可以导致发展中国家非核心技术研究与开发技能的提高。发展中国家跨国公司对发达国家的直接投资则导致发达国家核心技术研究与开发技能的提高。

核心技术是可以保密的，但是管理方法和操作方法是难以保密的。尽管外国母公司可以在子公司的关键部门派驻管理人员，或者在关键的岗位派驻操作人员，即使东道国的管理人员或操作人员学不到最重要的管理方法或操作方法，但东道国仍然可以学到大量的管理方法和操作方法。因此，外国直接投资有助于东道国管理技能和操作技能的提高。

例如，一个显而易见的例子是：在发达国家大规模地对中国的轿车行业进行直接投资以后，不但使中国形成了庞大的掌握汽车制造技能的劳动力大军，而且还造就了一支掌握现代轿车经营理念和方法的管理人员队伍。但是，另一个例子也显而易见：在外商投资企业集中的中国珠江三角洲和长江三角洲地区，数以百万计算的工人所从事的是简单的操作，他们并没有获得多少技能。

因此，外国的直接投资，特别是发达国家对发展中国家的直接投资，可以导致东道国管理技能和操作技能的积累，但不能过高估计这种管理技能和操作技能的积累。

其次分析外国直接投资对东道国生产技术的影响。

生产技术和生产技能是有区别的。生产技能是研究、开发和运用技术进行产品生产的能力，生产技术则是通过研究和开发获得的关于产品生产的工艺或方法的成果。另外，生产技术本身从高到低可以划分为不同的类型，至少可以划分为核心生产技术和非核心生产技术。以轿车的生产为例，它包含了许多技术，如模具制造技术、底盘悬挂技术、车身喷漆技术、车体焊接技术等，但核心的技术是发动机和变速器制造技术。

由于发达国家掌握着先进的生产技术，从生产技术的角度看，发展中国家的企业对发达国家直接投资主要是要学习生产技术。因此，要讨论外国直接投资对东道国生产技术的影响，应该主要讨论发达国家的直接投资对发展中国家生产技术的影响。正如前面在分析生产技能的时候所指出的，生产技术是关系到企业竞争力的商业秘密，跨国公司是不会以对外直接投资的方式来培育自己的竞争者的。越是高端的生产技术，就越是保密。

从现实情况来看，发达国家的母公司向发展中国家子公司转移生产技术主要有两种方式：一种方式是采用收取特许费和许可证费的方式，另一种方式是规定子公司必须购买母公司昂贵的机器设备、中间产品、技术服务等。对于掌握生产技术的发达国家企业来说，销售生产技术的边际成本接近于零。但是对于没有生产技术的发展中国家企业来说，获得生产技术的边际成本很大。因此，生产技术的转移价格是垄断价格，它的高低取决于母公司如何从子公司的产品销售中获得最大利润。

虽然不论设在发展中国家的子公司是合资公司还是独资公司，都是主要由东道国的技术人员、管理人员和生产工人进行生产，但是母公司可以采取严格保密的方式来防止东道国技术人员掌握核心的技术。对于低端的生产技术，母公司可以采用收取特许费和许可证费的方式转让，对于中、高端的生产技术，母公司通过提供关键零部件或中间产品的方式转让。这样，发达国家直接投资有可能使东道国学到低端的生产技术,但不可能使东道国学到中端的甚至是高端的生产技术。

　　值得注意的是,发达国家母公司向设在发展中国家的子公司转让生产技术是为了占领东道国的市场,它们除了通过生产技术转让获得高额利润,又通过严格的保密措施来维持对生产技术的垄断以外,往往还明确限制子公司利用这些技术生产的产品的出口,以防止子公司在国际市场上形成对母公司的竞争关系。韦特索斯(C. V. Vaitsos)在20世纪70年代曾经考察过发达国家母公司对玻利维亚、哥伦比亚、厄瓜多尔、秘鲁等拉丁美洲国家子公司270个技术转让合同,其中81%的合同完全禁止子公司利用转让技术生产的产品的进口。[①]

　　以中国的轿车产业为例。改革开放以后,中国引进了几乎囊括世界上最著名的外国汽车制造商的直接投资,形成了较大规模的合资汽车企业,如上海通用、上海大众、一汽大众、一汽丰田、东风日产、北京现代、广州本田等。2007年,中国汽车产量为888万辆,已超过德国,仅次于美国、日本,居世界第三位。[②] 但是,中国的这些汽车企业仍然没有能够掌握发动机和变速器制造技术。第一汽车公司的自主品牌轿车"红旗HQ3"和"奔腾"使用的是日本汽车公司的发动机,上海汽车公司的自主品牌轿车"荣威"使用的是所收购的英国汽车公司的生产技术。倒是中国的民族汽车企业,如奇瑞、吉利、华晨,利用与外国公司联合开发方式,获得了具有完全知识产权的发动机技术。不可否认,中国的汽车公司通过与外国汽车公司合资生产汽车学到很多汽车的生产技术,否则第一汽车公司在这么短的时间里制造不出"红旗HQ3"和"奔腾"这样的中高档轿车。但同样可以肯定,中国的汽车公司仅仅通过与外国汽车公司合资生产汽车,是不可能掌握汽车制造的核心技术的。

　　中国改革开发以来,大规模引进外国直接投资的初衷之一,是以市场换技术。20多年过去了,中国引进外国直接投资的数量在发展中国家中首屈一指,

----

　　①　C. V. Vaitsos, "The Process of Commercialization of Technology in Andean Pact", in H. Radice(ed.), *International Firms and Modern Imperialism*, Harmondsworth: Penguin Books, 1975, pp. 183-214.

　　②　参看中国汽车网:http://www.qiche.com.cn。

但是中国并没有从引进外国直接投资中获得多少先进的技术。由此可见,外国直接投资可以使东道国得到一般的生产技术,但不可能得到核心生产技术。

第二节　外国直接投资对东道国经济的负面影响

一、外国直接投资对东道国市场结构的影响

虽然外国直接投资给东道国带来一定的经济利益,但同时也给东道国经济产生不利的影响。从目前的情况来看,外国直接投资主要是发达国家对发达国家的直接投资以及发达国家对发展中国家的直接投资。因此,本节主要从这两种直接投资,特别是从发达国家对发展中国家的直接投资的角度来讨论外国直接投资对东道国经济的负面影响。

在前面第十三章的分析中已经指出,发达国家的企业所以对外直接投资,是因为它对东道国具有优势,这种优势包括技术上的、资金上的、管理上的、市场上的优势。因此,发达国家的企业对外直接投资有可能影响东道国的市场结构,在东道国市场上形成垄断。但是,应该指出,外国企业在东道国是否形成垄断,取决于下述因素:第一,进入东道国的外国企业的数量。即使东道国的某个产业被外国企业所控制,也不意味着这个市场是一个垄断的市场。如果进入的外国企业众多,它们彼此之间将展开竞争,这个市场仍然是竞争的市场。只有该产业被少数几个外国企业所控制,这些企业利用各种方式瓜分市场,这个市场便成为寡头垄断的市场。第二,东道国企业的竞争力。即使东道国的某个产业只有少数几家外国企业,但如果东道国的企业具有较强的竞争力,哪怕只有一、二家企业,外国企业也难以形成垄断。第三,东道国的司法体系。如果东道国拥有严密的立法和执法体系,它可以利用法律限制市场垄断,外国企业也难以形成垄断。一般来说,发达国家经济发展水平较高,同行业企业的竞争力较强,再加上有各种

反垄断法的限制,外国直接投资形成对市场垄断的可能性较小。发展中国家经济发展水平较低,同行业企业的竞争力较弱,再加上法律法规不健全,外国直接投资形成对市场垄断的可能性较大。

对跨国企业进行过深入研究的胡德指出:跨国企业"在发达国家建立子公司同在发展中国家建立子公司也是有区别的。在发展中国家,跨国企业几乎没有遇到当地的有效竞争,跨国企业潜在的垄断力量可能确实是很可怕的。在这种情况下,跨国企业可能会进行一系列会导致增加利润、降低效用、提高成本、建立进入障碍等各种活动……另一方面在发达的东道国,情况则会不同。跨国企业的进入可能产生这样的效应:解体相互默契的寡占市场结构,从而达到刺激竞争和效率。但是,此后,由于该子公司比当地企业具有某些有利条件,它的市场份额日趋增加。如果这个子公司最终接任该行业的市场头领角色,那么,它将可能使用其市场力量从事限制性活动,建立进入障碍"[1]。

发达国家企业的直接投资一旦在东道国形成市场垄断,将长期对东道国经济产生极为不利的影响。跨国公司制定的垄断价格损害了东道国消费者的利益,使大量的本来消费者得到的福利转变为跨国公司的垄断利润。跨国公司建立的进入限制排斥了本国企业或外国企业的竞争,导致经济效率的损失和该行业的停滞不前。跨国公司确立的垄断地位减弱了企业创新的动力,造成技术进步缓慢和生产成本上升。

外国直接投资对东道国市场结构的影响,早在 20 世纪 70 年代就在拉丁美洲国家显现出来。根据纽法曼(R. S. Newfarmer)和米勒(W. F. Mueller)的调查,在巴西和墨西哥,跨国公司的垄断地位十分明显。1972 年,在墨西哥,在 300 家最大的制造业企业中,外国跨国公司的子公司占了 50%。在集中程度最高的行业里,跨国公司子公司的销售量占了总销售量的 71%。外国跨国公司子公司的销售额在墨西哥总销售额的比例从 1962 年的 20% 上升到 1970 年的 28%。同样,在巴西,在 100 家最大的制造业企业中,外国跨国公司的子公司占了 59 家。在外国跨国公司占有优势的行业里,由 4 家最大的企业所占有的市场份额

---

① 胡德等:《跨国企业经济学》,叶刚等译,经济科学出版社 1990 年版,第 236 页。

是 54%。外国跨国公司子公司的销售额在巴西总销售额的比例从 1966 年的 13% 上升到 1970 年的 20%。纽法曼和米勒得到的结论是：巴西和墨西哥的工业正在逐步走向非民族化，并已经产生了削弱这两个国家经济主权的影响。①

中国引进外国直接投资比拉丁美洲国家晚得多，但中国也开始感受到跨国公司子公司逐渐形成的市场垄断的影响。

中国与其他发展中国家一样，遭受着发达国家跨国公司垄断价格之害。数码相机的垄断价格是其中一个极为普通的例子。长期以来，中国的企业没有能够掌握数码相机的生产技术，中国的数码相机市场主要被发达国家的企业，特别是被日本企业所垄断，如索尼、佳能、尼康、富士等。发达国家的企业一方面通过国际贸易的方式在中国销售数码相机；另一方面通过直接投资的方式在中国生产和销售数码相机。但是，不论采用什么方式，发达国家的跨国公司都维持着数码相机的垄断价格。2005 年和 2006 年，中国华旗资讯公司接连推出 800 万像素的爱国者 V815 数码相机以及 1000 万像素的爱国者 V1000 数码相机。这是由中国人自己研发、自己制造、具有自主品牌的高像素数码相机。爱国者数码相机的出现打破了跨国公司的垄断，导致日本品牌的数码相机价格大幅度下降，平均下降幅度约 42%，达 1000 元人民币。如果按日本品牌数码相机每年在中国销售 400 万台计算，爱国者数码相机的产生使中国的消费者少支出了 40 亿元人民币。请注意，如果不是爱国者数码相机的出现，这 40 亿元人民币原来是发达国家跨国公司垄断利润的一部分！但是，应该指出，在中国还有许多生产部门并没有出现像爱国者数码相机这样的民族品牌的产品，跨国公司从中得到了多少垄断利润就可想而知了。

发达国家的跨国公司为了确立在发展中的东道国的垄断地位，将会千方百计抑制东道国的民族企业。消除东道国的民族品牌，就是跨国公司排斥东道国企业竞争的一种方法。中国 20 多年来在引进外国直接投资的过程中，对这种手

---

① R. S. Newfarmer and W. F. Mueller, *Multinational Corporations in Brazil and Mexico: Structural Sources of Economic and Non-economic Power*, Report Prepared for the Subcommittee on Multinational Corporations of Senate Foreign Relations Committee, Washington: U. S. Government Printing Office, August 1975.

段已经深有感受。

　　跨国公司消除中国民族品牌的方法之一是收购与兼并。跨国公司或者利用资金上的优势高价收购效益良好的拥有著名品牌的中国企业,或者利用有利的时机低价收购发生困难的拥有著名品牌的中国企业,然后让这些品牌在中国市场上消失。例如,美国柯达公司出巨资在1998年收购中国厦门、汕头两家胶卷生产企业,消除了"福达"和"公元"两个知名品牌,使中国感光材料行业原有的三个民族品牌只剩下"乐凯"。接着,柯达公司也想用同样的方法消除"乐凯"品牌。由于乐凯公司坚持对公司的控股权,柯达公司在2003年只获得乐凯公司20%的股权,才使中国感光材料行业"乐凯"这个唯一的民族品牌保留下来。

　　跨国公司消除中国民族品牌的方法之二是合资生产。跨国公司往往提供各种有利的条件,与拥有著名品牌的中国企业组成合资企业,然后努力推销自己品牌的产品。接着,跨国公司再用减少广告支出、提高产品价格,降低产品质量的方法使原有的中国品牌逐渐从中国市场消失。例如,可口可乐公司和百事可乐公司与中国七大碳酸型饮料企业合资后,新产品一律使用"可口可乐"和"百事可乐"的品牌,老产品仍用中方原有的牌子但不予宣传、不予改进质量,使中方七个碳酸型企业的品牌销声匿迹。目前,在中国碳酸型饮料市场上,只有"健力宝"这个民族品牌在艰难维持。

　　跨国公司消除中国民族品牌的方法之三是价格竞争。跨国公司对于既不能收购也不能合资的中国企业,就用降低价格的方法将拥有著名品牌的中国企业逼向绝境。例如,在美国柯达公司和日本富士公司无法消除中国感光材料行业唯一的民族品牌"乐凯"的情况下,双双降低"柯达"胶卷和"富士"胶卷的价格,以远低于本国的价格在中国的市场上销售胶卷,以排斥中国乐凯公司的竞争。

　　在跨国公司消除了东道国的民族品牌以后,它们在东道国的市场上便可以确立自己品牌的垄断地位。在这种情况下,东道国的企业要在这些行业里重新建立企业已经变得十分困难了。

　　当然,并不是进入中国的跨国公司都在形成对市场的垄断。例如,在中国的轿车市场上,原来只有第一汽车制造厂生产的"红旗"轿车和上海汽车制造厂生产的"上海"轿车。由于技术落后规模狭小,这两家制造厂生产轿车的成本很高。

20 世纪 90 年代以后,中国引入外国汽车企业的直接投资。面对中国这样一个巨大的轿车市场,世界各大轿车制造商蜂拥而至,在中国大规模地进行轿车企业的投资。外国企业彼此之间激烈的竞争使中国轿车的市场价格持续下降,许多中国人已经买得起汽车。但是,应该指出,中国轿车市场价格的下降既与外国企业的竞争有关,也与中国民族企业如奇瑞汽车公司、吉利汽车公司的竞争有关。如果不是中国民族汽车企业不断降低轿车的市场价格,外国汽车公司仍然会以默契的方式控制轿车的市场价格,轿车价格下降的速度和幅度不会这么快和大。中国汽车民族企业有能力生产中低档轿车,中国中低档轿车的市场价格与发达国家差别很小。中国汽车民族企业没有能力生产高档轿车,即使进入中国众多的外国企业都有能力生产高档轿车,它们的竞争也未能消除中国高档汽车市场价格与发达国家的巨大的差异。虽然中国汽车民族企业远不及外国轿车企业,但中国的轿车市场肯定不是垄断的市场。

二、外国直接投资对东道国企业结构的影响

外国直接投资对东道国企业的所有权结构产生直接的影响,它将增加非东道国所有的企业,改变着东道国所有和非东道国所有的企业的比例。如前所述,外国直接投资有两种基本的形式:一种是设立新的企业,另一种是兼并和收购原有企业。从静态来看,如果外国直接投资采用兼并和收购东道国原有企业,它对东道国企业结构的影响更大。它在减少东道国所有的企业的同时增加非东道国所有的企业。

外国直接投资对东道国企业所有权结构的影响体现在东道国国民生产总值(GNP)和国内生产总值(GDP)的差异上。外国直接投资企业所生产的产值表现在 GDP 上,但不表现在 GNP 上。当然,东道国并不是没有从本国 GDP 的增加得到利益。正如前面分析外国直接投资对东道国收入影响的时候所指出的,东道国从本国 GDP 的增加中获得了部分收入。东道国企业所有权结构变化对东道国经济的不利影响,并不是在 GDP 增加的同时 GNP 没有相应增加,而是表现在下述方面:

第一,资本是唯利是图的,在资本主义经济条件下,外国资本和国内资本都是如此。但是,外资企业和国内企业的国民归属感是有差异的。国内企业是国内公民所有的企业,它或多或少具有社会意识和社会责任。另外,国内生产资本在国内不同的行业之间具有一定的流动性,但在不同的国家之间流动性则很弱。外国企业是非国内公民所有的企业,它对东道国的责任感很弱而国际流动性则很强。这样,如果在东道国企业所有权结构中非东道国所有的企业占了较大的比例,它将对东道国经济稳定性造成不利影响。例如,假定东道国发生较为严重的经济衰退,只要外国企业判断在一定的时期内无利可图,它们将会将资本撤出东道国,从而加剧了东道国的经济衰退。

第二,任何国家的政府为了保持经济的稳定发展,或多或少都通过宏观财政政策和宏观货币政策对经济进行调节和控制。任何跨国公司为了获得最大利润,都从全球的视角制定企业的发展战略。设在某个国家的子公司不是根据东道国的经济而是根据母公司的全球目标来做出它们的投资、财务、生产、销售决策。这样,跨国公司的目标可能经常与东道国政府的目标发生冲突。例如,在通货膨胀时期,东道国政府将利用收缩性的财政政策和货币政策来抑制价格水平的上升,但是设在该国的子公司按照母公司全球目标可能是扩大投资和生产。该子公司将绕开国内资本市场从国际资本市场融通资金,并在东道国扩大投资和生产,从而助长了东道国的通货膨胀。因此,东道国企业所有权结构将影响东道国政府宏观经济政策的效果。

第三,外国直接投资所导致的东道国企业结构变化还有可能产生一种可怕的不利影响,就是使东道国失去经济的自主性。不难设想,当非东道国所有的企业在东道国占有的比例越来越大时,东道国的经济自主性将越来越弱。如果一个国家的经济自主性在减弱,那么它的政治自主性势必在减弱。跨国公司来东道国直接投资,不是为了施善,而是为了利润。当它们在东道国建立了企业以后,它们将千方百计地维护和增进它们的经济利益。如果一个国家的经济依赖于外国资本,那么它将不得不在各种政策如税收政策、贸易政策、投资政策屈服于外国资本,它就失去了政治的自主性。这样的国家不可能从外国的直接投资中得到经济利益,而只能成为外国的经济附属国。

跨国公司的固有特征与东道国的目标并不是一致的，甚至是冲突的。胡德曾经指出跨国公司的特征给东道国带来的问题，以及对东道国目标的影响，如表 17 - 7 所示。他认为，东道国对跨国公司的政策取决于该国对这些目标的重视程度。[①]

表 17 - 7　跨国公司的特征对东道国目标的影响

跨国公司的特征	给东道国带来的问题	受到影响的东道国的目标
大型,多样化	垄断行为	效率、公平
多国性	绕过东道国的政策	公平、主权
外国企业	丧失自主权	主权
私人企业	资本主义组织	效率、主权、公平
先进技术	技术依赖	效率、主权
流动性	就业水平不稳定	主权、公平、效率

资料来源:胡德等:《跨国企业经济学》,叶刚等译,经济科学出版社 1994 年版,第 296 页。

在中国的经济学界,有的经济学者有意无意地迎合发达国家跨国公司的需要,否认跨国公司可能产生的损害东道国经济主权的不利影响,否认民族企业存在和发展对一个国家经济的意义。但是,在世界上对外直接投资最多的发达国家美国,连纽法曼和米勒这两位并非发展中国家经济利益捍卫者的经济学者,在1975 年提交给美国国会的报告中都说出这样中肯的话:"外国投资者的市场占有过分集中,导致了由少数几家企业作出关键性的经济决策,这样就会产生为经济和非经济目标而采取共同行动的组织可能性。"[②]作为身处发展中国家中国的那些学者,难道还不为之汗颜吗?

应该指出,在当今的世界上,国家还存在,民族还存在。国家与国家的利益会发生冲突,民族与民族之间的利益也会发生冲突。一个丧失了经济自主权和政治自主权的国家或民族将是一个怎样的结局是不言而喻的。在经济全球化的

[①]　胡德等:《跨国企业经济学》,叶刚等译,经济科学出版社 1994 年版,第 297 页。

[②]　R. S. Newfarmer and W. F. Mueller, *Multinational Corporations in Brazil and Mexico*: *Structural Sources of Economic and Non-economic Power*, Report Prepared for the Subcommittee on Multinational Corporations of Senate Foreign Relations Committee, Washington: U. S. Government Printing Office, August 1975, p. 152.

条件下,任何一个国家都不应该拒绝外国直接投资。但是,在国家没有消亡的条件下,任何一个国家都应该扶持民族企业。所谓民族企业是指本国公民所有的,或者是本国公民所控股的,本国公民掌握有核心技术并拥有自己品牌的企业。

三、外国直接投资对东道国经济利益的影响

外国资本的本性是获取高额利润,这种追求利润的冲动必然与东道国的经济利益发生冲突。转移定价就是跨国公司常用的以损害东道国经济利益来增加利润的一种方式,它是指利用内部贸易的形式通过调整子公司产品的买入价和卖出价来转移资金和利润的定价方法。转移定价可以实现多种目的。例如,通过转移定价逃避东道国的税收。跨国公司某子公司 A 可以通过高价买入另一家子公司 B 的中间产品,低价向该家子公司 B 卖出中间产品或最终产品,将其利润从子公司 A 转移到子公司 B。如果子公司 B 设在避税地,跨国公司便逃避了子公司 A 所在国的公司利润税。又如,通过转移定价逃避东道国的管制。某些国家对跨国公司汇出利润进行一定的管制,跨国公司可以让子公司高价买入母公司的中间产品,低价向母公司卖出中间产品或最终产品,将利润转移到母公司。再如,通过转移定价进行外汇投机。跨国公司可以让设立在货币疲软国家的子公司高价买入设立在货币坚挺国家的公司的中间产品,低价向该公司卖出中间产品或最终产品,将利润转移到设立在货币坚挺国家的公司。这些做法都会在不同程度上损害了东道国的经济利益。

跨国公司转移定价的方法早就引起经济学者和东道国政府的注意,并产生了很多研究成果。拉奥曾经研究了跨国公司设在哥伦比亚的子公司转移定价的做法。在 1967 年至 1970 年间,这些子公司从外国进口产品的价格大大高于国际市场的价格,其中药品高 155%,橡胶高 54%,化学制品高 25%,电器零部件高 54%。[①] 美国财政部在 1973 年曾经对美国跨国公司通过再分配国外收入来逃

---

① S. Lall,"Transfer Pricing by Multinational Manufacturing Firms",*Oxford Bulletin of Economics and Statistics*,35,1973,pp. 173-195.

避税收进行了调查,发现在 871 个调查的事例中有超过 50% 的事例存在着这种再分配的活动,仅商品贸易一项由于再分配所导致的买卖价格与市场价格的偏离达 31250 万美元。①

四、外国直接投资对东道国经济安全的影响

任何主权国家都关注国家安全问题。国家安全是指保证国家利益不受外国势力的损害,其内涵随着时代的发展而不断丰富。在第二次世界大战以后,随着社会主义和资本主义两大阵营的形成和冷战的开始,政治和军事安全是国家安全的主要内容,即保护国家免遭政治颠覆和武装侵略的危害。但是,即使是在这个时期,经济安全也是国家安全的重要内容。在当时的情况下,所谓经济安全主要是保证本国来自海外的重要资源的供给或者本国在海外的企业的利益不受外国势力的损害。

随着冷战的结束,世界进入了以和平发展为主流的时代,经济安全上升为国家安全的主要内容。由于各国的经济特点和经济地位不同,各国对经济安全的理解也不同。美国是科技和经济强国,在海外有着广泛的利益。美国政府在 20 世纪 90 年代对经济安全的理解是:第一,保护国内企业和市场不受进口增长的冲击和外国资本的控制;第二,保护美国企业在海外的经济利益不被所在国家所损害;第三,保障能源等战略资源的海外供给来源畅通无阻;第四,保护美国的知识产权不受外国的损害;第五,保障海上和空中贸易通道的安全和计算机网络等基础设施的安全。日本是一个缺乏自然资源的国家,它始终把保障海外自然资源稳定供给作为经济安全的核心内容。然而,不论各国对经济安全如何理解,经济安全的基本含义是保护本国的经济利益免受外国势力的损害。

随着时代的发展,国家安全的内容也在不断地扩大。美国在 1998 年 7 月 1 日正式启动的国家安全战略研究,已经把政治安全、经济安全、军事安全、社会安

---

① G. F. Kopits, "Taxation and Multinational Firms Behavior: A Critical Survey", *International Monetary Fund Staff Papers*, 23, No. 3, November 1976b, pp. 624-673.

全和技术安全作为国家安全的内容。所谓社会安全是保护本国社会不被外国黑社会势力所侵害,以及保护本国社会不被外国毒品所侵蚀。所谓技术安全是保护本国的先进技术不被外国所窃取,以及保护本国的计算机网络不被外国所破坏等等。

应该指出,国家经济安全与国家经济稳定不是同一个概念。安全本身的意思是没有危险,或不受威胁,或不出事故。但是,国家经济安全不是一般地指保证本国经济不出现动荡,它本身有着明确的涉外含义,即保证本国经济不受外部威胁。例如,1946 年,美国政府颁布了"就业法案",决定承担缓和失业和保持经济稳定的责任。这是一项以立法的形式确定的保持经济稳定的政策,但这并不是一项保证国家经济安全的方案。只有在国内经济的稳定受到了外部的威胁时才产生国家经济安全的问题。另外,国家经济安全是一个宏观的概念。当本国某个行业的利益受到外国势力的损害,或者整个国民经济受到外国势力的影响,才产生国家经济安全的问题。

正如前面的分析所指出的,由于发达国家的企业具有某种优势,当它们对外国直接投资时,有可能在东道国的某些行业形成垄断。如果东道国的这些行业是国家的重要部门,就会导致外国资本对东道国经济命脉的控制,从而出现东道国经济利益遭受外国资本损害的可能性,也就是产生经济安全问题。就连美国这样一个世界上最强大的科技、经济、金融、贸易大国,都将保护国内企业和市场不受外国资本控制作为经济安全的首要内容,更何况广大的发展中国家,它们更应该关注经济安全的问题。

在讨论外国直接投资的负面影响的时候,提及一下中国的"徐工收购案事件"也许是有益的。所谓"徐工"是指徐州工程机械集团有限公司(简称"徐工集团")下属的徐工集团工程机械有限公司(简称"徐工机械")。"徐工集团"成立于1989 年,1997 年被国务院批准为全国 120 家试点企业集团,属于国家 520 家重点企业。它在 2006 年实现营业收入 202.6 亿元,是中国最大的工程机械开发、制造和出口企业。"徐工机械"成立于 2002 年,注册资本 12.53 亿元,主要股东为"徐工集团",它是"徐工集团"核心企业。截至 2004 年 12 月 31 日,"徐工机械"总资产 62.99 亿元,负债 38.17 亿元。2004 年,"徐工机械"实现主营业务收入 66.74 亿元,利润总额 3.24 亿元,净利润 1.66 亿元。2005 年 10 月 25 日,"凯雷收购徐工"签约仪式在南京举行。根据合约,美国凯雷集团公司将以 3.75 亿美元的价格收购"徐工机械"85% 的股权。这个消息一传出,在中国国内引起了激烈的争论。

人们主要提出三个方面的疑问:第一,在收购国内大型企业的时候,国内竞购企业是否应该有同等的权利。在"徐工机械"接受竞购的时候,国内的三一重工股份有限公司、北汽福田汽车股份有限公司、北京首都创业集团有限公司、德隆集团机床有限公司先后表示参与竞购。但是,后来由于引进外国投资者被确定为"徐工机械"体制改革的目标,国内竞购企业被排除在外。第二,"徐工机械"是国内生产工程机械的大型企业,在国内该行业中处于举足轻重的地位。如果允许外国企业收购"徐工机械",有可能使外国企业在中国的工程机械行业中形成垄断。第三,"徐工机械"是国内重要的机械装备制造企业,属于国内的支柱产业,并与军事工业有关。如果让外国企业占"徐工机械"压倒多数的股权,将会影响中国的国家安全。笔者认为,这场争论对于中国未来开放的健康发展具有重要意义。笔者不准备具体讨论这个事件的是非,但笔者认为不应该允许外国资本收购已经在国内重要经济部门中居于重要地位的国内企业。

对外国直接投资可能给东道国带来不利影响拉丁美洲国家有着深切的感受。墨西哥经济学者萨拉斯(O. C. Salas)曾经总结了外国直接投资给拉丁美洲国家造成的后果:"第一,外国私人资本依靠母公司充裕的资金来源以及偶尔使用的母国的政治权力长久地控制了高利润的部门,它们排斥或禁止东道国资本进入这些部门。第二,外国私人资本对重要经济活动部门控制阻碍了东道国资本的形成,产生了东道国国际收支不稳定的问题。第三,外国私人直接投资在扩张时期流入而在衰退时期撤出,干扰了东道国反周期的财政和货币政策,第四,外国私人投资者以提供'有利的投资环境'的方式所谋求的东道国的让步十分过分而且没有节制的。第五,对于发展中国家来说,雇佣外国的技术人员,对所使用的专利支付费用,比起接受强大的国际财团对本国经济长期的控制,不但代价小得多,而且更符合经济独立的愿望。第六,外国私人资本不会使自己适应于东道国的发展计划。"①

第三节　对外国直接投资的政策分析

一、发达国家对外国直接投资的政策

前面的分析表明,外国直接投资既可能给东道国的经济带来有利影响,也可能给东道国的经济带来不利影响。因此,各国对待外国直接投资的政策目标是尽可能发挥外国直接投资的有利影响,抑制外国直接投资的不利影响。但是,不同的国家由于经济、政治、社会、文化的特点不同,它们对外国直接投资的政策千差万别。

一般来说,发达国家的经济发展水平较高,经济体制比较健全,法律体系比较完善,外国直接投资对它们可能产生的不利影响较小,它们对外国直接投资的限制较少。而发展中国家经济发展水平较低,经济体制不健全,法律体系不完善,外国直接投资对它们可能产生的不利影响较大,它们对外国直接投资的限制较多。在发达国家之间,有的国家的民族性比较强,对外国资本的垄断和控制具有强烈的防范心理,对外国直接投资的限制就多一些。在发展中国家之间,有的国家经济十分落后,它们更希望通过外国直接投资的方式摆脱贫困,对外国直接投资的限制就少一些。

在 20 世纪 80 年代以前,发达国家对外国直接投资已经采取比较宽松的政策,但宽松的程度有所不同。宽松程度较高的国家是美国、英国、德国、荷兰等国家,除了在某些特定产业对外国直接投资予以限制以外,它们对外国直接投资一般没有什么进入限制。宽松程度其次的国家是瑞典、挪威等国,除了在某些特定

---

① A. G. Frank, *Capitalism and Underdevelopment in Latin America*, Monthly Review Press, 1967, p. 315.

产业对外国直接投资予以限制以外,它们对外国直接投资还有进入限制,如本国居民在公司董事会必须占有多数,限制外国企业取得本国公司的股权等。宽松程度较低的国家是加拿大、法国、日本等国。它们对外国直接投资有更多的进入限制。

美国跨国公司在加拿大具有压倒性优势,加拿大担心本国成为美国的经济附属国,对外国直接投资进行比较严格的限制,如强调外国直接投资必须有助于提高本国经济效率,必须保持本国居民的企业所有权的比重,外国直接投资应该使本国用最小的代价得到最大的收益等。加拿大政府对新建外国企业或已建外国企业的扩大,需要审查它对本国经济和就业的影响、加拿大参与的程度、对加拿大技术和生产率的影响、对企业竞争的影响、与政府的政策是否一致等。

法国是一个民族性比较强的国家,除了在某些特定产业对外国直接投资予以限制以外,它还要求本国企业广泛参与外国公司的股权,规定外国企业收购本国公司其资金必须全部来自外国,外国企业在本国新建企业其资金至少有50%以上来自外国等。

日本是一个民族性更强的国家,它对外国直接投资的限制最多,有必要作为典型案例详细进行分析。

日本在1950年制定了战后第一部涉及外国直接投资的《外国投资法》。根据该法律,只有有助于日本自给自足和有助于改善日本国际收支的外国直接投资才允许进入日本。在日本外国投资委员会的严格解释和严格审查下,外国对日本的直接投资受到很大的限制。当时美国和欧洲企业的投资重点地区是欧洲,它们与日本又存在较大的文化差异,因而乐于以许可证的方式对日本投资,即与日本企业签订许可证协议,允许日本企业用所提供的技术进行生产。

到了20世纪60年代初期,日本经济迅速发展,展示了良好的市场前景,也引起外国企业的关注。但是,由于日本对外国商品的进口实行严格的关税和非关税措施,直接投资成为进入日本市场的重要途径。在这种情况下,外国企业不愿意再以许可证的方式提供技术,而要求到日本建立企业进行生产和销售。面对经济形势的变化,日本对外国直接投资的政策稍有放宽,外国企业与日本的合资企业有所增加。但是,外国直接投资必须逐项审查,全资的外国子公司仍然禁止。

日本鼓励本国商品出口限制外国商品进口以及鼓励日本企业对外直接投资限制外国企业对日本直接投资的做法引起了发达国家的反感,日本担心受到别的发达国家的报复,于 1967 年开始实行所谓"资本自由化方案"。这个方案将日本的产业区分为三种类型:第一种类型的产业是汽车、手表、电子等日本企业具有很强的竞争力的产业,可以按照自动批准的原则批准外国直接投资,外国企业允许拥有 100% 的所有权。第二类产业是日本企业缺乏竞争力的产业,外国企业只能拥有 50% 以下的所有权,超过这个比例的直接投资必须逐项审查。第三类产业是属于限制外国直接投资的产业,大约有 7 个产业,外国企业只能拥有 15% 以下的所有权,超过这个比例的直接投资必须逐项审查。在"资本自由化方案"实行以后,外国对日本的直接投资有所增加,但是增加幅度仍然有限。

1973 年,日本在"资本自由化方案"基础上调整了外国直接投资的政策,扩大了允许外国企业拥有 100% 股权的产业。但是,日本对外国直接投资还存在大量隐蔽的障碍。例如,日本有关外国直接投资的法规优异含混不清,使执行机构有更大的否决权。又如,日本建立了公平贸易委员会,将监督外国公司的垄断行为作为基本的职责。又如,日本对外国的独资企业予以限制,但外国企业与日本企业建立的合资企业矛盾重重,外国企业难以用合资的方式直接投资。①

在 20 世纪 70 年代以后,日本对外国直接投资的政策处在缓慢放宽的状态,没有发生根本的变化。进入 20 世纪 90 年代以后,日本发生金融危机,接着陷入了经济衰退。在这种情况下,日本政府希望通过外国直接投资来促进经济的复苏,于 1994 年设立了"对日投资会议",首相任主席,主管大臣任副主席。该会议通过听取国内外各方面对改善日本投资环境的意见,来考虑调整日本对外国直接投资的政策。近年来,日本相继实行了一系列放宽对外国直接投资限制的措施,在非制造业的电力、通信、金融、零售业等产业在一定程度上改善了市场准入的条件。

进入 20 世纪 90 年代以后,各个发达国家朝着继续放宽对外国直接投资的限制的方向发展,如降低对本国居民拥有股权的比例的要求,放宽外国企业收购

---

① 胡德等:《跨国企业经济学》,叶刚等译,经济科学出版社 1994 年版,第 327—330 页。

和兼并本国企业的限制等等。但各个发达国家政策宽松程度的结构基本没有什么变化。日本仍然是发达国家中对外国直接投资限制最多的发达国家。

在日本,外国直接投资还存在多种限制。首先,行政审批手续烦琐冗长,外国企业要到日本直接投资需要上交很多的资料,等待很长的时间。目前,日本对农业、林业、水产业、矿业、国防等产业的外国直接投资实行严格的限制,对化学制品、医药用品、食品等产业的外国直接投资审批仍然比较严格,但在其他产业的外国企业在汇款后向日本银行备案即可。其次,土地政策十分复杂,日本对于土地用途制定有《国土利用计划法》、《都市计划法》等多种法律。即使将已经批准土地用于商业目的也需要履行多次开发许可的申请,这样导致外国企业很难估算涉及土地的直接投资的成本与进度。再次,对外国企业人员到日本的资格限制。日本政府的签证审查十分严格。对于外资企业,要求必须雇用两名以上日方人员才能向外方人员发放签证。对于外方派来日本工作的技术人员,要求具有大学毕业以上学历并有 10 年以上实际工作经验。对于外国企业内部调整来日本工作的职员要求转换岗位前要连续在该企业工作一年以上。正因为这样,相对于对外直接投资来说,日本是引进外国直接投资较少的国家。从 1991 年到 2002 年,发达国家直接投资流入量与直接投资流出量的平均比率是 0.79:1,美国是 1.10:1,德国是 0.75:1,英国是 0.55:1,而日本只是 0.16:1。①

据报道,日本政府决定在 2006 年 6 月召开的"对日投资会议"上制定"促进对日投资计划"。这一计划包括放宽对外国企业在日本投资的限制,制定减免外企赋税政策,允许外国企业采用股票交换形式收购日本企业,为外国企业提供各种支持与合作等等。

对日本接受外国直接投资的政策存在着不同的意见。有的学者认为,日本对外国直接投资的限制抑制了外国的直接投资,日本经济没有充分得到外国直接投资的利益。但是,也有的学者认为日本对外国直接投资的政策用最小的代价得到最大的利益。胡德写道:"日本的事例引起人们极大的兴趣,它表明,一个

---

① 根据 UNCTAD,*World Investment Report*,United Nations,New York and Geneva,2003,p. 249、p. 253 的数据计算。

坚定的、专心致志的政府,采用一个计划周密的政策,能够从外国公司得到重大利益。"①

笔者同意胡德的看法。日本通过谨慎地引进外国直接投资得到相应的利益而又控制住相应的代价,最终依靠本国企业的发展走向经济发展的道路。单纯从引进外国直接投资的角度看,日本得到的收益肯定不是最大的,但是日本付出的代价可能是最小的。日本根据经济发展的需要适时适度地放宽对外国直接投资的限制,使它从外国直接投资得到的收益与代价之比达到最大化。日本的经验证明,即使在经济开放的条件下,一个国家不依赖于外国直接投资也可以成为世界经济强国。但是,目前还没有哪个国家的经验可以证明,一个国家可以依赖于外国直接投资而成为世界经济强国。在这里应该注意的是"依赖"二字,不依赖于外国直接投资并不意味着不引进外国直接投资,而是意味着适度利用外国直接投资。

二、发展中国家对外国直接投资的政策

联合国经济与社会理事会在 1976 年曾经概括了发展中国家对外国直接投资的政策。理事会将发展中国家划分为三种类型:第一类是大多数亚洲国家、除了北非的非洲国家、中美洲国家;第二类是大多数中东国家、北非国家;第三类是大多数南美洲国家。然后,理事会从下述方面列举发展中国家的政策:

(1)关于对外国直接投资申请的审批,第一类国家要求逐项审批,但实行与本国企业同样待遇的非歧视原则;第二类国家也要求逐项审批,但给予与本国企业不同的待遇;第三类国家对外国直接投资实现专项管理和审查。

(2)关于对外国直接投资审查的原则,第一类国家注重投资的作用,一般不进行成本收益分析,但考虑是否给予优惠;第二类国家与第一类国家相似,但与本国企业的投资区别对待;第三类国家需要进行成本收益分析,在某些情况下还考虑社会成本。

---

① 胡德等:《跨国企业经济学》,叶刚等译,经济科学出版社 1994 年版,第 330 页。

（3）关于外国企业的所有权，第一类国家一般没有硬性规定，一般没有什么产业不允许外国企业投资；第二类国家一般要求建立合资企业；第三类国家往往对外国企业拥有所有权的比例有明确的规定，有许多部门禁止外国企业直接投资。

（4）关于对外国企业的财务管理，第一类国家和第二类国家对外国企业汇出资金的限制较少；第三类国家一般规定外国企业汇出资金的限额，对付给母公司的款项专门控制，对外国提供的贷款进行审查。

（5）关于对外国企业雇佣人员的要求，第一类国家制定了本土化的政策，但没有严格实行；第二类国家规定外国企业必须雇佣本国劳动力的比例，但对雇佣本国经理人员的比例没有规定；第三类国家提出特殊的和全面的本土化的要求。

（6）关于外国企业的技术转让，第一类国家和第二类国家没有硬性的规定，第三类国家对外国企业进口的技术进行审查和注册。

（7）关于对外国直接投资的优惠，第一类国家对外国直接投资有长期的税收优惠；第二类国家对外国建立的企业给予 5 年的税收优惠，但通常不再延长优惠的时间；第三类国家将提供的税收优惠与外国企业的贡献相联系，并趋向于减少这种优惠。

（8）关于国际性纠纷的解决方法，第一类国家和第二类国家都遵守国际性纠纷仲裁法规以及地区投资法规，第三类国家遵守本国的法规以及地区协调性法规。

从 20 世纪 80 年代到现在，某些国家由于国内经济情况的变化加强了对外国直接投资的限制。例如，2006 年，泰国的金融市场发生动荡，泰国加强了对外汇的管制，这对外国直接投资将产生不利影响。随着泰国又修订了《外商经营法》，限制外商在电信、媒体、房地产等产业的控股比例。但是，从总体来看，发展中国家朝着放宽外国直接投资的限制的方向发展。

发展中国家对外国直接投资的政策走向是：第一，不断消除对外国企业进入的障碍，减少对外国企业在本国建立和经营新企业的限制。第二，实行给予外国企业与本国企业同等待遇的非歧视原则，以改善外国投资者的待遇。第三，对外国企业被国有化或被没收提供补偿，对涉及外国企业的纠纷建立处理机制，对外国企业的资金转移提供保护。第四,向外国企业提供投资机会信息,改善直接投资的管理制度和管理措施,向外国企业提供"投资后服务"。[1]

发展中国家倾向于更多地吸引外国直接投资的标志之一是通过签订投资协议的方式来改善投资环境。投资协议主要有两种类型:一种是双边协议(Bilateral Investment Treaty,简称 BITs),另一种是双重征税协议(Double Taxation Treaty,简称 DTTs)。非洲国家在 2003 年、2004 年、2005 年签订的 BITs 分别为 35、33、21,签订的 DTTs 分别为 9、15、17。到 2005 年底,累积的 BITs 达到 660,DTTs 达到 436。亚洲和大洋洲地区在 2003 年、2004 年、2005 年签订的 BITs 分别为 36、33、31,签订的 DTTs 分别为 23、26、38。到 2005 年底,累积的 BITs 达到 1003,DTTs 达到 968。拉丁美洲和加勒比海地区在 2004 年、2005 年签订的 BITs 分别为 6、13,签订的 DTTs 分别为 12、9。到 2005 年底,累积的 BITs 达到 464,DTTs 达到 968。[2]

中国是世界上最大的发展中国家,也是世界上近 20 年引进外国直接投资最多的发展中国家,分析中国引进外国直接投资的政策具有典型意义。

1979 年改革开放以后,中国开始引进外国直接投资。在外国直接投资进入方式方面,中国最初只允许外国企业以合资经营和合作经营的方式在中国建立企业。中国在 1979 年颁布了《中华人民共和国中外合资经营企业法》,接着于 1983 年颁布《中华人民共和国中外合资经营企业法实施条例》。按照实施条例,允许设立合营企业的主要行业是:能源开发,建筑材料工业,化学工业,冶金工业;机械制造工业,仪器仪表工业,海上石油开采设备的制造业;电子工业,计算机工业,通信设备的制造业;轻工业,纺织工业,食品工业,医药和医疗器械工业,包装工业;农业,牧业,养殖业;旅游和服务业。这意味着其他行业不允许外国企业以合资经营和合作经营的方式建立企业,所有行业不允许外国企业以独资的方式建立企业。

---

① UNCTAD, *World Investment Report*, United Nations, New York and Geneva, 2003, p. 87.

② UNCTAD, *World Investment Report*, United Nations, New York and Geneva, 2004, p. 42, p. 52, p. 64, 2005, p. 45, p. 58, p. 72, 2006, p. 28.

但是,中国很快就放宽了在外国直接投资进入方式方面的限制。1986年,中国颁布《中华人民共和国外资企业法》,允许外国的企业和其他经济组织或者个人在中国境内举办外资企业。按照1990年《中华人民共和国外资企业法实施细则》的解释,设立外资企业必须有利于中国国民经济的发展,能够取得显著的经济效益,并应当至少符合下列一项条件:(一)采用先进技术和设备,从事新产品开发,节约能源和原材料,实现产品升级换代,可以替代进口的;(二)年出口产品的产值达到当年全部产品产值50%以上,实现外汇收支平衡或者有余的。但是,下述行业禁止设立外资:(一)新闻、出版、广播、电视、电影;(二)国内商业、对外贸易、保险;(三)邮电通信;(四)中国政府规定禁止设立外资企业的其他行业。下述行业限制设立外资企业:(一)公用事业;(二)交通运输;(三)房地产;(四)信托投资;(五)租赁。

在外国直接投资的进入领域方面,从20世纪90年代开始,中国一直在放宽外商投资领域的限制。1994年,允许外商以合作和合资的方式投资机场和航空运输业。1995年,允许外商以合作和合资的方式投资中国的广告业,以独资和合资的方式投资中国的实物投资业和建筑业,以独资的方式建立船运公司。1996年,允许外商以独资和合资的方式建立贸易公司。1999年,允许外商以合作和合资的方式建立商业企业。2001年,允许外商参股中国的证券公司和基金管理公司。2003年,允许外商以独资的方式建立创业投资公司。2006年,允许外商以独资和合资的方式建立银行。

在对外商投资企业的待遇方面,中国一直提供税收的优惠。按照1990年颁布的《中华人民共和国外商投资企业和外国企业所得税法》,外商投资企业和外国企业的企业所得税税率为30%;地方所得税税率为3%。从表面上看,税率与国内企业相同。但是,该所得税法又做了很多规定:(一)设在经济特区的外商投资企业、在经济特区设立机构、场所从事生产、经营的外国企业和设在经济技术开发区的生产性外商投资企业,按照15%的税率征收企业所得税。(二)设在沿海经济开放区和经济特区、经济技术开发区所在城市的老市区的生产性外商投资企业,按照24%的税率征收企业所得税。(三)设在沿海经济开放区和经济特区、经济技术开发区所在城市的老市区或者设在国务院规定的其他地区的外商投资企业,属于能源、交通、港口、码头或者国家鼓励的其他项目的,可以减按15%的税率征收企业所得税。

另外,对外商投资企业还有免税的年限规定:(一)对生产性外商投资企业,经营期在10年以上的,从开始获利的年度起,第一年和第二年免征企业所得税,第三年至第五年减半征收企业所得税。(二)从事农业、林业、牧业的外商投资企业和设在经济不发达的边远地区的外商投资企业,依照前两款规定享受免税、减税待遇期满后,经企业申请,国务院税务主管部门批准,在以后的10年内可以继续按应纳税额减征15%至30%的企业所得税。(三)对鼓励外商投资的行业、项目,省、自治区、直辖市人民政府可以根据实际情况决定免征、减征地方所得税。(四)外商投资企业的外国投资者,将从企业取得的利润直接再投资于该企业,增加注册资本,或者作为资本投资开办其他外商投资企业,经营期不少于5年的,经投资者申请,税务机关批准,退还其再投资部分已缴纳所得税的40%税款。

除了税收方面的优惠以外,由于各地方政府试图通过引进外国直接投资的方式加快本地区经济的发展,而中央政府也用引进外国直接投资的数量作为考核地方政府官员的政绩,各地方政府纷纷在土地的出让等各个方面提供优惠。因此,外商投资企业在中国实际得到了很多的优惠待遇。

在外商投资企业的劳动和培训方面,中国在1994年颁布了《外商投资企业劳动管理规定》。按照该规定,外商投资企业自主决定招聘职工的时间、条件、方式、数量。企业招聘职工,可在企业所在地的劳动部门确认的职业介绍中心招聘。经当地劳动行政部门同意,也可以直接或跨地区招聘。企业不得招聘未解除劳动关系的职工。禁止使用童工。按照该规定,企业应当建立职业培训制度,对职工进行职业培训。对从事技术工种或有特殊技能要求的职工,须经过培训后,持证上岗。培训经费须按照国家有关规定提取和使用。劳动合同由职工个人同企业以书面形式订立。工会组织(没有工会组织的应选举工人代表)可以代表职工与企业就劳动报酬、工时休假、劳动安全卫生、保险福利等事项,通过协商谈判,订立集体合同。

在外国企业并购本国企业方面,2006年,中国正式颁布《关于外国投资者并购境内企业的规定》这一行政法规。按照该法规,外国投资者并购境内企业不得造成过度集中、排除或限制竞争,不得扰乱社会经济秩序和损害社会公共利益,不得导致国有资产流失。依照《外商投资产业指导目录》不允许外国投资者独资经营的产业,并购不得导致外国投资者持有企业的全部股权;需由中方控股或相对控股的产业,该产业的企业被并购后,仍应由中方在企业中占控股或相对控股地位;禁止外国投资者经营的产业,外国投资者不得并购从事该产业的企业。外国投资者股权并购本国企业,必须向具有相应审批权限的审批机关审批。商务部和国家工商行政管理总局认为可能造成过度集中,妨害正当竞争、损害消费者利益的,可以不批准。

外国直接投资无疑促进了中国的经济增长,它增强了中国的生产能力,提高了中国的一般技术水平,增加了中国的就业,促进了中国的出口。中国国内生产总值 28 年持续地和高速地增长,与外国直接投资是有关的。联合国贸易和发展委员会在 2002 年的《世界投资报告》中,曾指出外国直接投资对中国产生下述影响:

第一,推动了中国的出口贸易的增长并导致出口贸易结构的改善。从 1985 年到 2006 年,中国货物出口额从 260 亿美元增加到 9689 亿美元,中国货物出口额在世界货物出口额中的比重从 1.6% 提高到 8.0%。与此同时,从 1985 年到 2006 年,初级产品的出口从 35.0% 下降到 5.5%,不是以自然资源为原料的制成品从 50.0% 提高到 81.7%,其中低技术含量的制成品从 39.7% 提高到 47.6%,中等技术含量的制成品从 7.7% 提高到 17.3%,高技术含量的制成品从 2.6% 提高到 22.4%。[①]

第二,改善了中国的产业结构,导致中国的产业升级。大量的拥有高技术并具有出口导向的跨国公司进入中国,它们通过各种渠道对中国的产业结构产生影响:首先,它们在北京和上海等地建立了 100 个研究与开发中心,其中摩托罗拉公司就建立了 18 个研究与开发中心,提高了中国的研究和开发能力。其次,它们与中国企业建立合资企业进行生产,产生了技术的"外溢效应",有助于技术在中国的扩散。再次,围绕着跨国公司产品的生产,在中国产生了大批零部件供

---

① 中华人民共和国国家统计局:《中国统计年鉴》,中国统计出版社 2007 年版,第 724、1026 页。

应商,如日本在中国建立的制造业企业在中国采购的零部件的比例从 1993 年的 35% 提高到 2000 年的 42% 。这些中国企业的建立促进了中国的产业升级。①

　　反思 20 多年的历程,中国引进外国直接投资的政策在下述方面是成功的:第一,中国依靠它广阔的市场、良好的经济前景、优惠的措施吸引外国直接投资,使外国直接投资能够持续、稳定和大规模地流入中国,加快了中国的资本形成,促进了中国的经济增长。第二,中国从一开始就注意到外汇收支的平衡,在政策上鼓励出口导向的外国企业进入中国,使中国连续多年出现对外贸易顺差,外汇储备不断增加。第三,中国一直比较注意产业的保护,有步骤地开放产业,没有形成外国企业对中国重要产业的垄断和控制,使经济命脉始终掌握在国家手中。

　　但是应该指出,中国引进外国直接投资的收益是付出较高的代价得到的。第一,为了引进外国直接投资,中国提供了较多的优惠。例如,根据中国的《外国企业所得税法》,对外国生产性企业第一年到第二年免征所得税,第三年到第五年征50% 的所得税,使外国企业得到高额的收益。不少中小型外国企业每三年或五年撤销原来的企业再建立新的企业,以长期享受减免税收的待遇,使中国损失了大量的赋税收入。又如,地方政府为了取得引进外国直接投资和增加地区生产总值"政绩",竞相为外国企业提供优惠的待遇,如低价提供土地等等,使中国损失了土地收入等。第二,由于担心外国企业撤出,中国对外国企业的劳动管理采取了比较宽松的政策。直到 1994 年,中国才颁布了《外商投资企业劳动管理规定》。本来该规定就比较抽象化和原则化,再加上地方政府没有足够的动力去严格执行这个规定,在外国企业工作的劳动者的利益没有得到应有的保障。特别是在 20 世纪 90 年代中期以前,劳动者经常加班加点工作,住宿条件拥挤恶劣,劳动保护措施较差,工伤事故频繁发生,而工资却可以十年不变。中国的广大劳动者损失了应有的工资收入。这意味着中国引进外国直接投资付出了高额的赋税收入、土地收入、工资收入的代价。所有的这些收入都转化成外国企业的超额利润。

　　虽然很难进行精确的实证检验来加以证明,但是仍然可以做出这样的判断,

---

　　① UNCTAD, *World Investment Report*, United Nations, New York and Geneva, 2006, pp. 161-166.

每得到 1 单位外国直接投资的经济利益,中国所付出的代价远远高于日本。确实,外国对中国的直接投资给双方都带来经济利益,但是外国企业得到的经济利益要比中国得到的经济利益大得多。这种经济利益分配格局是由处于强势的发达国家资本的本质决定的,但是发展中的东道国恰到好处的政策措施可以在一定程度上调整这种格局。中国巨大的市场本身对外国企业就具有极强的吸引力,中国应该可以用更小的代价得到外国直接投资的经济利益。

另外,中国引进外国直接投资也在某些方面没有达到预期的目的,技术进步就是最明显的一个例子。中国引进外国直接投资的初衷之一,是通过向外国企业开放市场来换取技术。20 多年过去了,中国从外国直接投资得到了普通的技能和技术,但没有得到核心的技能或技术。联合国贸易和发展委员会在评价外国直接投资对中国经济的影响时,强调了对中国技术进步的有利影响。

关于这个问题,用伯格斯坦(C. F. Bergsten)主编的美国国际经济研究所起草的研究报告《美国与世界经济》中的评论来回答是合适的。针对关于中国成为电子和信息技术产品的生产国和出口国的问题,该报告指出:"上面提及的研究中归于高技术或先进技术的大部分电子和信息产品不应被认为是高技术。美国从中国进口最多的消费类电子产品、办公设备和计算机、通信设备分别是播放器、笔记本电脑和运动电话。它们每一种都是大批量生产的商品。""中国能大量出口电子和信息技术产品知识因为它进口这些产品几乎所有的高附加值的部件。换言之,中国没有在任何实际意义上生产这些产品。相反,它只是利用进口部件来装配这些产品。国内增加值只占出口电子和信息技术产品价值的15%。""大部分出口的电子和信息技术产品不是由中国自己的企业生产装配的,而是由外国企业装配的,它们将中国作为一个出口平台。""事实上,在中国经营的外资企业和中国国内企业之间可能存在日益扩大的技术差距。""外商投资企业有很强的激励来保护它们的技术,以免被国外竞争者获得,因而限制了技术扩散到本土企业。"①应该指出,这个报告所说的是事实。

---

① 伯格斯坦:《美国与世界经济》,朱民等译,经济科学出版社 2005 年版,第 130—132 页。

发展中国家应该清醒地认识到,在国家还存在的条件下,发展中国家不可能依赖外国的直接投资走向繁荣富强。在发展中国家经济发展的起步阶段,外国直接投资可以发挥重要作用。但是,发展中国家经济发展程度越高,外国直接投资的有利影响就减小而不利影响将增大。外国直接投资只能是发展中国家的一种经济补充,发展中国家要实现真正的经济发展,最终还是要致力于发展民族经济。

第十八章　对外直接投资经济利益的分配

第一节　对外直接投资经济利益的分配格局

一、国际直接投资的利益

　　本书第十六章关于对外直接投资对母国经济的影响以及第十七章接受外国直接投资对东道国经济的影响的分析,实际上已经表达了笔者对国际直接投资的经济利益的看法。关于母国的经济利益在经济学界没有很大的分歧,关于东道国的经济利益则有不同的看法。

　　斯威齐和马格多夫在 1972 年出版了名为《美国资本主义的动态》的著作,总结了东道国对外国直接投资的"六怕":"一怕"外国公司拿走太多和留下太少,担心外国公司拿走了本国的自然资源、全部利润、熟练劳动者,留下的仅仅是以低工资形式存在的面包屑;"二怕"外国公司抑制了本国市场的竞争并凭借着它们的优势在本国市场形成垄断;"三怕"在现代技术方面越来越依赖于外国公司,而这些技术是本国的国防和参与国际市场竞争所需要的;"四怕"外国公司设在本国的分支机构成为母国政府对外政策的工具;"五怕"母公司派来的外国人拿走了好的工作而本国人却得不到好的工作;"六怕"母公司在作出决定的时候忽略了它对当地城市、省份甚至国家经济的影响。他们认为,一个国家经济发展的关键在于它有多少剩余以及如何利用这些剩余,而外国公司通过对东道国经济的渗透控制了这些剩余的规模和利用，从而对东道国的经济发展造成不利影响。

另外，斯威齐和马格多夫引用了两个数据和分析了一个案例，来说明跨国公司对东道国经济的不利影响。一个数据是从 1957 年到 1962 年，美国的石油公司在国外的直接投资是 42 亿美元，但是汇回美国的利润高达 76 亿美元。另一个数据是从 1870 年到 1913 年，英国在国外的直接投资是 24 亿英镑，但是汇回英国的利润高达 41 亿英镑。所分析的案例是美国的塞浦路斯矿业公司（Cyprus Mines Corporation）。他们从这些分析中得到下述结论：

"第一，在任何情况下，一个国家都不应该允许外国公司在本国境内拥有和经营企业。这样的企业从性质上决定了不会也不可能成为经济发展的手段；它们是从一个国家吸走财富并传送到国外的抽水机。这个原则不仅适用于发展中国家，而且也适用于西欧、加拿大、日本等发达国家，近年来美国公司在这些发达国家已经有越来越多的经营活动。

第二，在那些外国公司拥有的企业已经存在的国家里，应该对它们立刻实行国有化。补偿的问题当然是一个政治问题。在某些情况下，支付某种类型的补偿被看作是权益之计（例如，古巴在特定的条件下就是这样做的），但这不应混淆下述事实：外国投资者从道德上说不应有补偿要求。正相反，如果应用著名的资本主义报酬定律，那么 99% 的情况是外国的投资者对他所投资的国家亏欠得太多。

第三，从现在开始，应该仅仅以贷款的方式接受外国资本。

最后，检验任何政府和政党是否真正为民族独立和经济发展作出贡献的标准是它对外国投资的态度。"①

显然，跨国公司不是慈善机构，资本的本性是唯利是图，斯威齐和马格多夫所列举的事例都是客观事实。我们还可以举出更多的例子说明跨国公司如何在东道国获取了高额的利润，发达国家在对外直接投资中如何得到了大部分甚至是绝大部分的经济利益。但是，笔者认为斯威齐和马格多夫的结论过于偏激。

---

① P. M. Sweezy and H. Magdoff, *The Dynamics of U. S. Capitalism*, Monthly Review Press, 1972, pp. 107-108, pp. 32-42.

如果发展中国家的政府以斯威齐和马格多夫的结论作为指导来制定对外来直接投资的政策,将不利于它们的经济发展。

发展中国家在经济上严重落后于发达国家已经是事实,借入外国的资金和引进外国的直接投资是发展中国家加快经济发展的两个途径。但是,这两个途径各有利弊。借入外国资金发展方式的好处是本国经济不受外国资本控制,它的弊端是本国承担投资的风险。如果本国拥有优秀的企业家阶层和高素质的劳动者队伍,能够进行卓有成效的投资,借入外国资金无疑是最好的选择。引进外国的直接投资的弊端是本国经济有可能被外国资本控制,但本国不必承担投资的风险。如果东道国使用适当的政策限制外国资本的控制和掠夺,引进外国的直接投资是更适合于发展中国家的选择。

外国直接投资并不是必然对东道国造成损害,它为外国资本获取高额利润的同时,也可能有利于东道国的经济发展。第二次世界大战以后,包括发达国家和发展中国家在内的绝大多数国家都倾向于放宽甚至鼓励外国厂商对本国的直接投资。如果接受外国直接投资只会对本国经济造成损害,那么只有这样一种可能:绝大多数国家的政府官员都是外国资本的买办或者是卖国贼。这显然是与事实不符的。

科恩(B. J. Cohen)在 1973 年出版了名为《帝国主义的问题:支配与依附的政治经济学》的著作,分析了发达国家与发展中国家的贸易和投资对发展中国家经济的影响,表达了与斯威齐和马格多夫有所不同的看法。科恩认为,世界由中心地区(core area)和外围地区(peripheral areas)组成,发达国家处于中心地区,发展中国家处于外围地区。他写道:"显然,假定其他条件不变,中心地区的增长对外围地区既产生正面的影响也产生负面的影响。现代马克思主义者和激进派在讨论新殖民主义的时候很容易忽略或忘记这个重要的事实。他们像古典的乐观主义者那样,对增长多少有点缺乏远见。他们的观点过于宿命。他们所看到的是处于中心地区的富国扼杀穷国的新生工业,造成穷国人才流失和非资本化。他们没有看到中心地区对外围地区的延伸——富国的进口需求、富国的资本流入、技能和技术的出借,如此等等。总的来说,发展中国家参与国际经济并不一定是一件坏事。"①

科恩在这部著作中还分析外围地区对中心地区的依附。他认为,依附包括两个方面的含义:第一,它说明了对外部因素反应的敏感程度,处于依附地位的经济不能避免外部事件的影响。第二,它说明了对外部影响不可抗拒的性质,处于依附地位的经济不能抵消外部事件的影响。依附是一个程度的问题,而不是一个类型的问题。经济或多或少是依附的,不存在绝对地依附或不依附。在现实的世界里,来自资本主义富国的资本和人力在大多数发展中国家的民族经济中扮演了支配性的角色,它们提供较大比例的新资本,控制了很大一部分现存生产能力,在生产和管理中占据了最有影响的职位。大多数发展中国家都具有依附经济的全部特征。从这个角度来看,现代殖民主义理论是完全正确的。

接着科恩提出了中心地区是否对外围地区剥削的问题。科恩指出,发展中国家对发达国家的依附并不意味其经济必然走向恶化,资本主义体系对依附关系的强化并不意味着处于依附地位发展中国家必然出现净损失。科恩认为,在支配和依附的关系中,存在着剥削的可能性(opportunity)和必然性(necessity)的问题。在任何不对称的依附关系中,剥削的可能性总是存在的。依附本身就意味着处于支配地位的国家对处于依附地位国家的影响,这样一种影响或权利显然给予处于支配地位国家对处于依附地位国家剥削的机会。但是,处于支配地位国家具有这样的机会并不意味着它必然利用这样的机会。

按照科恩的看法,剥削意味着"不公平地获得利益或利润"。关于是否存在中心地区对外围地区剥削的分歧可以用博弈论来解释。博弈有两种类型:一种是零和博弈,一个人的收益就是另一个人的损失;另一种是非零和博弈,两个人都可以获得收益。新殖民主义理论和正统经济理论在这个问题上的分歧就是"零和博弈"和"非零和博弈"的分歧。在科恩看来,应该借助机会成本的范畴来分析这个问题。如果与没有参与到某种关系的构成相比,某个国家的获得的利益减少了,即它的工资或价格或利润或收入下降了,那么这种类型的关系的构成

---

①   B. J. Cohen, *The Question of Imperialism*: *The Political Economy of Dominance and Dependence*, Macmillan, 1973, p. 185.

可以被认为是剥削的。否则,就不能认为是剥削的。

接着,科恩利用四个概念来解释这个问题。第一个概念是剥削损失。如果某个被剥削的国家没有参与到某种关系构成可以获得的收益是 y,而它参与这种关系构成所获得的收益是 x,那么 y−x 度量了它受剥削的程度,这就是剥削损失。第二个概念是剥削收益,如果某个剥削他国的国家没有参与到某种关系构成可以获得的收益是 v,而它参与这种关系构成所获得的收益是 w,那么 w−v 度量了它剥削他国的程度,这就是剥削收益。第三个概念是脱离成本。如果某个被剥削的国家要避免剥削损失,就要避免被卷进这种关系构成,因而需要付出一定的代价,这就是脱离成本。如果脱离成本大于剥削损失,它不会选择脱离这种关系构成。第四个概念是维持成本,如果某个剥削他国的国家要维持剥削收益,就要保持这种关系构成,因而也需要付出一定的代价,这就是维持成本。如果维持成本小于剥削收益,它将选择维持这种关系构成。如果维持成本大于剥削收益,它则不再选择维持这种关系构成。因此,在现实的经济里,剥削的可能性和必然性是不同的。尽管剥削收益是正数,但如果维持成本较大,剥削的机会并不会被利用。①

科恩的结论是:"在现行的国际经济关系结构中,剥削并不是固有的。即使资本主义使穷国处在依附地位,但它并不是必然要伤害所有的穷国。……对于一些发展中国家来说,现行的关系结构有足够的理由认为是'在所有可能的世界中是最好的世界'。……然而,对于许多发展中国家来说,现行的关系结构不能认为是有利的。依附地位给它们带来的不是收益而是损失,或者使它们所得到的少于它们在其他情况下所得到的。"②

笔者认为,科恩关于中心地区的增长对外围地区既产生正面的影响也产生负面的影响,发展中国家参与国际经济并不一定是一件坏事等看法是正确的。在目前经济全球化的条件下,前一句话仍然是适用的,后一句话则应该改为:发

---

① B. J. Cohen, *The Question of Imperialism: The Political Economy of Dominance and Dependence*, Macmillan, 1973, pp. 190−216.

② Ibid., pp. 218−219.

展中国家参与国际经济不一定是一件好事,问题是如何参与国际经济。但是,发展中国家不参与国际经济一定是一件坏事。显然,发展中国家在一个封闭的环境下是不可能实现经济发展的。

但是,笔者不能同意科恩关于剥削的看法。剥削是马克思经济学的关键范畴,它在主流西方经济学中是不存在的。在马克思经济学里,剥削是获取剩余价值的行为,而剩余价值是工人在剩余劳动时间创造的被资本家得到的价值。既然如此,没有必要对剥削的概念重新定义。科恩的错误在于把剥削和收益完全对立起来。在他看来,一个人被剥削,似乎他就毫无收益可言。实际上,从资本主义国家的国内生产过程来看,工人被资本家剥削,但工人仍然得到了工资收入。不过工人的工资收入只是他劳动所创造的价值的一部分,而另一部分价值被资本家占有了。从资本主义世界经济体系来看,发达国家对发展中国家直接投资,在发展中国家设厂生产,发达国家的资本家显然对发展中国家的工人进行剥削。但是,这并不意味着发展中国家的经济必然恶化。应该指出,在国际投资的条件下,发达国家对发展中国家已经不仅仅是获取剩余价值的问题,而且是获取超额剩余价值的问题。发达国家利用它们的支配地位,获得了更多的剩余价值。

另外,科恩利用机会成本的概念分析剥削是不对的,但利用机会成本的概念分析接受外国直接投资的选择则是可取的。如果接受外国直接投资与不接受外国直接投资相比,在所付出的代价一样的条件下可以给发展中国家带来更大的收益,尽管发达国家从中得到了更多的收益,发展中国家也应该考虑接受外国直接投资。

二、从对外直接投资的利益看分配格局

本书第十六章关于直接投资对母国经济影响的分析表明,从母国的角度来看,对外直接投资既会带来经济利益,也会付出经济代价。如果对外直接投资的过程是一个企业追求经济利益的过程,是一个市场推动的过程,那么对外直接投资的经济利益远大于经济代价。在东道国投资环境日益改善,政治风险不断减少的条件下,这种情况将更加明显。

但是,同样是对外直接投资,发达国家和发展中国家得到的经济利益是不同的。除了资源导向型和市场导向型这两种不论是发达国家和发展中国家都从事的对外直接投资以外,发达国家的对外直接投资主要是发挥它们压倒性的竞争优势,以获取更多的利润。而发展中国家的对外直接投资则主要是发挥它们局部的竞争优势,或者是学习技术与经验。因此,一般来说,发达国家对外直接投资得到的经济利益大于经济代价的差额较大,发展中国家对外直接投资得到的经济利益大于经济代价的差额较小。

本书第十八章关于直接投资对母国和东道国经济影响的分析表明,从东道国的角度来看,对外直接投资同样既会带来经济利益,也会付出经济代价。经济利益大于经济代价的差额取决于东道国的法律环境、经济政策、发展水平等因素。例如,如果东道国对外国直接投资的经济政策失当,有可能造成得不偿失的情况。从世界各国的经验来看,东道国接受外国直接投资的经济利益通常大于经济代价。但是,由于发达国家相对而言法律体系完善,经济政策适当,经济发展水平较高,它们往往能够减轻外国直接投资对本国的不利影响。因此,一般而言,发达国家从外国直接投资得到的经济利益大于经济代价的差额较大,发展中国家从我国直接投资得到的经济利益大于经济代价的差额较小。

综上所述,可以得到如表 18-1 所表示的情况。从表 18-1 可以得到下述结论:第一,对外直接投资导致社会资源在世界范围内有效的重新配置,对母国和东道国都会带来经济利益。第二,在对外直接投资所带来的经济利益的分配中,发达国家占据了有利的地位。发达国家从对外直接投资中得到了大部分的利益。

表 18-1　对外直接投资的利益分配格局

	对外直接投资的影响
母　国	发达国家得到的经济利益大于经济代价的差额较大
	发展中国家得到的经济利益大于经济代价的差额较小
东道国	发达国家得到的经济利益大于经济代价的差额较大
	发展中国家得到的经济利益大于经济代价的差额较小

三、从对外直接投资的数量看分配格局

上面的分析指出单位直接投资的利益分配格局。这就是说,如果发达国家和发展中国家对外进行同样数量的直接投资,发达国家得到的净经济利益大于发展中国家。同样,如果发达国家和发展中国家接受同样数量的外国直接投资,发达国家得到的净经济利益也大于发展中国家。这样,要深入分析对外直接投资经济利益的分配,还需要进一步分析发达国家和发展中国家对外进行多少的直接投资,由从外国接受了多少直接投资。表18-2从存量和流量两个方面清楚地表明了对外直接投资的结构。

表 18-2　对外直接投资的结构　　　　　　单位:%

在世界对外国直接投资存量中所占的比重			
年　份	1980	1990	2000	2005
发达国家	87.3	91.7	86.2	86.9
发展中国家	12.7	8.3	13.8	13.1
在世界对外国直接投资流量中所占的比重			
年　份	1978—1980	1988—1990	1998—2000	2003—2005
发达国家	97.0	93.1	90.4	85.8
发展中国家	3.0	6.9	9.6	14.2
在世界接受外国直接投资存量中所占的比重			
年　份	1980	1990	2000	2005
发达国家	75.6	79.3	68.5	70.3
发展中国家	24.4	20.7	31.5	29.7
在世界接受外国直接投资流量中所占的比重			
年　份	1978—1980	1988—1990	1998—2000	2003—2005
发达国家	79.7	82.5	77.3	59.4
发展中国家	20.3	17.5	22.7	40.6

资料来源:UNCTAD,*World Investment Report*,United Nations,New York and Geneva,2006,p.7.

从表中可以看到,在已经形成的对外国直接投资和接受外国直接投资中,发达国家所占的比重在86%以上和69%以上;在年度对外国直接投资和接受外国直接投资中,发达国家所占的比重在86%以上和59%以上。由此可见,发达国

家得到了对外直接投资绝大部分的经济利益。

第二节　国际剩余价值的生产与分配

一、国际剩余价值的生产

　　国际直接投资的经济利益的分配问题本质上是国际剩余价值的生产和分配问题。随着对外直接投资的发展,出现了生产国际化的趋势。联合国贸易与发展委员会 2007 年《世界投资报告》中曾经描述了生产国际化的发展趋势。该报告指出,在世界范围内,跨国公司已经达到了 76760 个,这些跨国公司在国外的分支机构达到 770000。其中发达国家的跨国公司约 58239 个,发展中国家的跨国公司约 18521 个。以在国外的分支机构的产值占世界国内生产总值来表示的国际化生产在世界产量中的比重,已经从 1982 年的 6% 和 1990 年的 7% 上升到2006 年的 10%。[①]

　　20 世纪 80 年代以来生产国际化的情况如表 18 - 3 所示。从表中可以看到,随着生产资本的跨国流动,在同样的资本所有者的支配下,一种产品可以在不同的国家里同时进行生产,或者一种产品需要经过不同国家的不同生产阶段才能完成。

表 18 - 3　生产国际化的趋势　　　　　单位:亿美元

年　份	1982	1990	2005	2006
在国外的分支机构的资产	22060	60360	426370	511870
在国外的分支机构的就业(万人)	2152.4	2510.3	6377.0	7262.7
在国外的分支机构的销售额	27410	61260	213940	251770

---

　　① UNCTAD, *World Investment Report*, United Nations, New York and Geneva, 2007, p. 9, pp. 217-218.

在国外的分支机构的产值	6760	15010	41840	48620
以现行价格计算的国内生产总值	120020	251030	444860	482930

资料来源：UNCTAD，*World Investment Report*，United Nations，New York and Geneva，2007，p. 9.

二、国际剩余价值的分配

马克思在《资本论》中以劳动价值理论为基础提出了剩余价值理论。马克思指出，资本主义的生产过程是劳动过程和价值增殖过程的统一。作为劳动过程，劳动者运用劳动资料作用于劳动对象生产出使用价值。也就是说，劳动者运用生产资料生产出商品。作为价值增殖过程，资本家雇佣劳动者进行生产，劳动者不仅生产出生产资料的价值和劳动力的价值，而且还为资本家生产出价值的余额，这就是剩余价值。剩余价值是由雇佣劳动者创造的而由资本家占有的超过劳动力价值的价值。

按照马克思的分析，资本家投入生产过程的资本由两个部分组成，用于购买生产资料的资本是不变资本，用于购买劳动力的资本是可变资本。不变资本的价值在生产过程中转移到商品的价值中去，而可变资本的价值在生产过程中不仅被劳动者再生产出来，而且还为资本家带来剩余价值。因此，劳动者的劳动时间划分为必要劳动时间和剩余劳动时间，劳动者在必要劳动时间再生产劳动力的价值，在剩余劳动时间生产出剩余价值。剩余价值与可变资本的比率称为剩余价值率。

在生产资本在国与国之间大规模流动的条件下，国内生产过程转变为国际生产过程，国内剩余价值的生产转变为国际剩余价值的生产。在生产国际化的过程中，既存在着发达国家对发达国家和发展中国家直接投资，也存在着发展中国家对发达国家和发展中国家投资。下面分别讨论这些不同类型的直接投资的条件下国际剩余价值生产的特点。

1. 发达国家对发展中国家的直接投资

发达国家企业对发展中国家直接投资将形成两个生产过程：一个是国内生

产过程,另一个是国外生产过程。在现实的世界里,这两个生产过程存在着各种各样的关系:国内生产过程既可以与国外生产过程相互衔接,也可以相互并列。显然,国内生产过程与国外生产过程可以相互提供中间产品,也可以同时生产同一种产品。如果分析前一种情形,例如分析发达国家企业将资本密集的生产阶段放在国内而把劳动密集的阶段转移到发展中国家,那么国内和国外生产过程的可比性将减弱。因此,为了国家清楚地说明国际化生产和国际剩余价值生产的特点,应该考察相互并列的国内生产过程和国外生产过程。

对于生产同一种产品的国内生产过程和国外生产过程,资本的技术构成即生产资料与劳动力的比例将是相似的。当然,发达国家的企业到发展中国家设厂生产,有可能根据发展中国家劳动力价格低廉的特点进行劳动对资本的替代。但是,发达国家企业所以到发展中国家直接投资是因为它具有技术上的优势,如果它进行较大幅度的劳动对资本的替代,将失去其技术优势的作用。因此,一般来说,国外生产过程劳动对资本的替代只会在不影响技术优势发挥的程度内发生,资本有的技术构成不可能有很大的变化。例如,发达国家汽车制造商到发展中国家直接投资生产汽车,不论是国内生产过程还是国外生产过程,都用生产线进行生产,资本的技术构成没有很大的变异。

但是,对于生产同一种产品的国内生产过程和国外生产过程,资本的价值构成即不变资本与可变资本的比例将发生变化。马克思将由资本技术构成决定并反映资本技术构成变化的资本价值构成称为资本有机构成。对于国内生产过程或国外生产过程单独一个生产过程来说,资本价值构成反映了资本技术构成的变化。但是,对于生产同一种产品的国内生产过程和国外生产过程来说,在资本的技术构成相似的条件下,资本的价值构成是不同的。导致资本价值构成与资本技术构成相对变化的因素是发达国家和发展中国家生产资料和劳动力价值的差异。

发达国家的企业到发展中国家设厂生产,除了关键的零部件由母国提供以外,其他的零部件选择在东道国采购。发达国家的企业这样做有两个方面的原因:第一个原因是东道国的政策。东道国在引进外国直接投资的时候,往往规定一定比例的零部件必须在当地采购。第二个原因是投资企业的策略。

如果全部的零部件都由母国提供,不但生产成本较高,而且运输成本较高。在东道国采购有助于降低生产成本和运输成本。这样,同一个资本所有者在母国和东道国投入同样数量的不变资本,所购买到的生产资料的数量是不同的。

　　另外,发达国家的企业到发展中国家设厂生产,主要原因之一是利用东道国廉价的劳动力。马克思指出:"劳动力的价值,是由生产、发展、维持和延续劳动力所必需的生活资料的价值来决定的。"[①]"和别的商品不同,劳动力价值的决定,包含有一个历史的和道德的要素。"[②]发达国家的经济发展水平较高,法律制度比较完善,工会组织比较健全,生产、发展、维持和延续劳动力所必需的生活资料的价值较高,历史的和道德的要素所决定的劳动力的价值也较高。这样,即使将发达国家和发展中国家异质劳动折合为同质劳动,同一个资本所有者在母国和东道国投入同样数量的可变资本,所购买到的劳动数量是不同的。

　　显然,发达国家的企业在发展中国家支付同样数量的不变资本和可变资本可以购买到比母国成比例增加的生产资料和劳动力,该企业在母国和东道国的生产过程的资本技术构成才可能相同。例如,如果发达国家某企业用 200 单位不变资本和 100 单位可变资本在母国可以购买到 10 单位生产资料和 10 单位劳动力,用同样数量的不变资本和可变资本在东道国可以购买到 20 单位生产资料和 20 单位劳动力,资本的技术构成没有变化。但是,在现实的世界里,发达国家的企业以同样数量的不变资本和可变资本在东道国购买到的生产资料和劳动力并不是同比例增加的。因此,在资本的技术构成相同的条件下,国内和国外生产过程资本的价值构成是不同的。

　　以制造业为例。根据中国国家统计局提供的国际统计数据,在 2003 年,中国制造业雇员每小时平均工资是 3.8 元,美国雇员是 15.3 美元,日本雇员是 1853.1 日元,德国雇员是 15.1 欧元。[③] 如果按照 2003 年人民币平均汇率折算,中国制造业雇员每小时平均工资是 0.46 美元、53.31 日元、0.41 欧元。这就是

---

① 马克思:《工资、价格和利润》,人民出版社 1964 年版,第 35 页。
② 马克思:《资本论》第 1 卷,人民出版社 1963 年版,第 162 页。
③ 资料来自中国国家统计局网站http://www.stats.gov.cn 2004 年国际统计数据。

说,中国制造业雇员平均每小时的工资是美国的 1/32,日本的 1/35,德国的 1/37。显然,中国制造业零部件的价格不可能是发达国家 1/30。

上述分析意味着发达国家的企业以同样数量的不变资本和可变资本在东道国多购买到的劳动力的比例要大于多购买到的生产资料比例。继续前面的例子,发达国家企业用 200 单位不变资本和 100 单位可变资本在东道国可能购买到 12 单位生产资料和 20 单位劳动力。这样,在国内和国外生产过程资本的技术构成相同,譬如都是 100 单位生产资料:100 单位劳动力的条件下,国内和国外生产过程资本的价值构成将不同:在母国是 200:100,在东道国是 167:50。

当发达国家的企业在发展中国家生产出产品以后,它可以选择在东道国当地市场销售,也可以选择在国际市场销售。这意味着该企业在国内生产过程生产的产品与国外生产过程生产的产品可以按照相似的价格销售。即使考虑到该企业到发展中国家生产产品要付出额外的成本,它在东道国也得到比母国多的利润。发达国家的企业在发展中国家投入较少的可变资本得到了比较多的剩余价值,说明该企业的国外生产过程的剩余价值率高于国内生产过程。再次继续前面的例子,假定不变资本的价值在一个生产过程中完全转移到产品价值中去,产品的价值是 400,该企业在母国投入 300 单位资本(=200+100)获得了 100 单位剩余价值(=400−300),在东道国投入 217 单位资本(=167+50)和 33 单位跨国经营的额外成本,得到了 150 单位剩余价值(=400−217−33),那么该企业在国内生产过程的剩余价值率是 100%(=100÷100),在国外生产过程的剩余价值率是 300%(=150÷50),如表 18-4 所示。

很显然,这个例子的数字是假设的,但是它是以数字的方式对客观事实进行描述。从这个数字例子可以看到,发达国家对发展中国家直接投资可以获取更多的剩余价值,发达国家企业在发展中国家得到远高于本国的剩余价值率。在这个数字例子中,利润率没有平均化,生产价格没有形成。但应该指出,发达国家掌握着这个生产部门的关键技术,即使发展中国家可以对发达国家进行直接投资,发达国家和发展中国家的这个部门的利润率也难以平均化。

表 18 - 4　发达国家企业国际剩余价值的生产

生产地点	不变资本	可变资本	额外成本	剩余价值	剩余价值率(%)
发达国家	200	100	0	100	100
发展中国家	167	50	33	150	300

　　上面主要从发达国家和发展中国家生产资料的价值和劳动力的价值的角度分析了国际剩余价值生产的特点。但在现实的经济里,发达国家在发展中国家设立的企业会用各种方法延长工人的劳动时间,压低工人的工资来榨取更多的剩余价值。在中国,特别在 20 世纪八九十年代,在外资企业集中的地区,工人的状况与当年马克思和恩格斯描述的英国工人阶级的状况是相似的。在别的发展中国家,类似中国的情况是大量存在的。博洛格鲁(B. Bereroglu)在 2003 年出版了《资本的全球化和民族国家》的著作。他在这部著作中写道:"全球化对第三世界工人阶级的影响是很大的。作为跨国垄断企业生产活动的廉价劳动力的来源,第三世界的工人从属于全球的劳动分工,承受着很高的剥削率,并为此付出了沉重的代价。最明显的例子是国际服装产业的血汗工厂的状况,工人在那里每天只挣到可怜的 3 美元,但他们生产的是一些顶级设计师设计的衣服,发达资本主义国家的财富所有者从中获得了高额的利润。不完备的基本设施,恶劣的工作条件,有毒的化学制品,极低的工资,基本人权的缺失,这就是受雇于跨国企业的工人一些最普通的经历,而这些跨国企业正在支配和控制着全球经济。"[①]

　　虽然没有具体的资料能够直接比较发达国家对发展中国家直接投资的利润率与在国内投资或对别的发达国家直接投资的利润率,但通过间接比较发达国家之间直接投资收益和发达国家对发展中国家直接投资收益,可以在一定程度上说明这个问题。弗兰克(A. G. Frank)曾经分析过美国对外直接投资及其回报的情况。他指出,从 1950 年到 1965 年,美国对外直接投资额是 239 亿美元,但是流回美国的利润是 370 亿美元,流回的利润超过投资额 131 亿美元。在美

---

　　① B. Bereroglu,*Globalization of Capital and The Nation-State*，Rowan & Littlefield Publisher，INC，2003，p. 7.

国的对外直接投资总额中,有 149 亿美元是对欧洲和加拿大的直接投资,从欧洲和加拿大汇回美国的利润是 114 亿美元;有 90 亿美元是对其他国家的直接投资,其中主要是对发展中国家的直接投资,但是从其他国家汇回美国的利润高达256 亿美元。[1]

　　笔者收集了 2000 年至 2006 年美国对外投资收益的最新资料,如表 18 - 5 所示。这些资料同样可以证明弗兰克的结论。如果计算 2000—2006 年美国对外直接投资的收益与对外直接投资数额的比率,那么对发达国家来说是 1.0572,对发展中国家来说是 1.4300。这就是说,美国在 2000—2006 年对发达国家每流出 1 美元直接投资,流回 1.0572 美元;但对发展中国家每流出 1 美元直接投资,流回 1.4300 美元。应该注意的是,流回美国的收益是对直接投资存量的报酬而不是对流量的报酬,而长期以来美国主要是对发达国家直接投资,美国对发达国家直接投资的存量远大于对发展中国家直接投资的存量,从中可以看到美国在发展中国家获得的剩余价值率远高于在发达国家获得的剩余价值率。

表 18 - 5　美国对外直接投资以及收益的比较　　　　单位:亿美元

年　份	2000	2001	2002	2003
美国对发达国家的直接投资	1006.97	741.59	1101.45	1118.23
美国从发达国家得到的投资收益	89736	707.44	857.74	1118.28
美国对发展中国家的直接投资	419.30	507.14	24.801	175.29
美国从发展中国家得到的投资收益	43956	392.85	391.66	533.75
年　份	2004	2005	2006	2000—2006
美国对发达国家的直接投资	1279.69	−94.78	1465.98	6619.13
美国从发达国家得到的投资收益	1320.42	1415.44	1681.37	6998.05
美国对发展中国家的直接投资	944.68	−32.36	803.26	3065.32
美国从发展中国家得到的投资收益	714.42	863.20	1048.11	4383.55

资料来源:U. S. Direct Investment Abroad: Country and Industry Detail for Capital Outflow; U. S. Direct Investment Abroad: Country and Industry Detail for Income, BEA, April 18, 2007. http://www.bes.org.

---

　　[1]　A. G. Frank, *Capitalism and Underdevelopment in Latin America*, Monthly Review Press, 1967, pp. 305-306.

2. 发达国家之间以及发展中国家之间的直接投资

发达国家之间的直接投资以及发展中国家之间的直接投资是经济发展水平相似的国家相互之间的直接投资,所以国际剩余价值生产的特点是相似的。当然,相对于发达国家之间经济发展水平差异来说,发展中国家之间经济发展水平差异较大。因此,在这里所分析的发展中国家之间的直接投资主要是经济发展水平相似的发展中国家之间的直接投资。先进的发展中国家对落后的发展中国家的直接投资可以看作相似于发达国家对发展中国家的直接投资,落后的发展中国家对先进的发展中国家的直接投资可以看作是相似于发展中国家对发达国家的直接投资。

首先来分析发达国家之间的直接投资。利用本书第十四章关于发达国家之间对外直接投资的原因分析的例子,可以揭示发达国家之间直接投资过程中剩余价值的生产情况。假定有两个发达国家 A 和 B,它们分别生产 X、Y 两种商品。在没有发生国际直接投资以前,假定不变资本的价值在生产过程中完全转移到商品中去,剩余价值率相同,这两个国家的生产情况如表 18-6 和表 18-7 所示。

表 18-6　A 国在国际直接投资发生前的生产情况

商品	不变资本	可变资本	产量	单位价值	总价值
X	200	100	100	4	400
Y	150	150	90	5	450

表 18-7　B 国在国际直接投资发生前的生产情况

商品	不变资本	可变资本	产量	单位价值	总价值
X	150	150	90	5	450
Y	200	100	100	4	400

从表中可以看到,A 国在商品 X 的生产上对 B 国具有优势,它生产商品 X 的资本有机构成较高,它用同样数量的资本生产出更多的商品。相反,B 国在商品 Y 的生产上对 A 国具有优势,它生产商品 Y 的资本有机构成较高,它用同样数量的资本生产出更多的商品。因此,A 国将对 B 国直接投资,以生产商品 X,

B 国将对 A 国直接投资,以生产商品 Y。假定 A、B 两国都放弃了自己处于劣势的商品的生产,它们在国际直接投资发生以后的生产情况如表 18-8 和表 18-9 所示。

表 18-8　A 国在国际直接投资发生后的生产情况

商品	不变资本	可变资本	产量	单位价值	总价值
X(A 国企业)	200	100	100	4	400
Y(B 国企业)	200	100	100	5	500

表 18-9　B 国在国际直接投资发生后的生产情况

商品	不变资本	可变资本	产量	单位价值	总价值
X(A 国企业)	200	100	100	5	500
Y(B 国企业)	200	100	100	4	400

在国际直接投资发生以后,A 国的企业按照同样的资本有机构成在母国和东道国生产商品 X。前面关于国际直接投资原因的分析表明,国际直接投资在历史上和逻辑上都是以国际贸易的替代形式出现的。A 国可以在本国生产出商品 X,然后以国际贸易的方式销往 B 国,但这样它将要支付运输成本和关税。现在 A 国以直接投资的方式在 B 国生产和销售商品 X,它肯定要得到比以国际贸易的方式在 B 国销售商品更大的利润。因此,A 国在东道国生产的商品 X 的价值不会下降到与母国相同。假定在 B 国商品 X 的价值维持在 5 不变,在不考虑对外直接投资需要付出额外成本的条件下,A 国以对 B 国直接投资的方式生产商品 X 给它增加了 100 的剩余价值。按照同样的道理,B 国以对 A 国直接投资的方式生产商品 Y 也给它增加了 100 的剩余价值。

显然,上面关于发达国家之间直接投资的分析也适用于经济发展水平相似的发展中国家之间的直接投资。这就是说,发展中国家之间的直接投资可以发挥彼此的竞争优势,并且可以得到更多的剩余价值。

3. 发展中国家对发达国家的直接投资

本书第十五章的分析表明,资源导向型和市场导向型的对外直接投资不论发展中国家还是发达国家都存在。除了这两种类型的对外直接投资以外,发展中国家对发达国家的直接投资主要有学习型的对外直接投资和局部优势型的对外直接投资,而局部优势型的对外直接投资又包括局部技术优势、局部规模优势、企业整合优势、市场细分优势。

学习型对外直接投资是发展中国家试图通过对发达国家直接投资来获得先进的技术,这种类型的对外直接投资可能具有技术扩散的效应,间接对发展中国家别的生产过程产生有利的影响。但是,就对外直接投资所形成的生产过程来说,发展中国家不但不能获得超额利润,而且往往是亏损的。另外,由于发达国家劳动力成本远高于发展中国家,发展中国家的局部优势一般需要与母国的生产过程相配合才能实现对发达国家的直接投资。例如,发展中国家需要将某些劳动密集型的生产阶段放在母国,将某些资本密集型的生产阶段放在东道国,才有可能抵消在发达国家进行生产的高成本,从而才有可能维持和发展。即使发展中国家由于具有某种局部优势将整个生产过程放在发达国家,但这种优势远不及发达国家对发展中国家的优势,发展中国家只能获得与发达国家其他企业相似的利润。

从上面的分析可以看到,国际剩余价值的生产和分配的情况也是极不均等的。发达国家对发展中国家的直接投资凭借着绝对优势获得超额的国际剩余价值,发达国家对发达国家以及发展中国家对发展中国家的直接投资凭借着比较优势分享国际剩余价值,发展中国家对发达国家的直接投资并没有得到多少国际剩余价值。这就是说,在生产国际化的条件下,发达国家获得了绝大部分的国际剩余价值。

三、在国际剩余价值生产条件下的阶级矛盾

在国际剩余价值生产的条件下,阶级关系将会发生变化。斯威齐和马格多夫曾经分析了对外直接投资条件下的阶级关系。首先,他们指出了在一个国家里资本家阶级不是等同划一的。他们认为,关于由许多相互竞争的小厂商组成单一的资本主义体系的概念是一种高度的抽象,它只能近似地描述特定时期和

特定国家的现实情况。实际上,资本家之间的竞争或多或少地被诸如地理、政治边界、特定的需求和成本条件等自然的和人为的障碍所限制。这些障碍产生了一个不同的资本家的序列,一些资本家有更大的权利去剥削工人,以及剥削其他资本家。简单的阶级关系变成了复杂的阶级之间的关系以及阶级内不同集团的关系。

接着,他们论述了不同国家的资产阶级的关系。他们指出,如果追溯到资本主义的起源,按照国家的界限来划分世界资本家阶级的方法是最深刻和最持久的。每一个民族的资产阶级通过对国家的控制来提高资本的赢利能力,他们所采用的手段包括压榨工人的剩余价值、在本国市场上排斥外国竞争者、实行相应的税收和支出政策、强迫弱国签订不平等的条约、征服新的疆土或吞并殖民地等等。在这样的情况下,不可能认为资本在性质上是划一的。资本的权利和利润不仅是它的规模的函数,而且是其他特别的特征的函数。在这些特征里,资本所处的国家发挥了极为重要的作用。

斯威齐和马格多夫反对资本没有国家的看法。他们指出,资本的国家属性不是它所处于的国境,而是其所有者的国籍。例如,一家德国公司从法国银行借入资金,这笔资金在偿还以前被德国公司所支配,它属于德国的资本。跨国公司的产生意味着资本正在脱离国家的说法是不对的。资本是一个特定系列的生产关系的基本组成部分,这种生产关系意味着一个阶级对另一个阶级的剥削或者在一个阶级内部一个集团对另一个集团的剥削。没有国家的资本是不可思议的。①

斯威齐和马格多夫的论述在肯定了资本家阶级和工人阶级的矛盾以外,还指出了不同民族的资本家阶级的矛盾。他们在提到不同资本家的矛盾时使用了两种说法:一种说法是一个资本家从另一个资本家的口袋里掏出钱放在自己的口袋里,另一种说法是剥削。笔者认为,前一种说法更为准确。不同的资本家或者不同民族的资本家与工人的关系是获取剩余价值的关系,而不同的资本家或者不同民族的资本家之间的关系是分配剩余价值的关系。因此,资本家与工人

---

① P. M. Sweezy and H. Magdoff, *The Dynamics of U. S. Capitalism*, Monthly Review Press, 1972, pp. 93-96.

的关系是剥削的关系,而资本家之间的关系不是剥削的关系。

斯威齐和马格多夫关于资本的国家属性的看法是正确的。资本的本性是唯利是图,这种本性决定了它将向全世界扩张。但是任何跨国公司都是某个国家的资本所有者对外直接投资形成的,资本所有者的国家属性决定了该资本的国家属性。母国对跨国公司提供支持和进行管理,跨国公司将获得的利润汇回母国。跨国公司所掌握的核心技术构成母国科学技术竞争力的组成部分,它们对东道国实行严格的保密确保这些技术不被东道国所掌握。资本没有国界,但资本所有者有国界。

博洛格鲁在其著作《资本全球化和民族国家》中也分析了在国际直接投资条件下的阶级矛盾,他指出:"感谢不断增加的关于全球化和全球资本主义的文献,我们现在对资本帝国主义的结构和矛盾有了更多的了解。例如,我们知道全球资本主义扩张的程度,资本在世界范围内干涉的本质,今天帝国主义各种社会、经济和政治的矛盾。这些矛盾包括:第一,不同的帝国主义国家资本家之间的矛盾(帝国主义者之间的竞争)。第二,不同的帝国主义国家的资本家与第三世界的工人阶级之间的矛盾。第三,在帝国主义国家内部资本家与工人之间的矛盾。第四,帝国主义的资本家与剩余的社会主义国家以及全世界人民运动的矛盾。……所有的这些斗争将能够挫败帝国主义扩张和控制世界的努力,同时将奠定国际工人阶级运动的基础,这个运动最终将打破在他们反对帝国主义的斗争中人为地将他们隔离开来的民族、道德、文化、语言的界限。通过这个过程所实现的团结将有助于加强国际工人阶级的力量,打败帝国主义和世界资本主义残余,建立一个公平的能够增进工人阶级利益以及最终增进人类利益的世界社会秩序。"[1]

笔者认为,在生产国际化的条件下,将在世界范围内逐渐形成两大阶级:世界资产阶级和世界工人阶级。世界资产阶级雇佣世界工人阶级进行生产并从他们那里获取国际剩余价值。这样,在世界范围内在阶级之间和阶级内部将发生

---

[1] B. Berberoglu, *Globalization of Capital and the Nation-State*, Rowman & Littlefield Publishers, Inc., 2003, pp. 130-132.

第十八章　对外直接投资经济利益的分配

下述矛盾:第一,不同国家的资产阶级之间的矛盾。一个国家的资本到另外一个国家直接投资,势必造成同行业之间的竞争,因而将发生矛盾。第二,不同国家之间工人阶级的矛盾。一个国家的资本到另外一个国家直接投资,将会相对减少在母国所在行业的投资,对母国的这个行业工人的就业产生一定的影响。第三,世界资产阶级和世界工人阶级的矛盾。世界资产阶级为了获得更多的剩余价值,将千方百计地限制工人的工资水平和福利待遇。世界工人阶级为了维护自己的利益,将以各种方式与世界资产阶级斗争。

在这三种矛盾中,不同国家的资产阶级之间的矛盾主要是同一个行业的资产阶级之间的矛盾,而不是两个国家资产阶级整体的矛盾。一个国家的资本到另外一个国家直接投资,可能还会对东道国相近行业产生有利影响。因此,这种矛盾是局部的矛盾,是竞争性的矛盾。不同国家之间工人阶级的矛盾也是同一个行业的工人阶级之间的矛盾,而不是两个国家工人阶级整体的矛盾。一个国家的资本到另外一个国家直接投资,不会对母国别的行业的就业产生不利影响。如果这种直接投资导致母国产业结构的调整,它则对母国工人阶级整体产生有利影响。另外,即使是同行业工人阶级的矛盾,也是母国这个行业的工人在感觉上的矛盾。一个国家的资本所以到另外一个国家直接投资,是因为在母国的所在行业已经没有有利可图的投资机会了。即使这个行业的资本不对外直接投资,它未必对本国扩大投资。即使它扩大对本国的投资,也将由于在国际竞争中处于不利地位而衰落。也就是说,从动态来看对外直接投资一般不会导致母国就业的减少。但是,世界资产阶级和世界工人阶级的矛盾是经济利益相互对立的矛盾。世界资产阶级的经济利益增加就意味着世界工人阶级经济利益的减少,世界资产阶级的经济利益减少就意味着世界工人阶级经济利益的增加。因此,世界资产阶级和世界工人阶级的矛盾是对抗性的矛盾。

第十九章　国际直接投资对资本积累和社会资本再生产的影响

第一节　国际直接投资对资本积累和集中的影响

一、在存在国际直接投资条件下生产资本的循环

对外直接投资在本质上是生产资本的跨国流动,它是产业资本循环的一个环节。根据马克思的分析,生产资本循环的过程是:$C\cdots P\cdots W'-G'-C$。在这里,C 表示生产资本,P 表示生产过程,W 表示商品资本,G 表示货币资本,上标$'$表示包含剩余价值。在存在国际直接投资条件下,生产资本循环可以有下述方式:

(1)从东道国角度分析的生产资本的循环

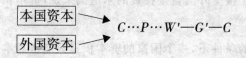

本国资本 ⟶
外国资本 ⟶ $C\cdots P\cdots W'-G'-C$

(2)从母国角度分析的生产资本的循环

本国资本 ⟶ $C\cdots P\cdots W'-G'-C$ (母国)
⟶ $C\cdots P\cdots W'-G'-C$ (东道国)

(3)从某种产品生产过程角度分析的生产资本的循环

$$C\cdots P--- P\cdots W'—G'—C$$
(母国) (东道国)

$$C\cdots P--- P\cdots W'—G'—C$$
(东道国)(母国)

第一种方式的生产资本循环是指在一个国家内,本国资本和外国资本都参与了本国的生产资本循环。第二种方式的生产资本循环是指一个国家的生产资本不仅在本国循环,而且参与了别的国家的资本循环。第三种方式的资本循环是指在某种产品的生产过程中,首先在母国进行中间产品的生产,再在东道国完成最终产品的生产;或者首先在东道国进行中间产品的生产,再在母国完成最终产品的生产。

二、在存在国际直接投资条件下的资本积累和集中

资本积累是剩余价值的资本化。剩余价值是资本积累的唯一源泉,而资本积累是资本主义扩大再生产的唯一源泉。在不存在外国直接投资的条件下,一个国家的资本积累资本只能依靠本国资本家将剩余价值资本化而形成,资本积累受到了限制。在存在外国直接投资的条件下,一个国家的资本积累不仅可以通过本国资本家将剩余价值资本化的方式形成,而且还通过外国资本家将剩余价值资本化的方式形成。因此,对于接受外国直接投资的东道国来说,资本积累可以加速进行。

同样,在不存在对外直接投资的条件下,一个国家的资本积累只能依靠本国剩余价值的资本化来进行,资本积累的规模受到了约束。在存在对外直接投资的条件下,一个国家的资本积累不仅可以通过本国剩余价值资本化的方式进行,还可以通过外国剩余价值资本化的方式进行。因此,对于对外直接投资的国家来说,资本积累也可以加速进行。

应该指出,直接投资可以加快母国和东道国的资本积累是在不同的意义上

说的。东道国的资本积累是在地域意义上可以使用的资本的积累,母国的资本积累是在所有权意义上可以控制的资本的积累。东道国通过这种资本积累获得了可以运用的生产能力,母国通过这种资本积累获得了可以赢利的生产能力。

由此可见,在存在国际直接投资的条件下,对于一个生产过程来说,生产资本的形成不但突破了资本家个人剩余价值资本化的限制,而且突破了一个国家的社会剩余价值总额的限制,它可以通过获得外国直接投资的方式借助于别的国家的资本家的剩余价值。从世界范围看,有的国家需要将大量的货币资本转化为生产资本,而有的国家的货币资本则出现相对过剩。即使在世界剩余价值总额没有变化的条件下,通过国际直接投资可以充分形成生产资本,从而推动了生产资本的循环。

由此可见,在存在国际直接投资的条件下,资本积累不仅依赖于资本家个人的剩余价值,依赖于一个国家全体资本家的剩余价值,而且还依赖于世界资本家的剩余价值,国际直接投资成为资本积累的重要途径。

国际直接投资不仅促进了资本积累,而且促进了资本集中。资本集中是指资本之间通过各种方式结合为规模更大的资本,国际直接投资形成了世界范围的资本集中。从所有权的角度划分,国际直接投资有两种基本的形式,一种是建立合资企业,另一种是建立独资企业。从投资方式的角度划分,国际直接投资也有两种基本的形式,一种是收购和兼并原有企业,另一种是建立新的企业。按照前一种划分方法,建立独资企业是资本积累的过程,建立合资企业是资本集中的过程;按照后一种划分方法,建立新的企业是资本积累的过程,收购和兼并原有企业是资本集中的过程。

根据联合国贸易与发展委员会的《世界投资报告》,从 1990 年到 2004 年,跨国兼并与收购的数额与对外直接投资流入量的比例一般超过 50%,甚至达到 80%。2005 年该比例为 78%,2006 年该比例为 67%。[①] 这意味着收购和兼并外国企业是对外直接投资的主要形式,这同时也意味着对外直接投资不但推动

---

① UNCTAD, *World Investment Report*, United Nations, New York and Geneva, 1990-2007, Chapter 1.

国际资本积累,而且更重要的是推动国际资本集中。随着国际资本积累和国际资本集中而来的是国际生产集中和国际垄断的形成。因此,对外直接投资是国际垄断形成的主要方式。

第二节　在存在国际直接投资条件下的社会资本再生产

一、在存在国际直接投资条件下的简单再生产

在本书前面第十章中曾经引入国际贸易的因素讨论了对社会资本再生产的影响。为了更好地理解国际直接投资对社会资本再生产的影响,先简单复述在存在国际贸易的条件下社会资本再生产过程的变化。

按照马克思的分析,社会资本简单再生产的条件可以表达为:

第一,$I(v+m)=IIc$。这个条件表示第一部类的可变资本的价值和剩余价值需要用于消费,第二部类的不变资本的价值需要用生产资料和更替。第二,$I(c+v+m)=Ic+IIc$。这个条件表示第一部类全部商品的价值必须同时弥补第一部类不变资本的价值和第二部类不变资本的价值,从生产资料的角度来看社会资本的简单再生产才能够正常进行。第三,$II(c+v+m)=I(v+m)+II(v+m)$。这个条件表示第二部类全部商品的价值必须同时弥补第一部类可变资本的价值、剩余价值和第二部类可变资本的价值、剩余价值,从消费资料的角度来看社会资本的简单再生产才能够正常进行。

在发生国际贸易的条件下,由于可以从外国进口生产资料,即使$I(v+m)<IIc$,社会资本的简单再生产仍然可以正常进行。

从生产资料的角度来看,设IM为第一部门的商品即生产资料的进口额,IX为第一部门的商品即生产资料的出口额,社会资本简单再生产的条件是:

$$I(c+v+m)+(IM-IX)=Ic+IIc \tag{19-1}$$

公式(19-1)表示,第一部类生产的生产资料可能出口到外国,而该国也可能从外国进口生产资料。只要$I(c+v+m)+(IM-IX)=Ic+IIc$,第一和第二部类耗费的生产资料都能够得到补偿,社会资本的简单再生产能够正常进行。在这里,$IM-IX$可能是正数,可能是负数,可能是零。它们分别表示生产资料的贸易为逆差、顺差或平衡。假定其他条件不变,生产资料的贸易逆差导致黄金或外汇储备减少,生产资料的贸易顺差导致黄金或外汇储备增加。这意味着在存在国际贸易的条件下,可以用黄金或外汇储备来维持社会资本的简单再生产。

从消费资料的角度来看,设IIM为第一部门的商品即生产资料的进口额,IIX为第一部门的商品即生产资料的出口额,社会资本简单再生产的条件是:

$$II(c+v+m)+(IIM-IIX)=I(v+m)+II(v+m) \qquad (19-2)$$

公式(19-2)的意思与公式(19-1)相似,它表示第二部类生产的消费资料可能出口到外国,而该国也可能从外国进口消费资料。只要$II(c+v+m)+(IIM-IIX)=I(v+m)+II(v+m)$,第一和第二部类需要的消费资料都能够得到满足,社会资本的简单再生产能够正常进行。在这里,$IIM-IIX$可能是正数,可能是负数,可能是零。它们也分别表示消费资料的贸易为逆差、顺差或平衡。假定其他条件不变,消费资料的贸易逆差导致黄金或外汇储备减少,消费资料的贸易顺差导致黄金或外汇储备增加。这意味着在存在国际贸易的条件下,同样可以用黄金或外汇储备来维持社会资本的简单再生产。

如果把社会资本简单再生产的条件结合起来,生产资料贸易的顺差或逆差与消费资料贸易的逆差或顺差可以相互弥补。只有包括生产资料和消费资料的社会商品的贸易出现差额时,才会导致黄金或外汇储备的变化。在一定的时期内,黄金或外汇储备的变化可以维持社会资本简单再生产的条件。但是,假定其他条件不变,如果社会商品的贸易连续多年出现逆差而导致黄金或外汇储备全部流失,社会资本简单再生产的条件将受到破坏。这意味着在国际贸易条件下社会资本的简单再生产可以突破原来在物质形态上的限制,即使$I(v+m)<IIc$也可以使社会资本再生产在物质形态上可以实现,但是仅仅在国际贸易条件下社会资本的简单再生产不能突破价值形态上的限制,而必须有政府的黄金或外汇储备的存在。设政府的黄金或外汇储备为R,那么要保持社会资本的简单再生

产,还必须有下述条件:

$$R = (IM - IX) + (IIM - IIX) \tag{19-3}$$

公式(19-3)表示,政府的黄金或外汇储备必须要满足生产资料和消费资料贸易逆差的需要。但是,在存在国际直接投资的条件下,不再需要用黄金或外汇储备来维持社会资本的简单再生产,而可以用国际直接投资的方式来维持社会资本的简单再生产。例如,当生产资料和消费资料的贸易出现逆差时,可以用外国直接投资流入的方式补偿。这样,即使该国没有黄金或外汇储备,社会资本的简单再生产仍然可以得到维持。设外国直接投资的净流入量是V,公式(19-3)可以表达为:

$$R + V = (IM - IX) + (IIM - IIX) \tag{19-4}$$

从公式(19-4)可以看到,即使政府的黄金或外汇储备 R=0,只要 $V = (IM - IX) + (IIM - IIX)$,社会资本的简单再生产可以进行。

二、在存在国际直接投资条件下的扩大再生产

按照马克思的分析,社会资本扩大再生产的条件是:

$$I(v+m) = I(\Delta c) + II(c + \Delta c) \tag{19-5}$$

$$II(c+m-n) = I(v + \Delta v + n) + II(\Delta v) \tag{19-6}$$

如果在公式(19-5)的两边同时加上 Ic,在公式(19-6)的两边同时加上 II(v+n),那么可以得到:

$$I(c+v+m) = I(c + \Delta c) + II(c + \Delta c) \tag{19-7}$$

$$II(c+v+m) = I(v + \Delta v + n) + II(v + \Delta v + n) \tag{19-8}$$

公式(19-7)表明,要实现社会资本的扩大再生产,第一部类所生产的生产资料,除了补偿第一部类和第二部类已经耗费的不变资本的价值以外,还必须满足第一部类和第二部类追加生产资本的需要。公式(19-8)表明,实现社会资本的扩大再生产,第二部类所生产的消费资料,除了补偿第一部类和第二部类劳动者的消费和资本家的消费以外,还必须满足第一部类和第二部类追加消费资料的需要。

与国际贸易对社会资本简单再生产的条件的影响的分析相似,在存在国际

贸易的条件下,社会资本扩大再生产的条件是:

$$I(c+v+m)+(IM-IX)=I(c+\Delta c)+II(c+\Delta c) \qquad (19-9)$$

$$II(c+v+m)+(IIM-IIX)=I(v+\Delta v+n)+II(v+\Delta v+n) \qquad (19-10)$$

公式(19-9)表明,第一部类所生产的生产资料加上生产资料的净进口额,必须能够补偿第一部类和第二部类耗费的生产资料$Ic+IIc$,而且还可以向第一部类和第二部类提供追加的生产资料$I(\Delta c)+II(\Delta c)$。同样,公式(19-10)表明,第二部类所生产的消费资料加上消费资料的净进口额,必须能够满足第一部类和第二部类对消费资料的需求$I(v+n)+II(v+n)$,而且还可以向第一部类和第二部类提供追加的消费资料$I(\Delta v)+II(\Delta v)$。在生产资料和消费资料的贸易存在差额的条件下,仍然需要黄金或外汇储备发挥维持社会资本扩大再生产的作用。但是,在存在国际直接投资的条件下,正如公式(19-4)所表示的,生产资料和消费资料的贸易差额可以通过国际储备变化和国际直接投资的方式来弥补:$R+V=(IM-IX)+(IIM-IIX)$。

另外,国际直接投资不仅可以弥补生产资料和消费资料贸易的差额,而且可以使社会资本再生产迅速扩大。设A_1表示投在第一部类的外国直接投资额与该部类生产需要资金及生产资料的净进口额的比率即倍数,A_2表示投在第二部类的外国直接投资额与该部类生产需要资金及生产资料的净进口额的比率,其他符号原意不变,那么在存在国际直接投资的情况下,社会资本扩大再生产的条件是:

$$[1+A_1][I(c+v+m)+(IM-IX)]$$

$$=[1+A_1][I(c+\Delta c)+II(c+\Delta c)] \qquad (19-11)$$

$$[1+A_2][II(c+v+m)+(IIM-IIX)]$$

$$=[1+A_2][I(v+\Delta v+n)+II(v+\Delta v+n)] \qquad (19-12)$$

$$R+V=(IM-IX)+(IIM-IIX) \qquad (19-13)$$

公式(19-11)与公式(19-9)相似,但加入了国际直接投资的因素。例如,假定第一部类所生产的生产资料加上生产资料的净进口额为100单位货币,外国直接投资额是20单位货币,即$A_1=0.2$,那么第一部类所生产的生产资料加上生产资料的净进口额将达到120单位货币,第一部类的生产规模扩大了。公式(19－12)同样在公式(19－10)的基础上加入了国际资金融通和国际直接投资的因素。公式(19－13)与公式(19－4)相同,表示政府黄金和外汇储备、外国直接投资的净流入量与社会产品的净进口额必须相互弥补。

由此可见,国际贸易使社会资本的扩大再生产突破原来的物质形态上的条件的限制,国际直接投资则使社会资本的扩大再生产突破原来的价值形态上的条件的限制。从这个角度来看,国际贸易和国际直接投资成为社会资本扩大再生产的条件。

三、在国际直接投资条件下扩大再生产的矛盾

博洛格鲁在他的著作《资本全球化和民族国家》中曾经分析了国际直接投资所导致的资本主义经济体系的矛盾,他指出:"跨国垄断企业所导致的资本全球化加强了垄断势力,产生了全球资本主义的新危机,新危机表现在下述方面:第一,生产力的扩大与现存剥削阶级关系的矛盾带来了问题。第二,工资和商品价格之间的不平衡产生了生产过剩的问题,导致周期性的衰退和萧条。第三,生产技术的持续利用(如自动化)导致失业的增加。第四,资本的输出和生产转移到劳动低廉的海外地区带来了国际劳动分工结构的变化,导致中心国家工业的衰败和失业的增加。第五,世界范围的资本积累和资本主义生产关系的再生产通过生产的扩大和剩余价值和利润的再生产,强化了对劳动的剥削。第六,在国家范围和全球范围资本家阶级和工人阶级收入和财富日益分化,整个世界的穷人和被边缘化的人口在不断增加。"[①]

博洛格鲁所指出的这些问题确实在不同的程度上存在。在国际直接投资的条件下,各国生产过程的联系变得更加密切,一个国家的经济衰退会迅速地传递到别的国家,从而有可能导致世界性的经济衰退。

---

① B. Berberoglu, *Globalization of Capital and the Nation-State*, Rowman & Littlefield Publishers, Inc., 2003, p.124.

第三卷

货币资本的跨国流动

第二十章 货币资本与货币资本跨国流动

第一节 货币资本的性质和特点

一、货币资本和金融资产

马克思在《资本论》第一卷中明确指出,货币本身并不是资本,作为货币的货币和作为资本的货币存在本质的区别。作为货币的货币主要在商品的交换中发挥媒介的作用。商品所有者出售自己的商品得到货币以后,再用货币购买别人的商品,他的目的是获得使用价值。作为资本的货币则主要在商品生产中发挥增值的作用。资本所有者用货币购买劳动力和生产资料投入生产过程,然后通过出售商品得到更多的货币,其目的是获得交换价值。因此,货币只有在能够产生剩余价值的时候才成为资本。

马克思在《资本论》第三卷中还指出,产业资本在运动过程中依次采取货币资本、生产资本和商品资本的形态,因而在资本家之间出现了分工,由不同的资本家承担不同的资本的职能。产业资本家主要承担生产剩余价值的生产资本的职能,商业资本家主要承担实现剩余价值的商品资本的职能,借贷资本家则从职能资本家分离出来主要承担货币借贷的职能。借贷资本的运动具有货币资本运动的特点,起点是一定价值的货币,而终点是更多价值的货币。但是,借贷资本的运动又与货币资本运动不同,它不再经过商品的生产过程。借贷资本家的利息来源是凭借着货币所有权而与产业资本家分享的剩余价值的一部分。

由此可见,借贷资本是在货币资本投入生产过程以前分离出来的一种货币形态,它在本质上仍属于货币资本。但是,随着经济的发展和金融市场的发展,在货币资本投入生产过程以前分离出来的资本不仅仅是借贷资本,还有权益资本,以及从借贷资本和权益资本衍生出来的资本。在这里,借用马克思的货币资本的概念,主要表示在货币资本投入生产过程以前分离出来的各种形态的资本,即能够产生收益的金融资产。金融资产的具体形式包括债务工具、权益工具及其衍生的金融工具。因此,货币资本的流动是指对金融资产投资所引起的资本流动,跨国货币资本流动是指对国际金融资产投资所引起的资本流动。

马克思在《资本论》中没有具体讨论金融资产的价值或价格问题。马克思曾指出:"信用制度及其所创造的工具(信用货币等等)的详细分析,在我们的计划以外。"①但是,马克思明确地阐述了金融资产的利息收益的质的规定性:"利息原来好像是、原来是、并且实际仍然不外是利润(即剩余价值)的一部分;功能资本家(产业家或商人)在他不是使用自有的资本而是使用借入的资本时,必须把这个部分支付给这个资本的所有者和贷者。如果他只使用自有的资本,利润的这种分割就不会发生,利润就会全部归他所有。""总利润的一部分到利息形式的转化,会把它的另一部分转化为企业利润。利息一旦作为一个特殊的范畴存在,企业利润事实上也就不过是总利润在利息以上的余额所采取的对立的形式。"②

马克思进而分析了能够带来利息收益的金融资产作为虚拟资本的性质。马克思在《资本论》第3卷第29章分析政府债券时指出:"那种把国家付款当作子体(利息)来看的资本,都是幻想的虚拟资本。不仅贷给国家的金额一般地说已经不再存在,这种金额一般地说本来也不是要当作资本来用的,来投下的,但是只有当作资本投下,它才能转化成一个自行保存的价值。"③在马克思看来,这些有价证券所以称为资本,是因为它们能够带来收益;所以称为虚拟资本,则是

---

① 马克思:《资本论》第3卷,人民出版社1966年版,第457页。
② 同上书,第420、427页。
③ 同上书,第539页。

因为这些证券不仅与实物资本相脱离,而且与它们所代表的资金相脱离。马克思把没有黄金作保证的银行券、银行票据以及公司债券、政府债券、公司股票看作是虚拟资本。

在对利息和金融资产性质分析的基础上,马克思提到了金融资产的"价值":"当人们按平均利息率把一个规则的会自行反复的收入,当作一个资本按这个利息率贷出时将会提供的收入来计算时,他们就把这个收入资本化了。例如,在常年收入=100镑,利息率=5%时,100镑就是2000镑的常年利息,这2000镑现在也就当作这个合法的每年有权取得100镑的所有权证的资本价值来看。"①

金融资产在性质上是一种虚拟资本,而虚拟资本是相对于生产资本而言的。生产资本是直接投入生产过程并带来剩余价值的资本,它本身具有价值。虚拟资本则是凭借着某种权利参加剩余价值的分配而形成的资本,它代表一定的价值但本身没有价值。金融资本所以是虚拟资本,一方面是它的价值是虚拟的,也就是它的价值是由它的收益派生出来的;另一方面是它不仅与实际资本相脱离,而且与它所代表的资金相脱离。金融资产的发展大致经历了三个阶段:

第一,信用货币,它是金融资产的萌芽阶段。在没有黄金作保证的银行券和纸币等信用货币取代黄金执行货币的职能以后,货币本身虚拟化了。原来充当货币的黄金是一种商品,它本身具有价值。现在充当货币的信用货币没有价值,它仅代表一定的价值,而且它的价值是银行信用或国家信用赋予的。当信用货币以存款货币的形式存在或者以贷款的形式存在时,它可以带来利息收益,从而也成为了资本。

第二,有价证券,它标志着金融资产的产生。有价证券有两种形式:一种是债务工具,包括银行存单、商业票据、承兑汇票、国库券、公司债券、市政债券、政府债券等;另一种是权益工具,主要是股票。债务工具体现借贷的关系,它实际上是货币资本的证券化。权益工具则体现所有权的关系,但它同样是货币资本的证券化。以公司债券和公司股票为例,在它们被发行以后,企业把获得的资金投入生产过程,货币资本转化为生产资本,它们成为生产资本的表现形式。虽然

① 马克思:《资本论》第3卷,人民出版社1966年版,第540—541页。

公司债券和公司股票以一种独立的形态不断地在交易和流通,但是这种流通仅仅在改变着债权人或所有者,它所体现的资金仍然在生产过程中。有价证券可以带来收益,它成为一种货币资本,但这种货币资本的运动与生产资本的运动已发生一定程度的偏离,即资本开始虚拟化了。

第三,金融衍生工具,它标志着金融资产的发展。20世纪80年代以来,随着金融创新的发生,出现了互换、期货、期权等金融衍生工具。其中互换包括利率互换、货币互换和外汇互换等,期货包括利率期货、外汇期货和股票价格指数期货等,期权包括利率期权、外汇期权、股票期权、股票价格指数期权和利率上下限协议等。以金融期权为例,它是在未来一定的时间里按照一定的价格买进或卖出一定的金融资产的一种权利。买方支付了它的价格后便获得了这种权利,卖方得到了它的价格后则承担起这种责任。它甚至不是在未来买卖的金融资产的表现形式,而是买卖金融资产的权利。如果说股票的发行体现了一定的生产资本进入生产过程,股票的交易体现了这部分生产资本所有者身份的变更,那么股票期权的交易已经与生产资本的运动没有关系。但是,持有股票期权同样可以带来收益,它是一种比股票虚拟化程度更高的虚拟资本。

二、金融资产的产生和发展

在市场经济发展的初级阶段里,即以商品货币为交换手段和融通手段的实物经济里,从表现为商品——货币——商品的商品流通过程产生了表现为货币——商品——货币的货币流通过程。在货币流通的过程中,有的人出现货币闲置,而有的人则发生货币不足,当出现货币闲置的人把货币贷给需要货币的人时,又从货币——商品——货币的货币流通过程产生了货币——货币的货币融通过程。但是,希望借入货币的人要找到希望贷放货币的人需要耗费很高的交易成本,银行就是为了降低货币融通的交易成本而产生的。在银行出现以后,银行可以把人们存入的闲置货币集中起来,再贷放给需要货币的人,从而降低了交易成本。但是,银行的运转发生大量的费用,以银行为中介的间接货币融通过程仍然需要耗费较高的交易成本,公司债券等债务工具也是为了进一步降低货币融通的交易成本而产生的。借助于债务工具，人们既克服了银行产生以前直接的货币融通所存在的不便，也降低了银行产生以后间接的货币融通的成本，从而形成了更高形式的直接的货币融通。

另外，在私有制的条件下，产权是相互分割的，每个小商品生产者都拥有自己的产权。但是，随着科学技术的进步，人们要获得规模经济的利益，一定数量的资本积累是必要的。资本的原始积累表现为两个过程：一是通过暴力使小商品生产者和生产资料相分离的过程，它导致了以生产者自己劳动为基础的私有制的解体和资本主义私有制的产生。正如马克思所描述的，资本的原始积累"是以血和火的文字载入人类编年史的"[①]。二是使私有产权的收益权和使用权相分离，私有产权的所有者保留他们的收益权，让渡他们的使用权，并且把他们的使用权在法人企业里集中起来。股份有限公司和股票就是为了实现规模经济的利益而产生的。经营者使用所有者的股份去经营企业，所有者凭借他们的股份获取收益。

由此可见，在市场经济里，在竞争的压力和利润动力的影响下，人们总在寻求着更有效的制度安排，以实现降低交易成本和提高经济效率的目的。作为货币资本的债务工具和权益工具，正是因此而产生和发展。在经济发展的这个阶段里，商品货币是核心，信用货币是代替商品货币充当流通手段和支付手段的职能，而债务工具和权益工具则是代替商品货币完成融通的过程，它们的流通或融通受着商品货币的流通和融通的制约，货币资本与生产资本存在比较密切的联系。

但是，随着金本位制的弱化，特别是随着 20 世纪 30 年代金本位制的解体，在各国国内，商品货币不再存在，信用货币成为交换的手段、资金融通的手段和调节经济的手段。在经济发展的这个阶段里，作为基础货币的纸币是一种没有价值的价值符号，支票使银行的活期存款成为货币，可转让存单（NOW）和自动转换服务（ATS）使银行的定期存款也成为货币，货币的流通表现为各种凭证的易手，资金的融通则表现为银行账户数字的更改和各种票据的交易，它们已经不完全反映实物商品的流通和融通。另外，在经济发展的这个阶段里，开始出现货币流通和融通对商品流通的异化。这就是说，相对于商品流通来说，货币流通和

[①] 《马克思恩格斯全集》第 23 卷，人民出版社 1972 年版，第 783 页。

融通已逐渐作为一个异己的力量出现,它具有一定的独立性并反过来对商品流通产生强有力的影响。由收益而产生的各种货币资本与生产资本的联系开始弱化了,它本身也成为一种虚拟的资本。

随着信用货币的发展,包括商品的价格、生产要素的价格、借贷资本的利率在内的价格机制已比较完整,它们相互影响并对商品的生产和社会资源的配置发挥着调节作用。但是,在信用货币的使用范围不断扩大的条件下,信用货币的扩张和收缩也比以前更加频繁和剧烈,利率的变化频繁发生。利率在发挥着它的调节作用的同时,也产生了资金融通的利率风险和债务工具交易的价格风险。另外,在利率和权益工具的供求变化的影响下,权益工具的价格也在不断变化,从而使股权的交易也发生价格风险。然而,在金融市场上,既有规避风险的保值者,也有愿冒风险的投机者,这就使风险转移成为必要。远期利率协议、利率期货和期权、股票指数期货和期权就是在这种情况下产生的。人们通过签订各种协议,确定未来买卖某种金融资产的价格,或者构建按照一定的价格买卖某种金融资产的权利和责任,以实现风险的转移。

另外,随着金融市场的发展。为了提高资金融通的效率以提高竞争能力,金融机构希望把资金融通过程中所形成的各种没有流动性的长期贷款如住房贷款、汽车贷款等变为具有流动性的资产,即进行信用的创造,由此产生的是资产的证券化。资产的证券化就是根据长期贷款在未来所产生的现金流发行新的债务工具,把变卖长期贷款所得到的资金又发放新的长期贷款。还有,在借贷市场上,借款者和贷款者对未来利率的变化具有各种各样的期望,不同的借者在不同的借贷市场上具有不同的优势,这就使债权或债务的重组成为必要。利率和货币互换就是在这种需求下产生的。人们通过债权或债务的互换来降低筹集资金的成本和风险,或增加贷放资金的收益。

在这些由金融创新产生的虚拟金融资产出现在市场上以后,它们本身又成为了资金融通的工具和交易的对象。当这些虚拟资本的交易成为普遍的现象时,虚拟的金融资产已成为重要的资金融通工具。如果说原来各种债务工具和权益工具体现着一定数量的信用货币的借贷和权益关系,而信用货币的数量最终仍受到商品生产和交换的制约,那么现在由债务工具和权益工具派生出来的衍生金融工具则是不但不受商品生产和交换以及信用货币数量制约,而且不受债务工具和权益工具数量制约。以衍生金融工具形式表现出来的货币资本已经是高度虚拟化的资本。

衍生金融工具产生以后,它还具有不依赖于商品生产,甚至不依赖于债务工具和权益工具的衍生与繁殖能力。衍生金融工具既可以由现有的债务工具和权益工具中不断衍生,也可以由已经衍生出来的金融工具中再度衍生。例如,从股票价格指数衍生出各种股票和股票指数期权以后,又产生了灾害优先股票卖权。这是保险与期权相结合而产生的一种新的金融品种。又如,利率期货和利率期权本身是从债务工具衍生出来的金融衍生工具,但从利率期货中又再度衍生出利率期货期权。这是一种按照一定的价格在未来一定的时间里买进或卖出一定的利率期货的权利。只要金融市场有需求,金融机构就会创造出新的金融工具,衍生金融工具可以适应于金融市场供求的变化而不断地发展。

第二节　货币资本的发展和金融的异化

一、实物经济的特征和运行规律

货币资本在国内的膨胀和在国外的扩张是当今时代的重要现象,有必要进一步从历史发展的过程来考察货币资本的形成和特征,以加深对货币资本的认识。

笔者认为,经济的发展过程可以从多个角度来探讨。从资源配置的方式来划分,可以分为自然经济、市场经济和计划经济。从主导经济部门来划分,可以分为农业经济、工业经济和信息经济。从货币流通的角度来划分,可以分为实物经济、货币经济和金融经济。从实物经济、货币经济到金融经济是一个经济虚拟化的发展过程,也是一个货币流通对商品流通的异化过程。

实物经济(physical economy)是以商品货币为交换手段和融通手段的经济。它包括从人类社会出现商品生产和商品交换开始,到 20 世纪 30 年代商品货币消失即金本位制解体的漫长发展过程。在实物经济的发展过程中,经历了商品与商品直接交换和商品与商品借助于商品货币进行交换的两个发展阶段,后一个发展阶段是实物经济的成熟形态。

商品的生产是为市场进行的生产,商品必须通过交换才能实现商品生产的目的。因此,商品的生产过程决定了商品的交换过程。商品交换的产生、交换的商品的种类和数量,都是由商品生产过程决定的。但是,商品的交换过程又反过来对商品的生产过程产生影响。这主要表现为商品交换的难易和通畅程度影响着商品生产的发展规模和发展水平。从这个角度来看,商品交换的手段可以反映一个经济的发展水平。

在实物经济初期的物物交换的条件下,交换的双方正好彼此需要对方的商品,商品的交换才有可能完成。因此,物物交换的形式是与偶然的商品生产相适应的。随着商品生产的发展,需要有一种特定的商品从其他商品中分离出来作为交换的手段,商品货币就是在这种情况下产生了。在历史上,贝壳、布帛、牲畜等商品都充当过交换的手段。最后,黄金和白银取代了各种商品货币而成为最成熟的商品货币形态。

在实物经济条件下,商品流通的过程表现为商品——货币——商品。商品生产者卖出商品得到货币,再用货币去购买他们所需要的商品。在商品流通的过程中,商品货币作为交换的手段不断与商品更换位置,从而构成了商品货币的流通。马克思对商品货币的流通规律进行了充分的分析,提出了商品货币流通公式。设商品的流通所需要的商品货币数量为 M,销售商品价格总额为 Y,赊销商品价格总额为 C,到期支付总额为 D,相互抵消的支付总额为 N,单位货币的流通速度 V,那么:

$$M = \frac{Y - C + D - N}{V} \qquad\qquad (20-1)$$

商品货币的流通规律说明,流通中所需要的商品货币数量与商品的数量和商品的价格成正比,与商品货币的价值和商品货币的流通速度成反比。[1]

---

① 马克思:《资本论》第 1 卷,人民出版社 1953 年版,第 94—125 页。

在实物经济里,从表现为商品——货币——商品的商品流通过程产生了表现为货币——商品——货币的货币流通过程。正如前面分析所指出的,在货币流通的过程中,有的人出现货币闲置而有的人则发生货币不足,当出现货币闲置的人把货币贷给需要货币的人时,又从货币的流通过程产生了货币——货币的货币融通过程。但是,希望借入货币的人要找到希望贷放货币的人需要耗费很高的交易成本,银行就是为了降低货币融通的交易成本而产生的。在银行出现以后,银行可以把人们存入的闲置货币集中起来,再贷放给需要货币的人,从而降低了交易成本。但是,银行的运转发生大量的费用,以银行为中介的间接货币融通过程仍然需要耗费较高的交易成本,公司债券等债务工具也是为了进一步降低货币融通的交易成本而产生的。借助于债务工具,人们既克服了银行产生以前直接的货币融通所存在的不便,也降低了银行产生以后间接的货币融通的成本,从而形成了更高形式的直接的货币融通。

另外,也正如前面的分析所指出的,在私有制的条件下,产权是相互分割的,每个小商品生产者都拥有自己的产权。但是,随着科学技术的进步,人们要获得规模经济的利益,一定数量的资本积累是必要的。资本的原始积累表现为两个过程:一是通过暴力使小商品生产者和生产资料相分离的过程,它导致了以生产者自己劳动为基础的私有制的解体和资本主义私有制的产生。二是使私有产权的收益权和使用权相分离,私有产权的所有者保留他们的收益权,让渡他们的使用权,并且把他们的使用权在法人企业里集中起来。股份有限公司和股票就是为了实现规模经济的利益而产生的。经营者使用所有者的股份去经营企业,所有者凭借他们的股份获取收益。

由此可见,在市场经济里,在竞争的压力和利润动力的影响下,人们总在寻求着更有效的制度安排,以实现降低交易成本和提高经济效率的目的。作为货币资本的债务工具和权益工具,正是因此而产生和发展。在实物经济里,金融资产可分为三个层次:第一层次是商品货币;第二层次是纸币、银行券、支票、汇票等信用货币;第三层次是债券、股票等债务工具和权益工具。商品货币是核心,信用货币是代替商品货币充当流通手段和支付手段的职能,而债务工具和权益工具则是代替商品货币完成融通的过程,它们的流通或融通受着商品货币的流通和融通的制约。尽管商品货币流通会对商品流通产生影响,但是商品流通决定了商品货币的流通。这意味着虽然从普通商品分离出商品货币这种特殊的商品,从商品流通产生了商品货币的流通,但是商品货币没有作为一种异己的因素发挥作用,异化现象还没有发生。

在 20 世纪 30 年代,世界各国的商品生产已经达到了较大的规模,黄金和白银蕴藏量分布的不平衡和开采量的缓慢增长已经不能适应人类经济商品交换的需要。另外,纸币的发行量受制约于黄金数量的金本位制也已不适应于政府对经济干预和调节的需要。在这种情况下,英国于 1931 年率先宣布废除金本位制,随后各发达国家也放弃了金本位制。到 20 世纪 30 年代中期,商品货币最终退出历史舞台。纸币取代金属货币成为基础货币,支票代替纸币执行流通手段的职能,汇票代替纸币执行支付手段的职能,债券和股票则体现纸币的借贷和股权关系。实物经济发展为货币经济。由此可见,从实物经济到货币经济不是各国政府的主观选择,而是商品生产和交换发展的客观必然性。

二、货币经济的特征和运行规律

货币经济(money economy)是以信用货币作为交换的手段、资金融通的手段和调节经济的手段的经济。它经历了从 20 世纪 30 年代到 80 年代大约 50 年的时间。

在货币经济里,交换手段和融通手段逐渐虚拟化。在实物经济里,不但充当交换手段和融通手段的货币是商品,而且商品货币的流通和融通反映着实物商品的流通和融通。即使在使用纸币等信用货币的条件下,由于信用货币数量受到商品货币数量的严格制约,纸币等信用货币的流通或融通代表着商品货币以及实物商品的流通或融通。但是,在货币经济里,作为基础货币的纸币是一种没有价值的价值符号,支票使银行的需求存款成为货币,可转换存单(NOW)和自动转换服务(ATS)使银行的定期存款也成为货币,货币的流通表现为各种凭证的易手,资金的融通则表现为银行账户数字的更改,货币的流通和融通已经不完全反映着实物商品的流通和融通。然而,尽管货币经济趋向虚拟化,货币的数量仍然受到商品生产和交换规模的最终制约。如果货币数量超过了商品生产和交换的需要,商品的价格将会上升和货币将会贬值。

另外,在货币经济里,开始出现货币流通对商品流通的异化。这就是说,相对于商品流通来说,货币流通已逐渐作为一个异己的力量出现,它具有一定的独立性并反过来对商品流通产生强有力的影响。正是这个异化的过程反映了货币经济的特征和规律。

货币经济的异化现象之一是货币的流通已不是从属于商品的流通而表现出相对的独立性。由于银行的需求存款是严格意义的货币,如果没有现金从银行体系流失出去即居民或厂商取得银行贷款以后把贷款存入银行,那么当中央银行投放货币,居民或厂商把货币存入银行以后,银行按照法定准备金比率留下准备金以后把剩余的存款贷放出去,居民或厂商取得贷款以后又把它作为存款存入银行,如此进行下去一定数量的货币将派生出数倍的货币。这意味着货币的扩张和收缩具有自己的机制,中央银行除了发行纸币以外还可以用调整法定准备金比率、调整银行的贴现数量和在公开市场上买卖政府债券的方法改变货币数量。在银行不保留超额准备金、没有存款转变为现金的条件下,设货币派生的倍数为 K,法定准备金比率为 R,那么:

$K=1/R$

货币经济的异化现象之二是货币已不仅仅执行流通手段和支付手段的职能以完成商品流通的过程,它还可以对商品的产量和价格产生强有力的影响。第二次世界大战以后,各国经常性地利用宏观货币政策调整货币数量以调节经济的实践,已证明货币不但可以影响商品的价格而且可以影响商品的产量。这就是说,货币是非中性的。

关于货币数量对商品产量产生影响的传导机制,经济学者们已从不同角度进行了探讨。凯恩斯学派认为,在货币需求不变的条件下,货币供给的增加导致利率的下降,刺激了投资的增加,最终带来国民收入的增加,若达到充分就业将导致通货膨胀,即货币传导机制为货币供给→利率→投资→国民收入或价格水平。货币学派则认为,货币供给的增加导致消费支出和投资支出的增加,从而带来国民收入和价格水平的上升,即货币传导机制为货币供给→总支出→国民收入和价格水平。① 凯恩斯学派的不足是它强调了货币供给的利率效应而忽略了货币供给的数量效应,另外货币供给的数量和利率效应不仅对投资产生影响,而且对消费和出口产生影响。货币学派的不足是它注重货币供给的数量效应而忽略了货币供给的利率效应。在利率市场化的条件下,货币供给的变化导致信贷的变化,从而对利率产生影响。

后来的经济学者从下述三个方面进行了补充:第一个方面仍强调利率环节的作用,但利率的下降不仅刺激了投资需求和消费需求,而且通过导致汇率下降刺激了出口需求。第二个方面是重视信贷环节的作用,即货币供给的增加使用于投资和消费的贷款更容易获得,从而导致投资支出和消费支出的增加。第三个方面是补充股票价格环节的作用。货币供给的增加使人们对股票的支出增加,从而导致股票价格上升,根据财富效应,人们因财富的增加将增加消费支出;根据流动性效应,人们因发生财务困难的可能性减小而愿意持有更多的流动性弱的耐用消费品;根据托宾 q 值效应,厂商因企业市场价值与资本重置成本的比率即 q 值的上升而增加投资;根据非对称信息效应,股东因企业净值增加而降低了道德风险,从而导致贷款增加。所有这一切都导致总需求的增加。②

上述的分析从不同的角度揭示了货币的传导机制。考虑到政府既可以用调整基础货币的方式也可以用货币政策来调整货币数量,货币供给的变化从信贷和支出两个方面发挥作用。从信贷的方面来说,货币供给的变化具有数量效应和价格效应,数量效应通过可获得信贷的充裕程度对总需求产生影响,价格效应则通过利率的变化对总需求产生影响。从支出的方面来说,货币供给的变化通过政府支出、厂商支出或居民支出对总需求产生影响,如政府增发货币或在公开市场上向厂商和居民购买政府债券便可以产生这样的影响。因此,从货币供给增加的角度来看,货币传导机制可以表述如下:

货币供给增加→信贷增加→利率下降(价格效应)→消费、投资、出口支出增加→国民收入增加和价格水平上升。

---

① 萨缪尔森:《经济学》,萧琛等译,华夏出版社 1999 年版,第 415、507 页。
② 米什金:《货币金融学》,李扬等译,中国人民大学出版社 1998 年版,第 579—583 页。

货币供给增加→信贷增加→消费、投资、证券支出增加（数量效应）→国民收入增加和价格水平上升。

货币供给增加→政府、厂商、居民支出及证券支出增加→国民收入增加和价格水平上升。

其中利率下降以及对证券的支出增加→证券价格上升→总需求增加（财富效应、流动性效应、托宾 q 值效应、非对称信息效应）→国民收入增加和价格水平上升。

货币经济的异化现象之三是社会资源在不同商品生产中的配置已不能仅仅通过价格机制的作用来完成，它还必须通过资金的融通才能实现。这就是说，商品生产结构的调整需要相应的资金的融通才能完成。这样，资金的配置影响着社会资源在商品生产中的配置。

由此可见，不仅货币流通对商品流通的规模产生影响，而且货币融通也对商品流通的结构产生影响。由商品生产而产生的货币流通似乎反过来成为主宰商品生产的力量。

在货币经济里，金融资产仍分为三个层次：第一层次是作为基础货币的纸币；第二层次是代替纸币执行流通手段和支付手段职能的信用货币，如支票、汇票等；第三个层次是代替纸币作为货币融通手段的债务工具和权益工具，如商业票据、债券、股票等。

三、金融经济的特征和运行规律

金融经济（financial economy）是以金融衍生工具迅速发展为主要特征的经济。在货币经济的发展阶段，随着金融市场的发展，在货币的流通和融通过程中产生了各种新问题，为解决这些问题出现了各种金融创新。

首先，为了提高资金融通的效率以提高竞争能力，金融机构希望把资金融通过程中所形成的各种没有流动性的长期贷款如住房贷款、汽车贷款等变为具有流动性的资产，即进行信用的创造，由此产生的是资产的证券化。资产的证券化就是根据长期贷款在未来所产生的现金流发行新的债务工具，它使金融机构可以将变卖长期贷款所得到的资金用于发放新的长期贷款,从而提高了资金的效率。

其次,在借贷市场上,借者和贷者对未来利率的变化具有各种各样的期望,不同的借者在不同的借贷市场上具有不同的优势,这就使债权或债务的重组成为必要。利率和货币互换就是在这种需求下产生的。人们通过债权或债务的互换来降低筹集资金的成本和风险,或增加贷放资金的收益。

再次,在债务市场上,利率的变化频繁发生。利率在发挥着它的调节作用的同时,也产生了资金融通的利率风险和债务工具交易的价格风险。另外,在股票市场上,股票的价格在不断变化,股权的交易也存在价格风险。由于在金融市场上既有规避风险的保值者,也有愿冒风险的投机者,这就使风险转移成为必要。远期利率协议、利率期货和期权、股票与股票指数期货和期权就是在这种情况下产生的。人们通过签订各种协议,确定未来买卖某种金融资产的价格,或者构建按照一定的价格买卖某种金融资产的权利和责任,以实现风险的转移。

在这些由金融创新产生的虚拟金融资本出现在市场上以后,它们本身又成为了资金融通的工具和交易的对象。当这些虚拟资本的交易成为普遍的现象时,货币经济便向金融经济过渡。金融经济是指金融深化的程度较高,虚拟的金融资产已成为重要的融通工具的经济。

在金融经济里,信用货币仍然存在,货币经济的基本特征并没有消失,但债务工具和权益工具趋向虚拟化。这意味着金融经济不仅仅是货币经济,但货币经济不是金融经济。到 20 世纪 80 年代,金融衍生工具的交易已变得十分普遍,这标志着金融经济的开始。金融经济的金融资产除了货币经济的三个层次以外,增加了衍生金融工具这第四个层次。

在金融经济里,以资产为担保的证券是以金融资产为基础发行的金融资产,利率互换、货币互换、金融期货是一种协议,金融期权则是一种权利,它们都是虚拟的金融资产。如果说在货币经济里,各种债务工具和权益工具体现着一定数量的信用货币的借贷和权益关系,而信用货币的数量最终仍受到商品生产和交换的制约,那么在金融经济里,由债务工具和权益工具派生出来的衍生工具则是不但不受商品生产和交换以及信用货币数量制约,而且也不受债务工具和权益工具数量制约。

另外,如果说在货币经济里,债务工具和权益工具因借贷关系和权益关系能够产生收益而具有派生的价值,那么在金融经济里,金融衍生工具则因某种承诺或权利可能在未来产生收益而具有派生的价值。由此可见,从以商品货币为基础的债务工具和权益工具到以信用货币为基础的债务工具和权益工具,经济开始变得虚拟化;从以信用货币为基础的债务工具和权益工具再到金融衍生工具,经济则更为虚拟化了。

在金融经济里,虽然从商品生产和交换产生了债务工具和权益工具,从债务工具和权益工具衍生出新的金融工具,但金融衍生工具的流通对商品流通的异化程度更高。首先,金融衍生工具产生以后,它的流通已高度独立于商品的流通。以利率衍生工具为例,国际货币基金组织和国际清算银行的统计表明,20世纪90年代以来,它以远远高于国民生产总值的增长率增长,如表20-1所示。在表中,由于资料来源的关系,2001年以前采用的是国民生产总值的数据,2001年以后采用国内生产总值的数据。利率衍生工具是指未清偿的利率和货币互换、利率期货和利率期权3个金融品种。到2006年,以现行价格计算的世界国内生产总值为482449亿美元,而仅仅未清偿的利率衍生工具一个类型的金融品种的市场价值就达到48340亿美元,为世界国内生产总值的1/10。

表 20-1　利率衍生工具与国民生产总值增长率的比较　　　单位:%

年　份	1992	1993	1994	1995	1996
利率衍生工具	26.87	59.81	25.93	24.72	32.40
国民生产总值	2.00	2.30	3.70	3.60	4.10
年　份	1997	1998	1999	2000	2001
利率衍生工具	17.73	13.57	40.86	6.17	19.95
国民生产总值	4.10	2.50	3.30	4.70	2.4
年　份	2002	2003	2004	2005	2006
利率衍生工具	31.11	39.62	34.16	11.27	37.75
国内生产总值	3.0	3.9	4.8	4.3	5.4

资料来源:IMF, *International Capital Market*, 2000; BIS, *Annual Report* 2000-2007; BIS, *Quarterly Review*, 2001-2007.

其次,金融衍生工具具有不依赖于商品生产甚至不依赖于债务工具和权益工具的衍生与繁殖能力。金融衍生工具既可以由现有的债务工具和权益工具中不断衍生,也可以由已经衍生出来的金融工具中再度衍生。例如,从优先股票、普通股票、股票价格指数衍生出股票价格指数期货,又生出各种股票和股票指数期权。这是一种按照一定的价格在未来一定的时间里买进或卖出一定数量的股票或按照一定的股票指数进行结算的权利。又如,利率期货和利率期权本身是从债务工具衍生出来的金融衍生工具,但从利率期货中又再度衍生出利率期货期权。这是一种按照一定的价格在未来一定的时间里买进或卖出一定的利率期货的权利。只要金融市场有需求,金融机构就会创造出新的金融工具。金融衍生工具可以适应于金融市场供求的变化而不断地发展。据文献记载,从 1957 年到 1996 年,包括原金融创新的项目变异在内的金融交易品种创新的项目就达到 177 项。①

世界各国货币资本的发展程度从下列数字可见一斑:2006 年,以现行价格计算的世界国内生产总值为 482449 亿美元,但是未清偿的国内债务类证券的价值是 509586 亿美元,国际债务类证券的价值是 184465 亿美元,国际权益工具的市场价值是 3785 亿美元,柜台市场交易的金融衍生工具的市场价值是 96950 亿美元,在交易所交易的未清偿的期货的价值是 256830 亿美元。② 这就是说,即使不算各类存款资产、国内股票以及在交易所交易的期权的价值,世界金融资产的价值达到 1051616 亿美元,是当年世界国内生产总值的 2.18 倍。

从发达国家的情况来看,这种情况更加明显,以金融市场最发达的美国为例。2006 年,美国国内生产总值是 131947 亿美元。但是,即使不计算政府和个人持有的金融资产,仅计算金融与非金融机构持有的金融资产就达到 795548 亿美元。金融资产的价值是国内生产总值的 6 倍。③

从上面的分析可以看到,货币的流通是从商品的流通产生的,货币的融通是从货币的流通产生的;商品的流通制约着货币的流通,货币的流通制约着货币的

---

① J. Walmsley, *New Financial Instrument*, New York, 1998, p. 9.

② BIS, *Quarterly Review*, August 2007, Statistical Annex, pp. 103-110.

③ *Flow of Funds Accounts of United States*, 1995 – 2006, Federal Reverse System, September 2007, pp. 36-37.

融通。但是,随着货币的流通和货币的融通的发展,出现了货币流通对商品流通的异化,货币融通对货币流通的异化,它们似乎成为异己的力量反过来支配着商品流通和货币流通。

四、金融衍生工具发展的影响

金融衍生工具对商品生产和流通产生双重的强有力的影响。一方面,金融衍生工具的产生使金融资产的替代性增加,资金融通的效率提高,金融资产的流动性增强,从而推动金融市场的发展。另外,金融衍生工具的产生为企业提供了更多的资金融通工具和资金融通方法,同时使企业有更多的规避风险的方法,从而降低了企业资金融通的成本和风险。这一切都促进了经济的发展。另一方面,金融衍生工具的产生创造了高金融杠杆率,助长了金融资产的投机,易于形成金融泡沫,从而加剧金融市场和经济体系内在的不稳定性。

首先,金融衍生工具的产生形成了较高的金融杠杆率。由于金融衍生工具实行保证金交易,人们支付 5%—15% 的保证金就可以买卖全额的金融衍生工具,因而造成了较高的金融杠杆率。金融杠杆率是指包括金融机构在内的厂商的总资产对它的资本金的比率。国际货币基金组织研究部的学者把金融杠杆率的概念引申到金融衍生工具市场,分析了整个金融衍生工具市场的杠杆率,结果如表 20-2 所示。

表 20-2　金融衍生工具市场总杠杆率的近似值

金融衍生工具	名义数量 (10 亿美元)		总市场价值 (10 亿美元)		总杠杆率近似值		
	1995 年 3 月	1998 年 6 月	1995 年 3 月	1998 年 6 月	1995 年 3 月	1998 年 6 月	变化百分比
外汇合同	13095	22055	1048	982	12	22	80
远期外汇合同	8699	14658	622	584	14	25	79
外汇互换	1957	2340	346	255	6	9	61
外汇期权	2379	5010	71	141	34	36	7
其　他	61	33	10	2	6	17	170
交易所外汇期货合同	119	103	---	---	---	---	---

利率合同	26645	48124	647	1354	41	35	—14
远期利率协议	4597	6602	18	39	255	169	—34
利率互换	18283	32942	562	1186	33	28	—15
利率期权	3548	3428	60	126	59	68	14
其　他	216	52	27	2	31	26	—16
交易所利率期货合同	9722	13107	－ － －	－ － －	－ － －	－ － －	－ － －
证券合同	579	1341	60	201	12	7	—42
远期和互换	52	180	7	22	7	8	10
证券期权	527	1161	43	100	12	6	—47

资料来源：IMF,*International Capital Market*, Washington D. C., August 1999, p. 157.

　　在表 20 - 2 中,名义数量(notional amount)是指金融衍生工具所包含的金融资产的数量与交割价格(如金融期货)或实施价格(如金融期权)的乘积。总市场价值(gross market value)是指购买金融衍生工具所支付的价值。总杠杆率在金融衍生品种市场里被定义为名义数量对总市场价值的比率。从表 20 - 2 中可以看到下述现象:在外汇衍生工具的交易中,杠杆率最高的是外汇期权,最低的是外汇互换;在利率衍生工具的交易中,杠杆率最高的是远期利率协议,最低的是利率互换;在证券衍生工具的交易中,各类交易的杠杆率差别不大。另外,1998 年与 1995 年比较,外汇衍生工具的杠杆率都提高了,其他金融衍生工具的杠杆率则有的上升,有的下降。但是,从总体来看,金融衍生工具交易的杠杆率是较高的。

　　国际货币基金组织研究部的学者系统地论述了高杠杆率所带来的风险和危害。他们指出,高杠杆率使各个层次的金融体系变得更加脆弱:

　　在单个厂商的层次上,尽管高杠杆率在金融资产价格发生有利变化的时候可以增加厂商的收益,但它在金融资产价格发生不利变化的时候则会扩大厂商的损失。因此,高杠杆率将会增大厂商偿付能力不足的风险,或者增大厂商被迫把持有的证券转换为现金以补充衍生金融工具交易保证金的风险。

　　在多个厂商的层次上,如果各家厂商都从事相同的高杠杆率的金融衍生工具的交易,那么高杠杆率将同时给这些厂商带来收益或损失,同时促使这些厂商对证券投资组合进行调整。这样,当金融市场受到不利的冲击时,高杠杆率将变成一种机制,它通过溢出效应造成金融资产价格的暴跌。

　　在金融市场的层次上,高杠杆率将会造成金融资产价格的波动。当高杠杆率发挥正向的作用时,它会导致金融资产价值的高估和社会资源的错误配置。当高杠杆率发挥负向的作用时,它会造成金融资产价格逆转并激烈下降。特别当市场参与者同时试图关闭他们以高杠杆率建立起来的头寸以减少损失时,金融资产价格的下降幅度远远超过在一个有效的金融市场里金融资产价格可能下降的幅度。[1]

国际货币基金组织研究部的学者甚至把高杠杆率看作是造成俄罗斯金融危机的最重要的原因,他们指出:"俄罗斯拖欠贷款这样一个单独的信贷事件居然能够在世界上最深化和最流动的金融市场上引起如此大的反应,在各种金融因素中也许最重要的因素是杠杆率。如果没用因高杠杆率而造成的风险的扩大,中等规模的冲击对在金融体系里处于重要地位的机构的影响不会达到 1998 年 9 月和 10 月初所经历的从市场中撤离以及出售金融资产以补充保证金的程度。如果没有出售金融资产的压力,初期的价格下降和差价增加不会扩大和蔓延。如果没有市场冲击的扩大和蔓延,那些在金融体系里处于重要地位的大机构不会受到在市场动荡高峰期所受到的对它们的赢利和资本所造成的压力。"[2]由此可见,即使高杠杆率不是造成金融动荡的原因,但它也是扩大金融动荡程度的机制。

其次,金融衍生工具的出现产生了多重金融资产投机的倾向。由于金融衍生工具是从传统的金融工具派生出来的,它们的价格与传统金融工具相联系。人们一旦对某种金融工具的价格形成预期,便可以同时对传统的金融工具和金融衍生工具进行投机。又由于金融衍生工具实行保证金交易,人们只需要垫付少量的资金就可以进行高额的交易。以外汇交易为例,在金融衍生工具产生以后,对外汇的投机除了对即期外汇的投机外,还可以进行远期外汇、外汇期货、外汇期权的投机。一旦投机成功,将获得数倍的收益;一旦投机失败,则是数倍的损失。

假定投机者预期欧元将对美元升值。由于存在外汇衍生工具,投机者可以同时对 4 种外汇资产进行投机:第一,进行即期外汇的投机。投机者可以在即期外汇市场上卖出美元买进欧元,等待欧元对美元升值以后,再卖出欧元买进美

---

① IMF, *International Capital Market*, Washington D. C. , Aug. 1999, pp. 129-130.

② Ibid. , p. 129.

元,便可以得到欧元对美元升值的差价。第二,进行远期外汇的投机。投机者可以在远期外汇交易协议中约定在未来一定的时间里按照一定的汇率卖出美元买进欧元。如果欧元对美元升值,投机者将履行远期外汇交易协议,将卖出美元所买进的欧元拿到即期外汇市场上出售,便可以得到更多的美元。第三,进行外汇期货的投机。投机者可以买进欧元期货合同,即约定在未来一定的时间里按照一定的价格买进一定数量的欧元。如果欧元对美元升值,欧元期货的价格也将上升,投机者可以卖出原来的欧元期货以关闭所建立的头寸,便可以获得欧元期货价格上升的差价。第四,进行欧元期权的投机。投机者可以买进欧元买权,即买进按照一定的汇率买进一定数量的欧元的权利,也可以卖出欧元卖权,即按照一定的汇率卖出一定数量的欧元的权利。如果欧元对美元升值,在前一种情况下投机者可以实施他的权利,按照一定的汇率买进欧元以后再按照更高的汇率卖出欧元,从而获得欧元升值的差价。在后一种情况下,买方将放弃他的权利,该投机者得到了他卖出欧元卖权的期权费用。

在上面的交易中,远期外汇交易不需要垫付资金,外汇期货交易需要支付保证金,买进外汇期权需要支付期权费用,卖出外汇期权需要支付保证金。如果投机者预期正确,他将获得大约 4 倍于仅仅进行即期外汇投机的收益。如果投机者预期错误,他将遭受 4 倍于仅仅进行即期外汇投机的损失。

显然,在金融衍生工具产生以后,金融市场的投机性增强,投资者们高额收益和损失的可能性增加。在投机浪潮不断发生的情况下,金融市场变得更加不稳定。特别是对于中小发展中国家来说,不管它们的经济是否出现问题,一旦在金融市场上出现金融资产的投机浪潮,它们都遭受严重的伤害。

再次,包括金融衍生工具在内的金融资本的膨胀加剧经济体系内在的不稳定性。有价证券和金融衍生工具是由信用创造和风险转移产生的虚拟的工具,但它的运动已经脱离了商品生产过程并且越来越不受商品生产过程的制约,它可以不断自我繁殖和衍生。如果把各种有价证券和金融衍生工具的虚拟价值加起来,它可以是商品价值的数倍甚至数十倍。因此,有价证券和金融衍生工具在数量上有可能出现过度膨胀的倾向。

另外,有价证券和金融衍生工具的价值是虚拟的,是由预期的收益派生出来的,而未来的收益又取决于有价证券和金融衍生工具价格的变化。这样,有价证券和金融衍生工具的价格在一段时期里可以通过自我维持出现螺旋形上升:对有价证券和金融衍生工具未来价格上升的预期导致对有价证券和金融衍生工具需求的增加,对有价证券和金融衍生工具需求的增加推动了有价证券和金融衍生工具价格的上升,从而又增强了对有价证券和金融衍生工具未来价格上升的预期。如此反复,便造成了有价证券和金融衍生工具价格的持续上升。

有价证券和金融衍生工具数量的扩张和价格的上升造成人们虚拟财富的增加,人们将相应增加消费支出和投资支出,从而带动产值的增加,出现表面上的繁荣景象即经济泡沫。但是,有价证券和金融衍生工具最终还要受到商品生产和交换的制约而不可能无节制地膨胀。一旦经济泡沫破灭,人们不得不调整预期,有价证券和金融衍生工具的数量和价格就会急剧收缩,人们的虚拟财富大幅度减少,人们将相应减少消费支出和投资支出,从而导致经济的衰退。在金融经济条件下,像美国这样的国家有可能在一天内发生超过 1 万亿美元的财富的扩张和收缩。由此可见,在包括金融衍生工具在内的金融资本膨胀的条件下,经济的不稳定性增强。20 世纪 90 年代以来,包括日本、美国在内的许多国家出现严重的经济泡沫,其中部分国家或地区演变为金融危机并导致经济衰退,就是金融资本扩张的消极影响的反映。

从实物经济、货币经济到金融经济,经济在走向进步,但同时也趋于复杂化。人类在不断地创造新的征服自然、驾驭经济和协调社会的工具的同时,还需要有效地控制这些工具,以防止这些工具对人类社会造成破坏性的影响。

第三节　货币资本跨国流动的本质

一、货币资本流动的性质

在本章第一节中已经明确,这里所说的货币资本是指在货币资本投入生产过程以前分离出来的各种形式的资本,如借贷资本、权益资本、衍生金融工具等。马克思在《资本论》第三卷中曾经深刻地分析了借贷资本的特点。马克思的分析对于货币资本具有普遍的适用性。马克思指出借贷资本具有下述特点:

第一,借贷资本是一种作为商品的资本。货币能够增值才成为资本。货币资本家把他的货币资本贷放给产业资本家,实际上是把货币的使用价值即增值的能力让渡给产业资本家。正如马克思所说的:"由于它的使用价值的消费,它的价值和它的使用价值不仅会被保存,并且会被增加。"①

第二,借贷资本是一种作为财产的资本。虽然货币资本在货币资本家那里已经是资本而不是普通的货币,但它只是一种作为财产资本。货币真正转化为资本的过程,是在产业资本家那里通过购买劳动力和生产资料而完成的。

第三,借贷资本只有通过生产过程才能增值。借贷资本仅仅通过借贷是不可能增值的。借贷资本之所以能够增值,是因为产业资本家把借贷资本转化为生产资本。因此,利息的源泉是剩余价值,利息是剩余价值的一部分。

权益资本的交易与借贷资本的借贷体现不同的关系。借贷资本的借贷体现债权人和债务人的关系,权益资本的交易体现所有者和被所有者的关系。借贷资本的所有者不承担经营的风险,他们要求得到比较稳定但比较低的利息收益。权益资本的所有者承担经营的风险,他们要求得到比较高但不那么稳定的股息收益。

但是,马克思对借贷资本特点的分析同样使用于权益资本。首先,股东们购买公司的股份,实际上是把货币的使用价值即增值的能力让渡给他们雇佣的经理们去实现。其次,权益资本实际上也是一种财产资本,它真正转化为资本是在生产过程中完成的。再次,如果权益资本不投入到生产过程是不会产生股息的,股息实际上也是剩余价值的一部分。

金融衍生工具与借贷资本和权益资本不同,部分投资者不是为货币增值而投资金融衍生工具,但部分投资者是为货币增值而投资金融衍生工具。当货币被投资者为货币增值而用于投资金融衍生工具时,它与借贷资本和权益资本的特点是相似的。

---

① 马克思:《资本论》第 3 卷,人民出版社 1966 年版,第 397—398 页。

从上面的分析可以看到,尽管形式不同,货币资本的流动实际上是货币增值能力的一种让渡。如果这种增值能力的让渡发生在本国居民之间,称为国内货币资本流动。如果这种增值能力的让渡发生在本国居民和非居民之间,称为国际货币资本流动。

二、货币资本流动的作用

马克思在《资本论》第二卷中,详细地分析了资本的循环。马克思指出,资本作为一种自行增值的价值,不仅在生产过程中活动,而且也在流通过程中活动。资本只有不断地从流通过程进入到生产过程,又从生产过程进入流通过程,才能实现增值。从马克思的分析同样可以揭示金融和国际金融的性质。

按照马克思的分析,资本循环的过程是:货币资本——生产资本——商品资本——货币资本。第一个阶段是货币资本通过购买劳动力和生产资料转化为生产资本,第二个阶段是生产资本通过生产过程转化为已经包含剩余价值的商品资本,第三个阶段是商品资本通过流通过程实现剩余价值而转化为货币资本。如果对产业资本循环的具体过程进行考察,那么货币资本的融通是产业资本循环中的一个重要环节。货币资本的融通对产业资本循环的作用表现在下述两个方面:

第一,货币资本的融通是闲置资本的去处。首先,在资本的周转过程中,在固定资本的物质形态没有更新以前,固定资本价值的损耗部分不断地在货币形态上暂时闲置下来。其次,在商品销售出去而原材料尚未购买以前,部分流动资本以货币的形式闲置下来。再次,资本家的剩余价值要积累到一定的数量才能转化为资本,在企业规模扩大和新的企业建立以前,剩余价值也以货币的形式闲置下来。所有这些闲置资本都可以通过资金的融通来寻找出路,从而提高资本的效率。

第二,货币资本的融通是生产资本的来源。货币资本转化为生产资本并不是在任何规模下都可以进行的。如果依赖于单个资本家通过剩余价值的积累将货币资本转化为生产资本,将是时间比较漫长的过程。但是,通过货币资本的融通可以迅速地积累起扩大再生产所需要的货币资本,从而促进了货币资本向生产资本的转化和社会资本的再生产。

产业资本作为货币资本、生产资本和商品资本的三种职能形态在时间上是继起的,在空间上是并存的。正如马克思所说的:"任何一个个别产业资本实际上都是同时处在这三个循环全体之中。这三种循环,资本的这三种形态的再生产形式,是同时并存地连续进行的。"[1]如果用 G 表示货币资本,用 C 表示生产资本,用 W 表示商品资本,用 P 表示生产过程,用上标表示包含剩余价值,那么存在三种资本的循环:[2]

货币资本的循环:$G-C\cdots P\cdots W'-G'$

生产资本的循环:$C\cdots P\cdots W'-G'-C$

商品资本的循环:$W'-G'-C\cdots P\cdots W'$

虽然货币资本的融通是产业资本循环中的一个环节,但它更重要的是货币资本循环的一个环节。货币资本 G 能否转化为生产资本 C,取决于能否积累起足够的货币资本。因此,货币资本的融通是资本循环的前提。货币资本循环的过程将表现为:

$$G--G-C\cdots P\cdots W'-G'$$

在这里,虚线表示货币资本的融通过程。这就是说,首先需要通过货币资本的融通积累起足够的货币资本,然后货币资本的循环才能发生。但是,进入生产过程以前的暂时闲置的货币资本是追求收益的。如果相对风险而言国内的收益较高,将发生国内的货币资本流动;如果相对风险而言国外的收益较高,将发生国内的货币资本流动。因此,国际金融本质上是货币资本的跨国流动。这就是本书第三部分取名为货币资本的跨国流动的原因。在产业资本不断扩张的条件下,国内货币的融通市场变得相对狭小。因此,产业资本通过货币资本的跨国流动才能继续扩张,资本主义生产方式通过货币资本的跨国流动才能发展。

---

① 马克思:《资本论》第 2 卷,人民出版社 1964 年版,第 91 页。

② 这里对马克思的表述稍作调整。马克思用 W 表示包括劳动力和生产资料的生产资本,这里用 C 来表示。相应地,马克思表述的生产资本的循环从 P 开始,这里从 C 开始。

第二十一章　国内和国际金融资产的价值和价格

第一节　国内金融资产的虚拟价值和价格

一、金融资产的虚拟价值

以机器设备形态出现的生产资本本身是商品,它具有价值。以有价证券形态出现的资本是一种凭证,它本身没有价值,其价值是由它的收益派生出来的,即资本化的价值。

对于长期债务工具来说,它的利息收益每年不变而且期限是确定的。设每年的预期收益是 N ,本金是 M, 期限是 t,到期收益率即在整个期限内的平均利率是 i,它们的虚拟价值等于下述公式的 PV 值:

$$PV = \frac{N}{(1+i)} + \frac{N}{(1+i)^2} + \cdots + \frac{N}{(1+i)^t} + \frac{M}{(1+i)^t} \qquad (21-1)$$

上述公式等号右边前 t 项中的每一项是把长期债务工具每年的收益按照利率折算的现值,最后一项则是把最终取回的本金按照利率折算的现值,各项现值之和便是该债务工具的价值。但是,它的价值 PV 是它的收益 N 产生的,因而是一种虚拟的价值。

对于权益工具而言,它每年的股息收益是可变的并且是无期限的。设每年的股息收益是 N,与风险相应的利率是 i,时期是 t,那么它的虚拟价值 PV 同样

是它的收益 N 产生的：

$$PV = \frac{N_1}{(1+i)} + \frac{N_2}{(1+i)^2} + \cdots = \sum_{t=1}^{\infty} \frac{N_t}{(1+i)^t} \tag{21-2}$$

权益工具的虚拟价值与债务工具的虚拟价值不同的地方在于，它每年的现金流是不等的，用于折算的利率是与权益工具的风险相当的利率。

如果说有价证券的虚拟价值是它们的收益派生出来的，那么金融期货的虚拟价值是由金融期货的条件和作为标的物的有价证券的虚拟价值的差异派生出来的。期货实际上是未来的现货，买进期货实际上是在到期的时候按照约定的价格买进现货。设某现货目前的虚拟价值是 100000 美元，某人要买进该现货，但到 1 年以后才交割。假定年利率是 4%，在不考虑其他因素的条件下，该现货的持有者的要价至少是 104000 美元，因为在卖给别人的情况下，他现在可以得到 100000 美元，1 年后可以得到本金和利息 104000 美元。而要买进现货的人的出价最多是 104000 美元，因为在现在买进的情况下，他要立即支付 100000 美元，1 年后的代价是 104000 美元。设 V_f 是期货的价值，是 V_s 现货的价值，I 是从成交到交割的利息，那么期货的价值等于现货的价值与相应时期的利息之和：

$$V_f = V_s + I \tag{21-3}$$

但是，在交割以前，持有现货是有收益的。例如，持有债券可以得到利息收益，持有股票可以得到股息收益。如果继续前面的例子，假定现货的持有者可以得到 1000 美元的收益，他的要价至少是 103000 美元（＝104000－1000），因为在卖给别人的情况下，他得不到这 1000 美元的收益。而要买进现货的人的出价最多是 103000 美元（＝104000－1000），因为在现在买进的情况下，他可以得到这 100000 美元的收益。设 B 是在交割以前得到的收益，那么期货的价值等于现货的价值与相应时期的利息之和，再减去相同时期的收益：

$$V_f = V_s + I - B \tag{21-4}$$

另外，在交割以前，持有现货有的情况下是要支付成本的，如保管费等。如果继续前面的例子，假定在交割以前持有现货的成本是 100 美元，那么现货持有者的要价和需要买进现货的人的出价是 103100 美元（＝103000＋100）。设 C 是交割以前持有现货需要支付的成本，那么

$$V_f = V_s + I - B + C \qquad (21-5)$$

同样,金融期权的虚拟价值也是由金融期权的条件和作为标的物的有价证券的虚拟价值的差异派生出来的,也就是说是由有价证券的虚拟价值再次派生的虚拟价值。金融期权的虚拟价值等于内在价值与时间价值之和。内在价值是假如立刻实施期权可以产生的收益。例如,如果标的物的市场价格高于买权的实施价格,或者标的物的市场价格低于卖权的实施价格,买进这样的买权或卖权都可以带来收益,买权或卖权内在价值是正数。相反,买权或卖权内在价值为零。时间价值是在期权到期前标的物的市场价格发生变化所可能产生的收益。例如,标的物的市场价格趋向上升,将给买权的买者带来收益;标的物的市场价格趋向下降,将给买权的卖者带来收益。金融期权的虚拟价值将受标的物目前的市场价格以及未来可能发生波动幅度、金融期权的实施价格以及期限、利率水平等因素的影响。

美国经济学家布莱克(Fisher Black)和斯古尔斯(Myron Scholes)研究了期权的价值,提出了布莱克—斯古尔斯方程(Black-Scholes Equation)。金融期权的虚拟价值可以用布莱克—斯古尔斯方程表示。设金融期权的虚拟价值是 PV,$N(d_1)$ 表示在期望值为零和标准差为 1 的正态分布中出现结果小于 d_1 的概率,$N(d_2)$ 表示在期望值为零和标准差为 1 的正态分布中出现结果小于 d_2 的概率,P 表示作为标的物的金融资产的价格,E 表示期权的实施价格,R 表示连续进行复利计算的无风险利率,T 表示占全年天数比例的期限,δ 表示用连续计算的年收益率的标准差来度量的金融资产的风险,那么

$$PV = N(d_1)P - (E/e^{RT})N(d_2) \qquad (21-6)$$

$$d_1 = \frac{\ln(P/E) + (R + 0.5\delta^2)T}{\delta\sqrt{T}}$$

$$d_2 = \frac{\ln(P/E) + (R - 0.5\delta^2)T}{\delta\sqrt{T}}$$

在上述公式中,E/e^{RT} 是利用连续计算的无风险利率对期权实施价格进行折算后的现值,$\ln(P/E)$ 是 P/E 的自然对数。

金融资产的虚拟价值取决于对未来收益的预期,而每个投资者对未来的收益都有自己的预期,这意味着同一种金融资产对每个投资者来说有不同的虚拟

价值。但是,这里分析的金融资产的虚拟价值是一种统一的能够准确反映"值多少"的"价值",所以从事前分析的角度它用大多数投资者的预期所决定的"价值"来表示,从事后分析的角度它用实际产生的收益所决定的"价值"来修正。

二、金融资产的市场价格

关于金融资产市场价格决定的理论最有影响的是夏普(Willian F. Sharpe)的资本资产定价模型和罗斯(Stephen A. Ross)的套利定价理论。

资本资产定价模型(The Capital Asset Pricing Model,简称 CAPM)假定:第一,投资者根据某个投资组合在某个时期的预期收益率和收益率标准差来评价该投资组合;第二,在标准差相同即风险相同的情况下,投资者将选择预期收益率最高的投资组合;第三,在预期收益率相同的情况下,投资者将选择标准差最小即风险最小的投资组合;第四,每一种金融资产都可以无限可分;第五,投资者可以进行无风险贷出或无风险借入,即可以投资无风险资产或借入无风险资金进行投资;第六,投资收益的税收和交易成本为零;第七,投资者的投资期限相同;第八,投资者的无风险利率相同;第九,投资者可以迅速和无代价地获得信息;第十,投资者对投资收益率具有相同的预期,对证券的标准差以及证券之间的协方差有着相同的理解。

根据投资者在标准差相同情况下选择预期收益率最高的投资组合,在预期收益率相同的情况下选择标准差最小的投资组合的假定,在横轴表示标准差和纵轴表示预期收益率的坐标系里,金融资产的有效集,即投资者将会选择的投资组合是一条下凹的曲线。再根据允许无风险贷出或无风险借入假定,金融资产的有效集成为经过纵轴的无风险收益率并且与不考虑无风险贷出或无风险借入条件下的下凹的有效集相切的直线,夏普把这条直线称为资本市场线(Capital Market Line)。这样,资本市场线上的切点将不依赖于投资者的偏好而存在并且包括全部风险资产在内的最优的风险资产组合,夏普把这个组合称为市场组合。

在市场组合中,一种金融资产与市场组合的协方差越大,即风险越大,它的收益率将越高。设 r 表示预期收益率,i 表示风险证券,f 表示无风险证券,σ 表示预期收益率的标准差，m 表示市场组合，那么一种金融资产的预期收益率与它和市场组合的协方差的方程是：$r_i = r_f + [(r_m - r_f)/\sigma^2 m]\sigma_{im}$，夏普把这个方程的图像称为证券市场线（Security Market Line）。证券市场线就是资本资产定价模型，它表示在均衡的条件下，一种金融资产的预期收益率与风险成正比例变化。证券市场线本身并没有直接说明金融资产的市场价格是怎么决定的，但由于在风险和收益为一定的条件下金融资产的市场价格为一定，证券市场线也就可以用于说明金融资产的市场价格是怎样决定的。[①]

资本资产定价模型实际上说明在均衡的条件下金融资产的市场价格取决于它的虚拟价值。如果一种金融资产的预期收益率与风险的关系不符合证券市场线，那么对该金融资产的需求和供给就会发生变化，该金融资产的预期收益率就会发生变化，直到它的预期收益率与风险的关系符合证券市场线。金融资产虚拟价值是将它的预期收益按照相应风险的收益率折算为现值，在金融资产的预期收益率与风险形成均衡的条件下，金融资产的市场价格等于它的虚拟价值。

如果说资本资产定价模型借助严格的条件得到金融资产的收益率与风险的关系，那么套利定价理论（Arbitrage Pricing Theory，简称 APT）则不需要有严格的条件，它主要用套利来说明金融资产的收益率与风险的关系。所谓套利是指如果在金融市场上出现在风险相同的情况下一种金融资产的预期收益率高于另一种金融资产，或者在预期收益率相同的情况下一种金融资产的风险高于另一种金融资产，投资者将卖出预期收益率低的金融资产和买进预期收益率高的金融资产，或者卖出风险大的金融资产和买进风险小的金融资产。

设 r 为收益率，i 表示风险证券，F 表示对金融资产收益率产生影响的因素，e 是随机误差项，b 表示敏感性系数即金融资产收益率随着某个因素变化而变化的程度，对于某种金融资产来说，$r_i = a_i + b_i F_i + e_i$。在套利行为的影响下，任何一种金融资产的预期收益率与风险满足下述线性关系：$r_i = \lambda_0 + \lambda_1 b_i$，其中 λ_0 和 λ_1 为常数，罗斯把这个方程的图像称为资产定价线。如果某种金融资产落在资

---

① Willian F. Sharpe, "Capital Asset Prices: A Theory of Market Equilibrium under Conditions of Risk", *Journal of Finance*, September 1964.

第二十一章　国内和国际金融资产的价值和价格

产定价线的上方,那么在风险相同的情况下它的收益率高于资产定价线上的金融资产,投资者将买进这种金融资产,该金融资产的市场价格将上升,预期收益率将下降,它的预期收益率与风险的对应点将会落在资产定价线上。[1]

与资本资产定价模型相似,套利定价理论主要用金融资产的收益和风险来解释投资者对金融资产需求和供给的变化,用套利机制来解释金融资产收益和风险的均衡。在均衡的条件下,金融资产的市场价格实际上是按照相应风险的收益率对该金融资产的预期收益进行折算的虚拟价值。

商品的价值是以劳动时间度量的,它通过商品的价格与市场价格相联系。金融资产的价值是虚拟的价值,本身就是以货币来度量的,所以金融资产的虚拟价值直接与市场价格相联系。与商品的价值和市场价格的关系一样,金融资产的虚拟价值是市场价格的基础,它的变化支配着市场价格的变化。尽管在金融市场需求和供给的影响下,金融资产的市场价格偏离它的虚拟价值,但是当金融资产的虚拟价值上升或下降时,它的市场价格或迟或早将要上升和下降。金融资产的虚拟价值对市场价格的影响可以用不同类型的金融资产来说明。

债务工具的虚拟价值取决于未来的利息收益和市场利率。债务工具的利息收益通常是固定的,在发行者没有发生违约行为的条件下,债务工具的虚拟价值主要取决于市场利率,它与市场利率反方向变化。债务市场的经验表明,债务工具的市场价格对市场利率的反应十分敏感,市场利率是影响债务工具市场价格的最重要的因素。当市场利率上升时,债务工具的市场价格将下降;当市场利率下降时,债务工具的市场价格将上升。之所以如此,是因为当市场利率变化时,债务工具的虚拟价值发生了变化。在发行者有可能发生违约行为的条件下,投资者对债务工具未来的利息收益的预期存在着折扣。在市场利率为一定的情况下,违约可能性大的债务工具的虚拟价值要低于违约可能性大的债务工具。但是,当市场利率发生变化时,不论发行者违约的可能性如何,债务工具的虚拟价值都在原来的基础上发生变化,它们的市场价格也随之发生变化。

---

① Stephen A. Ross,"The Arbitrage Theory of Capital Asset Pricing",*Journal of Economic Theory*, December 1976.

权益工具的虚拟价值取决于未来的股息收益和市场利率。权益工具与债务工具不同,它的股息收益是可变的。因此,权益工具的虚拟价值既取决于预期的股息收益也取决于市场利率,它与预期的股息率同方向变化,与市场利率反方向变化。权益市场的经验证明,权益工具的市场价格对预期股息和市场利率的反应十分敏感,预期股息和市场利率是影响权益工具市场价格的最重要的因素。当预期股息收益增加或市场利率下降时,权益工具的市场价格就会上升;当预期股息收益减少或市场利率上升时,权益工具的市场价格就会下降。之所以如此,也是因为当市场利率变化时,权益工具的虚拟价值发生了变化。

金融期货或金融期权是按照一定的条件在未来一定的时间进行金融资产交割的合同或权利。由于现在买进现货和未来买进现货是可以互相替代的,金融期货或金融期权的虚拟价值取决于作为标的物的金融资产现货的虚拟价值,它们将随着该金融资产现货虚拟价值的上升而上升,下降而下降。当金融期货或金融期权的虚拟价值发生变化时,它们的市场价格也将发生变化。

金融资产虚拟价值的变化支配着金融资产市场价格的变化,然而并不是在金融资产虚拟价值发生变化以后,金融资产市场价格才发生变化。例如,当投资者预期金融资产的虚拟价值将要上升的时候,他们就会判断金融资产的市场价格也会上升,他们将在金融市场上买进金融资产,以获得金融资产价格上升的差价。这样,在金融市场上,金融资产的需求就会增加,金融资产的市场价格就会上升。这意味着金融资产市场价格的变化往往先于它的虚拟价值的变化,但金融资产市场价格的变化是由它的虚拟价值变化的预期产生的。

金融资产的市场价格取决于金融资产的虚拟价值。但是,在金融市场的需求和供给的影响下,金融资产的市场价格会偏离它的虚拟价值。金融资产的类型不同,它们的市场价格偏离虚拟价值的程度也不同。

债务工具有着明确的期限和固定的息票利率,定期支付利息和到期偿还本金。在债务工具预期的虚拟价值保持稳定的条件下,任何以高于虚拟价值的市场价格买进债务工具,或者以低于虚拟价值的市场价格卖出债务工具的行为都会带来损失,债务工具的市场价格与虚拟价值趋向于相等。在债务工具预期的虚拟价值发生变化的条件下,任何以高于大多数投资者预期的虚拟价值的市场价格买进债务工具,或者以低于大多数投资者预期的虚拟价值的市场价格卖出债务工具的行为都会带来损失,债务工具的市场价格趋向于与大多数投资者预期的虚拟价值相等。尽管大多数投资者的预期决定了债务工具市场价格的基本水平,但是他们的预期不一定是正确的。当债务工具的实际虚拟价值与大多数投资者预期的虚拟价值发生偏离时,投资者将改变他们买卖债务工具的行为,债务工具的市场价格又与虚拟价值趋向于相等。因此,债务工具的市场价格偏离它的虚拟价值的幅度不大。

权益工具没有明确的期限和固定的股息,而且权益工具的股息受很多因素的影响,其中宏观经济因素包括经济周期、价格水平、结构调整、经济政策等等,微观经济因素包括经营管理、财务结构、技术水平等等。另外,权益工具的市场价格除了受股息和市场利率的影响,即受虚拟价值的影响,还会受别的有可能导致需求和供给变化的因素的影响,如政治动荡、政府更迭、战争爆发、谣言传播等等。由于投资者根据对权益工具未来的市场价格的预期买进或卖出权益工具,而影响投资者预期的因素又错综复杂,权益工具的市场价格将较大幅度地偏离它的虚拟价值。正因为权益工具的市场价格会较大幅度地偏离它的虚拟价值,助长了投资者为了获得权益工具市场价格的差价而不是获得权益工具的股息的投机行为,权益工具的市场价格就会更大幅度地偏离它的虚拟价值。

金融期货的虚拟价值在标的物的市场价格、利率、标的物的收益、持有标的物的成本为一定的时候是一个确定的数值。但是,金融期货的市场价格除了受它的虚拟价值的影响以外,还要受到标的物未来的市场价格的影响。如果标的物是债务工具,由于债务工具的市场价格相对来说变化幅度较小,债务工具期货的市场价格偏离它的虚拟价值的幅度就较小。如果标的物是股票指数,由于股票指数有可能出现大幅度的涨落,股票指数期货的市场价格偏离其虚拟价值的幅度就可能较大。

金融期权的虚拟价值本身包括时间价值,而时间价值是投资者根据对标的物未来市场价格变化的预期而确定的。金融期权的市场价格取决于标的物目前的价格、金融期权的实施价格以及标的物未来的市场价格。这意味着对金融期权虚拟价值产生影响的最重要的因素同样对金融期权市场价格产生影响,金融期权市场价格对它虚拟价值偏离的幅度不大。

第二节　国际金融资产的虚拟价值和价格

一、国际金融资产的特点

按照通行的概念,国际金融资产具有两个特点:一是以外汇表示的金融资产,如外汇存款、外汇互换、外汇期货、外汇期权等;二是由非居民发行的金融资产,如外国债券、外国债券期货、外国债券期权、外国股票等。但是,也有的国际金融资产同时具有这两个特点。例如,欧洲债券、欧洲债券期货、欧洲债券期权既是非居民发行的也是以外汇来表示的金融资产。

在国际金融资产中,外国股票通常以某种特殊的形式存在。首先,在一个国家的股票市场上,外国股票一般有一个代号,如外国公司在美国股票市场发行的股票称为 N 股,在英国伦敦股票市场发行的股票称为 L 股,在日本东京股票市场发行的股票称为 L 股,在新加坡股票市场发行的股票称为 S 股,在香港股票市场发行的股票称为 H 股等。其次,外国股票往往以股票的形式而是以存托凭证的形式存在。存托凭证(Depository Receipts,简称 DRs)是指在某个国家证券市场流通的代表外国公司有价证券的可转让凭证。存托凭证可以避免外国股票在跨国交易中由于时差和地理位置所产生的证券运送、交割和登记的延误、流动性差以及股息分配中货币兑换等问题。因此,存托凭证便于证券的跨国界交易与结算,从而可以降低交易成本和发展潜在投资者。

存托凭证中最具有代表性的是美国存托凭证。美国存托凭证(American Depository Receipts,简称 ADRs)是由美国银行发行的、代表存放于发行国托管银行的非美国公司股权份额的可转让证书。在美国,存托凭证在市场上的报价、交易以及交割完全与美国证券一样,使得美国投资者更容易通过 ADRs 投资于非美国公司。

投资者在进行跨国金融资产投资时，由于存在着汇率等因素的变化，国内收益率和国外收益率会出现差异。国内收益率（domestic return）是指投资某个国家的证券后以该国货币获得的收益率，国外收益率（foreign return）是指外国投资者投资某个国家的证券后以投资者所在国的货币获得的收益率。

例如，一家瑞士公司的股票仅在瑞士交易，该股票在期初的瑞士法郎价格为 P_0，在期末的瑞士法郎价格为 P_1，这个期间没有股息的分派，那么不论是瑞士投资者还是美国投资者购买这家公司的股票，国内收益率 r_d 为：

$$r_d = \frac{P_1 - P_0}{P_0} \tag{21-7}$$

但是，对于外国投资者如美国投资者来说，他在买进这家瑞士公司的股票前需要把美元兑换成瑞士法郎，在卖出该股票后需要把瑞士法郎兑换成美元，因而国外收益率一般不同于国内收益率。设 X_0 和 X_1 是期初和期末 1 单位股票所在国的货币兑换投资者所在国的货币的数量，那么国外收益率 r_f 为：

$$r_f = \frac{X_1 P_1 - X_0 P_0}{X_0 P_0} \tag{21-8}$$

从上面的分析可以看到，投资者在进行跨国金融资产投资时，实际上是进行两种投资：一种是对外国金融资产的投资，另一种是对外国货币的投资。这样，国外收益率可以分解为金融资产收益率和外汇收益率。金融资产收益率就是国内收益率，外汇收益率 r_c 则可以用下面公式表示：

$$r_c = \frac{X_1 - X_0}{X_0} \tag{21-9}$$

根据（21-7）式至（21-9）式可以看到：

$1 + r_f = (1 + r_d)(1 + r_c)$

$$r_f = r_d + r_c + r_d r_c \approx r_d + r_c \tag{21-10}$$

从国外收益率的计算公式可以看到，国外收益率取决于国内收益率和外汇收益率。当外汇收益率是正值时，国外收益率高于国内收益率；当外汇收益率为负值时，国外收益率低于国内收益率。在现实的经济里，某些经济因素会同时引起国内收益率和外汇收益率的变化，国外收益率的变化将取决于国内收益率和外汇收益率的变化方向和变化幅度。例如，当某国发生通货膨胀的时候，国内收益率将会上升而外汇收益率将是负数,国外收益率的变化取决于国内收益率和外汇收益率变化的净结果。

如果把分析从事后转为事前,那么各种收益率成为预期的收益率。设预期的国外收益率是$\bar{r}_f$,预期的国内收益率是$\bar{r}_d$,预期的外汇收益率是$\bar{r}_c$,那么根据(21-10)式,这三个收益率的关系是:

$$\bar{r}_f = \bar{r}_d + \bar{r}_c + \bar{r}_d \bar{r}_c \approx \bar{r}_d + \bar{r}_c \qquad (21-11)$$

前面的分析都是假定投资者在没有进行套期保值条件下的分析。实际上,投资者在进行跨国金融资产投资的时候,往往主要是想进行证券投资,而不想同时进行外汇投资。在这种情况下,投资者在按即期汇率买进某个国家的货币以投资这个国家的证券时,将按远期汇率或外汇期货的价格卖出这个国家的货币或外汇期货合同,以消除汇率变化的风险。这样,由于期初的即期汇率X_0和期末的远期汇率或外汇期货价格为已知,(21-9)式中的外汇收益率是一个确定的数值。但是,进行套期保值与不进行套期保值相比需要支付某些额外的成本。如果设套期保值的单位成本为C,那么(21-11)式可以写成:

$$\bar{r}_f = \bar{r}_d + r_c + \bar{r}_d r_c - C \approx \bar{r}_d + r_c - C \qquad (21-12)$$

(21-12)式中的r_c是已知的外汇收益率。如果投资者进行跨国证券投资的目的不是分散投资而是对在本国进行证券投资的替代,那么当预期的国外收益率高于在本国证券投资的预期收益率时,他应该选择跨国投资;反之,则选择在本国投资。

跨国金融资产投资除了面临国内证券投资的全部风险以外,还面临着额外的风险。这种额外的风险包括政治风险和外汇风险。政治风险(political risk)是指证券所在国的政府对货币的兑换实行限制、征税或完全禁止所造成的跨国投资者不能把投资收益汇回本国的风险。由于部分国家对货币兑换的政策不断变化,跨国投资者面临着某种程度的不确定性,政治风险是比较大的。汇率风险(exchange risk)是指跨国投资者把在外国获得的收益汇回本国时因汇率变化产生的风险。例如,当跨国投资者所在国的货币升值时,以外国货币表示的投资收益只能兑换较小数量的本国货币,从而使跨国投资者遭受损失。由于汇率是变化无常的,汇率风险也是比较大的。

与跨国金融资产投资的收益率可以划分为国内收益率和国外收益率一样,跨国金融资产投资的风险也可以划分为国内风险和国外风险。国内风险(domestic risk)是指投资者在本国投资面临的风险,国外风险(foreign risk)是指投资者在国外投资面临的风险。正如前面分析所表明的那样,国外风险除了包括国内风险以外,还包括货币转换的风险即政治风险和汇率风险。设 σ_f^2 是表示国外风险的国外方差,σ_d^2 是表示国内风险的国内方差,σ_c^2 是表示货币转换风险的货币方差,那么以(21-10)式为基础,可以得到下面的等式:

$$\sigma_f^2 = \sigma_d^2 + \sigma_c^2 + 2\rho_{dc}\sigma_d\sigma_c \tag{21-13}$$

式中:ρ_{dc} 表示国内收益率与外汇收益率的相关系数。

经济学者们对包括股票和债券在内的国际证券投资的收益和风险进行了许多经验研究。表21-1反映了7个发达国家证券的超额收益率即实际收益率减去无风险收益率之差和标准差的情况,时间跨度为200个月,第二、三栏说明的超额收益率是相对伦敦银行同业拆借利率而言的。从表中可以看到,除了美国以外的其余6个国家的平均超额收益率和平均标准差与美国相近;但是这6个国家的超额收益率和标准差有着较大的差异,其中英国的股票具有最高的超额收益率和标准差。

表 21-1 七国证券超额收益率与标准差　　　　　　　　单位:%

国　　家	超额收益率		标准差	
	股票	债券	股票	债券
澳大利亚	4.5	—0.8	21.9	5.5
加拿大	0.9	—1.5	18.3	7.8
法　国	4.8	—0.1	22.2	4.5
德　国	4.7	0.9	18.3	4.5
日　本	7.3	2.1	17.8	6.5
英　国	8.6	1.2	24.7	9.9
六国平均	5.1	0.3	20.5	6.4
美　国	5.2	—0.3	16.1	6.8
七国平均	5.1	0.2	19.9	6.5

说明:统计的时期是 1975 年 1 月到 1991 年 8 月。

资料来源:F. Black and R. Litterman,"Global Portfolio Optimization",*Financial Analysts Journal*,September/October 1992,pp. 30-31.

表 21-2 说明了美国股票和债券同外国股票和债券的相关系数。从表中可以看到,除了加拿大的股票与美国的股票、加拿大的债券与美国的债券具有较大的相关性以外,其他国家的证券与美国的证券在收益率的变化方面关系不是很密切。

表 21-2 美国证券与外国证券的相关系数

国　　家	相关系数		相关系数	
	美国股票与外国股票	美国股票与外国债券	美国债券与外国股票	美国债券与外国债券
澳大利亚	0.48	0.24	−0.5	0.20
加拿大	0.74	0.31	0.18	0.82
法　国	0.50	0.21	0.20	0.31
德　国	0.43	0.23	0.17	0.50
日　本	0.41	0.12	0.11	0.29
英　国	0.58	0.23	0.12	0.28
平　均	0.52	0.22	0.12	0.40

资料来源:同上表。

表 21-3 反映了国际证券投资的风险。该表显示了从 1970 年 12 月到 1980 年 12 月有关国家、地区的国内风险、货币风险和国外风险,全部风险都用标准差来度量。表中的最后一栏是国外风险与国内风险的比率。从表中可以看到,除了香港以外,各个国家的国外风险都大于国内风险。这意味着跨国投资者投资这些国家的证券所冒的风险要大于这些国家的投资者投资本国的证券所冒的风险。

表 21-3 国际证券投资的风险

国家或地区	国内风险(%)	货币风险(%)	国外风险(%)	国外/国内风险
一、股票				
澳大利亚	24.62	9.15	27.15	1.10
比利时	13.28	11.02	18.76	1.41
加拿大	18.92	4.16	20.29	1.07

丹　麦	15.41	10.28	17.65	1.15
法　国	22.00	10.24	25.81	1.17
德　国	13.87	11.87	18.39	1.33
中国香港	47.95	5.63	45.80	0.96
意大利	24.21	8.58	26.15	1.08
日　本	16.39	10.42	19.55	1.19
荷　兰	16.37	10.97	18.91	1.16
挪　威	28.61	8.89	18.06	1.20
新加坡	35.82	6.52	36.03	1.01
西班牙	16.71	9.10	20.26	1.21
瑞　典	15.05	8.89	18.06	1.20
瑞　士	16.80	14.67	21.40	1.27
英　国	28.94	8.84	31.61	1.09
美　国	16.00	0.00	16.00	1.00
二、债券				
加拿大	6.16	4.16	7.93	1.29
法　国	4.39	10.24	11.80	2.69
德　国	6.91	11.87	14.35	2.08
日　本	6.53	10.42	14.36	2.20
荷　兰	7.16	10.97	13.61	1.90
瑞　士	4.33	14.67	15.33	3.54
英　国	12.30	8.84	16.29	1.32
美　国	8.96	0.00	8.96	1.00

说明：统计的时期是 1970 年 12 月到 1980 年 12 月。

资料来源：B. Solnik and B. Noetzlin,"Optimal International Asset Allocation", *Journal of Portfolio Management*, Fall 1982, p. 13.

从上面各个方面的经验分析可以得到某些重要的结论和启示。如果各国经济完全一体化,各国的证券市场也将完全一体化,通过国际分散化投资不可能得到什么额外的利益。但是,现实并非如此。表 21-2 表明 6 个发达国家的证券收益率与美国的证券收益率并不存在密切的关系。这样,就可以得到下面的结论：

第一,在表 21-2 中,除了加拿大以外,其他国家的股票收益率与美国的股票收益率的相关系数都低于 0.60;另外,在表 13-1 中,不同国家的股票具有不同的超额收益率和标准差。这表明对于美国的股票投资者来说,他们投资外国的股票可以获得分散投资以降低风险的作用;外国股票投资者投资美国的股票也可以得到同样的效果。

第二,在表 21-2 中,除了加拿大以外,其他国家的债券收益率与美国的债券收益率的相关系数都不超过 0.50;另外,在表 21-1 中,不同国家的债券具有不同的超额收益率和标准差。这表明对于美国的债券投资者来说,他们投资外国的债券可以获得分散投资以降低风险的好处;外国债券投资者投资美国的债券也可以得到同样的效果。

第三,在表 21-2 中,外国债券与美国股票收益率的相关系数以及外国股票与美国债券收益率的相关系数几乎都低于 0.30。因此,跨国家和跨证券种类进行投资可以获得分散投资的好处。例如美国的股票投资者购买外国债券,或者美国的债券投资者购买外国股票,都可以获得分散投资的好处。

二、国际金融资产的虚拟价值

国际金融资产首先是金融资产,其虚拟价值的决定与国内金融资产虚拟价值的决定是相似的。但是,国际金融市场又是国际的,其虚拟价值的决定与国内金融资产虚拟价值的决定有所不同。

对于可以得到以本国货币表示的收益的国际金融资产如外国债券来说,由于不存在货币兑换的问题,其虚拟价值的决定与国内金融资产是相同的。对于得到以外国货币表示的收益的国际金融资产来说,由于存在货币兑换的问题,其虚拟价值的决定与国内金融资产不同。从预期收益的角度分析,国际金融资产的预期收益不仅取决于金融资产本身的收益,而且还取决于即期汇率,也就是获得利息或股息的时候的汇率。从折算利率的角度分析,由于在现实的经济里还没有一种金融工具可以用来进行长时间的甚至无限期的套期保值,又由于投资国际金融资产存在政治风险,折算利率应该加上一个风险溢价,即包括汇率风险和政治风险在内的国外风险。该风险溢价根据可选择的若干时期的套期保值成本估算的预期值。

设 X 为不同时期的即期汇率,r 为风险溢价,其他符号的含义不变,对于债

务工具和权益工具来说,它们的虚拟价值分别为:

$$PV=\frac{N+X_1}{(1+i+r)}+\frac{N+X_2}{(1+i+r)^2}+\cdots+\frac{N+X_t}{(1+i+r)^t}+\frac{M+X_t}{(1+i+r)^t} \qquad (21-14)$$

$$PV=\frac{N_1+X_1}{(1+i+r)}+\frac{N_2+X_2}{(1+i+r)^2}+\cdots=\sum_{t=1}^{\infty}\frac{N_t+X_t}{(1+i+r)^t} \qquad (21-15)$$

从上述计算公式可以看到,国际金融资产的虚拟价值与支付收益的货币的升值率同方向变化,与汇率风险或政治风险反方向变化。

三、国际金融资产的市场价格

国际金融资产的市场价格以其虚拟价值为基础并在金融市场需求和供给的影响下发生变化。对国际金融资产的需求和供给产生影响的因素除了对收益预期以外,还有对汇率变化的预期和对发行者所在国的政治和经济情况变化的预期。如前所述,金融资产的虚拟价值事前用大多数投资者的预期收益来估算,事后用实际的收益来修正。由于国际金融资产的虚拟价值涉及汇率和外国的政治与经济情况,信息不对称和不充分的情况将比较严重,投资者的预期将会出现较大的差异,国际金融资产的市场价格偏离虚拟价值的幅度将较大。例如,如果投资者得到一些不利于发行者的关于它所在国的政治或经济的传言而产生悲观心理,国际金融资产的市场价格就可能大幅度地低于它真实的"价值"。

第二十二章 外汇资产的虚拟价值和外汇市场汇率

第一节 外汇汇率形成的基础

一、金本位解体和汇率基础的虚化

汇率是一种货币兑换另一种货币的比率,也就是用别的货币来表示的某种货币的价格。要回答汇率是什么的问题,首先要分析货币是什么。马克思生活在金本位时代,他精辟地分析了货币的起源和货币的本质。马克思指出,货币是从商品的生产和交换的发展过程中产生的,是商品内在矛盾激化的结果。货币之所以能充当一般等价物,是因为它本身也具有价值。

在金本位制度下,黄金是货币,它执行价值尺度、流通手段、储藏手段、支付手段、世界货币的职能。纸币是黄金的符号,它代表一定重量的黄金执行价值尺度、流通手段、储藏手段、支付手段的职能。在国家与国家之间的经济活动中,最终是用黄金来清偿的。

马克思指出:"以金银作为商品(制造奢侈品的原料)而进行的贸易,是生金银贸易或促成货币的世界货币功能的贸易的自然基础。以前已经讲过(第一卷第三章第Ⅲ节C),这些功能是二重的:它会在不同各国的流通领域之间流入和流出,以平衡国际支付,并且在资本的移动中孳生利息;此外,又有由贵金属产地到世界市场的运动和贵金属供给在不同各国流通领域之间的分配。"①马克思的话表明,黄金和白银具有两种功能:一方面它们作为商品在进行贸易;另一方面题目又作为货币在进行流通。前一种功能构成后一种功能的基础。

在金本位制度下,由于纸币代表一定重量的黄金,不同的纸币根据它们所代表的黄金的价值形成了相互之间的平价。例如,假定某纸币 A 的含金量是 1/30 盎司黄金,某纸币 B 的含金量是 1/60 盎司黄金,那么 1 单位纸币 A 所代表的黄金的价值与 2 单位纸币 B 所代表的黄金的价值相等,纸币 A 与纸币 B 的平价是 1∶2。

由于把黄金从一个国家运送到另一个国家需要支付运输费用和保险费用,还会损失运送期间的利息收益,两种纸币的平价加上或减去这些费用构成黄金的输入点和输出点,两种纸币的汇率将在这个范围内变化。例如,继续上面的例子,假定运输费用、保险费用和利息收益是 0.1 单位货币 B,当 1 单位纸币 A 兑换多于 2.1(=2+0.1)纸币 B 时,B 国人不愿意用本国纸币兑换货币 A 以进口 A 国商品,而愿意用本国纸币兑换黄金,再用黄金进口 A 国商品,这对于 A 国来说意味着黄金输入。相反,当 1 单位纸币 A 兑换少于 1.9(=2-0.1)纸币 B 时,A 国人不愿意用本国纸币兑换货币 B 以进口 B 国商品,而愿意用本国纸币兑换黄金,再用黄金进口 B 国商品,这对于 A 国来说意味着黄金输出。这就是说,纸币 A 与纸币 B 的汇率在 1∶2±0.1 的范围内变化。

上述分析表明,两种纸币兑换比率形成的基础是它们的含金量之比,也就是它们所代表的价值之比。两种纸币的实际兑换比率将在这个基础上在黄金输入点和输出点的范围内变化。

恩格斯曾经在这个意义上明确地说明汇率的决定,他指出:"众所周知,汇兑率是货币金属国际运动的晴雨表。如果英国对德国比德国对英国有更多的支付要实行,马克的价格,以英镑表示,就会在伦敦上涨;英镑的价格,以马克表示,就会在柏林和汉堡下跌。如果英国对德国这个过重的支付义务,比方说,不能由德国在英国的超额购买来恢复平衡,向德国开出的马克的汇票的英镑价格,就必然

---

① 马克思:《资本论》第 3 卷,人民出版社 1966 年版,第 355 页。

会上涨到这一点,以致不用汇票,而由英国送出金属——金币或金块——来对德国进行支付,也是合算的。"①

但是,黄金和白银成为货币是商品生产和交换发展到一定阶段的产物,当它们不适合商品生产和交换发展的要求时,它也将会失去货币的地位。黄金和白银充当货币以后,经历了一个从兴盛、衰落到解体的过程。

到了 19 世纪,随着银矿的大量发现和开采,白银价值下降较快并且价值较低,部分国家相继放弃了银本位制或复本位制,转向实行金本位制,白银的货币地位衰落了。英国于 1816 年实行金本位制,葡萄牙于 1854 年,德国于 1873 年,俄国和日本于 1897 年,美国于 1900 年相继采用金本位制。但是,由于黄金数量有限而且分布不平衡,金本位制也不断受到削弱。在第一次世界大战期间,各国政府增发货币以购买战争所需要的物资,停止实行金币本位制。在第一次世界大战以后,各国政府因黄金储备不足而不得不放弃重建金币本位制的努力。1925 年,英国首先实行金块本位制,纸币兑换黄金受到限制。法国、比利时、荷兰等国也相继采用金块本位制。德国、意大利等国家则实行金汇兑本位制。如果说在金币本位制条件下黄金直接执行着货币的全部职能,在金块本位制条件下黄金直接执行货币的部分职能,那么在金汇兑本位制条件下黄金只是间接执行货币的部分职能,金本位制在走向衰落。

20 世纪 30 年代,资本主义世界爆发了前所未有的经济大危机,资本主义经济遭受了沉重的打击。英国在 1931 年率先宣布废除金本位制,葡萄牙、爱尔兰、挪威、瑞典、加拿大、日本、美国、法国、荷兰、瑞士等国也相继停止实行金本位制。到 30 年代中期,金本位制宣告解体,代之而起的是信用货币和纸币。

虽然黄金在各国国内退出了流通领域,但是在 1944 年建立了以金汇兑本位下的钉住汇率制度为特征的布雷顿森林体系以后,黄金在国际流通领域还执行货币的职能。黄金可以用于购买外国的商品,可以用于清偿外国的债务。到了 1971 年,在美元频繁发生危机的情况下,美国政府宣布停止美元兑换黄金,国际金汇兑本位宣告解体。1976 年,国际货币基金组织国际货币制度临时委员会在

---

① 马克思:《资本论》第 3 卷,人民出版社 1966 年版,第 672 页。

牙买加召开会议,达成了"牙买加协议"。根据"牙买加协议",废除国际货币基金组织关于黄金的条款,取消会员国之间以及会员国与国际货币基金组织之间关于用黄金清算债权和债务关系的义务,各国中央银行可以按照黄金的市场价格进行黄金的交易。随着"牙买加协议"的实行,黄金在退出国内流通领域以后,又退出了国际流通领域,黄金非货币化了。

信用货币和纸币是从货币作为支付手段的职能中产生的,但它产生以后既可以作为支付手段,也可以作为流通手段。信用货币包括银行券、期票、汇票等类型。银行券是银行发行的用于代替商业票据的债务凭证。它是一种不定期的票据,持票人可以随时向发行银行要求兑现。期票是债务人对债权人开出的承诺在一定的时期内支付现金的债务凭证,期票的债权人在它的背面签字转让债权即背书以后,在到期以前可以作为流通手段和支付手段购买商品或偿还债务。汇票是由债权人向债务人发出的要求其向第三者或持票人支付一定的款项的无条件的支付命令。汇票经银行承兑即承担付款责任以后也可以作为流通手段和支付手段购买商品或偿还债务。纸币则是从货币作为流通手段的职能中产生的,它是由中央银行发行的并由国家强制流通的货币,即法定的流通手段。

信用货币和纸币不是在黄金失去货币地位以后才出现的,它们在黄金货币最盛行的时候已经存在。在金币本位制条件下,信用货币和纸币代表一定数量的黄金执行货币的职能并可以随时兑换为黄金,它们仅仅是黄金的符号。但是,即使在这样的情况下,它们已隐藏着取代黄金的可能性。

以纸币为例。首先,纸币存在着代替黄金执行价值尺度职能的可能性。在金本位制度下,纸币是以它所代表的黄金价值为尺度,去度量商品的价值。假定 1 美元的含金量是 1/35 盎司黄金,某种商品的市场价格是 35 美元,这意味着 1 单位这种商品与 1 盎司黄金的价值相等。在这里,美元首先以含金量的形式与黄金价值相联系,然后以黄金价值符号的形式与商品的价值相联系。但是,既然纸币是一种法定的货币,黄金也无非是一种特殊的商品,而执行价值尺度职能的货币只是观念上的货币,纸币就有可能作为一般商品价值的符号去度量各种具体商品的价值。继续上面的例子,如果某种商品的价格是 35 美元,1 盎司黄金的价格也是 35 美元,它们都耗费了 10 单位社会必要劳动时间,那么 35 美元实际上是 10 单位必要劳动时间的符号。因此。纸币可以作为一定数量的价值的代表,去度量商品的价值。假设纸币供给量增加,在金本位制条件下,1 单位纸币代表的黄金价值下降,商品的价格上升;在纸币脱离黄金以后,1 单位纸币所代表的一般商品价值与以前相比减少,商品价格同样上升。

其次,纸币存在着代替黄金执行流通手段职能的可能性。货币作为交换媒介在不断地流通之中,只要交换双方都承认某种东西代表一定的价值,就可以用作交换媒介而不必考虑它有没有价值。在金本位制条件下,纸币是作为黄金价值的符号代替黄金流通的。但是,既然交换者关心的是用货币能够购买到商品,而不是关心它本身是否具有价值,纸币就有可能不作为黄金价值的代表,而作为一定数量的价值的代表,来执行流通手段的职能。

再次,纸币存在着代替黄金执行储藏手段职能的可能性。在金本位制度下,黄金之所以成为储藏手段是因为它有价值,是财富的代表。但是纸币是一种法币,它意味着如果某个债权人拒绝债务人用纸币来支付债务,那么他们之间的债权债务关系在法律上将不再存在。因此,纸币代表着一般的购买力,即使它不再作为黄金的代表,也有可能成为储藏手段。

最后,纸币存在着代替黄金执行支付手段职能的可能性。纸币有可能代替黄金执行价值尺度和流通手段职能,也就意味着它有可能代替黄金执行支付手段的职能。这就是说,人们在赊购商品的条件下,纸币有可能作为价值尺度度量买者的债务,并当支付日期到来时有可能作为支付手段进入流通领域。

但是,这一切都只是可能性。如果黄金货币与商品生产和交换相适应,这种可能性就不会成为现实。使黄金丧失货币地位的原因,是资本主义商品生产和交换的发展以及资本主义生产关系的变化。

首先,在金本位制条件下,货币供给量取决于黄金的数量,而黄金的数量又取决于金矿的发现和黄金的采掘。但是,金矿在世界各国的分布不平衡,黄金的开采量也是有限的。在资本主义商品生产相交换不是很发达的情况下,黄金的开采量还能够满足大部分发达国家对黄金货币的需求。但是,在资本主义商品生产和交换高度发展的情况下,黄金的开采量已不适应对黄金货币的需求了。

其次,即使世界各国都有足够的黄金储备以保证黄金的货币地位,世界各国经济和贸易发展的不平衡将不断地造成黄金储备的重新分配,各国国内的黄金储备难以适应本国经济发展的要求。以英国为例。英国是个老牌的资本主义国家,它于1816年率先实行金币本位制,于1870年以英镑为中心建立国际金本位制。但是,连年的国际收支逆差使英国的黄金大量流失。到1913年,英国的官方黄金储备已不足以支付所欠外国债务1/3。英国的黄金存量从适应商品交换的需要变为不适应商品交换的需要。

再次,随着资本主义生产的日益社会化,资本主义的生产关系在19世纪70年代开始从自由资本主义阶段过渡到垄断资本义阶段。国家垄断资本主义随之也发展起来,并在第一次世界大战和20世纪30年代大危机期间掀起两次发展高潮。国家垄断资本主义的发展要求政府代表垄断资本集团的利益,对社会经济生活进行调节和干预,以维持资本主义经济的稳定。但金本位制则要求货币供给量的变化取决于黄金存量的变化,而黄金存量又受到黄金勘探和开采的限制,它不但不能适应经济发展的需要,而且不能适应各资本主义国家的政府调节经济生活的需要。

黄金在各国国内失去货币地位以后,纸币取代黄金的可能变成了现实。原来代替贵金属执行支付手段职能的期票和汇票,现在代替纸币执行支付手段的职能。原来可以兑换贵金属的银行券现在只能兑换纸币,继而逐渐停止发行而被纸币所替代。另外,随着支票的使用变得越来越普遍,可以用支票使用的商业银行的活期存款也成为了货币。随着可转让存单的产生和自动将定期存款转变为活期存款的银行服务的提供,部分定期存款也成为了货币。在现代的经济生活中,硬币、纸币、存款货币、部分定期存款成为狭义的货币。这样,两种货币兑换比率的基础已不是黄金的价值或纸币所代表的黄金的价值,而是货币所具有的购买力,也就是货币的虚拟价值。如果说金融资产的虚拟价值是它们的收益派生的,那么货币的虚拟价值是国家的法律所赋予的。

在金本位解体以后,经济学者们对汇率进行了广泛的研究,提出了许多汇率理论。但是,这些汇率理论或者是说明如何由外汇的需求或供给决定的市场汇率理论,或者仅仅在某个方面如国际贸易或国际金融的角度分析汇率决定的理论。它们在分析市场汇率时是有借鉴意义的,但它们不能说明汇率形成的基础。

笔者在本节试图按照马克思关于金本位条件下汇兑平价分析的基本思想,从外汇的虚拟价值的角度探讨在金本位解体以后汇率形成的基础。

二、从国际贸易角度分析的外汇的虚拟价值

一种货币的市场汇率实际上是用另一种货币表示的这种货币的市场价格,而该货币的市场价格的基础是用另一种货币表示的这种货币的虚拟价值的比率。从国际贸易的角度分析,这种虚拟价值就是这两种货币作为法币所具有的购买力的比率。在这个方面,卡塞尔(G. Cassel)的购买力平价学说具有启发意义。卡塞尔在 1916 年 3 月的《经济杂志》上发表的一篇题为"关于外汇的目前形势"的论文中初步提出了购买力平价的思想,后加以修正和发展形成了购买力平价学说。[①]

按照购买力平价学说,两国货币的汇率取决于两国货币的购买力,而两国货币的购买力又取决于两国国内的价格水平。

假定有两个国家 A 和 B。在这两个国家之间,商品贸易不存在任何障碍,也不存在任何交易成本。另外,在这两个国家中,价格体系是有效的,市场价格将随着供给和需求的变化而变化。根据这些条件,这两个国家任何一种商品以同一种货币表示的价格将相等。

$$P_i^a = P_i^b S \quad (i = 1, 2, \cdots, n) \tag{22-1}$$

在上式中:P 表示价格;a 和 b 表示 A 国和 B 国的商品;i 表示 n 种商品中的一种;S 表示以 1 单位 B 国货币可以兑换的 A 国货币数量来衡量的 A、B 两国货币的汇率。显然,如果以同一种货币衡量的同一种商品的价格不等,进出口商将会把商品从价格低的国家输往价格高的国家,从而引起商品供给和需求的变化,最终导致两国同一种商品的价格趋于相等。

既然以同一种货币衡量的两个国家每一种商品的价格都相等,那么以同一

---

① G. Cassel, *Money and Foreign Exchange after 1914*, London: Constable & Co., 1922.

种货币衡量的两个国家 n 种商品的总价格必然相等。根据式(22-1)可以得到：

$$\sum_{i=1}^{n} P_i^a = \sum_{i=1}^{n} P_i^b S, \tag{22-2}$$

$$S = \sum_{i=1}^{n} P_i^a / \sum_{i=1}^{n} P_i^b \tag{22-3}$$

这就是绝对购买力平价公式。它表示 A、B 两国货币的汇率取决于 A 国的价格水平与 B 国的价格水平之比。

如果用指数分别表示价格水平的变化和汇率的变化,并且用 1 表示现期,0 表示基期,根据式(22-3)可以得到：

$$S_1 / S_0 = P_1 / P_0 \tag{22-4}$$

$$P_1 = (\sum_{i=1}^{n} P_i^a / \sum_{i=1}^{n} P_i^b)_1 \tag{22-5}$$

$$P_0 = (\sum_{i=1}^{n} P_i^a / \sum_{i=1}^{n} P_i^b)_0 \tag{22-6}$$

这就是相对购买力平价公式。它表示 A、B 两国货币的汇率是与这两国的价格水平成比例变化的。

根据购买力平价学说,商品相对价格水平的变化将对汇率产生影响。当一个国家的价格水平相对于另一个国家上升时,其货币对这个国家的货币的汇率将会降值;相反,当一个国家的价格水平相对于另一个国家下降时,其货币对这个国家的货币的汇率将会升值。因此,人们可以根据商品价格水平的变化对汇率的长期变化进行预测。

卡塞尔的购买力平价学说的意义在于：在金本位制解体以后,纸币已没有含金量,不再代表一定数量的黄金的价值。但是,纸币作为国家强制流通的法币,它体现一定数量的商品价值。而它所体现的一定数量的商品价值,就是它对一组商品所具有的购买力。由于它体现的一定数量商品的价值是国家所赋予的,这种价值是虚拟价值。从国际贸易的角度分析,两种纸币的兑换平价就是它们的虚拟价值之比。

如果将卡塞尔的购买力平价学说看作是研究纸币兑换过程中的虚拟价值的学说,笔直认为需要申明下面两个问题：首先,卡塞尔关于商品贸易既不存在任何障碍,也不存在交易成本的假定是必要的。在这样的条件下,两种纸币兑换平价才能是它们的虚拟价值之比。其次,尽管从卡塞尔的前提条件可以得到两个国家任何一种商品以同一种纸币表示的价格将相等的结论,但由于完全自由的商品贸易和完全有弹性的价格体系距离现实经济较远,这个结论过于极端。实际上,并不需要以这个结论作为逻辑起点。既然要研究一种纸币所具有的虚拟价值,只要选择一组商品,计算它们的价格的加权平均数,就可以得到这种纸币对这组商品的购买力,这就是纸币的虚拟价值。

另外,笔者认为,在卡塞尔提出了购买力平价学说以后,在众多的批评意见中,下述意见是正确的:第一,一个国家的商品包括贸易商品和非贸易商品,即参与国际贸易的商品和不参与国际贸易的商品。非贸易商品价格的变化将会对价格指数产生影响,但不会对汇率产生影响。因此,在价格指数的计算中包括非贸易商品,将造成价格水平变化和汇率变化的不一致。第二,卡塞尔在用价格指数来衡量价格水平时,把每一种商品的价格的权数看作是等同的。但实际上,在一个国家中,不同商品的重要性是不同的,因而它们的价格的权数也应该是不同的。因此,购买力平价公式应该用商品市场价格的加权平均数。

因此,可以借鉴卡塞尔的购买力平价学说来构建货币的虚拟价值理论,并进而探讨两种货币市场汇率形成的基础。

设 P 为商品的市场价格,a 和 b 为 A 国和 B 国的商品,n 为 A、B 两国贸易商品的种类数,X 为根据商品的重要性而确定的权重,m 种商品的权重之和等于1,那么 A、B 两国 m 种商品市场价格的加权平均值分别是:

$$\sum_{i=1}^{m} P_i^a X_i^a \quad ; \quad \sum_{i=1}^{m} P_i^b X_i^b \qquad (22-7)$$

A、B 两国 1 单位货币的购买力即虚拟价值分别为:

$$1/\sum_{i=1}^{m} P_i^a X_i^a \quad ; \quad 1/\sum_{i=1}^{m} P_i^b X_i^b \qquad (22-8)$$

如果用 S 表示 1 单位 B 国货币可以兑换 A 国货币的平价,那么它等于两种纸币的虚拟价值之比:

$$S = \sum_{i=1}^{m} P_i^a X_i^a / \sum_{i=1}^{m} P_i^b X_i^b \qquad (22-9)$$

既然货币的虚拟价值决定了货币的兑换平价,那么货币虚拟价值的变化将影响到货币的兑换平价。由于中央银行可以控制一个国家的货币数量,而货币的虚拟价值是法律所赋予的,在货币流通速度不变的条件下,如果该国家货币的增长快于物品、劳务和金融资产交易量的增长,物品、劳务和金融资产的市场价格将会上升,该国货币的虚拟价值将会下降。另外,物品、劳务和金融资产的市场价格受市场需求和供给的影响,而不是仅仅受货币数量的影响。当它们的市场价格由于除了货币数量以外的因素的影响上升了,该国货币的虚拟价值也会下降。

从两种货币兑换平价的计算公式可以看到,在 B 国贸易商品市场价格不变的前提下,如果 A 国贸易商品的价格水平上升了,A 国货币的虚拟价值下降,1 单位 B 国货币可以兑换的 A 国货币增加。在 A 国贸易商品市场价格不变的前提下,如果 B 国贸易商品的价格水平上升了,B 国货币的虚拟价值下降,1 单位 B 国货币可以兑换的 A 国货币减少。

三、从国际金融角度分析的外汇的虚拟价值

在国与国之间不仅存在着商品的贸易,而且存在着金融资产的投资。不但在国与国之间的商品贸易需要进行货币的兑换,而且在国与国之间的金融资产的投资也要进行货币的兑换。从国际金融的角度分析,汇率形成的基础同样是两种货币的虚拟价值的比率,但货币的虚拟价值取决于它投资国内金融资产的赢利能力。

首先分析金融资产的收益。金融资产的期限是不同的,人们持有金融资产的期限是不同的。为了进行比较,需要以同样的期限如 1 年来度量金融资产的收益。设某金融资产在期初的价格为 P_0,在期末的价格为 P_1,这个期间的天数是 t,分派的利息或股息是 D,那么以年利率表示的持有期间收益率 R 为:

$$R = \frac{D + (P_1 - P_0)}{P_0} \times \frac{360}{t} \qquad (22-10)$$

其次分析金融资产的风险。金融资产的风险主要包括违约风险等。在金融市场上,金融资产的风险越大,收益率通常就越高。因此,在金融资产的投资中,不能仅考虑收益而不考虑风险。要与风险的比较中分析收益,可以采取类似于

夏普比率(Sharpe Ratio)的指标。在夏普比率中,如果用收益率的标准差 σ 表示风险,用 R_f 表示无风险收益率,持有期间收益率仍为 R,那么夏普比率 SR 为

$$SR = \frac{R - R_f}{\sigma} \qquad\qquad (22-11)$$

在上式中,具有风险的金融资产的收益率减去没有风险的金融资产如国库券的收益率之差,便是对风险的报酬。用风险的报酬除以收益率的标准差,得到相对于风险而言的收益率。如果金融市场是完全有效率的,套利是充分的,那么各种金融资产的夏普比率趋向一致。如果某种金融资产的风险报酬相对于风险来说较高,投资者将会选择这种金融资产,这种金融资产的价格将会上升,风险报酬将会下降,从而夏普比率趋向相等。但在现实的金融市场上,金融市场不是完全有效率的,套利不是充分的,因而没有必要设立这样的假定。

但是,夏普比率给出的是一个相对数,而不是收益率。为了得到明确的收益率,笔者认为可以改变一下表达方式,不用扣除无风险收益率的方式表示相对于风险而言的收益率,而是反过来用扣除风险报酬的方式表示相似风险的收益率。对于风险报酬,则可以用金融市场对不同信誉等级的金融资产所要求的收益率来估算。标准普尔公司经常公布不同风险的金融资产的收益率,如表 22-1 所表示的是标准普尔工业指数不同风险的债券收益率的差异。

表 22-1　不同风险的债券收益率的差异　　　　单位:%

标准普尔评级	到期收益率
AAA	6.68
AA	7.32
A	7.80
BBB	8.45
BB	9.11
B	10.57

资料来源:*Standard & Poor's Bond Guide*, September 1993, p.3.

　　如果以最低风险的金融资产作为标准,不同风险的金融资产的收益率减去最低风险的金融资产收益率之差,就是对风险的报酬。设风险报酬是 R_s,持有期间

收益率仍为 R，扣除了风险报酬的收益率即笔者所称之为标准收益率 $\overline{R}$ 就是：

$$\overline{R}=R-R_s \tag{22-12}$$

正如前面分析夏普比率所指出的那样，如果金融市场是完全有效率的，套利是充分的，那么各种金融资产扣除风险报酬后的标准收益率将相等。但是，在现实的金融市场上，它们并不相等。在从金融的角度分析汇率形成的基础的分析中，标准收益率比夏普比率优越的地方，是它可以表示一个国家的金融资产的基本收益水平。显然，具有不同收益率的金融资产也具有不同的风险，扣除了风险报酬以后的收益率就成为了基本的收益水平。

假定国与国之间的金融资产的投资不受限制，国内金融资产和国际金融资产的交易成本相同；设可供跨国交易的金融资产年标准收益率为 $\overline{R}$，a 和 b 为 A 国和 B 国的可供跨国交易的金融资产，m 和 n 为 A、B 两国可供跨国交易的金融资产种类数，Y 为根据金融资产的重要性而确定的权重，m 和 n 种金融资产的权重之和等于 1，那么 A、B 两国 n 种可供跨国交易的金融资产年收益率的加权平均值分别是：

$$\sum_{i=1}^{m}\overline{R}_i^a Y_i^a \quad ; \quad \sum_{i=1}^{n}\overline{R}_i^b Y_i^b \tag{22-13}$$

在对金融资产的投资充分自由的条件下，如果两个国家相同风险的金融资产标准收益率不同，投资者们将卖出标准收益率低的金融资产和买进收益率高的金融资产，前一种金融资产的收益率将上升，后一种收益率将下降，从而使用同一种货币来表示的同类金融资产标准收益率相同。设 s 表示目前以 1 单位 B 国货币可以兑换的 A 国货币数量的平价，s^e 表示预期的 1 年以后以 1 单位 B 国货币可以兑换的 A 国货币数量的平价，如果用 1 单位 B 国货币投资 B 国的金融资产，1 年以后的收益是 $1+\sum_{i=1}^{n}\overline{R}_i^b Y_i^b$。如果把 1 单位 B 国货币转换为 A 国货币并用于投资 A 国金融资产，在 1 年以后再换回 B 国货币，收益是 $\dfrac{s}{s^e}(1+\sum_{i=1}^{n}\overline{R}_i^a Y_i^a)$。在以同一种货币来表示的同样风险的金融资产标准收益率相同的条件下，

$$1+\sum_{i=1}^{n}\overline{R}_i^b Y_i^b = \frac{s}{s^e}\left(1+\sum_{i=1}^{n}\overline{R}_i^a Y_i^a\right) \tag{22-14}$$

这意味着在预期的 1 年以后以 1 单位 B 国货币可以兑换的 A 国货币数量

的平价为一定的条件下,目前以 1 单位 B 国货币可以兑换的 A 国货币数量的平价为:

$$s = s^e (1 + \sum_{i=1}^{n} \overline{R}_i^b Y_i^b) / (1 + \sum_{i=1}^{n} \overline{R}_i^a Y_i^a) \qquad (22-15)$$

在这里,几乎全部国际金融工具都可以看作是金融资产,如以存款或贷款方式存在的货币、债务工具、权益工具、金融衍生工具。跨国金融资产投资表现为国际借贷、债务工具、权益工具、金融衍生工具的投资等。由于货币具有高度流动性,它可以以任何一种金融资产的形式存在。从金融的角度分析,投资本国金融资产可以得到的标准收益率,即货币的赢利能力,就是货币的虚拟价值。在 s^e 为一定的条件下,两种货币的虚拟价值的比率,就是从国际金融角度分析的兑换平价。

从两种货币兑换平价的计算公式(22-15)可以看到,在 B 国金融资产标准收益率不变的前提下,如果 A 国金融资产的标准收益率上升了,A 国货币的虚拟价值上升,1 单位 B 国货币可以兑换的 A 国货币减少。在 A 国金融资产标准收益率不变的前提下,如果 B 国金融资产的标准收益率上升了,B 国货币的虚拟价值上升,1 单位 B 国货币可以兑换的 A 国货币增加。

四、从国际直接投资角度分析的外汇的虚拟价值

在国与国之间不仅存在着商品的贸易和金融资产的投资,而且还存在实物资产的投资即直接投资。不但在国与国之间的商品贸易和金融资产投资需要进行货币的兑换,而且在国与国之间的实物资产的投资也要进行货币的兑换。从国际投资的角度分析,汇率形成的基础也同样是两种货币的虚拟价值的比率,但货币的虚拟价值取决于它投资国内实物资产的赢利能力即利润率。

实物资产投资与金融资产投资的特点不同。金融资产投资的主要特点是风险的差异,实物资产投资则主要是投资规模和回报期限的差异。有的实物资产投资项目需要资金较少,而且得到回报的期限很短;有的实物资产投资项目需要资金较多,而且得到回报的时间很长。因此,为了使不同类型的实物资产投资可

以相互比较,应该从一个相当长的时期来考察,计算不同类型的实物资产投资年平均利润率。

前面对国内商品价值转化为生产价格的分析表明,在一个国家内,在资本转移的影响下,利润率存在平均化的趋势。但是,利润率的平均化也只是一种趋势,不同的行业之间,不同的投资项目之间,利润率并没有完全平均化。因此,在这里的分析中,仍然认为不同的实物资产投资项目可以有不同的平均收益率。

假定国家与国家之间的实物资产的投资即直接投资不受限制,设可供跨国投资的实物资产的年平均利润率为 $\bar{r}$,a 和 b 为 A 国和 B 国的可供跨国投资的实物资产,o 为 A、B 两国可供跨国投资的实物资产种类数,Z 为根据实物资产的重要性而确定的权重,Z 种实物资产的权重之和等于 1,那么 A、B 两国 n 种可供跨国投资的实物资产年利润率的加权平均值分别是:

$$\sum_{i=1}^{o} \bar{r}_i^a Z_i^a \quad ; \quad \sum_{i=1}^{o} \bar{r}_i^b Z_i^b \tag{22-16}$$

在对实物资产的投资充分自由的条件下,如果两个国家同类实物资产平均利润率不同,投资者们将放弃平均利润率低的实物资产的投资,转向平均利润率高的实物资产的投资。这样,前一种实物资产投资的平均利润率将上升,后一种实物资产投资的平均利润率将下降,从而使用同一种货币来表示的同类实物资产投资的平均利润率相同。设 s 表示目前以 1 单位 B 国货币可以兑换的 A 国货币数量的平价,s^e 表示预期的 1 年以后以 1 单位 B 国货币可以兑换的 A 国货币数量的平价,如果用 1 单位 B 国货币投资 B 国的实物资产,收益率是 $1+\sum_{i=1}^{o} \bar{r}_i^b Z_i^b$。如果把 1 单位 B 国货币转换为 A 国货币并用于投资 A 国实物资产,在 1 年以后再换回 B 国货币,收益率是 $\frac{s}{s^e}(1+\sum_{i=1}^{o} \bar{r}_i^a Z_i^a)$。在以同一种货币来表示的同样风险的实物资产标准收益率相同的条件下,

$$1+\sum_{i=1}^{o} \bar{r}_i^b Z_i^b = \frac{s}{s^e}(1+\sum_{i=1}^{o} \bar{r}_i^a Z_i^a) \tag{22-17}$$

这意味着在预期的 1 年以后以 1 单位 B 国货币可以兑换的 A 国货币数量的平价为一定的条件下,目前以 1 单位 B 国货币可以兑换的 A 国货币数量的平价为:

$$s = s^e (1 + \sum_{i=1}^{o} \bar{r}_i^b Z_i^b) / (1 + \sum_{i=1}^{o} \bar{r}_i^a Z_i^a) \qquad (22-18)$$

与前面的分析相似,由于货币具有高度流动性,它既可以进行金融资产的投资,也可以进行实物资产的投资。从直接投资的角度分析,一种货币投资本国实物资产可以得到的平均利润率,即货币的赢利能力,就是货币的虚拟价值。在 s^e 为一定的条件下,两种货币的虚拟价值的比率,就是从直接投资角度分析的兑换平价。

从两种货币兑换平价的计算公式可以看到,在 B 国实物资产投资的平均利润率不变的前提下,如果 A 国实物资产投资的平均利润率上升了,A 国货币的虚拟价值上升,1 单位 B 国货币可以兑换的 A 国货币减少。在 A 国实物资产投资的平均利润率不变的前提下,如果 B 国实物资产投资的平均利润率上升了,B 国货币的虚拟价值上升,1 单位 B 国货币可以兑换的 A 国货币增加。

五、综合的汇兑平价分析

由于国家与国家之间的经济活动不同,货币兑换平价形成的特点也就不同。前面根据国际经济活动的类型,分别从商品贸易、金融资产投资和实物资产投资三个角度分析了货币的兑换平价。但是,在现实的经济中,这三种类型的经济活动是交错在一起的,两种货币之间的兑换平价只有一个,因而还需要把这三种汇兑平价构建成一种汇兑平价。

在一定的时期里,两个国家之间的经济活动的规模是一定的。这样,可以根据某两个国家之间商品贸易、金融资产投资和实物资产投资的规模,来确定前面分析的三种汇兑平价在综合的汇兑平价中的权重,然后构建统一的汇兑平价。

设 x, y, z 为商品贸易、金融资产投资和实物资产投资所决定的汇兑平价的权重,而且 $x + y + z = 1$,那么以 1 单位 B 国货币可以兑换的 A 国货币数量表示的综合的汇兑平价 E 为:

$$E = x(\sum_{i=1}^{m} P_i^a X_i^a / \sum_{i=1}^{m} P_i^b X_i^b) + y s^e (1 + \sum_{i=1}^{n} \overline{R}_i^b Y_i^b) / (1 + \sum_{i=1}^{n} \overline{R}_i^a Y_i^a)$$

$$+ z s^e (1 + \sum_{i=1}^{o} \bar{r}_i^b Z_i^b) / (1 + \sum_{i=1}^{o} \bar{r}_i^a Z_i^a) \qquad (22-19)$$

从综合的汇兑平价的计算公式可以看到,统一的汇兑平价取决于每一种国际经济活动所导致的汇兑平价的变化。如果三种类型的国际经济活动都是导致汇兑平价向一个方向变化,那么综合的汇兑平价将朝着相同的方向变化。如果三种类型的国际经济活动导致各自的汇兑平价的变化不一致,那么综合的汇兑平价的变化方向等于这三种汇兑平价的变化经过加权计算的代数和。

第二节　外汇的市场汇率及其变化

一、在金本位条件下汇率的变化

马克思曾经在《资本论》第 3 卷中直接分析在金本位条件下汇率的变化,他指出:"外汇率的变化可以由如下几个原因引起:(1)立即的支付差额。不管这种差额是由什么原因——纯粹商业的原因;国外投资;或国家支出,例如战争的支出——引起,只要由此会引起对外现金支付。(2)一国的货币减值。不管是金属货币和纸币都一样。这纯粹是名义上的变化。如果 1 英镑只还代表从前半数的货币,它就自然不会当作 25 法郎,而只当作 12.5 法郎来计算。(3)在通汇的两国是一国用银,一国用金作为'货币'时,汇兑率要取决于这两种金属价值的相对变动,因为这种变动显然会影响这两种金属的平价。"[①]在马克思直接提及的上述 3 个因素中,第一个因素是由于世界货币的供给和需求发生变化而对汇率产生影响,第二、三个因素是由于世界货币的价值发生变化而通过汇兑平价的变化对汇率产生影响。

另外,马克思在《资本论》第 3 卷的其他地方还论及对汇率产生影响的因素:第一,利率水平。马克思引用穆勒(J. S. Mill)的证词说明,如果英国的利率提高,英国的有价证券的价格就会下降,外国人就会购买英国的有价证券,英镑的

---

① 马克思:《资本论》第 3 卷,人民出版社 1966 年版,第 692—693 页。

汇率就会升值。[①] 第二,直接投资。马克思指出:"如果目的是要在印度把若干百万英镑投在铁路上,这若干百万英镑是用贵金属输往印度还是用铁轨输往印度,就不过是同量资本从一国向他国转移的不同形式;……然若这种输出是用贵金属的形式进行,……也会直接影响汇兑率。"[②]马克思的话表明,当一个国家对外直接投资时,如果采用货币输出的方式,将导致该国货币贬值。第三,出口信贷。马克思引用1851年1月11日《经济学家》杂志的文章说明,英国对进口商品一般是用现金支付的,但对出口商品则提供长期的信贷,这样流出的英镑多于流入的英镑,从而导致英镑的贬值。[③] 马克思所提到的这些因素都是通过世界货币的供给和需求的变化对汇率产生影响,而这些因素是当代的经济学者们在分析市场汇率变化常讲的资金借贷、证券投资、直接投资、利率水平。

概括马克思的分析可以看到,在金本位条件下,汇率的变化或者是由于汇兑平价发生了变化,或者是世界货币的供给和需求发生了变化。

二、从国际贸易角度分析的市场汇率

在金本位解体以后,黄金和白银已经失去世界货币的职能,纸币已经不是黄金和白银的代表。国家与国家之间的支付手段是国际储备货币即外汇,而外汇是以在发行国具有的购买力作为保证的。外汇的供给和需求将影响到外汇的汇率。下面将从国际贸易和国际金融两个角度分析市场汇率的变化。

在从国际贸易角度分析市场汇率方面,经济学者们已经进行了大量的研究,具有代表性的理论是供求分析法。笔者认为,可以借鉴这种方法来分析市场汇率的决定。但在实际上,这种分析方法的基础是由两个国家的货币对本国贸易商品具有的购买力所决定的汇兑平价。

供求分析法(supply and demand approach)是人们将马歇尔的均衡价格理

---

① 马克思:《资本论》第3卷,人民出版社1966年版,第673页。
② 同上书,第675页。
③ 同上书,第692页。

论引入汇率的分析而形成的分析方法,它是在经济学者们撰写教科书的过程中形成的。这种方法认为,市场汇率是由外汇的供给和需求决定的。以美元对英镑即期汇率的决定为例。在即期外汇市场上,购买英镑需要支付美元,购买美元需要支付英镑,所以英镑的需求就是美元的供给,英镑的供给就是美元的需求。从美元的供给和需求与从英镑的供给和需求都可以研究即期汇率的决定。

从国际贸易的角度分析,美元的需求产生于美国商品的出口。美国出口商品意味着持有英镑的国家进口商品。当持有英镑的外国进口商购买美国商品的时候,他们需要用英镑购买美元,从而形成对美元的需求。美元的汇率(英镑/美元)越低,以英镑表示的美国商品的价格就越低,持有英镑的外国进口商对美国商品的进口量就越大,美元的需求量就越大。因此,在以美元数量为横坐标,以美元汇率为纵坐标的坐标系里,美元的需求曲线表现为向右下方倾斜的曲线,如图 22-1 中的曲线 D 所示。

与美元的需求相对应,美元的供给产生于英国商品的出口。英国商品的出口意味着持有美元的国家进口商品。当持有美元的外国进口商购买英国商品时,他们需要用美元购买英镑,从而形成美元的供给。美元汇率(英镑/美元)越高,以美元表示的英国商品就越低,英国的出口就越多,美元的供给量就越大。所以,在以美元数量为横轴,以美元汇率为纵轴的坐标系中,美元的供给曲线表现为一条向左上方倾斜的曲线,如图 22-1 中的曲线 S 所示。

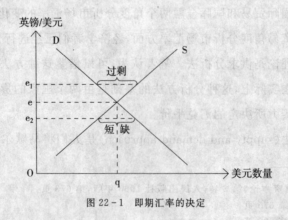

图 22-1 即期汇率的决定

在竞争的外汇市场上，均衡汇率是在货币的供给量和需求量相等时决定的。如图 22-1 所示，当汇率等于 Oe_1 时，美元的供给量大于需求量，出现了美元的过剩，从而促使汇率下降；当汇率等于 Oe_2 时，美元的供给量小于需求量，出现了美元的短缺，从而促使汇率上升；当汇率等于 Oe 时，美元的供给量等于需求量，既没有美元的过剩，也没有美元的短缺，从而形成均衡汇率 Oe 和均衡交易量 Oq。

当美国的出口增加时，美元的需求增加，需求曲线向右方移动，从而导致美元的升值；相反，当美国的进口增加时，美元的供给增加，供给曲线向右方移动，从而导致美元的降值。

根据即期汇率决定的分析，一个国家进出口的变化会对该国货币的汇率产生影响。因此，所有影响进出口因素都会对汇率产生影响。这些因素主要包括：①对外国商品的偏好。对外国商品的偏好越强，对进口商品的需求就越大，进口数量就越大，在其他条件不变的情况下导致该国货币汇率降值。②对外贸易政策。如果政府利用关税和限额限制进口，将造成进口的减少，在其他条件不变的情况下导致该国货币汇率升值。③货币供给量。如果一个国家货币供给量的增加过快，将会导致该国价格水平的上升，从而引起该国出口减少和进口增加，在其他条件不变的情况下导致该国货币汇率降值。④技术进步。技术进步对商品的生产产生下述三个方面影响：降低成本，提高质量，创造出新的产品。这三个方面的影响都将推动该国产品的出口，在其他条件不变的情况下，导致该国货币需求增加和该国货币升值。

由两个国家的货币对本国贸易商品具有的购买力所决定的汇兑平价，是从贸易角度分析的市场汇率形成的基础。显然，从国际贸易的角度分析，影响国际贸易最重要的因素是贸易商品的市场价格。在供求分析法所得到的影响市场汇率的四个因素中，实际上都与贸易商品的市场价格有关。对外国商品的偏好较强，意味着对外国商品愿意支付的价格高于市场价格，因而进口数量增加。政府利用关税限制进口，提高了外国商品的实际进口价格，从而造成进口数量减少。货币供给量的增加，也是导致本国商品价格上升，引起该国出口减少和进口增加。提高商品的质量，意味着若以同样的质量衡量商品的价格下降了，该国商品的出口将会增加。

当然,购买力平价的分析假定商品的贸易是自由的,但在现实的经济中,贸易还存在许多障碍。另外,还有一些非贸易商品价格的因素会对外汇市场的需求和供给产生影响,从而对市场汇率产生影响。这一切都会导致市场汇率对购买力平价的偏离,但这不能否认对贸易商品的购买力所决定的汇兑平价的基础。

三、从国际金融角度分析的市场汇率

在从国际金融角度分析市场汇率方面,经济学者们同样进行了大量的研究,具有代表性的理论是资产分析法。资产分析法可以在一定程度上从国际金融的角度解释市场汇率的变化,但这种分析方法的基础同样是由两个国家的货币对本国金融资产具有的赢利能力所决定的汇兑平价。

汇率的资产分析方法将外汇看作一种资产,将汇率看作外汇资产的相对价格,用外汇资产的收益率来解释汇率。这种思想可以追溯到费雪。费雪(I. Fisher)在 1930 年出版的《利息理论》的著作中,分析了现行即期汇率、预期的即期汇率和利率的关系,将汇率与债券的分析联系在一起。20 世纪 70 年代以来,随着资本频繁和大规模地流动,经济学家们重视起资本流动对汇率的影响。多恩布什(R. Dornbush)、布兰森(W. H. Branson)等经济学家都对这个问题进行了研究。[①]

按照克鲁格曼的表述,[②]资产是一种将购买力从现在转向未来的手段。一种资产的现时价值,取决于对这种资产的未来购买力的预期。在对一种资产进行评价时,人们要考虑这种资产的预期收益率,即所投资的资产价值在一定时期内的预期增长率。外汇存款也是一种资产,影响外汇存款需求的因素与影响其他资产需求的因素一样,是对外汇存款未来价值的评价。而外汇存款的未来价值取决于两个因素:一是这种外汇存款的利率,二是这种货币相对于其他货币预

---

① R. Dornbush, "Expectations and Exchange Rate Dynamics", *Journal of Political Economy*, December, 1976; W. H. Branson and D. W. Henderson, "The Specification and Influence of Asset Markets", *Handbook of International Economics*, Oxford: North-Holland, 1985.

② Paul R. Krugman and Maurice Obstfeld, *International Economics*: Theory and Policy, Addison-Wesley Longman, 1997.

期的汇率变化。

设 R 为目前 1 年期欧元存款利率，$E_{\$/\mathbf{e}}$ 为目前美元/欧元汇率（每欧元可以兑换美元的数量），$E^e_{\$/\mathbf{e}}$ 为预期 1 年后的美元/欧元汇率。这样，欧元存款的美元预期收益率可以表示为欧元利率与美元相对于欧元的预期贬值率之和，即

$$R+(E^e_{\$/\mathbf{e}}-E_{\$/\mathbf{e}})/E_{\$/\mathbf{e}} \qquad\qquad (22-20)$$

把欧元存款的预期收益率与同样期限的美元存款利率 $R_\$$ 相比较，就可以确定在美元存款和欧元存款中，哪一种存款可以提供更高的预期收益率。因此，美元存款和欧元存款的预期收益率之差等于 $R_\$$ 减去式（22-20）：

$$R_\$-[R+(E^e_{\$/\mathbf{e}}-E_{\$/\mathbf{e}})/E_{\$/\mathbf{e}}]=R_\$-R-(E^e_{\$/\mathbf{e}}-E_{\$/\mathbf{e}})/E_{\$/\mathbf{e}} \qquad (22-21)$$

当这个差额为正数时，美元存款具有更高的收益率；当这个差额为负数时，欧元存款具有更高的收益率。

上面的分析用美元来表示收益。但是，如果选择用欧元或其他货币来表示收益，所得到的结果是一样的。假设以欧元来表示美元存款的收益，那么美元利率加上欧元相对于美元的预期贬值率等于美元存款的预期收益率。欧元对美元的预期贬值率可以近似地看做美元对欧元的预期升值率，即在美元对欧元的预期贬值率的前面加一个负号。这样，以欧元表示的美元存款收益率为：

$$R_\$-(E^e_{\$/\mathbf{e}}-E_{\$/\mathbf{e}})/E_{\$/\mathbf{e}} \qquad\qquad (22-22)$$

式（22-22）与 R 之差，等于式（22-21）。因此，只要用同一种货币来计量，不论是选择美元还是选择欧元，都不会对比较结果产生影响。

假定所有存款的风险和流动性都一样，外汇市场参与者对外汇资产的需求完全取决于对不同资产预期收益率的比较。当所有的货币存款都提供相同的预期收益率时，外汇市场处于均衡状态。用相同货币衡量的任意两种货币存款的预期收益率相等的条件，被称为利率平价条件。这一条件意味着外汇存款的持有者把所有的外汇存款都视为有同等意愿持有的资产。

只有当所有的预期收益率都相等时，才不会存在一种货币存款过度供给，另一种货币存款过度需求的现象。只有当所有的货币存款都不存在过度供给和过度需求时，外汇市场才能处于均衡状态。因此，只有当下面的利率平价条件满足时，外汇市场才能处于均衡状态：

$$R_\$ = R + (E^e_{\$/\epsilon} - E_{\$/\epsilon})/E_{\$/\epsilon} \qquad (22-23)$$

当美元存款比欧元存款提供更高的收益时,人们将会把欧元资金转化为美元,美元会相对于欧元升值;反之,当欧元存款比美元存款提供的收益更高时,投资者将会把美元资金转化为欧元,美元会相对于欧元贬值。

外汇存款收益率不仅受外汇存款的利率和外汇预期汇率变化的影响,而且还受目前外汇汇率变化的影响。继续前面的例子,在美元预期的贬值幅度为一定的条件下,目前美元/欧元汇率的上升(美元相对于欧元的贬值),意味着美元只需要再有较小幅度的贬值,就可以达到确定的预期的贬值程度,这样欧元存款预期的美元收益率将降低。目前美元/欧元汇率的下降(美元相对于欧元的升值),意味着美元还需要有较大幅度的贬值,才能达到确定的预期的贬值程度,这样欧元存款预期的美元收益率将上升。

由此可见,欧元存款预期的美元收益率$[R+(E^e_{\$/\epsilon}-E_{\$/\epsilon})/E_{\$/\epsilon}]$与目前的美元/欧元汇率$(E_{\$/\epsilon})$存在反方向变化的关系。如果以目前的美元/欧元汇率为纵轴,以欧元存款预期的美元收益为横轴,欧元存款预期的美元收益率与目前的美元/欧元汇率的关系表现为一条向右下方倾斜的曲线,美元存款的收益率表现为一条垂直线,如图22-2所示。

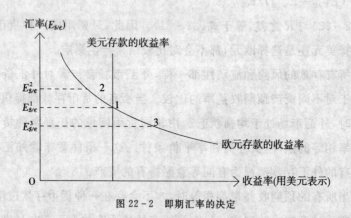

图 22-2　即期汇率的决定

假设汇率水平最初处于点2,即当汇率为$E^2_{\$/\epsilon}$时,欧元存款的收益率比美元存款的收益率低。在这种情况下,持有欧元存款的人都想卖出欧元存款,买入美元存款。但是,没有美元存款持有者愿意在这个汇率水平上卖出美元存款,买入欧元存款。为了吸引美元持有者参与交易,欧元持有者就必须提出对美元持有者更有利的价格来购买美元,美元/欧元汇率就会朝 $E^1_{\$/\epsilon}$ 向下移动,即欧元的美元价格下降。相反,如果汇率水平最初处于点 3,即汇率为 $E^3_{\$/\epsilon}$ 时,欧元存款的收益超过了美元存款的收益,欧元存款将会出现过度需求而美元存款则会出现过度供给,欧元存款的美元价格趋于上涨,即美元相对于欧元贬值。一旦汇率达到 $E^1_{\$/\epsilon}$,欧元存款和美元存款能够获得相等的收益,欧元存款持有者不会再卖出欧元存款买入美元存款,美元存款持有者也不会再卖出美元存款买入欧元存款,外汇市场达到均衡状态。

因此,美元/欧元的均衡汇率,是由欧元存款的预期收益曲线和美元存款的预期收益曲线的交点(点 1)决定的,即 $E^1_{\$/\epsilon}$。在这个汇率水平,利率平价条件 $R_\$ = R + (E^e_{\$/\epsilon} - E^1_{\$/\epsilon})/E^1_{\$/\epsilon}$ 得到满足。

在前面的讨论中,利率和预期汇率假定是不变的。现在分析利率变动和预期汇率变化如何对目前汇率产生影响。

首先来分析美元利率变化对目前汇率的影响。假定美元利率上升了,在图 22-3 中,垂直的美元存款预期收益率曲线从 $R^1_\$$ 向右移动到 $R^2_\$$。在原来的汇率 $E^1_{\$/\epsilon}$ 处,美元存款比欧元存款的预期收益率高,两者的差额等于从点 1 到点 1′的距离。这个差额使美元升值到 $E^2_{\$/\epsilon}$(点 2)。相反,美元利率的下降将使美元贬值。

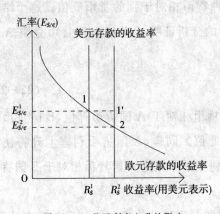 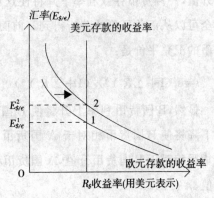

图 22-3　美元利率上升的影响　　图 22-4　欧元利率上升的影响

第二十二章　外汇资产的虚拟价值和外汇市场汇率

其次来分析欧元利率的变化对目前汇率的影响。假定欧元利率上升了,图22-4中表示欧元存款预期收益率的曲线向右移动,美元相对于欧元的贬值。相反,欧元利率下降将使美元相对于欧元升值。由此可以得出一个重要结论:假定其他条件不变,一种货币存款利率上升将使这种货币相对于别的货币升值,一种货币存款利率下降将使这种货币相对于别的货币贬值。

最后来分析预期汇率的变化对目前汇率的影响。假定美元的预期贬值率上升,欧元存款预期的美元收益率将提高,如图22-4所示,欧元存款预期收益率曲线会向右移动,美元相对于欧元出现贬值。相反,假定美元的预期贬值率下降,欧元存款预期的美元收益率将降低,如图22-4所示,欧元存款预期收益率曲线会向左移动,美元相对于欧元出现升值。由此可以得到下述结论:假定其他条件不变,一种货币预期汇率的升值将使它的目前汇率升值,一种货币预期汇率贬值将使它的目前汇率贬值。

资产分析法的不足之处是仅从外汇存款的需求和供给分析了市场汇率的决定和变化,但在现实的经济中外汇存款仅仅是一种金融资产。当然,对外汇存款的分析可以扩展到其他的金融资产,因而可以将资产分析法理解为从国际金融的角度分析的市场汇率理论。即使资产分析法所讨论的市场汇率,也同样受着由货币对金融资产的赢利能力所决定的汇兑平价的支配。

首先,按照资产分析法,一种货币存款利率上升将使这种货币相对于别的货币升值,一种货币存款利率下降将使这种货币相对于别的货币贬值。这个结论完全可以从汇兑平价的分析得到。前面的分析证明,1 单位 B 国货币兑换 A 国货币的汇兑平价是:

$$s = s^e (1 + \sum_{i=1}^{n} \overline{R}_i^b Y_i^b) / (1 + \sum_{i=1}^{n} \overline{R}_i^a Y_i^a) \qquad (22-24)$$

显然,B 国货币利率上升将使 B 国货币相对于 A 国货币升值,B 国货币利率下降将使 B 国货币相对于 A 国货币贬值。同样,A 国货币利率上升将使 A 国货币相对于 B 国货币升值,A 国货币利率下降将使 A 国货币相对于 B 国货币贬值。

其次,按照资产分析法,一种货币预期汇率的升值将使它的目前汇率升值,一种货币预期汇率贬值将使它的目前汇率贬值。这个结论也可以从汇兑平价的分析得到。汇兑平价计算公式中的收益率是扣除风险报酬的持有期间收益率。如果 B 国货币预期汇率上升,B 国货币持有期间收益率将上升,B 国货币相对于 A 国货币升值。相反,B 国货币相对于 A 国货币贬值。

再次,资产分析法假定两种货币存款的风险和流动性相同。如果取消这两个假定,汇兑平价的分析同样能够得到相应的结论。由于流动性差实际上也是一种风险,根据汇兑平价的公式,如果 B 国货币的风险增加或流动性减弱,B 国货币扣除风险报酬后的收益率将下降,B 国货币将相对于 A 国货币贬值。相反,B 国货币将相对于 A 国货币升值。

当然,赢利能力平价假定对金融资产的投资是自由的,但在现实经济里,金融资产投资的自由程度比商品贸易的自由程度还低。另外,还有一些非金融资产收益的因素从国际金融的角度影响到外汇的需求和供给,从而影响到市场汇率。这一切都会导致市场汇率与赢利能力平价的偏离。但同样也不可否认,货币对金融资产的赢利能力是决定市场汇率的最根本的因素。

四、从国际直接投资角度分析的市场汇率

经济学者们没有专门从直接投资的角度分析市场汇率的决定和变化。由于直接投资关注利润率和汇回利润的汇率,可以借助于资产分析法从直接投资的角度分析市场汇率的决定和变化。

改变(22-20)式的符号的含义,设 R 为目前 1 年期限欧元区的利润率,$E_{\$/\epsilon}$ 为目前美元/欧元汇率(每欧元可以兑换美元的数量),$E_{\$/\epsilon}^e$ 为预期 1 年后的美元/欧元汇率,同样期限的美国的利润率是 $R_\$$。这样,在欧元区进行直接投资的美元预期收益率可以表示为欧元区利润率与美元相对于欧元的预期贬值率之和。从直接投资的角度分析,当欧元区和美国的预期收益率相等时,不会存在一种货币过度供给、另一种货币过度需求的现象,外汇市场才能处于均衡状态。因此,只有当下面的利率平价条件满足时,外汇市场才能处于均衡状态:

$$R_\$ = R + (E_{\$/\epsilon}^e - E_{\$/\epsilon})/E_{\$/\epsilon} \qquad (22-25)$$

在预期的汇率不变的条件下,欧元区预期的美元利润率$[R+(E^e_{\$/\epsilon}-E_{\$/\epsilon})/E_{\$/\epsilon}]$与目前的美元/欧元汇率$(E_{\$/\epsilon})$存在反方向变化的关系。如果以目前的美元/欧元汇率为纵轴,以欧元区预期的美元利润率为横轴,欧元区预期的美元利润率与目前的美元/欧元汇率的关系表现为一条向右下方倾斜的曲线,美国以美元表示的利润率表现为一条垂直线,与图22-2相似。两条利润率曲线的交点,决定了从直接投资角度分析的均衡的市场汇率。

首先,欧元对美元的市场汇率受到两个国家的利润率的影响。假定其他条件不变,如果欧元区的利润率上升了,欧元区的利润率曲线向右方移动,欧元相对于美元升值;相反,欧元相对于美元降值。如果美国的利润上升了,美国的利润率曲线向右方移动,欧元相对于美元降值;相反,欧元相对于美元升值。

其次,欧元对美元的市场汇率受到两个国家的直接投资政策的影响。如果欧元区国家对外来直接投资加以限制,这将增加对欧元区国家直接投资的成本,降低对欧元区国家直接投资的利润,欧元区的利润率曲线向左方移动,欧元相对于美元降值;相反,如果欧元区国家对外来直接投资采取优惠政策,欧元相对于美元升值。

再次,未来的市场汇率走势也会对直接投资产生影响。如果未来欧元对美元升值,欧元区的利润率上升,欧元区的利润率曲线向右方移动,欧元相对于美元升值;相反,欧元相对于美元降值。但是,由于直接投资的期限较长,它对未来市场汇率变化的反应不如对金融资产投资敏感。

尽管市场汇率受到由直接投资所形成的外汇需求和供给的影响,但是它的基础是由货币对实物资产的赢利能力所决定的汇兑平价。根据货币对实物资产的赢利能力所决定的汇兑平价计算公式:

$$s=s^e(1+\sum_{i=1}^{\varrho}\bar{r}_i^b Z_i^b)/(1+\sum_{i=1}^{\varrho}\bar{r}_i^a Z_i^a) \tag{22-26}$$

当欧元区的利润率上升或美国的利润率下降,欧元的赢利能力上升或美元的赢利能力下降,欧元相对于美元升值;相反,欧元相对于美元降值。欧元区国家对外来直接投资采取有利的政策,欧元的赢利能力将上升,欧元相对于美元将升值;相反,欧元相对于美元降值。

当然,赢利能力平价假定对实物资产的投资是自由的,但在现实经济里,实物资产投资还存在许多障碍。另外,还有一些非实物资产收益的因素从直接的角度影响到外汇的需求和供给,从而影响到市场汇率。这一切都会导致市场汇率与赢利能力平价的偏离。但是,货币对实物资产的赢利能力,无疑是支配着由直接投资形成的市场汇率的基础性因素。

五、综合的市场汇率分析及其检验

不是仅从某个方面而是从整个国际收支来分析市场汇率的学说,是国际借贷学说和把国际收支的分析与马歇尔的均衡价格理论相结合的供求分析法。

1861 年,戈森(G. Goschen)出版了名为《外汇理论》的著作,提出了汇率的国际借贷学说。国际借贷学说认为汇率是由外汇的供给和需求决定的,而外汇的供给和需求是由国际借贷所产生的,因此国际借贷关系是影响汇率变化的主要因素。戈森所说的国际借贷关系不仅包括贸易往来,还包括资本的输出和输入。国际借贷学说认为,资金流动是汇率波动的直接影响因素,而推动一国资金流入或流出的根本原因是国际借贷的出超或入超。也就是说,汇率的波动实际上取决于一个国家对其他国家的债权、债务数量。国际借贷出超,国际市场上对该国货币供小于求,则该国货币升值;反之,国际借贷入超,国际市场上该国货币供过于求,则该国货币贬值。戈森认为,汇率直接取决于外汇供求关系,国际借贷关系是影响汇率波动的关键。

戈森提出,汇率决定于外汇的供给与需求,而外汇的供求又是由国际借贷所引起的。商品的进出口、债券的买卖、利润与捐赠的收付、旅游支出和资本交易等都会引起国际借贷关系。但是,在国际借贷关系中只有已进入支付阶段的借贷即国际收支才会影响外汇的供求关系。当一国发生国际收支顺差时,外汇的供给大于需求,外汇汇率下降;当一国发生国际收支逆差时,外汇的需求大于供给,外汇汇率上升;如果国际收支平衡,外汇供求相等,外汇汇率处于均衡状态。在戈森看来,除了国际借贷因素外,其他因素,包括物价、黄金存量、利率水平、信用状况等也会对汇率变动产生一定的影响。

第二十二章 外汇资产的虚拟价值和外汇市场汇率

戈森进一步提出,国际借贷可分为流动借贷和固定借贷。国际借贷反映的是一国总体的国际收支状况,并非所有的债权和债务都以同样的力度引起汇率波动。戈森对国际借贷进行了进一步的划分,将国际借贷分为固定借贷和流动借贷两种类型。所谓固定借贷,是指借贷关系已经形成,但尚未进入实际收付阶段的借贷,相当于长期债权债务关系;所谓流动借贷,是指已进入实际收付阶段的借贷,类似于经常项目收支。流动借贷与固定借贷的本质区别在于是否立即引起现金收付。戈森认为,固定借贷对当期资本流动、外汇供求的影响具有较大的不确定性,只有流动借贷的改变才会对外汇供求产生影响。[①]

　　供求分析法认为,在存在国际资本流动的条件下,均衡汇率不仅由商品进出口决定,而且还受国际资本流动的影响。资本流动包括外汇投机、国际借贷、证券投资和直接投资。图 22 - 1 说明了美元的供给曲线和需求曲线以及由这两条曲线决定的均衡的市场汇率。假定人们卖出美元买进英镑进行外汇投机,或向英国发放美元贷款,或卖出美元买进英镑对英国的证券进行投资,或卖出美元买进英镑到英国设厂生产,美元的供给会增加。美元的供给曲线会向右方移动,美元将对英镑贬值。同理,如果美元的需求增加,美元将对英镑升值。由此可以判断,影响汇率变动的因素有:

　　1.货币供给。当某个货币供给增加时,会导致利率的下降、国民收入的增加或价格水平的上升,这三者都会造成这个国家国际收支的恶化,从而带来这个国家货币汇率的下降;反之,则带来这个国家货币汇率的上升。

　　2.相对通货膨胀率。一个国家较高的通货膨胀率通常会削弱其产品在国际市场上的竞争力,从而导致该国出口减少和进口增加,该国货币汇率将会贬值。另外,在一个国家的通货膨胀率较高时,持有该国货币的人可能对该国货币产生贬值的预期,因此将手中的该国货币转换成他国货币,即发生所谓货币替代,从而使该国货币的汇率下降。

　　3.相对利率。相对利率变动通过套利活动影响着国际资本流动。当一个国家利率水平相对上升时,为了获取更高的利息收入,更多的资本将流入这个国

　　① 　G. Goschen, *The Theory of Foreign Exchanges*, Effingham Wilson, 1890.

家,该国货币汇率将会上升;反之,该国货币汇率将会下降。

4. 相对利润率。在其他条件不变的情况下,如果一个国家的利润率较高,将会导致直接投资流入这个国家,从而导致这个国家货币汇率的上升;反之,则导致这个国家货币汇率的下降。

5. 经济心理预期。当人们预期某种货币的汇率将会上升,他们将买进这种货币,这种货币的汇率就会上升。引起心理预期变化的因素是多种多样的,包括经济、政治和社会文化诸方面因素。一般来说,对汇率变动有重大影响的心理预期包括对国际收支状况变动的预期、对通货膨胀水平变动的预期、对利率水平和投资收益水平变动的预期,以及对汇率本身走势的预期等。

上面所有的结论都可以通过统一的汇兑平价分析得到。根据统一的汇兑平价计算公式,

$$E = x(\sum_{i=1}^{m} P_i^a X_i^a / \sum_{i=1}^{m} P_i^b X_i^b) + y(\sum_{i=1}^{n} \overline{R}_i^b Y_i^b / \sum_{i=1}^{n} \overline{R}_i^a Y_i^a)$$

$$+ z(\sum_{i=1}^{o} \overline{r}_i^b Z_i^b / \sum_{i=1}^{o} \overline{r}_i^a Z_i^a) \qquad\qquad (22-27)$$

当 B 国的货币供给增加时,该国的价格水平将会上升而利率水平将会下降,B 国货币将 A 国货币降值。当 B 国的通货膨胀率上升时,B 国货币将 A 国货币降值。当 B 国货币利率下降时,B 国货币将 A 国货币降值。当 B 国货币利润率下降时,B 国货币将 A 国货币降值。

与前面的分析相似,统一的汇兑平价是与国家之间自由的商品贸易、金融资产投资和实物资产投资为前提,但在现实的经济里,国际经济往来还存在许多障碍,这势必导致市场汇率与统一的汇兑平价的偏离,甚至是较大的偏离。但是,统一的汇兑平价仍然是市场汇率的基础。

为了检验兑换平价构成市场汇率的基础以及市场汇率偏离兑换平价的原因,下面来考察购买力平价与市场汇率的关系。2001 年,世界银行公布 1999 年世界各国以市场汇率和购买力平价计算的国民生产总值,为我们检验购买力平价与市场汇率的关系提供了宝贵的资料。表 22-2 是根据世界银行于 2001 年出版的《世界发展指标》进行计算所得到的结果。表中收集了 135 个国家或地区在 1999 年的市场汇率与购买力平价的比率,它们都以 1 美元兑换各国货币的数

量表示,市场汇率是 3 年的平均值。

将各国的市场汇率与购买力平价的比率按照人均国民生产总值进行排列,可以发现一个令人惊异的结果:市场汇率对购买力平价的比率与人均国民生产总值存在相当严格的负相关的关系,相关系数＝－0.6839。人均国民生产总值体现了一个国家或地区的经济发展水平,据此可以得到下述重要结论:

第一,在人均国民生产总值居前 22 位的国家或地区,也就是经济发展水平与美国接近的国家或地区,其货币的市场汇率与购买力平价的比率在 0.75 至 1.26 之间变化,这意味着这些国家或地区的货币与美元的市场汇率已经十分接近它们与美元的购买力平价,购买力平价已经构成它们的货币的市场汇率的基础。之所以如此,是因为发达国家或地区的对外经济活动接近于购买力平价分析的前提:它们之间的贸易、金融和投资没有什么障碍,对相互之间的商品的需求比较充分,商品的价格便成为最基本和最重要的因素。

第二,对于广大的发展中国家来说,其货币的市场汇率无一例外地高于购买力平价,甚至远高于购买力平价。显然,发展中国家与发达国家的经济发展水平存在很大的差异,它们需要向发达国家购买多类型的投资品和高技术的消费品,但它们可以向发达国家出售的主要是自然资源和普通的日用品。再加上发展中国家众多,从而形成了发展中国家对发达国家的商品存在大量的需求而发达国家对发展中国家的商品的需求却是不充分的局面。这样,对于发达国家和发展中国家之间的商品贸易来说,不仅价格的因素发生作用,而且数量的因素也发生作用。正是这种相互需求的差异,造成了市场汇率对购买力平价的偏离。

由此可见,两个国家的经济发展水平越接近,相互对商品的需求越充分,市场汇率就越接近于购买力平价。

表 22-2　市场汇率与购买力平价的比率(美元)

国家或地区	人均产值	汇率/平价	国家/地区	人均产值	汇率/平价
瑞　士	38380	0.75	巴拉圭	1560	2.74
挪　威	33470	0.89	阿尔及利亚	1550	3.12
丹　麦	32050	0.80	罗马尼亚	1470	4.06

日　本	32030	0.78	保加利亚	1410	3.62
美　国	31910	1.00	埃　及	1380	2.51
瑞　典	26750	0.83	厄瓜多尔	1360	2.08
德　国	25620	0.92	哈萨克斯坦	1250	3.80
奥地利	25430	0.97	摩洛哥	1190	2.79
荷　兰	25140	1.26	菲律宾	1050	3.79
芬　兰	24730	0.92	玻利维亚	990	2.34
比利时	24650	1.04	叙利亚	970	3.55
中国香港	24570	0.92	阿尔巴尼亚	930	3.55
法　国	24170	0.93	乌克兰	840	4.00
新加坡	24150	0.92	斯里兰卡	820	3.91
英　国	23590	0.94	巴布亚	810	2.89
爱尔兰	21470	1.04	中　国	780	4.54
澳大利亚	20950	1.13	洪都拉斯	760	2.92
意大利	20170	1.09	乌兹别克	720	3.07
加拿大	20140	1.26	土库曼斯坦	670	5.00
以色列	16310	1.10	格鲁吉亚	620	4.12
西班牙	14800	1.21	印度尼西亚	600	4.40
新西兰	13990	1.26	喀麦隆	600	2.50
希　腊	12110	1.30	刚　果	550	1.25
葡萄牙	11030	1.43	津巴布韦	530	5.08
斯洛文尼亚	10000	1.61	塞内加尔	500	2.77
韩　国	8490	1.83	几内亚	490	3.89
阿根廷	7550	1.58	亚美尼亚	490	4.74
沙特阿拉伯	6900	1.60	巴基斯坦	470	3.97
乌拉圭	6220	1.04	阿塞拜疆	460	5.41
捷　克	5020	2.56	海　地	460	3.06
特立尼加	4750	1.64	印　度	440	5.04
匈牙利	4640	2.37	尼加拉瓜	410	5.00
智　利	4630	1.81	萨尔瓦多	410	6.00
克罗地亚	4530	1.58	加　纳	400	4.67
墨西哥	4440	1.82	蒙　古	390	4.44
巴　西	4350	1.57	毛里塔尼亚	390	4.00
波　兰	4070	2.06	越　南	370	5.01
斯洛伐克	3770	2.76	孟加拉	370	4.16
委内瑞拉	3680	1.48	也　门	360	1.97

第二十二章　外汇资产的虚拟价值和外汇市场汇率

哥斯达黎加	3570	2.19	肯尼亚	360	2.80
毛里求斯	3540	2.62	赞比亚	330	2.18
爱沙尼亚	3400	2.45	格鲁吉亚	330	5.00
马来西亚	3390	2.25	乌干达	320	3.68
加 蓬	3300	1.50	多 哥	310	4.29
博茨瓦纳	3240	1.96	老 挝	300	4.67
南 非	3170	2.75	中 非	290	4.00
巴拿马	3080	1.12	安哥拉	270	4.24
土耳其	2900	2.23	柬埔寨	260	5.33
立陶宛	2640	2.45	尼日利亚	260	3.01
牙买加	2430	1.43	坦桑尼亚	260	1.88
拉脱维亚	2430	2.54	卢旺达	250	3.50
俄罗斯	2250	3.10	马达加斯加	250	3.24
秘 鲁	2130	2.10	马 里	240	3.07
哥伦比亚	2170	2.57	莫桑比克	220	3.68
泰 国	2010	2.96	乍 得	210	3.75
突尼斯	2090	2.73	厄立特里亚	200	5.00
多米尼加	1920	2.73	尼日利亚	190	4.00
纳米比亚	1690	2.81	马拉维	180	3.00
伊 朗	1810	3.05	几内亚（比绍）	160	5.00
危地马拉	1680	2.15	塞拉利昂	130	2.88
马其顿	1660	2.73	布隆迪	120	5.00
萨尔瓦多	1920	2.20	埃塞俄比亚	100	6.00
约 旦	1630	2.34			

注：本表根据下述资料计算：The World Group，*World Development Indicators*，2001.

第二十三章 货币资本跨国流动的成因：收益和风险的选择

第一节 金融资产组合的收益和风险

一、金融资产预期的外国收益率

资本的本质决定了它是要追求收益的,货币资本也不例外。但是,货币资本流动的成因并不是仅仅追求不同国家金融资产收益率的差额。由于不同国家不同的金融资产存在不同的风险,而且通常收益率越高的金融资产的风险越大,投资者寻求的是收益和风险的最优组合。又由于不同的投资者对待风险的态度存在差异,收益和风险的最优组合取决于投资者承担风险的意愿。金融资本流动就是由金融资产的收益、金融资产的风险和投资者对风险的态度决定的。马柯维茨(Harry M. Markowitz)在这个领域做了大量的研究工作。[①] 借鉴马柯维茨的投资组合理论以及后人的研究成果,可以解释包括证券投资、外汇投资、国际借贷等形式存在的货币资本跨国流动的成因。

货币资本流动的特点,是进行跨国的贷款或进行各种债务工具、权益工具、金融衍生工具的投资。但是,不论是信贷资产还是金融工具,都是金融资产。所

[①]　Harry M. Markowitz, "Portfolio Selection", *Journal of Finance*, March 1952; *Portfolio Selection: Efficient Diversification of Investments*, New York, John Wiley, 1959.

以,货币资本流动的过程,就是选择一个外国的金融资产组合的过程。为方便起见,在金融资本流动的成因的讨论中,把投资方称为本国,把接受投资方称为外国。设某个外国的金融资产组合在某个时期初期的价值是 W_0,期末的价值是 W_1,持有期间收益率是 r_p,可以得到:

$$W_0(1+r_p)=W_1, \qquad r_p=\frac{W_1-W_0}{W_0} \tag{23-1}$$

投资者在初期对金融资产组合进行选择的时候,他并不知道持有期间的收益率是多少,从而也不知道这个投资组合的期末价值是多少,他们只能对持有期间的收益率进行预期。由于金融资产组合可能由多种金融资产组成,要计算金融资产组合的预期收益率,需要计算它所包含的每一种金融资产的预期收益率。

设某个投资组合由 A、B、C 三种股票组成,它们的数量分别是 100 股、200 股、100 股。如果股票 A、B、C 在初期的市场价格分别是 40 美元、35 美元、62 美元,那么它们在初期的价值分别是 4000(=40×100)美元、7000(=35×200)美元、6200(=6×2100)美元,金融资产组合在初期的价值是 17200(=4000+7000+6200)美元,这三种股票在初期的价值占投资组合在初期的价值的比例分别是 0.2325(=4000/17200)、0.4070(=7000/17200)、0.3605(=6200/17200),计算结果如表 23-1 所示。

表 23-1　金融资产组合的初期价值　　　　　　　　单位:美元

股票	股数	初期市场价格	初期总价值	占组合初期价值的比例
A	100	40	4000	0.2325
B	200	35	7000	0.4070
C	100	62	6200	0.3605
总和			17200	1

要计算金融资产组合的预期收益率,可以通过计算每种股票和整个组合的期末价值来进行。假定投资者预期股票 A、B、C 的期末价格分别是 46.48 美元、43.61 美元、76.14 美元,那么它们的期末价值分别是 4648(=46.48×100)美元、8722(=43.61×200)美元、7614(=76.14×100)美元,金融资产组合的预期

期末价值是 20984(＝4648＋8722＋7614)美元,金融资产组合的预期收益率是 22%[＝(20984－17200)/17200],计算结果如表 23-2 所示。

表 23-2　利用期末价值计算组合的预期收益率　　　　单位:美元

股票	股数	预期的每股期末价值	预期的期末总价值
A	100	46.48	4648
B	200	43.61	8722
C	100	76.14	7614
总和			20984

　　要计算金融资产组合的预期收益率,还可以通过计算每种股票的预期收益率来进行。假定投资者预期股票 A、B、C 的收益率分别是 16.2%、24.6%、22.8%,那么它们对投资组合预期收益率的贡献分别是它们的预期收益率与它们所占比例的乘积:3.77%(＝16.2%×0.2325)、10.01%(＝24.6%×0.4070)、8.22%(＝22.8%×0.3605),金融资产组合的收益率为 22.0%(＝3.77%＋10.01%＋8.22%),结果如表 23-3 所示。

表 23-3　利用股票的预期收益率计算组合的预期收益率

股票	占组合初期价值的比例	预期收益率(%)	对组合预期收益率的贡献(%)
A	0.2325	16.2	3.77
B	0.4070	24.6	10.01
C	0.3605	22.8	8.22
总和	1		22.0

　　从根据证券的预期收益率计算金融资产组合的预期收益率的方法可以看到,设 r_p 是金融资产组合的预期收益率,r_i 是第 i 种证券的预期收益率,x_i 是第 i 种证券在初期的价值占金融资产组合价值的比例,n 是金融资产组合中包含的证券的种类,那么有:

$$r_p = x_1 r_1 + x_2 r_2 + \cdots + x_n r_n = \sum_{i=1}^{n} x_i r_i \qquad (23-2)$$

这就是马柯维茨对金融资产组合预期收益率的分析。

第二十三章　货币资本跨国流动的成因:收益和风险的选择

579

二、金融资产折算的本国收益率

本章为了解释货币资本流动的成因,将马柯维茨的一般意义的预期收益率看作是投资者到外国进行金融资产组合的投资所得到的以外国货币表示的收益率。由于投资者还需要把收益汇回本国,它还不是投资者最终得到收益率。预期的外国收益率和预期的本国收益率的差异,取决于两个国家货币汇率的变化。假设以 1 单位外国货币兑换本国货币的数量来表示的即期汇率是 E_0,以同样的标价法表示的把外国得到的收益汇回本国的预期汇率是 E_t,那么投资者预期得到的以本国货币表示的收益率即折算的本国收益率 R_p 为:

$$R_p = \frac{E_t W_1 - E_0 W_0}{E_0 W_0} \qquad (23-3)$$

比较公式(23-1)和(23-3)可以看到,折算的预期本国收益率与预期的外国收益率的关系存在三种可能性:第一,当 $E_t = E_0$ 时,折算的预期本国收益率等于预期的外国收益率。第二,当 $E_t > E_0$ 时,折算的预期本国收益率高于预期的外国收益率。第三,当 $E_t < E_0$ 时,折算的预期本国收益率低于预期的外国收益率。

如果投资者按照公式(23-3)的方式进行投资,他实际上是进行两种投资:一种是对外国的金融资产组合进行投资,另一种是对外汇进行投资。折算的本国收益率可以分解为外国金融资产组合的收益率和外汇的收益率。设预期的外汇收益率 r_c 是,那么

$$r_c = \frac{E_t - E_0}{E_0} \qquad (23-4)$$

$$1 + R_p = (1 + r_p)(1 + r_c)$$

$$R_p = r_p + r_c + r_p r_c \qquad (23-5)$$

这就是说,折算的预期本国收益率取决于预期的外国金融资产组合的收益率和预期的外汇收益率。如果预期的外汇收益率为零,折算的预期本国收益率等于预期的外国金融资产组合的收益率;如果预期的外汇收益率为正数,折算的

预期本国收益率高于预期的外国金融资产组合的收益率；如果预期的外汇收益率为负数，折算的预期本国收益率低于预期的外国金融资产组合的收益率。

上面所分析的折算的预期本国收益率是承受着汇率风险条件下的收益率，也就是同时进行外国金融资产组合投资和外汇投资的收益率。但是，在采取外国金融资产组合投资形式的短期资本流动中，投资者通常套期保值的方式避免汇率风险，即利用远期外汇、外汇互换、外汇期货、外汇期权等交易来避免汇率风险。由于套期保值要支付额外的成本，设套期保值的成本率即对 1 单位外国货币以不变的汇率兑换为本国货币所支付的费用是 C，那么折算的预期本国收益率、预期的外国金融资产组合的收益率、预期的外汇收益率三者的关系是：

$$R_p = r_p + r_c + r_p r_c - C \tag{23-6}$$

根据上面的分析可以发现，如果仅从收益率的角度考虑，短期资本流动的成因可以进行如下的推导：设预期的本国的金融资产组合收益率是 R_p^h，同样期限的预期的外国金融资产组合收益率是 R_p^f，E_0 表示以外国货币为基础货币的即期汇率，E_f 表示同样以外国货币为基础货币的远期汇率，那么把 1 单位本国货币投资本国的金融资产组合，获得的收益是 $1 + R_p^h$；把 1 单位本国货币以即期汇率兑换为外国货币，可得到 $1/E_0$ 单位外国货币，然后用于投资外国的金融资产组合，获得的收益是 $(1 + R_p^f)/E_0$，再把该收益按照远期汇率折算为以本国货币表示的收益上 $E_f(1 + R_p^f)/E_0$。这意味着如果 $1 + R_p^h = E_f(1 + R_p^f)/E_0$，不会发生短期资本的流动；如果 $1 + R_p^h < E_f(1 + R_p^f)/E_0$，本国的短期资本将流向外国；如果 $1 + R_p^h > E_f(1 + R_p^f)/E_0$，外国的短期资本将流向本国。这就是说，如果两国的投资者对本国和外国金融资产组合收益率的预期是相同的，那么短期资本流动的条件是：

$$1 + R_p^h \neq E_f(1 + R_p^f)/E_0 \ \text{或} \ 1 + R_p^f \neq E_0(1 + R_p^h)/E_f \tag{23-7}$$

三、国际金融资产投资的预期收益率

前面所分析的收益率是指一个国家的投资者到外国进行投资所得到的以外国货币表示的收益率，以及到外国进行投资所得到的以本国货币表示的收益率。

但是,在现实的短期资本流动中,投资者既可以在本国进行投资,也可以到多个国家进行投资。因此,还需要计算投资者在世界范围内所选择的整个金融资产组合的收益率。设 r_p 是投资者在本国投资的收益率,x_p 是本国投资的数额占总投资额,R^p 是某个外国金融资产组合折算为本国货币的收益率,x_i 是某个外国金融资产组合占总投资额的比例,n 为投资者所选择的外国金融资产组合的数目,那么总投资组合的预期收益率 R 是:

$$R = x_p r_p + \sum_{i=1}^{n} x_i R_i^p \qquad\qquad (23-8)$$

四、国内金融资产投资的风险

国内金融资产投资的风险是指在一个特定的国家进行金融资产组合的投资所面临的风险,这是不论该国的投资者还是外国的投资者都会遇到的风险。金融资产组合的风险以金融资产组合的实际收益率与预期收益率之间可能的偏离程度来表示。如果偏离程度越大,表示风险越大;如果偏离程度越小,表示风险越小。在数理统计中,实际值与期望值的偏离程度以标准差来表示,因而投资组合的风险也可以标准差来表示。

对于一个离散型随机变量 X 来说,设 $E(X)$ 为期望值,该随机变量的分布率为 $P\{X = x_k\} = p_k (k = 1, 2, \cdots)$,那么 $D(X) = \sum_k [x_k - E(X)]^2 p_k$ 称为对随机变量 X 的方差,方差的平方根 $\sqrt{D(X)}$ 称为标准差 σ_P。

假定有某种证券,它的收益率为 10%、9%、8%、7%、6%、5% 的概率分布分别为 0.525、0.200、0.050、0.100、0.075、0.050,那么它的收益率的期望值 $E(X) = 10\% \times 0.525 + 9\% \times 0.200 + 8\% \times 0.050 + 7\% \times 0.100 + 6\% \times 0.075 + 5\% \times 0.050 = 8.85\%$,方差 $D(X) = (10\% - 8.85\%)^2 \times 0.525 + (9\% - 8.85\%)^2 \times 0.200 + (8\% - 8.85\%)^2 \times 0.050 + (7\% - 8.85\%)^2 \times 0.100 + (6\% - 8.85\%)^2 \times 0.075 + (5\% - 8.85\%)^2 \times 0.050 = 0.0002751$,标准差 $\sigma_P = \sqrt{0.0002751} = 1.66\%$。

对于包含多种证券如 3 种证券的金融资产组合来说,设 x 是某种证券在金融资产组合初始价值中所占的比例,该金融资产组合收益率的标准差的计算公式为：

$$\sigma_P = \left(\sum_{i=1}^{3}\sum_{j=1}^{3} x_i x_j \sigma_{ij}\right)^{1/2} \tag{23-9}$$

式中：σ_{ij}表示第 i 种证券和第 j 种证券收益率的协方差，它描述第 i 种证券和第 j 种证券的收益率相互之间的互动性。协方差为正值表明两种证券的收益率倾向于向相同方向变动，协方差为负值表示两种证券的收益率倾向于向相反方向变动，协方差为零意味着两种证券的收益率之间没有互动关系。协方差的绝对值越大，表示两种证券的收益率之间的互动关系越强。协方差的计算公式为：

$$\sigma_{ij} = \rho_{ij}\sigma_i\sigma_j \tag{23-10}$$

式中：ρ_{ij}是第 i 种证券的收益率与第 j 种证券的收益率之间的相关系数，它表示两个变量之间的相关程度。相关系数大于或等于-1，小于或等于1。相关系数为负值表示两个变量变化方向相反，相关系数为正值表示两个变量变化方向相同。相关系数的绝对值越大，表示两个变量相关程度越高。σ_i 和 σ_j 分别是第 i 种证券和第 j 种证券的收益率的标准差。

在公式$(23-9)$的运算中，可以先取 $i=1$，然后对 j 从 1 到 3 进行运算；再取 $i=2$，然后对 j 从 1 到 3 进行运算。这就是说，把公式$(23-9)$展开，可得到下列式子：

$$\begin{aligned}\sigma_P &= \left[\sum_{j=1}^{3} x_1 x_j \sigma_{1j} + \sum_{j=1}^{3} x_2 x_j \sigma_{2j} + \sum_{j=1}^{3} x_3 x_j \sigma_{3j}\right]^{1/2}\\ &= (x_1 x_1 \sigma_{11} + x_1 x_2 \sigma_{12} + x_1 x_3 \sigma_{13} + x_2 x_1 \sigma_{21} + x_2 x_2 \sigma_{22}\\ &\quad + x_2 x_3 \sigma_{23} + x_3 x_1 \sigma_{31} + x_3 x_2 \sigma_{32} + x_3 x_3 \sigma_{33}\end{aligned} \tag{23-11}$$

从公式$(23-10)$可以看到，在金融资产组合收益率标准差的计算中，每一项含有两种证券的价值在投资组合中所占比例的乘积以及两种证券收益的协方差，相加的项数等于证券数的平方$(=3^2=9)$。另外，在金融资产组合收益率标准差的计算中，会出现小标相同的情况，如 $x_1 x_1 \sigma_{11}$。其中 σ_{11} 表示同一种证券的协方差。根据协方差的计算公式，$\sigma_{11} = \rho_{11}\sigma_1\sigma_1$。由于证券自身的相关系数为1，$\sigma_{11} = \sigma_1\sigma_1 = \sigma_1^2$，即第一种证券对自己的协方差等于第一种证券的方差。

继续前面的例子，股票 A、B、C 初期的价值占投资组合的价值的比例分别为

0.2325、0.4070、0.3605,设股票 A、B、C 的方差协方差矩阵如表 23-4 所示,那么就可以计算金融资产组合的收益率的标准差。

表 23-4　股票的方差—协方差矩阵

i	$j=1$	$j=2$	$j=3$
$i=1$	$\sigma_{11}=0.0146$	$\sigma_{12}=0.0187$	$\sigma_{13}=0.0145$
$i=2$	$\sigma_{21}=0.0187$	$\sigma_{22}=0.0854$	$\sigma_{23}=0.0104$
$i=3$	$\sigma_{31}=0.0145$	$\sigma_{32}=0.0104$	$\sigma_{33}=0.0289$

如前面的分析所指出的,当 $i=j$ 时 σ_{ij} 成为方差,当 $i \neq j$ 时 σ_{ij} 是协方差,所以表 23-4 说明的矩阵是方差—协方差矩阵。把已知条件代入式(23-11)得:

$\sigma_P = [(0.2325 \times 0.2325 \times 0.0146) + (0.2325 \times 0.4070 \times 0.0187) + (0.2325 \times 0.3605 \times 0.0145) + (0.4070 \times 0.2325 \times 0.0187) + (0.4070 \times 0.4070 \times 0.0854) + (0.407 \times 0.3605 \times 0.0104) + (0.3605 \times 0.2325 \times 0.0145) + (0.3605 \times 0.4070 \times 0.0104) + (0.3605 \times 0.3605 \times 0.0289)]^{1/2} = 0.027713^{1/2} = 16.65\%$

上面分析的是由 3 种证券组成的金融资产组合的收益率的标准差。如果金融资产组合由 n 种证券组成,那么它的收益率的标准差的计算公式为:

$$\sigma_P = (\sum_{i=1}^{n} \sum_{j=1}^{n} x_i x_j \sigma_{ij})^{1/2} \qquad (23-12)$$

这就是马柯维茨对金融资产组合的风险的分析。

五、跨国金融资产投资的风险

跨国进行金融资产组合的投资除了面临国内投资的风险即东道国投资者也同样面临的风险以外,还面临外国投资者的风险即外国投资者到一个国家进行投资面临的风险。外国投资者的风险主要是政策风险,如东道国对货币的兑换实行限制,因外汇储备不足而暂停货币的兑换,对投资收益汇出该国实行限制,对投资收益汇出该国征收赋税等。它是东道国的投资者不会遇到的风险而仅仅是外国投资者遇到的风险。跨国进行金融资产组合投资的风险包括国内投资者的风险和外国投资者的风险。设 σ_p^2 是表示跨国投资风险的方差，σ_d^2 是表示国内投资者的风险的方差，σ_f^2 是表示外国投资者的风险的方差，ρ_{df} 是国内投资者和外国投资者收益率的相关系数，那么，

$$\sigma_t^2 = \sigma_d^2 + \sigma_f^2 + 2\rho_{df}\sigma_d\sigma_f \qquad\qquad (23-13)$$

由于 σ_f^2 是正数，跨国金融资产组合投资的风险大于国内金融资产组合投资的风险。

索尼克(B. Solnik)和洛埃茨林(B. Noetzlin)曾收集了 1970 年到 1980 年多个国家或地区的资料，分析了在这些国家或地区进行金融资产组合投资的国内投资者风险、外国投资者风险和跨国投资风险，全部风险都用标准差来表示，得到了表 23-5 所示的结果。

表 23-5　跨国投资风险　　　　　　　　　单位:%

国家或地区	国内投资者风险	外国投资者风险	跨国投资风险	跨国/国内风险
股票				
澳大利亚	24.62	9.15	27.15	1.10
比利时	13.28	11.02	18.76	1.41
加拿大	18.92	4.16	20.29	1.07
丹　麦	15.41	10.28	17.65	1.15
法　国	22.00	10.24	25.81	1.17
德　国	13.87	11.87	18.39	1.33
中国香港	47.95	5.63	45.80	0.96
意大利	24.21	8.58	26.15	1.08
日　本	16.39	10.42	19.55	1.19
荷　兰	16.37	10.97	18.91	1.16
挪　威	28.61	8.89	18.06	1.20
新加坡	35.82	6.52	36.03	1.01
西班牙	16.71	9.10	20.26	1.21
瑞　典	15.05	8.98	18.06	1.20
瑞　士	16.80	14.67	21.40	1.27
英　国	28.94	8.84	31.61	1.09
美　国	16.00	0.00	16.00	1.00
债券				
加拿大	6.16	4.16	7.93	1.29

法　国	4.39	10.24	11.80	2.69
德　国	6.91	11.87	14.35	2.08
日　本	6.53	10.42	14.36	2.20
荷　兰	7.16	10.97	13.61	1.90
瑞　士	4.33	14.67	15.33	3.54
英　国	12.30	8.84	16.29	1.32
美　国	8.96	0.00	8.96	1.00

资料来源：B. Solnik and B. Noetzlin，“Optimal International Asset Allocation”，*Journal of Portfolio Management*，Fall 1982，p. 13.

在索尼克和洛埃茨林的分析中，外国投资者风险除了包括政策风险以外，还包括汇率风险。由于有多种套期保值工具可以用于避免汇率风险，本章在收益率的分析中已扣减了汇率风险的因素。因此，表 23 - 5 中的外国投资者风险会略大于本章所定义的外国投资者风险。从表中可以看到，中国香港、新加坡和美国是高度开放的地区和国家，跨国/国内风险的比率约等于 1，即跨国投资风险约等于国内投资者风险。但是，对于其他的国家或地区来说，跨国投资风险都大于国内投资者风险。这意味着如果投资者不是选择在本国进行金融资产组合的投资而是到外国进行金融资产组合的投资，他将面临更大的风险。

六、世界范围金融资产投资的风险

前面所分析的国内投资风险和跨国投资风险都是在一个国家进行金融资产组合投资的风险，它可以用于解释下述四种情形：第一，在本国投资的风险。第二，在某个外国投资的风险。第三，本国投资者到外国投资的风险。第四，外国投资者到本国投资的风险。但是，在现实的短期资本流动中，除了这四种情形以外，还有第五种情形，即投资者在包括本国在内的各国范围内选择金融资产的组合。

在世界范围内选择金融资产组合与在本国选择金融资产组合相比，虽然会增加外国投资者风险以外，但却可以降低在一个金融市场内系统风险和非系统风险。系统风险是一个金融市场共同存在的风险，它只能通过选择 β 值不同的金融资产来调整一个组合的系统风险,但不能消除这个投资组合的风险。但是,当一个国家的金融市场发生波动时,另一个国家的金融市场不一定发生波动,或者不一定发生同样幅度的波动。例如,当一个国家提高利率水平导致证券价格的普遍下降时,另一个国家的利率并不必然进行调整,证券价格不一定下降。又如,当一个国家陷入经济衰退而导致股票价格普遍下降时,另一个国家不一定也陷入经济衰退,证券价格也不一定下降。因此,如果在世界范围内选择金融资产,可以降低系统风险。然而,由于存在金融全球化的趋势,一个国家的金融市场与另一个国家的金融市场或多或少存在这联系,在世界范围内选择金融资产可以降低系统风险但不能完全消除系统风险。非系统风险是一种或一组金融存在的风险,它可以通过金融资产投资的分散化来消除。在一个金融市场内,非系统风险已可以降低到较低的程度。如果在世界范围内选择金融资产,更能降低非系统风险。

在世界范围内选择金融资产究竟在多大程度上降低系统风险,取决于金融全球化的程度。布莱克和利特曼(R. Litterman)曾经研究了美国股票和债券与外国股票和债券的相关关系,得到了如表 23-6 的结果。从表中可以看到,除了加拿大的股票与美国的股票、加拿大的股票与美国的债券、英国的股票与美国的股票具有较为密切的关系以外,其他国家的证券与美国的证券相关程度不高。这表明,在世界范围内选择金融资产可以降低系统风险。

表 23-6 与美国股票和债券的相关关系

国　　家	相关系数		相关系数	
	外国股票 与美国股票	外国债券 与美国股票	外国股票 与美国债券	外国股票 与美国债券
澳大利亚	0.48	0.24	—0.5	0.20
加拿大	0.74	0.31	0.18	0.82
法　国	0.50	0.21	0.20	0.31
德　国	0.43	0.23	0.17	0.50
日　本	0.41	0.12	0.11	0.29
英　国	0.58	0.23	0.12	0.28
平　均	0.52	0.22	0.12	0.40

资料来源:F. Black and R. Litterman,"Global Portfolio Optimization", *Financial Analysts Journal*, September/October 1982, pp. 30-31.

在布莱克和利特曼之后,不少学者继续这方面的研究,例如,恩(C. Eun)和雷斯尼克(B. Resnick)根据 1980 年到 1992 年的资料,研究了 11 个主要的股票市场收益变化的相关关系,得到了表 23 - 7 所表示的结果。另外,他们还利用 1978 年到 1989 年的资料,分析了 7 个主要的债券市场收益率的相关关系,得到表 23 - 8 所表示的结果。其中 BG、CN、FR、GM 、IT、JP、NL、SD、SW、UK、US 分别表示比利时、加拿大、法国、德国、意大利、日本、荷兰、瑞典、瑞士、英国、美国。从表中同样可以看到,这些国家的股票和债券的收益率只存在较低的相关系数。

表 23 - 7　11 个主要股票市场收益率的相关关系

	BG	CN	FR	GM	IT	JP	NL	SD	SW	UK
BG										
CN	0.36									
FR	0.69	0.38								
GM	0.64	0.33	0.66							
IT	0.41	0.34	0.48	0.41						
JP	0.43	0.26	0.42	0.36	0.42					
NL	0.63	0.57	0.61	0.68	0.40	0.40				
SD	0.40	0.33	0.41	0.44	0.37	0.37	0.41			
SW	0.62	0.41	0.63	0.72	0.32	0.38	0.65	0.50		
UK	0.52	0.58	0.54	0.49	0.40	0.42	0.69	0.47	0.52	
US	0.41	0.70	0.45	0.37	0.25	0.24	0.60	0.41	0.48	0.57

资料来源:C. Eun and B. Resnick, *International Financial Management*, McGraw Hill, 2001, p. 258.

表 23 - 8　7 个主要债券市场收益率的相关关系

	CN	FR	GM	JP	SW	UK
CN						
FR	0.36					
GM	0.40	0.89				
JP	0.27	0.68	0.64			
SW	0.34	0.81	0.89	0.66		
UK	0.40	0.52	0.56	0.51	0.54	
US	0.76	0.30	0.35	0.27	0.30	0.33

资料来源:C. Eun and B. Resnick, "International Diversification of Investment Portfolio: U. S. and Japanese Perspectives", *Management Science*, Vol. 40, No. 1, January 1994.

由于在世界范围内选择金融资产可以降低系统风险,外国金融资产收益率的标准差要小于公式(23-13)中的σ_t。设考虑到降低系统风险后的外国金融资产收益率的标准差是σ_T,增加外国金融资产导致的标准差的减少是σ^*,那么

$$\sigma_T = \sigma_t - \sigma^* \tag{23-14}$$

这样,投资者在世界范围内构造的金融资产组合的风险仍然按照公式(23-12)计算,但所有的外国金融资产的风险都用公式(23-14)表示。最后得到的标准差就不是国内金融资产组合的标准差σ_p,而是国际金融资产组合的标准差σ。

为简单起见,假设各国金融资产的收益率之间没有互动性,投资者在世界范围内构造的金融资产组合将由两部分组成:一部分是本国的金融资产组合,另一部分是在n个国家选择的n种金融资产的投资组合,那么整个金融资产组合的标准差就是1个国内金融资产组合的标准差和n个外国金融资产的标准差的加权平均数。设σ_p是根据公式(23-11)得到的本国金融资产组合的标准差,X_p是本国金融资产组合的价值占总投资额的比例,σ_i^d是某个外国金融资产组合的标准差,σ_i^f是到外国投资所遇到的外国投资者风险,x_i是某个外国金融资产组合占总投资额的比例,σ^*是增加一个外国金融资产组合所带来的系统风险的下降,那么在世界范围内构造的金融资产组合的总风险是:

$$\sigma = X_p \sigma_p + \sum_{i-1}^{n} \left[X_i(\sigma_i^d + \sigma_i^f) - \sigma_i^* \right] \tag{23-15}$$

第二节　最优国际金融资产组合的选择

一、金融资产收益和风险的有效集

金融资产的投资者总是追求收益和厌恶风险的。因此,投资者在选择投资组合时是按照下述两个原则进行的:第一,在风险为一定的条件下得到最高的预期收益率;第二,在预期收益率为一定的条件下承受最小的风险。符合这两个条

件的投资组合称为有效集或有效边界。

　　有效集是投资者根据最大收益和最小风险的原则从可行集选择出来的,所以有效集是可行集的一部分。可行集表示由 n 种金融资产所组成的金融资产组合的各种收益和风险的组合,它代表投资者可以选择的各种收益和风险的组合。如图 23-1 所示,由点 A、B、C、D 组成的边界以及边界内部各点构成可行集。当然,可行集的位置和形状取决于金融资产组合包括的金融资产的类型。

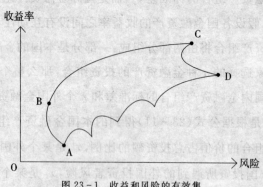

图 23-1　收益和风险的有效集

　　投资者将根据最大收益和最小风险的原则在可行集中进行选择。如图 23-1 所示,风险最小的点是 B 点,如果过 B 点作一条横轴的垂直线,可行集所有的点都位于 B 点的右方;风险最大的点是 D 点,如果过 D 点作一条横轴的垂直线,可行集所有的点都位于 D 点的左方。这样,随着风险程度从 B 点到 D 点的变化,能够提供最高的预期收益率的点位于 B 点和 D 点之间的最上方的边界上。另外,预期收益率最高的点是 C 点,如果过 C 点作纵轴的水平线,可行集所有的点都位于 C 点的下方;预期收益率最低的点是 A 点,如果过 A 点作纵轴的水平线,可行集所有的点都位于 A 点的上方。这样,随着预期收益率从 A 点到 C 点的变化,所冒风险最小的点位于 A 点和 C 点之间的最左方的边界上。结合上面的分析,能同时满足最大收益和最小风险的点,或者位于 B 点和 D 点之间的最上方以及位于 A 点和 C 点之间的最左方的点,就是位于 B 点和 C 点之间的最靠左上方的点。这些点就构成了有效集。

为了说明有效集的形成过程并进而说明短期资本流动的动因,假定存在两种证券 A 和 G,证券 A 的预期收益率是 5%,标准差是 20%,证券 G 的预期收益率是 15%,标准差是 40%,这两种证券预期收益率和风险的组合如图 23-2 中的点 A 和点 G 所示。

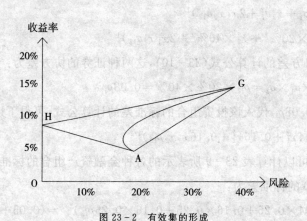

图 23-2　有效集的形成

表 23-9　证券 A 和 G 构成金融资产组合

组合	A	B	C	D	E	F	G
X_1	1.00	0.83	0.67	0.5	0.33	0.17	0.00
X_2	0.00	0.17	0.33	0.50	0.67	0.83	1.00

现在投资者同时投资这两种证券。设投资于证券 A 的比例是 x_1,投资于证券 G 的比例是 x_2,那么 $x_2 = 1 - x_1$。这两种证券可以构成多种投资组合,例如这两种证券可以构成如表 23-9 所示的投资组合。根据投资组合预期收益率的计算公式(23-2),由证券 A 和 G 组成的金融资产组合的预期收益率为:

$$r_p = \sum_{i=1}^{2} x_i r_i = x_1 r_1 + x_2 r_2 = x_1 \times 5\% + x_2 \times 15\% \tag{23-16}$$

把表 23-9 中的各个组合的 x_1 和 x_2 的数值代入上述公式便可以得到 A 到 G 的预期的收益率:$i_a = 5\%$,$i_b = 6.70\%$,$i_c = 8.30\%$,$r_d = 10\%$,$r_e = 11.70\%$,$i_f = 13.30\%$,$i_g = 15\%$。

另外，根据投资组合标准差的计算公式(23-12)由证券 A 和证券 G 组成的投资组合的标准差为：

$$\sigma_p = (\sum_{i=1}^{2} \sum_{j=1}^{2} x_i x_j \sigma_{ij})^{1/2}$$
$$= (x_1 x_1 \sigma_{11} + x_1 x_2 \sigma_{12} + x_2 x_1 \sigma_{21} + x_2 x_2 \sigma_{22})^{1/2}$$
$$= (x_1^2 \sigma_1^2 + x_2^2 \sigma_2^2 + 2x_1 x_2 \sigma_{12})^{1/2}$$
$$= (x_1^2 \times 20\%^2 + x_2^2 \times 40\%^2 + 2x_1 x_2 \sigma_{12})^{1/2}$$

再根据协方差的计算公式(23-10)，这两种证券的协方差为：

$$\sigma_{12} = \rho_{12} \times \sigma_1 \times \sigma_2 = \rho_{12} \times 20\% \times 40\% = 0.08\rho_{12}$$

把 $\sigma_{12} = 0.08\rho_{12}$ 代入该投资组合的标准差的计算公式，可得下述式子：

$$\sigma_p = (0.04 x_1^2 + 0.16 x_2^2 + 0.16 x_1 x_2 \rho_{12})^{1/2}$$

这样，便可以计算表 23-9 所表示的各种金融资产组合的标准差。例如，金融资产组合 D 的标准差为：

$$\sigma_d = (0.04 \times 0.25 + 0.16 \times 0.25 + 0.16 \times 0.25 \rho_{12})^{1/2} = (0.05 + 0.04\rho_{12})^{1/2}$$

取相关系数 $\rho_{12} = -1$，可以求出 D 的标准差的下限：

$$\sigma_d = (0.05 - 0.04)^{1/2} = 10\%$$

取相关系数 $\rho_{12} = 1$，可以求出 D 的标准差的上限：

$$\sigma_d = (0.05 + 0.04)^{1/2} = 30\%$$

用同样的方法可以计算由证券 A 和证券 G 所组成的其他金融资产组合的标准差，便可以得到表 23-10 所表示的各种金融资产组合标准差的下限和上限。

表 23-10　证券 A 和证券 G 构成的金融资产组合的标准差　　　单位:%

组合	A	B	C	D	E	F	G
下限	20	10.00	0.00	10	20.00	30.00	40.00
上限	20	23.33	26.67	30	33.33	30	40.00

参看图 23-2。由证券 A 和 G 组成的金融资产组合的标准差的上限在连接 A、G 两点的直线上，这意味着该金融资产组合的标准差位于 AG 线上或 AG 线

的左边。另外,标准差的下限在从 A 点到纵轴上 8.30% 的点再到 G 点的两条线段上,这意味着该金融资产组合的标准差位于这两条线段的右边。综上所述,由证券 A 和 G 构成的金融资产组合的预期收益率和标准差的组合位于图 23-2 的三角形的边界上或三角形内部。例如,对金融资产组合 B 来说,它的预期收益率是 6.70%,它的标准差的下限是 10.00%,上限是 23.33%。

上面的分析仅是确定了由证券 A 和 G 所构成的金融资产组合的预期收益率和标准差所处的范围,还没有考虑实际所处的位置。设相关系数 $\rho_{12}=0$,该金融资产组合的标准差 $\sigma_p=(0.04x_1^2+0.16x_2^2)^{1/2}$。重新计算投资组合 A 到 G 的标准差可以得到:$\sigma_a=20\%$,$\sigma_b=17.94\%$,$\sigma_c=18.81\%$,$\sigma_d=22.36\%$,$\sigma_e=27.60\%$,$\sigma_f=33.37\%$,$\sigma_g=40\%$。在已经得到的三角形区域内描出各投资组合的预期收益率和标准差所对应的点,然后用平滑的曲线连结起来,便得到从 A 到 G 的向左弯曲的曲线,如图 23-2 所示。

既然当 $\rho_{12}=1$ 时各金融资产组合预期收益率和标准差的对应点落在直线 AG 上,当 $\rho_{12}=-1$ 时各对应点落在 AH 和 HG 上,当 $\rho_{12}=0$ 时各对应点落在从 A 到 G 的向左弯曲的曲线上,这意味着除了 $\rho_{12}=1$ 和 $\rho_{12}=-1$ 这两种极端的情形外,还有两种情形:如果 $\rho_{12}<0$,曲线向左弯曲的程度加强;$\rho_{12}>0$,曲线向左弯曲的程度减弱。这就是预期收益率和标准差的组合的实际位置。从它的图像可以看到,它是一条下凹的曲线。

二、金融资产收益和风险的无差异曲线

收益和风险的无差异曲线表示在投资者对投资组合的收益和风险的偏好为一定的条件下,投资组合的各个收益和风险的组合对于投资者来说是无差异的。在以横轴表示收益率,以纵轴表示用标准差来度量的风险的坐标系里,无差异曲线表现为一条向右上方倾斜的曲线,如图 23-3 中的 I_1 曲线所示。

收益和风险的无差异曲线具有下述特点:第一,如果收益增加而风险减少,或收益减少而风险增加,收益和风险的组合对于投资者来说就不是无差异的。只有当收益增加的时候风险也在增加,或收益减少的时候风险也在减少,收益和

风险的组合对投资者来说才是无差异的。因此,收益和风险的无差异曲线是一条向右上方倾斜的曲线。第二,收益和风险的无差异曲线不可能相交。由于一条收益和风险的无差异曲线对于投资者来说表示一种满意程度,如果两条无差异曲线相交,那么交点所表示的收益和风险的组合对于同一个投资者来说具有两种不同的满足程度,这是不可能的。所以,收益和风险的无差异曲线不可能相交。第三,投资者具有无限条收益和风险的无差异曲线。在图23-3中,A、B两点的风险相同但收益率不同,对于A点可以找到其他具有相同满意程度的点构成无差异曲线I_1,对于B点也可以找到其他具有相同满意程度的点构成无差异的线I_2,无差异曲线I_1和I_2对投资者来说具有不同的满意程度。按照同样的方法,还可以作出其他的无差异曲线,因此,存在无数条无差异曲线,离横轴越远的无差异曲线表示的满意程度越高。第四,假定投资者偏好于较高的收益率和厌恶风险,投资者每提高一定的收益率所愿意增加的风险越来越小,收益和风险的无差异曲线是一条下凸的曲线。

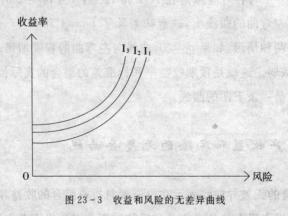

图23-3 收益和风险的无差异曲线

投资者对金融资产组合收益和风险的无差异曲线构成无差异曲线群。如果投资者高度厌恶风险,其无差异曲线将比较陡峭,这意味着投资者为减少一定的风险愿意放弃较多的收益;如果投资者轻度厌恶风险,他的无差异曲线将比较平坦,这意味着投资者为减少一定的风险只愿意放弃较少的收益。

三、最优的金融资产组合的选择

假设存在三种证券 A、B、C,证券 A 是本国的证券,它的预期收益率是 5%,标准差是 20%。证券 B 是某一个外国的证券,它以本国货币表示的经过折算的预期收益率是 13%,考虑到跨国投资风险的标准差是 30%。证券 C 是另一个外国的证券,它以本国货币表示的经过折算的预期收益率是 15%,考虑到跨国投资风险的标准差是 40%。根据前面关于有效集形成过程的分析,由证券 A、B、C 构成的金融资产组合的有效集是连接这三种证券预期收益率和标准差的对应点的下凹的曲线,如图 23-4 所示。

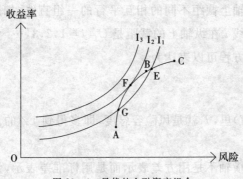

图 23-4　最优的金融资产组合

再假设某投资者对该金融资产组合的无差异曲线群由 I_1、I_2、I_3 构成,如图 23-4 所示。如果把该投资者的无差异曲线群与有效集曲线 ABC 结合起来,它们的关系有三种情形:第一种是相交;第二种是相切;第三种是不相交不相切。由于有效集曲线 ABC 上各点所表示的金融资产组合是投资者可以得到的,若从无差异曲线 I_1 与有效集 ABC 的交点 E 沿着有效集移向无差异曲线 I_2 与有效集 ABC 的切点 F,投资者的满意程度在不断增加;若越过无差异曲线 I_2 与有效集 ABC 的切点沿着有效集曲线继续向 G 点移动,投资者的满意程度将减少。因此,无差异曲线与有效集的切点所表示的金融资产组合的投资者满意程度最高的金融资产组合,即最优的金融资产组合。

四、风险容忍度的确定

前面的分析解释了如何在世界范围内选择金融资产的组合,在世界范围内选择金融资产的组合的过程就是短期资本流动的过程。但是,投资者的无差异曲线如何构建呢? 它在实际的操作中可以用风险容忍度的概念来近似地模拟。所谓风险容忍度表示投资者要多得到 1% 的预期收益率所愿意接受的最大风险。假定投资者对某个金融资产组合的某个范围内具有相同的风险容忍度并用方差来表示风险,那么投资者多得到 1% 的预期收益率所愿意接受的最大风险为一定。在以横轴表示风险,纵轴表示预期收益率的坐标系里,投资者的无差异曲线群表现为在纵轴上截距不同的相互平行的一组直线,如图 23-5 中的(A)所示。设无差异曲线 i 在纵轴上的截距是 $U_i(i=1,2,3,\cdots\infty)$,斜率是 $1/T$,那么无差异曲线群的方程可以表达为:

$$r_p = U_i + \frac{1}{T}\sigma_p^2 \qquad\qquad (23-17)$$

在公式(23-17)里,T 就是风险容忍度,即多得到 1% 的预期收益率所愿意接受的最大风险。

如果坐标系的横轴不是用方差表示而是用标准差表示,无差异曲线群将表现为前面阐述过的下凸的曲线,如图 23-5 中的(B)所示。

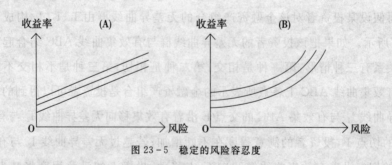

图 23-5 稳定的风险容忍度

现在的问题是如何估算风险容忍度 T。设投资者选择了由一种外国股票和一种本国股票组成的金融资产组合，x 是投资外国股票的资金比例，$(1-x)$ 是投资本国股票的资金比例，该金融资产组合的预期收益率可以用下式表示：

$$r_p = xr_1 + (1+x)r_2 \qquad (23-18)$$

其中 r_1 是外国股票的预期收益率，r_2 是本国股票的预期收益率。把公式 23－18 加以调整，可以得到：

$$x = \frac{r_p - r_2}{r_1 - r_2} \qquad (23-19)$$

相应地，该金融资产组合以方差来表示的风险可以用下面的公式表示：

$$\sigma_p^2 = x^2\sigma_1^2 + (1-x)^2\sigma_2^2 + 2x(1-x)\sigma_{12} \qquad (23-20)$$

在公式（23－20）中，σ_p^2、σ_1^2、σ_2^2 分别表示金融资产组合、外国股票、本国股票的方差，σ_{12} 表示外国股票和本国股票的协方差。为了简单起见，可把本国股票的风险作为标准，也就是设本国股票的方差为零，外国股票的方差是外国股票的方差与本国股票的方差之差。这样，外国股票和本国股票的协方差为零，公式（23－20）可以写成：

$$\sigma_p^2 = x^2\sigma_1^2 \qquad (23-21)$$

把公式（23－19）代入公式（23－21）中的 x 可得：

$$\sigma_p^2 = \frac{(r_p - r_2)^2}{(r_1 - r_2)^2}\sigma_1^2 \qquad (23-22)$$

为了获得金融资产组合有效集的斜率，在公式（23－22）等号的两边求金融资产收益率的微商得：

$$\frac{d\sigma_p^2}{dr_p} = \frac{2[(r_p - r_2)\sigma_p^2]}{(r_1 - r_2)^2} \qquad (23-23)$$

公式（23－23）中的 $\dfrac{d\sigma_p^2}{dr_p}$ 的倒数 $\dfrac{dr_p}{d\sigma_p^2}$ 就是金融资产组合有效集的斜率。因此，根据公式（23－23）可得：

$$\frac{dr_p}{d\sigma_p^2} = \frac{(r_1 - r_2)^2}{2[(r_p - r_2)\sigma_1^2]} \qquad (23-24)$$

如前所述，最优的金融资产组合的投资者的无差异曲线与金融资产组合有效集的切点所表示的金融资产组合，即投资者的无差异曲线与金融资产组合有效集的斜率相等条件下的金融资产组合。用特定的外国股票和本国股票的组合 C 的预期收益率 r_c 代替某个外国股票和本国股票的组合的收益率 r_p，可以得到：

$$\frac{1}{T}=\frac{dr_c}{d\sigma_p^2}=\frac{(r_1-r_2)^2}{2[(r_c-r_2)\sigma_1^2]} \tag{23-25}$$

即：

$$T=\frac{2[(r_c-r_2)\sigma_1^2]}{(r_1-r_2)^2} \tag{23-26}$$

为了简化公式(23-26)，再用特定的外国股票和本国股票的组合 C 的预期收益率 r_c 代替公式(23-19)中某个外国股票和本国股票的组合的收益率 r_p，可以得到：

$$r_c-r_2=(r_1-r_2)x \tag{23-27}$$

把公式(23-24)代入公式(23-23)中的 r_c-r_2 可得：

$$T=\frac{2x_1\sigma_1^2}{r_1-r_2} \tag{23-28}$$

这样，只要知道金融资产组合中的股票的预期收益率、标准差、它所占的资金比例、国库券的预期收益率，就可以得到风险容忍度。例如，假设外国股票的预期收益率是 12.0%，标准差是 15.0%；本国股票的预期收益率是 7.5%，标准差是 0.0%，那么在投资外国股票或本国股票不同比例的条件下可以得到相应的风险容忍度，如表 23-11 所示。

表 23-11　金融资产组合的风险容忍度

投资外国股票比例(%)	投资本国股票比例(%)	预期收益率(%)	标准差(%)	风险容忍度
0	100	7.50	0.0	0
10	90	7.95	1.5	10
20	80	8.40	3.0	20
30	70	8.85	4.5	30
40	60	9.30	6.0	40
50	50	9.75	7.5	50
60	40	10.20	9.0	60
70	30	10.65	10.5	70
80	20	11.10	12.0	80
90	10	11.55	13.5	90
100	0	12.00	15.0	100

表 23 - 11 中的风险容忍度是根据公式(23 - 28)得到的,即无差异曲线与有效集的切点的风险容忍度,而无差异曲线与有效集的切点代表最优的外国股票和本国股票的组合,这意味着投资者的风险容忍度是多少,就决定了他所选择的最优的外国股票和本国股票的组合是什么。例如,多得到 1% 的预期收益率所愿意接受的最大风险是 30,那么他所选择的最优的外国股票和本国股票的组合是:投资在股票的资金占 30% ,投资在国库券的资金占 70% 。

在这个例子里,如果投资者不愿意冒风险,即风险容忍度为零,那么他将仅选择本国股票,货币资本流动不会发生。但是,只要投资者的风险容忍度超过10,他就会选择外国股票,货币资本流动就会发生。投资者的风险容忍度越大,他所选择的外国股票的比例就越大,货币资本流动的规模就越大。

当然,上面的分析是在简化的条件下讨论的,如果不设本国的金融资产的方差为零,那么需要按照公式 23 - 20 继续推导出比较复杂的无差异曲线和有效集切点的公式,也可以得到同样的结论。

五、货币资本跨国流动的成因

根据最优金融资产组合的分析,可以清楚地揭示货币资本流动的成因。在现实的经济里,存在许许多多的投资者。假设各国金融市场的信息是对称和充分的,投资者对金融资产投资具有足够的专业知识,那么各个投资者所面对的世界各国金融资产的有效集是一样的。然而,投资者对待风险的态度是不同的。虽然投资者有一个共同的特点,即在风险为一定的条件下努力获得最高的预期收益率,或在预期收益率为一定的条件下尽量承担最小的风险,但是他们愿意承担风险的程度是不同的。有的投资者愿意承担更大的风险以获取更大的收益,其无差异曲线群将变得比较平坦,这表示他们为了增加 1% 的收益愿意承受更大的风险。有的投资者则愿意获取较少的收益以避免承担较大的风险,其无差异曲线群将变得比较陡峭,这表示他们为了减少 1% 的风险愿意放弃较大的收益。

这样,在图 23 - 4 中,在可选择的金融资产的国别、收益和风险不变的条件下,如果投资者不愿意承受风险,其无差异曲线群比较陡峭并且正好与有效集的 A 点相切,那么他们将投资本国的金融资产而不投资外国的金融资产,货币资本不会发生从本国到外国的流动。如果投资者愿意承受风险,其无差异曲线群比较平坦并且与有效集中除了 A 点以外的其他点相切,那么他们将既投资本国的金融资产也投资外国的金融资产,货币资本发生了从本国到外国的流动。

但是,在现实的世界里,各国金融市场的信息是不对称和不充分的,投资者对金融资产投资的知识和经验也是不同的。因此,各个投资者所面对的世界各国金融资产的有效集是不一样的。他们将根据自己所掌握的信息和自己的知识和经验来寻找自己的有效集,然后根据自己对待风险的态度进行最优金融资产的选择。对于某个国家的投资者来说,一旦外国金融资产在风险相当的条件下预期收益率较高,或者在预期收益率相当的条件下风险较小,它们将构成有效集的重要组成部分,该国投资者将选择外国的金融资产,从而发生了货币资本的跨国流动。

随着金融全球化的发展,各国金融市场的信息趋向于对称和充分,这意味着各个投资者所面对的金融资产收益和风险的有效集趋向于相同。当然,各国金融市场的信息的对称和充分是相对的,不对称和不充分是绝对的,但金融全球化毕竟使之趋向于相对的对称和充分。正是因为存在这种趋势,各个投资者对世界各国金融资产的选择趋向于相同,这就可以在一定程度上说明为什么 20 世纪 90 年代以来经常性地发生货币资本大规模的聚集和逆转。

由此可见,货币资本流动是在投资者对世界范围内各种可能的金融资产组合的预期收益和可能发生的风险进行分析,然后寻求最优的金融资产组合的情况下发生的。这是货币资本流动最基本的动因。虽然资本的本质是追求最大的收益,但是仅从各国名义收益率的差异并不能真正和深刻地解释货币资本流动的成因。

另外,根据最优金融资产组合的分析,借助于图 23-4 的情形,还可以揭示货币资本流动的许多现象。

首先,从本国的角度来看,只有当外国的金融资产处于有效集上,才会发生从本国到外国的货币资本流动。在图 23-4 的分析中,假定本国金融资产具有较低的预期收益率和风险,外国金融资产具有较高的预期收益率和风险。但是,在现实的经济里,不少国家的金融资产与本国的金融资产相比收益率相当,但风险较大。这意味着这些国家的金融资产虽在可行集内,但不在有效集上,该国的投资者不会选择这些国家的金融资产,因而不会发生从本国到这些国家的货币资本流动。这意味着只有当外国的金融资产处于有效集上,才会发生从本国到外国的货币资本流动。

其次,如果有效集发生了有利于或不利于某个国家金融资产的变化,在这个国家将会发生货币资本的聚集和逆转。在图 23-4 的分析中,假定本国和外国的金融资产的预期收益率和风险为一定。但是,随着一个国家政治和经济情况的变化,这个国家的金融资产的预期收益率和风险也会变化,有效集将发生调整。例如,当某个国家的金融资产在风险不变的条件下预期收益率提高,原来与该国金融资产同处有效集的部分其他国家的金融资产已不在有效集上,投资者将选择更多的这个国家的金融资产,货币资本将向这个国家聚集。相反,当某个国家的金融资产在预期收益率不变的条件下因政策的变化风险迅速增加,这个国家的金融资产将退出有效集,投资者将卖出这个国家的金融资产以避免风险,聚集在这个国家的货币资本将会逆转。

应该指出,根据夏普的资本资产定价模型,金融资产的组合存在"非零比例"的特征,即投资者对金融资产组合的选择达到均衡的条件下,每一种金融资产在组合中所占的比例不可能是零。[1] 这似乎与前面的分析相矛盾。但需要说明的是,夏普的资本资产定价模型是在一系列严格的条件下提出的,其中最重要的条件是所有的投资者可以迅速和免费地获得信息,所有的投资者对投资收益率具有相同的预期,所有的投资者对金融资产的标准差和金融资产之间的协方差具有相同的理解。这些条件在一个国家的国内金融市场上是不存在的,在不同国家的金融市场上就更不存在了。因此,即使某些国家的金融市场是开放的,但由于预期收益率较低或风险较大,这些国家的金融资产是不会出现在有效集上的,货币资本也不会发生向这些国家流动。

---

① William F. Sharpe, *Investment*, Prentice-Hall International, Inc., 1995, p. 264.

资本的本质决定了它要追逐利润,资本只有在增值的过程中才能生存。因此,任何经济学家都认为追求较高的收益是货币资本流动的成因。在许多关于资本流动原因研究的文献资料中,都将寻求较高的收益和风险的分散化作为资本流动的主要原因。① 但是,在货币资本流动中,收益和风险是不可分离的。尽管某些国家金融资产的收益率很高,但如果风险相对来说更大,货币资本也不一定会流向这个国家。因为不同的投资者对风险有不同的偏好或厌恶,所以货币资本流动的过程实际上是不同的投资者对最优的金融资产收益和风险组合的选择过程。对最优的金融资产收益和风险组合的选择,才是货币资本流动的成因。

另外,不少经济学者已经将马柯维茨的投资组合的分析应用于国际证券投资的分析。例如,恩格(Maximo V. Eng)、利斯(Francis A. Lees)和莫勒(Laurence J. Mauer)在《全球金融》(*Global Finance*,Harper Collin College Publisher, 1995)一书中,曾经用两个国家的模型说明国际证券投资发生前后的情况。他们假定在美国和英国各有两种证券,分别有各自的收益率和风险,在国际证券投资发生前,投资者在本国根据在风险相同的条件下选择收益率较高的证券,在收益率相同的条件下选择风险较低的资产的原则选择本国的证券;在国际投资发生后,投资者将在两国范围内按照同样的原则选择证券。他们将这四种证券用排列组合的方法以各占50%的比例形成6个证券组合,分别计算出它们的收益率和风险,最后得到有效的证券组合。尽管恩格、利斯和莫勒研究的目的是论证在开放条件下有效证券组合的构建,但是对有效的国际证券组合进行选择本身就意味着金融资本的流动。

恩格、利斯和莫勒具有重要的启发意义,但是他们只是简单地把马柯维茨的投资组合的分析引申到国际证券的分析,他们没有考虑当美国投资者投资英国的证券以及英国投资者投资美国的证券时,证券的风险都会发生变化。本章从某个国家的投资者出发,分析包括本国金融资产在内的各国金融资产的收益的风险,构造世界范围的金融资产组合的有效边界,并根据投资者对风险的不同态

---

① Alejandro Lopez-Mejia, "Large Capital Flows: A Survey of the Causes, Consequences, and Policy Responses", *IMF Working Papers*, 1999.

度,来确定最优金融资产组合,并用以解释货币资本流动的成因。

除了恩格、利斯和莫勒以外,还有许多经济学者致力于构建国际证券的有效边界。例如,格鲁贝尔根据 13 个国家的股票指数的收益和风险的相关关系构建了有效边界。[①] 列维(H. Levy)和萨纳特(M. Sarnat)则把格鲁贝尔的方法推广到 28 个国家,计算了从 1951 年到 1967 年股票指数以美元表示的收益和风险,并估算了相关系数矩阵,得到了股票指数收益和风险的有效边界。[②] 又如,索尼克(B. Solnik)和诺茨林(B. Noetzlin)根据 1970 年到 1980 年的资料,计算了涉及 17 种货币的 30 种主要金融工具的收益和风险。这些金融工具覆盖 17 个股票市场、8 个债券市场、8 个货币市场、3 种以黄金为基础的证券,并构建了有效边界。[③] 在 20 世纪 50 年代到 70 年代,货币资本流动对各国金融和经济影响并不大,它并未引起人们的注意,这些学者的研究主要从实证的角度去寻找金融资产的有限边界,以扩展马柯维茨的研究,但对本章的研究提供了理论上的启示和经验上的支持。

本章借鉴这些经济学者的研究成果,提出了世界范围的金融资产组合的预期收益率,以及考虑到跨国投资既可能导致风险增加也可能导致风险减少的世界范围的金融资产组合的风险,通过构建最优国际金融资产组合来解释货币资本的跨国流动。最优的国际金融资产的选择可以解释许多类型的货币资本的流动,如国际借贷、外汇投资、证券投资等。

① H. G. Grubel, "International Diversified Portfolio: Welfare Gains and Capital Flows", *American Economic Review*, December 1968.

② H. Levy and M. Sarnat, "International Diversified Investment Portfolio", *American Economic Review*, September 1970.

③ B. Solnik and B. Noetzlin, "Optimal International Asset Allocation", *Journal of Portfolio Management*, Fall 1882.

第二十四章 货币资本跨国流动的成因：
金融资产的投资优势

第一节 机构投资者与投资优势

一、投资优势的产生

货币资本是一种虚拟资本,它的虚拟价值是其预期收益派生的。由于金融资产的预期收益既产生于契约如利息或股息,也产生于价格如价格波动的差价。这样,如果投资者在金融市场上具有投资优势,他们可以把这种投资优势转化为投资收益,从而导致货币资本的流动。

投资优势是指机构投资者在金融市场上具有某种优势,它们能够把握金融市场出现的投资机会,或者能够在金融市场创造投资机会,最后通过金融资产的投资获取收益。如果某些机构投资者在世界范围内或者对某些国家具有这种投资优势,那么它们就将在这些国家的金融市场上进行投资,从而引起货币资本的流动。

投资优势成为货币资本流动的成因的条件是世界各国的金融市场并不是有效率的市场。1959 年,罗伯茨(H. V. Roberts)在 3 月份的《金融杂志》上发表了一篇题为"股票市场方式和金融分析:方法论上的建议",提出了市场效率的问题。1970 年,费马(E. Fama)在 5 月份的《金融杂志》上发表了一篇题为"有效资本市场:理论和经验研究的评论"的论文,提出了市场效率的范畴。他将证券的价格是否充分反映相关的信息群作为判断金融市场是否具有效率的标准。按照费马的看法,信息包括历史信息、公开信息和内部信息。根据证券价格反映这些信息的情况,金融市场可以分为强型效率、半强型效率和弱型效率三种类型。强型效率市场是指价格反映了所有公开和不公开的信息的市场,半强型效率市场是指价格反映了所有公开信息的市场,弱型效率市场是指价格反映了历史信息的市场。

显然,如果各国的金融市场是有效率的市场,投资优势不会产生。但应该指出,有效市场理论具有严格的前提。首先,信息成本为零,信息是充分和对称的,新信息的出现是随机的。其次,投资者都是追求个人效用最大化的"经济人",具有同样的智力水平和同样的分析能力,对信息的解释也是相同的。这样,证券价格的变化是投资者根据完全信息集进行理性选择的结果。然而,这样的假设条件在现实世界中是不存在的。许多经济学家的研究表明,即使是发达国家的金融市场,也是弱型效率或半强型效率的市场。[①] 这意味着金融市场存在可能获取非正常收益的机会,或者可以创造可能获取非正常收益的机会。

有效市场理论给予的启示,就是从市场的非有效性去探讨投资优势的产生。金融市场上非正常收益的机会来自于两个方面:一是金融市场所在国经济、政策、市场等因素的变化所带来的金融资产价格的变化;二是投资者借助市场的力量去影响市场所发生的金融资产价格的变化。后一个来源与前一个来源是互相联系的。虽然投资者通过投机有可能创造获取收益的机会,但是他将面临着较大的风险。因此,投资者将借助该国经济、政策、市场等因素的变化可能对金融市场的影响来进行投机。然而,后一个来源与前一个来源又互相区别。投资者通过投机有可能大幅度地扩大了该国经济、政策、市场等因素的变化对金融市场的影响,把一个不会获得多大收益的机会变为一个可以获得丰厚利润的机会。

金融市场上的投资优势就是能够掌握来源于这两个方面的机会的优势。首

---

① Diana R. Harrington, Frank J. Fabozzi, and H. Russel Fogler, *New York Stock Market*, Probus Publishing, 1990.

先,各国金融资产价格变化的信息是不充分和不对称的,不同的投资者对这些信息的处理和分析的技巧也是不同的,因而有的投资者在获得信息和处理信息方面可能具有优势。其次,在对获得的信息进行处理的基础上,能否把握投资的机会还存在着外部条件的制约。从货币资本流动的角度来看,外部条件的制约主要表现为法律、法规以及相应的金融监管的制约。由于不同的国家对金融机构监管的严格程度不一致,而且同一个国家对不同的投资者监管的严格程度也不一致,某些投资者可能具有法律优势。再次,在信息条件和法律条件相同的情况下,投资者如何进行投资还存在投资资金和投资方法的问题。金融资产的投资是一种高智力、高技巧、高经验的投资,有的投资者在资金和方法上可能具有优势。

二、机构投资者的规模和特点

不论在国内金融市场还是在国际金融市场,投资者都包括两种类型:一是个人投资者,即以自然人身份出现的投资者;二是机构投资者,即以法人身份出现的投资者。在金融市场上,个人投资者的投资资金有限,因而没有优势。机构投资者既具有雄厚的资金实力,也具有丰富的投资经验,它们在金融市场上有不同的竞争优势。构成货币资本流动的成因的投资优势,主要是机构投资者的投资优势。

机构投资者包括各种金融机构,如养老基金、保险公司、共同基金、信托基金、套期保值基金以及从事证券投资的商业银行、证券公司等。随着经济和金融市场的发展以及金融机构业务的拓展,这些金融机构的资产不断增加。国际货币基金组织曾经分析了主要发达国家的机构投资者从 1990 年到 1995 年的发展情况,得到了表 24-1 和表 24-2 的数据,其中资产是指 1995 年的资产,年均增长率是指 1990 年到 1995 年的年均增长率。从表中可以看到,除个别国家的个别机构投资者以外,各机构投资者以及全部机构投资者的资产以远高于经济增长率的速度增长。

表 24 - 1　主要发达国家部分机构投资者的资产　（1995 年）

保险公司	美 国	日 本	德 国	法 国	意大利	英 国	加拿大
资产(亿美元)	29083	20722	7131	5821	1815	8536	1540
年增长率(%)	10.0	16.0	13.0	29.0	11.0	12.0	3.0
养老基金	美 国	日 本	德 国	法 国	意大利	英 国	加拿大
资产(亿美元)	40374	—	598	—	641	8136	2486
年增长率(%)	13.0	—	5.0	—	3.0	8.0	11.0
投资公司	美 国	日 本	德 国	法 国	意大利	英 国	加拿大
资产(亿美元)	27300	5000	3968	5769	800	2418	1071
年增长率(%)	27.0	6.0	30.0	9.0	18.0	18.0	50.0

资料来源：IMF, *International Capital Market*, September 1998, Washington D. C., p. 184.

表 24 - 2　主要发达国家全部机构投资者的资产

	1995 年资产额 (亿美元)	1990—1995 年均增长率 (%)	资产占 GDP 的比例 (%)	1990—1995 年均 增长率(%)
美 国	114902	14.0	158.6	6.0
日 本	40682	13.0	87.0	2.2
德 国	11798	17.0	48.9	4.4
法 国	11590	17.0	74.0	8.2
意大利	3256	10.0	29.1	9.5
英 国	19089	11.0	176.0	8.4
加拿大	5097	9.6	89.2	8.1
总 和	206414	13.0	110.5	5.8

资料来源：IMF, *International Capital Market*, September 1998, Washington D. C., p. 184.

　　1995 年以后,机构投资者仍然在迅速发展。据国际货币基金组织统计,养老基金、保险公司、共同基金的资产从 1995 年的 210000 亿美元增加到 2005 年的 530000 亿美元。其中美国金融机构的资产占了 1/2,欧洲大陆金融机构的资产占了 1/4,接着是日本和英国的金融机构。[①] 由于缺乏全部发达国家机构投资者的最新资料,下面以美国为例,从更长的时期和用更新的资料来揭示机构投资者的发展情况。从表 24 - 3 可以看到,美国机构投资者的资产持续以较高的速

---

① 　IMF, *Global Financial Stability Report*, Setember 2007, p. 67.

度增长。增长最快的依次是共同基金、证券公司、商业银行，它们从 1985 年到 2006 年的增长倍数分别是：18.21、16.58、12.32。

表 24 – 3　美国机构投资者的资产　　　　　　　　单位：亿美元

年　份	1985	1990	1995	2000	2001	2002	2003	2004	2005	2006
商业银行	7661	13514	44938	64687	68307	73294	78249	85599	93201	102024
证券公司	1560	2621	5681	12214	14657	13354	16130	18449	21271	27417
共同基金	4883	11017	25941	62467	63762	58623	66706	73161	80558	93808
保险公司	10947	18849	28039	40018	40876	42748	48325	52925	55945	60045
养老基金	16250	24351	42267	68050	63513	64915	78226	84507	88964	96461

资料来源：Federal Reverse System，*Flow of Funds Accounts of United States*，1985 – 1994，1995 – 2006，September 2007.

在机构投资者的规模不断扩大的同时，机构投资者的投资也日益自由化。以商业银行为例，商业银行传统的业务是吸收存款和发放贷款，但由于证券和金融衍生品种的投资具有较高的利润，加上金融管理当局放宽了对商业银行经营范围的限制，商业银行也积极参与证券和金融衍生品种的投资。据统计，世界最大的 50 家商业银行的非利息收入占利息收入的比例在 1991 年是 50%，到 1997 年已达到 85%。[①]

机构投资者在国内发展业务的同时，势必向国外拓展经营范围。目前，在各发达国家里，政府对本国金融机构投资外国证券没有严格的限制。例如，对于养老基金投资外国证券，美国和英国没有限制；日本政府规定投资于外国的资产不得超过总资产的 30%；德国政府则把养老基金的资产分为限制性资产和非限制性资产，限制性资产的 20% 可以投资外国证券，对非限制性资产投资于外国证券没有限制；加拿大政府则规定可以把 20% 的资产投资外国证券。再如，对于保险公司投资外国证券，美国政府规定 10% 的资产可以用于投资外国证券，日本政府规定持有外国证券不得超过总资产的 30%，德国政府对保险基金的规定与对养老基金的规定相同，英国和加拿大政府没有限制。再如，对于共同基金投

①　IMF，*International Capital Market*，September 1999，Washington D. C.，p. 123.

资外国证券,美国、日本、德国、英国政府均无限制,加拿大政府规定使用退休储蓄计划(RRSP)的资金对外投资额不得超过该计划资金总额的 20%。[1] 在这种情况下,机构投资者的投资组合趋于国际化,它们持有的外国证券的比例趋于增加。

表 24-4 说明了 1995 年以前有关发达国家养老基金、人寿保险公司和共同基金持有外国证券的比例的变化情况。从表中可以看到下列特点:第一,在可以收集到资料的 3 种金融机构中,投资组合国际化程度最高的是共同基金,养老基金和人寿保险基金投资组合的国际化程度相似。第二,在养老基金的类别里,除了德国养老基金持有外国证券的比例保持稳定以外,其他国家养老基金持有外国证券的比例趋于提高。第三,在人寿保险公司类别里,日本人寿保险公司持有外国证券的比例趋于下降,美国和德国人寿保险公司持有外国证券的比例保持稳定,英国人寿保险公司持有外国证券的比例趋于上升。第四,在共同基金类别里,德国共同基金持有外国证券比例趋于下降,英国和加拿大共同基金持有外国证券的比例保持稳定,美国和日本共同基金持有外国证券的比例趋于上升。应该指出,由于机构投资者的资产总额在不断增加,即使它们持有的外国证券比例有所下降,也并不意味它们持有外国证券的总额一定减少。由此可见,总的来看,机构投资者投资组合的国际化程度有所提高。

表 24-4　机构投资者持有外国证券的比例(占资产百分比)

年　　份	1990	1991	1992	1993	1994	1995
养老基金						
美　　国	4.2	4.1	4.6	5.7	—	—
日　　本	7.2	8.4	8.4	9.0	—	—
德　　国	4.5	4.5	4.3	4.5	5.0	—
英　　国	18.0	20.8	22.0	19.7	19.8	19.8
加拿大	5.8	8.5	10.2	10.3	12.9	14.2

---

[1]　国际货币基金组织,《国际资本市场:发展、前景和政策》,中国金融出版社 1996 年版,第 166 页。

人寿保险公司					
美　国	3.6	3.6	3.7	—	—	—
日　本	13.5	12.5	11.4	9.0	6.7	6.9
德　国	1.0	1.0	—	—	—	—
英　国	10.8	12.4	12.7	11.6	13.5	14.2
加拿大	1.6	1.9	2.3	1.8	0.5	2.4
共同基金					
美　国	—	6.6	—	10.1	—	—
日　本	7.9	13.0	9.9	—	—	—
德　国	56.3	53.5	47.6	45.2		
英　国	37.1	39.2	37.9	36.0	36.4	34.5
加拿大	17.5	16.2	16.7	17.1	24.6	24.6

资料来源：国际货币基金组织，《国际资本市场：发展、前景和政策》，中国金融出版社 1996 年版，第 164 页。IMF，*International Capital Market*，September 1998，Washington D. C.，p. 185。

1995 年以后，更多地持有外国证券的趋势仍然在继续。以养老基金为例，从 1994 年到 2005 年持有外国证券的比例的变化如表 24－5 所示。从表中可以看到，养老基金在资产配置中，持有外国证券的比例，特别是持有国际股权的比例迅速增加。

表 24 - 5　养老基金持有国际金融资产的比例的变化　　　单位:%

国　家	年　份	国内股权	国际股权	国内债券	国际债券	其他资产
美　国	1994	41	7	42	1	9
	2005	48	15	32	1	4
日　本	1994	24	6	55	6	9
	2005	30	18	24	13	15
英　国	1994	54	23	9	4	10
	2005	34	32	22	3	9
荷　兰	1994	10	13	62	4	11
	2005	6	43	5	33	13
澳大利亚	1994	35	12	30	3	20
	2005	32	27	14	5	22
加拿大	1994	32	13	48	0	7
	2004	30	26	36	0	8

资料来源：IMF，*Global Financial Stability Report*，September 2007，p. 71。

商业银行国际化的倾向也很强烈。据统计,2005 年,在世界最大的 90 家银行中,北美地区有 20 家,欧洲地区有 50 家,亚太地区有 20 家。北美地区银行的业务活动在国内占 77%,地区内占 8%,在世界其他地区占 15%。欧洲地区和亚太地区银行的相应比例是 55%、24%、21% 和 86%、5%、9%。[①]

随着发达国家机构投资者的扩张,它们不仅成为本国金融市场的主宰者,而且成为世界金融市场的主宰者。这种情况从美国可见一斑。表 24-6 反映了美国机构投资者从 20 世纪 50 年代到 90 年代持有美国股票的变化情况。从表中可以看到,在 1950 年,美国机构投资者持有美国股票的市场价值只占总股票市场价值的 3.1%,公司和个人手里掌握着当时美国 96.9% 的股票。但是,在 1996 年,美国机构投资者持有美国股票的市场价值已占总股票市场价值的 47.4%。公司和个人掌握的股票已降低到 52.6%。

表 24-6　美国机构投资者持有美国股票的变化情况　　单位:亿美元

年份	未清偿的股票价值	持有股票的市场价值	占股票总值的比例(%)
1950	1427	87	3.1
1960	4212	529	12.6
1970	8594	1664	19.4
1980	15347	5199	33.9
1990	35302	16659	47.2
1993	62785	29094	48.1
1996	91810	43502	47.4

资料来源:The Conference Board,*Institutional Investment Report*,New York,January 1997,p. 225.

美国机构投资者持有美国股票的变化趋势在 1996 年以后仍然在继续。2006 年,美国股票的净发行量即股票的发行量减去赎回量之差是 -4172 亿美元,其中非金融机构的个人和机构的净购买量是 -6034 亿美元,这意味着金融机构的净购买量是 1862 亿美元。在人们减持股票的时候,金融机构则大量增持股票。另外,2006 年,美国公司债券和外国债券的净购买量是 11460 亿美元,其

---

① IMF *Global Financial Stability Report*,Setember 2007,p. 102.

中金融机构的净购买量为 4929 亿美元,占 43%。① 如果从持有金融资产的角度分析,2006 年,所有的非金融各类企业持有金融资产 150687 亿美元,金融机构持有金融资产 644861 亿美元,后者是前者 4.28 倍。②

要分析发达国家机构投资者在世界金融市场上的投资优势,需要逐一分析和比较发达国家各种主要机构投资者的经营特点。

(1)商业银行

商业银行是主要从事存款和贷款业务的金融机构,它的业务包括存款、贷款、贴现、汇兑、托收、信托、租赁、信用卡、信用证、证券业务。在这些银行业务中,除了证券业务以外的业务称为传统银行业务,证券业务称为非传统银行业务。相应地,银行可以进行各种业务成为混业经营,银行只能从事传统银行业务称为分业经营。

在世界范围内,德国是实行混业经营的典型国家。德国的银行既可以从事传统的银行业务如存款业务、贷款业务、贴现业务、支票业务、信用卡业务,也可以从事非传统的银行业务如证券业务、投资业务、公司兼并和收购业务等。正因为如此,德国的银行被称为综合银行或万能银行。在 20 世纪 30 年代大危机以后,部分银行因与企业的联系过于密切随着企业的破产而倒闭,德国银行业把重心转向传统的银行业务。在第二次世界大战以后,德国银行的混业经营又发展起来。这就是说,德国银行基本上一直实行混业经营的体制。

美国是实行分业经营的典型国家。美国国会在 1933 年通过了银行法,该法案第 16、20、21、32 节禁止商业银行从事投资银行业务,这四节称为格拉斯—斯蒂格尔法案。例如,第 16 节规定:"国民银行从事的证券和股票交易业务只限于按指令无追索权地为客户账户买卖证券和股票,不能为自营账户做交易,国民银行不能承销证券或股票发行。"第 20 节规定商业银行不得附属于"主要参与股票、债券、票据或其他证券的发行、流通、承销、公募、批发零售或联合承销的组

---

① Federal Reverse System,*Flow of Funds Accounts of United States*,1995-2006,September 2007, pp. 36-37.

② Ibid. ,pp. 56-73.

织"。由此可见,美国是严格实行分业经营的国家。

银行分业经营最大的优点是把存贷业务和风险较大的证券业务分开,从而减少了银行业的风险。由于证券的价格处于不断波动的状态,银行参与证券的承销和投资将给银行带来较大的风险。而银行又是从事存款和贷款业务的金融机构,银行倒闭对经济和社会的影响远大于证券公司的倒闭对经济和社会的影响。正因为美国等发达国家在 20 世纪 30 年代的大危机中深切地感觉到这种影响,才以立法的方式终止了银行原来存贷业务和证券业务的联系,建立了分业经营的银行体制。但是,银行分业经营最大的缺点是限制了银行的活动范围,使银行在金融市场的发展过程中处于越来越不利的地位。随着资本市场的发展,通过证券进行的直接资金融通与通过银行进行的间接资金融通相比显示了成本低的优越性,直接资金融通的增长快于间接资金融通的增长。这样,银行的处境将更加艰难。银行混业经营最大的优点是使银行可以从多种业务获得收入,从而使银行具有较强的竞争力。美国等发达国家发现了这种趋势,从 80 年代开始放松对银行混业经营的管制。这样,原来实行混业经营的国家继续实行银行混业经营,而原来实行分业经营的国家则逐渐转向混业经营。

仿照美国建立分业经营银行体制的日本是转变最快的发达国家。1981 年日本颁布《新银行法》,允许银行经营证券业务。从 1983 年开始,日本银行经营中央政府和地方政府证券业务。从 1984 年开始,日本银行可以有限制地进行各种公司债务工具和权益工具的交易。美国银行向混业经营的转变则比较含蓄,它不是通过修改立法而是通过法庭裁决和管理法规的方式进行的。1987 年,美国联邦储备系统同意商业银行设立分支机构办理证券业务,但是证券业务的收入不得超过分支机构总收入的 5%。花旗、摩根、信孚银行被联邦储备系统批准通过设立分支机构承销市政债券、商业票据、资产证券化后的证券。1989 年,花旗、摩根、信孚、曼哈顿银行被授权通过设立分支机构承销公司债券。1990 年,摩根银行被批准设立分支机构承销公司股票。到 1997 年,美国已经有 45 家银行控股公司被授权建立附属公司办理证券业务,其中 29 家有权发行公司债务工具和权益工具,14 家可以发行市证债券、与贷款相联系的证券、商业票据、以资产为基础的证券,有两家有权发行债务工具但不能发行权益工具。办理证券业务所得到的收入可以达到这些附属公司总收入的 10% 至 25%。① 美国的银行不仅向证券业伸延,而且也向基金业和保险业发展。90 年代以来,某些银行可以通过分支机构出售某些专门的基金,从而可以管理共同基金的金融资产。另外,银行还可以出售与保证贷款偿还有关的人寿保险、意外事故保险、健康和失业保险。

银行业向混业经营转变是在世界范围兴起的金融自由化的一个方面或一种表现。应该指出,美国等发达国家从分业经营走向混业经营不是简单地向原来的混业经营的回归,而是走向一种更高形式的混业经营。以德国为例,虽然德国一直实行混业经营的银行体制,但是战后混业经营的银行体制与以前相比已发生了很大的变化,它是货币当局实行更为严格的监督和管理下的混业经营的银行体制。例如,中央银行要求商业银行具有充分的自有资金,督促商业银行注重对经济形势的分析,同时还加强对证券发行和交易的管理等等。这就是说,德国货币当局在发挥商业银行混业经营的优势的同时,采取加强监督管理的方法抑制商业银行混业经营的弱点。再以美国为例,美国今天对金融机构和金融市场的监督管理与 30 年代不可同日而语。美国有着较为完善的金融立法,联邦储备系统利用公开市场业务、贴现率、准备金比率、联邦基金利率对商业银行的资产和负债施加重要的影响,同时还对金融机构和金融市场的稳定负有责任。

商业银行除了办理国内银行业务以外,很早就开始办理国际银行业务。随着金融全球化的发展,国际银行业务也有了很大发展。银行除了办理传统的国际银行业务如进出口融资、对外贷款、外汇交易以外,还积极拓展新的国际银行业务,如辛迪加欧洲货币贷款、欧洲货币存单的发行与交易、商业票据的发行和交易、欧洲债券的发行和交易、货币的互换、债务的重组、票据发行便利、衍生金融工具的交易、国际证券的投资等。②

由此可见,当商业银行跨越国境办理存款或短期贷款业务以及在国际金融市场上从事各种金融资产投资业务时,便形成了货币资本流动。商业银行对货

---

① Thomas K. Liaw, *The Business of Investment Banking*, John Wiley & Sons, Inc., 1999, p. 252.

② Federal Reverse System, *Flow of Funds Accounts of United States*, 1995 – 2006, September 2007, p. 61.

币资本流动的影响主要在对外贷款等资金融通方面,它在证券投资方面的参与程度远不如其他机构投资者深。以美国商业银行为例,2006 年,美国商业银行的金融资产是 102024 亿美元,其中贷款是 61298 亿美元,占了总资产的 60.08%。其余的证券类资产是政府证券 952 亿美元、政府支持的企业证券 11353 亿美元、市政证券 1802 亿美元、公司债券和外国债券 7803 亿美元,公司股票 353 亿美元、共同基金的股份 245 亿美元。

由于商业银行是接受公众存款并对工商企业发放贷款的金融机构,商业银行是否稳定涉及整个经济和社会的稳定,各国政府对银行实行严格的监管。以美国为例,20 世纪 80 年代以来,美国政府不断通过立法,加强对国际银行业务的监管。1980 年,联邦金融机构委员会(FFIC)对美国银行从事外汇交易颁布指导线,要求美国银行在从事外汇交易时必须有明确的目标和措施,要确定从事交易的范围、责任人等。1983 年,美国国会通过了国际贷款监管法案,要求监管当局和银行必须采取步骤去完善国际贷款的过程,其中特别要注意防范转换风险。另外,美国监管当局一直按照 CAMEL 原则(Capital adequacy,Asset quality,Management depth and competence,Earning level,Liquidity)去评价和监督银行的谨慎程度。不难理解,商业银行受到较多的法律和法规的约束。

(2)投资银行

投资银行是从事各种资本市场业务的金融机构,它的业务范围包括证券的公募和私募、证券的交易、资产的证券化、公司的收购和兼并、为收购和兼并提供资金的融通、衍生金融工具的交易、资金的管理等。如前所述,商业银行把业务范围向投资银行业务延伸,而投资银行业务则向各种金融业务发展。20 世纪 90年代以来,投资银行逐渐朝着金融百货公司(one-stop shopping)的方向发展,即同时经营银行、保险、证券、基金管理业务。在美国,爱德华兹(AG Edwards)、美林(Merrill Lynch)、旅行者集团(Travelers Group)在 1996 年申请到办理节约机构业务即储蓄存款和长期贷款业务的执照,摩根·斯坦利(Morgan Stanley)丁·怀特(Dean Witter)也得到了设立联邦储蓄与贷款社的许可。

根据美国的统计资料,2006 年,与投资银行有关的证券经纪商和交易商的资产结构如表 24-7 所示。

第二十四章　货币资本跨国流动的成因:金融资产的投资优势

表 24-7　美国证券经纪商和交易商的资产分布情况(2006)

资　产	数额(亿美元)	比例(%)
现金与支票存款	805	2.94
公开市场票据	643	2.35
政府证券	−670	−2.44
政府赞助的企业证券	1380	5.03
市政证券	509	1.86
公司和外国债券	3972	14.32
公司股票	1864	6.80
证券信贷	2921	10.65
其　他	15993	58.33
总　和	27417	100.00

资料来源：Federal Reverse System，*Flow of Funds Accounts of United States*，1995－2006，September 2007.

　　从跨国金融业务来看，如果说商业银行主要活跃在货币市场上，那么投资银行则主要活跃在资本市场上。投资银行的主要活动可以通过解剖一家投资银行的收入结构来考察。美林是世界著名的投资银行，在它 2001 年所获得的净收入中，有 24% 来自佣金收入，这是它作为一个证券经纪商所获得的收入；有 18% 来自本金交易收入，15% 来自利息收入，这两项是它作为证券交易商投资各种金融资产所获得的收入；有 16% 来自投资银行业务收入，25% 来自资产管理和证券服务费收入，2% 来自其他收入。[①] 这意味美林有 67% 的收入直接来自资本市场。当投资银行在国际资本市场上进行交易时，将导致短期资本的流动。

　　各国的政府对投资银行或证券公司同样实行严格的监管。以美国为例，投资银行要受到《1933 年证券法》、《1934 年证券交易法》、《1939 年信托契约法》、《1940 年投资公司法》、《1940 年投资顾问法》的约束。

　　(3)共同基金

　　共同基金是一种类型的投资公司。投资公司是向公众出售股份并将所获得的资金用于金融资产投资的金融机构，它包括开放式基金、封闭式基金、单位信托，其中开放式基金就成为共同基金。共同基金随时根据资产净值出售新的股

---

　　①　Merrill Lynch，*Annual Report*，2002.

份或应要求赎回原有股份。从共同基金的性质可以看到,它是一种重要的机构投资者,也是一个重要的货币资本流动的主体。美国的共同基金分为货币市场共同基金和普通的共同基金,它们活跃在货币市场和资本市场上,运用各种方法进行金融资产的投资,以美国为例,在2006年,普通的共同基金的资产分布情况如表24-8所示。从表中可以看到,美国普通的共同基金的资产绝大部分是证券,其中股票占了约70.59%。

表 24-8　美国普通的共同基金的资产分布情况(2006)

资　产	数额(亿美元)	比例(%)
再销售的优先股票	1328	1.88
公开市场票据	1145	1.62
政府证券	1607	2.27
政府赞助的企业证券	4991	7.06
市政证券	3444	4.87
公司和外国债券	8133	11.51
公司股票	49896	70.59
其　他	140	0.20
总　和	70683	100.00

资料来源:Federal Reverse System,*Flow of Funds Accounts of United States*,1995-2006,September 2007.

如果说投资银行在投资市场上比较注重采用套利的方法,那么共同基金在证券市场上则通常所采用投机和投资的方法。

共同基金的经营活动要接受政府的监管。在美国,共同基金主要受到《1940年投资公司法》(*The Investment Company Act of 1940*)以及该法的修正案的约束。该法具有以下特点:第一,如果投资公司将每个会计年度收入的90%分配给股东,它可以取得受监管的投资公司的资格,政府对该类公司的经营收入和资本收入免征所得税。第二,投资公司必须保持投资的多样化和流动性,必须遵循短期交易的原则以避免变成持股公司。第三,投资公司必须定期提供财务报表,披露关于为达到投资目标而采取的投资方法的信息。第四,投资公司借入的长期资金与资本金的比例要受到限制。第五,禁止投资公司为自营账户进行交易以及采取其他损害股东的行为。

(4)保险公司

保险公司是指收取了一定的保险费以后承诺在未来发生某些事件时给予赔偿的金融机构。保险公司有两种基本类型:一种是人寿保险公司,另一种是财产与灾害保险公司。保险公司收取了一定的保险费以后承诺在未来发生某些事件时给予赔偿,因而它必须保留准备金。保险公司用于赔偿的准备金的增加以及经营保险业务所支付的费用,构成了它的成本。保险公司的承保收入以及把保费收入用于投资所得到的收入,构成了它的收入。另外,在竞争的压力下,保险公司也推出了与证券投资相联系的险种。保险公司对货币资本流动的影响,就表现在它把保费收入用于金融资产的投资以及与证券投资相联系的险种方面。以美国为例,在 2006 年,美国人寿保险的资产分布情况如表 24-9 所示。从表中可以看到,人寿保险公司把保费收入广泛用于债务工具和权益工具的投资。据统计,在机构投资者中,包括人寿保险公司和财产与灾害保险公司在内的保险公司是公司债务工具最大的买家。当保险公司进行跨国的金融资产投资时,便成为货币资本流动的主体。

表 24-9　美国人寿保险公司的资产分布情况(2006)

资　产	数额(亿美元)	比例(%)
现金与支票存款	561	1.20
货币市场基金的股份	1623	3.46
公开市场票据	531	1.13
政府证券	832	1.78
政府赞助的企业证券	3774	8.05
市政证券	366	0.78
公司和外国债券	18419	39.31
政策性贷款	1102	2.35
抵押贷款	3038	6.48
公司股票	13648	29.13
共同基金的股份	1488	3.18
其　他	1472	2.14
总　和	46853	100.00

资料来源:Federal Reverse System,*Flow of Funds Accounts of United States*,1995-2007,September 2007.

保险公司的投资是否安全直接涉及它能否履行对承保人赔偿的承诺,各国政府对保险公司的投资进行监管。以美国为例,根据 1945 年《麦卡伦·法格逊法》(*McCarran-Ferguson Act*),保险公司从事股票交易必须遵守证券与交易委员会制定的联邦法规,其他方面的经营活动主要受各州监管。美国各州通常对保险公司的投资对象作出下述规定:经确认为合格的证券类型才能作为投资对象,投资在普通股票的资金少于总资产的 10% 或 20% 或盈余的 100%,允许将 5% 的资产用于法律没有禁止的投资工具。保险公司在作出投资决策时必须确定投资的证券的价值并向管理当局报告。另外,人寿保险公司必须每年向管理当局提供财务报表。

(5)养老基金

养老基金是提供养老保险的基金。养老基金有两种基本类型:第一种是确定缴纳金额计划,即建立养老方案的机构为其雇员定期提供一定数额的养老资金,但它不保证雇员在退休以后定期得到一定数量的养老金,雇员在退休以后得到的养老金的多少取决于养老基金的增值情况;第二种是确定养老金额的计划,即建立养老方案的机构承诺雇员在退休以后得到确定数量的养老金,并按照这个承诺定期提供一定数额的养老资金。养老基金不论采取哪一个方案,都需要把养老基金用于投资以增值。以美国为例,在 2006 年,私人养老基金的资产分布情况如表 24-10 所示。从表中可以看到,美国是一个对养老基金的投资对象管制较少的国家,在养老基金的资产中,权益工具占了 47.70%。由此可见,养老基金也是资本市场的积极参与者。

表 24-10　美国私人养老基金资产结构(2006)

资　产	数额(亿美元)	比例(%)
现金与支票存款	112	0.20
定期存款与储蓄存款	631	1.14
货币市场基金的股份	901	1.63
再销售的优先股票	315	0.57
公开市场票据	316	0.57
政府证券	1164	0.02

第二十四章　货币资本跨国流动的成因:金融资产的投资优势

政府赞助的企业证券	2501	4.53
公司和外国债券	2850	5.16
抵押贷款	95	0.17
公司股票	26353	47.70
共同基金的股份	15054	27.25
其　他	4950	10.06
总　和	55242	100.00

资料来源：Federal Reverse System，*Flow of Funds Accounts of United States*，1995－2006，September 2007.

　　养老基金不但是国内资本市场的积极参与者，而且是国际资本市场的积极参与者。许多发达国家的政府对本国养老基金投资外国金融资产没有什么限制。对本国养老基金投资外国金融资产管制较松，没有规定投资上限的国家是：美国、英国、西班牙、荷兰、爱尔兰、卢森堡。对本国养老基金投资外国金融资产有一定的管制，有投资上限规定的国家是：加拿大、日本、瑞士、芬兰、德国、瑞典、挪威，它们规定的上限分别是不得超过基金资产的 20%、30%、30%、5%、60%、5% 至 10%、0%，其中日本规定必须有 50% 的资产是有固定收益的日元资产；瑞士还规定不论对内还是对外投资，权益工具不得超过 25%，债务工具不得超过30%。虽然丹麦没有规定投资外国金融资产的上限，但是它规定投资国内债务工具的比例必须高于 60%。[1]

　　由于养老基金承担着支付养老金的责任，各国政府对养老基金都实现严格的监管。在美国，养老基金要受到《1974 年雇员退休收入安全法》的约束。根据该法，要从四个方面来判断受托人是否合格：第一，忠诚（loyalty），受托人的决策只为参与者和受益人的利益。第二，谨慎（prudence），对受托人的决策的判断不仅看效果，而且看过程。第三，分散（diversification），投资必须分散化以减少风险，在特定情况下如果不采取分散化的方法必须能够证明同样是谨慎的。第四，按计划书行事（acting pursuant to plan documents），不得在计划书允许的范围以外采取行动。另外，根据该法，禁止基金和受托人之间进行交易。养老基金必

---

① Stephany Griffith，*Global Capital Flows*，Macmillan Press Ltd.，1998，pp. 73-75.

须定期向管理当局提供财务报表。由此可见,美国对养老基金的监管重在过程。

与美国不同,为谨慎起见,许多国家的政府对养老基金的投资对象也作出了规定,具体情况如表24-11所示。从表中可以看到,各国政府对低风险的金融资产规定了下限,对高风险的金融资产规定了上限。

表 24-11 各国对养老基金投资对象的限制

国 家	限 制 措 施
比利时	投资政府债券超过15%,投资股票少于65%
加拿大	投资国际证券少于20%
智 利	投资政府票据超过50%,投资股票少于40%,投资国际证券少于12%
丹 麦	投资政府票据超过60%
法 国	投资股票少于65%,投资实物资产少于10%
德 国	投资国际证券少于5%,投资股票少于30%,投资实物资产少于25%
日 本	投资股票少于30%,投资实物资产少于20%,投资国际证券少于30%
瑞 士	投资国际证券少于30%,投资国际股票少于25%,投资股票少于50%

资料来源:Keith P. Ambachtsheer and D. Don Ezra, *Pension Fund Excellence*, John Wiley & Sons, Inc., 1998, p. 222.

另外,养老基金在进行金融资产投资的时候,主要是选择金融机构进行投资。以美国为例,401计划是美国养老基金最重要的一项计划。按照这项计划,公司雇员缴纳占他们工资一定比例的养老金,然后投资于有保证的储蓄账户或金融资产组合,到退休后取回积累的资产。这项计划的资金约占美国养老基金全部资金1/5。据统计,这项计划的资金绝大部分投向金融机构,具体情况如表24-12所示。从表中还可以看到,养老基金在资金的投向方面越来越倾向于共同基金。

表 24-12 401计划资金的投向 单位:%

年 份	1988	1993	1997
共同基金	14	26	43
保险公司	40	34	26
商业银行	31	27	22
其 他	14	13	9

资料来源:Keith P. Ambachtsheer and D. Don Ezra, *Pension Fund Excellence*, John Wiley & Sons, Inc., 1998, p. 189.

第二十四章 货币资本跨国流动的成因:金融资产的投资优势

由此可见,养老基金是货币资本流动一个重要的参与者,但同时又是个谨慎的参与者。它对货币资本流动的参与往往是通过其他机构投资者进行的。

三、机构投资者的投资优势

从货币资本流动成因的角度来看,所谓投资优势主要是在金融市场上的优势,它具有两种含义:一种是什么类型的投资者具有优势,这意味着这种类型的投资者将主宰着货币资本流动。这种含义的优势解释了投资主体的问题。另一种是投资者对什么国家的金融市场具有优势,这意味着货币资本将流向这个国家的金融市场。这种含义的优势解释了投资方向的问题。但是,这两种含义的优势又是相互联系的。如果某种投资者相对其他投资者具有投资优势,他就有可能在某个国家的金融市场上具有投资优势。但就目前来说,主要分析第一种含义的投资优势。

首先,机构投资者具有信息上的优势。不论是什么样的金融机构,都拥有一大批经济专家和金融专家,他们关注着世界范围内的任何经济或金融事件的发生,分析和处理大量的经济或金融的信息,以捕捉瞬息万变的投资机会。与个人和公司相比,它们具有不可比拟的信息优势。但是,金融市场既广阔又复杂,不可能有这样一种机构投资者,它在任何一种金融市场上都具有优势。如果将货币资本流动划分为信贷类资本流动、证券类资本流动和外汇类资本流动,那么由于业务的缘故,在机构投资者之间,商业银行在存、贷款和外汇投资方面具有获取信息和处理信息的优势,而投资银行、共同基金则在证券投资方面具有获取信息和处理信息的优势。

其次,机构投资者具有技术上的优势。机构投资者长期从事金融业务,它们具有丰富的经验和高超的技能。从货币资本流动的角度来看,机构投资者具有的技术优势是有所不同的。商业银行在存、贷款类资本流动中发挥着主导的作用,绝大部分存、贷款都是商业银行进行的。投资银行、共同基金则在非贷款类资本流动中占据主要地位,它们是证券投资的主要参与者。尽管保险公司和养老基金也进行证券投资,但由于投资银行和共同基金在证券投资方面具有技术上的优势,它们常常委托投资银行进行资产管理或购买共同基金的股份。

再次,机构投资者具有资金上的优势。表 24-1 到表 24-3 以及前面关于机构投资者的分析表明,机构投资者在资金方面具有雄厚的实力,与个人和公司相比同样具有不可比拟的优势。不论是信贷、证券投资还是外汇投资所引起的货币资本流动,机构投资者都占据了主要的地位。

由于机构投资者在金融市场上具有投资的优势,它们一旦在金融市场上捕捉住投资的机会,就会对外国的金融资产进行投资,从而导致货币资本的流动。

对金融资产的投资有两种情形:一种是长期的投资,这种投资的目的主要是获得金融资产的利息或股息收益,投资者持有金融资产的时间比较长;另一种是短期的投资,这种投资的目的主要是获得金融资产的差价,投资者持有金融资产的时间比较短,这就是所谓投机。在现实的金融市场上,长期和短期投资是难以严格区分的。从概念上说,广义的投资既包括长期的投资,也包括短期的投资。狭义的投资只包括长期的投资。在这里,投资优势指的是广义的投资。在机构投资者具有投资优势的情况下,它们既进行长期的金融资产的投资,也进行短期的金融资产的投资即投机。尽管两者都导致金融资本的流动,但对被投资国的影响具有很大的差异。下面选择套期保值基金这种类型的机构投资者,从投机的角度分析投资优势向货币资本流动转化的过程。

在各种机构投资者中,投机性较强的是一部分套期保值基金。这种以前没有被人们所熟知的机构投资者异军突起,在 20 世纪 90 年代的金融资本流动中扮演了重要的角色,被认为当时在金融资产投资方面最成功的金融机构。当然,十年河东,十年河西,在不同的时期会出现不同的独领风骚的机构投资者。今天名噪一时的是此基金,明天可能变成是彼基金。就拿套期保值基金来说,在1998 年以后,它变得相对沉寂。但是,到 2005 年,套期保值基金又开始活跃起来。对套期保值基金进行深入的研究,有助于更加深入地揭示投资优势是如何取得以及投资优势如何导致货币资本流动。

四、套期保值基金的性质和类型

套期保值基金(hedge funds)产生于 20 世纪 40 年代末期,创立者是琼斯 (Alfred Winslow Jones)。琼斯 1900 年出生于澳大利亚,1904 年随父母到了美国。他 1923 年毕业于哈佛大学,曾担任过《幸福》杂志的编辑,也曾担任过商业杂志的撰稿人,后来于 1949 年建立了一家合伙制的投资机构,从事证券的投资。琼斯在投资的过程中逐渐形成了套期保值的方法:买进定价过低的股票,卖空定价过高的股票。如果前一种股票的价格上升而后一种股票的价格下降,那么两种股票都可以获得收益;如果整个股票市场的价格趋于上升或下降,那么可以用其中一种股票的收益去弥补另一种股票的损失。1966 年,路米斯(Carol Loomis)在 4 月号的《幸福》杂志上发表题为"无人比拟的琼斯"(The Jones Nobody Keeps UP With)一文,介绍了琼斯的方法和业绩。从那时起,套期保值基金先后建立起来。

套期保值基金是指这样一种投资机构:它管理着私人资金,受到较少的法规约束并运用金融杠杆进行证券和衍生金融工具的投资。从 20 世纪 40 年代到 90 年代,套期保值基金已发生了很大的变化。虽然还有部分套期保值基金运用套期保值的方法来进行比较稳健的投资,但是许多套期保值基金以高风险为代价来获取高收益。由于套期保值基金主要集中在美国,下面以美国的套期保值基金为例来分析套期保值基金的性质。

首先,套期保值基金是通常采用合伙制的金融机构,投资者以合伙人的形式注册。套期保值基金的合伙人分为一般合伙人和有限合伙人。一般合伙人 (general partner)是设立基金的个人或机构,他负责基金的日常的交易活动。有限合伙人(limited partner)向基金提供资金,并根据所提供的资金分享收益,但他们不参与基金的日常交易活动。一般合伙人在从事基金的经营活动时,可以不受有限合伙人约束,自由地选择投资策略和投资对象。为了激励一般合伙人努力经营以获取更高的收益,套期保值基金通常给予一般合伙人净利润 20% 的激励费(incentive fee)。另外,套期保值基金通常还每年给予一般合伙人净资产价值 1％ 的管理费（administrative fee）。[1]

　　其次，套期保值基金是一种私募基金，它不是公开募集基金份额而是向特定的人募集份额。在 1996 年以前，按照美国金融管理规定，近两年个人年收入在 20 万美元以上，或者家庭年收入在 30 万美元以上，或机构净资产在 100 万美元以上，可以作为合伙人参加套期保值基金，但套期保值基金的自然人或法人的总数不得超过 100 个。1996 年，美国颁布了新的金融管理规定，提高了个人合伙的条件。个人必须拥有 500 万美元以上证券才能作为合伙人参加套期保值基金。同时，也提高了合伙人的数量：自然人和法人合伙人可以从 100 个增加到 500 个。套期保值基金的资本来源主要是个人，到 2001 年，机构投到套期保值基金的资本约占总资本的 19％。由于个人要具有雄厚的财力才能成为套期保值基金的合伙人，人们把套期保值基金称为"富人的俱乐部"。因此，与其他的机构投资者相比，套期保值基金在承受风险方面具有优势。

　　再次，套期保值基金是受法律约束较少和货币当局监管较少的金融机构。由于套期保值基金采用合伙制的形式，避免在《1933 年证券法》和《1940 年投资公司法》管辖的范围内注册登记，也避免在《1934 年证券交易法》管辖范围内作为证券商注册登记，因而不受美国《1940 年投资公司法》关于信息披露的约束，也不受该法关于长期债务与资本比例限制的约束。这样，套期保值基金可以不那么严格地受到它的投资人的监督，也可以不受约束地借入大量的资金来进行投资。这样，即使套期保值基金的资本不多，它们也可以通过贷款的方式来形成资金的优势。

　　还有，套期保值基金是优秀的金融专家经营的金融机构。如前所述，套期保值基金的管理费较高，通常是资产总额的 1％ 加上总利润的 20％。另外，套期保值基金的管理者可以自由地处置资产而不受某些规则的约束。这样，套期保值基金吸引了大批金融专家参与经营管理。重要的套期保值基金的主要合伙人往往是精通金融业务的金融家或金融学家。以长期资本管理基金为例，它的主要

---

　　[1]　S. Biglari,"Wealthy Investors Can Find Various Options With Hedge Funds", *San Antonio Business Journal*, September 27, 1999, p. 20.

合伙人包括金融界传奇人物梅里韦德（John Meriwether）、诺贝尔经济学奖获得者斯科尔斯（Myron S. Scholes）和默顿（Robert C. Merton）、前美国联邦储备委员会副主席马林斯（David W. Mullins）、债券投资专家罗森菲尔德（Eric R. Rosenfeld）和希利布兰德（Lawrence E. Hilibrand）等。[1] 由此可见，套期保值基金在投资的经验和技巧上具有优势。

美国具有较大影响的套期保值基金有：老虎基金（51 亿美元资产）、穆尔全球投资公司（40 亿美元资产）、高桥资本公司（14 亿美元资产）、因特卡普公司（13 亿美元资产）、罗森堡市场中性基金（10 亿美元资产）、定量长短售卖资金（9 亿美元资产）、SR 国际基金（9 亿美元资产）、佩里合伙人公司（8 亿美元资产）、美洲豹基金（100 亿美元资产）、量子基金（60 亿美元资产）、长期资本管理基金（48 亿美元资产）、量子工业基金（24 亿美元）、配额基金（17 亿美元资产）、奥马加海外合伙人基金（17 亿美元资产）、马弗立克基金（17 亿美元资产）、兹维格－迪美纳国际公司（16 亿美元资产）、类星体国际基金（15 亿美元资产）、SBC 货币有价证券基金（15 亿美元资产）。

下面以面向世界进行投资的全球基金为例，来认识套期保值基金的性质。在 2000 年，全球基金的有关特点如表 24－13 所示。在表中，中数是指一组数值中大于它的数值的数目与少于它的数值的数目相同的数，众数则是指一组数值中出现最多的数。

表 24－13　全球基金的基本情况

	平均数	中数	众数
基金特点			
基金规模（万美元）	9000	2200	1000
基金年龄（年）	5.0	3.9	2.9
最低投资要求（美元）	630729	250000	250000
管理费（%）	1.3	1.0	1.0

[1]　P. Coy, How the Game Was Played and Why Long-Term Lost, *Business Week*, October 12 1998, p. 40.

收益率(%)	16.7	20.0	20.0
管理者的经验要求			
在证券行业(年)	17	15	10
从事证券管理(年)	12	10	10

资料来源：TNUSA，*Van Money Manager Research*，Inc.，Nashville，2001.

与其他机构投资者相比，套期保值基金具有下述特点：

第一，缺乏透明度。几乎全部的机构投资者都要遵循监管当局关于披露信息的要求，定期提供财务报告以接受投资者的监督。但是，套期保值基金不受披露信息要求的约束，因而缺乏透明度。近年来，越来越多的投资基金份额的机构投资者要求套期保值基金增加透明度，以了解它们面临的风险。

第二，分散化不足。大多数机构投资者或者是由于监管法规的要求，或者是由于投资的方法，都采取分散投资的原则以降低非系统风险。套期保值基金种类很多，投资方法各异，不能一概而论。但较活跃的套期保值基金往往不重视投资分散化的原则，因而存在较大的风险。曼哈顿基金(Manhattan Fund)和长期资本管理基金(Long Term Capital Management)因投机失误而濒临破产，就是例证。

第三，缺乏流动性。大多数的套期保值基金都有从6个月到5年的封闭期，在这个期间投资者不能赎回他们的份额。经过封闭期后，套期保值基金的流动性条款开始生效，投资者可以每个季度或每一年结束的时候赎回他们的份额。与共同基金相比，套期保值基金的份额缺乏流动性。

第四，灵活性较大。套期保值基金受法规的约束较少，证券与交易委员会对它的要求不多，因而开设成本很低。这样，套期保值基金易于建立和发展。另外，套期保值基金管理者可以比较自由地选择金融资产的组合和投资的方法，不受有限合伙人的影响。所以，套期保值基金可以比较迅速地把握各种投资机会和比较灵活地对金融市场的变化作出反应。

第五，杠杆率较高。在金融市场上，金融杠杆率(financial leverage)被定义为金融机构资产负债平衡表的风险资本与风险债务之和除以金融机构的股本所得的商。在这里，风险债务是指金融机构通过卖空证券等方式形成的债务。杠杆率反映了金融机构的管理者利用投资者提供的股本可以投资具有更高价值的金融资产。套期保值基金是高杠杆率的金融机构。

套期保值基金主要通过下述两种方式：一是投资金融衍生工具，由于衍生金融工具实行保证金交易的方法，利用较少的资金可以达成较大金额的交易；二是银行贷款，银行对金融机构通常提供用于解决短期流动资金不足的信贷线，利用信贷线可以进行短期的金融资产投资。例如，从套期保值基金常用的回购协议的方式，可以清楚地观察到杠杆率的建立过程。回购协议是借方向贷方借入资金提供证券，在约定的时间借方向贷方偿还资金取回证券。假定套期保值基金准备买进 10000 万美元的政府债券，它以回购的方式借入 10000 万美元的资金并提供 10000 万美元的政府债券。设年回购率即利率是 6%，那么期限是 1 周的回购协议的利息是 115000 美元（＝100000000×6%÷52）。如果政府债券的价格在这 1 周里上升了 1%，套期保值基金以 115000 美元利息的代价获得 100万美元（＝100000000×1%）的收益。据美国的总统工作小组的报告，套期保值基金的金融杠杆率约为 3.6：1。[1] 这意味着套期保值基金用 1 美元的资本可以获得 3.6 美元的金融资产。

但是，金融机构往往还从事表外业务，金融杠杆率的概念还不能充分反映金融机构运用杠杆率的情况。为了解决这个问题，国际货币基金组织提出了总经济杠杆（gross economic leverage）的指标，并把它定义为风险资本、风险债务与表外名义总值之和除以金融机构的股本所得的商。[2]

套期保值基金在 20 世纪 90 年代迅速发展。由于套期保值基金透明度不高，对它的发展情况的估计很不一致。据称为 BARRA 的金融机构估计，在1990 年，套期保值基金约有 600 家，掌握着不到 500 亿美元的投资基金。到2001 年，它已发展到约 4000 家，掌管着接近 5000 亿美元的投资基金。[3] 据美国

① President's Working Group, *Report of President's Working Group on Financial Markets, Hedge Fund, Leverage, and the Lesson of Long-Term Capital Management*, April 1999.

② IMF, *Background Note on the Hedge Fund Industry*, 2001.

③ BARRA, Rogers Casey, *An Introduction to Hedge Fund*, 2001.

的总统工作小组的报告,在 1998 年,套期保值基金约有 2500 家至 3500 家,总资本约有 2000 亿美元至 3000 亿美元,总资产约有 8000 亿美元至 10000 亿美元。[①] 国际货币基金组织则提供了如表 24 - 14 所示的比较详细的资料,它揭示了从 1990 年到 1999 年套期保值基金的数目、资本、收益等发展情况。

表 24 - 14　套期保值基金在 20 世纪 90 年代的发展

年　份	1990	1991	1992	1993	1994
套期保值基金数目	1977	2373	2848	3417	4100
套期保值基金资本(亿美元)	670	940	1200	1720	1890
套期保值基金收益(%)	14.4	37.1	16.3	31.7	−3.0
标准普尔指数收益(%)	−3.1	30.5	7.6	10.1	1.3
年　份	1995	1996	1997	1998	1999
套期保值基金数目	4700	5100	5500	5830	- - -
套期保值基金资本(亿美元)	2170	2610	2950	3100	- - -
套期保值基金收益(%)	25.4	21.8	22.5	0.7	23.4
标准普尔指数收益(%)	37.6	23.0	33.4	28.6	21.0

资料来源:IMF,*Background Note on the Hedge Fund Industry*,2000.

国际货币基金组织另外还有资料表明,套期保值基金的数目 1990 年是 530 家,到 2005 年是 6700 家。套期保值基金管理的资产在 1990 年是 300 亿美元,到 2005 年是 14000 亿美元。[②]

如果按投资风格来划分,套期保值基金可以划分为下述类型:

第一,全球宏观基金(global macro fund)。全球宏观基金是在世界范围内捕捉投资机会的基金。哪里有利可图,它就会出现在哪里,所以它也被称为机会型基金。索罗斯(George Soros)管理的量子基金就是属于这类基金。

第二,全球基金(global fund)。全球基金是具有某种区域投资倾向的基金,它又分为国际性基金、新兴市场基金、成熟市场基金,后两种基金专门投资发展

---

① President's Working Group, *Report of President's Working Group on Financial Markets*, *Hedge Fund*, *Leverage*, *and the Lesson of Long-Term Capital Management*, April 1999.

② IMF,*Global Financial Stability Report*, August 2007, p. 72.

中国家和发达国家的金融市场,前一种基金是在世界范围内选择某个地区进行投资的基金。

第三,市场中性基金(market neutral fund)。市场中性基金是指那些通常采用套利的方法控制风险和获取收益的基金,它保持较多的琼斯创立的套期保值基金传统特点。

第四,事件驱动基金(event-driven fund)。事件驱动基金是指关注某些事件的发生对某类证券的影响并采取相应的投资方法来获取收益的基金。例如,它们关注公司合并对双方股票价格的影响以及某些发生问题的公司的股票价格走向,然后采取相应的投资策略。

第五,多头杠杆基金(long-only leveraged fund)。多头杠杆基金是指与投资股票的共同基金相类似的基金,它根据对股票价格变化的预测来进行股票的投资。它与共同基金的区别主要是组织形式不同以及更多地使用金融杠杆来进行投资。

第六,卖空基金(short-sellers fund)。卖空者基金是指那些比较注意选择定价过高的证券或价格趋于下降的证券,然后通过卖空这些证券的方法来获得收益的基金。

第七,部门基金(sector fund)。部门基金是指那些专门投资某些经济部门或某些行业的证券来获取收益的基金。

第八,基金的基金(fund of fund)。基金的基金是指那些并不是利用投资者提供的股本进行投资,而是把这些股本投资于包括套期保值基金、共同基金在内的各种基金来获取收益。

不同类型的套期保值基金的规模如表 24 - 15 所示。从表中可以看到,套期保值基金的平均规模不是很大。

表 24 - 15　不同类型的套期保值基金的规模

总资本(亿美元)	0—1	1—5	5—10	10 以上	平均规模
全球宏观基金(个数)	54	9	1	5	3.31 亿美元
全球基金(个数)	348	50	10	6	0.92 亿美元

市场中性基金（个数）	203	43	4	5	0.95 亿美元
事件驱动基金（个数）	84	27	6	1	1.06 亿美元
多头杠杆基金（个数）	23	1	0	0	0.16 亿美元
卖空基金（个数）	15	4	0	0	0.19 亿美元
部门基金（个数）	73	6	0	0	0.31 亿美元
基金的基金（个数）	242	30	3	3	0.71 亿美元
占全部基金比例	83%	13%	2%	2%	

资料来源：IMF，*Background Note on the Hedge Fund Industry*，2000，p. 97.

五、套期保值基金的投资优势

套期保值基金通常采用下述策略进行投资：

第一，风险套利（risk arbitrage）。风险套利又称为并购套利，它是指在预期并购将会顺利进行的条件下，买进被兼并公司的股票，卖出兼并公司的股票。并购可以采取现金交易的形式，也可以采取股票交易的形式，还可以是两者的结合。如果采取现金交易的方式，假定现在被兼并公司股票的价格是 40 美元，由于兼并公司将高价收购被兼并公司的股票，该股票价格将会上升，因而先行买进被兼并公司的股票。假如兼并顺利进行，套期保值基金获得收益；反之，套期保值基金遭受损失。如果采取股票交易的方式，假定被兼并公司股票的价格低于兼并公司股票的价格，而兼并通常是兼并公司用 1 股本公司的股票交换 1 股被兼并公司股票，套期保值基金将买进被兼并公司的股票，卖出兼并公司的股票。假如兼并顺利进行，套期保值基金再卖出价格趋于上升的被兼并公司的股票，卖出价格趋于下降的兼并公司的股票，从中获取两种股票的差价。

第二，可转换套利（convertible arbitrage）。可转换套利是指买进可转换为普通股票的债券，卖出相应的普通股票，以获取债券和股票价格变化的收益。例如，假定可转换债券的价格是 1050 美元，它在 1 年后可转换为 100 股普通股票，不可转换的同类债券的价格是 920 美元，相应的普通股票的价格是 10 美元，套期保值基金可以买进 1 份可转换债券，卖出 60 股普通股票。在 1 年以后，假如股票的价格下降到 7.5 美元，套期保值基金不会把债券转换为普通股票，它的损失是不可转换和可转换债券价格之差 130 美元(=1050-920),但它卖出以前买进的普通股票可以得到 150 美元的收益(=[10-7.5]×100)。假如普通股票的价格上升到 12.5 美元,套期保值基金会把债券转换为普通股票,得到 200 美元的收益(=1250-1050),但它买进以前卖出的普通股票遭受 150 美元(=2.5×60)的损失。不论出现哪一种情况,套期保值基金都可以得到收益。

第三,股票指数套利(index arbitrage)。股票指数套利是指当股票指数期货的价格高于它所包含的股票的价格时,套期保值基金买进股票指数所包含的股票,卖出股票指数期货,在期货到期的时候用股票进行交割,从而获取两者的差价。当股票指数期货的价格低于它所包含的股票的价格时,套期保值基金卖出股票指数所包含的股票,买进股票指数期货,同样可以获得两者的差价。

第四,固定收益套利(fixed Income arbitrage)。固定收益套利是指对具有固定收益的债务工具进行套利。收益曲线套利(yield curve arbitrage)就是其中的一种类型,它是指利用同一种债券不同期限的收益率的差异,买进价格偏低的那种期限的债券,同时以卖空的方式卖出价格偏高的那种期限的债券,等待前一种债券价格上升或后一种债券价格下降后,再卖出前一种债券和买进后一种债券。

第五,抵押贷款套利(mortgage arbitrage)。抵押贷款套利是指根据对抵押贷款证券和政府政权的价格差异的变化进行套利。如果套期保值基金预料到这两种证券的差价将会缩小时,它们将买进价格低的金融资产,卖出价格高的金融资产。等到这两种金融资产的差价缩小时,再卖出以前买进的金融资产和买进以前卖出的金融资产以获取收益。

第六,股票的多头和空头(equity long/short)。股票多头和空头是一种股票投机方法,它是指在预期股票价格上升时买进股票,在股票价格下降时卖出股票。如果股票价格发生了预期的变化,套期保值基金可以通过卖出以前买进的股票和买进以前卖出的股票获得收益。反之,套期保值基金将遭受损失。

第七,垃圾证券的投资(distressed security)。垃圾证券的投资是指选择那些濒临破产但具有复活前景的公司的债务工具或权益工具进行投资。这些债务工具或权益工具已经没有人选择,流动性极低,因而价格极低,但只要公司复活,它们有很大的升值的空间。

套期保值基金广泛地投资各种金融资产,表 24-16 表示各种类型的套期保值基金投资股票、债券、外汇、票据、期权、期货。设权益工具为 E,债务工具为 D,外汇为 F,据统计,套期保值基金投资这些金融资产或者组合的情况如表 24-15 所示。从表中可以看到,在世界范围内投资的套期保值基金通常选择多种金融资产。例如,同时投资三种金融资产的全球宏观基金的资本占了该类基金全部资本的 46%。

表 24-16　投资不同的金融资产的基金的资本占同类基金总资本的比例　单位:%

	E	E/D	E/D/F	E/F	D/F
全球宏观基金	1	7	46	0	46
全球基金(国际)	3	3	45	44	6
全球基金(新兴市场)	8	22	26	10	35
全球基金(成熟市场)	49	16	29	4	2
市场中性基金	25	33	9	1	32
事件驱动基金	11	61	22	1	5
多头杠杆基金	85	15	0	0	0
卖空基金	47	53	0	0	0
部门基金	86	14	0	0	0
基金的基金	4	19	72	3	3

资料来源:IMF,*Background Note on the Hedge Fund Industry*,2000,p.103.

套期保值基金在 20 世纪 90 年代取得了较好的业绩。套期保值基金从 1990 年到 1999 年的平均超额收益率、超额收益率的标准差、夏普比率如表 24-17 所示。在这里,超额收益率是指超过美国国库券收益率的差额,夏普比率(Sharp ratio)是夏普提出来的指超额收益率与超额收益率的标准差的比率,用于表示与风险相比较的收益率。从表中可以看到某些特点:首先,风险越大,超额收益率通常越高。专门投资于新兴市场金融资产的全球基金的超额收益率高达 26.7%,但它的标准差也达到 41.1。市场中性基金、卖空基金、基金的基金的风险比较小,但它们的收益率也比较低。其次,在各种类型的套期保值基金里,按照风险依次排列是:全球基金(新兴市场)、全球宏观基金、部门基金、多头杠杆基金、全球基金(国际)、卖空基金、全球基金(成熟市场)、基金的基金、事件驱动基金、市场中性基金。再次,从夏普比率的角度考察,高于或等于平均夏普比率的套期保值基金是:全球基金(成熟市场)、市场中性基金、事件驱动基金、多头杠杆基金,这些基金的风险都是处于中等或靠后位置的基金。最后,如果将套期保值基金与风险相比较的收益率同标准普尔 500 种股票来比较,除了专门投资成熟市场金融资产的全球基金,其他的基金的夏普比率都不如标准普尔 500 种股票。

表 24 - 17 套期保值基金的风险和收益

	平均超额收益率(%)	标准差	夏普比率
全球宏观基金	16.6	18.1	0.9
全球基金(国际)	8.3	13.1	0.6
全球基金(新兴市场)	26.7	41.1	0.7
全球基金(成熟市场)	13.9	10.4	1.3
市场中性基金	6.4	5.3	1.2
事件驱动基金	10.3	9.7	1.1
多头杠杆基金	16.8	15.5	1.1
卖空基金	2.6	11.5	0.2
部门基金	20.6	17.7	1.2
基金的基金	8.3	9.8	0.8
全部基金	13.5	12.2	1.1
标准普尔 500 种股票	14.7	11.5	1.3

资料来源:IMF,*Background Note on the Hedge Fund Industry*,2000,p.103.

另外,对不同类型的套期保值基金的收益率的相关关系的研究表明,除了个别情形以外,它们不存在密切的相关关系。分别设事件驱动基金、全球宏观基金、全球基金(国际)、全球基金(新兴市场)、全球基金(成熟市场)、部门基金、市场中性基金、卖空基金为 A、B、C、D、E、F、G、H,可以得到表 24 - 18 所表示的这些基金的收益率的相关系数。从表中可以看到,在大多数情形下,套期保值基金的收益率的相关系数都在 0.5 或 0.5 以下。

表 24 - 18　套期保值基金的收益率的相关系数

	A	B	C	D	E	F	G	H
A	1.0	0.3	0.6	0.5	0.7	0.6	0.5	-0.4
B		1.0	0.2	0.1	0.2	0.2	0.2	0.0
C			1.0	0.5	0.6	0.5	0.5	-0.4
D				1.0	0.4	0.4	0.3	-0.3
E					1.0	0.8	0.5	-0.6
F						1.0	0.4	-0.5
G							1.0	-0.2
H								1.0

资料来源:IMF,*Background Note on the Hedge Fund Industry*, 2000,p.104.

从逻辑上判断,即使套期保值基金的收益与金融杠杆率不存在密切的关系,它们的风险也应该与金融杠杆率存在密切的关系。金融杠杆率高意味着既可能得到较高的收益,也可能遭受较大的损失,所以收益率未必高,但收益率的标准差应该较高,夏普比率也应该较高。但是,本人分别计算套期保值基金的金融杠杆率与它们的超额收益率、标准差、夏普比率的相关系数,却得到不完全相同的结果。全球宏观基金、全球基金(成熟市场)、全球基金(新兴市场)、全球基金(国际)、多头杠杆基金、部门基金、卖空基金、市场中性基金、事件驱动基金、基金的基金的金融杠杆率分别是 197%、186%、146%、136%、171%、130%、116%、376%、140%、131%。[1] 笔者根据上述数据得到的相关系数的计算结果如下:

金融杠杆率与超额收益率的相关系数= -0.179275056

金融杠杆率与超额收益率标准差的相关系数= -0.31609204

金融杠杆率与夏普比率的相关系数= 0.457292088

这意味着金融杠杆率与夏普比率还有一定的相关关系,与超额收益率或标准差并没有相关关系。但是,由于套期保值基金的资料不完全,上述相关关系的分析不一定准确,只能作为一种参考。

虽然套期保值基金的收益和风险与它们的金融杠杆率没有严格的关系,但

---

[1]　IMF,*Background Note on the Hedge Fund Industry*, 2000,p.98.

却与它们的投资风格有关。例如,全球基金在世界范围内投资,它们的风险较大,收益也较高,其中对发展中国家的投资与对发达国家的投资相比风险和收益更大。市场中性基金采取比较稳健的投资方法,风险和收益相对较低。基金的基金是投资于别的基金,它获得的是一种平均收益,承受的是一种平均风险。

在对套期保值基金的性质、特点、类型、方法、表现进行详细的分析以后,可以进一步探讨套期保值基金具有什么投资优势以及它如何取得这些优势。

首先,套期保值基金具有法律方面的优势。如前所述,套期保值基金是受法律约束较少和货币当局监管较少的金融机构。套期保值基金主要通过下述两个途径取得法律方面的优势:第一,套期保值基金采用合伙制的组织形式,其管理者通常以美国商品合伙经营者(Commodity Pool Operators,简称 CPOs)身份注册,而它的投资顾问通常以商品交易顾问(Commodity Trading Advisors,简称 CTAs)身份注册,它们只受美国《商品交易法》(*Commodity Exchange Act*)约束,从而避免作为投资公司和作为证券商注册登记,从而不受美国《1933 年证券法》、《1934 年证券交易法》和《1940 年投资公司法》的约束,特别是不受美国《1940 年投资公司法》关于信息披露和关于长期债务与资本比例限制的约束。第二,许多套期保值基金选择在没有什么法律和税收约束的离岸金融中心注册,但它们的资金却存放在纽约、伦敦以及欧洲和亚洲的主要金融中心,管理者可以很方便地进行资金的调配。这样,由于它们没有受到多少法规的约束,可以比较方便地筹集资金,比较自如地在世界范围内投资,而且不必向投资者或公众披露资产负债和投资的信息。

其次,套期保值基金具有技能方面的优势。如前所述,套期保值基金是优秀的金融专家比较集中的金融机构。套期保值基金主要是通过增加管理者的收益和赋予管理者更大的权利的方式来建立技能方面的优势。套期保值基金管理费较高,通常是资产总额的 1% 加上总利润的 20% 。另外,管理者可以自由地处置资产而不受合伙人和基金投资风格的约束。这是套期保值基金有别于共同基金的地方。共同基金的管理者不仅获得的管理费较低,而且还受着基金类型的约束。如果是债券型的基金,就不能随意投资股票。这样,套期保值基金吸引了最优秀的金融专家参与经营管理,涌现出一批名噪一时的管理者,如量子基金的索罗斯(George Soros)、老虎基金的罗伯逊(Julian Robertson)、长期资本管理基金的梅里韦德(John Meriwether)等等。这些优秀的管理者又创造出许多新投资方法,如风险套利、可转换套利、股票指数套利、固定收益套利、抵押贷款套利、垃圾证券的投资等等。较大的自主权和较高的投资技能相结合使套期保值基金可以比较迅速地把握各种投资机会,能够比较灵活地对金融市场的变化作出反应。

再次,套期保值基金具有资金方面的优势。从资本金的角度衡量,套期保值基金远不如商业银行、投资银行,甚至不如保险公司、养老基金。但是,套期保值基金在运用资金方面具有自己鲜明的特点:第一,套期保值基金善于运用金融杠杆来扩大资本金的作用。在 20 世纪 90 年代,套期保值基金被认为是运用金融杠杆最成功的金融机构。例如,长期资本管理基金的资本金是 48 亿美元,但是它持有的股票和债券的价值是 1600 亿美元,持有的衍生金融工具名义价值是 10000 亿美元。[①] 金融杠杆的运用使它们在局部的市场上建立资金的优势。第二,套期保值基金的资本金来源于富人的资金。如前所述,个人要具有雄厚的财力才能成为套期保值基金的合伙人,因而该基金称为"富人的俱乐部"。套期保值基金的资本来源主要是个人,到 2001 年机构投到套期保值基金的资本约占总资本的 19%。对于富人来说,他们更能够经受投资收益的波动。因此,与其他的机构投资者相比,套期保值基金更能够并且更愿意承受风险以获取更高的收益。

第二节   投资优势向货币资本跨国流动转化的机理

一、泡沫经济的诱因

机构投资者日常的金融资产的投资所导致的货币资本的跨国流动已经在上

[①]   R. Lenzner,"Archimedec on Wall Street",*Forbes*, October 19, 1998, p. 52.

一章关于收益和风险组合的选择中进行了分析。本章涉及的投资优势所导致的货币资本的跨国流动主要是分析大规模的投机性的货币资本跨国流动。前面的分析表明,投资优势是指投资者在金融市场上具有信息、资金、技能优势,使它们能够把握金融市场出现的投资机会,或者使它们能够在金融市场创造投资机会,从而使它们能够通过金融资产的投资获取收益。前面的分析还表明,投资优势具有两种含义:一是什么投资者具有什么优势;二是投资者对什么金融市场具有优势。

显然,机构投资者具有投资优势,但要把投资优势变为实际的收益,还需要发现投资的机会。在金融市场上,许多因素的变化都会引起这种或那种金融资产价格的变化,从而导致货币资本的跨国流动。从货币资本跨国流动的角度来看,它们都构成诱因。只要出现这样的诱因,具有投资优势的机构投资者就有可能把握住这种机会,甚至会扩大这种机会,从而导致货币资本跨国流动。由于导致货币资本跨国流动的诱因很多,在这里主要探讨的是能够引起整个市场的货币资产价格变化,从而导致大规模货币资本流动的诱因。

货币资本跨国流动的重要诱因之一是泡沫经济的产生。泡沫经济(bubble economy)是指过度投机所造成的虚假的经济繁荣。当人们掀起对某种实物资产或金融资产的投机浪潮时,该资产的价格将趋于上升。这样,在一段时期内,对该实物资产或金融资产投机都可以丰厚的收益。例如,某一个投机者在某个时点上买进该实物资产或金融资产,然后在另一个时点上卖出去,由于该实物资产或金融资产的价格趋于上升,他获得了收益。另一个投机者买进了该实物资产或金融资产,再在另一个时点上卖出去,由于该实物资产或金融资产的价格继续上升,他仍然可以获得收益。随着投机收入增加,厂商将会增加投资而居民则增加消费。在社会需求扩张的刺激下,经济会呈现一派繁荣的景象。但是,这种建立在投机基础上的经济繁荣是虚假的。由于不论是实物资产还是金融资产的价格是不可能无限制地上升的,一旦投机无法支撑这些实物资产或金融资产的价格继续上升,其价格就会转向暴跌,人为造成的泡沫将会破灭,虚假的经济繁荣将被经济衰退所取代。

对过度投机造成泡沫经济的最早历史记载是发生在 1634 年至 1637 年荷兰

的郁金香投机。在投机浪潮的推动下,参波奥古斯汀的郁金香球茎的价格达到 5500 荷兰盾,随后郁金香市场发生崩溃,同类郁金香球茎价格不到最高价格的 10%。然而,在现代经济里,普通商品的投机导致泡沫经济的情况已不多见,最富有投机性的实物资产和金融资产是房地产和股票,现代泡沫经济多产生于房地产市场或股票市场的过度投机。

如果一个国家出现了泡沫经济,就不是这种或那种金融资产定价不当,而是几乎全部整个类别的金融资产价格偏高,这样将很容易招致外国机构投资者的投机性冲击。由于机构投资者主要对金融资产进行投机,一个国家股票市场的泡沫将使外国机构投资者在这个市场上具有明显的投资优势。外国机构投资者将充分利用它们资金和技术的优势,用多种方法掀起投机的浪潮。首先,外国机构投资者可以大量卖空股票以增加股票市场的供给,压低股票价格,期待着能够回购股票以获取股票的差价。其次,外国机构投资者还会大量卖出股票指数期货和股票指数期权,以支付少量保证金的方式来赌股票指数的下降,通过金融杠杆的作用使它们已有的资金优势成倍扩大。再次,为了进一步增加股票市场下跌的压力,外国机构投资者还往往同时对别的金融市场发起冲击,以制造金融市场动荡的方式来挫伤股票投资者的信心,迫使他们抛售股票。由于这个国家已经存在泡沫经济,在这样巨大的市场压力下,股票价格不下跌几乎是不可能的,这意味着外国机构投资者具有很高的成功率。一旦外国机构投资者发起投机性冲击,货币资本便发生大规模的跨国流动。

20 世纪 90 年代以来,在 12 个国家或地区发生的 13 次金融危机或金融风潮中,有 2 个国家或地区发生的 2 次金融危机或金融风潮与泡沫经济有关,而且都是由外国机构投资者的投机性冲击所造成的。这些金融危机或金融风潮是: 1997 年泰国的金融危机和 1997 年香港的金融风潮。

香港是因泡沫经济而遭受机构投资者投机性冲击的典型例子。20 世纪 70 年代以来,香港经济的发展一直比较正常,但香港在 90 年代中期也出现了泡沫经济。香港的泡沫经济也同样表现在股票价格和房地产价格的反常上涨上面。从 1993 年到 1997 年,香港的恒生指数如下:1993 年 12 月 11888 点,1994 年 12 月 8191 点,1995 年 12 月 10073 点,1996 年 12 月 13451 点,1997 年 8 月 16000

点。从 1986 年到 1997 年 11 年间,香港股票市场总值增长了约 8.5 倍,但从 1984 年到 1995 年的 11 年间香港的国内生产总值只增长了约 4.3 倍,香港的股票市场已存在泡沫成分。1997 年 10 月,以套期保值基金为代表的机构投资者同时在香港外汇市场和股票市场掀起大规模的投机风潮,对外汇市场的冲击主要针对香港的联系汇率制度,对股票市场的冲击则主要针对香港股票市场的泡沫。由于香港的股票价格已经偏高,再加上香港特区政府不得不采用提高利率的方法抑制外汇市场的投机,香港的股票价格出现暴跌,从 1997 年 8 月的 16000 点下降到 10 月的 8900 点,外国机构投资者通过卖出恒生指数期货合同获得了丰厚的利润。在这场金融风潮中,虽然香港特区政府维护了港元汇率的稳定,但由于股票价格暴跌,厂商和居民持有的股票大幅度降值,投资支出和消费支出随之减少。加上亚洲金融危机对香港的出口和旅游业的不利影响,香港经济很快陷入了衰退。

二、国际收支逆差的诱因

国际收支包括经常项目和资本与金融项目的收支。当国际收支发生逆差,即经常项目和排除了官方储备以外的资本与金融项目发生逆差时,在外汇市场上表现出来是外汇的需求量大于外汇的供给量,外汇汇率将会升值而本国货币汇率将会降值。但是,在现实的经济里,由于资本项目收支很大一部分是由货币资本流动造成的,而货币资本流动又是很不稳定的。因此,经常项目的收支状况对本国货币汇率有着重要的影响。在发展中国家里,如果发生了经常项目逆差,即使资本项目的顺差超过了经常项目的逆差,国际收支存在顺差,但由于货币资本随时有可能流出这个国家,该国货币汇率同样存在降值的压力。既然一个国家发生国际收支逆差或经常项目逆差会造成该国货币降值,那么这个国家发生较严重的国际收支逆差或经常项目逆差有可能造成该国货币汇率大幅度的降值,这就给机构投资者提供了有利的外汇投机机会。

在某个国家的货币汇率存在降值压力的情况下,外国机构投资者有可能根据机会的大小采用强度不同的投机方法。如果外国机构投资者发现该国货币汇率因严重的经常项目收支逆差不得不降值,它们将会展开立体式的大规模的冲击。首先,外国机构投资者将在远期外汇市场上卖出该国货币,买进美元。如果该国已建立外汇期货和外汇期权市场,那么还同时在外汇期货和外汇期权市场上卖出该国货币期货和买进该国货币卖权,以期待获取该国货币即期汇率下降所带来的收益。其次,外国机构投资者将大量借入这个国家的货币,然后在外汇市场上抛售这个国家的货币,以迫使该国货币降值。如果这个国家的货币在机构投资者的冲击下降值,那么外国机构投资者将在即期外汇市场上买进该国货币并偿还贷款,从而获得该国货币降值所带来的差价。同时,它们在即期外汇市场上买进该国货币以进行远期外汇的交割,在外汇期货市场上已下降了的价格买进以前卖出的该国货币期货,在外汇期权市场上实施该国货币卖权即以原来的汇率卖出该国货币,都可以获得收益。这意味着外国机构投资者不但通过冲击即期外汇市场同时在四个市场上获得收益,而且在远期外汇、外汇期货和外汇期权市场上是用少量的保证金得到了与即期外汇市场相似的收益。

20 世纪 90 年代以来,在 12 个国家或地区发生的 13 次金融危机或金融风潮中,有 4 个国家发生的 4 次金融危机都与这些国家出现国际收支或经常项目严重逆差有关,其中有 3 个国家发生的 3 次金融危机是在它们的货币受到降值压力的情况下由外国机构投资者的投机性冲击促成的。这些金融危机分别是:1992 年英国的英镑危机,1994 年墨西哥的比索危机,1997 年泰国等东南亚的金融危机。

泰国是在经常项目出现逆差的情况下爆发金融危机的典型案例。在 20 世纪 90 年代中期,由于国际市场的变化和泰国出口商品竞争力减弱,泰国经常项目出现逆差。1996 年,泰国的经常项目逆差达到 3700 亿泰铢,占泰国国内生产总值 8.2%。泰国经常项目逆差对泰铢造成了降值的压力。

泰铢受到的第一次冲击发生在 1996 年 7 月。由于泰国经常项目收支情况恶化,加上曼谷商业银行宣布倒闭,国际商业银行或投资银行纷纷停止了携带交易。所谓携带交易(carry trade)与套利交易相似,它主要是指通过外国货币与泰铢之间的转换,利用外国货币获得泰国金融市场的收益率。携带交易主要有三种方式:第一,国际商业银行在国际银行间的市场上借入美元或日元,接着把它转换为泰铢,然后在泰国银行间的市场上贷放泰铢,以获取两种货币市场的利率之差。第二,国际商业银行或投资银行在国际货币市场上借入短期美元或日元,接着把它转换为泰铢,然后持有泰铢的定期存款,以获取两种货币活期和定期利率之差。第三,国际商业银行或投资银行在国际货币市场上发行美元或日元短期票据以取得美元或日元资金,然后用于投资泰铢短期票据,以获取两种货币票据的利率之差。国际商业银行或投资银行停止携带交易使即期外汇市场上泰铢的需求减少,造成对泰铢汇率的冲击。

泰铢受到的第二次冲击发生在 1997 年 1 月。在政府公布 1996 年第四季度财政赤字和经常项目逆差的情况以后,人们对泰铢的信心发生动摇,再加上部分房地产商无法按期偿还贷款,而泰国金融机构的贷款又大约有 30% 投放到房地产业,人们对泰国的金融状况更加担忧。在这种情况下,出现了资本外逃的现象。同时,套期保值基金在 2 月份开始进入泰国的外汇市场卖出 6 个月期限的远期泰铢,泰铢降值的压力进一步加大。

1997 年 5 月 7 日,人们了解到一家重要的泰国银行设在香港的分行大量卖出泰铢购买美元,开始猜测对外融资发生困难的泰国银行急需美元。另外,人们也知道泰国中央银行准备卖出远期美元买进远期泰铢,以保持汇率的稳定。据估计,在 5 月 8 日和 9 日两天里,泰国中央银行共卖出了 60 亿远期美元,净外汇储备从 320 亿美元减少到 260 亿美元。由于泰国中央银行考虑到经济增长缓慢,担心提高利率会对经济造成不良影响而不愿意提高利率,结果造成泰铢的利率低于美元利率,资本外逃的现象进一步加剧。据估计,5 月 12 日和 13 日,泰国中央银行流失的外汇约达 50 亿美元。与此同时,套期保值基金等外国机构投资者在泰国的外汇市场掀起了投机风潮,并在 5 月 14 日达到了高峰。泰国中央银行仅在这一天就出售了 100 亿美元。在干预外汇市场已无法减轻泰铢降值压力的情况下,泰国中央银行从 5 月 15 日开始不再卖出美元,它一方面允许利率上升,另一方面对在岸和离岸金融市场的资本流动实行管制。利率的上升增加了借入泰铢进行外汇投机的成本,对资本流动实行管制也在一定程度上抑制了投机的规模,但这一切已不能消除泰铢降值的压力。7 月 2 日,泰国中央银行不得不宣布放弃钉住一篮子货币的汇率制度,允许泰铢汇率自由浮动。当天在岸金融市场泰铢汇率降值 15%,离岸金融市场泰铢汇率降值 20%。在这次外汇市场的风潮中,泰国政府仅在远期外汇交易中就损失了 37.5 亿美元。①

泰国的情况表明,对于发展中国家来说,即使国际收支出现顺差,但由于货币资本流动是不稳定的,经常项目的逆差对该国货币汇率产生重要影响。一旦经常项目出现逆差,资本外逃等现象就会发生,如果再遭受机构投资者的投机性冲击,该国有可能爆发以货币危机为特征的金融危机。

三、刚性汇率制度的诱因

在现行的国际货币制度和国内货币制度条件下,调节一个国家的经常项目或国际收支逆差主要有下述方法:从外国融通资金、实行限制性的贸易政策、实行收缩性的财政和货币政策、调节该国货币汇率。

在这四种方法中,从外国融通资金实际上没有消除经常项目或国际收支的逆差,它仅仅是用官方储备项目的顺差来维持账面上的国际收支平衡。实行限制性的贸易政策即限制进口鼓励出口既违反了世界贸易组织的有关协定,也易于遭受贸易伙伴的报复,因而它也不是一项有效的手段。因此,调节经常项目或国际收支逆差的主要方法是实行收缩性的财政和货币政策以及调整本国货币汇率等手段。但是,如果一个国家实行钉住汇率制度,它实际上放弃了汇率这个调节经常项目或国际收支逆差的有效机制,而只能依赖于收缩性的财政和货币政策。然而,理论的研究和实践的经验表明,宏观财政政策和货币政策易于造成政府内外目标的冲突。假如一个国家内部存在通货膨胀,外部存在经常项目或国际收支逆差,该国政府采取收缩性的财政政策如减少货币供给量和提高利率来抑制社会总需求,这些政策一方面通过减少社会总需求来控制通货膨胀,另一方面通过减少进口和增加资本流入来消除经常项目或国际收支逆差,政府的内外目标可以同时得以实现。但是,假如一个国家内部出现经济停滞,外部出现经常项目或国际收支逆差,那么该国政府采取收缩性的财政和货币政策可以缓和经

---

① IMF, *International Capital Market*, Washington D. C., Setemper 1998, pp. 44-47.

常项目或国际收支逆差,但它却加剧了国内的经济停滞。相反,该国政府采取扩张性的财政和货币政策可以缓和国内的经济停滞,但它却加剧了经常项目或国际收支逆差。在这种情况下,政府的内外目标将发生冲突。

应该指出,一个国家实行钉住汇率制度不但没有发挥汇率对于调节经常项目或国际收支逆差的作用,在某种情况下还会起到恶化经常项目或国际收支逆差的作用。假如某国货币钉住美元,该国出现经常项目或国际收支逆差,但美元正好在这个时期不断升值,根据钉住汇率制度,该国货币将随着美元对其他国家的货币升值,从而将会造成该国经常项目或国际收支逆差的恶化。

上述分析表明,在一个国家实行钉住汇率制度的条件下,该国政府难以调节经常项目或国际收支的逆差,该国货币汇率将会出现高估的情况。实际上,在一个国家实行钉住汇率制度的条件下,由于该国的经济与它所钉住的货币的发行国的经济不可能一致,该国货币汇率高估和低估的现象将会经常发生,这样将很容易给外国机构投资者提供投机的机会。外国机构投资者将使用前面所叙述的方法掀起投机风潮。根据钉住汇率制度,该国货币当局不得不动用外汇储备来干预外汇市场。假如该国货币终究要降值,它无异于成为机构投资者的"提款机"。

20世纪90年代以来,在12个国家或地区发生的13次金融危机或金融风潮中,有5个国家或地区发生的6次金融危机或金融风潮与各种形式的钉住汇率制度有关,而且都是由外国机构投资者的投机性冲击所造成的。这些金融危机或金融风潮是:1992年英国的英镑危机、1994年墨西哥的比索危机、1997年泰国的金融危机、1997年香港的金融风潮、1998年香港的金融风潮、2001年阿根廷的金融危机。

英国是欧洲货币体系的成员国,它与其他成员国一道实行联合浮动的汇率制度,即彼此固定货币的汇率,然后对非成员国货币浮动。在90年代初期,由于英国的利率较低而德国的利率较高,大量资金从英国流向德国,造成了英镑降值的压力。外国机构投资者利用这个机会在英国的外汇市场掀起外汇投机风潮,尽管德国政府降低了马克的利率,英国政府大幅度提高了英镑的利率,英国中央银行还动用外汇储备大量购买英镑,但仍然抑制不住投机风潮。

1992 年 9 月 16 日,英国财政大臣不得不宣布退出欧洲货币体系,英镑汇率大幅度降值。

墨西哥实行的是钉住美元的汇率制度,它固定比索与美元的汇率,然后让比索随着美元对其他货币浮动。在 1993 年前后,墨西哥经常项目出现逆差,银行体系因坏账比例较高而变得不稳定。在外国机构投资者的投机性冲击和资本大量外流的影响下,墨西哥中央银行不得不于 1994 年 12 月 22 日宣布放弃钉住汇率制度,实行浮动汇率制度,比索危机也随即爆发。

泰国实行的是钉住一篮子货币的汇率制度,它把泰铢与一组货币的加权平均值相联系,并使泰铢的汇率随着这组货币加权平均值的变化进行调整。由于美元在这组货币中处于重要地位,泰铢汇率实际上受美元汇率左右。在 90 年代中期,泰国经常项目出现逆差,再加上泡沫经济破灭,机构投资者在泰国掀起大规模投机风潮。泰国中央银行无力反击外国机构投资者的投机,不得不于 1997 年 7 月 2 日宣布放弃钉住一篮子货币的汇率制度,允许泰铢自由浮动。泰国也由此爆发了金融危机。

香港实行的是钉住美元的汇率制度,它同时根据汇率制度建立相互配合的港元发行制度。在实行钉住单一货币汇率制度的国家里,香港的汇率制度是比较完善的。但在 90 年代中期,香港经济出现泡沫成分。1997 年,外国机构投资者判断港元汇率已经高估而对香港的金融市场发起投机性冲击,香港特区政府凭借着充足的外汇储备成功地遏制了外国机构投资者的投机,维持了汇率制度的稳定。1998 年,香港经济的泡沫成分已经消散,但外国机构投资者再次掀起更大规模的投机风潮,它们的攻击目标仍主要是香港的钉住汇率制度。香港特区政府在稳定住外汇市场以后,在多个金融市场进行全面的反击,再次维护了香港的汇率制度。

这些国家和地区的经历表明,钉住汇率制度缺乏应有的灵活性,因而易于成为外国机构投资者投机性冲击的诱因。如果一个国家实行浮动汇率制度,该国货币汇率将随着该国经常项目收支或国际收支的变化而变化。汇率的变化不但可以调节该国的经常项目或国际收支差额,而且不会出现过度的高估或低估的情况。如果外国机构投资者试图人为地抬高或压低该国货币汇率进行投机,它不但很容易遭到该国货币当局有力的反击,而且还要冒极大的投机风险。因此,灵活的浮动汇率制度可以减少对短期资本流动的诱导作用。

　　当然,一个国家或地区选择什么样的汇率制度要考虑多方面的因素,上述分析仅仅表明从外国机构投资者投机性冲击的角度说明灵活的浮动汇率制度是较好的选择。如果一个国家或地区认为钉住汇率制度给它所带来的如提高本国或本地区货币的地位,加强与它所钉住的国家的经济联系等方面的利益超过可能遭受外国机构投资者投机性冲击所带来的损失,它仍然应该选择钉住汇率制度。但无论选择什么样的汇率制度,如何防范货币资本投机性冲击是各国选择汇率制度的重要因素之一。

四、过重外债负担的诱因

　　如果一个国家的外债规模过大,同样也会成为货币资本跨国流动的诱因。首先,政府偿还外债需要动用外汇储备,企业偿还外债则需要在外汇市场上用本国货币购买外汇,因而偿还外债最终还是使用政府的外汇储备。如果一个国家的外债负担过重,政府或企业在偿还外债时将会导致外汇市场上外汇需求增加和政府的外汇储备流失。当政府的外汇储备减少到一定程度时,人们将预料该国货币汇率无法维持而下跌,外汇市场将发生动荡。其次,当一个国家发生债务危机时,本身就说明该国经济的发展出现了障碍,同时还预示该国难以继续从外国取得资金,经济的发展前景趋于暗淡,人们将对未来经济的增长缺乏信心。再加上外汇市场的动荡和该国货币降值,投资者将纷纷卖出股票,股票价格将会下跌,股票市场也会出现动荡。

　　如果某个国家对外债务的增长还没有到达导致经济崩溃的程度,外国机构投资者将会利用它们的投资优势,同时在该国外汇市场和股票市场上进行投机。如果有可能或者有必要,它们一方面会在即期外汇市场、远期外汇市场、外汇期货市场、外汇期权市场卖出该国货币,另一方面会在股票市场、股票指数期货市场、股票指数期权市场卖出该国股票,以获取该国货币降值和股票价格下跌的利益。但是,如果某个国家对外债务的增长已经到了可能导致经济崩溃的程度,该国有可能采取停止偿还外债甚至停止货币兑换的极端措施,金融资产的投资将变得无利可图,外国机构投资者在停止向该国贷放资金的同时,还将撤回原来投放到该国的资金,从而导致大规模的资本外逃。但是,不论发生哪一种情况,都导致货币资本的跨国流动。

20 世纪 90 年代以来,在 12 个国家或地区发生的 13 次金融危机或金融风潮中,有 4 个国家爆发的金融危机与外债规模过大有关。阿根廷是由于债务危机导致短期资本大规模流动的典型例子。虽然不排除在阿根廷的外汇和股票市场上发生了大量的投机行为,但是阿根廷债务危机发生后更显著的现象是大规模的资本外逃。

阿根廷从 1990 年到 1998 年曾经经历了一个持续增长的时期,即使是发生在 1994 年的墨西哥金融危机也只是对阿根廷产生短暂的影响。但是,阿根廷多年来一直实行扩张性的财政政策,用发行公债的方式筹措政府支出。政府债务与国内生产总值的比例在 1990 年是 30%,到 1998 年已提高到 41%。1999 年阿根廷发生了经济衰退,政府的财政状况更加恶化。在对内债务居高不下的情况下,阿根廷政府不得不借入外债偿还内债。在 2000 年,阿根廷的外债总额已达到国内生产总值的 50%。到 2001 年,该比例急剧上升到 130%。在这种情况下,阿根廷外汇市场和股票市场发生动荡,阿根廷货币汇率和股票价格下跌。紧接着,外国机构投资者不但停止向阿根廷发放贷款,而且大量撤回原来投放在阿根廷的资金,资本出现大规模的外逃。国际货币基金组织冻结了对阿根廷的贷款援助,银行挤兑浪潮一浪高于一浪,阿根廷的金融危机终于在 2001 年 12 月爆发。阿根廷政府不得不放弃实行了 11 年的钉住汇率制度,并宣布暂停偿还政府的全部外债。阿根廷的经济实际上已经崩溃。

如前所述,外国机构投资者曾多次发起了投机性冲击,形成了投机风潮。实际上,当时作为主要发起和参与者的外国机构投资者是套期保值基金。从 20 世纪 90 年代中后期起,人们开始关注套期保值基金,并对它们进行了大量的研究。在关于套期保值基金的各种看法中,有一种看法值得注意。这种看法认为:20 世纪 90 年代的金融危机是有关国家的经济问题造成的,在这个过程中没有发生货币资本的投机性冲击。套期保值基金都是规避风险的投资者,它们并没有发起或参与了投机。如果套期保值基金进行投机，也只会恢复金融市场的均衡而不是导致金融市场的波动。

应该指出，套期保值基金不是妖魔鬼怪，它们是在金融自由化和全球化的条件下，在特定的法律和金融环境中产生的金融机构。它们主要在金融市场上充分利用自身的优势、交易的规则和投机的机会来获取收益。套期保值基金不需要披露信息，它的投机情况难以掌握。但是，大量事实仍然能够证明，套期保值基金发起或参与20世纪90年代对多个国家的投机性冲击。

在20世纪90年代金融动荡的条件下，"七国集团"的财政部长和中央银行行长决定建立金融稳定论坛（Financial Stability Forum，简称FSF）。该论坛一建立，就将套期保值基金等高杠杆率机构作为研究对象。2000年4月5日，金融稳定论坛正式提出了"工作小组关于高杠杆率机构的报告"，对套期保值基金进行了较为详细的剖析。这份权威的报告揭露了如下事实：

1998年，澳大利亚的外汇市场发生动荡。"根据市场参与者提供的资料，一些高杠杆率机构，特别是规模较大的宏观基金，在积累了大量的空头头寸以后，于5月底6月初采取了行动，试图压低澳元的汇率。这些行动包括散布对澳元的攻击即将发生的谣言以吓唬买者，以及进行攻击性的交易（aggressive trading）。……规模较大的宏观套期保值基金和一些其他的高杠杆率机构估计卖出了100亿澳元或者更多，超过澳大利亚国内生产总值的2%。"

在1997年香港的金融风潮中，"市场参与者认为，在投机高峰的时候，高杠杆率机构所做的港元空头头寸超过100亿美元（约为香港国内生产总值的6%）。而另外一些市场参与者认为，他们所做的空头头寸远超过这个数量。"在1998年香港的金融风潮中，"4家规模较大的套期保值基金卖出的期货和期权数量大约占高杠杆率机构的空头头寸的40%。……在8月底，4家套期保值基金卖出的合约达到50500个，约占敞开的总头寸的49%，其中1家套期保值基金就占了约1/3。"

在1998年新西兰元贬值的过程中，"高杠杆率机构在市场上建立了高额的空头头寸，总头寸估计达120亿至150亿新元（或新西兰国内生产总值的12%至15%），其中大约有100亿新元的空头头寸是套期保值基金建立的。在1998

年,一家大规模的宏观基金所持有的空头头寸就有 50 亿新元。"①无需多加评论,这些事实可以明确地解答了在 90 年代的金融风潮中套期保值基金发挥了什么作用的问题。

五、投资优势成因的验证

为了验证投资优势这个金融资本流动的成因,有必要详细地叙述和分析在 1997 年和 1998 年中国香港地区的金融风潮中机构投资者的行为以及香港货币当局的应对方法,从这场惊心动魄的力量的角斗中不难体会什么是投资优势以及投资优势如何转化为货币资本跨国流动的。

20 世纪 90 年代中期,香港经济出现了泡沫成分,房地产和股票价格不断上涨。但是,香港的金融和经济从整体上看还是比较健全的。首先,香港银行的资本充足率保持在 13% 至 15% 左右,呆账坏账比例较低,金融体系处于稳定状态。其次,香港地方政府财政状况良好,外汇基金在金融风潮发生前夕的 1997 年 9 月达 882 亿美元。再次,香港国际收支状况正常,没有出现严重恶化的情况。但是,香港实行的是刚性的联系汇率制度,即实行钉住美元的汇率制度。按照这种制度,港元按照 7.78 港元兑换 1 美元的比率固定与美元的汇率,然后随着美元对其他货币浮动。

套期保值基金等机构投资者认为香港经济的泡沫成分和港元联系汇率制度已构成香港经济的弱点,试图从冲击港元联系汇率制度入手,在香港掀起大规模的金融投机风潮。它们在泰国等东南亚国家的金融投机获得丰厚的利润以后,于 1997 年 10 月把冲击的目标转向香港。套期保值基金等外国机构投资者在香港发起投机性冲击的手段如下:

第一,在远期外汇市场、外汇期货市场、外汇期权市场上卖出远期港元、卖出港元期货以及买进港元卖权。机构投资者的目的是:如果一旦可以成功地压低

---

① Financial Stability Forum, *Report of the Working Group on Highly Leveraged Institution*, April 5, 2000.

港元的即期汇率,那么当远期外汇交易协议到期时,可以在远期外汇市场上按较高的协议汇率卖出港元买进美元,然后按较低的即期汇率卖出美元买回港元以获取远期汇率和即期汇率的差价。在外汇期货市场上则按下跌的价格买进等值的港元期货以使买卖的港元期货彼此抵消,从而获取低价买进高价卖出港元期货的差价;在港元期权市场上则实施卖权,按实施汇率卖出港元买进美元,然后按下跌的即期汇率卖出美元买回港元,以获取实施汇率与即期汇率的差价。

第二,在股票价格指数期货市场和股票价格指数期权市场上卖出恒生指数期货和买进恒生指数卖权。股票价格指数期货合同交易是指双方达成协议,在未来一定的时间里按照商定的股票价格指数与市场上的股票价格指数的差额进行现金结算的交易。在股票价格指数期货合同的交易中,一个期货合同的金额等于指数乘数与商定的股票价格指数的乘积。在香港,恒生指数期货合同的指数乘数是 50 港元。假定商定的恒生指数是 10000 点,那么一个期货合同的金额就是 50 万港元($=50 \times 10000$)。如果卖方卖出了一个商定的恒生指数是 10000点的期货合同,在期货合同到期的时候恒生指数下降到 5000 点,那么在结算的时候买方需要向卖方支付 250000 港元($=50 \times 10000 - 50 \times 5000$);相反,在期货合同到期的时候恒生指数上升到 15000 点,那么在结算的时候卖方需要向买方支付 250000 港元($=50 \times 10000 - 50 \times 15000$)。股票价格指数期权交易则是指双方达成协议,买方向卖方支付一定的费用以后,取得在一定的期限里按照一定的股票价格指数与到期时市场的股票价格指数进行结算的权利。其中协议所规定的股票价格指数就是实施的股票价格指数。在恒生指数期权里,期权金额的确定方法与恒生指数期货相似。如果某个投资者买进了恒生指数卖权,实施的恒生指数是 10000 点,在实施期权时股票市场的恒生指数是 5000 点,那么该投资者可以要求实行他的权利,即从理论上可以按 10000 点卖出再按 5000 点买进,在实际上则直接获取对方支付的差额 250000 港元($=50 \times 10000 - 50 \times 5000$)。外国机构投资者的判断是香港的股票价格已经偏高,金融市场一旦出现动荡有可能触发股票价格的下跌。

第三,从香港银行借入港元,然后在即期外汇市场抛售港元抢购美元,以期待在港元即期汇率下降以后再回购港元用于偿还贷款,从而获得汇率的差价。

另外，一旦港元即期汇率下降，机构投资者所卖出的远期港元和港元期货以及买进的港元卖权便可以获得收益。

从 10 月 16 日开始，套期保值基金等外国机构投资者开始在外汇市场上抛售港元，发起了对港元的攻击。10 月 21 日和 22 日，套期保值基金等机构投资者仅在伦敦外汇市场就抛售了价值 60 亿美元的港元，使港元受到了多年来规模最大的一次冲击。当然，部分港元与美元的交易属于正常的套期保值的交易，但如此汹涌的抛售港元的浪潮已清楚地显示投机交易已处于支配地位。

面对着外国机构投资者的投机性冲击，香港特区政府不得不奋起维护港元联系汇率制。香港货币当局的应对方法是：第一，利用外汇基金的外汇在即期外汇市场上卖出美元买进港元，以维持港元的供求平衡，阻止港元汇率降值。第二，通过收缩货币供给量和停止向银行拆出港元来提高利率，提高机构投资者的投机成本和断绝他们港元的来源。

根据 1996 年 12 月实时总清算制度（Real Time Gross Settlement，简称 RTGS），香港各银行在充当结算银行的汇丰银行里必须保留一定的港元余额，不允许各银行向汇丰银行透支港元。港元不足的银行或者通过银行间的拆借市场借入港元，或者通过香港货币当局的流动性调整便利（Liquidity Adjustment Facility，简称 LAF）借入港元，以补充港元储备的不足。由于香港银行大量向外国机构投资者发放贷款，它们在汇丰银行结算账户中的港元余额已成负数。10 月 23 日早上，香港货币当局向香港银行发出通知，对重复向货币当局借入港元的银行征收惩罚性的利率，阻止它们利用 LAF 补充短缺的港元，以达到断绝外国机构投资者的港元资金来源的目的。部分持有多余港元的银行在货币市场港元紧缺和市场走向不明确的情况下不愿意在银行间的拆借市场贷放港元。另外，香港货币当局在外汇市场上投放美元购进港元，又不把港元投放到货币市场，本身就起到收缩港元货币供给量的作用。10 月 23 日是银行贷放港元的结算日，银行只好到处筹集港元资金以补充结算账户的港元余额，结果导致港元利率直线上升，在 23 日中午曾达到年利率 280% 的水平。

在香港特区政府的反击下，港元资金不足而且利率很高，外国机构投资者无法继续借入港元以用于外汇市场的抛售，因而不得不以同样的汇率买回港元以偿还港元债务,结果不但损失了借款的利息,而且还损失了外汇买卖的手续费。另外,它们在远期港元、港元期货、港元期权交易中所支付的交易成本全部付诸东流。外国机构投资者在外汇市场的投机受到挫折。

但是,由于香港股票市场已存在泡沫成分,加上外汇市场动荡和港元利率上升的冲击,香港股票价格大幅度下降。恒生指数从 10 月 20 日到 23 日连续下跌,其中在 23 日下降了 1211 点,以 10426 点收盘,使这一天成为黑色的星期四。10 月 24 日,随着港元利率的回落和多家公司回购本公司的股票,恒生指数上升 718 点,以 11144 点收盘。随后,恒生指数略有下降。10 月 27 日,恒生指数以 10498 点收盘。进入 11 月份以后,恒生指数才逐渐趋于稳定。套期保值基金等外国机构投资者在恒生指数期货和期权的投机中获得了巨额的利润。

香港外汇市场和股票市场的动荡对香港经济造成不利影响,特别是香港股票价格的暴跌使普遍持有股票的香港厂商和居民遭受很大损失,投资需求和消费需求急剧减少,再加上东南亚的金融危机对香港旅游业和出口贸易的影响,香港经济在 1998 年陷入衰退。

套期保值基金等外国机构投资者在香港外汇市场的投机中遭受挫折,但在香港股票市场的投机中获得成功。然而,经过短暂的喘息以后,它们在 1998 年又卷土重来,在香港掀起新的投机风潮。

1998 年 5 月,套期保值基金等外国机构投资者开始为在香港发起新一轮的投机性冲击做准备。首先,套期保值基金等机构投资者利用货币互换方式筹集了大量的港元资金,其目的是选择机会抛售港元买进美元,压低港元对美元的汇价,然后再用美元回购港元,偿还港元债务,以获取卖出和买进港元的汇价差额。其次,外国机构投资者在恒生指数约为 9000 点的时候开始卖出约 80000 个恒生指数期货合同,同时与香港证券经纪商签订借入恒生指数成分股的协议,以便在股票现货市场上卖空恒生指数成分股。他们的目的是通过制造外汇市场动荡和抛空恒生指数成分股的方法促使恒生指数下降,以获取卖出恒生指数期货合同的收益。

8 月 5 日,套期保值基金等外国机构投资者开始发起新的一轮称为“双重市场赌博”(double market play)的投机性冲击。它们一方面在外汇市场大量抛售港元,并到处散布谣言,宣称港元汇价已经高估,港元联系汇率制将会解体;另一方面,它们在股票市场上通过卖出恒生指数成分股,以促使恒生指数下降。据报道,套期保值基金等外国机构投资者当天卖出的港元约 200 亿,到 8 月 7 日卖出的港元已达 350 亿。与此同时,恒生指数趋向下降,从 5 月份的 9000 点下降到 8 月 13 日的 6660 点。面对着汹涌而至的投机浪潮,香港货币当局采取了与 1997 年 10 月略有不同的对付方法,它不是自己买进港元,而是由香港特区政府用财政基金的美元兑换港元。按照现行制度,香港特区政府把财政储备中的外汇资产存放在外汇基金里;当它需要动用的时候,再把外汇转换为港元。当时特区政府正需要使用港元以扩大支出,便利用这个机会用美元买进港元,并且把港元存入香港银行。这样,套期保值基金等外国机构投资者从货币市场借走的港元,通过特区政府又投放到货币市场。这样,在外汇市场上和货币市场上供求保持平衡,外汇投机的风潮暂时得到抑制。

8 月 14 日上午,香港外汇基金顾问委员会召开会议,一致决定动用外汇基金,直接在股票市场和股票指数期货市场反投机。8 月 14 日,特区政府在股票市场一举买进 40 亿港元的恒生指数成分股,并先后在股票指数期货市场买进了 36935 个 8 月到期的恒生指数期货合同、1100 个 8 月份到期的恒生指数期权、10176 个 9 月份到期的恒生指数期货合同。在特区政府的带动下,其他投资者纷纷跟进,恒生指数当天升至 7224 点。在 8 月 15 日以后,尽管外国机构投资者不断通过抛售恒生指数成分股,尽管恒生指数在上下波动,但特区政府通过大量买进恒生指数成分股的方式推动恒生指数的上升。到 27 日,恒生指数已达 7922 点。8 月 28 日是 8 月份到期的恒生指数期货合同交割的日子,外国机构投资者不得不孤注一掷,特区政府则大量买进恒生指数成分股以稳定股票价格,力量的角斗达到白热化程度。股票市场开市一小时成交量便达 216 亿港元,当天成交量达 790 亿港元,创造香港股票市场建立以来的最高纪录。但是,当天恒生指数只跌了 93 点,以 7829 点收市。外国机构投资者大势已去,不少外国机构投资者损失惨重。

但是,仍有部分外国机构投资者不愿意就此罢休,继续卖出 9 月份到期的恒生指数期货合同。但是,9 月份恒生指数并没有出现暴跌。到 9 月 29 日 9 月份到期的恒生指数期货交割时,恒生指数是 7908 点,外国机构投资者再次遭受损失。在这种情况下,美国量子基金、老虎基金等套期保值基金以及其他外国机构投资者相继离开香港金融市场。

虽然外国机构投资者在香港的金融风潮中没有完全实现它们的意图,但是从香港金融风潮发生的全过程可以很深刻地体会到外国机构投资者在金融市场上具有的投资优势。值得注意的是,外国机构投资者所冲击的是香港的金融市场,而香港是地区性的金融中心,金融体系健全,资金力量雄厚,不但拥有一批具有丰富管理经验的金融专家,而且还持有在世界上居第四位的外汇储备。即使在这样的情况下,外国机构投资者仍然对香港金融市场发起投机性冲击,并且在 1997 年的回合中占据了上风。如果香港特区政府在 1998 年不是倾全力干预香港各金融市场,难以保证香港不会像香港的管理者所预言的那样发生灭顶之灾。

但是,在世界上近 200 个经济体中,有多少个经济体拥有香港这样的金融实力? 由此可以思考,这些机构投资者对于世界上大多数国家具有怎样的投资优势。作为国际金融中心的英国在 1992 年的英镑风潮中还遭受重挫,那么大多数发展中国家在外国机构投资者的投机性冲击面前将会怎样就不难想象了。

前面提出了最优国际金融资产组合的选择是形成货币资本流动的原因,本章则指出外国机构投资者的投资优势是形成货币资本跨国流动的原因,这两个原因存在下述区别和联系:

首先,从条件来看,不论金融市场是有效率的市场还是不完全有效率的市场,不同国家的金融资产的收益和风险的组合肯定存在差异,对最优收益和风险组合的选择都会形成货币资本跨国流动。但是,如果金融市场是有效率的,那么投资优势将不会存在,也就不会产生这种类型的货币资本跨国流动。这意味着只有在不完全有效率的金融市场上,投资优势才会产生货币资本跨国流动。

其次,从成因来看,根据收益风险组合的分析,货币资本跨国流动是投资者对具有更高收益和更低风险的金融资产组合的选择而形成的。但是,根据投资优势的分析,货币资本流动是投资者对定价不当的金融资产的选择,或者扩大定价不当的金融资产的失衡幅度而形成的。

再次,即使没有投资优势,投资者对金融资产最优收益和资产组合的选择也形成货币资本跨国流动。但是,投资优势则是通过改变金融资产收益和资产组合去获取投机或投资的机会。

另外,最优国际金融资产组合的选择主要解释正常的货币资本的跨国流动,而投资优势则是一种投机性货币资本的冲击。货币资本的最高宗旨是获得更高的收益,它不会去理会要冲击的国家是发达国家还是发展中国家。1992 年英镑危机就是一个例子,作为发达的金融大国的英国仍然受到货币资本的冲击。但是,在现实的世界里,发达国家的机构投资者具有明显的投资优势,20 世纪 90 年代以来它们在世界范围内兴风作浪,而遭受伤害的主要是发展中国家。

应该指出,这种类型的货币资本流动是在金融经济条件下发达国家对发展中国家进行掠夺的一种新的方式。如果说以前帝国主义列强通过充满硝烟的战争对经济落后国家进行掠夺,那么现在是金融强国通过没有硝烟的战争对金融落后国家的掠夺。当然,充满硝烟的战争是帝国主义国家运用国家机器为资本的利益而发动的战争,而没有硝烟的战争是货币资本在合理和合法的名义下为自己的利益而掀起投机风潮。

第二十五章　货币资本跨国流动的其他成因

第一节　跨国公司的内部融资

一、跨国公司的内部融资方式

　　跨国公司由分设在两个或两个以上国家的经济实体组成的企业,这些经济实体可以具有不同的法律形式和活动范围,但它们的业务是通过一个或多个决策中心,根据既定的政策和共同的战略来经营的。由于所有权或其他因素,在企业内部的各个实体中,有一个或一个以上的经济实体能够对其他实体的活动施加重要影响。

　　跨国公司实行全球性的经营战略,它以世界市场为自己的活动空间,它通过建立全球化的生产和销售网络,把整个国际市场作为一个整体在世界各地进行投资、生产和销售。跨国公司的经营决策所考虑的是整个公司在全球的利益最大化。跨国公司实行集中的管理策略,母公司对整个公司的投资计划、生产安排、价格体系、市场分布、利润分配、研制方向以及重大的决策,均实行高度集中统一管理。跨国公司主要通过全球性系统决策的方法,把不同的子公司统一起来,通过实施内部交易运用价格转移方式以实现资金转移、利润转移、税收转移。按照这样的经营管理策略,跨国公司势必根据降低融资成本,提高融资效率的原则,在整个跨国公司内部进行统一的资金调拨的融通。

跨国公司的内部融资方式主要有两种类型:一种是在跨国公司内部进行统一的资金管理;另一种是从外部金融市场取得贷款,然后在跨国公司内部进行融通。

跨国公司的资金管理是指在母公司和子公司之间交易余额和预防余额的管理。在跨国公司内部,通常实行非冲销或冲销的资金管理方式。非冲销的资金管理方式是指根据现金预算的安排在母公司和子公司之间进行资金的调拨。

1. 非冲销资金管理方式

例如,假定某家总部设在加利福尼亚州的美国母公司分别在加拿大、英国、德国设立有子公司,该母公司在某个预算期内收入和支出的现金如表 25-1 所示。该表说明,美国的母公司分别从加拿大、德国、英国的子公司收入 30000 美元、35000 美元、60000 美元的现金,分别向这 3 家子公司支出 20000 美元、10000美元、40000 美元的现金。这意味着内部的总收入是 125000 美元,内部的总支出是 70000 美元。另外,该母公司在与本跨国公司以外的公司的交易中收入 140000 美元,支出 120000 美元。这样,内部和外部的总收入是 265000 美元,总支出是 190000 美元。除了母公司与子公司的现金流动以外,子公司之间也存在现金流动。

表 25-1　跨国公司现金的收入和支出　　　　　　　单位:美元

收　入	支　出						
	美　国	加拿大	德　国	英　国	外　部	内　部	总收入
美　国	- - -	30000	35000	60000	140000	125000	265000
加拿大	20000	- - -	10000	40000	135000	70000	205000
德　国	10000	25000	- - -	30000	125000	65000	190000
英　国	40000	30000	20000	- - -	130000	90000	220000
外　部	120000	165000	50000	155000	- - -	- - -	- - -
内　部	70000	85000	65000	130000	- - -	- - -	- - -
总支出	190000	250000	115000	285000	- - -	- - -	- - -

将表中所表示的现金流动情况用图像来表达,可以得到图 25-1 所表示的跨国公司内部的现金流动的情况。就跨国公司内部来说,现金的流动没有造成

它的现金的净增加,也没有导致它的现金的净减少。如果设跨国公司内部的公司数是 N,每个公司之间都发生现金的流动,那么现金流动的次数是 N(N−1)。在这个例子中,现金流动的次数是 12 次。由于各子公司分布在不同的国家,它们的收入和支出都是所在国的货币,这意味着跨国公司内部的每一次现金流动都需要进行货币的兑换,这样跨国公司将要支付货币兑换和现金的汇出所带来的成本。在这种情况下,为了节约成本,在跨国公司内部产生了冲销的现金管理方式。

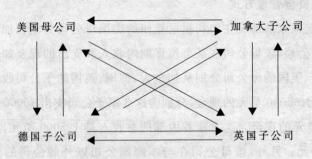

图 25-1　跨国公司现金的收入和支出

2.冲销管理方式

冲销的资金管理方式是指根据现金预算的安排在母公司和子公司之间进行资金净额的调拨。它可以分为双边冲销和多边冲销两种形式,前者是指在跨国公司内部的每两家公司之间进行现金的冲销,后者是指在整个跨国公司内部进行现金的冲销。继续前面的例子,双边冲销和多边冲销两种形式分别如图 2 和图 3 所示。

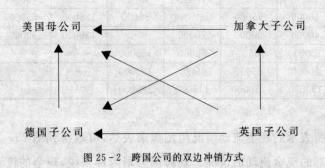

图 25-2　跨国公司的双边冲销方式

图 25-2 说明,既然美国母公司从德国子公司收入 35000 美元,向德国子公司支出 100000 美元,那么它只需要从德国子公司收入 25000 美元,其余情形照此类推。这样,原来 12 次的现金流动可以减少为 6 次现金流动,从而节省了货币兑换和现金的汇出所需要花费的成本。

虽然双边冲销方式可以减少现金汇兑的次数,但是如果在整个跨国公司内进行统一的现金配置,现金汇兑的次数还可以进一步减少。多边冲销方式就是在这种情况下产生的。如图 25-2 所示,既然英国的子公司要向加拿大子公司、德国的子公司和美国的母公司分别汇出 10000 美元、10000 美元和 20000 美元,德国子公司要向美国母公司汇出 25000 美元,从加拿大子公司收入 15000 美元,那么德国子公司不需要向美国母公司汇出现金,只要由英国的子公司向美国母公司汇出 40000 美元,由加拿大的子公司向美国母公司汇出 15000 美元就可以了。这样,现金汇兑的次数从 6 次减少为 2 次,如图 25-3 所示。但是,要采用多边冲销方式,必须要在跨国公司内设立冲销中心。

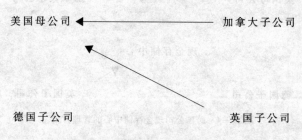

图 25-3 跨国公司的多边冲销方式

3. 现金存储中心的管理方式。作为多边冲销方式的变形,跨国公司还采取现金存储中心的管理方式。跨国公司在内部设立一个现金存储中心,除非得到母公司的指令,否则各子公司的现金都要通过现金存储中心进行调拨。继续上面的例子,在采取现金存储中心的管理方式的情况下,跨国公司的现金管理方式如图 25-4 所示。由英国和加拿大子公司汇往美国母公司的 40000 美元和 15000 美元先汇往现金存储中心,再由现金存储中心汇往美国的母公司。现金存储中心的管理方式与多边冲销的管理方式相比,货币的兑换同为 2 次,汇款多了 1 次。但是,现金存储中心的管理方式优越的地方是与跨国公司以外的公司进行现金结算时比较方便,而且在跨国公司内部可以有效地调节现金的余缺。

　　关于在现实经济中跨国公司选择什么样的资金管理方式,克利斯(J. M. Collins)和弗兰克(A. W. Frankle)曾对《幸福》杂志所列的 1000 家公司进行问卷调查,其中有 22% 的公司做了回答。在具有跨国性质的 163 家公司中,有 3/5 的公司采取双边或多边的冲销方式,其中有 23% 的公司采取了现金存储中心的管理方式。① 但是,跨国公司采取什么样的现金管理方式,还取决于所在国的政策。目前,美国、英国、加拿大、德国、瑞士、香港、新加坡等国家或地区对跨国公司进行现金的冲销没有限制,比利时、荷兰、意大利、爱尔兰、芬兰等国家规定跨国公司要经过批准才能进行现金的冲销,澳大利亚、菲律宾、西班牙以及许多发展中国家国家则对跨国公司进行现金冲销加以限制。

图 25-4　跨国公司现金存储中心的管理方式

　　由于跨国公司的母公司和子公司分处不同的国家,跨国公司内部的资金流动构成金融资本跨国流动的重要组成部分。上述分析表明,对于跨国公司来说,冲销的资金管理方式比非冲销的资金管理方式优越,它们倾向于采用冲销的资金管理方式。显然,如果仅仅从跨国公司冲销资金管理的角度来看,它将导致金融资本跨国流动规模的缩小。但是,从跨国公司统一对外融通资金的角度看,它

---

① J. M. Collins and A. W. Frankle, "International Cash Management Practices of Large U. S. Firms", *Journal of Cash Management*, 5, 1985, pp. 42-48.

又导致金融资本跨国流动规模的扩大。

在跨国公司内部存在资金管理体系的条件下,从现金的收支必然产生资金的借贷。继续前面的例子。在跨国公司内部的资金收支中,美国母公司的收入大于支出 75000 美元,加拿大子公司收入小于支出 45000 美元,德国子公司收入大于支出 75000 美元,英国子公司收入小于支出 65000 美元。如果收入大于支出的公司不急需资金而收入小于支出的公司出现资金短缺,在跨国公司内部便产生资金的借贷,由前一类公司向后一类公司融通资金。由于跨国公司内各公司独立核算,它们将按照市场利率或者比市场利率略为优惠的利率支付利息。

既然在跨国公司内部存在资金管理和资金融通体系,当跨国公司内部某家公司需要资金时,跨国公司有必要采取统一对外融通资金的方式。所以必要是因为存在下面两种情况:一是由于所在国的政策等方面的原因,子公司在当地无法筹集资金,需要母公司或别的子公司为它筹集资金;二是由于还没有建立起信誉,子公司在当地不能以合理的利率筹集资金,也需要母公司或别的子公司为它筹集资金。在跨国公司内部,不同的公司在不同的货币市场上可能具有不同的信誉等级。当跨国公司需要某种货币的资金时,就可以通过最具有优势的公司去筹集。这样,统一对外融通资金的方式使跨国公司能够以最低的成本取得它所需要的资金。

实际上,跨国公司早就采取这样的资金融通方式,货币互换市场的产生可以说明这一点。20 世纪 70 年代,英国发生了严重的国际收支。英国政府为了改善国际收支状况,对卖出英镑买进其他货币的交易征收重税,以防止资本外流。由于英国的跨国公司通常是由母公司在英国的货币市场上筹集英镑资金,然后兑换为其他国家的货币,提供给海外子公司,英国政府的政策增加了英国跨国公司筹集资金的成本,给英国跨国公司带来了困难。为了克服这个困难,英国的跨国公司创造了平行贷款和背对背贷款两种方式。平行贷款是指英国母公司找到其海外子公司所在国的一家跨国公司的母公司,该母公司在英国也设有子公司,然后双方达成协议,由英国母公司向对方设在英国的子公司提供英镑资金,对方则向英国母公司的海外子公司提供当地货币表示的资金。背对背贷款是指英国母公司向对方母公司提供英镑资金,由对方提供给它设在英国的子公司;对方母公司则向英国母公司提供所在国货币表示的资金,再由英国母公司提供给它的海外子公司。正是平行贷款和背对背贷款的发展,产生了货币互换市场。

如果跨国公司分别由子公司在所在国融通资金,那么所发生的资金的流动是国内资金的流动。在跨国公司采取统一对外融通资金的方式的情况下,所发生的资金流动就有很大的一部分成为跨国资金流动了。由于跨国公司的融资情况是商业秘密,没有资料显示跨国公司的资金融通总额,也没有办法用抽样调查的方式估算跨国公司的资金融通总额。但是,在跨国公司作为一个整体对外融资的条件情况下,考虑到跨国公司对外融资以后将会在内部重新分配以及跨国公司内部资金余缺的调剂,在考虑到世界跨国公司的经济活动已经达到了很大的规模,可以认为跨国公司内部的跨国资本流动在跨国金融资本流动中构成了重要的组成部分。

二、跨国公司内部融资产生的原因

跨国公司融资的内部化与产品交易内部化有着相似之处,因而产品市场内部化理论对于分析跨国公司融资内部化具有启发意义。内部化理论(the theory of internalization)由英国经济学家巴克利和卡森在 1976 年合作出版的《跨国公司的未来》中提出,并由加拿大经济学家拉格曼在 1981 年出版的《跨国公司的内幕》中进一步发展。该理论认为,由于产品市场的不完全,造成了中间产品的低效率。为了提高交易的效率,跨国公司通过直接投资,将本公司与外公司的交易转变为本公司内部企业间的交易。产品市场内部化是直接投资的重要原因。

根据内部化理论,市场内部化形成主要有以下原因:

第一,中间产品市场的不完全性而产生内部化。在这里,中间产品不仅指半成品和原材料,而且包括具有专利权的技术和人力资本中的各种知识、信息。前者依靠外部市场供应不仅来源渠道不稳定,质量不可靠,而且价格变动大，交易成本高。后者的实际价值和效果难以确定，从而使买方难以接受报价；即使成交，买卖双方都存在泄密的可能，从而使技术为社会所共享。面对这些中间产品交易的困难，企业将力求使中间产品在其体系内实行内部化转移。

第二，由于外部市场失效而导致内部化。外部市场往往是不完全的，存在着种种不确定的因素，使得买方与卖方之间存在严重的信息不对称现象，这种交易的不确定性导致外部市场失效，企业难以充分利用外部市场有效地协调其生产经营活动。于是，企业需要用内部市场取代外部市场，使资源和产品在企业内部得到合理配置和充分利用。

第三，外部市场交易成本过高而导致内部化。外部市场的交易成本一般包括：发现中间产品相应价格的成本，搜索交易对象的成本，确定合同双方责权的成本，谈判达成协议的成本，签订合同并监督实施的成本，接受合约的有关风险，有关市场交易应付税款等。此外，政府对汇率、关税的干预也构成成本。如果这些成本大于内部市场交易成本，企业就必然采取内部化。当这种内部化过程跨越了国界，就形成了跨国公司。

产品市场内部化理论给予我们一个重要的启示，如果可以证实外部金融市场存在不完全性，海外子公司外部融资的交易成本较高，就可以证明跨国公司存在内部融资的倾向。

莱萨德（D. Lessard）曾经研究了外部金融市场的不完全性。他认为，金融市场不完全主要包括两个方面：第一，政府对外汇市场和公司外汇交易的限制，对流入和流出本国现金的限制，对国内利率水平的限制，以及对国内信用市场配置的限制等等。第二，国内金融市场和离岸金融市场的不完全性。例如浅市场（thin markets）导致的低市场流动性，市场结构不完全导致信息获得障碍和信息的低效率等等。[①]

---

① D. Lessard,"Transfer Prices, Taxes, and Financial Markets: Implications of Internal Financial Transfers within the Multinational Corporation", *International Business and Finance*, Vol. 1, JAI Press, 1979, pp. 101-135.

阿尔钦和威廉姆森则最早描述了内部资本市场（Internal Capital Markets，简称 ICM）在资源配置中发挥了提高效率的作用。他们认为，企业管理者拥有内部资本市场和外部资本市场（External Capital Markets，简称 ECM），但企业管理者在内部资本市场比外部资本市场更具有信息和监督优势，从而能够更有效率地配置资源。根据阿尔钦的看法，内部资本市场的优越性表现在它规避了投资项目信息的披露以及困扰外部资本市场的激励问题。也就是说，企业总部在监督和信息方面能够做得更好。①

威廉姆森批评了关于企业与外部资本市场无摩擦的假设。他指出传统的外部资本市场被严重的信息不对称性所困扰。在此基础上，威廉姆森从两个方面概括了内部资本市场相对于外部资本市场的优势：第一，传统的外部资本市场的局限性在于它是一种外部控制工具，在审计方面受到规章上的限制，并且难以很好地发挥企业内部的激励机制和资源分配机制的作用。内部资本市场优越于传统的外部资本市场的地方，首先在于各部门的经理是企业总部的下属，无论是账面记录还是保存的资料都可以审查，其次还在于在内部资本市场上更有利于企业总部对投资项目的监督。第二，内部资本市场有利于企业资产的优化配置。②

吉尔特纳（R. Gertner）、舒尔夫斯坦（D. Scharfstein）和斯泰因（J. Stein）认为，内部资本市场不同于外部资本市场（如银行信贷）的根本原因在于，内部资本市场为高层管理者提供了对企业资产的剩余控制权，这些控制权为企业高层管理者提供了递增的监督激励。③

在信用约束情形下，并非所有具有正的净现值（NPV）的项目都能进行融资。在跨国公司内部不同子公司之间配置有限的资源的过程中，母公司通过在

---

① A. Alchian, "Corporate Management and Property Rights", in Henry Manne (ed.): *Economic Policy and the Regulation of Corporate Securities*, Washington D. C., American Enterprise Institute, 1969.

② Oliver E. Williamson, *Corporate Control and Business Behavior*, New Jersey, Prentice Hall, 1970.

③ Robert Gertner, David Scharfstein, and Jeremy Stein, "Internal Versus External Capital Markets", *Quarterly Journal of Economics*, 109, 1994, pp. 1211-1230.

子公司之间有效配置稀缺资源可以创造价值。例如,在母公司的控制和调剂下,某个子公司经营过程中产生的现金流可能被用于另一个子公司可能有更高报酬的投资。换言之,一个子公司的资产可以被用做另一个子公司的融资。这意味着单个子公司一定在竞争稀缺资金,从而母公司的工作是在竞争的多个子公司之间权衡优劣。威廉姆森把内部资本市场中的这种博弈描述为:M-型(多层级管理)企业的现金流不会自动地回到它们的源泉。在许多方面,现金流流向高收益用途的配置是 M-型企业最根本的贡献。① 唐纳森(G. Donaldson)的研究也支持了同样的观点,他指出:高层管理做出的关键选择是在竞争性的策略投资机会之间配置资源。在跨国公司内部资本市场中得到资金的机会和数量不仅依赖于该子公司本身的绝对期望收益率,同时也依赖于该子公司本身相对于跨国公司中其他子公司的相对期望收益率。②

　　从上面的分析可以看到,从跨国公司的角度来看,存在着两种金融市场:一是内部的金融市场,它是由跨国公司内部的资金管理和资金融通所形成的市场。当然,有的跨国公司通过母公司的财务部门而有的跨国公司通过设立财务公司等金融机构来办理跨国公司内部的资金管理和资金融通业务。但是,不论通过什么机构来办理跨国公司内部的资金管理和资金融通业务,只要在跨国公司内部存在资金管理和资金融通体系,实际上就形成了跨国公司内部的金融市场。二是外部的金融市场,它是与跨国公司内部的金融市场相比较而言的金融市场。这就是说,某家跨国公司作为一个整体通过银行等金融机构进行资金的借贷,或者通过证券公司或证券交易所发行或买卖证券,由此形成的金融市场就是外部金融市场。

　　笔者认为,跨国公司融资内部化的原因是外部金融市场较高的交易成本以及内部金融市场较高的融资效率:

　　第一,部分国家的对跨国公司进入本国金融市场的限制。就多数发展中国

---

① Oliver E. Williamson, *Markets and Hierarchies: Analysis and Antitrust Implications*, Collier Macmillan Publishers Inc., New York, 1975, pp. 147-148.

② Gordon Donaldson, *Managing Corporate Wealth*, Praeger Publishers, New York, 1984.

家而言,它们引进外国直接投资的动机是取得外国的资金的技术。如果允许跨国公司进入本国金融市场融资,有可能形成跨国公司仅携带少量资金进来,然后利用该国的资金进行投资的局面,从而有悖于引进外国直接投资的初衷。因此,许多国家对跨国公司进入本国金融市场加以限制。

第二,海外子公司在东道国的融资成本较高。首先,融资成本取决于借入资金者的信誉,借入资金者的信誉越高,融资成本越低。其次,融资成本还取决于搜索交易对象、谈判达成协议、签订合同并监督实施的成本等等。在海外子公司建立后相当长的一段时间里,它们还没有在所在国的金融市场上建立起良好的信誉,对所在国的金融市场还不够熟悉,因而融资成本较高。相比之下,母公司则通常具有丰富的融资经验和较高的信誉,融资成本较低。

第三,跨国公司融资内部化有助于提高公司资金的效率。跨国公司在全世界从事经营管理活动,有的海外子公司出现闲置的资金,有的海外子公司则发生资金的短缺。如果跨国公司一方面将闲置的资金存放在银行;另一方面又向银行申请贷款,除了上述各项成本以外,还多支付了存贷款的利差。跨国公司融资内部化有助于节省这部分利差并提高了资金融通的效率。

第四,跨国公司融资内部化有利于母公司的有效控制。如果海外子公司在东道国融资,它必须提供有关投资项目的全部情况,从而不利于跨国公司保守商业秘密。另外,跨国公司融资内部化有助于母公司从财务的角度对海外子公司投资过程的监督,从而有利于母公司的对海外子公司有效控制。

在这样的情况下,单个子公司通常不再直接从外部出资者处筹集资金,而是由母公司与外部金融市场交易,借入所需要的资金,然后提供给海外子公司。另外,母公司在自己与各海外子公司之间,或者在海外子公司之间进行资金余缺的调剂,以降低外部金融市场的融资成本和提高内部资金的效率。

当然,跨国公司内部的资金融通并不完全构成货币资本跨国流动。母公司从外部金融市场借入的资金有一部分是用于实物资产投资,这部分资本流动属于直接投资。母公司或子公司从外部金融市场借入的短期流动资金并在跨国公司内部进行分配,或者在母公司与各海外子公司之间,海外子公司之间进行资金余缺的调剂,才构成货币资本的跨国流动。

第二节　贸易信贷与套期保值

一、贸易信贷的选择

在可以获得出口信贷的条件下,进口商是否选择获得出口信贷来进口商品,主要取决于是否存在贸易套汇的利益。贸易套汇是指进口商选择从出口国获得出口信贷的方式付款,同时按照远期汇率买进外汇以避免汇率风险的行为。

设 E_s 是以 1 单位 B 国货币可以兑换 A 国货币的数量来表示的即期汇率,E_f 是以 1 单位 B 国货币可以兑换 A 国货币的数量来表示的远期汇率,i_a 是 A 国的年利率,i_b 是 B 国的年利率,A 国进口商每进口 1 单位 B 国货币的 B 国商品,如果选择立即付款的方式需要支付 E_s 单位的 A 国货币,如果选择从 B 国获得出口信贷的方式需要在 3 个月后支付 $(1+i_b 90/360)$ 单位 B 国货币。由于未来的即期汇率的变化将会产生汇率风险,A 国进口商还需要按照远期汇率买进 B 国货币,即在 3 个月后支付 $(1+i_b 90/360)E_f$ 单位 A 国货币,以避免汇率风险。按照 A 国的利率计算,这项债务的现值是 $[(1+i_b 90/360)E_f]/(1+i_a 90/360)$,这样,如果

$$E_s < \frac{(1+i_b 90/360)E_f}{1+i_a 90/360} \quad 或 \quad 1+i_a 90/360 < \frac{(1+i_b 90/360)E_f}{E_s} \qquad (25-1)$$

A 国进口商选择以立即付款的方式进口 B 国商品,没有贸易信贷发生,也没有相应的短期资本流动。但如果

$$E_s > \frac{(1+i_b 90/360)E_f}{1+i_a 90/360} \quad 或 \quad 1+i_a 90/360 > \frac{(1+i_b 90/360)E_f}{E_s} \qquad (25-2)$$

A 国进口商选择以贸易信贷的方式进口 B 国商品,贸易信贷将发生,从而出现相应的短期资本流动。

上面主要根据贸易套汇的利益来决定是否获取贸易信贷。由于信贷也是一

种金融资产,进口商根据利益决定是否获取贸易信贷或出口商根据利益决定是否发放贸易信贷可以归入根据金融资产的收益和风险进行投资的成因分析。但是,在现实的经济里,由于实际情况千差万别,贸易信贷将变得较为复杂。

首先,贸易套汇的讨论有一个前提,即 B 国出口商按照市场利率提供出口信贷。但是,在现实的国际贸易活动中,为了推动商品的出口,B 国出口商往往按照优惠的利率提供出口信贷。从这个角度来看,现实经济中发生的出口信贷要大于贸易套汇决定的出口信贷。这种类型货币资本流动是不能从金融资产的收益来解释的。

其次,跨国公司内部贸易是国际贸易的一种重要形式,它是指跨国公司的母公司与子公司之间,以及子公司与子公司之间在产品、技术、服务等方面的交易。为追求世界范围内的利润最大化,跨国公司实行生产营销一体化管理,将很大一部分国际贸易纳入其内部体系。跨国公司内部贸易动机是为了避免外部市场的不确定性、降低交易成本、增强公司的垄断地位,保持公司在技术和管理上的优势,便于公司内部的价格转移。

根据联合国贸易发展会议《95 世界投资报告》的统计,世界贸易中大约 1/3 是在各跨国公司内部进行的,不同跨国公司之间进行的贸易也占世界贸易的 1/3。也就是说,目前有跨国公司参与的国际贸易占全球国际贸易的 70% 至 80%。还有,跨国公司的技术贸易占了技术贸易总额的 90% 以上,而其中 70 至 80 个百分点属于跨国公司内部的技术贸易。由于跨国公司内部可以进行清算,又由于跨国公司内部的重要动机是价格转移,内部清算将会减少资金的流动,为实现价格转移也要求立即付款。从这个角度来看,以贸易信贷形式发生的货币资本流动将会减少。

尽管有的因素导致贸易信贷的增加,有的因素导致贸易信贷的减少,但贸易信贷形式存在的货币资本流动在大量发生。

二、汇率风险的规避

1973 年布雷顿森林体系解体以后,钉住汇率制度被浮动汇率制度所取代,国际经济活动的汇率风险随之产生。在这种情况下,人们不得不借助远期外汇交易、外汇互换交易、外汇期货交易、外汇期权交易来避免汇率风险,从而导致货币资本的流动。

利用远期外汇交易来套期保值的方法是在远期外汇市场上按商定的汇率买进或卖出未来交割的外汇,以保证按本国货币计算的外汇支出或外汇收入不受汇率波动的影响。利用外汇互换交易来套期保值的方法是同时在即期外汇市场和远期外汇市场进行数额相同但方向相反的外汇交易,以达到按即期汇率将本国货币转换为外国货币,用于在外国的经济活动,再按照远期汇率将在外国从事经济活动所得到的收益转换为本国货币的目的。利用外汇期货交易来套期保值的方法是签订标准化的合同,在未来一定的时间按照一定的汇率买进或卖出一定数量的外汇,以保证按本国货币计算的外汇支出或外汇收入不受汇率波动的影响。利用外汇期权交易来套期保值的方法是支付一定的费用以后,取得了在未来一定的时间按照一定的汇率买进或卖出一定数量的外汇的权利,在未来支出外汇或收入外汇时实施这个权利,以保证按本国货币计算的外汇支出或外汇收入不受汇率波动的影响。所有这些交易都涉及衍生金融工具的交易,产生货币资本的流动。

三、利率风险的规避

在利率波动的条件下,在欧洲货币市场进行欧洲货币的融通存在利率风险。为了避免利率风险,人们借助欧洲货币利率期货和欧洲货币期权进行套期保值,同样也导致短期资本的流动。

欧洲货币利率期货交易是指买卖双方签订标准化的合同,在未来一定的时间里按照一定的利率借贷一定数量的欧洲货币的交易。由于利率是确定的,不管利率发生什么变化,借方和贷方都可以按照一定的利率借入或贷出一定数量的欧洲货币,从而避免了利率风险。欧洲货币利率期权是指买卖双方达成协议,买方向卖方支付一定的费用以后,获得了在一定的时间里按照一定的利率借入或贷出一定数量的欧洲货币的权利。这样,当买方要借入或贷出欧洲货币时,可以实施其权利,从而避免了利率风险。当人们进行欧洲货币利率期货和欧洲货币期权交易时,同样引起货币资本的流动。

在金融衍生工具市场上,不仅有保值者,也有投机者。投机所导致的货币资本跨国流动已经在前面的成因中进行了分析,这里探讨的是套期保值所导致的货币资本跨国流动。

第二十六章 货币资本跨国流动的金融效应和经济效应

第一节 货币资本跨国流动的金融效应

一、货币资本流动对东道国金融市场的影响

前面的分析表明,货币资本流动的基本原因是投资者对金融资产收益和风险组合的选择以及机构投资者在金融市场的投资优势。这样,货币资本的流动必然是不稳定的。从收益和风险组合选择的角度来看,如果某个国家的金融资产的收益增加了,或金融资产的风险减少了,或金融资产收益的增加和风险的减少同时发生,在世界范围内的金融资产的有效边界将发生变化,投资者将更多地选择这个国家的金融资产,货币资本就会流入这个国家。一旦这个国家的金融资产的收益或风险发生相反的变化,货币资本就会流出这个国家。从金融市场投资优势的角度来看,如果某个国家的金融市场出现有利可图的机会,机构投资者将试图把握这个机会以获取收益,从而导致货币资本流入这个国家。一旦投资机会消失,货币资本同样会流出这个国家。因此,货币资本跨国流动的特点就是不断地在流动。

但是,如果货币资本跨国流动的规模较大,那么就发生货币资本的聚集和逆转。货币资本聚集和逆转的规模与投资机会的大小有关,金融资产收益和风险的大幅度波动或者是重要投机机会的出现和消失将导致短期资本的大规模聚集

和逆转。一般来说,金融资本的正常流动对一个国家的金融和经济发挥有利的影响,但货币资本的聚集和逆转则可能对一个国家的金融和经济产生不利的影响,甚至可能是破坏性的冲击。

金融市场是资本流动的载体,不同类型的货币资本的流动对东道国的金融市场产生多方面的影响。

首先,正常货币资本的流动对金融市场起着润滑的作用。在现代经济里,商品市场、生产要素市场和金融市场是互相联系的。当商品市场上某类商品出现短缺时,将会对生产这类商品所需要的生产要素产生需求,而生产要素的需求和商品生产的扩大又是通过在金融市场的资金融通实现的。显然,如果金融市场的收益增加,这意味着资金出现短缺,货币资本的流入有利于补充该市场不足的资金。相反,如果金融市场的收益减少,这意味着资金出现过剩,货币资本的流出有利于减少该市场多余的资金。通过金融市场上货币资本的流动,社会资源可以实现更有效的配置。因此,货币资本的正常流动对一个国家的金融市场起着良好的资金融通的作用。

其次,货币资本频繁的跨国流动造成了外汇市场和汇率的波动。不论货币资本流动采取银行信贷的形式还是采取证券投资的形式,大部分都涉及货币的兑换,从而对外汇市场产生影响。当货币资本流入某国时,在外汇市场表现出来是外币的供给和本币的需求增加,在其他条件不变的情况下导致外汇汇率降值和本币汇率升值。相反,当货币资本流出某国时,将导致外汇汇率升值和本币汇率降值。这样,在发生大规模的资本净流入时,本币汇率将持续升值;反之,本币汇率将持续降值。因此,货币资本大规模的频繁流动造成汇率的动荡。

20世纪90年代以来,许多国家都发生过外汇市场和外汇汇率动荡的情况。以泰国为例,在1997年7月发生金融危机以前,泰国即期外汇标准交易单位是1000万美元至2000万美元,日成交量为50亿美元;远期外汇标准交易单位是2000万美元,日成交量为90亿美元。在金融危机发生以后,泰国外汇市场迅速冷落下来,即期外汇标准交易单位降到300万美元,远期外汇标准交易单位降到1000万美元,日交易量减少了80%。外汇市场如此剧烈的变化造成了泰铢汇率波动不安。①

再次,货币资本频繁的跨国流动造成借贷市场和利率的波动。如前所述,当货币资本流入时,将导致银行贷款的增加和货币供给量的增加。货币供给量的增加在其他条件不变的情况下导致利率的下降。相反,货币资本的流出导致利率的上升。这样,如果发生了大规模的货币资本净流入,利率将出现一个上升的过程;反之,利率将出现一个下降的过程。因此,货币资本频繁流动造成利率的波动。

最后,货币资本频繁的跨国流动造成股票市场和股票价格波动。当货币资本以股票投资的形式流入某国时,将刺激该国股票的需求和引起该国股票价格的上升。当货币资本以卖出股票的形式流出某国时,将增加该国股票的供给和引起该国股票价格下降。

国际货币基金组织的研究报告指出:"例如,1993 年 12 月,美国投资者净买入价值为 6.74 亿美元的香港股票;但接着的一个月,美国投资者净卖出的香港股票价值为 7.8 亿美元,这导致未来几个月股票价格的迅速下降。墨西哥出现了同样的资本逆流。1994 年 2 月,从美国净流入墨西哥的股票投资额为 2.8 亿美元;然而第二个月,美国投资者净卖出墨西哥股票 1.7 亿美元。资本流出的快速变化伴随着墨西哥股票价格的迅速下降。这表明,波动性较大的股票投资流动也可能对股票价格变化产生副作用。"②

上述分析表明,货币资本正常的跨国流动有助于恢复金融市场的均衡,但货币资本大规模的频繁的跨国流动则导致金融市场和金融资产价格的波动。从理论上看,货币资本的流动,即使是投机性的货币资本的流动,似乎有助于金融市场的稳定和金融资产的价格恢复均衡状态。以借贷市场为例,当某国借贷资金供不应求而导致利率上升时,货币资本为了取得更高的收益率而涌入该国,该国借贷资金的供给将增加,从而使利率回复到原来的均衡水平。这种看法在推论上似乎是正确的,但在实际上它暗含着两个前提条件:第一,金融市场的信息是

---

① IMF, *International Capital Market*, Washington, D. C. September 1998, p. 19.

② 国际货币基金组织:《国际资本市场:发展、前景和政策》(中译本),中国金融出版社 1996 年版,第 116 页。

对称的而且是充分的,因而市场的参与者对金融市场的变化作出准确的反应;第二,金融市场是完全竞争的,不存在能够左右市场的垄断者。

然而,在现实的金融市场上,这两个前提条件是不存在的。第一,金融市场的信息是不对称和不充分的,市场的参与者不可能作出准确的反映。例如,当借贷市场的利率上升时,市场的参与者有可能作出过度的反应而把大量的资金投向该国的借贷市场,从而有可能导致该国借贷市场的利率大幅度下降。又如,当某国出现轻微的政治或经济动荡时,市场参与者有可能过于敏感地产生不利于市场的预期而把大量的资金撤离该国的借贷市场,从而有可能导致该国借贷市场利率的大幅度上升。第二,金融市场不是完全竞争的。当规模巨大的机构投资者在某国的金融市场上掀起投机风潮时,将导致该国金融市场和金融资产价格的动荡。

正由于现实的金融市场不存在这两个条件,当金融市场没有被控制或被主导时,如果货币资本的流动规模不是很大,只要金融市场的信息不是错误的,即使它是不充分和不对称的,短期资本的流动会使金融市场趋向均衡。这就是前面所说的货币资本正常流动的含义。但是,如果金融市场已经被某些机构投资者所操纵或主导,那么金融市场的需求或供给可以被人为地制造出来。在这种情况下,金融资产价格将发生较大幅度的动荡而不是恢复均衡。

以外汇市场为例,且不说现实的外汇市场,即使是在有效的外汇市场上,短期汇率的变化也会大于长期汇率的变化。美国经济学家多恩布什(R. Dornbush)于1976年提出了汇率"超调模型"(overshooting model),该理论以有效的外汇市场、完全自由的资本流动、本币资产与外币资产完全替代作为前提,仅仅考虑到价格水平具有粘性的特点,就得出了短期汇率具有较强的波动性的特点。

超调模型的论证过程如下:假定有 A 和 B 两个国家,A 国的货币供给出现一次性的增加。在短期内,由于价格水平呈黏性,价格水平没有随着货币供给的增加而发生同比例的变化,货币供给量将大于货币需求量,A 国利率出现下降。这样,在 A、B 两国的货币市场上,A 国货币存款的收益率下降,对 A 国货币的需求减少,A 国货币汇率降值。与此同时,人们预期到 A 国货币汇率将会降值,B 国货币存款以 A 国货币表示的收益率上升,对 B 国货币存款的需求增加,从而加剧了 A 国货币汇率的降值。这意味着在短期内,A 国利率下降和对 A 国货币汇率降值的预期将导致 A 国货币的短期汇率发生较大幅度的降值。但是,在长期里,由于价格水平呈弹性,价格水平随着货币供给的增加发生同比例的变化,货币需求的增加使利率回复到原来的水平,在 A、B 两国的货币市场上 A 国货币存款的收益率上升,对 A 国货币的需求增加,A 国货币汇率降值的幅度减少。因此,短期汇率的变化幅度要大于长期汇率的变化幅度。

但是,在现实的外汇市场上,并不是仅仅存在多恩布什所分析的价格粘性。下面借助汇率的资产分析法,来分析一般意义上的外汇投机和操纵市场的外汇投机对短期汇率的影响。

假定有 A 和 B 两个国家,A 国货币的收益率为 R_a,以 A 国货币表示的 B 国货币的收益率为 R_b,以 A 国货币表示的 B 国货币的预期汇率是 $E_{a/b}^e$,以 A 国货币表示的 B 国货币的目前汇率是 $E_{a/b}$。根据利率平价条件,可以得到下面的公式:

$$R_a = R_b + (E_{a/b}^e - E_{a/b})/E_{a/b} \qquad\qquad (26-1)$$

上述公式表明,当 A 国货币的收益率等于以 A 国货币表示的 B 国货币的收益率加上 A 国货币的降值率时,两种货币的收益率相等,两种货币存款都不存在过度需求和供给的情况,外汇市场形成均衡。

如图 26-1(A)所示,在以横轴表示两国货币存款的收益率 R,以纵轴表示即期汇率 $E_{a/b}$ 的坐标系里,由于 A 国货币存款的收益率不受汇率影响,它是一条垂直线 A。但是对于 B 国货币存款来说,在预期的汇率 $E_{a/b}^e$ 为一定的条件下,即期汇率 $E_{a/b}$ 越高,B 国货币存款的收益率 $(E_{a/b}^e - E_{a/b})/E_{a/b}$ 就越低,它是一条向右下方倾斜的曲线 B。两条曲线的交点,决定了均衡的汇率 E。

现在假定 B 国由于某种诸如实行钉住汇率制度的因素,它的货币的汇率出现高估的情况,如图中 Oe_1 所示。如果人们对汇率变化的预期不变,那么 A 国货币存款的收益率高于 B 国货币存款的收益率,A 国货币存款供不应求而 B 国货币存款供过于求。假定人们对汇率的预期不变,B 国要稳定住汇率 Oe_1,只能借助于提高本国货币利率,使本国货币存款收益曲线从图 26-1(A)中的 B 移向 B_1。这就是在没有发生外汇投机条件下的调整过程。

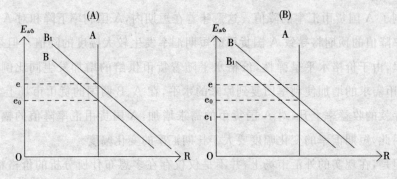

图 26-1 外汇投机条件下的汇率变化

　　但是，一旦人们认为 B 国难以维持汇率的稳定，他们将预期 B 国货币的汇率将发生降值，即 $E^e_{a/b}$ 下降，从而出现外汇的投机。这样，在同样的汇率下，B 国货币存款的收益率下降，即 B 国货币存款的收益从图 26-1(B)中的 B 移向 B_1。如果 B 国无法通过干预外汇市场维持汇率的稳定，汇率将从 Oe 跌到 Oe_1。

　　从图 26-1(B)可以看到，如果外汇投机是一种没有操纵市场的投机，由于投机者对外汇市场施加了压力，曲线 B 向左方作小幅度移动将使 B 国货币汇率下降到原均衡的汇率 Oe_0 以下。尽管这也是一种"超调"，但毕竟是向着均衡汇率方向的调整。如果外汇投机是一种操纵市场的投机，投机者试图凭借着资金的实力大幅度地压低汇率以获取投机收益，那么这不是一种趋向均衡汇率的"超调"，而是较大幅度地偏离均衡汇率的变化。由此可见，外汇投机是否有助于恢复均衡，主要看曲线 B 向曲线 B_1 方向移动的幅度。当然，操纵市场与没有操纵市场很难确定一条绝对的界限。但从理论上说，当曲线 B 向左方大幅度移动，使市场汇率严重偏离原来的均衡汇率时，可以看作是操纵市场的投机。从实践上说，当若干机构投机者大规模地抢购或抛售一个国家的货币，这些机构投资者的交易量达到一定的程度时，也可以看作是操纵市场的投机。

　　因此，关于投机对金融市场的作用不能一概而论，它是有助于金融市场的均衡还是造成金融市场的失衡，取决于金融市场是否被垄断或主导。当然，发生大规模的货币资本跨国流动是否就一定意味着金融市场被垄断也不能一概而论。如果金融市场没有被垄断，大规模的货币资本跨国流动可以使金融市场恢复均衡,但是它是通过金融市场的震荡最终趋于均衡,它仍然对金融市场产生不利影响。如果金融市场被垄断,大规模的货币资本跨国流动将导致金融市场严重失衡,它对金融市场产生破坏性的影响。

二、货币资本流动对东道国金融体系的影响

首先,当货币资本以对银行贷款的形式流入某个国家,即以增加某国银行对外负债的形式流入某个国家时,该国银行的外币负债增加,同时通常表现为该国银行在外国银行存款的外币资产也发生增加。如果该国中央银行从该国银行购买外币,那么该国银行本币的存款准备金将增加并出现了超额存款准备金,该国银行将会增加本币贷款。这样,金融资本流入导致该国中央银行外汇储备的增加、本币贷款的增加和本币供给量的增加。如果该国中央银行不从该国银行购买外币而允许居民持有外币存款,那么该国银行将会增加外币贷款。这样,短期资本流入没有导致该国中央银行外汇储备的增加,但导致外币贷款的增加和外币供给量的增加。

其次,当外国资本以证券投资的形式流入某个国家时,外国厂商或居民需要把外币兑换为本币,即把外币存款转换为本币存款以用于投资。由于外国厂商或居民兑换本币后把本币存在该国银行,该国银行本币存款的减少和本币存款的增加彼此抵消,净增加了外币存款。如果该国中央银行从该国银行购买外币,那么与上述分析相同,本币贷款和本币供给量将增加。如果该国中央银行不从该国银行购买外币并允许居民持有外币存款,那么也与上述分析相同,外币贷款和外币供给量将增加。假如外国厂商或居民不把外币兑换为本币而直接用外币购买债券或股票,当债券或股票出售者把外币存入该国银行时,该国银行的外币贷款和外币供给量将会增加;当债券或股票出售者把外币兑换为本币时,与外国厂商或居民把外币兑换为本币所产生的效果是一样的。

由此可见,在货币资本流入某国而没有同时发生货币资本流出的情况下,该国银行的资产负债表将会出现扩张。根据同样的道理,在短期资本流出某国而没有同时发生短期资本流入的情况下,该国银行的资产负债表将会出现收缩。

由于货币资本的跨国流动会导致流入或流出国银行资产负债表的扩张或收缩,如果货币资本的跨国流动比较平缓,流入和流出的间隔时间不是很短暂,货币资本流动实际上在发挥调节资金余缺的作用,对该国的金融体系不会带来不利影响;但是,如果货币资本跨国流动的规模很大,流动的节奏又很剧烈,那么它将对流入或流出国的金融体系将造成冲击。具体来说,冲击的大小取决于东道国的中央银行和商业银行体系的情况。

对于中央银行监管效率较高,银行体系比较健全的国家来说,货币资本大规模的跨国流动给金融体系带来的风险较小。当货币资本流入而导致这些国家的银行发放贷款时,它们将根据借方偿还贷款的能力决定贷款的利率,针对可能出现的呆账保留预备金,避免贷款过分集中在那些对于资本流动较为敏感的部门。这样,当货币资本流出而导致这些国家的银行收缩贷款时,它们可以比较从容地解决资金调拨问题。但是,对于中央银行监管不力,银行体系不够健全的国家来说,货币资本流动将给金融体系带来较大的风险。当货币资本大规模流入导致这些国家的银行发放贷款时,它们往往盲目扩大银行信贷而且银行信贷分配不当,使银行贷款扩展到偿还能力不高的债务人。一旦金融资本流动发生逆转,这些国家的银行往往因流动性不足而陷入困境,从而不得不求助于中央银行提供资金,造成金融体系的动荡。发达国家和发展中国家的经验和教训表明,当货币资本流入而导致国内资金较为充裕时,银行为了扩大贷款的途径会把资金贷给利润率较低的企业或信用级别较差的借款者。特别是当银行扩大房地产贷款、以股份作为抵押的贷款、消费信贷、对银行内部机构或相关经济实体的贷款时,将使银行面临着较大的流动性风险。

三、货币资本流动对流出国的影响

对于货币资本流动主体所在国即流出国来说,货币资本流动可以给它们带来丰厚的收益。根据对货币资本流动两个原因的分析,投资者是在金融资产收益和风险组合的有效边界上进行选择的,或者是具有竞争优势的情况下进行金融资产的投资。在通常的情况下,发起国的资本在国外可以得到比国内更高的收益,否则货币资本就不会流动了。但是。正如货币资本流动对东道国的金融体系具有双重效应一样,它对流出国也具有双重效应。它在增加流出国资本的收益的同时,也增加了流出国金融市场的信贷风险。这种信贷风险主要表现在机构投资者常常从本国银行筹集资金,然后把这些资金用于外国金融资产的投资。一旦机构投资者投资失误,流出国的银行有可能陷入困境。

仍以套期保值基金为例。套期保值基金善于运用银行贷款,借助金融杠杆进行投资。如果投资成功,它可以以较低的成本取得较高的收益;如果投机失败,它不但濒临破产,而且还给发放贷款的银行造成很大的风险。尽管套期保值基金的经营者都是精通金融业务的金融家或金融学家,但是金融市场变幻莫测,没有一位投机者可以确保投机成功的。如果套期保值基金的管理者过于自信,难免因发生投机失误或偶然因素而遭受失败。

在 1998 年以前,尽管套期保值基金的投机也偶有失误,也遭受过损失,但从总体上看仍保持着比共同基金等金融机构高的投资收益率,也保持着按期偿还银行贷款的良好记录。在这种情况下,由于套期保值基金急剧膨胀而形成的巨大的信贷风险没有被人们注意到,发达国家的银行仍乐意大规模地向套期保值基金发放贷款。1998 年以后,随着套期保值基金的投机接连失误,发达国家的金融市场的信贷风险终于爆发。

1998 年 8 月,套期保值基金在香港发起投机性冲击不但没有成功,反而遭受较大的损失。就在同一个月份里,俄罗斯突然爆发金融危机。8 月 17 日,卢布对美元的汇率降值 35%,俄罗斯证券价格暴跌,证券市场的交易被迫停止。在金融危机的打击下,俄罗斯政府无力偿还债务,宣布延期偿还债务 90 天。俄罗斯的金融危机使大量投资俄罗斯债券的套期保值基金遭受严重损失。据报纸报道,在 8 月份,罗伯逊管理的老虎基金损失 20 亿美元,索罗斯管理的量子基金、量子新兴增长基金、量子工业控股基金和类星体国际基金的资产也损失13% 到 30% 不等。索罗斯不得不关闭资产损失了 30% 的量子新兴增长基金,并把量子工业控股基金和类星体国际基金合并。长期资本管理基金的损失最为惨重,实际上已濒临破产。长期资本管理基金欠有美国银行和欧洲银行大量的债务,其中欠瑞士联合银行的债务高达 9.5 亿瑞士法郎,它的破产势必引起美欧银行业的动荡。在这种情况下,美国联邦储备系统不得不组织美国金融机构挽救长期资本管理基金。1998年9月23日,美国14家主要银行的代表聚集在纽约联邦储备银行讨论如何处理长期资本管理基金的倒闭问题,类似这样的会议只有在1929年股票市场发生恐慌的时期才举行过。9月28日,14家主要银行终于作出了注资36亿美元挽救长期资本管理基金的决定,长期资本管理基金所引发的危机才告一段落。但是,套期保值基金的厄运并没有结束。2000年3月,在最辉煌的时期曾经管理过200亿美元资本的罗伯逊不得不关闭老虎基金。4月,索罗斯宣布将旗舰量子基金转变为慈善基金。10月,维尼克(J. Vinik)也关闭了管理着42亿美元的维尼克基金。同年,莫勒资本管理基金自愿将4亿美元归还投资者,另外投资者也抽回200万美元的资本。[1]

四、投机性货币资本流动金融效应的例证

(1)套期保值基金的投机性冲击的效应

正如不同类型的货币资本跨国流动有不同的效应一样,套期保值基金的投机也有不同的效应。但是,当一个国家的经济出现某些问题时,套期保值基金的投机性冲击带来了破坏性的影响。量子基金的经营者索罗斯在美国国会举行的听证会上曾经宣称套期保值基金的行为是恢复金融市场的稳定。在多个国家遭受了投机性冲击以后,国内外也有不少学者认为套期保值基金的行为是恢复金融市场的均衡。关于套期保值基金的投机性冲击是恢复金融市场的均衡还是造成了金融市场的波动,前面已经进行了详细的分析。在这里,引用"七国集团"财政部长和中央银行行长倡导建立的"金融稳定论坛"的报告对这个问题的评价,可以进一步验证这个问题:

"高杠杆率机构经常性地在中小型市场上建立高额的和集中的头寸。当它们这样做时,它们有能力对市场产生实质性的影响。这种影响的程度和持续时间可

---

[1] Financial Stability Forum, *Progress in Implementing the Recommendations of the Working Group on Highly Leveraged Institutions*, May 2001.

以通过羊群效应或其他市场参与者追随它们而扩大和延长,这种影响的程度和持续时间还关键取决于市场基础的牢固程度和国内货币交易者行为的变化。

要对高杠杆率机构建立的头寸是否造成了不稳定作出判断需要对具体的事例进行分析。工作小组有的成员认为,1998 年高杠杆率机构建立的高额头寸导致若干个国家宏观经济的恶化,从而造成了不稳定的市场变化。按照他们的看法,高杠杆率机构建立的头寸和实施的策略有时代表了一种重要的和独立的压力的来源。然而,也有的成员认为没有足够的证据以 1998 年的经历作出这样的判断,当时不确定性笼罩着市场,一些国家的宏观经济很脆弱,并且面临着亚洲危机的外溢效应的风险。按照他们的看法,高杠杆率机构对市场的影响可能是短暂的。如果经济的基础很牢固,高杠杆率机构建立的头寸和实施的策略不可能威胁到市场的稳定。

工作小组注意到在对 1998 年一些经济进行案例研究中所提及的侵害性的做法。工作小组的一些成员认为,这些做法构成了对市场的操纵,政策制定者对此应给予严重的关注。但是,工作小组作为一个整体,没有对这种做法的影响程度以及对于整个市场来说意味着什么作出明确的结论。”①

工作小组的报告是比较中肯的。如果一个国家的经济基础很牢固,套期保值基金等外国机构投资者难以找到合适的投机机会,投机所导致的货币资本跨国流动的风险要小一些。如果一个国家出现经济问题,套期保值基金等外国机构投资者将在市场上具有比较明显的优势,投机所导致的货币资本跨国流动就会导致市场更大的动荡。但是,值得提出来的问题是:一个国家可以确保不出现导致货币资本投机性冲击的诱因吗? 日本是一个经济大国,不是也出现了泡沫经济吗? 英国是一个金融大国,不是也遭受到投机性冲击吗? 发达国家尚且如此,何况发展中国家? 另外,严酷的现实不能不使人思考这样一个问题:对于无力抵御投机性冲击的中小发展中国家来说,保持经济的稳定就一定能避免货币资本的投机性冲击吗?

---

① Financial Stability Forum, *Report of the Working Group on Highly Leveraged Institutions*, April 2001, p. 19.

第二十六章 货币资本跨国流动的金融效应和经济效应

(2)1992 年对英镑的冲击

1992 年货币资本对英国英镑冲击清楚地说明了投机性的货币资本流动对流入国货币市场的影响。英国和德国原来都是欧洲货币体系的成员国。按照欧洲货币体系的汇率机制,成员国货币之间的汇率彼此之间保持稳定,然后联合对其他货币浮动。具体地说,欧洲货币体系成员国首先决定本国货币与欧洲货币单位的法定中心汇率,然后保持本国货币对欧洲货币单位的汇率偏离法定中心汇率的幅度不超过±2.25%。当某个成员国的货币对欧洲货币单位的汇率偏离幅度达到允许的波动幅度±2.25% 的 75% 时,便达到了差异界限,该成员国有责任对外汇市场进行干预以维护本国货币汇率的稳定。差异界限的计算公式为±2.25%×75%×(1−W_i),W_i 是该成员国货币在欧洲货币单位篮子中的比重。

差异界限具有两个方面的作用:首先,它提示成员国政府对外汇市场进行干预以防止成员国货币对欧洲货币单位的汇率偏高法定中心汇率的幅度超过±2.25%。其次,它指示当两个成员国的货币汇率波动幅度过大时,谁应该承担起干预外汇市场的责任。例如,英镑对马克下浮,就这两种货币而言不能明确哪个国家对英镑与马克汇率的波动负有责任,但就这两种货币对欧洲货币单位的汇率偏离法定中心汇率的幅度来看,就可以明确哪个国家对英镑和马克汇率的波动负有责任。如果英镑偏离法定中心汇率的幅度达到了差异界限而马克偏离法定中心汇率的幅度没有达到差异界限,那么英国政府应承担起稳定本国货币汇率的责任;反之,德国政府应承担起稳定本国货币汇率的责任。由于各成员都保持本国货币对欧洲货币单位汇率的稳定,各成员国货币之间的汇率也就能够保持稳定。在欧洲货币体系成员国内,大部分成员国必须遵守±2.25% 的波动幅度,但英国、西班牙、葡萄牙可以例外,它们的货币对法定中心汇率的最大波动幅度为 6%。

20 世纪 90 年代初期,英国经济增长缓慢,失业增加。为了刺激消费支出和投资支出,英国政府采取扩张性的货币政策,把利率维持在较低的水平上。但是,与英国的情况相反,在德国东西部统一以后,为了防止政府支出的大量增加导致通货膨胀,德国政府实行收缩性的货币政策,把利率提高到较高的水平。按照欧洲货币体系的汇率机制,英镑和马克的汇率保持相对稳定,人们从事英镑和马克的套利活动汇率风险不大。这样,英国和德国的利率差异造成人们纷纷卖出英镑买进马克以获取利差,从而给英镑带来降值的压力。

1992年8月26日,英国财政大臣拉蒙特明确表示英国政府不会使英镑降值,英国不会离开欧洲货币体系。在拉蒙特发表声明时,英格兰银行在外汇市场上用马克买进3亿英镑,以表示中央银行维持英镑汇率稳定的决心。8月28日,英国财政大臣拉蒙特在欧洲共同体财政部长会议结束之后再次发表声明,宣布欧洲货币体系不会进行调整。

在这种形势下,套期保值基金等外国机构投资者认为英镑汇率将难以保持稳定,开始在英国的金融市场上掀起投机的风潮。套期保值基金采取的投机方法是:第一,在外汇市场上卖出远期英镑、英镑期货和英镑期权,其目的等待英镑即期汇率降值以后获取英镑远期汇率与即期汇率的差价、英镑期货价格随之下降的差价以及英镑期权实施汇率与即期汇率的差价。第二,在证券市场上买进德国债券卖出德国股票价格指数期货和股票期权。它们认为,一旦英镑出现危机,德国政府有可能降低马克的利率,马克利率的下降会导致固定利息的债券价格上升以及股票价格下降,这样可以获得债券价格上升的差价和股票价格下降的差价。第三,借入英镑,在即期外汇市场上抛售英镑抢购马克。其目的是直接压低英镑的即期汇率后,一方面回购英镑偿还债务以获取即期汇率下降的差价,另一方面实现在远期外汇市场、外汇期货市场和外汇期权市场的收益。据报纸报道,美国量子基金管理者索罗斯依靠金融杠杆利用10亿美元达成了价值100亿美元的金融资产的交易,以期待迫使英镑即期汇率的下降来获取这价值100亿美元的金融资产的差价。

9月以后,随着资金不断从英国流向德国以及套期保值基金等机构投资者不断地抛售英镑,英镑降值的压力越来越大。9月14日,德国政府为了减轻英镑的压力,维持欧洲货币体系的稳定,把贴现率从8.75%降低到8.25%。对英镑汇率波动负有主要责任的英国政府从788亿美元的外汇储备中抽调出269亿美元用于购买英镑,以增加外汇市场上英镑的需求和阻止英镑汇率的降值。但英国政府的努力无法抑制已经形成的外汇投机风潮。9月15日,英镑汇率跌至1英镑兑换2.780马克,低于欧洲货币体系规定的1英镑兑换2.778马克的水平。在这种情况下,英格兰银行不得不作最后的努力,采用了英镑出现危机以来一直不愿意采用的手段——提高利率,并在 9 月 15 日一天内两度提高利率,把利率从 10% 提高到 15%,以希望通过资金从德国回流英国而稳定英镑的汇率。但英国政府的干预在外汇投机风潮的冲击下仍无济于事。9 月 16 日,英镑对马克的汇率继续下跌至 1 英镑兑换 2.703 马克,英国财政大臣不得不代表政府宣布英国退出欧洲货币体系。9 月 17 日,英国利率降回 10%,英镑汇率继续下降。继英国退出欧洲货币体系以后,意大利接着退出欧洲货币体系。在英镑降值的同时,西班牙比塞塔降值 20%,意大利里拉降值 22%。套期保值基金等机构投资者的投机促成了英镑的危机和欧洲货币体系的危机。

套期保值基金等机构投资者在这次金融危机中获得了丰厚的利润。据 1992 年 10 月 24 日英国《每日邮报》报道,仅索罗斯经营的量子基金就赚了将近 10 亿英镑,英格兰银行则遭受了沉重的损失。

第二节　货币资本跨国流动的经济效应

一、货币资本跨国流动的产量效应

经济学者们很关注资本跨国流动与经济增长的关系。奥斯菲尔德(M. Obstfeld)在 1994 年第 84 期《美国经济评论》上发表了一篇题为"冒险、全球分散化与增长"(Risk-taking, Global Diversification, and Growth)的论文,认为资本流动可以使投资风险分散化,增进了生产的专业化程度,促进了资本的合理配置,从而有利于经济增长。克莱因(M. Klein)和奥利维(G. Olivei)持相同看法,他们于 2000 年在图弗茨大学(Tufts University)一篇题为"资本项目的自由化、金融深化和经济增长"(Capital Account Liberalization, Financial Depth, and Economic Growth)论文中提出,资本的自由流动使资本能够流入缺乏资本的国家,对这些国家产生了正的产量效应。博伊德(J. H. Boyd)和斯密(B. D. Smith)则与上述看法不同,他们在 1992 年第 30 期的《货币经济学杂志》中发表了题为"投资资本的媒介和均衡配置：对经济增长的意义"(Intermediation and the Equilibrium Allocation of Investment Capital：Implications for Economic Development)中认为：机构和政策对资本流动发挥着重要的作用，在资本流动趋向自由化的过程中，资本实际上从机构和政策弱的国家，如金融制度和法律体系较弱的国家流向机构和政策强的国家，而前者是资本缺乏的国家，后者是资本充裕的国家，所以资本流动不利于发展中国家的发展。梅亚（Alejandro Lopez-Mejia）在国际货币组织的工作论文"大规模资本流动：对原因、后果和政策反应的考察"(Large Capital Flows：A Survey of the Causes, Consequences, and Policy Responses)中也指出资本流动可能产生的不利影响。他认为，大规模的资本流入会导致货币的扩张、通货膨胀的压力、实际汇率的贬值、金融部门的风险以及经常项目逆差的扩大。①

埃狄森（Hai J. Edison）、利文（Ross Levine）和里西（Luca Ricci）则收集了大量的经验数据，致力于用计量经济学的方法来验证国际金融一体化与经济增长的关系。他们首先分析了国内生产总值的增长与有关变量的相关关系，然后有对国内生产总值的增长与资本流动进行回归分析，最后再通过改变控制变量探讨在不同的条件下国内生产总值的增长与资本跨国流动的关系的变化。其中与资本跨国流动的经济增长效应有关的研究成果简述如下：

首先，埃狄森、利文和里西分别用实际人均国内生产总值的增长表示经济增长，用银行和其他金融机构对私人企业的贷款与国内生产总值的比例表示私人信贷，用对外直接投资和证券投资流入和流出的累积存量与国内生产总值的比例表示资本流动存量，用直接投资和证券投资的流入和流出量与直接投资和证券投资的比例表示资本流动，用对外直接投资和证券投资流入的累积存量与国内生产总值的比例表示资本流入存量，用直接投资和证券投资的流入量与直接投资和证券投资的比例表示资本流入量，得到表 26－1 表示的相关系数。从表中第一列可以看到，与资本流动有关的变量与经济增长几乎不存在相关关系。

① Alejandro Lopez-Mejia，"Large Capital Flows：A Survey of the Causes, Consequences, and Policy Responses"，*IMF Working Papers*，1999.

表 26 - 1   资本流动与经济增长相关系数

	经济增长	流动存量	流动流量	流入存量	流入流量	私人信贷
经济增长	1.00					
流动存量	0.07	1.00				
流动流量	0.04	0.93	1.00			
流入存量	0.25	0.77	0.72	1.00		
流入流量	0.29	0.62	0.69	0.92	1.00	
私人信贷	0.26	0.60	0.49	0.54	0.40	1.00

资料来源：Hai J. Edison，Ross Levine，and Luca Ricci，"International Financial Integration and Economic Growth"，*IMF Working Papers*，2002，p. 10.

其次，埃狄森、利文、里西根据下述回归方程对主要以资本流动来表示的国际金融一体化与国内生产总值的增长进行了回归分析：$G = \alpha + \beta C + \gamma X + \varepsilon_i$。在这个方程中，$G$ 表示实际人均国内生产总值的增长，C 表示金融一体化的程度，X 表示控制向量如制度因素、宏观经济因素等，ε_i 是随机项，α、β、γ 表示系数。他们根据回归分析的结果得到下述结论：对落后国家而言，国际金融一体化具有正的增长效应。对于发达国家，国际金融一体化没有正的增长效应。

再次，埃狄森、利文、里西改变控制变量，考察制度因素对国际金融一体化与国内生产总值的增长的关系的影响。他们所选取的制度因素包括法律与秩序、政府的贪污。其中法律与秩序的数值从 1 到 10，数值越大，表示法律与秩序越好；政府的贪污的数值从 0 到 10，数值越低，表示政府的贪污越严重。回归分析的结果表明，在制度进步的情况下，国际金融一体化的增长效应并没有增强。接着，他们又考察宏观经济条件对国际金融一体化与国内生产总值的增长的关系的影响。他们所选取的宏观经济条件因素包括通货膨胀和政府的财政收支，但回归分析的结果同样表明，在宏观经济条件改善的情况下，国际金融一体化的增长效应也没有增强。

因此，他们总的结论是，国际金融一体化与经济增长不存在明确和严格的联系。[1]

---

[1]　Hai J. Edison，Ross Levine，and Luca Ricci，"International Financial Integration and Economic Growth"，*IMF Working Papers*，2002.

在埃狄森、利文和里西的研究中,国际金融一体化主要以资本流动来表示,而资本流动又包括直接投资。包括了直接投资在内的资本流动没有明显的产量效应在逻辑上似乎难以令人接受。如果事实果真如此,似乎很难解释为什么这么多国家愿意输出资本和这么多国家愿意输入资本,以及为什么各个国家愿意推进国际金融一体化。笔者认为,这个结论可能与选取的指标有关。首先,埃狄森等人用实际人均国内生产总值的增长表示经济增长,而影响人均产值的因素除了产值以外还有人口。即使国际金融一体化具有产量效应,但如果同期人口也出现增长,那么人均产值不一定明显增加。另外,埃狄森等人注重的是国际金融一体化的程度,他们提出的资本流动与国内生产总值的比例的指标实际上是表示资本流动的深度,即使资本流动导致国内生产总值的增加,但在两者的关系中还存在资本流动的效率的问题,资本流动深度不一定提高。一方面国内生产总值增加了,另一方面资本流动深度不一定提高。两者的相关关系就不一定明显。因此,如果将埃狄森、利文和里西的结论具体为在所研究的时期内资本流动的深度与实际人均国内生产总值没有明确的联系,则可能是事实。应该说,这个结论并不否认资本流动的产量效应。

本书关注的不是一般的资本流动,而是货币资本的流动。在埃狄森、利文和里西的研究中,只有私人信贷粗略地接近货币资本的概念。从表26-1的相关系数的计算结果可以看到,私人信贷与人均国内生产总值只存在很弱的相关关系。如果说包括直接投资在内的资本流动从逻辑上说应该对国内生产总值有确定的贡献,那么对于飘忽不定的货币资本流动来说,它是否对国内生产总值有确定的贡献则难以判断。因此,不宜将货币资本流动作为自变量来解释国内生产总值的增长,而应考察它们之间的相关关系。由于货币资本流动对产量的影响会有时间上的滞后,可以分析每年的国内生产总值与前一年的货币资本流动量的相关关系。由于难以寻找到短期信贷的数据,这里主要分析以购买力平价来计算的世界国内生产总值与证券投资的关系,其中证券投资包括国际货币市场工具、国际中期票据、国际债券、国际股票,具体数据如表26-2所示。表中的产值和证券分别表示国内生产总值和净发行的国际证券,从表中的数据可以得到国内生产总值与证券投资的相关系数是:0.867196219。这意味着国内生产总值与证券投资存在密切的相关关系,证券投资有一定的产量效应。

货币资本流动在总量上与国内生产总值存在一定的相关关系,但是它不能说明货币资本流动对不同的经济部门有什么不同的影响,以及不同类型的货币资本流动对经济有什么不同的影响,还需要对货币资本流动的效应进行详细的分析。

表 26 – 2　国内生产总值与证券投资的相关关系　　　　单位:亿美元

年份	1985	1986	1987	1988	1989	1990	1991	1992
产值	191308	202700	216793	234418	252116	268205	280427	290892
证券	988	1412	2255	1883	2075	2384	2024	1915
年份	1993	1994	1995	1996	1997	1998	1999	2000
产值	304668	321696	339964	360319	382410	397289	416906	446310
证券	2025	2575	2524	4993	5638	6977	11809	11917

资料来源:Historical Statistics,BIS,2002.

二、货币资本跨国流动的宏观经济效应

前面的分析表明,货币资本的流入导致银行贷款的增加和货币供给量的增加,货币资本的流出导致银行贷款的减少和货币供给量的减少。因此,货币资本流入对国内经济产生扩张性冲击,货币资本流出对国内经济产生收缩性冲击。这些冲击对经济产生什么影响,取决于国内的经济状况。在一般的情况下,一个国家在经济的扩张时期产生对资金的大量需求,导致利率上升,货币资本的流入能够满足这种需求,对该国的经济发展起着资金融通的作用。但是,如果货币资本因此而持续地和大规模地流入,则有可能引起通货膨胀。相反,一个国家的金融资产的价格往往在经济衰退的时候趋于下降,货币资本的流出有可能加剧这个国家的经济停滞。

但是,如果发生了货币资本的投机性冲击,即在某个国家掀起金融投机风潮,那么它将对该国经济产生收缩性影响。在现代经济里,最易于发生投机风潮的金融市场主要是外汇市场和股票市场。在外汇市场上,投机者通常从某国借入该国货币,然后同时在即期外汇市场、远期外汇市场、外汇期货市场、外汇期权市场抛售该国货币,以期待在该国货币即期汇率下降以后回购该国货币来偿还

该国货币贷款,从而获取该国货币汇率变化的差价。受到投机性冲击的国家的中央银行通常动用外汇储备买进本国货币,以减轻本国货币汇率的波动幅度。这样,在外汇投机中将发生两种重要的现象:第一,外汇资产发生了从该国政府到外国投机者再到该国外汇银行的转移。该国中央银行储备的外汇首先通过干预外汇市场转移到投机者手里,然后再通过投机者回购该国货币而转移到该国外汇银行。由于中央银行使用外汇买进了本币,该国货币供给量在短期内出现收缩。如果该国中央银行允许居民持有外汇,该国货币供给量收缩将持续下去。第二,投机者在该国大量借入该国货币,导致该国借贷资金的需求增加和利率的上升,利率的上升将对该国的消费需求和投资需求产生抑制作用。因此,大规模的外汇投机将对该国国内经济产生收缩性影响。

在股票市场上,投机者通常是寻找股票价格指数偏高的时机同时在股票市场、股票价格指数期货市场、股票期权市场上抛售股票现货、股票价格指数期货和股票期权,以获取股票价格下跌的差价。股票市场的投机将出现两种可能性:第一,如果投机者获得成功,那么该国股票价格暴跌,该国股票持有者的财富将减少。在财富效应的影响下,企业将会减少投资支出而居民则会减少消费支出,从而导致社会需求的减少。第二,如果该国政府采用大量买进股票的方法来反投机,即使可以保持股票价格的稳定,但由于政府使用可以流通的本币买进了不能流通的股票,该国货币供给量将会减少。因此,不论出现哪一种情况,大规模的股票投机将对该国国内经济产生收缩性影响。

如果某个国家由于金融市场的泡沫而引发短期资本的投机性冲击,对该国经济的破坏性影响更大。外国机构投资者的投机性冲击一旦成功,被冲击国的泡沫经济将会崩溃,金融危机将会爆发。泡沫经济崩溃所导致的金融危机的典型表现是银行危机。在泡沫经济形成的过程中,该国投机者以各种方式从银行取得贷款来参与股票或外汇的投机。股票价格一旦暴跌,投机者无力偿还银行贷款,银行呆账坏账增加,整个银行体系将变得岌岌可危。如果银行出现破产,企业存放在银行的存款将遭受损失,一批企业将随之破产。另外,股票价格的暴跌造成了厂商和居民的财富减少,从而导致投资需求和消费需求的下降。这样,产量将会减少,失业将会增加,经济将会陷入衰退或萧条。

三、货币资本跨国流动的溢出效应

在经济全球化的条件下,各国的金融联系以及非金融的经济联系日益密切。一个国家发生较大的金融或经济动荡,会很快波及其他国家,这就是溢出效应(spillover effect)。溢出效应是由下述因素造成的:

第一,金融联系。如前所述,20 世纪 90 年代以来,世界各国金融市场的一体化在加强。首先,各国银行信贷的联系日益密切。尽管从一个国家来看存在着银行信贷资金的净流入或净流出,但在实际上各国银行信贷是交错进行的。在 A 国银行对 B 国银行或厂商发放贷款的同时,B 国银行也在向 A 国银行或厂商发放贷款。这样,如果 A 国发生金融动荡,A 国银行将无法按时偿还 B 国银行的贷款,B 国银行的流动性减弱并且处境恶化,B 国的金融体系均受到影响。如果 B 国银行又无法偿还 C 国银行的贷款,C 国的金融体系也将受到影响。因此,一个国家金融动荡的溢出效应可以通过银行信贷的途径产生和传递。银行信贷的范围越广、联系越密切,规模越大,溢出效应将越大。其次,各国证券投资的联系日益密切。一个国家的债券和股票可以在多个国家发行,多个国家的债券和股票也可以在一个国家发行,而且证券投资在国与国之间的流动量日益扩大。这样,当一个国家的证券价格发生波动,它在别的国家发行的同样的证券价格也将发生波动,从而影响到别的国家的证券市场。特别是当一个国家的证券市场发生动荡时,如果投资者预期其邻近的国家的证券市场具有相似的特点而有可能发生动荡,那么他们将抛售这些国家的债券和股票以撤离这些国家的证券市场,从而造成该地区的证券市场的动荡。一个国家的金融动荡也可以通过证券投资的途径产生和传递溢出效应。

第二,经济联系。国与国之间非金融的经济联系主要表现在贸易联系和投资联系。首先,在当今世界上,国与国之间的进出口贸易联系十分密切和广泛。由于一个国家进口的增加就是别的国家出口的增加,出口的增加就是别的国家进口的增加,而一个国家从长期来看只能通过出口的增加来实现进口的增加,世界各国进出口贸易的发展是联系在一起的。当一个国家的经济发生动荡时,它的进口就会减少,那么别的国家的出口就会减少,别的国家的经济增长就会受到影响。国与国之间的贸易越密切,贸易规模越大,这种影响就会越大。进出口贸易是经济的溢出效应的一种传递机制。其次,国与国之间的直接投资联系也十分密切和广泛。当一个国家出现经济的动荡,其邻近国家的经济又具有相似的特点,投资者预期在该国和该地区投资收益将会减少,他们不但不会增加对该国或该地区的直接投资,而且有可能收缩对该国或该地区的投资,从而对整个地区的经济发展产生不利影响。直接投资是经济的溢出效应的另一种传递机制。

第三,投资者的信心。因为国与国之间的金融联系和经济联系会产生溢出效应而人们又认识到这种溢出效应,所以当一个国家发生金融和经济动荡时,在溢出效应通过金融联系和经济联系对别的国家真正产生影响前,别的国家的金融和经济可能已经受到影响。造成这种影响的机制就是投资者的预期。当 A国发生金融或经济的动荡时,B 国的投资或国际投资者就会产生 B 国的金融或经济的动荡将会波及本国的预期,从而出售 B 国的证券或减少对 B 国的直接投资,B 国的金融或经济也有可能发生动荡。因此,溢出效应的时延可以是很短的。

四、投机性货币资本跨国流动经济效应的例证

(1)1997 年对泰国泰铢冲击的效应

泰国是亚洲地区发展较快的国家之一。但是,20 世纪 90 年代中期以来,泰国经济出现了一系列的问题:首先,泰国出口商品竞争力下降,经常项目出现逆差。其次,在证券投机和房地产投机形成的经济泡沫破灭以后,金融机构的呆账坏账大量增加,金融体系较为动荡。再次,泰国金融开放的步伐过快,中央银行的调控能力又有限,因而易于遭受投机性资本流动的冲击。最后,泰国实行钉住一篮子货币的汇率制度,泰铢的汇率难以有效地发挥调节对外经济活动的作用。在这种情况下,泰铢的汇率变得很不稳定。

套期保值基金等外国机构投资者捕捉到这个机会并开始以借贷的方式大量

地囤积泰铢。1992年2月,套期保值基金对泰铢发起第一次试探性的攻击,在各种类型的外汇市场上抛售泰铢。泰国中央银行马上作出反应,动用20亿美元的外汇储备在外汇市场上买进泰铢,以稳定泰铢的汇率。5月,套期保值基金等机构投资者又对泰铢发起第二次试探性攻击,同样在各种类型的外汇市场上抛售泰铢,使泰铢汇率一度降低到26.6泰铢兑换1美元的水平。泰国中央银行再次作出反应,它一方面联合新加坡和香港货币当局干预亚洲外汇市场,同时卖出美元买进泰铢以支持泰铢汇率;另一方面大幅度提高隔夜拆借利率,抑制外国机构投资者利用拆借市场借入泰铢用于抛售,同时还严禁泰国国内银行把泰铢拆借给离岸机构投资者,并暂时分离离岸市场与在岸市场。在泰国中央银行的干预下,泰铢汇率恢复稳定。

通过两次投机与反投机的较量,泰国货币管理当局意识到套期保值基金等外国机构投资者已经把投机的目标对准泰铢。泰国财政部长庵雪·威拉旺于6月2日要求泰国中央银行发出通告,通知泰国的金融机构停止货币互换、利率互换、远期外汇、利率期权、外汇期权的交易,以防止投机者利用这些金融资产的交易攻击泰铢。泰国金融管理当局所采取的这些措施从反投机的角度看无疑是有效的,也是套期保值基金等外国机构投资者所最不愿意看到的,但它会严重地影响金融市场的正常运转和正常交易,并且暴露了泰国金融管理当局对能否利用市场手段反击套期保值基金等机构投资者缺乏信心,从而在国内外引起强烈的反响。6月18日,泰国财政部长庵雷·威拉旺在舆论的压力下被迫辞职。

6月30日,套期保值基金等外国机构投资者认为发起投机性冲击的条件已经成熟,在外汇市场上大规模地抛售各种外汇资产,泰铢的汇率发生动荡。泰国中央银行动用50亿美元的外汇储备买进泰铢苦苦支撑泰铢的汇率。到7月2日,泰国政府再也无力维持泰铢汇率的稳定,终于宣布放弃实行了14年之久的钉住一篮子货币的汇率制度,采用管理浮动汇率制度。当天,泰铢汇率降值20%,并表现出继续向下滑动的趋势,泰国的金融危机终于爆发。

在这种情况下,泰国政府不得不请求国际货币基金组织提供援助。7月28日,国际货币基金组织提出有条件的援助方案。援助的前提条件包括:第一,保持泰国货币的自由兑换;第二,实行紧缩性的财政政策,把预算赤字保持在最低限度;第三,限制工资增长,防止货币降值的成本效应产生通货膨胀的后果;第四,改革破产法和银行规章以增加透明度;第五,对金融体系给予一次性紧急救济。另外,国际货币基金组织还向泰国政府提出如下建议:第一,泰国的通货膨胀率应控制在 7% 以下,经常项目的逆差不应超过国内生产总值的 7%;第二,加速实行泰国的私有化计划,允许外国在泰国商业银行持有的股本高于目前 25% 的限额;第三,不应再帮助已经陷入困境的泰国金融公司。8 月 5 日,泰国政府同意接受国际货币基金组织提供的 120 亿至 150 亿美元的信贷限额,以防止泰国金融业全面崩溃。

但是,泰国的金融危机仍在继续。8 月 28 日,泰国证券交易所指数下降 511.8 点,与年初相比跌幅达 53.5%,继 7 月份 16 家财务公司破产以后,8 月份又有 42 家财务公司破产,使原来共有的 91 家财务公司关闭了 58 家。8 月 28 日,泰铢与美元的汇率跌到 34.40 泰铢兑换 1 美元的新低点。10 月 31 日,泰铢与美元的汇率又再次跌到 41.20 泰铢兑换 1 美元的新低点。到 1998 年 1 月,泰铢兑换美元的汇率与 1997 年 7 月相比降值了 55%。

套期保值基金等外国机构投资者意识到泰铢降值会波及东南亚国家,因而在对泰铢的投机获得成功以后,又在东南亚国家掀起投机风潮。7 月 11 日,菲律宾政府宣布实行浮动汇率制,当日菲律宾比索对美元的汇率下跌了 11.6%。马来西亚林吉特、印度尼西亚盾的汇率也大幅度降值。到 1998 年 1 月,与 1997 年 7 月相比,马来西亚林吉特兑换美元的汇率降值 46%,印度尼西亚盾兑换美元的汇率降值 81%。1997 年 7 月,菲律宾、马来西亚、印度尼西亚、新加坡的股票价格也发生了不同程度的下跌。到 8 月 28 日,菲律宾综合指数为 2072 点,与年初相比下跌了 42.5%;雅加达综合指数为 530.4 点,与年初相比下跌了 32.8%;吉隆坡综合指数为 14876 点,与年初相比下跌了 43.3%;新加坡海峡时报指数为 1846.6 点,与年初相比下跌了 23.5%。泰国的金融危机演变为东南亚国家的金融危机。

泰国和东南亚国家的金融危机给它们的经济带来了严重的破坏,泰国和东南亚国家国内生产总值下降、失业率上升,经济陷入了衰退。

(2)1997 年和 1998 年对港元冲击的效应

第二十六章 货币资本跨国流动的金融效应和经济效应

虽然套期保值基金等外国机构投资者在 1997 年和 1998 年对港元的冲击并没有成功，但是大规模的货币资本跨境流动所带来的经济效应却把香港带入了衰退。

　　首先，由于香港股票价格大幅度下降并通过财富效应带来经济形势的恶化，香港银行的不良资产增加。按照香港货币当局的划分方法，香港的银行资产分为五类：第一，没有问题的贷款(pass)，表示可以偿还的贷款。第二，特别关注的贷款(special mention)，表示借款者遇到一定的困难。第三，没有达标的贷款(sub-standard)，表示借款者处境艰难，有可能不能按时偿还的贷款。第四，有疑问的贷款(doubtful)，表示不可能全部偿还的贷款。第五，损失的贷款(loss)，表示不能收回的贷款。如果分别用 P、SM、SS、D、L 表示这五种贷款，香港银行各种类型的贷款占总贷款的比例如表 26 - 3 所示。从表中可以看到，1998 年与 1997 年相比，不论是当地银行还是包括当地银行在内的全部银行，后四类贷款的比例无一例外地增加了。

表 26 - 3　香港银行各种类型的贷款占总贷款的比例　　　　单位:%

	P	SM	SS	D	L
全部允许开业的银行					
1997	92.63	6.14	0.57	0.56	0.10
1998	85.81	9.10	2.44	2.26	0.39
当地银行					
1997	94.87	3.05	0.72	1.29	0.07
1998	84.68	7.99	3.18	3.93	0.22

资料来源：Y. C. Jao, *The Asian Financial Crisis and the ordeal of Hongkong*, Quorum books, 2001.

　　其次，在金融资本投机性冲击的影响下，再加上亚洲金融危机对香港产生的不利影响，香港经济陷入了衰退。香港国内生产总值与上一年同期相比的年增长率如表 26 - 4 所示。从表中可以看到，香港 1997 年经济增长情况良好。但是，1997 年金融风潮的爆发，使香港国内生产总值的增长率应声下降并成为负数，直到 1999 年第三季度才开始复苏。

表 26 - 4　香港国内生产总值的年增长率　　　　　　　　单位:%

年　　份	1997	1998	1999
第一季度	6.0	-2.6	-3.0
第二季度	6.8	-5.1	-1.1
第三季度	5.7	-7.0	4.4
第四季度	2.4	-5.6	8.7
全　　年	5.2	-5.1	2.9

资料来源:Financial Services Bureau,*Economic Division*,2000.

(2)1994 年墨西哥的金融危机

墨西哥的金融危机可以证实溢出效应以及溢出效应的传递机制。1994 年
12 月,墨西哥比索兑换美元的汇率不断降值,从 12 月 19 日 1 美元兑换 3.47 比
索下降到 1995 年 3 月 9 日的 1 美元兑换 7.45 比索,降值 114%。墨西哥的股票
价格也趋于下降,从 1994 年 12 月底到 1995 年 2 月 27 日,以比索计算的墨西哥
股票市场指数下降了 39%。然而,墨西哥的短期利率趋于上升。在墨西哥政府
债券市场上,28 天期限的政府比索债券回购利率从 1994 年 12 月 30 日的 25%
上升到 1995 年 3 月 16 日的 80%。在这种情况下,墨西哥的银行业出现动荡。
由于墨西哥银行业的外汇贷款占总贷款的 1/3,而且许多贷款是发放给没有外
汇收入的墨西哥企业并且以浮动利率的方式发放。随着比索的降值和利率的上
升,企业无法偿还贷款,墨西哥银行体系的资产质量严重恶化,墨西哥发生了金
融危机。

墨西哥的金融危机很快波及南美洲国家。受墨西哥金融危机影响最大的是
阿根廷。按照阿根廷于 1991 年实行的可兑换计划,阿根廷的基础货币是以中央
银行的美元储备按 1∶1 的比例作保证的,因而阿根廷货币的动荡不是表现为汇
率降值而是表现为因人们用阿根廷比索兑换美元而造成的美元储备减少。从
1994 年 12 月到 1995 年 3 月,阿根廷外汇储备减少了 1/3,约 55 亿美元。银行
同业拆借利率从 1994 年 12 月 19 日的 9.5% 上升到 12 月 26 日的 23%,其后出
现上下波动,于 1995 年 3 月 3 日再上升至 65%。阿根廷的股票价格也不断下
降,在 1994 年 12 月经过一段时间的下跌后,从 1995 年 2 月 17 日到 3 月 9 日又

下跌了 25%。巴西、智利、哥伦比亚等国则受影响较小。巴西中央银行为了把克鲁赛罗兑换美元的汇率保持在 1 美元兑换 0.85 克鲁赛罗的水平,不得不对外汇市场进行干预,导致外汇储备下降。1995 年 1 月至 2 月,巴西股票市场价格按美元计算下降了 25%。智利埃斯库多兑换美元的汇率在 1995 年 1 月至 2 月降值 5%,智利综合股票指数在墨西哥比索降值后的 3 天里降值 3%。哥伦比亚比索在 1995 年第一季度降值 6%,股票价格按美元计算下降 11%。[①]

墨西哥金融危机所以波及南美洲国家,是因为墨西哥的金融和经济与南美洲国家存在较为密切的关系,一方面部分投资者预期墨西哥金融危机会影响到南美洲国家,对南美洲国家的金融和经济的稳定缺乏信心,因而迅速撤离南美洲国家;另一方面部分投资者即使判断墨西哥金融危机不会对南美洲国家产生很大影响,但他们担心别的外国资本不加选择地逃离南美洲国家会造成南美洲国家的金融出现动荡,因而也随着把资本撤离南美洲国家。而阿根廷所以受墨西哥金融危机的影响最大,是因为阿根廷的宏观经济状况具有与墨西哥相似的特点,如实行钉住汇率制度、国内储蓄率较低、银行体系较为脆弱,经常项目存在逆差等等。在这种情况下投资者对阿根廷也将发生金融危机形成强烈的预期并进而撤离资本,从而使墨西哥的金融危机对阿根廷产生较大的溢出效应。

同样,1997 年 7 月泰国的金融危机波及马来西亚、菲律宾、新加坡、印度尼西亚等国家,2001 年 12 月阿根廷的金融危机波及巴西、乌拉圭、秘鲁、智利、巴拉圭、墨西哥等南美洲国家。

由于存在着溢出效应,当短期资本的投机性冲击扰乱了一个国家的金融和经济时,它会同时会对一个地区甚至更大范围的国家产生破坏性影响。

上述分析表明,货币资本流动具有多方面的效应。正常的相对平缓的货币资本流动对一个国家的金融和经济具有有利的影响。它对活跃金融市场、促进资源有效配置、推动生产的发展发挥一定的作用。相关关系分析显示,货币资本

---

① 国际货币基金组织:《国际资本流动:发展、前景和政策》,中国金融出版社 1996 年版,第 57—68 页。

流动与国内生产总值的增长存在着一定的相关关系。但是,大规模的货币资本的聚集和逆转将会对一个国家造成不利的甚至是破坏性的影响。总体来看,货币资本流动的有利效应并不明显,但它所产生的风险则是很大的。

第二十七章　在现行国际货币制度下的政策选择

第一节　国际货币制度的现状与前景

一、现行国际货币制度存在的问题

1944年，美国等44个国家在美国新罕布什尔州布雷顿森林召开会议，创建了战后的布雷顿森林体系。布雷顿森林体系的特点是以金汇兑本位制为基础的钉住汇率制度，即美元按照固定的价格建立与黄金的联系，美国政府承诺别的国家的政府可以按照这个价格用美元兑换黄金；别的国家的货币与美元建立平价，别的国家的政府有责任保持汇率的稳定。

1971年，在美元投机风潮的冲击下，美元陷入危机，美国政府宣布停止用美元兑换黄金，布雷顿森林体系的金汇兑本位制宣告解体。1973年，美国政府宣布美元贬值，各主要货币相继对美元自由浮动，布雷顿森林体系的钉住汇率制度也宣告解体。至此，布雷顿森林体系彻底崩溃。

1976年，国际货币基金组织"国际货币制度临时委员会"在牙买加召开会议，达成了"牙买加协议"，形成了现行国际货币制度。现行国际货币制度的特点是以国际储备货币为中心的浮动汇率制度，即黄金退出国际流通领域，各国保留发达国家的货币用于国际支付，各国货币之间的汇率可以自由浮动。

现行的国际货币制度已经运转了近30年，虽然没有出现重大的事件，但也存在下述三个问题：

第一，在以国际储备货币为中心的国际支付体系里，发达国家的货币具有特权。在布雷顿森林体系形成以前，黄金是国际清偿手段，某个国家的货币没有特权。在布雷顿森林体系形成以后，美元具有特权，但是美元的特权是以黄金作保证的，各国政府可以用持有美元向美国政府兑换黄金。但是，在现行的国际货币制度下，发达国家具有特权，它们可以用本国货币来支付其国际收支差额。国际储备货币没有黄金或白银作为保证，持有国际储备货币最终只是具有对发行国商品的购买权。由于各国必须保留国际储备货币，发达国家实际上得到了铸币税的收益，即发行货币具有的购买力与发行成本的差额的收益。

第二，在现行的浮动汇率制度下，汇率波动不安。就以最主要的国际储备币美元与欧元的汇率为例，欧元对美元第一次形成汇率是在 1999 年 1 月 4 日，为 1 欧元兑换 1.1812 美元。欧元对美元汇率的最低点是 2001 年 7 月 5 日，为 1 欧元兑换 0.8370 美元，相对 1999 年 1 月 4 日跌幅 29%。到 2008 年 6 月 18 日，欧元对美元汇率是 1 欧元兑换 1.5516 美元，相对于 2001 年 7 月 5 日升幅 85%。汇率的波动对国际经济活动造成了很大的汇率风险。尽管人们可以使用远期外汇交易、外汇互换交易、外汇期货交易、外汇期权交易来避免汇率风险，但为此要付出成本。另外，汇率的波动也对各国的外汇储备带来很大的影响。当一种主要的国际储备货币降值时，人们用这种货币进行国际经济活动将受到损失。

第三，在现行的国际货币制度下，"热币"大规模的和频繁的流动造成了国际金融市场的动荡。首先，由于国际储备货币是国际支付手段，各国必须保留大量的国际储备货币。又由于国际储备货币之间的汇率变化无常，各国不得不调整国际储备货币的结构，结果造成加剧了国际储备货币之间的汇率的变化幅度。例如，在美元对欧元降值时，各国将卖出降值的美元和买进升值的欧元，结果造成美元更大幅度的降值。其次，由于国际储备货币大量地被各国政府、机构和个人持有，随着不同的金融市场收益差异的变化，国际储备货币形成频繁流动的"热币"，结果带来了金融资产价格的波动。再次，正如关于投资优势的成因的分析所表明的那样，某些外国机构投资者还凭借着在金融市场上的优势不断掀起投机风潮,更加剧了金融市场的动荡。

正是在这样的情况下,国际货币制度面临改革的问题。

二、国际货币制度改革的方案

布雷顿森林体系解体以来,不少学者和机构致力于国际货币制度的研究并提出了许多建议或方案,在 20 世纪 80 年代以来比较有影响的方案有下述几种:

第一,建立国际信用储备制度。美国经济学家特里芬(R. Triffin)建议,建立国家的国际信用储备制度,并以此为基础创立国际储备货币。具体地说,各国应该把所持有的国际储备以存款的方式上交国际货币基金组织保管,国际货币基金组织成为各国中央银行的清算机构。如果世界上全部国家都成为国际货币基金组织的成员国,那么国际支付活动就表现为国际货币基金组织不同成员国储备存款账户金额的增减。国际货币基金组织所持有的国际储备资产采取特别提款权的形式,其总量由各成员国决定并根据国际贸易和经济增长的需要进行调整,它的创造可以通过对成员国发放贷款、对各国金融资产的投资或定期分配新的特别提款权来实现。特里芬的建议涉及国际货币本位和汇率制度的改革,他提出以特别提款权作为新的国际货币,并以这种新的国际货币来完成各种经济活动。

第二,恢复金本位制。法国、英国、美国的部分经济学家建议恢复国际金本位制,即各国政府根据黄金数量发行本国货币并规定本国货币的含金量,然后以各国货币含金量所决定的平价构造固定汇率体系。世界黄金存量的增长不能适应世界经济增长需要的问题可以通过提高黄金价格的方式来解决,世界黄金存量分布不均匀的问题可以通过黄金借贷的方式来解决。恢复金本位制的改革同样涉及国际货币本位和汇率制度的改革,该方案把黄金作为国际货币本位并以此为基础建立固定汇率制度。

第三,加强政策协调以稳定汇率。1985 年,5 个发达国家即美国、日本、联邦德国、法国和英国的财政部长和中央银行行长在美国纽约广场饭店举行会议,提出要协调各国经济政策,以促进汇率的稳定。1996 年,7 个发达国家即美国、日本、联邦德国、法国、英国、意大利、加拿大的财政部长在东京召开会议,提出通过控制下述 10 项指标来实现各国政策的协调:国民生产总值增长率、通货膨胀率、利息率、失业率、财政赤字、经常项目差额、贸易差额、货币供给量增长率、外汇储备、汇率。国际货币基金组织同意对各国的这些经济指标进行监督。1987 年,7个发达国家的首脑在威尼斯召开会议,决定主要发达国家应该对本国经济增长作出中期预测或预定中期目标,然后共同制定相互协调的经济增长预测或目标,如果国民生产总值增长率、通货膨胀率、失业率、经常项目差额等指标偏离了既定的目标,则进一步决定是否需要采取措施进行调节。加强政策协调以稳定汇率不涉及国际货币本位的改革,它仅是试图通过发达国家的政策协调来减少浮动汇率体系的波动幅度。

第四,设立汇率目标区。美国经济学家威廉森(J. Williamson)在 1986 年提出了设立目标汇率区的建议,他认为各国应根据本国情况确定一个基本汇率,然后采取货币政策使实际汇率对基本汇率的偏离不超过 10%。[①] 后来,威廉森又与米勒(M. Miller)进一步提出了汇率目标区的行动计划。按照他们的建议,目标区主要可以划分为"硬目标区"和"软目标区":硬目标区汇率变化幅度较小,不常修改而且对外公布;软目标区汇率变化幅度较大,可经常修改并且不对外公布。各国应该调整其货币政策以防止本国货币汇率超出目标区。设立汇率目标区方案同样不涉及国际货币本位的改革,它主要是要求各国有意识地调节本国货币汇率以使其波动幅度不超过一定的限度。[②]

20 世纪 90 年代许多国家爆发金融危机,国际货币制度的改革又重新引起人们的关注。既然在现行的国际货币制度下金融市场动荡不安,金融危机频繁发生,那么就有必要对国际货币制度进行改革。

在世界范围内兴风作浪的量子基金主要经营者索罗斯也撰文讨论国际货币基金的改革问题,他指出:"不论哪个货币体系占据主导地位,它都必然会有缺

---

① J. Williamson, "Target Zones and the Management of the Dollars", *Booking Papers on Econoimic Activity*, No. 1, 1986, pp. 165-174.

② M. Miller and J. Williamson, "The International monetary System: An Analysis of Alternative Regimes", *European Economic Review*, June 1988, pp. 1031-1048.

陷。由于追逐潮流的投机活动，浮动的货币兑换率具有内在的不稳定性；而且，这种不稳定性具有累积性，因为随着时间的推移，追逐潮流的投机活动的重要性有上升的趋势。另外，固定汇率制度危机四伏，因为它的崩溃可能是灾难性的。亚洲的危机就是一个很恰当的实例。应该怎么办呢？保持汇率的灵活性最安全。但这样一来，边缘地区的国家将难以吸收资本。保持汇率的灵活性和一项信贷保险计划相结合，成为一种合理的安排。另外一项选择是设计一种不会崩溃的固定汇率体系。一项重大试验正在欧洲进行：缔造统一的货币。它是以我所认同的一种看法为依据的，这就是，从长远的观点看问题，没有一种共同的货币，就不可能有一个共同的市场。"①索罗斯的建议实际上是提出两个方案：第一个方案是在现行的国际货币制度下进行调整，即放弃钉住形式的汇率制度，实行灵活浮动的汇率制度。但是，在实行灵活浮动的汇率制度以后，由于发展中国家汇率波动较大，对发展中国家的贷款存在较大的汇率风险，从而会影响对发展中国家的贷款。因此，国际货币基金组织应该建立信贷保险基金，实行健全的经济政策的发展中国家在争取国际贷款时可以获得该保险基金的担保。第二个方案则是对现国际货币制度的改革，即创建一种与欧元相似的世界货币。

美国经济学学者谢尔顿（J. Sheldon）则反对建立世界范围内统一的货币，他重新提出建立金本位制："今天我们再次面临着经济混乱和可能出现全球经济萧条这个难题。在流沙基础上是不可能建立起新的全球金融体制的。将商品和服务带到市场上来的个人需要一种有意义的计算单位和可靠的储存价值，以便他们可以作为合乎逻辑的经济决定。企业家的努力不应当因为有人操纵货币而受到损害。信任是货币信用的决定性因素。全球货币改革的目标不是要将国家对货币的控制权移交到具有自由处理权的超国家的中央银行手里。全球货币改革的目标是要将经济权力从政府手中交回到人民手中，通过法制而不是通过人治来保证货币的价值。要做到这一点的最好的办法是实行全球的金本位制。……我们不要再讨论这个忽视将重点放在健全的货币体制上以满足致力

---

① 英国《泰晤士报》，1998 年 12 月 1 日。

于自由贸易的开放型全球经济的需要的布雷顿森林会议。我们必须超出布雷顿森林会议的范围,将来重新实行新的金本位制。"[1]

法国总理利昂内尔·若斯潘则提出了建立货币联盟的建议,他指出:"目前的危机表明了金融市场的无控制的发展带来的不稳定性。它向所有的人清楚地和无情地表明市场应当有市场的规则。国际货币基金组织和国际结算银行现在已承认了这种必要性。这就是需要确定一些谨慎的和透明的规则,同金融违法现象作斗争,甚至还需要考虑鼓励资金的良性流动——真正有益于经济活动的流动——和阻止其他的不良活动的方法。在这方面,应当扩大国际货币基金组织在引导资本运行方面的职权,增加它的资金和深化它的合法性,譬如说强化它作为'政治政府'的临时委员会的作用。应当处理由各海外金融中心带来的问题,这些海外金融中心影响了金融活动的透明度和对它的有效控制,同时也为金融违法犯罪行为大开了方便之门。……然后,应当重新建立一套国际货币体系。这并不是说要回到过去从 1945 年布雷顿森林协议诞生出来的那种老的秩序上去,即使重新采用那种精神也是没有好处的。金融全球化与恢复过去的老办法——普遍固定汇率制——是不相容的。对于当今的经济运转来说灵活性当然必不可少,但灵活性并不等于变化无常。所以,今后的道路将是建立一些由一种灵活而有控制的汇率制度联系在一起的广泛的地区性经济集团——直至建立各种货币联盟——的道路。今后在国际范围内要出现的很可能就是这种结合体。"[2]

日本经济学学者山下(Eiji Yamashita)则提出以美元、欧元和日元为核心构造固定汇率体系的建议。他认为,过去 25 年的经历证明浮动汇率制度从总体上说是失败的,它对国际收支的调节作用有限,但对国内经济却产生很大的扰乱性影响。为了恢复世界经济的稳定增长,应该实行固定汇率制度。首先,美元、欧元和日元之间的汇率应该固定,构成固定汇率制度的核心。然后,各国货币应该钉住这 3 种货币所构成的货币篮子,这 3 种货币在货币篮子所占的权重取决于

---

[1]　美国《华尔街日报》,1998 年 10 月 15 日。
[2]　法国《新观察家》周刊,1998 年 9 月 10 日—16 日。

本国与这 3 个国家的经济关系。例如,对于东亚国家来说,日元、美元和欧元的权重可确定为 40%、30%、30%。这样,通过美元、欧元和日元汇率相互固定和各国货币钉住这 3 种货币形成固定汇率制度。[1]

三、国际货币制度改革的前景

20 世纪 90 年代频繁发生的金融危机说明了国际货币制度改革的必要性,但在可以预见的将来还没有一项重大的改革方案具有实施的可行性。这就是目前国际货币制度改革所处的尴尬境地。

首先,恢复金本位制度是不可行的。金本位制无疑是一种最彻底和最稳定的国际货币制度,但它又是在历史的发展和经济的进步过程中被抛弃的国际货币制度。金本位制在历史上的解体是必然的。金本位制要求各国确定本国货币的含金量并按照各国货币含金量的比例构成固定的汇率体系,金本位还要求各国严格按照所持有的黄金的数量发行货币以保证金本位对国际收支的自行调节作用。这种制度的不可行性表现在下述方面:

第一,货币供给量的增长不能适应经济增长的需要。在金本位制度下,各国货币供给量的增长取决于黄金的增长,而黄金的增长又取决于黄金的勘探和开采,黄金在世界各国的蕴藏量又极不均匀,由于黄金的勘探和开采肯定不能与经济增长对货币的需要相适应,金本位制度将会束缚各国经济的增长。

第二,货币供给量的增长不能适应政府调节经济的需要。20 世纪 30 年代经济大萧条已经宣告自由的市场经济体制的终结。不管人们主张还是不主张,政府都在不同程度上对经济进行干预。在政府对经济的调节中,财政政策和货币政策是两种最基本的手段,而实行金本位制却要求各国政府放弃货币手段并使货币供给量取决于黄金数量的变化,这显然与经济体制正常运行的需要相矛盾。

---

[1] Eiji Yamashita,"Tricurrency Basket-linked Exchange Rate Regime",Presented of International Conference on Central Banking Policies,Macau,May 1999.

第三,黄金存量的增长不能适应国际经济活动的需要。长期以来,国际贸易和国际投资都以高于世界经济增长率的速度增长,而世界黄金存量则以低于世界经济增长率的速度增长。如果实行金本位,将会出现国际支付手段不足的问题,从而束缚了国际经济活动的发展。有的学者认为黄金存量不足的问题可以用人为地提高黄金价格的方法来解决。但是,黄金也是一种商品,也具有自身的价值和价格。人为地提高黄金的价格实际上是设立一种虚拟的国际货币本位,这与建立金本位制度的初衷即以黄金的真实价值作为国际货币的基础是相违背的,而且建立在虚拟的金本位基础上的国际货币制度也是不稳定的。

第四,实行金本位制度要以各国接受黄金作为国际货币为前提,也就是要以各国相互合作为前提。但是,美国和英国等主要发达国家一直在推进黄金的非货币化,努力地把黄金排除出国际流通领域。1999年英格兰银行等中央银行又大量出售黄金,减少黄金在国际储备中的比重。实行金本位制还缺乏共同认识的基础。

其次,创立一种超国家的统一的世界货币是不可行的。就特里芬提出的以特别提款权或者新的国际储备货币作为准国际货币而言,它存在着两个弱点:

第一,影响了主要发达国家的利益。目前,作为国际储备货币发行国的主要发达国家可以用本国货币来购买外国商品或对外直接投资,因而它们实际上具有某种经济特权。由于世界各国需要保留国际储备货币作为国际支付手段,世界各国持有的储备货币总量就是国际储备货币发行国无偿占用的世界财富的总量。现在要用特别提款权或新的国际储备货币取代黄金或某个国家的储备货币,将会抑制了储备货币发行国的经济特权。各主要发达国家都是从本国利益出发去考虑世界各国的利益而绝不会让本国利益服从于世界各国的利益,创立新的国际储备货币的建议是难以被主要发达国家接受的。

第二,特别提款权或新的国际储备货币是一种账面资产或信用货币,即使世界各国把它们现有的全部国际储备资产都存放在国际货币基金组织而持有特别提款权或新的国际储备货币,特别提款权或新的国际储备货币还必须在总量上不断增加才能适应日益扩大的国际经济活动的需要。新创立的特别提款权或国际储备货币如何在各国之间进行分配将是无法解决的难题,这势必引起各国利益的尖锐冲突。

另外，就创立类似于欧元的世界货币的主张来说，更是相距遥远。欧洲国家在特定的政治、经济、文化、地域条件下，经过40多年的努力，终于建立了欧洲经济和货币联盟，创立了欧元这种统一货币。一个区域内若干个国家为实现特定的目标而采用单一的货币是可能的，在全世界各个国家之间采用单一货币则是不可能的。创立单一货币的关键问题是国家主权问题。一个区域内若干个国家为了共同的政治和经济利益放弃国家的货币权利是可能的，但除非世界各国的发展进入一个崭新的理想的社会形态，否则在全世界各个国家之间不存在这种共同的政治和经济利益。因此，创立一种统一的国际货币的主张不可能在可以预见到的将来实施。

再次，以美元、欧元、日元为核心构造固定汇率制度改革意义不大。它实际上是布雷顿森林体系的翻版：它用美元、欧元、日元3种货币取代了布雷顿森林体系的美元，用美国、欧盟、日本的商品取代了布雷顿森林体系的黄金；布雷顿森林体系里的各国货币钉住美元变成了各国货币钉住3种货币构成的货币篮子，布雷顿森林体系里的各国持有的美元可以兑换黄金变成了各国持有的美元、欧元和日元可以购买美国、欧盟和日本的商品。布雷顿森林体系已被历史证明是不适应国际经济发展的要求，这种构造固定汇率制度的主张也同样不适应国际经济发展的要求。

第一，美元、欧元和日元难以维持固定的汇率。美国、欧盟和日本的经济增长率、通货膨胀率、国际收支差额等经济状况不同，这3种货币的汇率必然不断变化。要保持这3种货币的汇率不变，美国、欧盟和日本必须高度协调它们的经济政策，并且要承担干预外汇市场以保持汇率稳定的责任。这意味着这3个国家不能单独采用货币政策来调节国内经济。例如，当美国发生经济停滞时，美国将不能采用扩张性的货币政策对付经济萧条，否则货币供给量的增加将导致利率的下降，从而导致资本流出以及美元相对欧元和日元降值。这也意味着这3个国家在必要的时候要牺牲本国的利益去维护整体的利益。例如，当美国发生经济停滞而欧盟和日本发生通货膨胀时，美国可能还要实行收缩性的货币政策，以加剧经济停滞的代价取得汇率体系的稳定。然而，这一切都是不可能的。

第二，各国货币难以钉住美元、欧元和日元构成的货币篮子。同样，各国的经济与国际收支情况与美国、欧盟和日本不同，为了钉住美元、欧元和日元组成的货币篮子，它们必须要通过财政和货币政策来调整国内经济和国际经济以稳定汇率。当各国处于经济停滞和国际收支逆差并存，或通货膨胀和国际收支顺差并存的状况时，它们将面临着两难的选择。各国难以钉住由美元、欧元和日元组成的货币篮子。

第三，固定汇率难以抵御外汇投机的冲击。建立在非金本位条件下的固定汇率制度比浮动汇率制度更容易遭受投机的冲击。在浮动汇率制度下，汇率的双向波动使投机存在较大的风险，这本身对投机就是一种抑制。在固定汇率制度，当某个国家无法维持钉住汇率时，汇率的变化是单向的，因而它更难抵御投机的冲击。布雷顿森林体系也正是在投机的风潮中解体的。

因此，在相当长的时间里，国际货币制度不会发生重大变革，以国际储备货币为中心的浮动汇率制度的性质不会改变。这意味着国际储备货币的特权和浮动汇率制度的缺陷将长期存在，对发达国家有利而对发展中国家不利的国际金融格局也将长期存在。对于广大的发展中国家来说，它们只能在现行国际货币制度下进一步完善汇率制度，尽可能地维护本国的利益。

首先，选择有管理的浮动汇率制度。如前所述，在现行的浮动汇率制度下，钉住汇率制度最容易遭受投机性冲击。因此，除了一些在世界经济中无足轻重的小国为了提高本国货币的信誉或为了实行简单易行的汇率制度而采用钉住某种货币或某组货币的汇率制度外，其余中等规模以上的国家都可以考虑选择有管理的浮动汇率制度。在有管理的浮动汇率制度下，汇率随着外汇供求的变化而变化，政府根据实际情况进行管理，它不会出现累积性的偏差而总是接近合理的汇率水平，这本身就会抑制投机的发生。

另外，在有管理的浮动汇率制度下，即使某个国家遭受蓄意的投机性冲击，由于该国政府没有维持汇率稳定的责任，它可以等待本国货币汇率上升到较高的水平或下降到较低水平才进入外汇市场进行干预，这样投机失败的可能性和反投机成功的可能性较大。例如，当外国机构投机者在某个国家的外汇市场上抛售该国货币，由于该国实行灵活的汇率制度，该货币汇率迅速降值，外国机构投机者只能按不断下降的汇率卖出该国货币。当外国机构投资者回购该国货币以试图获得差价时,该国汇率迅速上升,外国机构投资者只能按不断上升的汇率买进该国货币,外国机构投资者难以获取暴利。如果该国中央银行在该国货币汇率被压到较低的水平时通过买进该国货币予以反击,由于该国货币汇率是因投机而被压低到合理水平以下,该国货币汇率较容易回升,对投机的反击更容易成功。

其次,加强发展中国家的货币合作。在一个经济关系较为密切的区域里,发展中国家的经济利益是相互联系的。一些发展中国家经济较快的发展会带动另外一些发展中国家的发展,一些发展中国家经济动荡会引起另外一些发展中国家的经济动荡。墨西哥的金融危机迅速波及阿根廷、智利、哥伦比亚等南美洲国家,泰国的金融危机迅速波及菲律宾、印度尼西亚、马来西亚等国,就是很好的证明。相同区域的发展中国家应该充分地认识到这种联系而实行政策协调和货币合作。

在实行有管理的浮动汇率的前提下,各发展中国家应该协调它们的财政政策和货币政策,保持国内经济和汇率制度的相对稳定,避免某一个国家发生金融或经济危机对整个区域的发展中国家造成影响。另外,在实行有管理的浮动汇率制度的前提下,各发展中国家应该实行货币合作。当某个发展中国家遭受外国机构投资者大规模的投机性攻击时,该区域的发展中国家联合干预外汇市场,借助于集体的力量来抑制金融投机。发展中国家的货币合作也曾有成功的例子。1997 年 5 月,当套期保值基金对泰铢发起投机性攻击时,泰国中央银行联合新加坡中央银行和香港金融管理局于 16 日共同干预亚洲地区的外汇市场,卖出美元买进泰铢以支持泰铢的汇率,成功地抑制了套期保值基金的投机。当然,发展中国家可以合作去恢复某种货币的合理水平,而不会合作去买进一种不可避免地走向降值的货币。因此,实行有管理的汇率政策和区域内的政策协调是货币合作的前提。

上述分析表明,现行的国际货币制度存在内在的不稳定性,但在相当长的时期里它也不存在发生重大变革的可能。因此,现行国际货币制度改革只能是改善这种内在的不稳定性。现行国际货币制度 20 多年来的运行情况表明,它对国际贸易的发展没有产生根本性的不利影响,但在国际资本流动的冲击中越来越表现出其脆弱性。因此,除了主要的发达国家应加强政策的协调和货币的合作以维持主要国际储备货币汇率的相对稳定以外,各发展中国家应该实行有管理的浮动汇率制度,加强区域内各发展中国家的政策协调和货币合作,同时国际货币基金组织在必要时应该有效地对实行健全的经济政策的发展中国家提供紧急支持。这样,可以从国际货币制度的角度加强对大规模的金融投机的抑制作用,保持汇率体系的相对稳定。

第二节　国际收支政策的选择

一、国际收支的自行调节机制

在现行的国际货币制度下,当一个国家发生国际收支失衡时,该国经济将会发生某种变化,使该国的国际收支恢复平衡,这种作用成为自行调节机制(automatic adjustment mechanism)。自行调节机制是指在没有政府干预的条件下经济本身所具有的恢复国际收支平衡的机制,它包括价格自行调节机制、收入自行调节机制、货币自行调节机制。

价格自行调节机制是指在浮动汇率制度下通过价格的变化来恢复国际收支平衡的机制。哈伯勒(G. Haberler)在这个方面的分析中作出了贡献。[①] 假定某个国家的国际收支出现逆差,在浮动汇率制度下,该国货币的汇率将降值,该国商品以外国货币表示的价格将下降,外国商品以该货币表示的价格将上升,该国商品的出口增加而进口将减少,从而使该国的国际收支恢复平衡。相反,如果某个国家的国际收支出现顺差,该国货币的汇率将升值,该国的国际收支也会恢

[①]　G. Haberler, "The Market for Foreign Exchange and the Stability of the Balance of Payments: A Theoretical Analysis", *Kyklos*, September 1949, pp. 193-218.

复平衡。

但是,国际收支能否恢复平衡取决于外汇市场是否是稳定的市场。如图27-1所示,如果外汇的需求曲线是向右下方倾斜的曲线而供给曲线是向右上方倾斜的曲线,当汇率由于某种原因偏离均衡汇率的时候,汇率将回到均衡汇率的水平。如果外汇的供给曲线是向右下方倾斜的曲线并且比需求曲线更有弹性,即比需求曲线更平坦,当汇率由于某种原因偏离均衡汇率的时候,汇率将越来越远离均衡汇率的水平。在后一种情况下,国际收支的逆差不是通过该国货币降值而是通过该国货币升值才能消除。

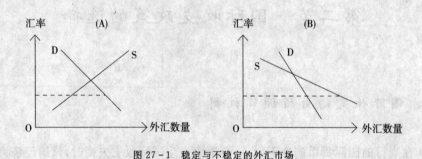

图 27-1 稳定与不稳定的外汇市场

但是,在现实的经济里,难以证实外汇的供给曲线的形状以及供给曲线与需求曲线的弹性。经济学家们转向讨论出口和进口需求价格弹性。如果国际收支逆差国的出口和进口需求价格弹性很小,该国货币汇率的降值不会导致该国出口增加和进口减少,国际收支的逆差也不可能消除。经济学家们论证,如果出口和进口需求价格弹性之和的绝对值大于1,汇率的降值将导致国际收支的改善,这就可以说明外汇市场是稳定的。这就是马歇尔—勒纳条件。

这样,问题是在现实的经济中,马歇尔—勒纳条件是否具备。在第二次世界大战以前,尽管没有检验,经济学家者都相信出口和进口需求价格弹性之和的绝对值大于1。在第二次世界大战以后,许多经济学者投入到对出口和进口需求价格弹性的检验之中,其中具有代表性的检验是张(T. C. Zhang)的检验。张收集了从1924年到1938年21个国家的资料,计算了出口和进口需求价格弹性,证明出口和进口需求价格弹性之和的绝对值很少大于 1。[1] 但是，奥卡特(G. Orcutt)证明，回归技术的使用会导致对出口和进口需求价格弹性的低估。如果排除这种影响，出口和进口需求价格弹性之和的绝对值大于 1。[2]

另外，出口和进口需求价格弹性在短期和长期不一定是相同的。琼兹(H. Junz)、朗伯格(R. Rhomberg)、斯比坦勒(E. Spitaeller)等经济学者指出，汇率对贸易收支的影响在短期和长期是不同的。在一个国家货币汇率降值的初期，进口商品国内价格上升要快于出口商品外国价格下降，但进出口数量没有什么变化，因此贸易收支的逆差将加剧。随着时间的推移，出口商品外国价格下降赶上进口商品国内价格上升，进出口商品的数量也发生的变化，贸易收支的逆差得到改善。[3] 这就是汇率对贸易收支影响的 J 型曲线效应，如图 27-2 所示。

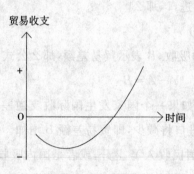

图 27-2　J 型曲线效应

哈伯格(A. C. Harberger)[4]等一批经济学者试图克服奥卡特提出的统计问

①　T. C. Zhang，"International Comparison of Demand of Import"，*Review of Economic Studies*，1945-1946，pp. 53-67.

②　G. Orcutt，"Measurement of Price Elasticities in International Trade"，*Review of Economics and Statistics*，May 1950，pp. 117-132.

③　H. Junz and R. Rhomberg，"Price Competitiveness in Export Trade Among Industrial Countries"，*American Economic Review*，May 1973，pp. 412-418；E. Spitaeller，"Short-Run Effect of Exchange Rate Changes on the Terms of Trade and Trade balance"，*IMF Staff Papers*，May 1980，pp. 320-348.

④　A. C. Harberger，"Some Evidence on the International Price Mechanism"，*Journal of Political Economy*，December 1957，pp. 506-520.

第二十七章　在现行国际货币制度下的政策选择

题,检验短期和长期的出口和进口需求价格弹性的差异。这些研究证实了长期的出口和进口需求价格弹性是短期的出口和进口需求价格弹性的 2 倍,J 型曲线效应是存在的。这就从经验上证明了,在现实的经济中,马歇尔—勒纳条件是具备的,价格自行调节机制将发生作用。由于价格自行调节机制的作用取决于进出口商品的需求的价格弹性,这种分析方法被称为国际收支的弹性分析法(elasticity approach)。

收入自行调节机制是指在浮动汇率制度下通过国民收入的变化来恢复国际收支平衡的机制。收入自行调节机制的分析是由亚历山大(S. S. Alexander)提出来的,他实际上从国民收入的角度对价格自行调节机制分析的补充。[1]

如果不考虑政府支出,用 Y 表示国民收入,C 表示消费支出,I 表示投资支出,X 表示出口,M 表示进口,那么

$$Y=C+I+(X-M) \tag{27-1}$$

如果用 A 表示国内吸收,B 表示贸易差额,那么公式(27-1)成为:

$$Y=A+B \quad \text{或} \quad Y-A=B \tag{27-2}$$

公式(27-2)表明,如果一个国家发生国际收支逆差,该国货币汇率发生降值,该国出口将增加而进口将减少,即贸易差额 B 增加。但是,贸易差额 B 的增加要得到实现,或者是国民收入 Y 上升,或者是国内吸收 A 减少。如果国民收入 Y 不上升或者是国内吸收 A 不减少,也就是总供给不增加或者国内总需求不减少,贸易差额 B 增加所产生的总需求的增加将导致国内价格水平的上升,价格水平的上升将导致出口的减少和进口的增加,贸易差额 B 难以增加。

在这里,国民收入 Y 的变化取决于该国国内是否达到充分就业的水平。如果该国国内没有达到充分就业的水平,在贸易差额 B 增加的影响下,国民收入 Y 将会增加,贸易差额 B 的增加能够实现。但是,随着国民收入 Y 的增加,进口也将增加,贸易差额 B 的改善程度将小于不考虑国民收入变化条件下的改善程度。如果该国国内已经达到充分就业的水平,国民收入不能再增加,贸易差额 B

---

① S. S. Alexander,"Devaluation versus Import Restriction as an Instrument for Improving Foreign Trade Balance",*IMF Staff Papers*,April 1951,pp. 379-396.

的增加能否实现取决于国内吸收 A 能否减少,而国内吸收 A 能否减少又取决于下述因素:第一,收入的再分配。如果贸易差额 B 的增加导致从工资到利润的再分配,由于利润获得者的边际消费倾向低于工资领取者,消费支出将减少。第二,现金余额效应。该国货币汇率的降值带来的国内价格上升降低了人们的现金余额的实际价值,人们将减少消费支出以保持现金余额的实际价值不变。第三,累进税率效应。该国货币汇率的降值带来的国内价格上升将使人们进入到更高的税率等级,从而导致税收的增加和消费支出的减少。

收入自行调节机制的分析表明,国民收入和国内吸收的变化是汇率的变化能否形成对国际收支影响的关键。正因为这样,这种分析方法被称为国际收支的吸收分析法(absorption approach)。

国际收支的自行调节机制除了价格自行调节机制和收入自行调节机制以外,还有货币自行调节机制。货币自行调节机制是指在汇率不是很有弹性的条件下通过货币供给的变化来恢复国际收支平衡的机制。早在 1752 年,休谟(D. Hume)就提出了金本位制下国际收支的调节机制。如果一个国家发生国际收支逆差,黄金将流出这个国家,这个国家的黄金将减少,价格水平将下降。价格水平的下降将促进出口和抑制进口,从而使这个国家的国际收支能够恢复平衡。如果一个国家发生国际收支顺差,则发生相反的情况,同样可以使国际收支恢复平衡。[1]

经济学者们指出,在金本位制下国际收支的调节机制在现行货币制度上也在一定程度上发生作用。在汇率不是很有弹性的条件下,如果一个国家发生国际收支逆差,人们将用本国货币向中央银行兑换外汇。在中央银行没有采取抵消措施的情况下,部分货币从公众转到中央银行,该国的货币供给将会减少。货币供给的减少导致价格水平的下降,从而导致出口的增加和进口的减少,使国际收支恢复平衡。如果一个国家发生国际收支逆差,则发生相反的情况,同样可以使国际收支恢复平衡。[2]

---

[1] D Hume,"On the Balance of Trade", in *Essays*, *Moral*, *Political and Literary*, Vol. 1, London Longmans Green, 1898.

[2] D. Salvatore, *International Economics*, Prentice-hall International, Inc., 1995, pp. 532-533.

二、国内外经济均衡的协调

澳大利亚经济学者斯旺（T. Swan）指出内部均衡即没有失业和没有通货膨胀条件下的国民收入和价格水平的均衡和外部均衡即国际收支的平衡是会发生矛盾的。如图 27-3 所示，坐标系的横轴 D 表示某国国内支出，纵轴 R 表示某国货币作为报价货币的汇率，汇率上升意味着该国货币降值，汇率下降意味着该国货币升值。图中的 EE 曲线表示外部均衡曲线，即曲线所表示的国内支出和汇率的组合实现国际收支的平衡；YY 曲线表示内部均衡曲线，即曲线所表示的国内支出和汇率的组合实现没有失业和通货膨胀条件下的国民收入和价格水平的均衡。EE 曲线的右上方表示该国货币降值，因而表示该国国际收支顺差；左下方则表示该国国际收支逆差。另外，YY 曲线的左上方表示国内支出减少，因而表示失业；右下方表示通货膨胀。

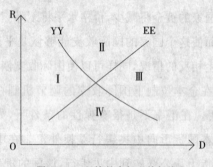

图 27-3　经济的内部和外部均衡

区域Ⅰ表示失业和国际收支顺差，区域Ⅱ表示通货膨胀和国际收支顺差，区域Ⅲ表示通货膨胀和国际收支逆差，区域Ⅳ表示失业和国际收支逆差。[1] 在失

---

① T. Swan, "Longer-Run Problems of the Balance of Payment", in H. W. Arndt and W. M. Corden(eds.), *The Australian Economy: A Volume of Readings*, Melbourne: Cheshire Press, 1955, pp. 384-395.

业和国际收支顺差并存的情况下,该国政府可以采用扩张性的财政政策和货币政策,一方面通过增加总需求来减少失业,另一方面通过增加总需求来增加进口,从而可以解决失业和顺差的问题。在通货膨胀和国际收支逆差并存的条件下,该国政府可以采用收缩性的财政政策和货币政策,一方面通过减少总需求来压抑通货膨胀,另一方面通过减少总需求来减少进口,从而可以解决通货膨胀和逆差的问题。但是,在通货膨胀和国际收支顺差并存或者失业和国际收支逆差并存的情况下,解决内部失衡将扩大外部失衡,解决外部失衡将扩大内部失衡。

美国经济学者蒙代尔(R. A. Mundell)1962 年在国际货币基金组织工作论文上发表了题为"在固定汇率条件下正确使用财政政策和货币政策"的论文,提出了在开放经济条件下通过财政政策和货币政策实现内部和外部均衡的问题。[①] 美国经济学家弗莱明(M. J. Fleming)1962 年也在国际货币基金组织工作论文上发表了题为"在固定汇率和浮动汇率条件下的国内金融政策"的论文,对蒙代尔的研究成果进行补充。[②] 接着,他们又分别发表了一系列的论文,形成了被多恩布什称之为的"蒙代尔—弗莱明模型"。后来,经济学者们围绕着这个问题展开了广泛的研究,得到了关于国内外经济均衡协调的一系列的研究成果。

关于如何实现内部均衡和外部均衡的问题可以分下述方面来分析:

第一,在固定汇率的条件下如何解决失业和国际收支逆差的问题。如图 27 - 4 所示,图中坐标系的横轴 Y 表示国民收入,纵轴 i 表示利率,IS 曲线表示表示要达到国民收入的均衡国民收入和利率应该保持的关系,LM 曲线表示要达到利率的均衡国民收入和利率应该保持的关系,FE 曲线表示要达到国际收支的均衡国民收入和利率应该保持的关系。当曲线 IS、LM、FE 在充分就业的国民收入水平相交的时候,该经济才实现内部和外部的均衡。

---

① R. A. Mundell, "The Appropriate Use of Exchange Rates", *Monetary Fund Staff Papers*, March 1962, pp. 70-77.

② M. J. Fleming, "Domestic Financial Policies Under Fixed and Under Floating Exchange Rates", *Monetary Fund Staff Papers*, November 1962, pp. 369-379.

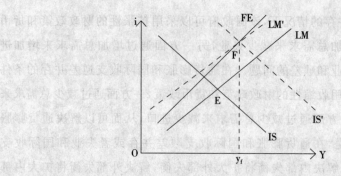

图 27-4　失业和国际收支逆差并存问题的解决方法

　　在图中,IS 曲线和 LM 曲线在 FE 曲线的右下方相交,而且交点 E 所表示的国民收入水平低于充分就业的国民收入水平 Oy_f,这意味着失业和国际收支逆差并存。在这种情况下,应该采用扩张性的财政政策使曲线 IS 向右方移向 IS′,同时使用收缩性的货币政策使曲线 LM 向左移向 LM′,使曲线 IS′、LM′、FE 在点 F 相交,从而实现在充分就业的国民收入水平上的内部和外部均衡。

　　第二,在固定汇率的条件下如何解决通货膨胀和国际收支顺差的问题。如图 27-5 所示,在图中 IS 曲线和 LM 曲线在 FE 曲线的左上方相交,而且交点 E 所表示的国民收入水平超过充分就业的国民收入水平 Oy_f,这意味着通货膨胀和国际收支顺差并存。在这种情况下,应该采用收缩性的财政政策使曲线 IS 向左方移向 IS′,同时使用扩张性的货币政策使曲线 LM 向右移向 LM′,使曲线 IS′、LM′、FE 在点 F 相交,从而实现在充分就业的国民收入水平上的内部和外部均衡。

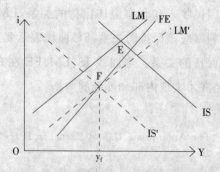

图 27-5　通货膨胀和国际收支顺差并存问题的解决方法

在现实的经济中,政府除了采用财政政策和货币政策来解决内部和外部失衡的问题,还可以用贸易控制和外汇管制的方法来内部和外部失衡的问题。例如,在失业和国际收支逆差并存的情况下,政府可以通过减少进口和增加出口,并对购买外汇进行限制的方法来缓和国际收支逆差,用扩张性的财政政策和货币政策来解决失业。

第三,在浮动汇率的条件下如何解决内部和外部失衡的问题。在浮动汇率条件下,政府可以利用汇率的变化解决外部失衡的问题,利用财政政策和货币政策解决内部失衡的问题。例如,在失业和国际收支逆差并存的情况下,国际收支逆差将导致该国货币汇率降值,该国货币汇率降值将通过刺激出口和抑制进口来缓和国际收支逆差。这样,政府可以采用扩张性的财政政策和货币政策来解决失业的问题。又如,在通货膨胀和国际收支顺差并存的情况下,国际收支顺差将导致该国货币汇率升值,该国货币汇率升值将通过刺激进口和抑制出口来缓和国际收支顺差。这样,政府可以采用收缩性的财政政策和货币政策来解决通货膨胀的问题。

蒙代尔在发表于 1963 年的论文"资本流动与固定及浮动汇率下的稳定政策"还描述了资本流动、汇率制度和货币政策的三角关系,[1]得到了被后来的学者称之为的"蒙代尔不可能三角定理"。该定理的主要思想是在资本完全流动的条件下,如果采用固定汇率制度,货币政策对经济没有作用;如果采用浮动汇率制度,货币政策对经济具有影响。这意味着在资本完全流动的条件下,要么放弃货币政策,要么放弃固定汇率制度,两者不可兼顾。货币政策所以在固定汇率制度下失去作用,是因为稳定汇率和稳定经济存在矛盾。假定某个国家的经济出现衰退,该国中央银行采用增加货币供给的方法对付衰退。货币供给的增加导致利率的下降,利率下降导致资本流出,资本流出导致该国国际收支逆差,该国国际收支逆差导致本国货币汇率降值。为了维持固定汇率制度,该国中央银行需要卖出外汇和买进本国货币,而买进本国货币又导致本国货币供给量的收

---

① 蒙代尔:"资本流动与固定及浮动汇率下的稳定政策",《蒙代尔经济学文集》第 3 卷,向松祚译,中国金融出版社 2003 年版,第 83—95 页。

缩,货币政策无效。相反,如果中央银行采用收缩货币供给的方法对付通货膨胀,也产生相似的结果。因此,不可能同时实行固定汇率制度和宏观货币政策。

后来,克鲁格曼在这个基础上提出了"三元悖论"。该悖论的基本思想是,资本自由流动、固定汇率制度和货币政策的独立性三者中只能选择两者。在资本自由流动的条件下,如果选择了固定汇率制度,那么货币政策将无效。在资本自由流动的条件下,如果保持货币政策的独立性,那么要放弃固定汇率制度。如果既要实行固定汇率制度又要保持货币政策的独立性,那么就要对资本流动进行管制。[①]

经济学者们从基本原理和基本方法上讨论了内部和外部经济的协调问题,这些研究成果具有参考的价值。但是,现实经济是错综复杂的。例如,一个国家的通货膨胀并不一定是由总需求增长过快造成的,生产成本的普遍上升也会导致价格水平的上升。在这种情况下,采用收缩性的财政和货币政策不一定有效果。又如,一个国家的失业不一定是总需求不足造成的,在各产业对劳动者技能要求不同的条件下,产业结构的变化将带来结构性失业。在这种情况下,采用扩张性的财政政策和货币政策也不一定有效果。另外,各个国家的经济体制的模式和具体的制度安排并不相同,因而需要根据各国的具体情况去研究内部和外部均衡的问题。中国的"人民币汇率问题"就是一个典型的例子。

三、关于"人民币汇率问题"的探讨

从 2001 年开始,日本、美国、欧洲联盟的舆论和政府官员纷纷发表言论,要求人民币汇率升值。2003 年 9 月,美国财政部长斯诺到中国访问,与中国官员讨论人民币汇率升值问题。2005 年 4 月,纽约州民主党参议员查尔斯·舒默和南卡罗来纳州共和党参议员林赛·格雷厄姆发起,提出了《舒默—格雷厄姆修正

[①] P. Krugman, *Bubble*, *Boom*, *Crash*: *Theoretical Notes on Asia's Crisis*, Mimeo, 1998.

案》。该修正案要求中国人民币汇率升值,否则对中国向美国出口的所有商品一律加征 27.5% 的关税。所谓人民币汇率问题就这样产生了。

中国是一个发展中国家,2005 年中国进出口贸易占世界进出口贸易的比重只有 6.21% ,为什么日本、美国和欧洲联盟如此兴师动众地指责中国,并扬言要对中国采取这样或那样的报复行动呢? 这些国家提出一个重要的理由,就是人民币汇率严重低估,从而造成了中国商品在国际市场的销售价格较低,增强了中国商品在国际市场上的竞争力,损害了这些国家的利益。既然如此,有必要先来考察一下中国与有关国家的进出口贸易情况。表 27 - 1 显示了 2001 年以来有关国家对中国的进出口贸易情况。

从表 27 - 1 可以看到,比较早对中国发出指责而且言辞比较激烈的日本,除了 2001 年对中国存在约 22 亿美元的贸易逆差以外,其他年份对中国都发生贸易顺差,2004 年、2005 年、2006 年的顺差达到约 208 亿美元、146 亿美元、240 亿美元。在欧洲 3 个主要国家对中国的贸易中,英国对中国的贸易存在逆差,最高为 2006 年的 242 亿美元;德国对中国的贸易存在顺差,最高是 2005 年的 275 亿美元;法国对中国的贸易既存在顺差也存在逆差,但顺差和逆差都不大。因此,欧洲 3 个主要国家对中国的贸易基本上是平衡的。如果一定要从国际贸易的角度来看待汇率的低估或高估,人民币对日元汇率以及人民币对欧元的汇率如何严重低估呢?

表 27 - 1　有关国家对中国贸易情况　　　　　　　　单位:万美元

国　　家	项　　目	2002	2003	2004	2005	2006
日　本	出口额	5346600	7414813	9432673	10040768	11567258
	进口额	4843384	5940870	7350904	8398628	9162267
	贸易差额	+503216	+1473943	+2081769	+1462140	+2404991
美　国	出口额	2723764	3386609	4465655	4862177	5921105
	进口额	6994579	9246677	12494203	16289075	20344842
	贸易差额	-4270815	-5860068	-8028548	-15426898	-14423737
英　国	出口额	333596	357034	475850	552378	650640
	进口额	805943	1082372	1496696	1897647	2416321
	贸易差额	-472347	-725338	-1020846	-1345269	-1765681

德　国	出口额	1641642	2429189	3035602	3072293	3787937
	进口额	1137185	1744211	2375573	325213	4031460
	贸易差额	＋504457	＋684978	＋660029	＋2747080	－243523
法　国	出口额	425312	609873	764820	900679	1127922
	进口额	407186	729353	992139	1163936	1391066
	贸易差额	＋18126	－119480	－227319	－263257	－263144

资料来源：中华人民共和国国家统计局；《中国统计年鉴》，中国统计出版社，2002 年至 2007 年。

但是，从表 27-1 还可以看到，美国对中国的贸易出现数百亿甚至上千亿美元的逆差。为什么其他发达国家对中国的贸易都有顺差或略有逆差，而最发达的美国对中国却有高额的逆差呢？

首先，美国具有先进的科学技术和广阔、肥沃的土地，它在技术密集型产品和土地密集型产品生产上具有明显的比较优势，但在劳动密集型产品的生产上处于比较劣势。因此，美国出口技术密集型产品和土地密集型产品，进口劳动密集型产品。中国与美国的情况相反，中国在劳动密集型产品的生产上具有比较优势，但在技术密集型产品处于比较劣势，它出口劳动密集型产品和进口技术密集型产品。但是，在中美贸易中，美国政府担心中国掌握先进的技术，人为地对美国销往中国的技术密集型产品实行比日本和欧洲更加严格的限制。中国不能从美国进口技术密集型产品，又能从美国进口什么呢？因此，美国对技术密集型产品出口实行限制的政策，是造成中美贸易不平衡的原因之一。

其次，长期以来，美国的储蓄率偏低。更重要的是，美国的储蓄率还出现下降的趋势。美国的总储蓄在国民总收入中所占的比例在 20 世纪 60 年代是 20.0% 至 21.9%，在 70 年代是 18.6% 至 21.1%，在 80 年代是 16.5% 至 20.9%，在 90 年代是 14.7% 至 18.2%。进入 21 世纪以后，美国的储蓄率继续下降，2000 年至 2006 年的储蓄率分别为 17.7%、16.2%、14.2%、13.3%、13.2%、13.0%、13.8%。[①] 美国过低的储蓄率造成了过高的消费支出，而大量的消费品都是劳

---

① *Economic Report of the President*, United States Government Printing Office, Washington D. C. , 2007, p. 269.

动密集型产品,所以形成了美国高额的进口,导致了美国经常项目的逆差。美国政府不断地拿人民币汇率问题来做文章,但是人民币汇率升值能够消除美国的国际收支逆差吗? 显然,即使人民币汇率升值,美国不从中国进口日用消费品,它也需要从其他发展中国家进口日用消费品。如果美国对中国的贸易逆差减少,那么它对别的发展中国家的贸易逆差将增加。美国政府应该仔细地考虑一下,如果一定要追究汇率问题,那么是人民币应该对美元升值,还是美元应该对各国货币降值?

对于中国政府来说,它所面临的问题就是内部均衡和外部均衡的协调问题。笔者在 2004 年中国经济出版社出版的《开放下的宏观经济与企业理论研究》中发表的论文"论我国人民币汇率的取向",以及在 2005 年 5 月 16 日的《国际金融报》发表的文章"调节外汇供求优于调节汇价"中,提出过自己的看法。关于如何解决所谓人民币汇率问题,笔者认为应该分层次地进行分析。

第一个层次的问题是人民币汇率是否严重低估。显然,对这个问题所得到的不同结论,将导致对这个问题不同的解决方法。日本和美国的大多数经济学者认为人民币汇率严重低估了,中国的许多经济学者也认为人民币汇率严重低估了。笔者认为,判断一种货币汇率是高估还是低估,应该存在一个客观的标准,这就是在市场机制没有被扭曲的条件下均衡的汇率。从表面上看,有两种现象表明,人民币汇率似乎严重低估了。

第一种现象是以美元作为基础货币来表示的人民币的汇率远高于购买力平价。据世界银行 1999 年估计,人民币与美元的购买力平价大约是￥1.50︰$1。但是,人民币与美元的兑换比率则为￥8.27︰$1。正如本书第八章已经指出而在本书第二十八章还要分析的,发展中国家货币的汇率从来都是大幅度高于购买力平价的。因此,对于发展中国家来说,购买力平价不能作为判断它们的货币汇率高估或低估的标准。另外,本书第二十二章指出,一种货币对于贸易商品而言的购买力平价仅仅是从国际贸易角度来说构成该货币汇率的基础。但是,一种货币的汇率不仅受国际贸易影响,而且受国际金融和直接投资影响。因此,即使对于发达国家来说,购买力平价不能作为判断它们的货币汇率高估或低估的标准。

第二种现象是中国国际收支连年顺差,但是人民币汇率却基本保持稳定。确实,一个国家出现国际收支顺差将会导致在外汇市场上外汇供给增加即本国货币需求增加,从而促使该国货币汇率升值。目前人民币存在着升值的压力,而这个压力正是来自中国连年的国际收支顺差。但是,笔者认为,仅仅从国际收支的角度分析人民币汇率升值压力是不够的,还应该从中国现行的人民币汇率形成机制方面去考察人民币汇率升值的压力。

中国是一个实行外汇管制的国家。从外汇供给的角度分析,中国企业出口得到外汇以后,除了可以保留一定比例的外汇以外,其余外汇必须出售给外汇银行。这意味着中国的外汇的供给是强制性的。从外汇需求的角度分析,中国仅仅基本实现了经常项目下人民币可自由兑换,个人在经常项目下购买外汇仍然存在限制,在资本和金融项目下购买外汇受到严格的限制。这意味着在我国的外汇市场上,外汇的供给是充分的而外汇的需求则受到了压抑,正是因为如此才有这样的国际收支顺差,正是因为这样才有人民币升值的压力。如果我国放宽对外汇需求的限制,让外汇的需求充分释放出来,我国未必会有国际收支的顺差。这就是说,人民币汇率升值的压力部分来自我国的外汇管制制度。

显然,我们不能根据在人民币汇率形成机制不完善的条件下所产生的人民币汇率升值压力来判断人民币汇率已经严重低估。

第二个层次的问题是人民币汇率升值将会对中国经济产生什么影响。中国政府承受着很大的要求人民币汇率升值的国际压力,因而需要认真思考如果让人民币汇率升值将对中国的内部经济和外部经济造成什么影响。

首先,如果人民币汇率升值,我国的出口将会减少而进口将会增加。假如其他条件不变,中国的国内生产总值的增长率将下降,中国的就业形势将会恶化。显然,中国出口商品的竞争优势在于价格低,人民币汇率的升值将提高中国出口商品的美元价格,从而削弱了中国出口商品的竞争力。另外,中国的出口商品主要是日用消费品,可替代程度高,中国出口商品的美元价格将导致进口国转向进口别的发展中国家的商品。因此,人民币汇率的稳定对于中国经济的稳定发展是重要的。

其次,如果人民币汇率升值,将会加剧中国加入世界贸易组织后过渡期经常项目逆差的压力,对中国的国际收支产生不利影响。在当时,根据中国政府的承诺,中国关税将进一步下降,配额将进一步放宽,中国经常项目出现逆差是可能的。因此,人民币汇率的稳定对于中国顺利度过加入世界贸易组织后过渡期也是重要的。

当然,人民币汇率的升值将使中国进口商品的人民币价格下降,从而有利于中国消费者。但是,权衡利弊,对中国来说弊远大于利。

第三个层次的问题是应该采取什么政策措施来协调中国的内部和外部经济的均衡。日本政府、美国政府以及许多中国经济学者都主张采用人民币汇率升值的方法来协调中国内部经济和外部经济问题。且不说日本政府和美国政府的动机,从许多中国经济学者来说,他们的主张基于这样一种判断:人民币汇率升值有助于解决中国外部经济失衡的问题,尽管这会对中国的内部经济造成一定的不利影响,但这种不利影响不大,而且从长期来说还有利于中国产业结构的调整。笔者对这种看法不敢苟同。

笔者认为,采用人民币汇率升值的方法去解决中国外部经济的失衡不仅要冒可能对中国内部经济产生破坏性影响的风险,而且这项政策与现行政策自相矛盾。例如,一方面中国存在高额的经常项目顺差,但是另一方面中国政府在2005年以前没有建立基本战略物质储备。显然,进口重要的战略物质既可以使中国获得可枯竭的自然资源,又有助于缓和中国外部经济的失衡。因此,是否需要思考一下,建立战略物质储备和单纯提高人民币汇率哪种方法更可取? 又如,一方面中国存在高额的经常项目顺差,但是另一方面中国政府又用出口退税的政策鼓励出口。在出口退税的政策的影响下,不少类型高能耗产品、高污染产品、低附加值产品大量出口。显然,结构性地减少甚至取消出口退税既有利于缓解中国的环境和能源问题,又有助于缓和中国外部经济的失衡。因此,是否还需要思考一下,结构性地减少出口退税和单纯提高人民币汇率哪种方法更可取? 再如,一方面中国存在国际收支顺差,但是另一方面中国政府又用强制结汇制度和外汇管制制度增加外汇供给和减少外汇需求。显然,取消强制结汇制度和放宽外汇管制制度既有利于中国汇率制度的改革,又有助于缓和中国外部经济的失衡。因此,是否再应该思考一下,取消强制结汇制度和放宽外汇管制制度与单纯提高人民币汇率相比哪种方法更可取?

　　当然,人民币汇率也是一种重要的调节中国内部经济和外部经济的机制。但是,在人民币汇率形成机制不完善的条件下,简单地调整人民币汇率并不能正确地发挥人民币汇率机制的作用。2004年12月,笔者应邀赴中南海参加了国务院召开的关于人民币汇率问题的内部咨询会,在会上明确主张完善人民币汇率的形成机制,而不是单纯让人民币汇率升值。笔者认为,即使人民币汇率应该升值,任何的经济计量模型和任何的经验判断都无法准确地确定应该升值多少。因此,中国政府应该做的事情不是人为地去决定人民币汇率应该是多高,而是去建立一个有弹性的比较完善的汇率制度,在政府的管理下由市场去决定人民币汇率应该多高。

　　第一,应该继续对强制结汇制进行改革。改革的途径是:取消强制结汇制,实行经常项目下的外汇自由结汇制。这就是说,无论是国内企业还是外资企业,都可以在外汇指定银行开立现汇账户。经常项目下的外汇收入,既可以存入现汇账户,也可以结汇;经常项目下的外汇支出,既可以从现汇支付,也可以凭有效单据向外汇指定银行购买外汇。在目前情况下放宽甚至取消对结汇的限制,既可以缓解人民币升值的压力,也可以为人民币汇率市场化奠定基础。

　　第二,应该继续放宽人们购买外汇的限制。近年来,中国一直在放宽人们在出国旅游、出国留学、汇出财产等方面购买外汇的限制。在人民币存在升值压力的情况下,应该基本放宽人们在经常项目下购买外汇的限制,以及适度放宽人们在某些资本项目下购买外汇的限制。但是,应该指出,现在放宽对人们购买外汇的限制并不意味着将来不能收紧对人们购买外汇的限制。这项措施应该是一种可调整的措施。如果在未来中国出现了人民币大幅度贬值的压力,则应该收紧对人们购买外汇的限制。

　　第三,应该放宽对人民币汇率波动幅度的限制。前两项改革一项是改革外汇的供给机制,一项是改革外汇的需求机制。在前两项改革完成以后,选择适当的时机放宽对人民币汇率波动幅度的限制,使人民币汇率的变化更有弹性。对人民币汇率波动幅度进行适当的限制是必要的。这种限制的作用,是使汇率原来在短期发生的较大幅度的波动可以在较长的时间里完成,从而避免出现人民币汇率大起大落的情况。但是,对人民币汇率波动幅度的限制不应该过于严格。笔者认为,中央银行可以保留制订人民币汇率的方法不变,但允许人民币汇率每日可以在更大的幅度内波动,譬如在公布汇率上下 0.5% 至 0.8% 的幅度内波动。这样,既不会削弱人民币汇率的调节作用,又能防止人民币汇率出现大幅度的波动。

笔者注意到,中国政府在完善人民币汇率形成机制方面迈出的坚定步伐,取得了重要的进展。

2005 年 7 月 21 日,中国人民银行发布了《关于完善人民币汇率形成机制改革的公告》,决定实行以市场供求为基础、参考一篮子货币进行调节、有管理的浮动汇率制度。人民币汇率不再钉住单一美元,形成更有弹性的人民币汇率机制。中国人民银行于每个工作日闭市后公布当日银行间外汇市场美元等交易货币对人民币汇率的收盘价,作为下一个工作日该货币对人民币交易的中间价格。2005 年 7 月 21 日 19:00 时,美元对人民币交易价格调整为 1 美元兑 8.11 元人民币,作为次日银行间外汇市场上外汇指定银行之间交易的中间价,外汇指定银行可自此时起调整对客户的挂牌汇价。中国人民银行申明,这次改革重在人民币汇率形成机制的完善,而不是人民币汇率的升值。

2005 年以后,在改革强制结汇制即完善外汇供给机制方面,国家外汇管理局发布的有关通知有:2005 年 2 月 4 日的"关于调整经常项目外汇账户限额管理办法的通知"、2005 年 8 月 2 日的"关于放宽境内机构保留经常项目外汇收入有关问题的通知"、2006 年 4 月 13 日的"关于调整经常项目外汇管理政策的通知"、2007 年 8 月 13 日的"关于境内机构自行保留经常项目外汇收入的通知"。至此,中国已经实现了在经常项目下外汇自由结售制。

2005 年以后,在放宽购买外汇的限制即完善外汇需求机制方面,国家外汇管理局发布的有关通知有:2005 年 5 月 19 日的"关于扩大境外投资外汇管理改革试点有关问题的通知"、2005 年 8 月 3 日的"关于调整境内居民个人经常项目下因私购汇限额及简化相关手续的通知"、2005 年 8 月 25 日的"关于下放部分资本项目外汇业务审批权限有关问题的通知"、2006 年 6 月 6 日的"关于调整部分境外投资外汇管理政策的通知"、2006 年 8 月 30 日的"关于基金管理公司境外证券投资外汇管理有关问题的通知"、2006 年 11 月 22 日的"关于印发《商业银行代客境外理财业务外汇管理操作规程》的通知"、2007 年 1 月 5 日的"关于印发《个人外汇管理办法实施细则》的通知"、2007 年 7 月 31 日的"保险资金境外投资管理暂行办法"、2007 年 8 月 20 日的"关于开展境内个人直接投资境外证券市场试点的批复"。所有的这些措施,都在向着全部放宽在经常项目下购买外汇的限制和部分放宽在资本项目下购买外汇的限制的方向发展。

2005 年以后,在放宽对人民币汇率波动幅度限制方面,中国人民银行采取的措施有:2005 年 7 月 21 日,中国人民银行发布了《关于银行间外汇市场交易汇价和外汇指定银行挂牌汇价管理有关事项的通知》,决定每日银行间外汇市场美元对人民币的交易价在中国人民银行公布的美元交易中间价上下 0.3% 的幅度内浮动,非美元货币对人民币的交易价在中国人民银行公布的该货币交易中间价上下 1.5% 的幅度内浮动。2005 年 9 月 23 日,中国人民银行发布了《关于进一步改善银行间外汇市场交易汇价和外汇指定银行挂牌汇价管理的通知》,决定每日银行间即期外汇市场非美元货币对人民币的交易价在中国人民银行公布的该货币当日交易中间价上下 3% 的幅度内浮动。

2006 年 2 月,国务院参事室受国务院领导同志的委托到北京师范大学经济与工商管理学院进行人民币汇率和外汇储备问题的调查研究。在会议上,笔者除了坚持上述主张以外,还提出下述建议:为了避免中国的外汇储备增加过快和人民币汇率问题的激化,应该主动采取步骤减少对外贸易顺差,如动用外汇储备进口战略物质建立政府储备,以增加中国的进口;减少甚至取消高能耗、高污染、低附加值的出口产品的退税,以减少对中国意义不大的产品的出口;在出口产品生产企业集中的地区实行最低工资标准,以减少那些依赖压低工人工资才能维持生产的产品的出口。

2007 年 6 月 19 日,财政部和国家税务总局发布《关于调低部分商品出口退税率的通知》,取消濒危动物、植物及其制品等 10 种商品的出口退税,调低植物油等 15 种商品的出口退税率,利用出口退税的手段来减少出口。

笔者认为,中国政府采取的这些政策都是正确的。当然,原有的问题得到解决,新的问题就将产生。目前,大量投机性资金以各种渠道流进中国,导致外汇储备的增加和流动性的过剩,助长了中国房产市场和股票市场的泡沫。值得注意的是,这种投机性资金是不稳定的,当它们撤离的时候,又会导致外汇储备的减少和流动性的收缩,并对中国房产市场和股票市场造成不利影响。中国政府应该注意抑制这种投机性资金的流动。

所谓"人民币汇率问题"一方面是中国政府如何选择正确的途径解决内部经济均衡和外部经济均衡的协调问题,另一方面也反映了当今国际经济的格局,即发达国家处于强势地位和发展中国家处于弱势地位。中国作为一个贫穷落后的国家经过 50 多年的奋斗刚刚崛起,就处处受到发达国家的抑制。

第二十八章 在现行国际金融体系下的利益分配格局

第一节 在现行国际货币制度下的利益分配

一、发展中国家货币对发达国家货币的依附

在布雷顿森林体系解体以后,形成了以国际储备货币为中心的浮动货币制度。发展中国家不得不将出口商品得到的国际储备货币保留下来用于国际支付,从而形成了对发达国家货币的依附。另外,浮动汇率制度所存在着内在的不稳定性给发展中国家带来很大的风险。

在浮动汇率制度下,市场汇率受外汇市场上的供求影响,而国际贸易、国际金融和国际投资都会影响到外汇市场的供求状况,因而汇率的频繁波动是不可避免的。20世纪80年代美元先是持续升值后是剧烈降值,整个汇率体系动荡不安已经说明了这一点。进入90年代以后,随着国际金融市场的发展和各国金融市场的一体化,金融资本流动在规模上的不断扩大和流向上的变化无常对汇率体系造成了更大的影响,特别是机构投资者蓄意在某些国家掀起金融投机风潮更加加剧了汇率体系的动荡。

市场汇率波动不安不论对发达国家还是发展中国家都造成不利的影响。但是,由于发达国家具有较强的经济和金融实力,抗汇率风险的能力比较强,现行浮动汇率制度对它们不利的影响比较小,它们一般都选择单独浮动的汇率制度。

发展中国家,特别是中小发展中国家无力抵御市场汇率频繁波动的风险,它们倾向于实行钉住汇率制度或管理浮动汇率制度。但是,由于钉住汇率制度存在许多弱点,发展中国家在汇率体系中处于不利地位。

如果说浮动汇率制度存在着不稳定性,那么浮动汇率制度下的钉住汇率制度则表现出其脆弱性。诚然,钉住汇率制度有利于稳定一个国家与它所钉住的那种货币或者那组货币的国家的经济往来关系,也有利于提高一些经济实力不强的国家的货币的信誉和地位,但是,钉住汇率存在着明显的不合理性。以钉住单一货币的汇率制度为例,钉住汇率制度具有下述问题:

首先,它不利于调节钉住国与被钉住国的经济关系。钉住国与被钉住国的经济增长率不同,通货膨胀率不同,国际收支的差额不同,因而两国货币汇率需要不断地变化,才能调节两国的经济关系。例如,假定钉住国的通货膨胀率高于被钉住国,钉住国存在国际收支逆差而被钉住国存在国际收支顺差,这样钉住国货币相对于被钉住国货币降值才能调节它们相互之间的经济关系。但钉住单一货币汇率制要求它们的汇率保持不变,结果钉住国对被钉住国的出口难以增加而被钉住国对钉住国的出口难以减少,钉住国的国际收支逆差将会恶化。

其次,它不利于调节钉住国与其他国家的经济关系。钉住国相对于其他国家而言的经济和贸易情况与被钉住国相对于其他国家而言的经济和贸易情况不可能是相同的,因而钉住国与被钉住国货币汇率需要不断地变化,才能调节钉住国与其他国家的经济关系。例如,钉住国对第三国存在国际收支逆差而被钉住国对第三国存在国际贸易顺差,这样钉住国货币需要对第三国从而也需要对被钉住国货币降值才能调节它与第三国的国际收支差额。但由于钉住国保持与被钉住国货币汇率不变,它不得不跟随被钉住国对第三国货币升值,结果使它对第三国国际收支逆差情况更加恶化。

再次,它不利于调节钉住国的国内经济。钉住国的货币随着被钉住国的货币浮动,不但会加剧国内存在的经济问题,而且还使钉住国无法利用货币政策去解决国内经济问题。例如,当钉住国货币随着被钉住国货币降值时,将会带来钉住国出口增加和进口减少。如果钉住国正发生通货膨胀,那么通货膨胀的形势将会恶化。当钉住国货币随着被钉住国货币升值时,钉住国的出口将会减少而进口将会增加。如果钉住国正陷于经济停滞,那么经济停滞的形势将更加严重。又如,当钉住国发生通货膨胀时,它不能采用收缩性的货币政策去控制通货膨胀。一旦钉住国利率上升,由于套利不存在汇率风险,资金会源源不断地流进钉住国直到利差的消失。当钉住国出现经济停滞时,它不能采用扩张性的货币政策去对付经济停滞。一旦钉住国利率下降,同样由于套利不存在汇率风险,资金会源源不断地流出钉住国直到利差的消失。

另外,钉住汇率制度保持钉住汇率稳定的手段有限。既然钉住国的货币要钉住发达国家的货币,钉住国就有责任保持该钉住汇率的稳定。钉住国要实现这个目标可以有两种选择:一是调整国内经济,二是干预外汇市场。就调整经济而言,当钉住国对被钉住国存在国际收支逆差时,钉住国的货币存在潜在的降值的压力。在这种情况下,钉住国可以采取收缩性的财政政策和货币政策去抑制商品的进口和鼓励资本的流入。相反,当钉住国对被钉住国存在国际收支顺差时,钉住国的货币存在潜在的升值的压力。在这种情况下,钉住国可以采取扩张性的财政政策和货币政策去刺激商品的进口和鼓励资本的流出。

然而,选择调整国内经济以维持钉住汇率制度有三种不利之处:一是代价较大,钉住国需要牺牲国内经济稳定来换取钉住汇率的稳定;二是局限性较大,如果钉住国国际收支逆差与经济停滞并存,或者国际收支逆差与通货膨胀并存,钉住国将难以采用这种调节方式,因为它将会使国内经济形势更加恶化;三是时延较长,要通过国内经济的调整来影响国际收支从而保持钉住汇率的稳定需要较长的时间。因此,钉住国通常选择干预外汇市场。就干预外汇市场来说,钉住国可以利用外汇储备调节国际收支所造成的外汇供求的变化,但它的调节力度取决于外汇储备的规模。如果钉住国连续发生对被钉住国的国际收支逆差,那么它的外汇储备有可能流失。有的国家或地区按照钉住汇率以 100% 的被钉住国货币作为保证来发行本国或本地区的纸币,这从表面上看起来似乎很稳固,但实际上发行的纸币进入银行系统以后会派生出货币来,一旦发生大规模的外汇投机,该国或该地区的外汇储备仍然难以完全满足干预外汇市场的需要。由此可见,钉住汇率制度的稳定程度取决于钉住国的外汇储备规模,钉住国的外汇储备规模越大,钉住汇率制度就越稳定;反之,钉住汇率制度就越脆弱。

到了 20 世纪 90 年代,在各个发展中国家纷纷实现本国货币可兑换和本国金融市场的开放的情况下,钉住汇率制度的脆弱性更加明显地表现出来,它一直是套期保值基金等机构投资者的冲击目标。1992 年对英镑的冲击,1994 年墨西哥的比索危机,1997 年对泰铢的冲击,1997 年和 1998 年对港元的冲击,都是选择了这些国家或地区实行钉住汇率制度的弱点进行冲击。在套期保值基金等机构投机者的冲击下,泰国不得不放弃钉住一篮子货币的汇率制度。

值得注意的是,20 世纪 90 年代以来,部分发展中国家甚至部分或全部放弃了本国货币主权,实行货币局制度或美元化制度。

货币局制度是指某个国家或地区确定本币与某种外币的法定汇率,然后按照法定汇率以一定百分比或 100% 的外币作为储备来发行本币。从目前的情况来看,这些国家或地区选择的外币都是美元。实行货币局制度部分放弃了本国或本地区货币的主权,使本国或本地区货币的发行和汇兑都建立在美元的基础上。除了吉布提在 1949 年、香港在 1983 年实现货币局制度以外,阿根廷于 1991 年、爱沙尼亚于 1992 年、立陶宛于 1994 年、波斯尼亚和保加尼亚于 1997 年都相继实行货币局制度。美元化制度是指某个国家取消本币,用美元来代替本币执行货币的各项职能。实行货美元制度完全放弃了本国货币的主权,将美元作为本国的法币。厄瓜多尔和萨尔瓦多于 2001 年实行了美元化制度。危地马拉于 2001 年也实行了美元化制度,但允许本币与美元共同流通。

任何民族都有民族尊严,对于发展中国家来说,货币局制度或美元化制度也是一种无奈的选择。可以肯定,实行货币局制度或美元化制度具有一定的利益,否则发展中国家不会选择这样的货币制度。首先,它杜绝了用发行货币来弥补财政赤字的现象,有助于控制恶性通货膨胀的发生。其次,保持本币汇率的稳定或者不再存在本币汇率,大大减少了汇率风险,节约了为防止汇率风险所支付的成本,促进了本国经济与世界经济的融合。但是,发展中国家为实行货币局制度或美元化制度也付出沉重的代价。首先,损失了铸币税收益。其次,失去了货币政策的独立性或失去了货币的主权。再次,由于中央银行没有自主发行货币的权利,抑制了中央银行对商业银行应该发挥的最后贷款者的作用,减弱了中央银行对银行体系的控制和救助能力。

第二十八章　在现行国际金融体系下的利益分配格局

由此可见,在现行的国际货币制度下,发展中国家的货币对发达国家的货币处于依附的地位。在这种依附的状态下,发展中国家不得不选择钉住汇率制度,结果不断遭受国际资本的投机性冲击。掀起投机风潮的大都是发达国家的机构投资者,这实际上是对处于弱势的发展中国家的一种掠夺。

二、发达国家获得货币特权的利益

现行的国际货币制度是在布雷顿森林体系解体以后根据 1976 年国际货币基金组织国际货币制度临时委员会达成的"牙买加协议"建立起来的。它的基本特点是:第一,建立以美元为中心多种货币并存的国际储备货币体系。根据这种体系,各国不仅把美元,而且也把多种货币如欧元、英镑、瑞士法郎、荷兰盾、日元等国际储备货币作为价值计算单位、国际支付手段和价值贮藏手段。第二,实行浮动汇率制度。根据这种制度,各国货币与外国货币的汇率不是固定的而是可变的。具体地说,浮动汇率制度有下述 6 种形式:钉住单一货币,即保持本国货币与某种货币的汇率不变,然后随着这种货币对别的货币浮动;钉住一组货币,即保持本国货币与一组货币的加权平均值的比率不变,然后根据这组货币的加权平均值调整本国货币汇率;按一组经济指标调整,即选择若干经济指标作为调整汇率的依据,当这些经济指标发生变化时,本国货币汇率随之调整;联合浮动,即若干个国家保持相互之间货币汇率的稳定,然后一起对其他国家的货币浮动;管理浮动,即让本国货币汇率由外汇市场的供求状况决定,但政府进行较多的限制和干预;单独浮动,即让本国货币汇率由外汇市场的供求状况决定,政府在必要时才对外汇市场进行干预。

以美元为中心多种货币并存的国际储备货币体系赋予美元许多货币特权。在布雷顿森林体系解体以后,国际储备货币出现多元化的趋势,美元在世界各国外汇储备中所占的比重从 1973 年的 84.6% 下降到 1990 年的 50.1%,但在 20 世纪 90 年代以后又持续上升,到欧元诞生前夕的 1998 年达到 65.7%。进入 21 世纪以后,美元储备所占的比例保持在 65% 左右。欧元产生以后,尽管欧元在开始时对美元的汇率一再降值,但正如表 28 - 1 所显示的那样,它在各国外汇储备中所占的比例逐步上升,美元所占比例有所下降。但是,美元仍然是世界上最重要的国际支付手段和价值储藏手段。

表 28-1　欧元诞生后的国际储备货币格局　　　　　　　单位:%

年份	2000	2001	2002	2003	2004	2005	2006
美元	71.1	71.5	67.0	65.9	65.8	66.7	64.7
欧元	18.3	19.2	23.8	25.2	24.9	24.2	25.8
日元	6.1	5.1	4.4	3.9	3.9	3.6	3.2
英镑	2.8	2.7	2.8	2.8	3.4	3.6	4.4
瑞士法郎	0.3	0.3	0.4	0.2	0.2	0.1	0.2
其他货币	1.4	1.2	1.6	2.0	1.8	1.8	1.7

资料来源:IMF,*Annual Report*,2007, Appendix, p. 3.

美国凭借着美元在世界上所具有的特权来谋求其国家利益,进而占有世界各国巨额的社会财富。

首先,美国获得了巨额的铸币税收益。由于美元是最主要的国际储备货币,各国不得不把它们通过向国际市场提供社会资源和物品劳务所得到的美元保留下来以用于国际支付手段。从理论上说,各国持有的国际储备货币可以随时用于购买美国的物品和劳务,但实际上,各国出于国际清偿的需要总是保留一部分美元。在金融危机频繁发生的情况下,各国保留的美元储备还在不断增加。另外,各国持有的这部分美元又一般存放在美国的银行或购买发行国的国库券和政府债券,这就使美国不但可以无偿占有世界各国以万亿美元计算的财富,而且还获得低成本的资金来源。美国享有的这部分利益相当于中央银行在所在国所享有的利益,即所谓铸币税收益。铸币税收益是一个国家发行的货币价值扣除发行成本后的余额。由于纸币进入银行体系以后派生出数倍的货币,货币在数额上远大于纸币,而货币的发行成本主要是纸币的发行成本,所以铸币税收益是巨大的。各国所保留的美元储备,扣除美元的发行成本和利息收益后,构成了美国的铸币税收益。

其次,美国获得了美元高汇率的利益。长期以来,美国实行强势美元的政策,保持美元的坚挺。从表面上看,强势美元抑制了美国的出口和促进了美国的进口,从而对美国的对外贸易造成不利影响。在事实上,强势美元也是美国经常项目严重逆差的一个原因。但是,应该指出,强势美元给美国带来了巨大的利益。美国是科学技术最先进的国家,美国的出口商品是科学技术含量较高因而是需求的价格弹性较低的商品。即使美元汇率较高,各国仍不得不购买美国商品。这意味着强势美元使美国用一定数量的财富可以与世界各国交换更大数量的财富,从而极大地增进了美国的福利水平。例如,假定 1 美元应该兑换 1 单位某个国家的货币,但强势美元使 1 美元可以兑换 1.5 单位这个国家的货币。如果这个国家不得不购买美国的商品,本来它用 1 个单位的商品可以交换 1 个单位的美国商品,现在它用 1.5 个单位的商品才能交换美国 1 个单位的美国商品。由于各国的美元储备通常存入美国银行或购买美国国库券,以经常项目逆差的原因流出的美元又会流回美国,美国正是用金融项目的顺差弥补经常项目的逆差。即使流出的美元最终形成对美国资产和商品的需求,但由于美国低价购买外国商品高价出售本国商品,它仍然获得了美元高汇率的利益。

虽然长期以来强势美元的政策给美国带来了巨大的利益,但美国为了适应经济的变化也会调整强势美元的政策。例如,2000 年第四季度以来,美国经济陷入了衰退。美国联邦储备系统先后 14 次降低联邦基金利率,联邦政府连年实行的扩张性的财政支出政策使 2003 财政年度的财政赤字高达 3742 亿美元,联邦政府还从 2003 年开始实施在未来 10 年内减税 3300 亿美元的财政收入政策。美国政府还可以使用的手段就是利用美元汇率的降值来推动出口和限制进口。显然,美元汇率降值有助于美国实现内外均衡:一方面可以缓和美国日趋严重的经常项目逆差的情况,另一方面可以通过刺激总需求以促进国内生产总值的增加。特别是在 2007 年以来,美元对世界各种主要货币大幅度降值。美国汇率政策的变化体现了美国在金融上的强势地位,它可以根据不同的经济形势采用不同的汇率政策来选择获得什么利益和获得多大的利益。但是,美元对欧元汇率的降值对其他国家则造成不利影响。美元是最重要的国际储备货币,各国在美元强势的时候用商品换取了美元并储存起来。现在美元不断降值,而各国使用美元并不只是购买美国商品。当各国用美元与欧元区、日本、英国等国家进行贸易和投资的时候,它们将遭受重大损失。

三、发达国家获得汇率高于购买力平价的利益

从表面上看,国与国之间的商品交换是等价的。在国际市场上,商品的价格是供求决定的;在外汇市场上,市场汇率也是供求决定的。按照市场决定的商品价格和货币汇率进行贸易,一切都似乎是公平合理的。但在实际上,发展中国家货币对美元的市场汇率和购买力平价存在巨大差异,使美国等发达国家可以一定价值的财富与发展中国家交换数倍价值的财富。

以中国和美国的贸易为例。在 2002 年,美元与人民币的市场汇率是 1 美元：8.27 人民币,据本人收集最重要的 100 多种贸易商品进行的测算,目前美元与人民币的购买力平价大约为 1 美元：2.50 人民币,这意味着美元兑人民币的市场汇率大约是购买力平价的 3.31 倍。假定中国向美国出口价值 2500 亿人民币元的商品。从美国的角度来看,如果不从中国进口,按照购买力平价,美国在国内要支出 1000 亿美元才能得到这些商品。但是,如果从中国进口,按照市场汇率,美国支出 302 亿美元就可以买到这些商品。这就是说,美国用一定价值的商品可以与中国交换 3.31 倍价值的商品。

应该指出,这并不意味着中国与美国的贸易只受到损害而没有利益。如果是这样的话,中国和美国是不会发生国际贸易的。中国的贸易利益之一表现在它从美国得到了自己没有能力生产的商品,或者正因为没有能力要花很高的代价才能生产的商品,而这些商品对于中国的生产和消费来说是重要的。中国的贸易利益之二是出口的增加通过对外贸易乘数的作用带动中国产值和就业的增加,从而促进了中国的经济发展。但是,中国得到了贸易利益并不能否认实际上不等值的商品交换。由于中国需要美国的商品而美国可以不需要中国的商品,才造成了美元兑人民币的市场汇率远高于购买力平价。也就是说,中国不得不以沉重的代价去换取贸易的利益。

当然,美国等发达国家可以冠冕堂皇地说,发展中国家可以使本国货币对发达国家货币升值来避免实际上不等价的商品交换。这一切又显得公平合理,发展中国家在国际贸易中受到的不公平的待遇是它们本身的汇率制度造成的。但

是,发展中国家的货币的汇率实际上接近于市场的汇率,它是发展中国家在现行国际贸易格局下一种无奈的选择。

仍以中国和美国的贸易为例。中国是发展中国家而美国是发达国家,中国不得不购买在本国不能生产的美国商品,而美国却可以用别的发展中国家的商品来取代中国的商品。这就是说,中国对美国商品需求的价格弹性很小而美国对中国商品的需求的价格弹性很大。如果人民币对美元升值,美国将减少中国商品的进口,这样中国的出口将减少而进口将增加,中国的产值和就业将减少。由于经济发展水平的差异和商品竞争力的差异,中国不得不忍受这种表面上平等而实际上不平等的贸易。不仅中国是如此,几乎所有的发展中国家都是如此。

前面曾经指出,世界银行在 2001 年公布了各国分别以市场汇率和购买力平价计算的国民生产总值。根据世界银行的统计,以 1 美元兑换部分发展中国家货币来表示,市场汇率与购买力平价相比的倍数在 4 以上的国家有 28 个,如表 28-2所示。

表 28-2 市场汇率与购买力平价相比倍数最大的国家

国　家	人均	汇率/平价	国　家	人均	汇率/平价
乌克兰	840	4.00	亚美尼亚	490	4.74
毛尼塔尼亚	390	4.00	土库曼斯坦	670	5.00
中　非	290	4.00	尼加拉瓜	410	5.00
尼日利亚	190	4.00	厄立特里亚	200	5.00
罗马尼亚	1470	4.06	几内亚(比绍)	160	5.00
格鲁吉亚	620	4.12	布隆迪	120	5.00
孟加拉	370	4.16	格鲁吉亚	330	5.00
安哥拉	270	4.24	越　南	370	5.01
多　哥	310	4.29	印　度	440	5.04
印度尼西亚	600	4.40	津巴布韦	530	5.08
蒙　古	390	4.44	柬埔寨	260	5.33
中　国	780	4.54	阿塞拜疆	460	5.41
加　纳	400	4.67	萨尔瓦多	410	6.00
老　挝	300	4.67	埃塞俄比亚	100	6.00

资料来源:The World Bank Group,*World Development Indicators*,2001,pp. 12-15.

第二节　在金融自由化过程中的利益分配

一、货币资本跨国流动的利益分配

随着国际分工程度的提高和国与国之间经济依赖性增强,货币资本跨国流动的利益日益显露出来。发达国家在国际经济活动中处于强势,为了能够在国际资本流动中获得更大的利益,它们在积极推动贸易自由化以后,又积极推动投资的自由化和金融的自由化,并在金融自由化的过程中得到了大部分的利益。发展中国家在国际经济活动中处于劣势,它们在得到小部分利益的同时却承担大部分的风险。发达国家和发展中国家利益和风险的分配是不均等的。

应该肯定,金融自由化会同时给发达国家和发展中国家带来利益,否则发达国家的金融资本不会外流,发展中国家也不会放宽对货币资本流入的限制。金融全球化带来的共同利益表现在它所导致的货币资本更大规模地在各国之间流动对商品交换和资源配置的影响上:

第一,货币资本跨国流动推动了国际贸易的发展。这种推动作用不仅表现出口信贷的提供上,而且还表现为经常项目顺差国向逆差国融通资金。正是货币资本的跨国流动突破了国际贸易的支付限制,扩大了国际贸易的规模,对商品出口国和商品进口国都带来了贸易的利益。

第二,货币资本跨国流动使社会资源得到更有效的配置。在世界各国,各种社会资源的充裕程度是不同的,有的国家资本充裕而有的国家资本缺乏。货币资本跨国流动使资本得到更为合理的配置,既提高了资本流出国资本的收益,也促进资本流入国经济的发展。

第三,货币资本跨国流动提高了资本市场的效率。在现代经济的发展中,资本市场发挥了重要的作用。但是,对于许多国家来说,特别是对于发展中国家来说,资本市场的发展还比较落后。允许外国货币资本进入本国的资本市场,有利于促进本国资本市场的发展。与此同时,货币资本流出国也获得更多的投资机会和更高的投资收益。

发达国家除了得到上述共同的利益以外,还得到下述特殊的利益:

第一,正如前面所指出的,由于美元等发达国家的货币是国际储备货币,各国不得不把它们通过向国际市场提供资源、物品、劳务所得到的美元保留下来以用作外汇储备,各国持有的这部分国际储备货币又一般存放在发行国的银行或购买发行国的国库券和政府债券,这就使美国等发达国家不但可以无偿享有世界各国以万亿美元计算的财富,而且还获得低成本的资金来源。美国等发达国家享有的这部分利益相当于中央银行在所在国所享有的利益。

第二,在各国金融市场的联系越来越密切,金融市场的结构越来越复杂的条件下,发达国家的机构投资者凭借它们在经验上和资金上的优势,在一些国家掀起投机风潮以获取暴利。20世纪90年代美国的套期保值基金在全世界兴风作浪,掠夺多个国家特别是发展中国家的财富就是一个明显的例子。当然,货币资本的本性决定了哪里有利可图它就流动到哪里,而不管对方是发达国家还是发展中国家。但由于发展中国家在金融市场上处于弱者的地位,它们所受的损害更大。墨西哥1994年的金融危机、泰国等东南亚国家1997年的金融危机、香港1997年和1998年的金融风潮都说明了这一点。

不能否认,这些国家和地区的金融危机或金融风潮有着重要的内部原因,但也不能否认外国机构投资者大规模的投机所起的作用,更不能否认外国机构投资者在这些金融危机或金融风潮中获得了丰厚的利润。美国等发达国家主宰了世界金融市场,它可以通过控制世界金融市场来获取垄断者的利益。

当然,金融全球化也给发达国家带来风险,这就是金融资产投资或投机可能遭受失败的风险。例如,套期保值基金通过在世界各地投机汇回滚滚而来的美元时,美国金融管理当局没有意识到加强对套期保值基金监管的重要性。直到"老虎管理基金"和"量子基金"出现巨额亏损,"长期资本管理基金"濒临倒闭,美国金融管理当局才意识到套期保值基金在损害别的国家的利益的同时也有可能损害损害自己的利益。美国联邦储备系统的高级官员承认:长期资本管理基金如此高的资金杠杆率是"银行监管的失败"。① 由于机构投资者往往从银行取得贷款进行投资或投机，一旦失误，不仅会导致机构投资者的破产，而且影响到发达国家银行体系的稳定。

发展中国家在得到上述共同利益的同时，则承担较大的风险：

第一，货币资本跨国流动会带来各国外汇储备的急剧变化和金融资产价格的剧烈波动，从而带来金融市场的动荡。发展中国家的金融市场还不够成熟，金融监管的经验还不够丰富，因而所受的不利影响较大。

第二，货币资本跨国流动的自由化有可能造成发展中国家的资本外流。在许多发展中国家，由于政治和经济的环境不稳定，人们希望把持有的本国的金融资产转变为收益率较低但风险较小的外国金融资产，因而造成本来就十分缺乏的资本外流。

第三，外国机构投资者借助于金融全球化的趋势，在发展中国家掀起大规模的投机风潮以牟取暴利，触发了这些国家的金融危机并对这些国家经济造成破坏性的影响，加剧了这些国家金融市场内在的风险性。相对于资金雄厚和经验丰富的机构投资者来说，发展中国家特别是中小发展中国家处于劣势。在弱肉强食的现实世界里，它们基本上处于任人宰割的状态。

在金融自由化的过程中发展中国家和发达国家的利益是不均等的，甚至是极不均等的。但金融全球化是一个不以人们的意志为转移的客观过程，因利益分配不均等而拒绝参与这个过程将意味着经济的停滞和落后，这样连原来可以得到的一些利益也将得不到。只有积极投入金融全球化的过程，充分利用金融全球化带来的发展机会，同时又注意抑制金融全球化带来的风险，才可能在不均等的利益分配中得到尽可能多的利益。另外，发展中国家只有积极投入金融全球化的过程，加强相互合作以维护自己的利益，才有可能在一定程度上改变金融全球化过程中不合理的分配格局。

与贸易自由化、投资自由化相比，金融自由化给发展中国家带来的利益最

---

① K. Capell and M. McNamee, "The Fed Steps in: Will It Work?" *Business Week*, October 12, 1998, p. 34.

小,产生的风险最大。20 世纪 90 年代以来,受金融危机损害最大的国家,往往是金融自由化步伐最快的国家,如泰国、巴西、阿根廷等。

二、抑制金融风险的制度选择

在金融自由化的条件下,尽可能获得金融自由化的利益、防范金融自由化的风险,是发展中国家面临的问题。在长期的实践中,发展中国家做了很多尝试。QFII 制度和对金融资本流动的限制就是其中比较重要的两项措施。

1. QFII 制度。

QFII 是指合格的境外机构投资者(Qualified Foreign Institutional Investors,简称 QFII)。QFII 制度是指允许经过核准的合格境外机构投资者,按照一定的规定有限制地将一定额度的外汇资金转换为当地货币,然后通过严格监管的专门账户投资当地的证券,所获得的资本收益和股息收益经审核后可兑换成外汇汇出的一种金融市场开放模式。QFII 不是国际通行的市场开放模式,而是部分发展中国家采取的市场开放模式。在发达国家里,货币可以自由兑换,没有必要确定某些机构投资者,要求它们通过特定的账户,按照特定的规则进行证券投资。但是,在发展中国家里,如果过早地实行本国货币自由兑换,很容易招致金融资本的投机性冲击。但如果不开放本国的证券市场,又不利于本国证券市场的发展。在这种情况下,出现了 QFII 这样一种有限度地引进外国金融资本,有管制地开放资本市场的过渡性制度。

中国台湾从 1991 年 1 月开始实施 QFII。开始的时候,只有银行、保险公司和基金管理公司才允许申请 QFII 的资格,其中银行要居世界前 500 位,资产规模要达到 3 亿美元;保险公司资金资产规模要达 5 亿美元,有 10 年以上的经验;基金要成立 5 年以上,管理资产总值资产要 5 亿美元。最初有 27 家机构投资者申请 QFII 资格,第一家拿到 QFII 执照的是一家基金管理公司,总申请的额度是 10 亿美元。1992 年,QFII 正式进入台湾证券市场。

1993 年,台湾放宽了 QFII 的申请条件,银行的排名从前 500 大扩大到 1000 大,保险公司的从业年限由 10 年降到 5 年,基金管理公司从业年限由 5 年降到

3 年,资产规模由 5 亿美元降到 3 亿美元。1995 年,台湾再次放宽申请标准,保险公司从业年限降到 3 年,资产减少到 3 亿美元,对基金管理公司资产净值要求也相应放宽,还取消了 QFII 投资总额的限定。1996 年,台湾又允许退休基金进入。2000 年,台湾对 QFII 条件进行第三次放宽,完全取消了对银行排名的限制,而且只需要有一年以上的经验,同时还放宽了保险、基金公司在年资和规模方面的限制。关于对 QFII 持股比例的限制,最初规定全体的 QFII 持有单一上市公司的上限是 10%,到 2000 年的 12 月就全部取消了,同年还取消了单一 QFII 对单一上市公司持股的限制。从 1995 年起,QFII 的发展速度加快,申请的件数和投资额趋于增加。到 2000 年,申请件数达到了 412 件,申请金额接近 600 亿美元。

QFII 的引入给台湾证券市场的投资者结构带来了变化。1991 年,在台湾的证券市场上,个人投资者成交额占 96.9%,机构投资者成交额占 3.1%。引入 QFII 以后,到 2001 年,个人投资者成交额的比例下降到了 84.4%,机构投资者成交额的比例提高到了 9.7%,QFII 成交额的比例达到了 5.9%。QFII 的引入给台湾股票市盈率带来了变化。1991 年,台湾的股票市盈率为 3 2.05,而同期的纽约市场和伦敦市场的市盈率水平分别只有 15.08 和 14.20,台湾的市盈率水平几乎是纽约和伦敦的两倍。但是到了 2001 年 10 月,台湾与纽约和伦敦的市盈率水平已经十分接近。

同时,QFII 的引入使台湾证券市场与纽约、伦敦证券市场关联性提高。1991 年至 1995 年,台湾证券市场与纽约、伦敦证券市场的相关性较小。1996 年至 1999 年,相关性有所提高。到 2001 年,台湾证券市场约证券市场的相关系数达到了 0.682,与伦敦证券市场的相关系数更达到了 0.785。这表明,台湾证券市场越来越受到纽约和伦敦证券市场的影响。另外,由于台湾对 QFII 撤出资金在时间没有限制,在亚洲金融危机发生期间,QFII 认为这场金融危机将波及台湾,大量撤出了资金。1997 年,QFII 资金的净流出量是 2.26 亿美元,对台湾的证券市场也造成一定的不利影响。

韩国于 1991 年引入 QFII。韩国对 QFII 的资格、监管过程等方面也作了类似于台湾的规定,只是在细则上有所不同。例如,韩国对 QFII 持有本国股票作了比较严格的限制,单个 QFII 和所有 QFII 的持股比例为 5% 和 10%。在发展初期,境外机构投资者主要来自美国、英国、日本和中国台湾地区。在韩国 QFII 发展的过程中,其他国家和地区投资者的比例不断上升,而英国和中国台湾地区的投资者比例有所降低。值得注意的是,美国投资者始终是韩国证券市场的主要力量,投资者数目的比例比较稳定,而且还有一定的增加。

另外,从韩国开始实施 QFII 制度起,基金一直是外国机构投资者的主要类型,这种情况一直没有变化。2001 年,基金占境外机构投资者的比重高达 68.22%。此外,退休金和证券公司也是韩国证券市场境外机构投资者的重要组成部分。从年度分析,境外机构投资者买入韩国证券市场的股票金额超过了卖出股票的金额,从而使得每年境外机构投资者的交易金额都为正数。这表明境外机构投资者在整体上对韩国证券市场有较高的信心。多年来,境外机构投资者持有韩国上市公司的股份数和市值不断增加。由于它们持有市值的比例远远高于其持有股份数的比例,境外机构投资者主要投资的是股价较高的股票,即有增长潜力的股票。1995 年,境外机构投资者持有股份比例为 10%,持有市值比例为 11.8%;到了 2001 年,境外机构投资者持有股份比例上升到 14.7%,持有市值比例则上升到了 36.6%。

中国内地也于 2002 年开始建立 QFII 制度。2002 年 11 月,证券监督和管理委员会与中国人民银行颁布了《合格境外机构投资者境内证券投资管理暂行办法》。2002 年 12 月,上海证券交易所发布《合格境外机构投资者证券交易实施细则》。2003 年 3 月,证监会和人民银行批准工商银行、中国银行、农业银行、建设银行、交通银行以及渣打、汇丰、花旗三家外资银行的上海分行从事 QFII 证券投资托管业务。

中国内地建立 QFII 制度的意义在于避免外国短期资本对中国内地金融市场的投机性冲击。20 世纪 90 年代以来许多发展中国家的教训表明,由于发展中国家金融监管经验不足,金融市场规模不大,经济问题又不断发生,在发展中国家开放金融市场以后,外国机构投资者往往伺机在发展中国家掀起金融投机风潮,从而导致发展中国家金融危机的爆发。但是,在 QFII 制度下,QFII 受到较为严格的监管,这就可以使中国内地证券市场减少遭受外国金融资本投机性冲击的风险。

不论是"合格"还是"不合格"的机构投资者,都是追求利润最大化的。因此,不能排除 QFII 在证券市场上掀起投机风潮的可能性。但是,由于对 QFII 实行比较严格的监管,管理当局可以及时发现 QFII 是否存在操作市场的行为,并按照证券交易法予以制止。总体来看,实行 QFII 制度可能遭受 QFII 投机性冲击的风险要比没有限制地开放金融市场要小得多。这种方式应该是发展中国家在一定时期里开放金融市场所采用的方式。

QFII 制度是发展中国家或地区在金融市场开放过程中摸索出来的一种新的制度安排,它在金融自由化的过程中既可以对发展中国家的金融市场提高某种保护,也可以推动发展中国家金融市场的开放和发展。

2. 对金融资本流动的限制

美国经济学者托宾(J. Tobin)很早就主张用税收的方式来限制大规模的金融资本流动。1972 年,托宾在普林斯顿大学詹尼维(Janeway)讲座首次提出应该对外汇交易征税的看法。同年,他在《十年来的新经济学》(*The New Economics One Decade Older*)一书中重申了这种看法。他认为,由于各国的商品市场、劳动力市场、资本市场、财政政策存在差异,各国货币政策的效果受到金融市场日益国际化的影响。为了维护各国货币政策的自主权,应该在欧洲美元市场的流通渠道中撒一些沙子。撒沙子的方法之一是实现彻底的浮动汇率制度,或者可以根据情况调整汇率平价以及扩大货币当局干预汇率的范围,以增加汇率投机的风险。撒沙子的方法之二是对即期外汇交易征收如 1% 的各国认可的统一税。对外汇交易增加了金融资本流动的成本,从而有助于抑制金融资本的流动。例如,对于投资 3 个月期限的英国国库券的美国投资者来说,如果他在 3 个月后需要美元,那么他将美元兑换为英镑并购买英国国库券要支付 1% 的税,在 3 个月后又将英镑兑换回美元还要支付 1% 的税。这样,与投资美国国库券相比,该投资者需要多支付 2% 的税,也就是多支付 2 个点的成本,按年率计算就是多支付 8 个点的成本。[①] 托宾建议征收的这个税种被称为"托宾税"。

---

① 托宾:《十年来的新经济学》,钟淦恩译,商务印书馆 1980 年版,第 80—88 页。

由于"托宾税"是按外汇交易次数来征收的,如果人们要进行套利,必须要有足够大的利差,否则套利无利可图。例如,假定不考虑交易费用,国内年利率为4%、"托宾税"为1%,套利所需要的利差将投资期限的缩短而增加:当投资期限为1个月时,国外年利率必须高于28%;当投资期限为3个月时,国外年利率必须高于12%;当投资期限为6个月时,国外年利率必须高于8%;当投资期限为1年时,国外年利率必须高于6%。

20世纪90年代以来频繁发生的金融危机使人们对"托宾税"产生浓厚的兴趣,对"托宾税"多了起来。1995年,美国经济学家艾琛格林(B. Eichengreen)、托宾和威普罗茨(C. Wypbsz)再次主张对外汇交易和跨境短期银行贷款征税,他们认为对短期资本流动征税可以减少国际资本流动对国内货币政策的影响,增强政府实行货币政策的自主权;也可以增加冲击固定汇率制度的投机成本,降低发生投机性冲击的可能性;还可以使投资者更加重视长期的投资而不是短期的投机。①

1996年,斯潘(P. B. Spahn)在国际货币基金组织出版的《金融与发展》刊物上发表了题为"托宾税和汇率的稳定"的论文,对如何征收托宾税提出了新的见解。他认为,征收"托宾税"存在四个政策难题:第一,难以区分保持金融市场有效和稳定的正常交易与造成金融市场波动的噪声交易。这样,难以有效地对后者征税。第二,仅仅对即期外汇交易征税不足以抑制外汇投机。如果仅对即期外汇交易征税,人们可以转向远期外汇、外汇互换、外汇期货和外汇期权交易。第三,实行不变的税率缺乏弹性。如果制定的税率偏低,在发生外汇投机时不能发挥应有的作用;如果制定的汇率偏高,在正常的情况下将严重地伤害了金融机构的利益。第四,税收利益的分配难以做到合理公平。如果各国自行征税,金融中心所在国将得到巨额的税收收益。如果由国际金融组织来分配,则要耗费巨额的协调成本。他还认为,"托宾税"还可以有其他的征收方式,如对外国金融资产的存量征税,对资本的流入或流出征税,对资本的收益征税等。

---

① B. Eichengreen, J. Tobin and C. Wypbsz, "Two Cases for Sand in the Wheels of International Finance", *Economic Journal*, Vol. 105, January 1995, pp. 162-172.

斯潘根据他对"托宾税"的政策难题的研究,建议实行两级"托宾税"(two-tier Tobin tax)的税制。他认为,可以以有效汇率的变化作为决定征收哪一级税率的标准。具体地说,应该事先确定目标汇率以及汇率波动的上限和下限,如果以50天移动平均方法计算的有限汇率没有超过了汇率上限和下限,那么可以对外汇交易征收较低的交易税,如两个基点(交易额的002%),对衍生外汇工具交易征收更低的交易税,如一个基点(交易额的001%)。如果超过了汇率上限和下限,那么将征收较高的交易附加税。这样,在正常的情况下,"托宾税"不会影响外汇市场的效率。在发生外汇投机性的条件下,"托宾税"可以发挥抑制的作用。①

在20世纪90年代以前,讨论的重点是如何防止资本外逃。在20世纪90年代以后,讨论重点是放在如何控制资本流入的数量和结构上。智利对资本流入的控制被认为是可以选择的一种管制方式。

在20世纪90年代初期,智利发生了大规模的资本流入浪潮,给政府带来了内部目标和外部目标的冲突的问题,即如何在不影响智利出口商品竞争力的条件下实行收缩性的货币政策。1991年,为了解决这个两难的问题,智利中央银行对外国贷款实行一年期的没有补偿的储备要求方案(Unremunerated Reserve Requirement,简称URR),希望在不影响外国长期投资的条件下限制短期信贷。按照这个方案,智利的厂商和居民取得外国的贷款后,每年要把一定比例的贷款作为储备存入中央银行,中央银行对这部分储备不支付利息。从1991年到1997年,要求的储备率提高了若干次,需要缴交储备的范围覆盖了除外国直接投资以外的大多数国际资本流动的形式。目前,不仅对短期银行信贷和持有美国存单需要缴交储备,10000美元以上的除了外国直接投资以外的各种形式的资本流入都要缴交储备。没有补偿的储备要求方案所规定的缴交储备的比率在1992年5月为30%,到1998年6月降到10%。智利对国际资本流动的管制情况如表28-3所示。

---

① P. B. Spahn:"The Tobin Tax and Exchange Rate Stability", *Financial Markets and Development*, IMF, June 1996, pp. 21-27.

表 28 - 3 智利对国际资本流动的管制

资本交易	管制方法
外国证券投资,包括对银行存单的投资和其他证券的投资	持有证券的时间不能少于 1 年,缴交 10% 的没有补偿的储备(URR),初次发行的银行存单可以不用缴交储备,但发行者必须满足最低国际信用评级的要求。
外国直接投资	投资时间不能少于 1 年,投资数量不能少于 10000 美元,不必缴交没有补偿的储备。
进出口信贷	不必缴交没有补偿的储备。
其他形式的资本流入	缴交 10% 的没有补偿的储备(URR)。

信贷机构	管制方法
持有外汇头寸	不得超过银行资本和储备的 20%,外国对本国借贷票据的投资不得超过银行资本和储备的 25%。
国内外汇贷款	只允许发放与对外贸易相联系的外汇贷款。
其他贷款	银行可以持有其他证券但不允许持有股票。

资料来源:IMF:*International Capital Market*,Washington D. C.,September 1998,p. 178.

　　除了智利以外,许多发展中国家都实行这样或那样的限制外国货币资本流动的措施,其中有代表性的措施有:巴西 1994 年 1 月对外国投资本国股票征收 1% 的税,后于 1995 年 1 月取消;对巴西企业在国外发行债券征收的发行税从 3% 提高到 7%,后于 1995 年 3 月取消;对外国人在巴西投资固定收益证券征收的收入税从 5% 提高到 9%,后于 1995 年 3 月又降回到 5%。印度尼西亚于 1991 年 3 月规定银行从国外取得的贷款占银行资本的最高比例从 25% 降到 20%,对外汇互换交易的手续费增加 5 个百分点;于 1991 年 10 月规定本国所有的商业借款活动都要经过政府批准。马来西亚在 1994 年 1 月到 8 月禁止本国居民向非居民出售短期借贷票据;在 1994 年 2 月到 1994 年 8 月禁止本国银行作为买方与外国客户进行与贸易无关的远期外汇交易和外汇互换交易。

　　对于智利式的缴交无息储备的管制手段,经济学者们广泛讨论了其有效性。国际货币基金组织研究人员奎厄克(P. Quirk)和埃文斯(O. Evans)发现,在智利实行对货币资本控制以后,在智利的国际收支平衡表中私人货币资本流入量减少了,但错误和遗漏项以及估计的贸易误差的数字则明显增加。对此可以作出的解释是,错误和遗漏项数字的扩大代表了为逃避政府管制而发生的没有记录的货币资本流入量的增加。[1] 美国经济学者爱华德(S. Edwards)致力于检验智利对货币资本流动管制的有效性。如果要直接衡量对货币资本流动管制的有效性,应该分析离岸利率和在岸利率的差别并观察这种差别是否违背利率平价条件。但由于智利缺乏离岸利率和远期利率的数据,爱华德主要研究实际汇率和利率差额怎样受到资本管制的影响。假如管制是有效的,那么管制将对国内利率和外国利率的关系以及实际汇率的时间系列有着明显的影响。但经验数据表明,管制对实际汇率的影响是有限和短暂的,国内利率和国外利率的差异程度在管制以后并没有扩大。[2] 国际货币基金组织研究人员杜雷(M. Dooley)的结论则是智利对货币资本流动的管制只能暂时地使国内资本收益率和国际资本收益率分离,但投资者总会找到新的办法摆脱这种限制,管制最终还是无效的。[3] 经济学家们强调,智利式的对货币资本流入要求缴交无息储备的措施效果有限。

对于巴西式的对资本流动征税的管制手段,经济学者们有不同看法。美国经济学者加伯(P. Gaber)和泰勒(M. Taylor)认为对货币资本流动征税存在许多问题:首先,如果部分国家征税而别的国家不征税,资本会流向别的国家;其次,随着金融衍生品种市场的发展,各种交易混合在一起,要对外汇交易征税不是容易的事情;再次,对外汇交易征税可能使外汇市场和其他金融市场失去流动性。[4] 国际货币基金组织研究人员马斯森(D. Mathieson)和累加西-斯瓦列茨(L. Rojas-Suares)指出,对货币资本流动征税并不能限制货币资本流动,货币资本可以通过其他途径流动,如在进口时多开或少开发票额等。经验表明,当投资

---

① P. Quirk and O. Evans, "Capital Account Convertibility", *IMF Occasional Paper*, No. 131, 1995, Washington D. C.

② S. Edwards, "Capital Flows, Real Exchange Rates, and Capital Controls", Presented at a *Conference on Capital flows to Emerging Market*, February 1998. Massachnsetts.

③ M. Dooley, "A Survey of the Literature on Controls over International Capital Transaction", *IMF Staff Papers*, Vol. 43, December 1996, Washington D. C.

④ P. Gaber and M. Taylar, Sand in the Wheels of Foreign Exchang Markets, *The Economic Journal*, Vol. 105, 1995, pp. 173-180.

第二十八章　在现行国际金融体系下的利益分配格局

者找到逃避管制的办法时,管制就失去了作用。[①] 以福克兹-兰道(D. Folkerts-Landau)等人领导的国际货币基金组织研究小组对这个问题进行了研究,他们的结论是:经验表明,限制货币资本流动的政策在短期内对减少资本流入量和改变资本流入的构成能够发挥作用。因此,如果资本流入是暂时性的,这类政策是有效的。但是,资本流入持续时间越长,或者限制政策实施时间越长,这类政策不但无效,而且对国内金融体系起着越来越大的破坏作用。

尽管对金融资本流动实行限制存在这样或那样的问题,但它仍然是减少国家金融风险的一种可选择的方案。在一个国家渐进地对外开放的过程中,将首先推进国际贸易的自由化,其次推进生产资本流动的自由化,最后推进金融资本流动的自由化。因此,必须要在一定的时期保持对金融资本流动的限制。笔者认为,在这种情况下对货币资本流动限制是十分必要的。一个国家在推进金融自由化的过程中,不可能在很短的时间内取消对资本项目的汇兑限制和对外开放全部金融市场,否则这个国家将面临着极大的风险。既然国际金融的自由化是一个渐进的过程,在一定的时间里实行对货币资本流动的限制是必不可少的。但是,这些政策和措施只是减轻所受到的伤害,不可能改变当今世界的金融格局。

---

① D. Mathieson and L. Rojas-Suares, Liberalization of the Capital Account, Experiences and Issues, *IMF Occasional Paper*, No. 103, 1993, Washington D. C.

第二十九章　世界金融市场的形成对世界经济的影响

第一节　世界金融市场的形成和发展

一、金融全球化的趋势

金融全球化趋势是指各国金融市场的联系日益密切并向一个整体的金融市场发展的趋势。因此,金融全球化的过程就是世界金融市场形成和发展的过程。20 世纪 60 年代,欧洲货币市场和欧洲债券市场这两种真正的国际金融市场的形成,标志着金融全球化的开始。70 年代以后随着金融工具的创新、金融市场的发展、对资本管制的放宽,金融交易技术的进步,各国国内金融市场也趋向国际化,这一切都推动了金融全球化的进程。

金融全球化的根本动因是金融资本由它的本质所决定的对利润的追逐。金融资本形成以来,一直处在扩张的冲动之中。金融资本对利润的追逐,必然要求跨越国境而向全世界发展。在 20 世纪 80 年代以前,货币资本对外扩张主要采取银行贷款的形式。在 20 世纪 80 年代以后,跨国证券投资也开始发展起来。只要有可能,金融资本必然向世界各个角落渗透以获取高额利润,这是金融全球化的根本原因。

金融全球化的政策原因是各国相继放松对货币资本流动的限制。发达国家为了扩大资金融通的途径,既为货币资本的流出也为资金的流入提供便利;发展中国家则为了促进国内金融市场的发展,取得外国的资金,纷纷放松对货币资本流动的限制,使金融全球化成为可能。

金融全球化的客观基础是各国金融市场的发展。发达国家的金融市场经过上百年甚至数百年的发展,已形成较为成熟的市场体系。20世纪七八十年代以来,发展中国家也越来越强烈地意识到资金融通对于经济发展的重要意义,努力推动金融市场的建立和发展。发展中国家不仅在金融市场规模上不断扩大,而且在金融市场深度上也不断提高。据统计,部分发展水平较高的发展中国家如智利、韩国、马来西亚、墨西哥、新加坡的股票市场深度即股票资本化价值占国内生产总值的比例已高于部分发达国家如德国、法国、意大利等国。[①] 发展中国家的金融市场的发展使金融全球化不是限于发达国家,而成为全球意义上的一体化。

金融全球化的技术原因是金融创新和电子计算机技术的进步。20世纪80年代的金融带来了金融衍生品种如互换、期货、期权,这些金融衍生品种加强了各国金融市场的联系,使各国金融市场更加密切地联系在一起。例如,货币互换产生以后,人们可以互相交换不同利率和不同货币的债权和债务,从而不仅把各国的借贷市场联系在一起,而且把各国的借贷市场和外汇市场联系在一起。另外,电子计算机技术的发展使金融市场广泛采用计算机系统甚至互联网传递和处理信息以及达成交易,从而扩大了金融市场的覆盖范围和加强了金融市场之间的联系,推动了金融全球化。目前,金融全球化已发展到比较高的程度。

首先来考察外汇市场。外汇市场是世界上最大的金融市场,它每天进行巨额的外汇交易,交易的币种主要有美元、欧元、日元、英镑、瑞士法郎、加元、荷兰盾、澳大利亚元等。外汇市场是一个24小时运转的市场,各主要的外汇交易中心分处不同的时区。如果从东京开始,依次是香港、新加坡、巴林、法兰克福、苏黎世、伦敦、纽约、洛杉矶、悉尼。外汇市场包括即期外汇市场、远期外汇市场、外

---

① 国际货币基金组织:《世界经济展望》,中国人民银行国际司基金处译,中国金融出版社1995年版,第50页。

汇期货市场、外汇期权市场。

其次来考察欧洲货币市场。欧洲货币市场是进行境外货币的借贷的市场，或者实行与国内借贷市场不同的管理体制的市场。目前，已经形成的欧洲货币中心主要分布在 5 个地理区域：西欧区，包括伦敦、苏黎世、巴黎、海峡群岛；加勒比海和中美洲区，包括开曼群岛、巴哈马群岛；中东区，包括巴林；亚洲区，包括新加坡、香港、东京；美国，包括允许设立国际银行便利的各州。欧洲货币市场主要包括短期欧洲货币的借贷市场、欧洲货币利率期货市场和欧洲货币利率期权市场。

再来考察国际资本市场。国际资本市场包括国际长期借贷市场、国际债券市场、国际股票市场、国际债券期货市场、国际债券期权市场。

值得注意的是，各国的国内金融市场也在走向国际化。以股票市场为例。在各国股票市场上市交易的外国股票不断增加。纽约证券交易所有 392 家外国公司的股票上市交易，占上市股票种数的 12.98%；伦敦证券交易所有 552 家外国公司的股票上市交易，占上市股票种数的 18.71%。纳斯达克证券市场有 441 家外国公司的股票上市交易，占上市股票种数的 8.70%，如此等等。[①] 在世纪之交的 2000 年，在世界范围内掀起证券交易所合作和合并的热潮。2000 年 4 月 19 日美国的纳斯达克证券市场与日本大阪证券交易所达成协议，将在日本建立日本纳斯达克证券市场（Nasdaq Japan）。2000 年 4 月 26 日，纳斯达克证券市场与加拿大魁北克省政府签署备忘录，将在加拿大建立加拿大纳斯达克证券市场（Canada SM）。2000 年 3 月 18 日，阿姆斯特丹交易所、布鲁塞尔交易所、巴黎交易所的总裁签署协议，决定把这三家交易所合并为叫做"泛欧"（EURONEXT）的交易所。伦敦证券交易所和法兰克福证券交易所于 2000 年 5 月 3 日正式宣布合并，组建成新的"国际交易所"（International Exchange，简称 IX）。这两家交易所还将与美国纳斯达克证券市场合资，建立附属于新交易所的以交易新技术公司股票为主的股票市场。

---

① London Stock Exchange, *International Comparisons*, 1999.

二、金融全球化的性质

金融自由化开始于 20 世纪 70 年代,在 90 年代以后出现加速的趋势。金融自由化主要表现在放松对资本项目下货币汇兑的限制、对外国资本证券投资的限制、对外国金融机构经营国内金融业务的限制等等。

到 20 世纪 90 年代中期,发达国家基本上取消了对国际资本流动的汇兑管制。另外,除了某些国家在不同程度上保留了对与国际贸易无关的外国银行的信贷,对外国在某些行业的投资、对外国买卖房地产和证券某些方面的限制以外,发达国家已放松或取消了对国际资本流动的限制。与此同时,部分发展中国家也实行了资本项目的货币可兑换,放松或取消了对外国居民到本国进行证券投资的限制。

在金融自由化浪潮的推动下,货币资本跨国流动的规模在不断扩展。表 29-1 说明各种主要类型的货币资本流动情况。应该指出,国际债务和股权凭证的数额是跨国证券投资的一部分而不是全部。跨国证券投资除了包括对国际证券的投资以外,还包括外国对一个国家的国内证券的投资。另外,流入量或发行量是本期发生的数量,存量或未清偿数量是积累的数量。从表中可以看到下述动向和特点:第一,货币资本跨国流动的规模不断扩展。2006 年国际证券发行量和国际股权凭证发行量是 2001 年的两倍。第二,货币资本跨国流动受到经济周期的影响。国际债务凭证发行量、国际股权凭证发行量和国际辛迪加贷款在 2002 年都趋于下降。

表 29-1　货币资本跨国流动的规模　　　　　　　　　　单位:亿美元

年　份	2001	2002	2003	2004	2005	2006
国际债务凭证发行量	14268	10134	14384	16149	18498	27731
未清偿国际债务凭证	71128	87664	117261	139751	146115	158270
国际股权凭证发行量	1496	1037	1219	2190	3078	3779
国际辛迪加贷款	13888	12997	12414	18065	22323	21641

资料来源:BIS, *Statistics*, 2002-2007, http://www.bis.org.

从国际金融市场上所发行的各种票据和证券来看,发达国家处于绝对优势。在表29-2中,各种国际证券均为发行的国际债务凭证和股权凭证,但不包括各国在国内发行的证券。从表中可以看到,发展中国家与发达国家在市场份额上存在较大的差距。

表 29-2　发达国家和发展中国家发行的各种国际证券　　单位:亿美元

年　份	国际辛迪加贷款		国际债务凭证发行量		国际股权凭证发行量	
	2005	2006	2005	2006	2005	2006
发达国家	19892	18437	16830	23573	2124	2276
发展中国家	2032	2589	488	862	773	1252

资料来源:BIS,*Statistics*,2007, p. 82, p. 85, p. 100, http://www.bis.org.

再来考察发展中国家。货币资本流入发展中国家的情况表现出很大的不稳定性。表29-3中的其他投资是指国家之间的银行存款和贷款,从表中可以看到,从1994到2005年,有的年份是大量资本聚集在发展中国家,有的年份则发生流入资本的逆转。证券投资高潮与低潮相差2324亿美元,其他投资如银行贷款高潮与低潮相差3193亿美元。从总体来看,发达国家是货币资本的净流出国,发展中国家是货币资本的净流入国。

表 29-3　货币资本净流入发展中国家的情况　　单位:亿美元

年　份	1994	1995	1996	1997	1998	1999
证券投资	935	895	1760	1469	323	1027
其他投资	188	1046	955	1503	−1165	−702
年　份	2000	2001	2002	2003	2004	2005
证券投资	917	114	−107	911	1346	2217
其他投资	−59	−576	18	1240	2028	1334

资料来源:IMF,*Global Financial Stability Report*, 2007, p. 154.

金融全球化实际上是货币资本向全世界扩张形成的,发达国家,特别是美国,是拥有金融资本最多的国家,所以发达国家在金融全球化的过程中处于控制和支配地位。由此可见,金融全球化实际上是发达国家货币资本的全球化,发达国家,特别是美国在世界各个金融领域中处于统治和支配地位。前面第二十七章的分析表明,在现行的国际货币制度下,美国等少数发达国家获得了金融全球化的绝大部分的利益,而广大的发展中国家只能分享剩下的小部分的利益。

三、金融全球化与世界金融市场的发展

虽然金融全球化的过程就是世界金融市场形成和发展的过程,但是金融全球化是一个过程,而世界金融市场是一个体系。前面第十一章在分析世界商品市场时曾经指出,国际商品市场与世界商品市场是不同的两个概念。国际商品市场是国家与国家之间进行商品交换形成的市场,世界商品市场是国际商品市场的规模、范围和规则发展到一定程度所形成的国际商品市场体系。但是,国际金融市场与世界金融市场的区别不同于国际商品市场与世界金融市场的区别。

金融市场包括国内金融市场和国际金融市场。国内金融市场是指进行国内金融资产的发行和交易的市场,国际金融市场是指进行国际金融资产的发行和交易的市场。国内金融资产是指发行者是本国居民、面值用本国货币表示,发行和交易在本国进行的金融资产。国际金融资产是指或者发行者是本国非居民,或者面值用外国货币表示的金融资产。因此,国际金融市场是严格定义的,它通常包括外汇市场、欧洲货币市场、国际债券市场、国际股票市场。随着金融的自由化,许多国家都开放了国内金融市场,允许非居民取得本国银行贷款,允许非居民购买本国债务工具和权益工具,但这并不意味着国内金融市场已经成为国际金融市场。由此可见,世界金融市场不仅是国际金融市场的规模、范围和规则发展到一定程度所形成的国际市场体系,而且是国内金融市场普遍走向国际化而形成的整个金融市场体系。

金融全球化的过程既包括各国国内金融市场的国际化,也包括国际金融市场的发展,所以它推动了世界金融市场的形成和发展。然而,从目前的情况来

看,尽管国际金融市场已经发展到很大的规模,覆盖很大的范围,但是开放国内金融市场的国家主要是大部分发达国家和小部分发展中国家,还有相当多的国家没有开放国内金融市场。因此,世界金融市场的发展程度还没有世界商品市场的发展程度高。

然而,从发达国家的情况来看,由于它们的贸易、金融、投资的联系比较密切,它们的资本市场的联系也比较密切。据笔者收集英国金融时报 100 种股票价格指数、德国股票价格指数、道·琼斯股票价格平均数、日本日经 225 种股票价格指数各 464 个样本进行相关关系分析表明,除了英国和德国股票市场价格与美国股票市场价格的皮尔逊(Pearson)相关系数不高以外,这些国家的股票价格彼此之间 Spearman 相关系数和 Kendall Tau-b 系数都较高。这表明发达国家的股票市场已经存在着比较密切的相关关系,它们已经形成了世界性的股票市场。[①]

第二节　国际金融对资本积累和社会资本再生产的影响

一、在存在国际金融条件下的资本积累

国际金融在本质上是商品资本的跨国流动,它是货币资本循环的一个环节。根据马克思的分析,货币资本循环的过程是:$G-C\cdots P\cdots W'-G'$。在这里,G 表示货币资本,C 表示生产资本,P 表示生产过程,W 表示商品资本,上标$'$表示包含剩余价值。但是,在国际金融条件下,货币资本 G 的形成可以有三种途径:个人资本的积累、国内金融市场、国际金融市场。货币资本循环的过程表现为下述形式:

[①]　参看本章后面的附录。

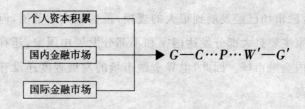

图 29 - 1 在存在国际金融市场条件下货币资本的循环

　　货币资本循环的关键问题是能否筹集到足够的货币资本 G 并把它转化为生产资本 C。在不存在国内和国际金融市场的条件下,对于一个生产过程来说,货币资本只能依靠资本家个人将剩余价值资本化而形成,货币资本循环受到了限制。由于货币资本转化为生产资本需要达到某个最低的规模,即使社会的剩余价值总额为没有变化,但是单个资本家所能转化为剩余价值的数额比较小,往往积累一段时间才能达到转化为生产资本的要求,货币资本的循环受到了影响。

　　在存在国内金融市场的条件下,对于一个生产过程来说,货币资本的形成突破了资本家个人剩余价值资本化的限制,它可以通过获得银行贷款,或者通过发行商业票据、公司债券、公司股票等方式,借助于别的资本家的剩余价值,甚至可以借助于劳动者闲置的资金,来达到转化为生产资本所需要的规模。即使在社会剩余价值总额没有变化的条件下,通过资金的融通可以加快可以投入生产过程的货币资本的形成,从而推动了货币资本的循环。

　　在存在国际金融市场的条件下,对于一个生产过程来说,货币资本的形成不但突破了资本家个人剩余价值资本化的限制,而且突破了一个国家的社会剩余价值总额的限制,它可以通过获得外国银行贷款,或者通过发行国际债券、国际股票等方式,借助于别的国家的资本家的剩余价值,甚至可以借助于别的国家劳动者闲置的资金,来达到转化为生产资本所需要的规模。从世界范围来看,有的国家需要将大量的货币资本转化为生产资本,而有的国家的货币资本则出现相对过剩。即使在世界剩余价值总额没有变化的条件下,通过资金的融通可以充分形成货币资本,从而推动了货币资本的循环。

　　资本积累是指剩余价值的资本化。剩余价值是资本积累的唯一源泉,而资本积累是资本主义扩大再生产的唯一源泉。在存在国内和国际金融市场的条件下,资本积累不仅依赖于资本家个人的剩余价值,不仅依赖于一个国家全体资本家的剩余价值,而且还依赖于世界资本家的剩余价值,国际金融成为资本积累的重要途径。

二、在存在国际金融条件下的社会资本的再生产

在前面第十九章中曾经引入国际贸易和国际直接投资的因素讨论了对社会资本再生产的影响。为了更好地理解国际金融对社会资本再生产的影响,先简单复述在存在国际贸易的条件下社会资本再生产过程的变化。

按照马克思的分析,社会资本简单再生产的条件可以表达为:

第一,$I(v+m)=IIc$。这个条件表示第一部类的可变资本的价值和剩余价值需要用于消费,第二部类的不变资本的价值需要用生产资料和更替。第二,$I(c+v+m)=Ic+IIc$。这个条件表示第一部类全部商品的价值必须同时弥补第一部类不变资本的价值和第二部类不变资本的价值,从生产资料的角度来看社会资本的简单再生产才能够正常进行。第三,$II(c+v+m)=I(v+m)+II(v+m)$。这个条件表示第二部类全部商品的价值必须同时弥补第一部类可变资本的价值、剩余价值和第二部类可变资本的价值、剩余价值,从消费资料的角度来看社会资本的简单再生产才能够正常进行。

在发生国际贸易的条件下,由于可以从外国进口生产资料,即使$I(v+m)<IIc$,社会资本的简单再生产仍然可以正常进行。

从生产资料的角度来看,设为 IM 第一部门的商品即生产资料的进口额,IX 为第一部门的商品即生产资料的出口额,社会资本简单再生产的条件是:

$$I(c+v+m)+(IM-IX)=Ic+IIc \qquad (29-1)$$

公式(29-1)表示,第一部类生产的生产资料可能出口到外国,而该国也可能从外国进口生产资料。只要 $I(c+v+m)+(IM-IX)=Ic+IIc$,第一和第二部类耗费的生产资料都能够得到补偿,社会资本的简单再生产能够正常进行。在这里,$IM-IX$ 可能是正数,可能是负数,可能是零。它们分别表示生

产资料的贸易为逆差、顺差或平衡。假定其他条件不变,生产资料的贸易逆差导致黄金或外汇储备减少,生产资料的贸易顺差导致黄金或外汇储备增加。这意味着在发生国际贸易的条件下,可以用黄金或外汇储备来维持社会资本的简单再生产。

从消费资料的角度来看,设为ⅡM第一部门的商品即生产资料的进口额,ⅡX为第一部门的商品即生产资料的出口额,社会资本简单再生产的条件是:

$$Ⅱ(c+v+m)+(ⅡM-ⅡX)=Ⅰ(v+m)+Ⅱ(v+m) \qquad (29-2)$$

公式(29-2)的意思与公式(29-1)相似,它表示第二部类生产的消费资料可能出口到外国,而该国也可能从外国进口消费资料。只要Ⅱ(c+v+m)+(ⅡM-ⅡX)=Ⅰ(v+m)+Ⅱ(v+m),第一和第二部类需要的消费资料都能够得到满足,社会资本的简单再生产能够正常进行。在这里,ⅡM-ⅡX可能是正数,可能是负数,可能是零。它们也分别表示消费资料的贸易为逆差、顺差或平衡。假定其他条件不变,消费资料的贸易逆差导致黄金或外汇储备减少,消费资料的贸易顺差导致黄金或外汇储备增加。这意味着在发生国际贸易的条件下,同样可以用黄金或外汇储备来维持社会资本的简单再生产。

如果把社会资本简单再生产的条件结合起来,生产资料的顺差或逆差与消费资料的逆差或顺差可以相互弥补。只有包括生产资料和消费资料的社会商品的贸易出现差额时,才会导致黄金或外汇储备的变化。在一定的时期内,黄金或外汇储备的变化可以维持社会资本简单再生产的条件。但是,假定其他条件不变,如果社会商品的贸易连续多年出现逆差而导致黄金或外汇储备全部流失,社会资本简单再生产的条件将受到破坏。这意味着在国际贸易条件下社会资本的简单再生产可以突破原来在物质形态上的限制,即使Ⅰ(v+m)<Ⅱc也可以使社会资本再生产在物质形态上可以实现,但是仅仅在国际贸易条件下社会资本的简单再生产不能突破价值形态上的限制,而必须有政府的黄金或外汇储备的存在。设政府的黄金或外汇储备为R,那么要保持社会资本的简单再生产,还必须有下述条件:

$$R=(ⅠM-ⅠX)+(ⅡM-ⅡX) \qquad (29-3)$$

公式(29-3)表示,政府的黄金或外汇储备必须要满足生产资料和消费资料贸易逆差的需要。但是,在存在国际金融和国际直接投资的条件下,不再需要用黄金或外汇储备来维持社会资本的简单再生产,而可以用国际金融和国际直接投资的方式来维持社会资本的简单再生产。例如,当生产资料和消费资料的贸易出现逆差时,可以用向外国融通资金的方式,或者用外国直接投资流入的方式补偿。这样,即使该国没有黄金或外汇储备,社会资本的简单再生产仍然可以得到维持。设外国资金的净流入量是 F,外国直接投资的净流入量是 V,那么,公式(29-3)可以表达为:

$$R+F+V=(\mathrm{I}M-\mathrm{I}X)+(\mathrm{II}M-\mathrm{II}X) \tag{29-4}$$

从公式(29-4)可以看到,即使政府的黄金或外汇储备 R=0,只要 F+V=(ⅠM-ⅠX)+(ⅡM-ⅡX),社会资本的简单再生产可以进行。

按照马克思的分析,社会资本扩大再生产的条件是:$\mathrm{I}(c+v+m)=\mathrm{I}(c+\Delta c)+$ $\mathrm{II}(c+\Delta c)$;$\mathrm{II}(c+v+m)=\mathrm{I}(v+\Delta v+n)+\mathrm{II}(v+\Delta v+n)$。这两个公式表明,要实现社会资本的扩大再生产,第一部类所生产的生产资料,除了补偿第一和第二部类已经耗费的不变资本的价值以外,还必须满足第一和第二部类追加生产资本的需要;第二部类所生产的消费资料,除了补偿第一和第二部类劳动者的消费和资本家的消费以外,还必须满足第一和第二部类追加消费资料的需要。

与国际贸易对社会资本简单再生产的条件的影响的分析相似,在存在国际贸易的条件下,社会资本扩大再生产的条件变为:

$$\mathrm{I}(c+v+m)+(\mathrm{I}M-\mathrm{I}X)=\mathrm{I}(c+\Delta c)+\mathrm{II}(c+\Delta c) \tag{29-5}$$

$$\mathrm{II}(c+v+m)+(\mathrm{II}M-\mathrm{II}X)=\mathrm{I}(v+\Delta v+n)+\mathrm{II}(v+\Delta v+n) \tag{29-6}$$

公式(29-5)表明,第一部类所生产的生产资料加上生产资料的净进口额,必须能够补偿第一和第二部类耗费的生产资料Ⅰc+Ⅱc,而且还可以向第一和第二部类提供追加的生产资料$\mathrm{I}(\Delta c)+\mathrm{II}(\Delta c)$。同样,公式(29-6)表明,第二部类所生产的消费资料加上消费资料的净进口额,必须能够满足第一和第二部类对消费资料的需求$\mathrm{I}(v+n)+\mathrm{II}(v+n)$,而且还可以向第一和第二部类提供追加的消费资料$\mathrm{I}(\Delta v)+\mathrm{II}(\Delta v)$。如果不考虑国际资金融通和国际直接投资,在生产资料和消费资料的贸易存在差额的条件下,仍然需要黄金或外汇储备发挥维持社会资本扩大再生产的作用。但是,在存在际资金融通和国际直接投资的条件下,正如公式(29-4)所表示的,生产资料和消费资料的贸易差额可以通过际资金融通和国际直接投资的方式来弥补:$R+F+V=(IM-IX)+(IIM-IIX)$。

另外,国际资金融通和国际直接投资不仅可以弥补生产资料和消费资料贸易的差额,而且可以使社会资本再生产迅速扩大。设 A_1 和 B_1 分别表示投在第一部类的外国资金融通额和外国直接投资额与该部类生产需要资金及生产资料的净进口额的比率即倍数,A_2 和 B_2 分别表示投在第二部类的外国资金融通额和外国直接投资额与该部类生产需要资金及生产资料的净进口额的比率,其他符号愿意不变,那么在存在国际资金融通和国际直接投资的情况下,社会资本扩大再生产的条件是:

$$[1+A_1+B_1][I(c+v+m)+(IM-IX)]=[1+A_1+B_1][I(c+\Delta c)+II(c+\Delta c)] \tag{29-7}$$

$$[1+A_2+B_2][II(c+v+m)+(IIM-IIX)]=[1+A_2+B_2][I(v+\Delta v+n)+II(v+\Delta v+n)] \tag{29-8}$$

$$R+F+V=(IM-IX)+(IIM-IIX) \tag{29-9}$$

公式(29-7)与公式(29-5)相似,但加入了国际资金融通和国际直接投资的因素。例如,假定第一部类所生产的生产资料加上生产资料的净进口额为100 单位货币,外国资金融通额和外国直接投资额分别是 20 单位货币,即 $A_1=0.2,B_1=0.2$,那么第一部类所生产的生产资料加上生产资料的净进口额将达到140 单位货币,第一部类的生产规模扩大了。公式(29-8)同样在公式(29-6)的基础上加入了国际资金融通和国际直接投资的因素。公式(29-9)与公式(29-4)相同,表示政府黄金和外汇储备、外国资金的净流入量、外国直接投资的净流入量与社会产品的净进口额必须相互弥补。

由此可见,国际贸易使社会资本的扩大再生产突破原来的物质形态上的条件的限制,国际资金融通和国际直接投资则使社会资本的扩大再生产突破原来的价值形态上的条件的限制。从这个角度来看,国际贸易、国际资金融通和国际直接投资成为社会资本扩大再生产的条件。

第三节 世界金融市场对经济周期的影响

一、货币供给和社会需求的传递机制

在世界金融市场形成的条件下,如果一个国家的宏观经济因素发生变化,如货币供给和社会需求发生变化,在短期里它们将通过一定的途径传递到别的国家。但是,这种传递机制在不同的汇率制度下有所不同。

首先来考察固定汇率的情形。假定某个国家的货币供给发生增加,货币供给的增加导致利率的下降,利率的下降导致国内总需求的增加和资本的流出。从这个国家的国内的情况来看,货币供给的增加对国内生产总值形成扩张性的影响。从外国的情况来看,这个国家总需求的增加导致其进口的增加即外国出口的增加,这个国家资本流出导致外国货币供给的增加,这个国家货币供给的增加同样对外国的国内生产总值产生扩张性的影响。这个国家的固定汇率制度既没有强化这种作用,也没有削弱这种作用。但是,这个国家的国际收支出现了逆差。相反,这个国家货币供给的减少将对本国和外国的国内生产总值造成收缩性的影响,但为本国的国际收支带来顺差。

另外,假定某个国家社会需求发生增加,这个国家的利率将会上升。其总需求的增加导致进口的增加即外国出口的增加,但利率的上升导致这个国家资本的流入。从这个国家的国内情况来看,社会需求的增加受到利率上升的削弱,但社会需求对国内生产总值的影响比由社会需求导致的利率的上升对国内生产总值的影响更加直接和迅速,国内生产总值将增加。从外国的情况来看,出口的增加导致国内生产总值的增加,资本的流出导致利率的上升,但同样由于出口增加对国内生产总值的影响比资本流出导致利率的上升对国内生产总值的影响更加直接和迅速,外国的国内生产总值也将增加。相反,这个国家社会需求的减少将在一定程度上导致本国和外国国内生产总值的下降。在这个过程中,这个国家的国际收支没有明显的变化。然而,从上面的分析可以看到,资本的流动将会弱化社会需求变化的传递。

再来考察浮动汇率的情形。如果某个国家的货币供给发生增加,正如前面的分析表明的那样,国内总需求将增加而资本则会流出。但是,在浮动汇率制度下,这个国家的汇率将会下降,它的出口将会增加而它的进口将会减少,从而将会减弱这个国家货币供给增加的传递作用。另外,如果这个国家的社会需求增加,正如前面的分析表明的那样,这个国际的进口将会增加但资本将会流入,这个国家货币的汇率没有明显的变化,社会需求的传递作用既没有加强也没有减弱。

二、经济衰退和经济繁荣的传递机制

在世界金融市场形成的条件下,一个国家的经济衰退或繁荣将导致本国和外国的金融市场的变化,而本国和外国的金融市场的变化又对外国的经济或繁荣产生影响。这就是说,金融市场会在一定程度上起到传递经济衰退或经济繁荣的作用。

首先来分析股票市场的影响。前面第十一章的分析表明,一个国家经济的衰退或繁荣会通过进出口传递到另一个国家。在存在世界金融市场的条件下,这种传递作用将被强化。假定某个国家发生经济衰退,该国国内生产总值下降,对外国商品的进口减少,从而导致外国国内生产总值的下降。与此同时,由于人们预测股票未来的收益将减少,股票价格将下降,他们倾向于出售股票,从而导致股票价格的下降。在人们普遍持有股票的情况下,人们的财富将减少。这样,人们不仅由于收入效应减少进口,而且由于财富效应减少进口,从而加剧了进口的减少,将经济衰退传递到别的国家。相反,假定某个国家出现经济繁荣,股票价格变化的财富效应也将经济繁荣传递到别的国家。

另外,股票市场不仅通过强化进出口的变化来传递经济衰退或经济繁荣,而且还通过市场的传染来传递经济衰退或繁荣。在金融全球化的条件下,股票市场的变化出现相似的变化趋势。当一个主要的国家的股票价格上升或下降时,其他国家的股票价格也发生相似的变化。股票市场这种传染效应也将传递经济衰退或经济繁荣。假定某个主要国家发生经济衰退,该过股票价格将会下降。当该国股票价格下降传染到别的国家的股票市场时,别的国家的股票价格也将下降。别的国家的股票价格下降将导致别的国家消费需求和投资需求的减少,从而导致别的国家一定程度的经济衰退。相反,某个主要国家的经济繁荣也会通过股票市场的传染传递到别的国家。

其次来分析国际借贷市场的影响。在国际借贷大量和普遍发生的条件下,他将起着传递经济衰退或繁荣的作用。假定一个国家发生了经济衰退,该国偿还外国银行的债务出现困难,因而不得不推迟偿还外国银行的债务。这样,外国银行的不良资产增加,外国银行不得不收缩贷款,从而对外国的经济产生不利的影响,在一定程度上将经济衰退传递到外国。假如这个国家借入的外国银行的债务过多,经济衰退导致的不是暂时的偿还债务的困难而是爆发债务危机,那么将导致外国的银行体系的动荡,有可能导致外国严重的经济衰退。相反,如果一个国家出现经济繁荣,偿还外国银行债务不会发生任何问题,外国银行将处在良性运转之中,对外国的经济也形成良好的影响。

三、通货膨胀和通货紧缩的传递机制

前面第十一章的分析表明,在不考虑汇率制度的条件下,国际贸易传导着通货膨胀和通货紧缩。如果一个国家发生了通货膨胀,出口商品的价格上升,而外国又不得不进口这些商品,在这些商品是投资品的条件下,外国的生产成本将会提高,价格水平将会上升;在这些商品是消费品的条件下,外国进口这些商品也导致价格水平的上升。这样,一个国家的通货膨胀通过国际贸易传递给外国。相反,如果一个国家发生了通货紧缩,出口商品的价格下降,外国将增加对这些商品的进口,外国的生产成本和价格水平将会下降。这样,一个国家的通货紧缩也通过国际贸易传递给外国。

前面第十一章的分析还表明,外国对该国出口商品的需求的价格弹性是能否传递在通货膨胀的条件。如果该国出口商品的需求的价格弹性很大,外国将大幅度减少甚至停止这些商品的进口,通货膨胀的传递将受到阻碍。如果该国

出口商品的需求的价格弹性很小,外国将继续进口这些商品,通货膨胀得到有效的传递。但是,外国对该国出口商品的需求的价格弹性不是能否传递在通货紧缩的条件。不管该国出口商品的需求的价格弹性是大是小,外国都将进口这些商品,通货紧缩都得到传递。

如果考虑到汇率制度,由于现实经济是错综复杂的,需要在固定和浮动汇率制度、进出口商品需求的价格弹性的不同组合中讨论通货膨胀和通货紧缩的传递过程。为叙述方便起见,假定有两个国家 A 和 B,A 国发生了通货膨胀或通货紧缩,A 国的通货膨胀或通货紧缩传递到 B 国的过程将有 16 种情形,不同的情形可能适用于不同类型的国家。但是,由于通货膨胀的传递过程与通货紧缩的传递过程是相似的,这里只分析通货膨胀的传递过程。

第一,假定汇率制度是固定的,A 国和 B 国出口商品都缺乏需求的价格弹性。当 A 国发生通货膨胀时,A 国价格水平的上升导致 A 国商品价格相对昂贵而 B 国商品的价格相对便宜,在 A 国进出口商品都缺乏需求的价格弹性的条件下,相对来说 B 国的进口总额将会增加而出口总额将会减少,B 国将发生国际收支逆差,B 国货币的汇率出现降值的压力。B 国为了维持固定汇率将卖出国际储备货币买进本国货币,本国的货币供给将会收缩,本国将出现通货紧缩的压力。在这种情况下,A 国通货膨胀的传递通过 B 国进口商品价格上升和 B 国货币供给的收缩被抵消。但是,这种汇率制度和价格弹性的组合在目前的现实经济中比较少见。

第二,假定汇率制度是固定的,A 国和 B 国出口商品都富有需求的价格弹性。当 A 国发生通货膨胀时,A 国商品价格相对昂贵而 B 国商品的价格相对便宜,在 A 国进出口商品都富有需求的价格弹性的条件下,B 国的进口总额将会减少而出口总额将会增加,B 国将发生国际收支顺差,B 国货币的汇率出现升值的压力。B 国为了维持固定汇率将卖出本国货币买进国际储备货币,本国的货币供给将会扩张,本国将出现通货膨胀的压力。在这种情况下,A 国通货膨胀通过 B 国进口商品价格上升和 B 国货币供给增加传递到 B 国。这种汇率制度和价格弹性的组合在实行联合浮动汇率制度的国家之间是存在的。

第三,假定汇率制度是固定的,A 国的出口商品缺乏需求的价格弹性而 B

国出口商品富有需求的价格弹性。当 A 国发生通货膨胀时,A 国商品价格相对昂贵而 B 国商品的价格相对便宜,在 A 国的出口商品缺乏需求的价格弹性而 B 国出口商品富有需求的价格弹性的条件下,B 国的进口总额将会增加而出口总额也会增加,B 国的国际收支状况取决于进出口总额的增量。如果 B 国的国际收支发生逆差,那么结果与第一种情况相似。如果 B 国的国际收支发生顺差,结果与第二种情况相似,但通过 B 国进口商品价格上升的传递作用要更大一些。这种汇率制度和价格弹性的组合在实行钉住汇率制度的发展中国家与发达国家之间是存在的,发达国家处在 A 国的地位而发展中国家处在 B 国的地位。

第四,假定汇率制度是固定的,A 国的出口商品富有需求的价格弹性而 B 国出口商品缺乏需求的价格弹性。当 A 国发生通货膨胀时,A 国商品价格相对昂贵而 B 国商品的价格相对便宜,在 A 国的出口商品富有需求的价格弹性而 B 国出口商品缺乏需求的价格弹性的条件下,相对来说 B 国的进口总额将会减少而出口总额也会减少,B 国的国际收支状况取决于进出口总额的增量。如果 B 国的国际收支发生逆差,那么结果与第一种情况相似。如果 B 国的国际收支发生顺差,结果与第二种情况相似。这种汇率制度和价格弹性的组合在目前的现实经济中比较少见。

第五,假定汇率制度是浮动的,A 国和 B 国出口商品都缺乏需求的价格弹性。当 A 国发生通货膨胀时,A 国价格水平的上升导致 A 国商品价格相对昂贵而 B 国商品的价格相对便宜,在 A 国进出口商品都缺乏需求的价格弹性的条件下,相对来说 B 国的进口总额将会增加而出口总额将会减少,B 国将发生国际收支逆差,B 国货币的汇率将会降值。B 国货币汇率的降值导致 B 国进口商品的价格进一步上升。在这种情况下,A 国通货膨胀通过 B 国进口商品价格上升和 B 国货币汇率的降值传递到 B 国。但是,这种汇率制度和价格弹性的组合在目前的现实经济中比较少见。

第六,假定汇率制度是浮动的,A 国和 B 国出口商品都富有需求的价格弹性。当 A 国发生通货膨胀时,A 国商品价格相对昂贵而 B 国商品的价格相对便宜,在 A 国进出口商品都富有需求的价格弹性的条件下,B 国的进口总额将会减少而出口总额将会增加,B 国将发生国际收支顺差,B 国货币的汇率将会升值。B 国货币的汇率的升值导致 B 国进口商品价格的下降。在这种情况下，A 国通货膨胀的传递通过 B 国进口商品价格上升和 B 国货币汇率的升值被抵消。这种汇率制度和价格弹性的组合在发达国家之间是存在的。

第七，假定汇率制度是浮动的，A 国的出口商品缺乏需求的价格弹性而 B 国出口商品富有需求的价格弹性。当 A 国发生通货膨胀时，A 国商品价格相对昂贵而 B 国商品的价格相对便宜，在 A 国的出口商品缺乏需求的价格弹性而 B 国出口商品富有需求的价格弹性的条件下，B 国的进口总额将会增加而出口总额也会增加，B 国的国际收支状况取决于进出口总额的增量。如果 B 国的国际收支发生逆差，B 国货币汇率将会降值，那么结果与第五种情况相似。如果 B 国的国际收支发生顺差，B 国货币汇率将会升值，结果与第六种情况相似。这种汇率制度和价格弹性的组合在实行浮动汇率制度的发展中国家与发达国家之间是存在的，发达国家处在 A 国的地位而发展中国家处在 B 国的地位。

第八，假定汇率制度是浮动的，A 国的出口商品富有需求的价格弹性而 B 国出口商品缺乏需求的价格弹性。当 A 国发生通货膨胀时，A 国商品价格相对昂贵而 B 国商品的价格相对便宜，在 A 国的出口商品富有需求的价格弹性而 B 国出口商品缺乏需求的价格弹性的条件下，相对来说 B 国的进口总额将会减少而出口总额也会减少，B 国的国际收支状况取决于进出口总额的增量。如果 B 国的国际收支发生逆差，B 国货币汇率将会降值，那么结果与第五种情况相似。如果 B 国的国际收支发生顺差，B 国货币汇率将会升值，结果与第六种情况相似。这种汇率制度和价格弹性的组合在实行浮动汇率制度的发展中国家与发达国家之间是存在的，发展中国家处在 A 国的地位而发达国家处在 B 国的地位。

综合上述分析，可以得到这样的结论：在国际贸易的条件下，一个国家发生的经济变化将被传递到另一个国家。但是，在国际金融的条件下，有的因素在强化这种传递作用，有的因素在弱化这种传递作用，国际金融的影响取决于这两种作用的净影响。但是，从实际的情况看，各国经济周期的趋同性在加强。

美国的经济学者们曾经利用统计资料分析了美国同经济合作与发展组织成员国相互之间的经济影响，结果如表 29 - 4 所示。该组织由 24 个发达国家组成，所以这个分析说明了发达国家之间的经济关系。从表中可以看到，美国同经济合作与发展组织成员国存在紧密的经济关系,一方的变化迅速地传递到另一方。

表 29-4   美国同经济合作与发展组织成员国相互之间的经济影响

(A)美国增加等于国内生产总值 1% 政府支出在 1 年内的影响

项　目	对美国的影响	对其他国家的影响
国内生产总值	1.8%	0.7%
消费物价指数	0.4%	0.4%
利息率	1.7%	0.4%
货币币值	2.8%	— — —
经常项目	—165 亿美元	89 亿美元

(B)其他国家增加等于国内生产总值 1% 政府支出在 1 年内的影响

项　目	对其他国家的影响	对美国的影响
国内生产总值	1.4%	0.5%
消费物价指数	0.3%	0.2%
利息率	0.6%	0.5%
货币币值	0.3%	— — —
经常项目	—72 亿美元	79 亿美元

资料来源:R. Bryant, D. Henderson, G. Holtham, P. Hooper, and S. Symansky eds.,*Empirical Macroeconomics for Interdependent Economics*,Washington D. C.,Booking Institution,1998,p. 21.

　　由于金融市场的传递效应,世界主要国家经济变化趋向于同步,经济周期逐渐成为一种世界经济的现象。

第三十章　世界市场与世界资本主义经济体系

第一节　世界市场的形成

一、狭义和广义的世界市场

　　马克思在他的六册经济学著作的写作计划里,曾经准备专门写一册《世界市场》。按照马克思的看法,世界市场有狭义和广义两种概念。狭义的世界市场是指世界各国通过对外贸易而形成的商品市场,广义的世界市场是指由各国资本主义经济所形成的世界资本主义经济体系。用马克思的话来说,世界市场是"资产阶级社会越出国家的界限",[1]在世界范围内形成资产阶级社会的总和;"生产和交换的经济条件,在我们的时代,它们结合于世界市场这一概念之中。"[2]在这里,为了保持概念上的一致,仍然用世界市场表示马克思所说的狭义的世界市场,用世界资本主义经济体系表示马克思所说的广义的世界市场。

　　狭义的世界市场与广义的世界市场存在密切的联系。世界商品市场都是世界资本主义经济体系形成的基础和纽带。在历史上,资本主义经济是从商品生产和交换逐渐发展起来的,而世界资本主义经济体系也是从世界商品生产和交

---

[1]　《马克思恩格斯全集》第 46 卷,人民出版社 1979 年版,第 219—220 页。
[2]　《马克思恩格斯全集》第 22 卷,人民出版社 1965 年版,第 388 页。

换发展起来的。

在 17 世纪初期,随着英国商品生产和交换的发展,逐渐产生了资本主义经济和形成了资产阶级。新生的英国资产阶级在发展过程中与封建地主阶级产生了激烈的矛盾,终于在 17 世纪 40 年代爆发了资产阶级革命,建立起资本主义经济制度。在随后一个漫长的时期里,法国、德国、美国、日本、俄国等主要国家相继建立了资本主义经济制度。但是,世界资本主义经济体系还没有形成。

在英国等国的资产阶级夺取了政权以后,便在世界范围内开始了野蛮的殖民掠夺。它们用武力制服了亚洲、非洲、拉丁美洲的封建制国家或奴隶制国家,通过强制性的国际贸易,一方面大规模地向这些殖民地推销它们生产出来的工业制品,另一方面迫使这些殖民地为它们提供工业生产所需要的原材料。正是这种血与火的殖民掠夺,破坏了这些殖民地的自然经济,强行将这些殖民地卷入世界商品市场,同时也催发了这些殖民地的资本主义经济。

另外,在资本主义生产迅速扩张的条件下,各主要资本主义国家都面临国内商品市场的限制,它们一方面要占领落后国家的商品市场,另一方面也要争夺对方国家的商品市场。同时,由于社会资源的特点不同,它们在不同的商品的生产上具有不同的优势,还需要发挥自己的优势和弥补自己的劣势。这样,在主要资本主义国家之间也发生了大量的国际贸易。随着商品市场从国内延伸到国外,随着国际贸易的规模不断扩大,任何一个资本主义国家剩余价值的实现都在不同程度上依赖于别的资本主义国家。正是在这样的情况下,形成了世界资本主义的经济体系。

二、世界商品市场和世界金融市场

马克思所分析的狭义的世界市场主要是世界商品市场,他可能想象不到在其逝世后的 100 多年里,世界金融市场发生了如此迅速和广泛的发展。从现在的眼光来看,狭义的世界市场应该包括世界商品市场和世界金融市场。

如果说在第二次世界大战以前,国际贸易在催生世界资本主义经济体系方面发挥了重要的作用,那么在第二次世界大战以后,随着国际直接投资大规模地和迅速地发展,国际生产资本已经把世界上大多数国家纳入世界资本主义生产体系。不管东道国原来实行什么样的经济制度,国际直接投资所到之处都按照资本主义的生产方式进行生产,它比国际贸易更加直接地推动世界资本主义经济体系的建立和发展。

世界金融市场的存在和发展,则为国际贸易和国际直接投资融通着资金,也就是为世界资本主义体系的生产和交换融通着资金,从而促进了世界资本主义经济体系的形成和发展。没有世界金融市场的世界资本主义经济体系不可能是一个完整和成熟的体系。这样,商品资本、生产资本、货币资本都跨越了国境,在世界范围内循环和周转。它们相辅相成,相互推进,相互交错,形成了完整的世界资本主义的经济体系。

第二节　世界资本主义经济体系的形成

一、世界资本主义经济体系形成的特征

世界资本主义经济体系的形成是一个过程,难以准确地指出这个经济体系形成的具体时间。从世界商品市场和世界金融市场的发展程度以及各个资本主义国家经济联系的密切程度来看,在 20 世纪初期世界资本主义经济体系已开始形成,20 世纪 30 年代的大危机就是世界资本主义经济体系开始形成的一种标志。但是,到了 20 世纪 90 年代,世界资本主义经济体系更加趋向成熟。当今的世界资本主义经济体系具有下述特征:

第一,各国商品生产和交换趋向国际化。各个资本主义国家的厂商不仅为本国市场生产,而且为世界市场生产。另外,各个资本主义国家的厂商不仅在本国为本国和世界市场生产,而且在外国为本国和世界市场生产。随着世界商品市场广度和深度的提高,世界上所有的国家都卷入了国际性的商品生产和交换,而且对国际贸易的依存度在不断提高。另外,随着国际直接投资的发展,跨国公

司在世界上大多数国家都设立分公司或子公司进行生产，它们或者在当地销售，或者返销本国，或者销往其他国家。如果将商品的国际化理解为国际市场而生产，将生产的国际化理解为相互设厂生产，那么在第二次世界大战以前，只是商品交换的国际化达到了一定的程度；到了 20 世纪 80 年代以后，商品生产和商品交换的国际化才同时达到很高的程度。这意味着在当今的世界，并不是各国的厂商在国内进行生产，然后将多余的商品销往外国，以换取自己不足的商品；而是各国的厂商在世界范围内生产，同时满足国内和国际市场的需要。

第二，各国经济的相互依赖性增强。正如第十章和第二十九章的分析所表明的那样，世界商品市场和世界金融市场已经成为各国社会资本再生产的重要条件。任何一个主要的资本主义国家离开了世界商品市场和世界金融市场，剩余价值都难以生产和实现，资本都难以积累，社会再生产都难以进行。当世界商品市场和世界金融市场发展到一定程度时，各个资本主义国家的经济变得相互依赖。例如，从国际贸易的角度来看，A 国国内生产总值增加将导致本国进口的增加，从而导致 B 国出口的增加；B 国出口增加带来本国内生产总值增加和进口的增加，接着又带来 A 国出口的增加和国内生产总值的增加。情况相反结果也将相反。这意味着单独一个国家的经济繁荣是很难长时间维持的。在许多国家经济发生衰退的情况下，一个国家的经济很难避免衰退；在许多国家经济出现繁荣的情况下，一个国家的经济会走向繁荣。

第三，各国经济的变化出现趋同的现象。正由于各国商品生产和交换以及资金融通趋向国际化，以及各国经济的相互依赖性增强，各国经济的变化出现趋同的现象，这是世界资本主义经济体系趋向成熟的最重要的标志。例如，如果某些因素导致某几个主要资本主义国家出现通货膨胀，那么通货膨胀就通过世界商品市场和世界金融市场进行"传染"，引发世界性的通货膨胀。同样，如果某些因素导致某几个主要资本主义国家出现经济衰退，那么经济衰退也通过世界商品市场和世界金融市场进行"传染"，引发世界性的经济衰退。另外，当某几个主要的金融市场出现动荡时，世界其他的金融市场也会出现反应。这意味着经济周期已经不仅仅是一个国家的经济周期，而是世界性的经济周期。当若干个主要的资本主义国家发生经济衰退时，世界经济将陷入衰退；当若干个主要的资本主义国家出现经济繁荣时,世界经济将出现经济繁荣。

二、世界资本主义经济体系形成的格局

随着 20 世纪 90 年代苏联的解体和东欧的剧变,世界社会主义阵营已不存在。除了少数几个社会主义国家在继续探索着社会主义发展道路以外,世界资本主义经济体系主要划分为发达国家和发展中国家两大经济体系。从 20 世纪 50 年代开始,部分试图以马克思经济学为指导研究经济问题的经济学者,开始关注发展中国家经济落后的问题,考察世界资本主义经济体系的特征,下述理论引人关注:

1. 弗兰克的不发达国家对发达国家依附的理论

弗兰克在 1967 年吸收了巴兰(P. A. Baran)关于不发达经济学的思想,出版了名为《拉丁美洲的资本主义和不发达》的著作。他以拉丁美洲国家为例,说明了不发达国家对发达国家存在依附关系,发达国家的发达是不发达国家不发达的原因。

弗兰克在分析 18 世纪的智利经济时,以"对外贸易形成的国家之间的两极分化"为题,指出智利殖民地经济的本质是出口部门成为宗主国的附属部门。尽管智利大量地向宗主国出口矿产品和农产品,但其贸易余额仍在恶化。这种对外贸易的格局对智利经济、政治、社会、文化的影响是深远和长期的,它形成了以西班牙和法国等宗主国为中心国和以智利为外围国的经济结构。他在分析 19 世纪的智利经济时,又以"自由贸易和结构的不发达"为题,指出以英国的工业垄断和发展为特征的自由贸易使带有剥削性质的资本主义的中心—外围经济结构延续下来,它甚至深化了作为外围国家的智利的结构性的不发达。这个时期的变化仅仅是中心国从西班牙和法国变为英国。他在分析 20 世纪的智利经济时,再以"对外部分"为题,指出铜矿是智利的主要出口产品,但是铜矿 90% 被美国拥有,这是中心国获得智利的经济剩余的主要途径。20 世纪以来,智利生产的但被中心国占有的剩余产品大约为 90 亿美元。

弗兰克总结性地指出,世界资本主义经济体系存在三个矛盾。第一个矛盾

是中心国占有外围国的经济剩余的矛盾,它造成了中心国的经济发展和外围国的经济不发展。第二个矛盾是中心国和外围国两极分化的矛盾,它造成了富国越富,穷国越穷。第三个矛盾是指由于第一和第二个矛盾造成了结构性的发展和不发展,前两个矛盾将长期的延续下去。①

2.沃勒斯坦的世界资本主义经济体系理论

沃勒斯坦(I. Wallerstein)在 1974 年出版了名为《现代世界体系》的著作,接着在 1979 年又出版了名为《资本主义世界经济》的著作,提出了世界经济体系理论。沃勒斯坦认为,资本主义是一个通过在市场销售商品以获得利润的生产体系。世界资本主义经济体系由中心国家和外围国家组成,它是以中心国家和边缘国家的不平等以及阶级、种族和民族的不平等为特征的。

沃勒斯坦将世界资本主义经济体系划分为三种形态:处在顶层的核心国家(core countries),由发达国家组成;处在低层的边缘国家(peripheral countries),由大部分不发达国家组成;处在两者之间的半边缘国家(semi-peripheral countries),由少部分发展水平较高的不发达国家组成。相对于核心国家来说,半边缘国家是穷国,它们寻求核心国家的帮助以与其他半边缘国家争夺部分世界市场。

核心国家利用边缘国家提供的原材料和廉价的劳动力生产制成品,然后向边缘区销售以获取利润。边缘区除了向中心区提供原材料、初级产品和廉价的劳动力以外,还提供销售市场。沃勒斯坦同意伊曼纽尔的看法,他认为核心国家与边缘国家的交换是低工资产品和高工资产品的交换,是不平等的交换。边缘国家的工人在一定的生产力水平下工作多个小时生产的产品与核心国家的工人工作 1 个小时生产的产品相交换。如果利润是一个基本的考虑因素,这样的体系是必要的。没有不平等交换,扩大劳动分工的规模就不是有利可图的。

按照出口商品和工资水平划分,半边缘国家介于核心国家和边缘国家之间。半边缘国家进行双向的贸易,它们对中心国家充当边缘国家的部分角色,对边缘

---

① A. G. Frank, *Capitalism and Underdevelopment in Latin America*, Monthly Review Press, 1967, pp. 39-44, pp. 67-73, pp. 99-105, pp. 6-14.

国家充当核心国家的部分角色。[①]

3. 阿明的边缘资本主义理论

阿明(S. Amin)于 1976 年出版了《不平等发展:关于边缘资本主义社会构成的论文》一书,提出了边缘资本主义理论。阿明认为,世界资本主义经济体系分为中心国家(center)和边缘国家(periphery)两个部分,边缘国家在技术上、资金上、生产上存在着对中心国家的依附。边缘国家生产的经济剩余不断地流向中心国家,促进了中心资本主义国家的发展和造成了边缘资本主义国家的不发达。

阿明从不同的历史时期对中心国家和边缘国家不平等的交换关系进行了详细的分析。第一个时期是从产业革命发生到 1880 年的竞争资本主义时期,最初中心国家和边缘国家的贸易是世界贸易的重要组成部分。中心国家开始是英国,接着是欧洲大陆和北美洲,后来是日本。它们向边缘国家出口诸如纺织品等工业制品,从边缘国家进口诸如茶等农产品。正是在这个时期,逐渐形成了工业国和农业国的格局。后来随着部分国家走上工业化的道路,世界贸易主要划分为中心国家和边缘国家的贸易以及中心国家之间的贸易这两种类型的贸易,边缘国家之间的贸易只占据一个很小的比例。在这个时期,中心国家和边缘国家的经济关系服务于两种功能:第一种功能是以破坏边缘国家前资本主义制度、吸收边缘国家经济剩余的方式来促进了资本主义市场的发展和扩大;第二种功能是通过对边缘国家的贸易和投资的方式提高资本主义经济体系的平均利润率。

第二个时期是从 1880 年到现在的帝国主义时期。这个时期又可以划分为从 1880 年到 1945 年的时期和 1945 年以后的时期。在前一个时期里,殖民主义体系还强制性地实行传统的国际分工形式。边缘国家继续向中心国家出口农产品,从中心国家进口工业制品。在后一个时期,殖民主义体系开始解体,资本主义体系也出现了下述三种结构性的变化:规模巨大的跨国公司开始形成,科学技术革命导致产业结构的变化,新技术和新知识主要掌握在跨国公司的手中。中

---

① I. Wallerstein, *The Capitalist World-economy*, Cambridge University Press, 1979, p. 66, p. 89, pp. 70-73.

心国家通过对科学技术的垄断从边缘国家获取垄断利润,一种新的不平等的国际分工开始形成。[①]

1997年,阿明又出版了名为《在全球化时代的资本主义》的著作,指出在当今的世界上,中心国家在下述五个方面具有垄断地位:第一,对科学技术的垄断;第二,对世界范围的金融市场的垄断;第三,对世界自然资源的垄断;第四,对传媒的垄断;第五,对大规模杀伤武器的垄断。正因为中心国家具有强大的垄断势力,边缘国家仍然对中心国家处于依附的地位。[②]

笔者认为,这三位学者的分析是有意义的。虽然西方主流经济学者将现行的国际贸易和国际货币制度描绘得如何合理和公平,下述两个命题是成立的:

第一,发达国家对发展中国家进行着剥削。本书第二、三、四章都证明了,在国际价值、国际生产价格和国际垄断价格的形成过程中,都发生了剩余价值从发展中国家转移到发达国家的现象。本书第八章也证明了,第二次世界大战以后形成的国际分工和国际贸易格局带有浓重的宗主国和殖民地的烙印。在这种不合理的国际分工和国际贸易格局下,发达国家得到四重贸易利益。这种国际分工和国际贸易格局在未来相当长的时间里将依然存在。

第二,发展中国家对发达国家处于依附的地位。目前,世界资本主义经济体系确实存在着这些学者所指出的两大部分:一部分是发达的资本主义国家,另一部分是不发达的资本主义国家。发达的资本主义国家拥有先进的技术,雄厚的资金和强大的生产能力,它们在世界资本主义经济体系中处于绝对的主宰和统治的地位。不发达的资本主义国家技术落后,资金缺乏,生产能力低下,它们在世界资本主义经济体系中处于从属和依附的地位。不应否认,不发达的资本主义国家的经济落后有着其内部的制度、文化、社会的原因。但是也不应否认,不合理的国际分工和国际贸易格局扩大了发达的和不发达的资本主义国家的经济差距。

---

① S. Amin, *Unequal Development: An Essay on the Social Formations of Peripheral Capitalism*, Monthly Review Press, 1976, pp. 183-191.

② S. Amin, *Capitalism in the Age of Globalization*, ZED Books, 1997, pp. 3-5.

显然,这两个命题揭示了当今世界资本主义经济体系最重要的性质和特点。

第三节　世界资本主义经济体系发展的前景

一、世界资本主义经济体系二元结构的发展前景

关于世界资本主义经济体系发展的前景可以从两个方面来探讨:一是世界资本主义经济体系二元结构的发展前景,二是世界资本主义经济体系整体发展前景。

在世界资本主义经济体系划分为发达国家和发展中国家,而且发达国家处在主宰地位的条件下,必然会产生发达国家和发展中国家之间的矛盾。实际上,自从 20 世纪 50 年代以来,发展中国家一直在与发达国家进行斗争,要求改变不合理的国际贸易格局。

20 世纪 60 年代,发展中国家经过多年的斗争,终于迫使发达国家放弃了反对的立场,同意召开联合国贸易与发展会议,讨论发展中国家的贸易与发展问题。发展中国家组成了"77 国集团",向大会提交了"发展中国家联合宣言"。该宣言指出,现有的世界贸易准则和格局有利于发达国家而不利于发展中国家,它不能帮助发展中国家促进经济的发展和经济的多样化。因此,应该对国际贸易制度进行改革。在发展中国家的努力下,贸易与发展会议从 1964 年开始成为联合国的一个常设机构,定期讨论贸易与发展问题。关税与贸易总协定在 1965 年进行修改时增加了第四部分,考虑了发展中国家的部分贸易利益。部分发达国家承诺单方面向发展中国家的出口商品提供比发达国家出口商品更优惠的关税待遇,即实行普遍优惠制。

原材料的出口一直是发展中国家商品出口的特点,廉价和优质的中东石油是促进战后发达国家经济繁荣的重要的技术因素之一。1973 年,中东石油输出国组织为了捍卫本国的经济利益,大幅度提高石油的价格,并对支持以色列的美

国和荷兰实行石油禁运。这场对国际贸易格局的挑战以中东石油输出国组织取得胜利而告终。1974年,联合国大会特别会议通过了"建立国际经济新秩序宣言"和"建立国际经济新秩序行动纲领",其主要内容包括各国对本国的自然资源和经济活动拥有主权,稳定发展中国家出口的初级产品的价格,向发展中国家的工业品的出口提供税收优惠待遇,促进对发展中国家的技术转让,积极向发展中国家提供经济援助等。

50多年来,虽然发展中国家的斗争没有从根本上改变不合理的国际贸易格局,但是或多或少地改善了发展中国家极为不利的贸易地位。发展中国家依靠发达国家某种程度的让步和让利,是无法实现公正和公平的国际贸易规则。它们只有实现经济的发展,才能从彻底摆脱不利的国际贸易格局。

目前,世界资本主义经济体系的二元结构逐渐分化出类似于沃勒斯坦所说的半边缘区的国家的第三个极。部分发展中国家通过经济的发展,成为工业化程度较高的国家或人均国内生产总值较高的国家。20世纪70年代以来,部分发展中国家如韩国、巴西等利用发达国家产业结构调整的机会,发展那些发达国家处于比较劣势并趋向于放弃的产业,取得了成功,成为工业化水平较高的发展中国家。部分发展中国家或地区如新加坡、香港等利用其经济小型、灵活、开放的特点以及优越的地理位置,发展轻工业、航运业和金融业,它们的人均国内生产总值已接近发达国家的水平。还有部分发展中国家如科威特、沙特阿拉伯等利用其独特的自然资源获得了丰厚的外汇收入,也成为了人均国内生产总值较高的发展中国家。这三类国家或地区将形成新的极,它们的国际经济环境得到改善。虽然它们在与发达国家的经济往来中还处于不利的地位,但是它们已经初步摆脱了那种不利的国际经济格局的影响。

在世界资本主义经济体系二元结构的演变中,中国的经济发展将成为引人关注的推动力量。在苏联解体和东欧剧变的情况下,中国在坚持社会主义道路的前提下,通过对计划经济体制的改革以及经济的对外开放寻求经济的发展。从1978年到2007年,中国的国内生产总值在长达29年的时间里以接近9%的速度增长,创造了世界经济增长的奇迹,人民群众的生活水平迅速提高。中国与大多数发展中国家具有相似的经历和国情,因而中国的经济发展对发展中国家具有重要的示范效应。在中国因素的推动下,部分发展中国家有可能走上各种各样的适合于本国国情的社会主义道路,世界资本主义经济体系有可能会发生分裂。

因此,世界资本主义经济体系二元结构有可能出现两种发展前景:一种前景是从二元结构中分化出第三个极,出现一部分经济发展水平超越其他发展中国家并接近于发达国家的资本主义国家;另一种前景是从二元结构中分裂出一部分走向具有不同特点的社会主义发展道路的发展中国家。

二、世界资本主义经济体系整体发展前景

关于世界资本主义经济体系整体发展前景,在世界资本主义经济体系已经趋向成熟和各国经济的变化出现趋同现象的情况下,马克思所预言的世界资本主义经济体系的总危机将成为可能。资本主义总危机理论是由斯大林提出来的。1930 年,斯大林在苏联共产党第十六次代表大会指出,资本主义总危机在 20 世纪初的帝国主义战争时期就已经发生了,它破坏了资本主义的基石,导致资本主义经济危机的到来。资本主义总危机发生的依据是资本主义体系已经不是唯一的世界经济体系,另外还存在社会主义体系。1952 年,斯大林在《苏联社会主义经济问题》一书中指出,在第二次世界大战结束以后,资本主义总危机进入了第二个阶段。第二次世界大战使统一的世界市场瓦解,导致了资本主义经济危机的深化。

前苏联经济学者瓦尔加在 1961 年出版了《二十世纪的资本主义》,阐述了斯大林的资本主义总危机理论。他认为,资本主义总危机经历了三个阶段。第一个阶段是从世界上第一个社会主义国家苏联的建立开始的。十月革命的胜利使资本主义国家的工人运动不断高涨,殖民地国家反对帝国主义的斗争此起彼伏,资本主义世界经济增长减缓。第二个阶段是从 20 世纪 40 年代到 60 年代。帝国主义的势力大大削弱,社会主义的势力迅速增强,社会主义体系已经形成。第三个阶段是从 20 世纪 60 年代开始的。亚洲和欧洲的社会主义国家不断建立,殖民主义体系土崩瓦解,帝国主义国家之间的矛盾以及帝国主义国家与殖民地

国家的矛盾进一步加深,资本主义在与社会主义的经济竞赛中处于弱势。[①]

笔者认为,资本主义总危机不是指终结世界资本主义经济体系的最后一次危机,而是指世界资本主义经济体系总体的危机。实际上,20世纪30年代资本主义世界的经济大萧条和70年代资本主义世界的停滞膨胀已经证实马克思的预言。

在20世纪30年代,资本主义世界爆发了前所未有的经济大萧条。从1929年到1932年,美国的工业产值下降了55.6%,出口和进口额分别下降了48.0%和34.0%;英国的工业产值下降了23.8%,出口额下降了50.0%;德国的工业产值下降了40.6%,到1935年出口额减少了69.1%和进口额分别下降了70.8%;法国的工业产值下降了36.2%,到1937年出口减少了75.0%,进口减少了66.0%。远在亚洲的日本也没有能够幸免于难,从1929年到1931年,日本的工业产值下降了32.9%。[②]

在20世纪70年代初期,资本主义世界再次爆发规模较大的以经济衰退和通货膨胀为特征的经济危机。一方面,西方发达资本主义国家整体的国民生产总值的增长率从1973年的5.8%下降到1974年的0.9%和1975年的−3%,其中美国国民生产总值的增长率从1973年的5.2%下降到1974年的−0.9%和1975年的−1.3%,日本国民生产总值的增长率从1973年的7.7%下降到1974年的−0.8%和1975年的2.9%,联邦德国国民生产总值的增长率从1973年的4.8%下降到1974年的0.1%和1975年的−1.3%,英国国民生产总值的增长率从1973年的7.7%下降到1974年的−1.0%和1975年的−1.3%;另一方面,西方发达资本主义国家整体的通货膨胀率从1972年的5.5%上升到1973年的8.3%、1974年的11.9%和1975年的10.2%,其中日本的通货膨胀率从1972年的5.8%上升到1974年的20%,英国的通货膨胀率从1973年的7.1%上升到1975年的27.2%。[③]

---

① 转引自李新等:《马克思主义经济思想史(苏联俄罗斯卷)》,程恩富主编,东方出版中心2006年版,第113—117页。

② 樊亢、宋则行:《外国经济史》,人民出版社1981年版,第46、86、119、157、183页。

③ 陶大镛:《现代资本主义论》,江苏人民出版社1996年版,第924—935页。

显然,不能否认,世界资本主义经济体系这两次规模较大的经济危机是在市场经济条件下资本主义生产力与生产关系的矛盾所造成的,马克思关于资本主义经济规律的深刻论述是正确的。但是,也不能否认,资本主义生产关系存在自我调整能力,世界资本主义经济体系发生总危机并不意味着它将立刻终结。从人类社会的发展史来看,从中国在公元前 400 年、西欧在公元 400 年、印度在公元 300 开始建立封建社会,到 17 世纪 40 年代英国资产阶级革命,封建社会经历了 2000 多年的时间。从公元前 4000 年在古代埃及、公元前 2100 年在古代中国、公元前 2000 年在古代印度、公元前 1100 年在古代希腊开始形成奴隶社会,到公元前 400 年在中国开始建立封建社会,奴隶社会经历了 3500 多年的时间。但是,资本主义社会至今才 250 年左右的历史,它还有一定的生命力。

20 世纪 50 年代,当各个主要资本主义国家面临战后经济重建任务时,它们没有忘记 20 世纪 30 年代经济大萧条所暴露的资本主义经济的矛盾、弊病和缺陷,它们在保留资本主义私有制的前提下对资本主义的生产关系进行了多方面的调整。这种调整主要表现在下述两个方面:一是政府对经济的干预,二是建立社会福利制度。政府利用宏观财政政策和宏观货币政策对经济进行干预,有助于在一定程度上弥补市场调节的自发性和盲目性,从而能够在一定程度上缓和资本主义经济的波动的幅度。另外,政府通过失业救济、贫困补助、促进就业和最低工资标准等措施,能够在一定程度上缓和资本主义经济制度所必然造成的收入分配两极分化的趋势,从而在一定程度上缓和资本家阶级和工人阶级的矛盾。

随着世界资本主义经济体系的成熟,各个资本主义国家经济变化出现趋同的趋势。主要资本主义国家意识到依靠一个国家的政府对本国经济进行调节已经不够了,还需要各个主要资本主义国家的政府相互之间进行政策的协调。"七国集团"就是在这样的情况下建立的。1975 年 11 月,在法国总统德斯坦的倡议下,主要资本主义国家为共商对付经济危机的对策,在法国巴黎郊外的朗布依埃召开了有美国、英国、法国、德国、意大利、日本六国首脑出席的最高级经济会议,会后发表了《朗布依埃宣言》。1976 年 6 月第二次西方国家首脑会议在波多黎各首府圣胡安举行,加拿大总理应美国之邀与会,从而形成了"七国集团"。从此,轮流在各国举行的一年一度的"西方七国首脑会议"作为一种制度被固定下来。"七国集团"的任务就是协调各个国家的宏观财政政策和宏观货币政策,以对付经济衰退和通货膨胀。"七国集团"除了举行首脑会议以外,还举行财政部长和中央银行行长会议,以加强经济政策的协调。

　　资本主义国家对资本主义的生产关系进行调整可以在一定程度上缓和资本主义的经济矛盾,但是不能根除资本主义的经济矛盾。可以预料,世界资本主义的总危机将继续发生。随着资本主义经济矛盾的深化,资本主义的经济制度最终将会被一种更加先进的经济制度所取代,这就是社会主义经济制度。正如马克思指出的:"由资本主义生产方式生出的资本主义占有方式,资本主义私有制,是个人的以本人劳动为基础的私有制的第一个否定。但资本主义生产又以一种自然过程的必然性,生出了它自身的否定。这是否定的否定。这并不是重建私有制,而是在资本主义时代已经获得的成就——协作,土地及各种劳动本身生产的生产资料的共有——的基础上,建立个人的所有制。"[①]

附　　录

发达国家股票价格指数相关关系统计分析结果

1. 相关系数分析结果

　　分析变量:英国金融时报 100 种股票价格指数(FTSE100)
　　　　　　德国股票价格指数(Dax)
　　　　　　道·琼斯股票价格平均数(DowJones)
　　　　　　日本日经 225 种股票价格指数(Nikkei225)

[①] 马克思:《资本论》第 1 卷,人民出版社 1953 年版,第 842 页。

简单统计量

Variable	N	Mean	Std Dev	Median	Minimum	Maximum
FTSE100	464	5212	955.14445	5256	3287	6930
Dax	464	4752	1287	4848	2203	8065
DowJones	464	10051	3751	10068	7524	88313
Nikkei225	463	12866	3453	11607	7862	20707

(1)皮尔孙(Pearson)相关系数

Prob>|r|under H0:Rho=0 Number of Observations

	FTSE100	Dax	Dow Jones	Nikkei225
FTSE100	1.00000	0.89145	0.11766	0.91654
		<.0001	0.0112	<.0001
	464	464	464	463
Dax	0.89145	1.00000	0.12609	0.79744
	<.0001		0.0065	<.0001
	464	464	464	463
DowJones	0.11766	0.12609	1.00000	0.68534
	0.0112	0.0065		<.0001
	464	464	464	463
Nikkei225	0.91654	0.79744	0.68534	1.00000
	<.0001	<.0001	<.0001	
	463	463	463	463

(2)Spearman 相关系数

Prob>|r|under H0:Rho=0 Number of Observations

	FTSE100	Dax	Dow Jones	Nikkei225
FTSE100	1.00000	0.90352	0.73217	0.93793
		<.0001	<.0001	<.0001
	464	464	464	463
Dax	0.90352	1.00000	0.75786	0.83317
	<.0001		<.0001	<.0001
	464	464	464	463

DowJones	0.73217	0.75786	1.00000	0.75256
	<.0001	<.0001		<.0001
	464	464	464	463
Nikkei225	0.93793	0.83317	0.75256	1.00000
	<.0001	<.0001	<.0001	
	463	463	463	463

(3)Kendall Tau-b 系数
Prob>|r|under H0:Rho=0,Number of Observations

	FTSE100	Dax	Dow Jones Ind_Avg	Nikkei225
FTSE100	1.00000	0.76858	0.57556	0.77872
		<.0001	<.0001	<.0001
	464	464	464	463
Dax	0.76858	1.00000	0.58509	0.66476
	<.0001		<.0001	<.0001
	464	464	464	463
DowJones	0.57556	0.58509	1.00000	0.58228
	<.0001	<.0001		<.0001
	464	464	464	463
Nikkei225	0.77872	0.66476	0.58228	1.00000
		<.0001	<.0001	<.0001
	463	463	463	463

(4)Hoeffding Dependence 系数
Prob>D under H0:D=0,Number of Observations

	FTSE100	Dax	Dow Jones	Nikkei225
FTSE100	0.99934	0.54263	0.23856	0.52200
	<.0001	<.0001	<.0001	<.0001
	464	464	464	463
Dax	0.54263	0.99909	0.26617	0.33230
	<.0001	<.0001	<.0001	<.0001
	464	464	464	463

	FTSE100	_Dax	DowJones	Nikkei225
DowJones	0.23856	0.26617	0.99912	0.25711
	<.0001	<.0001	<.0001	<.0001
	464	464	464	463
Nikkei225	0.52200	0.33230	0.25711	0.99906
	<.0001	<.0001	<.0001	<.0001
	463	463	463	463

2. 协方差矩阵分析

(1)协方差矩阵

Covariance/Row Var Variance/Col Var Variance/DF

	FTSE100	_Dax	DowJones	Nikkei225
FTSE100	912300.93	1095871.44	421500.37	3021033.63
	912300.93	912300.93	912300.93	911131.54
	912300.93	1656479.51	14067033.81	11924138.07
	463	463	463	462
Dax	1095871.44	1656479.51	608659.01	3543454.45
	1656479.51	1656479.51	1656479.51	1655868.04
	912300.93	1656479.51	14067033.81	11924138.07
	463	463	463	462
DowJonesl	421500.37	608659.01	14067033.81	2132007.38
	14067033.81	14067033.81	14067033.81	811594.41
	912300.93	1656479.51	14067033.81	11924138.07
	463	463	463	462
Nikkei225	3021033.63	3543454.45	2132007.38	11924138.07
	11924138.07	11924138.07	11924138.07	11924138.07
	911131.54	1655868.04	811594.41	11924138.07
	462	462	462	462

(2)简单统计量

Variable	N	Mean	Std Dev	Sum	Minimum	Maximum
FTSE100	464	5212	955.14445	2418332	3287	6930

Dax	464	4752	1287	2205044	2203	8065
DowJones	464	10051	3751	4663785	7524	88313
Nikkei225	463	12866	3453	5957170	7862	20707

(3)Cronbach Coefficient Alpha

Variables	Alpha
Raw	0.574844
Standardized	0.851509

(4)Cronbach Coefficient Alpha with Deleted Variable

Deleted Variable	Correlation with Total	Alpha	Correlation with Total	Alpha
FTSE100	0.749265	0.468779	0.772256	0.776265
Dax	0.661009	0.439488	0.715256	0.801142
DowJones	0.154410	0.770824	0.324237	0.951946
Nikkei225	0.551041	0.305349	1.045122	0.646175

(5)皮尔孙(Pearson)相关系数

Prob>|r| under H0:Rho=0,Number of Observations

	FTSE100	Dax	Dow Jones	_Nikkei225
FTSE100	1.00000	0.89145	0.11766	0.91654
		<.0001	0.0112	<.0001
	464	464	464	463
Dax	0.89145	1.00000	0.12609	0.79744
	<.0001		0.0065	<.0001
	464	464	464	463
DowJones	0.11766	0.12609	1.00000	0.68534
	0.0112	0.0065		<.0001
	464	464	464	463

第三十章　世界市场与世界资本主义经济体系

Nikkei225	0.91654	0.79744	0.68534	1.00000
		<.0001	<.0001	<.0001
	463	463	463	463

主要参考文献

一、中文文献

马克思：《资本论》第 1 卷，人民出版社 1963 年版。

马克思：《资本论》第 2 卷，人民出版社 1964 年版。

马克思：《资本论》第 3 卷，人民出版社 1966 年版。

马克思：《剩余价值理论》第 1、2、3 册，人民出版社 1975 年版。

奥林：《地区间贸易和国际贸易》，王继祖等译，商务印书馆 1986 年版。

布哈林：《世界经济与帝国主义》，蒯兆德译，中国社会科学出版社 1983 年版。

弗里德曼：《自由选择》，胡骑等译，商务印书馆 1982 年版。

胡德等：《跨国企业经济学》，叶刚等译，经济科学出版社 1994 版。

凯恩斯：《就业利息和货币通论》，徐毓丹译，商务印书馆 1977 年版。

克鲁格曼：《国际经济学》，海闻等译，经济科学出版社 1998 年版。

李翀：《价值和价格论》，中山大学出版社 1989 年版。

李翀：《短期资本流动的成因、效应和风险》，人民出版社 2004 年版。

李翀：《马克思主义国际贸易理论的构建》，中国财政经济出版社 2006 年版。

李嘉图：《政治经济学及赋税原理》，郭大力、王亚南译，商务印书馆 1962 年版。

李斯特：《政治经济学的国民体系》，陈万煦译，商务印书馆 1961 年版。

林德特：《国际经济学》，范国鹰等译，经济科学出版社 1994 年版。

罗宾逊：《不完全竞争经济学》，陈良璧译，商务印书馆 1961 年版。

马歇尔：《经济学原理》，陈良璧译，商务印书馆 1965 年版。

钱德勒：《看得见的手：美国企业的管理革命》，重武译，商务印书馆 1987 年版。

萨缪尔森：《经济学》，萧琛等译，华夏出版社 1999 年版。

斯密：《国民财富的性质和原因的研究》，郭大力、王亚南译，商务印书馆 1972 年版。

小岛清：《对外贸易论》，周宝廉译，南开大学出版社 1987 年版。

汤在新：《资本论续篇探索》，中国金融出版社 1995 年版。

陶大镛：《现代资本主义论》，江苏人民出版社 1996 年版。

张伯伦:《垄断竞争理论》,郭家麟译,三联书店 1958 年版。

二、英文文献

Alchian, A., "Corporate Management and Property Rights", in Henry Manne(ed.), *Economic Policy and the Regulation of Corporate Securities*, Washington D. C., American Enterprise Institute, 1969.

Aliber, R. Z., A Theory of Direct Foreign Investment, in C. P. Kindleberger(ed.), *The International Corporation*, Cambridge, Mass.: MIT Press, 1970.

Amin, S., *Unequal Development: An Essay on the Social Formations of Peripheral Capitalism*, Monthly Review Press, 1976.

Amin, S., *Capitalism in the Age of Globalization*, ZED books, 1997.

Balassa, B., *The Theory of Economic Integration*, Homewood: Irwin, 1961.

Balassa, B., *The Structure of Protection in Developing Countries*, Baitimore, The Hopkins Press, 1971.

Balassa, B., "Trade Creation and Trade Diversion in European Common Market", *Economic Journal*, March 1967.

Baldwin, R., "Determinants of the Commodity Structure of U. S. Trade", *American Economic Review*, March 1971.

Basel Committee on Banking Supervision, *Bank Interactions with Highly Leveraged Institution*, January 1999; *Sound Practices for Bank Interactions with Highly Leveraged Institutions*, January 1999.

Becker, G., "Investment in Human Capital: A Theoretical Analysis", Supplement to *Journal of Political Economy*, October 1962.

Berberoglu, B., *Globalization of Capital and the Nation-State*, Rowman & Littlefield Publishers, Inc., 2003.

Bhagwati, J. N., "Immiserizing Growth: A Geometrical Note", *Review of Economic Studies*, June 1958.

BIS, *International Banking and Financial Market Development*, 1996 – 2002.

Borga, M. and W. J. Zeile, "International Fragmentation of Production and Intra-firm Trade of U. S. Multinational Companies", *Bureau of Economic Analysis Working Paper* 2004 – 2002, January 2004.

Bosner, M. V., "International Trade and Technical Change", *Oxford Economic Papers*, 1961.

Brander, J., "Intra-Industry Trade in Identical Commodities", *Journal of International Economics*, 11, 1981.

Buckley, P. J. and M. Casson, *The Future of the Multinational Enterprise*, London, Macmillian, 1976.

Cantewell, J. A., "A Survey of Theories of International Production", in N. P. Christos and S. Roger(ed.), *The Nature of the Transnational Firms*, London: Routledge, 1991.

Caves, R. E., "International Corporation: The Industrial Economics of Foreign Investment", *Economics*, February 1971.

Caves, R. E., "The Causes of Direct Investment: Foreign Firms' Shares in Canadian and UK Manufacturing Industries", *Review of Economics and Statistics*, 56, 1974.

Caves, R. E., *Multinational Enterprise and Economic Analysis*, Cambridge University Press, 1982.

Cecchini, P., *The European Challenge: 1992*, Aldershot, England: Wildwood House, 1988.

Clausing, K. A., "The Impact of Transfer Pricing on Intra-firm Trade", in J. R. Hines(ed.), *International Taxation and Multinational Activity*, Chicago: University of Chicago Press, 2001.

Coase, R. H., "The Nature of the Firm", *Economica*, November 1937.

Cohen, B. J., *The Question of Imperialism: The Political Economy of Dominance and Dependence*, Macmillan, 1973.

Cooper, C. A., "A New Look at Customs Union Theory", *Economic Journal*, December 1965.

Corden, W. M., *The Theory of Protection*, London, Oxford University Press, 1971.

Corden, W. M., *The Theory of International Trade*, in J. H. Dunning(ed.), *Economic Analysis and Multinational Enterprises*, London: George Allen & Unwin, 1974.

Deutsche Bundesbank, *Hedge Funds and Their Role in the Financial Markets*, Monthly Report, Cambridge, March 1999.

Dooley, M. P., "A Model of Crises in Emerging Market", *NBER Working Papers*, No. 6300, 1997.

Dooley, M. P., "A Survey of the Literature on Controls over International Capital Transaction", *IMF Staff Papers*, Vol. 43, Washington D. C., December 1996.

Duning, J. H., "The Determinants of International Production", *Oxford Economic Papers 25*, No. 3, 1973.

Dunning, J. H., "Trade, Location of Economic Activity and the Multinational Enterprise: a Search for an Eclectic Approach", *University of Reading Discussion Papers in International Investment and Business Studies*, No. 29, 1976, Revised Version Published in B. Ohlin(ed.), *The International Allocation of Economic Activity*, Macmillan, London, 1977.

Dunning, J. H., "Explaining Changing Pattern of International Production, in Defense of Eclectic Theory", *Oxford Bulletin of Economics and Statistics*, 1979.

Dunning, J. H., *International Production and Multinational Enterprise*, London: Allen & Unwin, 1981.

Dunning, J. H., "The Eclectic Paradigm of International Production: A Restatement and Some Possible Extension", *Journal of International Business Studies*, Spring 1988.

Dunning, J. H., *Theory of Transnational Corporations*, London, Rontledge, 1993.

Edison, Hai J., Ross Levine, and Luca Ricci, "International Financial Integration and Economic Growth", *IMF Working Papers*, 2002.

Edison, Hali J., Mchael Klein, Luca Ricci, and Torster Slok, "Capital Account Liberalization and Economic Performance: Survey and Synthesis", *IMF Working Papers*, July 2002.

Edwards, S., "Capital Flows, Real Exchange Rates, and Capital Controls", Presented at a *Conference on Capital Flows to Emerging Market*, Massachusetts, February 1998.

Eichengreen, B., J. Tobin and C. Wypbsz, "Two Cases for Sand in the Wheels of International Finance", *Economic Journal*, Vol. 105, January 1995.

El-Agraa, A. M., "Economic Integration", in E. Grilli and D. Salvatore(ed.), *Handbook of Economic Development*, Westport: Greenwood Press and North-Holland, 1994.

Emmanuel, F., *Unequal Exchange: A Study of the Imperialism of Trade*, Monthly Review Press, 1972.

Eng, Maximo, V. Francis A. Lees, Laurence J. Mauer, *Global Finance*, Harper Collin College Publisher, 1995.

Eun, C. S., Bruce S. Resnick, *International Financial Management*, Mcgraw-Hill Companies, Inc., 2001.

Feinberg, S. E. and M. P. Keane, "U. S. -Canada Trade Liberalization and MUC Production Location", *The Review of Economics and Statistics*, 83, 2001.

Financial Stability Forum, *Report of the Working Group on Highly Leveraged Institution*, April 2000-2001.

Financial Stability Forum, *Progress in Implementing the Recommendations of the Working Group on Highly Leveraged Institutions*, May 2001.

Financial Stability Forum, *The FSF Recommendations and Concerns Raised by Highly Leveraged Institutions: An Assessment*, March 2002.

Findlay, R. and H. Grubert, "Factor Intensities, Technological Progress, and International Trade", *Oxford Economic Papers*, February 1955.

Flood, R. and Garber, P., "Collapsing Exchange Rate Regimes: Some Linear Example", *Journal of International Economics*, 1984.

Fosfuri, A. and M. Motta, "Foreign Direct Investment and Spillovers through Workers' Mobility", *CEPR Discussion Paper Series*, No. 2194, 1999.

Frank, A. G., *Capitalism and Underdevelopment in Latin America*, Monthly Review Press,

1967.

Frankel, Jeffrey and Andrew Rose, "Currency Crashes in Emerging Markets: An Empirical Treatment", *Journal of International Economics*, Vol. 41, December 1995.

Gaber, P. and M. Taylar, "Sand in the Wheels of Foreign Exchange Markets", *The Economic Journal*, Vol. 105, 1995.

Gandolfo, G., *International Trade Theory and Policy*, Springer-Verlag Heidelberg, 1998.

Gao, Ting, "Economic Geography and the Department of Vertical Multinational Production", *Journal of Economics*, 1999.

Gertner, R. and David Scharfstein, and Jeremy Stein, "Internal Versus External Capital Markets", *Quarterly Journal of Economics*, 109, 1994.

Griffith, S., *Global Capital Flows*, Macmillan Press Ltd., 1998.

Grubel, H. G., "International Diversified Portfolio: Welfare Gains and Capital Flows", *American Economic Review*, December 1968.

Graff, V. J., "On Optimum Tariff Structure", *Review of Economic Studies*. No. 1, 1949.

Grilli, R. E. and M. C. Yang, "Primary Commodity Price, Manufactured Goods Price, and the Terms of Trade of developing Countries: What the Long Run Show", World Bank, *Economic Review*, January 1988.

Grubel, H. G. and P. J. Lloyd, *Intra-industry Trade: The Theory and Measurement of International Trade in Differentiated Products*, London: Macmillan, and New York: Halsted, 1975.

Haberler, G., *The Theory of International Trade*, London: W. Hodge and Co., 1936.

Heckscher, E. F., "The Effect of Foreign Trade on the Distribution of Income", *Ekonomisk Tidskrift*, 1919.

Helpman, E., "Increasing Returns, Imperfect Markets, and Trade Theory", in R. W. Jones and P. B. Kenen(ed.), *Handbook of International Economics*, North-Holland, 1984.

Hennart, J. H., *A Theory of Foreign Direct Investment*. Ph. D. Dissertation University Maryland, 1977.

Hirsch, S., *An International Trade and Investment Theory of the Firm*, Oxford Economic Paper, 28, 1976.

Horst, T., "Firm and Industry Determinants of the Decision to Invest Abroad: An Empirical Study", *Review of Economics and Statistics*, 54, 1972.

Horst, T., "The Theory of Firm", in J. H. Dunning(ed.), *Economic Analysis and Multinational Enterprises*, London: George Allen & Unwin, 1974.

Hufbauer, G. C. and F. M. Adler, "Overseas Manufacturing Investment and the Balance of Payments", *Tax Policy Research Study*, No. 1, Washington: U. S. Treasury Department, 1969.

主要参考文献

Hymer, S., *International Operation of National Firms: A Study of Direct Foreign Investment*, MIT Press, 1976.

Itaki Masahiko, "A Critical Assessment of the Eclectic Theory of the Multinational Enterprises", *Journal of International Business Studies*, Vol. 22, No. 3, 1991.

IMF, *International Capital Market*, 1996-2006.

IMF, *Background Note on the Hedge Fund Industry*, 2000.

Jao, Y. C., *The Asian Financial Crisis and the Ordeal of Hongkong*, Quorum Books, 2001.

Johnson, H. G., "The Cost of Protection and the Scientific Tariff", *Journal of Political Economy* August 1960.

Johson, H. G., "The Theory of Tariff Structure with Special Reference to World Trade and Development", in H. G. Johson and P. B. Kenen (ed.), *Trade and Development*, Geneva: united Nations, 1965.

Johnson, H. G., "Comparative Cost and Commercial Policy Theory for a Developing World Economy", *Wiksell Lectures*, Stockholm: Almqvist & Wiksell, 1968.

Johnson, H. G., "The efficiency and Welfare Implications of the International Corporation", in C. P. Kindleberger (ed.), *The International Corporation*, Cambridge, Mass.: MIT Press, 1970.

Kaminsky, Graciela and Saul Licondo, Carmen M. Reinhart, "Leading Indicators of Currency Crises", IMF Working Papers, July 1998.

Keesing, D. S., "Labor Skills and Comparative Advantage", *American Economic Review*, May 1966.

Kenen, P. B., Nature, "Capital and Trade", *Journal of Political Economy*, October 1965.

Kindleberger, C. P., *American Business Abroad*, Yale University Press, 1969.

Kindleberger, C. P., *International Economics*, Homewood, Illinois: Irwin, 5th (ed.), 1973.

Kogut, B. and U. Zander, "Knowledge of the Firm and the Evolutionary Theory of the Multinational Corporation", *Journal of International Business Studies*, 1993.

Kojima kiyoshi, *Direct Foreign Investment: A Japanese Model of Multinational Business Operations*, London: Croom Helm, 1978.

Kojima kiyoshi, "Macroeconomic Versus, International Business Approach to Direct Foreign Investment", *Hitotsubashi Journal of Economics*, 1982.

Kopits, G. F., "Taxation and Multinational Firms Behavior: A Critical Survey", *IMF Staff Papers*, 23, No. 3, November 1976.

Kravis, J. B., "Wages and Foreign Trade", *Review of Economics and Statistics*, February 1956.

Krugman, P., "A Model of Balance of Payment Crises", *Journal of Money, Credit and Banking*, Vol. 11, 1979.

马克思主义国际经济学的构建

Krugman, P., *Bubble, Boom, Crash: Theoretical Notes on Asia's Crisis*, Mimeo, 1998.

Lall, S.,"Transfer Pricing by Multinational Manufacturing Firms",*Oxford Bulletin of Economics and Statistics*,35,1973.

Lall, S., *The New Multinationals: the Spread of Third World Enterprises*, New York, John Wiley & Sons, 1983.

Leontief, W. W., "The Use of Indifference Curves in International Trade",*Quarterly Journal of Economics*,May 1933.

Lerner, A. P., "The Symmetry between Import and Export Taxes",*Economica*, August 1936.

Lessard,D., "Transfer Prices, Taxes, and Financial Markets: Implications of Internal Financial Transfers within the Multinational Corporation", *International Business and Finance*, Vol. 1, JAI Press, 1979.

Levy,H. and M. Sarnat, "International Diversified Investment Portfolio",*American Economic Review*, September 1970.

Lipsey, R. G., "The Theory of Customs Unions: A General Survey",*Economic Journal*, September 1961.

Lopez-Mejia, Alejandro, "Large Capital Flows: A Survey of the Causes, Consequences, and Policy Responses",*IMF Working Papers*, 1999.

MacDougall, G. D. A., "The Benefits and Costs of Private Investment from Abroad: A Theoretical Approach",*Economic Record*, 36, 1960.

Magee, S. P., "Information and the Multinational Corporation: An Appropriability Theory of Direct Foreign Investment", in J. N. Bhagwati(ed.),*The New International Economic Order*, Cambridge, Mass.: MIT Press, 1977.

Markowitz, H. M.,"Portfolio Selection",*Journal of Finance*,March 1952.

Markowitz, H. M., *Portfolio Selection: Efficient Diversification of Investments*, New York, John Wiley, 1959.

Marshall, A., *The Pure Theory of Foreign Trade*, Privately Printed, 1879. Reprinted in 1930, London: London School of Economics.

Mathieson, D. and L. Rojas-Suares, "Liberalization of the Capital Account, Experiences and Issues",*IMF Occasional Papers*, No. 103, Washington D. C., 1993.

Meade, J. E.,*The Theory of Customs Unions*, Amsterdam: North-Holland, 1955.

Melo,J. De, *New Dimensions in Regional Integration*, New York: Cambridge University Press,1993.

Minhas, B. S., "The Homophypallagic Production Function, Factor Intensity Reversals, and the Heckscher-Ohlin Theorem",*Journal of Political Economy*, April 1962.

Moon, H., T. W. Roehl,"Unconventional Foreign Direct Investment and the Imbalance Theory",*International Business Review*,2001.

Newfarmer, R. S. and W. F. Mueller, *Multinational Corporations in Brazil and Mexico: Structural Sources of Economic and Non-economic Power*, Report Prepared for the Subcommittee on Multinational Corporations of Senate Foreign Relations Committee, Washington: U. S. Government Printing Office, August 1975.

Obstfeld, M., "The Logic of Currency Crises", *NBER Working Papers*, Cambridge, Massachusetts: National Bureau of Economic Research, No. 4640, 1994.

Penrose, T., "Ownership and Control: Multinational Firms in Less developed Countries", in G. K. Helleiner(ed.), *A World Divided: The less Developed Countries in the International Economy*, London: Cambridge U. P., 1976.

Porter, M. E., *The Competitive Advantage of Nations*, New York, Free Press, 1990.

President's Working Group, *Report of President's Working Group on Financial Markets, Hedge Fund, Leverage, and the Lesson of Long-Term Capital Management*, April 1999.

Ragan, S. and R. Z. Lawrence, "Search and Deliberation in International Exchange: Learning from Multinational Trade about Lags, Distance Effects, and Home Bias", *NBER Working Papers*, Cambridge, Massachusetts: National Bureau of Economic Research, No. 7212, 1999.

Reddway, W. B., *Effects of United Kingdom Direct Investment Overseas*, Intern Report (1967), Final Report (1968), London: Cambridge U. P., 1967 and 1968.

Reis, A. B., "On the Welfare Effects of Foreign Investment", *Journal of International Economics*, 2001.

Reserve Bank of Australia, "Hedge Fund", *Financial Stability and Market Integrity*, March 1999.

Richardson, G. B., "The Organization of Industry", *The Economic Journal*, September 1972.

Rugman, A. M., *Inside the Multinationals: The Economics of Internal Markets*, London: Croom Helm, 1981.

Rybczynski, T. M., "Factor Endowments and Relative Commodity Price", *Economica*, November 1955.

Sachs, Jeffrey, Aaron Tornell and Andres Velasco, *Financial Crises in Emerging Markets: the Lessons from 1995*, Brookings Institution, 1996.

Slaughter, M. J., "Production Transfer Within Multinational Enterprise and American Wages", *Journal of International Economics*, 2000.

Spahn, P. B., "The Tobin Tax and Exchange Rate Stability, IMF", *Financial and Development*, June 1996.

Salvatore, D., *International Economics*, Prentice-Hall International, Inc., 1995.

Samuelson, P. A., "International Trade and the Equalization of Factor Price", *Economic Journal*, 58, 1948.

Samuelson, P. A., "International Factor Price Equalization Once Again", *Economic Journal*,

59, 1949.

Samuelson, P. A., "Social Indifference Curves", *Quarterly Journal of Economics*, February 1956.

Schultz, T. W., "Investment in Human Capital", *American Economic Review*, March 1961.

Scitovsky, T., "A Reconsideration of Theory of Tariffs", *Review of Economic Studies*, No. 2, 1942.

Scitovsky, T., *Economic Theory and Western European Integration*, London: Allen & Unwin, 1958.

Sharpe, William F., Gordon J. Alexander and Jeffery V. Bailey, *Investments*, Prentice Hall Inc. , 1995.

Siddharthan, N. S. and N. Kumar, "The Determinants of Intra-industry Variations in the Proportion of Intra-firm Trade: The Behavior of US Multinationals", *Weltwirtschaftliches Archiv* 126, 1990.

Snider, D. A., "The Case for Capital Controls to Relieve The US Balance of Payments", *American Economic Review*, 84, 1964.

Solnik, B. and B. Noetzlin, "Optimal International Asset Allocation", *Journal of Portfolio Management*, Fall 1882.

Steuer, M. D., *The Impact of Foreign Direct Investment on the United Kingdom*, London: HMSO, 1973.

Stolper, W. F. and P. Samuelson, "Protection and Real Wages", *Review of Economic Studies*, November 1941.

Sweezy, P. M. and H. Magdoff, *The Dynamics of U. S. Capitalism*, Monthly Review Press, 1972.

Tarr, D. G. and M. E. Morkre, *Aggregate Cost to the United States of Tariffs and Quotas on Import*, Washington: Federal Trade Commission.

Tolentino, P. E., *Technological Innovation and Third World Multinationals*, Routledge, 1993.

UNCTAD, World Investment Report, United Nations, New York and Geneva, 2000 – 2007.

Vaitsos, C. V., "The Process of Commercialization of Technology in Andean Pact", in H. Radice (ed.), *International Firms and Modern Imperialism*, Harmondsworth: Penguin Books, 1975.

Vaupel, J. W., *Characteristics and Motivations of the US Corporations Which Manufacture Abroad*, Paper Presented to a Meeting of the Atlantic Institute, Paris, June 1971.

Vernon, R., "International Investment and International Trade in Product Cycle", *Quarterly, Journal of Economics*, 80, 1966.

Vernon, R., "The Location of Economic Activity", in J. H. Dunning(ed.), *Economic Analysis* and the Multinational Enterprise, London: George Allen & Unwin, 1974.

Viner, J., Studies in the Theory of International Trade, New York: Harper and Brothers, 1937.

Viner, J., The Customs Union Issue, New York: The Carnegie Endowment for International Peace, 1953.

Vanek, J., International Trade Theory and Economic Policy, Homewood, 1962.

Vanek, J., General Equilibrium of International Discrimination: The Case of Customs Unions, Cambridge, Mass.: Harvard University Press, 1965.

Wallerstein, I., The Capitalist World-economy, Cambridge University Press, 1979.

Wells, L. T., Third World Multinationals: The Rise of Foreign Investment from Developing Countries, Cambridge, Mass.: MIT Press, 1983.

Williamson, Oliver E., Corporate Control and Business Behavior, New Jersey, Prentice Hall, 1970.

Williamson, Oiver E., Markets and Hierarchies: Analysis and Antitrust Implications, New York: Free Press, 1975.

Wolf, B. M., "Industrial Diversification and Internationalization: Some Empirical Evidence", Journal Industrial Economics, 26, No. 2, 1977.

World Bank, The World Development Report, Washington: World Bank, 1987.

Young, A., "Increasing Returns and Economic progress", Economic Journal, 38, 1928.

图书在版编目(CIP)数据

马克思主义国际经济学的构建/李翀著. —北京:商务
印书馆,2009
ISBN 978 - 7 - 100 - 05812 - 4

Ⅰ.马… Ⅱ.李… Ⅲ.马克思主义政治经济学:国际经
济学－研究 Ⅳ.F0－0

中国版本图书馆 CIP 数据核字(2008) 第 038875 号

MǍKÈSĪ ZHǓYÌ GUÓJÌ JĪNGJÌXUÉ DE GÒUJIÀN
马克思主义国际经济学的构建
李 翀著

商 务 印 书 馆 出 版
(北京王府井大街36号 邮政编码 100710)
商 务 印 书 馆 发 行
北 京 瑞 古 冠 中 印 刷 厂 印 刷
ISBN 978 - 7 - 100 - 05812 - 4

2009 年 2 月第 1 版　　开本 787×1092 1/16
2009 年 2 月北京第 1 次印刷　　印张 52
定价: 78.00 元